中国软科学研究丛书

丛书主编：张来武

"十一五"国家重点图书出版规划项目
国家软科学研究计划资助出版项目

地理信息资源
产权研究

何建邦　闾国年　吴平生　曹彦荣　著

科学出版社

北京

内 容 简 介

本书以新的构思与方法来分析、揭示地理信息资源产权结构所存在的自然、经济与社会三大本质属性，从而构建了地理信息资源产权政策的三项基本原则：产权政策必须遵循产权客体的规律性，产权政策必须满足产权主体需求的目的性，产权内容必须协调权利与义务的和谐性。为此，本书重点研究了地理信息与信息技术作为财产的一般属性与特殊性，运用价值规律调动产权主体的积极性，其中又把产权主体应享有的权利内容作为重点中的重点。

本书适合政府管理人员、信息企事业部门人员、经济与法律界人士、信息技术与管理专家、科技与教育界专家，以及高校教师与研究生参阅。

图书在版编目(CIP)数据

地理信息资源产权研究/何建邦等著. —北京：科学出版社，2010
（中国软科学研究丛书）
ISBN 978-7-03-026174-8

I. 地⋯ II. 何⋯ III. 地理信息系统-产权-政策-研究-中国
IV. D923.04

中国版本图书馆 CIP 数据核字（2009）第 223586 号

丛书策划：林 鹏 胡升华 侯俊琳
责任编辑：宋 旭 赵 冰/责任校对：钟 洋
责任印制：赵德静/封面设计：黄华斌
编辑部电话：010-64035853
E-mail：houjunlin@mail.sciencep.com

科 学 出 版 社 出版
北京东黄城根北街 16 号
邮政编码：100717
http://www.sciencep.com
中国科学院印刷厂 印刷
科学出版社发行 各地新华书店经销

*

2010 年 1 月第 一 版 开本：B5（720×1000）
2010 年 1 月第一次印刷 印张：27 3/4
印数：1—2 500 字数：523 000

定价：78.00 元
（如有印装质量问题，我社负责调换〈科印〉）

软科学是综合运用现代各学科理论、方法，研究政治、经济、科技及社会发展中的各种复杂问题，为决策科学化、民主化服务的科学。软科学研究是以实现决策科学化和管理现代化为宗旨，以推动经济、科技、社会的持续协调发展为目标，针对决策和管理实践中提出的复杂性、系统性课题，综合运用自然科学、社会科学和工程技术的多门类多学科知识，运用定性和定量相结合的系统分析和论证手段，进行的一种跨学科、多层次的科研活动。

1986 年 7 月，全国软科学研究工作座谈会首次在北京召开，开启了我国软科学勃兴的动力阀门。从此，中国软科学积极参与到改革开放和现代化建设的大潮之中。为加强对软科学研究的指导，国家于 1988 年和 1994 年分别成立国家软科学指导委员会和中国软科学研究会。随后，国家软科学研究计划正式启动，对软科学事业的稳定发展发挥了重要的作用。

20 多年来，我国软科学事业发展紧紧围绕重大决策问题，开展了多学科、多领域、多层次的研究工作，取得了一大批优秀成果。京九铁路、三峡工程、南水北调、青藏铁路乃至国家中长期科学和技术发展规划战略研究，软科学都功不可没。从总体上看，我国软科学研究已经进入各级政府的决策中，成为决策和政策制定的重要依据，发挥了战略性、前瞻性的作用，为解决经济社会发展的重大决策问题作出了重要贡献，为科学把握宏观形势、明确发展战略方向发挥了重要作用。

20多年来，我国软科学事业凝聚优秀人才，形成了一支具有一定实力、知识结构较为合理、学科体系比较完整的优秀研究队伍。据不完全统计，目前我国已有软科学研究机构2000多家，研究人员近4万人，每年开展软科学研究项目1万多项。

为了进一步发挥国家软科学研究计划在我国软科学事业发展中的导向作用，促进软科学研究成果的推广应用，科学技术部决定从2007年起，在国家软科学研究计划框架下启动软科学优秀研究成果出版资助工作，形成"中国软科学研究丛书"。

"中国软科学研究丛书"因其良好的学术价值和社会价值，已被列入国家新闻出版总署"'十一五'国家重点图书出版规划项目"。我希望并相信，丛书出版对于软科学研究优秀成果的推广应用将起到很大的推动作用，对于提升软科学研究的社会影响力、促进软科学事业的蓬勃发展意义重大。

科技部副部长

2008 年 12 月

地理信息系统（GIS）自 1980 年由陈述彭院士倡导在我国创建以来，已有很大发展，不仅科学技术和实际应用取得了长足的进步，而且逐步形成了 GIS 产业，据 2007 年统计，产值已达 400 亿，从业人数超过 30 万，从业单位有 1 万多个。地理信息作为各行各业的一种基础信息，信息共享需求十分迫切。信息共享的实现则必须在国家宏观调控下，有一套完整的规则与法律法规，大家共同遵守。GIS 作为产业也必然要解决信息在交换和交易中的产权问题，地理信息资源产权是国家在发展 GIS 事业与产业中的一项重要政策。中国地理信息系统协会（CAGIS）于 2005 年组织全国有关产业部门、科研院所和高等院校的专家，系统调查研究我国 GIS 产业发展状况和产业政策，出版了《我国地理信息产业政策研究》（测绘出版社，2007），地理信息资源产权是其中一项核心内容。此后，国际欧亚科学院院士何建邦教授和他的合作者继续潜心研究地理信息资源产权的经济与政策问题，综合概括分析了国内外在地理信息资源产权方面的发展历程与经验教训，从一个新的角度进行构思与分析，揭示地理信息资源产权结构存在的自然、经济与社会等三大本质属性；认为地理信息资源产权政策必须遵循三项基本原则：遵循产权客体的规律性、满足产权主体需求的目的性、协调权利与义务的和谐性；提出了我国目前应实行的地理信息资源产权政策的基本原则和 7 项具体政策建议。我国地理信息资源产权的研究开展较晚，系统的研究工作不多，基本是一个空白点。《地理信息资源产权研究》系统地研究了地理信息资源产权的理论、政策和保护技术，梳理了地理信息资源产权与经济学、法学及社会学的关系，提出了制定产权政策的理论依据，构建了它的系统框架和主要内容，提出了一系列适于我国发展现状的政策建议，论述了从技术上如何保护产权的问题，在一定意义上开创了我国地理信息资源产权理论与政策的系统研究，对政府有关部门制定政策和推动产业发展均有重要的参考价值和先导作用。

该书的作者来自中国科学院地理科学与资源研究所资源与环境信息系统国家重点实验室、南京师范大学地理学院和南京大学城市与资源学院，他们继承陈述彭院士于1983年创立的"资源与环境信息国家规范与标准研究组"的工作，长期从事地理信息标准和地理信息共享研究。近年来，他们和其他专家、教授合作编著的地理信息共享和地理信息标准方面的书籍主要有《地理信息国家标准手册》（中国标准出版社，2004年）、《地理信息国际标准手册》（中国标准出版社，2003年）、《地理信息共享原理与实践》（科学出版社，2003年）、《地理信息共享理论与政策研究》（科学出版社，2003年）、《地理信息共享法研究》（科学出版社，2001年）、《中国地理信息产业政策研究》（测绘出版社，2007年）等，这些著作从另一个侧面反映了他们在地理信息共享和地理信息标准方面的研究历史、研究深度与学术水平。

中国科学院院士

2009年6月

前　言

产权虽然是个古老话题，但地理信息资源产权却是当代高新技术发展的产物，因为地理信息资源涉及面极广，我们只是抓住如何才能把一定的地理信息资源转化为企事业单位最大财富的问题来研究。本书把弄清地理信息资源的客观规律性、最大限度地满足全社会不同人群的需求、发展与应用地理信息技术作为前提条件，而把地理信息资源产权政策作为调动人们认识地理信息资源属性、开发地理信息资源、研发地理信息技术的关键措施。

本书以全新的构思与方法来分析、揭示地理信息资源产权结构所存在的自然、经济与社会三大本质属性，从而构建了地理信息资源产权政策的三大基本原则：一是产权政策必须遵循产权客体的规律性；二是产权政策必须满足产权主体需求的目的性；三是产权内容必须协调权利与义务的和谐性。为此，本书把地理信息与信息技术作为财产的一般属性与特殊性列为研究的第一个重点，把运用价值规律来激励产权主体积极性列为研究的第二个重点，而把产权主体应享有哪些权利内容作为重点中的重点。篇幅上也分为理论、现状与应用等三项内容，第一章至第五章讨论产权结构中有关自然科学、经济与法律科学的基本理论；第六章与第七章分析、综合中外对地理信息资源产权研究与立法的现状，并对未来作了一些预测；第八章至第十三章是应用研究，把有关理论研究与国内外研究成果结合起来，并提出我国地理信息资源产权政策的基本体系。

本书涉及自然科学、技术科学、经济科学与法律科学等诸多领域，从而可为这些领域的人士，特别是政府管理人员、信息企事业单位专业人员、经济与法律界人士、信息技术与管理专家、科技与教育界专家、高校教师与研究生等提供参考。

　　本书是由中国科学院地理科学与资源研究所、南京师范大学和南京大学等组成的合作研究小组自20世纪90年代初至今近20年集体研究的成果之一。本书的出版得到以下单位及相关部门与人士的大力支持：中国科学院地理科学与资源研究所的余旭、马立广和纪翠玲博士，南京师范大学的李安波、刘爱利、周卫和朱长青博士等作为编委参与本书有关章节的撰写并提供素材；钟耳顺、王丹、张清浦、蒋景瞳、杜道生、陈锦标和李全林等教授在共同参与的中国地理信息产业政策研究中给予了许多指导并提供了相关资料素材；中国地理信息系统协会秘书处的喻永昌秘书长、丛远东秘书长和汤海副秘书长等给予多方面的支持帮助；南美船运公司的吴维敏女士、交通运输部水运科学研究所的李亚斌博士、协和医院研究生温巧莲女士等为本书提供了大量宝贵资料；科技部和国家测绘局等单位对本书的出版也给予了宝贵的支持！对此作者深表感谢。特别难忘的是已故陈述彭院士在本书的写作过程中提出了不少前瞻性意见，在临终前还对本书的出版予以高度关心，令作者深受感动！

　　由于能力和资料的限制，书中不妥之处在所难免，衷心希望得到专家与读者的批评指正。

目　录

CONTENTS

第一节　地理信息资源产权概述

一　产权的产生与发展

（一）产权的构成

信息与物质、能量一样，都是当代三大资源之一。然而，并不是所有资源都可以成为产权的客体，只有那些具有经济价值或使用价值的资源才能成为产权客体，这种客体通称为财产。从经济上说，资源只要满足有用性这个条件就可以了，然而财产除了满足有用性外，还必须具有稀缺性和可控性。例如，空气是资源，但一般空气不是财产，自然也谈不上具有产权。这是由于空气不是稀缺物，人人可以自由呼吸，而且空气是流动的，人们无法控制它。只有那些瓶装的或实验室制造的氧气，才可能成为财产和商品，才能成为产权的客体。因为这类空气产品不仅有明确的主人（存在着明确的归属关系），而且产品的主人对它享有支配权和收益权。可见，要满足产权要求的资源，必须同时具备经济上的有用性和稀缺性，技术上的可控性和安全性，并且还必须由国家的政策或法律予以确认。

财产是一个法律概念：其一，只有国家法律认可或确认的财产，才能受到法律的保护。例如，2007 年通过的《中华人民共和国物权法》（以下简称《物权法》）确定了公私财产同等保护的原则，那么公民私人所有财产的内涵是什么呢？《中华人民共和国刑法》（以下简称《刑法》）第九十二条采用列举的方法予以具体界定。只有国家法律认可的财产才会受到国家的保护。其二，财产是人与人之间的一种权利关系，这是马克思理论中财产的概念。因为财产离开了人的归属关系，离开了财产主人的权利，也就无所谓财产。换句话说，财产只有同人的权利联系起来，才有实际意义。这样一来，财产与财产权就存在着十分密切的联系，也就必须对两者的关系加以明确界定。就以《刑法》第九十二条的规定来说，其中的合法收入、储蓄、房屋、生活资料和生产资料都是财产；而这些财产归属于公民所有，公民是指财产的主人，是产权主体；《物权法》等相关法律规定公民所有的商品房及生产资料等财产，所有人享有转让、出租和抵押等权利，这是产权人享有的权利内容。可见财产权与财产是两个概念，即财产权必须具备三个要素：一是产权主体，它解决了财产的归属关系；二是产权客体，它是产权主体享有权利的标的或对象；三是产权主体可以对其财产实施转让、出租、抵押，这是产权人的权利内容，它解决了产权主体取得财产增值收益的手段问题。任何资源只有具备归属关系、财产和权利内容等三个要件，才称得上具有财产权。而财产仅指产权法律关系的客体。

（二）产权归属关系的产生与发展

归属关系，物权法理论中称为占有关系或所有制关系；然而信息是无形体，无法真正实施占有，为此本书称为归属关系；并且物权法理论中有一种权利归属理论，即权利人对客体的直接支配权来源于作为物权客体的财产归属功能（王泽鉴，1992）。有的学者认为占有本身就是所有制（王利明，2003），有的学者认为所有制关系的本质含义就是生存竞争（郑克中，2005）。

罗马法用第一次发现和占有生存空间及资源来定义该区域和资源的归属。我国《中华人民共和国民法通则》（以下简称《民法通则》）规定，"财产所有权的取得，不得违反法律规定"。最基本的取得方式是依靠自身诚实劳动以及投资，正如《刑法》第九十二条所规定的公民私人财产的定义。

（三）商品交换是产权制度发展的动力

资源是否具有产权，必须从组成产权客体的资源、产权归属及其权利内容等产权三要素来分析。第一，从作为产权客体的资源本身来说，首先资源必须具备财产的条件，这是前提；其次资源必须是作为交换的商品，这是具有产权的必要条件。第二，从产权归属来分析，资源必须有明确的主人，并且产权主体必须多元化。第三，从产权主体的权利内容来分析，政策或法律必须有具体的规定。只有满足这三个要件，资源才具有产权。在这三个要素中，第三个要素是最关键的。资源是否存在产权的问题，必须由国家的法律规定来决定。

从产权制定的发展过程上看，归属关系既解决了资源属于何种主体的问题，也是商品进行交换的前提。归属关系已经明确了权利主体享有占有、使用和收益等权利，甚至对该资源还可能享有继承权，交换又是产权得以不断完善的必由之路。

产权主体是否享有对资源进行交换的支配权，是判断是否具有完全产权的依据。其实产权归属与商品交换二者是互动的，即只有明确了产权归属，才有交换的可能；而只有进行商品交换，才能引导产权制度的不断完善。商品交换似乎是产权制度的外部要素或环境条件，但其实是产权结构中最核心的条件。产权主体对属于其所有的资源享有何种权利，其核心就在于该资源能否作为商品在市场中进行交换。支配权中的转让、出租和抵押等权利内容都是为商品交换所设定的。如果产权人没有这些支配权，那么产权制度就不完善，甚至有人认为就不存在产权。这从法学角度上说是有点过分，但从经济学上说却没有错。经济学的价值规律理论认为，价值存在的自然前提是资源的有用性和稀缺性，而社会前提是所有制的归属关系与商品交换。商品交换属于产权结构要素中的权利内容。商品的价值必须依据交换，没有交换就没有价值，也就不存在产权的问题。

价值包括交换价值和使用价值，这两部分在产权制度中起着不同的作用。虽然只要产权人享有占有、使用该资源的权利，那么产权结构的三要素就基本上是齐全的。然而，从实质上看，产权人自己占有、使用该资源所产生的使用价值与交换所产生的价值相比，使用价值是微乎其微的。这是由于：首先，自己使用的资源转化为社会财富的周期很长，产生价值的速度慢；其次，自己使用的资源得不到合理配置，不能使物尽其用，是对资源的极大浪费；最后，自己使用的资源只限于物质生产或作为生活消费，而商品交换还隐含资本的运作，这两种方式对资源的转化周期或资源的增值速度是不能相提并论的。因此，商品交换不仅是地理信息资源产权的核心结构要素，而且是引导产权制度发展的动力因素。

(四) 产权与技术的关系

资源是否能成为财产和商品，取决于技术工具的发展，这样就使技术与资源紧密联系起来并成为决定产权内涵的要素。人类从采集、猎捕野生动植物发展到定居的农业社会，取决于铁器等冶炼制造技术的发明，从而使土地资源和猪、牛、羊成为农业社会最重要的财产；人类从农业社会发展到工业社会，取决于蒸汽机、电动机等技术的发展，从而使矿藏、能源、海洋、森林等资源成为重要财产；人类从工业社会发展到信息社会同样取决于计算机、信息技术和网络技术等的发明，从而使无法控制的信息资源成为当代重要财产。这是由于资源的有用性与稀缺性是随着技术的发展以及人们需求量的增加而产生的。

资源内涵的扩大，不但改变人们的价值观念，而且也改变人们的行为方式和行为准则。资源产权关系的发展变化是由于作为产权客体的资源的发展变化，从而要求产权归属与权利主体的权利必须与之相适应。具体而言，能够成为财产形式的资源，从历史的发展进程上看，首先是土地、房屋等所谓不动产，以及生产工具与资源的加工、制作品等动产。所以，产权法律制度的发展，首先出现的是大陆法系称之为的物权法，而普通法系称之为的财产法。不论是物权法还是财产法，其产权客体均以有形的不动产与动产为对象。

为确保有形的物权或财产权在交易过程中的安全性，减少交易成本、降低交易风险，就要求交易双方要诚实守信并保证产品质量，为此要求在程序上有某种凭证。这样在物权交易的同时，就相应出现债权。我国早在汉代就要求土地交易双方在进行交易时，必须要有地方官员在场，后来还要求必须签订地券等交易文书，这就逐渐演变成为契约或合同制度。

物权和债权是最古老的法律制度。西方学者认为，物权法的概念来源于罗马法。近代的德国则最早注意到物权与债权的区别，19 世纪末制定的《德国民法典》中，已经有物权法、债权法与继承法并列的所谓三大财产权法。虽然号称三大财产权法，其实这时财产权的客体都是动产和不动产等有形财产；其中债权法是为保证物权交易能顺利进行而制定的一项法律制度，而继承法中所能继承的财产也是有形财产。这是因为在早期的技术条件下，只有有形体才有可能予以控制、操作，才具备构成财产的要件。

作为无形财产的知识产权，同样也是到了技术可以对其实施控制，人们可以对其实际操作时才有可能具有产权。例如，活字印刷和造纸技术的发明，才使印刷出版成为一个新兴行业，因此一些国家开始对出版印刷给予保护，从而开始出现著作权或版权的概念。据西方学者的看法，最早的著作权和专利权都出现在 15 世纪中后期的威尼斯。据我国学者研究，我国对印刷出版的保护最早出现在后唐长兴三年（932 年）。不管谁先谁后，当时著作权的概念都不足以对产业经济产生重大影响，只有到近现代知识作为产权客体才能对产业经济产生重大影响。我们只是强调产权的内涵是技术的发明，使资源可以控制和操作，才使产权的内涵不断扩大；与其相应的是产权制度的发展是先有物权法和债权法，然后才有知识产权法。可以预计，随着技术的发展，产权的内涵将越来越丰富，产权制度的发展也应有新的突破或创新。

二 地理信息资源产权的产生和发展

（一）地理信息是一种资源

地理信息是指与地理空间位置有关信息的总称。人类的生存发展离不开生存的空间环境及其资源，并且人类社会越原始，对资源环境的依存度就越大。要了解自己的生存空间及其中的食物资源，就必须首先了解其空间及资源的信息。这就是说人类社会一旦出现就离不开地理信息资源，其原因是地理环境太复杂、太恶劣，人们不能事事都依靠亲身实践，只有借助他人和前人的经验，才能保存自己并更好地生活下去。在原始社会中，人们通过前人经验的总结，才掌握哪些植物能吃、好吃，哪些地方食物最丰富，哪些地方最安全等地理信息资源。而这些地理信息是由许多人，其中还包括有人用生命换来的，因此人们对这些信息资源也极为珍视。

（二）地理信息资源产权产生和发展的动力

地理信息作为一种资源虽然与人类的出现和发展同步，然而在人类漫长的发展历史中，地理信息资源并未能满足财产或财产权的一些基本要件。例如，地理信息资源无法满足财产具有排他的独占性和安全性等要件；再加上古代民风十分纯朴，至今世界各地的一些原始居民，他们世代保存下来的偏方、秘方依然是无偿共享的，这些地方的灵丹妙药也是以当地特有资源为原料而制成的。

如果说物权产生发展于农业时代，知识产权产生发展于工业时代，那么信息和地理信息产权则产生发展于信息时代，它们都取决于技术条件和产业经济状况。地理信息资源产权的发展是同信息技术和信息产业的发展联系在一起的。首先，信息技术满足了地理信息资源能够成为财产的必备要件，即信息技术使地理信息资源具有可控制、可操作性及防止他人窃取的安全性，这样同地理信息资源的有用性与稀缺性等一起，就具备了财产的全部要件。其次，地理信息产业的发展使地理信息资源成为商品，可以在市场上进行自由流通。最后，当国家的政策或法律予以确认以后，地理信息资源就具备了充分的、完全的产权要件。

也有人提出，我国国家所有的地理信息资源是否存在产权的问题。这当然要从构成产权的三个要件来分析，作为产权客体的地理信息资源在当前既是财产又是商品，具备产权客体的所有要件；从归属关系上说，国有地理信息资源的归属是明确的；从国家法律对产权主体所享有的权利内容来说，《中华人民共和国测绘法》（以下简称《测绘法》）和《中华人民共和国气象法》（以下简称《气象法》）等法律都规定，除基础公益性地理信息资源对公益机构、公益事业可以无偿使用外，对于商业行为的服务则可以有偿使用。这表明法律赋予作为地理信息资源产权所有人——国家——对地理信息资源享有相应的支配权和收益权。从这个意义上说，我国国家所有的地理信息资源存在产权的问题。有人对国家所有的地理信息资源产权的存在表示怀疑，这是由于这部分地理信息资源具有基础性、公益性等特征，它犹如公共道路、港口、街道、桥梁及公共图书馆等，都是作为全社会公众共同使用的公用品，而不是作为商品在市场中流通，从这个意义上说它不具有完全产权。然而，由于基础公益性地理信息资源也同时具有商品性特征，仍有一部分国家所有的地理信息资源通过国有法人或许可使用制度等方式进入市场流通，所以作为产权人的国家实际上也享有相应的支配权和收益权，也应该承认国家所有的地理信息资源产权是存在的。

第二节　地理信息资源产权研究的意义

一　产权研究的意义

产权研究之所以重要，是由产权本身的三要素分别在生产力、生产关系和上层建筑中发挥的重要作用所决定的。

（一）产权与生产力

资源是生产者的劳动对象，生产者通过生产工具或技术，把资源加工、制作成为人们日常生活和生产以及国防建设的各种必需产品。技术的发明和产业经济的发展，才使资源的内涵不断丰富，人们的物质生活和精神生活不断提高。制定一项正确的产权政策，其基本目标就在于要调动人们的积极性，以加快资源转化为社会财富的速度，但资源作为原材料和能源仍然是衡量一个国家经济实力的重要指标。

（二）产权归属与生产关系

生产关系是人们一切社会关系中最基本的关系，但核心内容是作为主体的人对占有一定资源（财产）与对该资源所生产的产品进行分配之间的关系。人们要想在这种社会关系中占有有利的位置，就必须占有一定的资源或财产，才可以获得相应的分配，所以说产权归属是生产关系的基础。确定产权归属既然是人们进行分配的基础，也就是人们的目的所在。作为产权政策的制定者，要充分调动人们的积极性，首先要考虑在当前的生产力水平条件下，是采用何种所有制形式才更能满足最大多数人的这种目的性；其次是如何协调人们之间的这种目的性。

（三）产权权利内容与上层建筑

产权主体对属于他所有的资源享有何种支配权和收益权，必须通过国家的政策或法律来确定，而政策和法律是国家上层建筑的重要组成部分。政策和法律该如何设定产权主体的支配和收益等权利呢？当然必须从国内外政治经济及现有的经济条件出发，特别是要分析资源的客观规律性与产权主体的需求目的性。只有综合考虑上述因素，所制定的产权政策才能促进生产力的发展，符合生产关系的要求。

既然产权涉及生产力和生产关系、经济基础和上层建筑等各个领域，如果能正确认识这些要素的本质属性并协调它们之间的关系，那么产权政策就能确保生产力与生产关系、经济基础与上层建筑可以和谐发展，这样对国民经济发展和人民生活幸福都将起到十分重要的作用。

二　地理信息资源产权政策研究的意义

（一）作为生产力的意义

研究和制定地理信息资源产权政策的意义在于：第一，地理信息本身就是重要的社会资源和财产，它以信息数据形式在商品社会中流通、转让，替代过去直接以物质、能量流通、转让的方式。既然它是一种财产，就必须确定其产权归属，这是市场交易的前提。第二，地理信息资源本身就是信息产业的结构要素，它不仅具备被替代资源的功能，还具备原资源所没有的其他功能。例如，可以通过信息技术发挥其设计、管理和辅助决策等功能，直接或间接地转化为产业经济，这就必须制定相应政策来保护、促进其功能的发挥。第三，地理信息数据本身就是国家信息基础设施的结构要素，在国家的社会经济中具有基础性和公益性作用，也是国家实现全面信息化的核心内容之一。

（二）作为生产关系的意义

确定地理信息资源产权的归属，既关系到国家的安全，也关系到国民经济的发展和人民生活的幸福。国家安全要求基础公益性地理信息资源产权归属于国家所有。然而，国家财力也有一定的限制，要开发利用地理信息资源，发展地理信息产业，促进国民经济快速发展，又必须充分调动、发挥全民的力量。为此必须在地理信息资源的国家所有权与私营企业所有权之间寻找一个合适的平衡点。例如，在基础公益性与商业性地理信息资源之间画一条线，使前者资源属于国家所有，而后者资源属于私人所有。此外，由于基础公益性地理信息资源是地理信息资源中最基础、最重要，也是数量最多的资源，为鼓励人们对基础公益性地理信息资源投资的积极性，以及加速对这部分资源的开发利用，就需对国有地理信息资源产权归属进行必要的分解，使国有地理信息资源的所有权与持有权、所有权与经营权实行分离，这将为国有地理信息资源产权进入市场流通提供产权归属的转换接口，也为地理信息产业的发展提供平台和机遇。

（三）作为上层建筑的意义

地理信息资源能否加速转化为现实中的社会财富，地理信息资源产权所有人的积极性能否切实得到发挥，都取决于地理信息资源产权制度的具体内容，即地理信息资源产权所有人应享有哪些支配权和收益权才最为合适。我国改革开放前后房地产产权制度的变化就充分说明产权制度的这种意义。同样都是960万平方公里的土地，资源因素并没有太大的变化；城市土地归国家所有，农村土地归集体所有，也没有变化。然而产权的权利内容发生了变化，并且这种变化使房地产产权制度变得可以适应或反映生产力和生产关系的客观规律性，从而使我国国家面貌发生了翻天覆地的大变化。可见，构建一个适合于当前地理信息产业发展的地理信息资源产权制度，将在我国国家安全和国民经济发展中起到十分重要的作用。

第三节 地理信息资源产权研究的内容及其研究方法

一 如何确定地理信息资源产权研究的内容

从产权结构和功能的分析可知，作为产权的客体——资源是生产力的重要组成部分，是发展国民经济和提高人民生活水平的基础；产权归属是衡量一个国家的国民具有何种经济地位的实质要件；产权主体享有何种权利是前两个结构要素的功能能否实现的决定性因素。可见，产权三个结构要素都是产权研究中必不可少的内容，尤其是产权主体享有何种权利的设定，是产权研究中更为重要的内容。产权研究最核心的内容是这三个要素的相互关系，包括每一个要素内部的关系和三个要素之间的相互关系。

（一）地理信息资源的相互关系

地理信息资源与其他资源相比较所具有的特殊性，是地理信息资源产权政策制定必须考虑的首要内容。例如，作为财产的地理信息资源与作为物权客体的有形财产相比，具有无形性。因此，在确定产权归属时，产权人无法占有或圈定，只有依靠政策与法律赋予产权人享有专有权，产权人的支配权与收益权才能得到实现。此外，地理信息资源与同是无形财产的知识产权相比，又具有基础性、公益性与国家专控性等特点，这就要求此类地理信息资源所有权要归国家所有，并为全社会进行普遍性服务。

地理信息资源与信息技术具有密切联系，决定了地理信息资源产权的内涵将越来越丰富，也要求地理信息资源产权政策必须关注信息技术的发展动向。对于特定技术一般采取中立政策，即不干预具体的技术活动，并为技术的发展预留空间，但总的来说信息技术还是利大于弊。因此要有适当措施来鼓励技术发明或创新；而当犯罪主体用信息技术来侵犯产权人的权利时，也应有预防与惩治的措施。地理信息资源之间，地理信息资源与信息技术之间的关系，都是物与物（地理信息的载体是自然物，本身就是由物的相互作用所产生的）之间的相互关系，要弄清这种关系，就必须研究地理信息资源及信息技术的自然规律性，才有可能充分利用地理信息技术来开发利用地理信息资源，并加速资源向社会财富转化。

地理信息资源与产权归属之间的关系，必须依据地理信息资源的特殊性来考虑产权应归国家所有还是归私人所有，它和国家、私人各与资源有什么关系（各享有何种权利）一起成为地理信息资源产权政策中最核心、最关键，也是难度最大的问题，如果能使这些关系都实现相对平衡，那么产权的功能就可以得到充分发挥。

（二）地理信息资源产权归属的相互关系

地理信息资源产权归属的关系，既包括产权主体之间的权利与义务的关系，也包括产权主体与资源的关系，只有理顺这些关系，才能制定符合生产力发展的产权归属政策。从产权主体的种类看，只有国家与公民个人，以及两者的过渡——《中华人民共和国宪法》（以下简称《宪法》）和《民法通则》中称之为集体，现在的公司也属于这种性质。各类主体在地理信息资源产权中的权利与义务的关系最为复杂，但又关系到国家的安全和整体利益，以及集体和公民个人的切身利益。从主体与资源的关系看，不仅要研究所有权归属于何种产权主体最能反映资源的特点，最有利于加速资源的转化，还必须研究所有权人、持有权人、经营权人等不同产权主体对地理信息资源分别拥有的权利与义务关系，这样才能充分发挥产权的功能效益。

（三）地理信息资源产权的权利内容及其关系

地理信息资源产权人享有完整的权利内容，包括产权人所专有的支配权及其相应的收益权，其中支配权又包括许可使用权、转让权和质押权。地理信息资源及产权归属主体等产权功能发挥的程度，从根本上说取决于支配权与收益权的设置，这也是政策或法律赋予产权人在资源开发活动中享有的最基本、最重要的权利。所有对地理信息资源特性及产权归属的研究，都要落实到各类权利主体应享有何种权利的问题，所以它将是本书最核心的内容。

二　地理信息资源产权的研究方法

这里所说的方法是指包括本体论、认识论和方法论在内的指导思想，它是国家、单位决策和个人行为活动的依据。

（一）正确的认识是决策和事业成功的前提

任何一个单位和思维正常的人，都是思想决定行为。例如，对商人和私有制利弊的评估结论，都是一个国家产权决策的依据。如果这种决策错误，其后果也是灾难性的。战国时代的韩非子把商人视为"五害"之一，他的对策是"务使商工游食之民少且名卑"。韩非子的这种观点就成为中国历代王朝制定抑制商业发展的政策依据。从公元前 2 世纪的汉初就规定商人不准穿丝绸衣服和坐马车，其子弟不得做官，到 1727 年雍正皇帝大谈"农为本、商为末"（此时的英国已开始跨进工业时代），都体现了韩非的观点。其后果是严重阻碍我国资本主义的成长，使广大农村长期停留在自给自足的小农经济状态中。对于一般个人来说，正确的思想是事业成功的基础，任何成功人士都说明了这个道理；同样，错误的见解可以给人们的事业带来挫折，甚至可能带来人间悲剧。至于那些诡辩家，尽管他们说得头头是道，甚至是口吐莲花、妙语连珠，但由于他们有意回避事物的本质属性，只是在一些大家熟悉的现象上下工夫。因此，如果按他们的说法去做，同样也要碰壁。

（二）正确的认识必须反映问题的本质

正确的见解来源于对客观世界本质属性的认识。事物的本质属性存在于相互关系之中。虽然事物错综复杂、千变万化，但在时间上都有形成、发展的周期性或阶段性，在空间上都有一定的排列组合的层次性。要认识事物的本质属性，就要研究事物的形成、发展，并从整体上研究事物的结构和功能。事物在空间上的组合关系就是所谓结构。这种组合有什么用就是功能。当事物发展到某一平衡阶段时，就可能形成某种层次结构。所谓从整体上研究事物的结构与功能，是指该事物在全部事物中所处的位置，以及与上下、前后、左右事物之间的关系。

尽管事物之间的关系错综复杂、千变万化，但如果能抓住事物在某一发展阶段上的层次性，就能揭示事物的本质属性。以地理信息资源产权来说，地理信息资源虽然自古就有，但是为什么到现在才出现产权问题呢？这是由以技术为核心的生产力的发展阶段性来决定的。或者说，只有当代信息技术的发展，地理信息资源才能成为财产和商品而作为生产力的重要组成部分，才可能出现产权的归属关系，并需要政策、法律来界定产权人享有的权利等三个层次性的结构关系。要认识地理信息资源产权这三个结构关系，又必须从整体上分析它们在自然、经济和社会系统中所占的地位，以及所遵循的规律。

作为第一个结构要素的地理信息资源，属于自然系统的一个组成部分。其本质属性存在于自然界事物的相互关系中，或者说它所遵循的原则是自然规律。

自然规律从整体上说是确定性关系与不确定性关系的平衡。所谓确定性关系是事物发展到某个平衡阶段时在空间上所呈现的层次性结构关系。其特征是物质的动能都转化为引力能,此时加速度为零,因而事物之间存在因果关系。其数学表述式是牛顿的万有引力公式:事物的相互作用力与物质的质量成正比,与其距离的平方成反比,因此自然界就出现以引力为中心而呈现同心圆状的层次性结构关系。而不确定性关系,是事物处于初始发展的阶段,其特征是动能与引力能并存。事物之间存在多个因子的相互作用,其结果是不确定的。其数学表述式为包括海森堡的测不准定律在内的量子力学理论。在确定性关系与不确定性关系中存在大量的过渡性事物,它们是事物处于从初始阶段向平衡阶段发展过程中的中间阶段。其特征是引力能逐渐替代动能的相关关系,并且越接近平衡阶段,它们的相关性就越好。其最典型的数学表述式是统计数学。

地理信息资源产权归属关系或所有制属于经济基础中的生产关系,是经济学研究的基本问题。产权归属关系的本质属性存在于人的需求目的性与事物客观规律性的平衡之中,它与技术的本质属性是相似的,都属于巧用客观规律来制造人们所需要的东西。只是技术表现为具体的发明物或技巧,而经济领域表现为经济制度或经济理论。例如,价值规律理论是经济学中重要的理论,在经济学中,价值规律是指商品的价值取决于社会必要劳动时间,商品按照价值相等的原则交换。对地理信息资源产权来说,价值规律的核心是人们的行为都趋向于向投入最少或收益最大的方向发展。怎样才能使最少的地理信息资源转化为最大的社会财富?一是缩短资源转化为财富的周期,二是使资源使用到能转化为最大财富的地方。追求价值最大是人的需求目的性,而如何实现则必须符合客观规律。自然科学的任务是认识自然规律,对经济科学来说,它的任务是认识经济规律。经济规律也是不以人的意志为转移的客观规律,诸如价值规律与经济区域发展规律,都是客观存在的。

地理信息资源产权主体享有的权利内容属于法律制度,其本质属性存在于人与人之间的关系中。人最核心的本质是其需求目的性,而这种需求目的性能否实现,又取决于许多因素。要使需求目的性能够实现,就必须使欲望与理智之间的关系实现平衡。欲望或需求目的是人与生俱来的本质属性,而理智是由后天教育、道德、法律的作用所形成的。对整个地理信息资源产权来说,其本质属性是如何协调人的需求目的性与客观规律性关系的问题。

(三)地理信息资源产权研究的基本思路

研究制定地理信息资源产权政策必须有如下方面的理论依据:

第一,必须反映或依据包括自然、经济和社会规律在内的客观规律。

第二,必须符合或依据国家宪法、法律及相关法学理论。

第三，反映制定政策的需求目的性。

第四，必须对地理信息资源产权政策的形成、发展有系统的了解与预测。

这四条理论依据是相互联系的，第一条是最基本的依据，是后三条的前提条件。因为第二条的法律依据就是以往政策制定者对现实需求目的性与客观规律性协调的产物，第三条的现实需求建立在客观规律性的基础上，第四条政策的形成发展是人们对事物本质属性的认识过程或认识阶段。

第二章

地理信息资源产权属性

第一节　地理信息资源的特性

地理信息资源产权的本质属性存在于各种相互关系中，包括地理信息资源产权与其他财产权的关系。地理信息资源产权与其他财产权相比较所具有的特征，是由作为财产权客体的地理信息资源与其他财产权客体的区别所引起的。

一　地理信息具有信息的一般属性

地理信息作为信息的组成部分，不仅具有信息的一般特性，还具有自身的特性。信息从功能上进行分类，大致具有替代性或指示性功能与资源性功能，并且包括地理信息在内的所有信息都同时具备这两大功能，而这两大功能又是由信息的特性决定的。

（一）作为替代性功能的信息特征

所谓信息的替代性与指示性功能，是指信息作为一种符号所具有的功能，它可以对包括人体、物质材料和能源在内的一切客观事物及人类加工制造的物质和知识产品起到替代、指示的作用。信息之所以具有替代、指示性功能，是因为信息具有客观存在性，从而使信息的应用具有普遍性和客观虚拟化。

信息的客观存在性特征及其应用上的客观虚拟化既是指示性功能的基础又是资源性功能的基础，是信息最本质的属性。所谓信息的客观存在性即指信息是客观世界存在的形式、运动状态和本质属性的反映。人体的眼、耳、鼻、舌、身所能感受的色、声、香、味、触都是一种信息。例如，我们看到的建筑物的形状、大小和颜色，听到大海的波涛声，闻到花卉的芳香味，都只是客观世界存在的一种信息。因为作为实体的建筑物、大海、花卉并不可能装进我们的眼睛、耳朵和鼻孔，也装不进大脑。但信息与实体二者之间存在一一对应的关系，即脑海中的建筑物、大海、花卉是客观实体的虚拟化，是现实中的建筑物、大海、花卉通过光、电、波、磁等的作用所发射自身存在的特定信号并为人们的感官所接受，才为大脑所存储和显示的客观虚拟化。

客观虚拟化是当代信息时代社会经济运作的基础，因为当代的网络世界就是运用一系列符号，借助于计算机技术对事物的分布和发展过程进行虚拟建模所形成的。客观虚拟化有两个作用：一是客观世界的真实反映，它是包括电子政务、电子商务、数字地区、数字交通、网络教育、网络医院等电子空间的基础。二是对真实时空的压缩，包括横向地域上对传输时间的压缩，实现全球范围内的同步运作；也包括纵向演化发展过程时间的压缩，可实现对以往历史的重建及未来发展过程的预测。

同客观虚拟化相反，不符合客观世界真实存在的信息是虚假虚拟化，是假、冒、伪、劣的信息，它在社会生活中也是有害的。保护客观虚拟化，防止、制裁虚假虚拟化就是政策和法规的任务。

从功能上说，信息作为符号的替代与指示是不同的，其中替代功能涵盖指示功能，或者说指示只是替代功能的一种形式。信息作为事物替代的功能，本身就可能具有资源、财产和商品的某种功能。例如，它作为事物的替代，可以在辅助国家机关、企事业单位和个人的决策、管理、设计等方面发挥事物所不可替代的作用。而信息作为指示功能，它本身不是资源、财产和商品，而是通过区别于其他事物的特征符号来指示特定的资源、财产和商品。例如，地理标志具有商标的功能，同样在电子商务和电子货币中，具有指示商品和货币的功能，在网络医院和网络教学中具有指示医生与教师的功能。

（二）作为资源性功能的信息特征

信息的资源性功能，是指作为数据的信息经过采集、加工、分析、传输、显示、存储和应用，可以制成各种信息产品或商品。

作为数据的信息，本身就是资源、财产和商品。当代信息革命就是由信息技术的革命所驱动或引发的，随着信息技术革命的深入发展，到如今信息数据已是信息革命的实质内容。在分析信息作为符号的替代功能时，已指出信息作为事物的替代功能是信息时代社会经济运作的基础，但作为符号的信息在诸如电子商务、网络医院中，只是作为系统运作与识别的标准而起作用。作为数据的信息，在社会经济信息系统中的作用则是以数据形式作为信息系统中基础的、核心的要素而发挥自身的功能。因为，包括社会经济信息系统在内的所有信息系统，都是由信息数据、信息技术和信息规则等三个结构要素所组成的。在各类社会经济信息系统中，信息技术为人们的虚拟活动提供运作平台，包括作为符号的信息起着标准规则的作用，只有信息数据的应用才是系统运作的实质内容及目的所在，而无论信息技术还是信息规则都是环境条件，都是为作为信息数据的内容服务的。

信息数据的资源性功能是多方面的，不仅信息本身就是资源、财产和商品，而且也是产业结构要素和国家信息基础设施的重要组成部分。本书所讨论的地理信息资源产权中所说的信息资源，主要就是指这部分的信息数据和地理信息数据。

信息数据之所以具有资源性功能，也是由信息的特征所决定的。信息除具有客观存在性与应用上的客观虚拟化外，信息数据还具有抽象性、压缩性，应用上的数字化和可存储性、可传输性，应用上的即时化、网络化，以及可转换性、可扩充性、可共享性与应用上的社会知识化、设计目标化等特征。

抽象性是指信息已脱离客观事物实体，是事物的抽象或本质反映。作为自然信息，它表征为各种形式的信号；作为人工信息，它表述为各种图形、符号、数字、公式等所谓的形、数、理。由于各种抽象的信息都是事物实体的真实反映，因此就可以通过这种抽象体来研究真实的事物。这是信息流可以调控物质流、能源流的原理。由于信息具有抽象性，就可以通过技术方法对它的空间存在及发展过程进行压缩。信息的可压缩性可以从技术上予以表述，包括模拟方法和数字方法，并且这两种方法可以相互转化。在当代，借助于信息技术，信息数据已经实现数字化表述和传输。

信息的可存储性与可传输性是指借助于一定的物质载体对信息进行记录与借助于一定动力对信息进行传输。信息虽然不是物质也不是能量，但信息也离不开物质和能量。因为信息必须以一定物质作为自己存储的载体，如人的大脑、纸张、磁带、光盘，否则信息就不可控制。信息又需依靠一定的能量才能传输，如客观信息的传输速度是与波长、频率成正比的。正由于当代信息技术可以通过光纤进行传输，这样信息在全球的传输就可以实现即时化。再加上互联网（Internet）可以把全世界所有的计算机终端连接起来，从而实现全球网络化。

信息的可转换性是指自然信息可以转化为人工信息，以及不同形式的人工信息的相互转换。例如，自然物体发射的波形、信号等自然信息可以转换为图像、语言、文字、数据表格等人工信息，也可以把上述信息转换为计算机可以识别的数字或代码等。可扩充性是指人工信息在反映客观存在事物的本质属性时，在思维过程中有一个不断深化、扩充的过程。由于信息的抽象性，信息在使用中就不会耗损；再加上可扩充性，信息则可以在使用中使其价值增值。可共享性是指信息作为资源、财产和商品在使用时的不耗损性和扩充性，因而可以提供给许多人共同使用。信息的可传输性、可扩充性和可共享性，使信息的获取变得十分方便。或者说借助于信息的这些特点，在信息技术的支撑下就把知识在于积累转变为知识在于检索。这样知识的社会化以及社会的知识化也就十分方便，并且在社会知识化的前提下，设计目标化也就是顺理成章的事。人们只要有一台联网的计算机，加上自己构想的目标，就可以虚拟出这个目标的实现过程，因此人们常说"不怕做不到，就怕想不到"。

信息具有上述特征，使信息既具有替代性功能和资源性功能。替代性功能使信息的应用范围带有绝对的普遍性；而资源性功能使信息的使用可共享、创新和增值，是一种真正的绿色资源。信息这两种功能的结合，就能使它在国民经济中发挥十分重要的作用。

二 地理信息的特殊性

地理信息作为地理空间位置信息及与之相关的信息，在地理空间位置上承载着与国家安全、人们生产生活息息相关的自然资源和人工建筑物，从而使地理信息具有基础性、公益性和国家安全性等特征。这些特征的功能分别是：基础性可使各类社会经济信息系统实现空间化，公益性要求为全社会进行普遍性服务，国家安全性要求实施相应的安全保密措施。

（一）地理信息的基础性

基础就是支撑或前提条件，正如地基是建筑物的支撑，地基有多深、多牢，建筑物就有多高、多稳；经济基础作为全社会的物质支撑，是社会稳定发展的起点、前提和依据。地理信息系统与一般信息系统的根本区别就在于地理信息系统是一个具有三维空间的信息系统。地理信息的坐标系统不仅标明地理空间位置上的相互关系，而且也使该空间上的自然物与人工物有了确定性关系。为保证国民经济各专业、各层次和各区域地理信息的相互匹配、交换和数据共享，达到综合分析评价和应用的目的，就必须有一个统一的地理坐标系统框架作为信息采集、储存、提取的共同基础。这种统一的坐标系统及其投影就是地理信息系统定位的基础，从而也使地理信息具有基础性特征。

地理信息的基础性在国民经济与国防建设中的重要性，可以用一句话来概括，即没有信息高速公路和地理信息基础设施的建设，就没有国家的信息化，而国家信息化又是当代国家现代化的集中表现。地理信息的基础性特征在我国的法律中也予以明确的界定。《测绘法》第十一条第二款规定："本法所称基础测绘，是指建立全国统一的测绘基准和测绘系统，进行基础航空摄影，获取基础地理信息的遥感资料，测制和更新国家基本比例尺地图、影像图和数字化产品，建立、更新基础地理信息系统。"《气象法》第三条第一款规定："气象事业是经济建设、国防建设、社会发展和人民生活的基础性公益事业，气象工作应当把公益性气象服务放在首位。"

地理信息的基础性表现在多个方面，但其中作为空间定位依据的坐标系统及其经纬度又是基础中的基础。在当代的网络空间中，如果信息系统无法实现空间化导航，就像现实世界中没有路标、没有红绿灯一样，人们的行动将寸步难移。地理信息的基础性特征，使它成为国家信息基础设施的重要组成部分。在我国基础地理信息数据中，大致可分为公共地理定位数据和基础公益性数据两大类。公共地理定位数据是指国家测绘局所生产的1∶100万、1∶25万、1∶5万地形数据和数字高程模型等数据；基础公益性数据是指土地利用、地籍、土壤、植被、地质、气象、水文、环境质量、社会经济等数据。

（二）地理信息的公益性

凡具有基础性的地理信息也同时具有公益性特征。例如，《测绘法》第十一条第一款就明文规定"基础测绘是公益性事业"，《气象法》第三条则直接把气象事业界定为基础性公益事业。因为公益性的含义就是指对全社会大多数成员甚至是所有成员都有共同利益。上述所列的基础公益性数据都属于公益性地理信息。基础公益性地理信息同时也具有商业性特征，因此作为商业性的这部分地理信息资源，属于产权人所专有，其公益性就受到一定限制，但在产权保护期限届满后，依然可以恢复其公益性的本来面目。

（三）地理信息的国家安全性

地理信息是一种空间定位信息，在空间位置上承载大量自然和人工信息，特别是有关军事设施等标志信息，直接关系到国家的安全和利益，为此各国都把有关国家机密的地理信息置于国家的专控之中。

地理信息资源的特性，是地理信息资源产权区别于其他财产权的基本依据，也是制定地理信息资源产权政策的基本依据之一。

第二节　地理信息资源产权与其他财产权的比较

一　财产及其分类

（一）财产的属性

财产与资源既有联系也有区别。相同之处是两者在经济上都具有有用性，并且资源是财产的基本来源。例如，《辞海》就把资源界定为财产的来源，一般是指自然的财源。自然资源的有用性取决于技术水平，因此严格地说，自然资源是指在现有的技术条件下，自然界中所存在的那些对人类有用的物质、能量和信息等资源。财产与资源的区别是财产的构成要件要比资源复杂，因为财产同时具有经济、技术和法律等三方面的属性。

第一，财产的经济属性。首先财产要具有满足人们在物质与精神需求方面的有用性。其次财产具有稀缺性，稀缺性在经济学中原指物质、能量的存有量对人们的需求来说总是稀缺的，这种供求关系的紧张，就决定了物以稀为贵。对于信息稀缺性来说，尽管信息不耗损、可共享，但地理信息资源的获取，必须要付出高昂的代价，不像阳光和空气那样是人人可得的资源，因此也具有稀缺性特征。当代财产最核心的经济属性是商品性，经济学不仅关心财产有什么用，而且更关心财产如何使用。因为财产仅为自己使用或消费，其价值将十分有限；如果作为交换的商品，那么其资产将大大地得到提升。经济学通常用资产来替代财产，所谓资产是指能够带来收益的东西。

第二，财产的技术属性，包括可控制性或可操作性以及安全性，财产的这些属性都依靠技术工具的调节才能实现。可控制性是指财产可以为人们所使用或消费，可操作性是指可以作为商品进行交易。安全性是指财产在使用和存储时不会被他人所窃取，而始终在自己的控制中。财产的技术属性从本质上说是人们对自然界事物的控制能力，财产的内涵随着技术的发展而不断丰富或扩大。

第三，财产的法律属性，是指财产具有排他性和法定性两大特征。所谓排他性是指财产归属关系不能同时设定两个所有权主体，所有人对其所有的财产的支配权和收益权是排他的。因此，动产要占有，不动产要有明确界线，知识产权要专有。为此，对可能引起纠纷的财产权通常要实行登记制度。财产的法定性是指能否成为财产，要由国家法律予以确认，只有国家法律确认的财产才会受到法律的保护。

在当代信息技术条件下，在国家相关法律规定中，地理信息资源已成为国家重要的财产和商品，是产业经济中的重要结构要素，是产权关系的重要客体。

（二）财产的分类

随着人类社会经济和科学技术的发展，财产的种类、范围都在不断增加、扩大。从财产的空间范围上看，财产已从陆地发展到海洋，又到空中和地下，现在又指向外层空间。从财产的种类上看，已从物质到能量，又从知识到信息。不管财产范围如何宽广，种类如何繁多，仍可按一定标准予以分类。传统民法对财产的分类是以形体为标准分为有形财产和无形财产。有形财产分为动产和不动产，无形财产分为知识与信息，而作为财产高度抽象的货币和有价证券，则通常划入动产之中。

1. 动产与不动产

动产是指在性质上能够移动其位置，并且不至于损害价值的物。动产所有权一旦交付就发生转移的效果，习惯上是一手交钱、一手交货，故普通法系国家称动产为货物。在购置这些货物时，有些要登记，如车辆和船舶，有些就不需登记。不动产是指其位置不能移动或者位置移动后会发生形态上的破坏或使用价值降低的物。不动产的转移以登记为其必要要件。土地是最主要的不动产，且是其他不动产的载体。地上或地下的建筑物、定着物也是重要的不动产。此外建筑物或定着物的附属设施，土地上的林木、作物及其尚未分离的产物均属不动产。不同国家对不动产范围的界定也不同，大致是大陆法系国家较宽，普通法系国家较窄。

2. 货币与有价证券

货币和证券最早是有形财产的替代，故划入动产，当然货币和证券也可替代所有的财产。货币是货物的替代，是作为货物交换的媒介，是债务支付的手段，是典型的消费物。货币与一般货物仍存在显著的区别，如对货币的占有、转让与丧失均特别自由，而没有特别设定。占有货币的人通常就推定为货币的所有人，无需登记或约定，不论是否有行为能力，转让货币行为均有效，而货币的丧失也不存在物上请求权（但存在不当得利返还请求权）。有价证券是作为一定财产权利的书面凭证。有价证券所记载的权利依据证券种类而不同，票据、债券上的权利为债权，股票上的权利为社员权，提单上的权利为交付物的债权，都是支付该权利相当的物的效力。

3. 知识与信息

知识是人类社会实践和科学研究中对客观世界认识的总和。法律上普遍接受并规定知识是一种财产，并且成为一种可操作、可支配的商品大约是 17 世纪以后的事。虽然 1474 年威尼斯制定了世界上第一部专利法，但影响范围相当有限。到 17 世纪英国哲学家培根提出"知识就是力量"以后，人们才普遍认识到知识的财产意义，18 世纪初西方国家才陆续建立起知识产权法律制度。在当前的知识产权法律体系中，作为知识产权法所保护的客体，主要包括：发明、实用新型、外观设计等专利成果；文学、艺术和科学作品，计算机软件等作品；商标、商号、商业标记、地理标记等标记符号；等等。所有的知识成果都必须借助于一定的物质载体才能把它们固定下来而成为可支配、可操作的商品。

信息是对有关人物、物体、事实、事件、现象和过程的描述总和。人们接受信息为财产是 20 世纪 70 年代以后的事，其标志是互联网的建立，才使人们充分认识到网络信息是财富之源泉。至今，信息作为产业要素已发展成为国家重要的产业部门，在发达国家还成为支柱产业。

二 地理信息资源产权与物权的比较

（一）物权的特性

物权同债权等财产权相比较，在物权客体、产权归属、权利内容等方面都具有独特的性质。

第一，物权客体的特性。物权客体是有形物体，并且是单一的、独立的、特定的物。所谓单一物是指在形态上能够单独的、个别存在的物。所谓独立物是指在物理上、观念上、法律上能够与其他的物区别而独立存在的物。而只有独立物，所有人才能进行直接支配。所谓特定的物是指任何一个具体的单一物或独立物，而不是抽象的物。因此行为、精神财富不能作为物权的客体。物权法对物的利用是遵循一物一权的原则，因此在利用上具有排他性。物在利用过程中也具有消耗性和磨损性，故耗损性是物权的特性。人们对物的利用寿命取决于物的固有属性与利用状态，因此对物权的使用一般并没有设定限制的期限。

第二，物权在归属上的特性。物权具有独占性或排他性。传统法学认为只有独占和排他的物，才能成为法律保护的物权。因此不能在同一物上设定两个所有权（共有人属于同一个所有权）。物权在归属上的特性，表明物权所有人只有占有和圈定该物，才能行使支配与收益的权利。

第三，物权权利内容的特性。物权权利主体享有直接支配物的绝对权或对世权。对世权是指物权的权利主体是特定的，其他任何人都负有不得非法干涉和侵害权利人享有物权的义务，一切不特定的人都是义务主体。一句话，义务是针对世上所有的人，因此称为对世权。绝对性是指保护的绝对性，世上任何人都不得侵犯，而不是说物权的权利内容是绝对不受限制的。绝对不受限制的物权权利内容不利于当代社会的发展，代之而来的是物权所有人也负有义务。正如我国《宪法》第五十一条的规定"不得损害国家的、社会的、集体的利益和其他公民的合法的自由和权利"。物权所有人对物权权利的支配权的内容包括转让、出租、典当、抵押等，此外对物权所有权的行使权利也不受时间限制。

（二）地理信息资源产权客体同物权客体的比较

1. 地理信息资源产权客体具有物权客体的财产性和商品性

地理信息资源作为产权客体，同物权中的物一样都属于财产范畴，都具有财产性和商品性特征。作为财产的地理信息资源也是由国家法律予以确认的，故财产权的法定性是地理信息资源产权同物权、知识产权所共同的特性。

一是财产性。财产的法定性使地理信息资源产权在法律上属于强行法。财产权的法定性原则是指包括物权、知识产权和地理信息资源产权都必须由法律设定，而不得由当事人随意创设。不得由当事人随意创设，是指当事人在其协议中不得设定与法定的财产权不相符合的物权和地理信息资源产权。一句话，人们对财产权的行使只能依据法律的规定，而不能像债权那样由当事人协商来设定。由于财产权具有法定性特征，人们对包括地理信息资源产权在内的财产权的取得就必须依据法律的规定，履行相应的法律程序。

财产权具有法定性，使地理信息资源产权同物权一样，也属于强行法。强行法是指不能由当事人通过协商形式加以改变的法律规范。财产权的法定性是指财产权的法律特征；而财产权法属于强行法是指财产的法律规范；二者的关系是法律规范由法律特征决定。不论是物权还是地理信息资源产权，都涉及公民个人、企业单位的切身利益，以及国家和社会的公共利益，如果像债权那样按当事人的意志来决定，就可能使国家和社会的公共利益受到损害。为此就要求对地理信息资源的内涵用登记、评估、许可使用等相关制度进行强制性规定。在程序上也要有适用、时效等制度。只有这样，才能切实保护产权人的合法权益。

二是商品性。商品性使地理信息资源产权在法律体系上属于私法范畴。传统的法律体系中，很早就对公法与私法进行划分。在当今的市场经济中，区分国家行政行为、行政权力与公民、法人的民事行为、民事权利，是市场有序运转所必不可少的。其中公法规范是行政法律关系，而私法规范是民事法律关系，二者在适用法律、诉讼程序上都是不同的。物权法和地理信息资源产权法律规范，大体上都属于私法范畴。这里所说的大体上是指当代对商品经济都注重国家的管理和宏观调控，但国家的这些行政措施都必须充分尊重法律赋予民事权利主体的权益。例如，在市场经济活动中，行政权力与经济利益相脱离就是现代法治国家的一项重要制度。总之，地理信息资源产权法律规范在本质上属于私法范畴。至于在地理信息资源产权中也存在的国家所有权，属于公权还是私权，就取决于作为财产所有人的国家，对该产权是采用行政方式还是采用市场方式来运作。如果是采用市场化方式，就属于私权，因为它在法律上适用民事法律规范。事实也说明，我国当前对国有财产规定必须按照市场方式进行运作。例如，党的十六大报告就明确指出国有大中型企业要实行规范的公司制改革。说得具体些，国有基础公益性地理信息资源产权属于公权，而国有商业性地理信息资源产权属于私权。

2. 地理信息资源产权客体区别于物权客体的特征

物权的客体是能够独立存在、有形体的特定的物，而精神财产不能作为物权的客体。然而作为地理信息资源产权客体的地理信息资源，则包括对物、事和人的描述，属于无形体。二者在物理性质上存在根本的区别，从而决定了它们在功能上就有本质区别。从功能上分析，地理信息资源产权客体不仅具有物质商品的功能特征，还具有作为符号的替代性、指示性特征。

第一，作为商品的地理信息资源具有共享性和增值性。在有形体的资源中，虽然有少数诸如水、气、阳光等在利用上并不排他而可共享，但按物权法规定，这部分资源并不属于物权保护的客体。因此，凡是物权客体在利用上都有两个特征，一是排他性，二是耗损性。然而作为产权客体的地理信息资源在利用上的特征，一是可共享性，二是可扩充性或增值性。为此在地理信息资源产权政策中，充分鼓励对地理信息资源的共享，以及对在利用中有创新的这部分拥有产权就特别重要。

第二，作为符号的地理信息具有替代、指示任何特定人体、物体、事实、事件、现象和过程的作用。地理信息的这种替代、指示功能，加上它可通过光纤以光速传输，就使地理信息能够成为信息时代数字化、网络化运作的基础依据以及具体的内容。但由于符号是客观实体的模拟、抽象和简化，已与实体存在巨大差别，为统一人们的认识与行动，就需对符号进行共同约定。为此要求地理信息政策建立标准化制度以保证信息社会可以有序运转。

(三) 地理信息资源产权归属同物权归属的比较

从法律上说，地理信息资源产权的归属关系应与物权一样，产权主体也具有独享权或排他权，不能在同一个地理信息资源上设定两个所有权。但由于地理信息资源产权客体不存在独占性或排他性，而具共享性与增值性，因此地理信息资源产权实际上存在一物多权的现象。即地理信息资源产权无法通过独占或圈定来实现排他权，只有通过法律赋予的专有权来实现排他的权利。或者说法律通过汇交制度或登记制度授予最早提出申请人享有专有权，并确认增值部分拥有自主产权。

此外，在产权归属方面，地理信息资源产权人为取得产权，其投入与收益都要比一般的物权所有人多。这是由于对地理信息资源的采集、加工、生产和更新，是一项极为消耗人力、物力和财力的巨大工程，即使当前借助于高新技术也要有大量的投入。作为商品的地理信息资源的收益是可以共享的，一旦生产出来成为产品后，就可以反复使用，只需低廉的传输成本。由于网络技术的普遍应用，对地理信息资源产权的侵权与剽窃也成为对产权保护的重点与难点。所谓保护的重点，是指由于投入巨大，如果生产出来的产品一下子就被他人剽窃，那么产权人投入也就血本无归，除国家的投入外，还有哪个私营企业愿意干这种赔本的生意呢？因此这是一个关系到产业发展的重大问题。所谓保护的难点，一是如何区分正版与盗版或如何获取盗版的证据，二是如何防止剽窃，在技术上都存在难点，需要从技术和法律制度上同时加以解决。

(四) 地理信息资源产权的支配权同物权支配权的比较

地理信息资源产权在权利内容上，权利主体同物权主体一样，也享有直接支配客体的绝对权或对世权。地理信息资源产权在权利内容上与物权的区别主要表现在权利主体所享有的具体权利内容及其对权利的行使年限等方面。首先地理信息资源产权的权利内容包括人身精神权与财产权两部分，而物权的权利内容只有财产权这部分。权利主体对其财产权享有的权利内容，虽然二者大致都包括转让、出租和抵押等权利，但具体的内容与名称仍有区别。物权中的转让包括所有权与使用权的转让；而地理信息资源产权中的转让权，包括所有权与持有权的转让。物权中的出租权在地理信息资源产权中则称为许可使用权。物权中的担保权包括不动产中的抵押权与动产权中质押权、留置权以及不动产权与动产权中都有的典当权，其内容很丰富；而在地理信息资源产权的担保权中只有质押权。这是由于物权法属于固有法，它是一种保留了较多的国家、民族、历史传统的法律；而地理信息资源产权法律是一个新兴的法律部门，它与债权、知识产权一样，都遵守当前世界上一些共同的规则。其次，地理信息资源产权在权利内容上的区别是权利的行使年限不同，物权的权利存续时间一般不受限制，但地理信息资源产权人对其权利的行使是受时间限制的。

三　地理信息资源产权与知识产权的比较

（一）知识产权的组成及其特征

1. 知识产权的组成

1992 年国际保护工业产权协会（AIPPI）在东京会议上，依据知识的功能把知识产权划分为制作成果权利与识别标志权利两大类。制作成果权利包括文学、艺术和科学作品，表演艺术、录音和广播的演出，在人类一切活动领域内的发明，科学发现，工业品外观设计等五种类型，但最主要的是著作权与专利权两部分。而识别标志权利包括商标、服务标志、厂商名和标志，以及制止不正当竞争等部分，主要是商标与地理标志等商标权。

2. 知识产权的特性

知识产权同物权和债权比较，具有财产的无形性和法定性，权利的双重性和归属的专有性，权利的地域性、时间性和公开性。

财产的无形性和法定性。知识产权的无形性是相对于物权客体的有形体而言的。作为物权客体的物总是具体的特定物，它是看得见摸得着的有形体。但作为知识产权客体的知识则是人类智力劳动的成果，它是无形的、不占空间的抽象性的产品，如果不借助于一定形状的载体来固定、存储，就除产权人外其他任何人都无法加以利用。当前的专利、商标、软件、著作等知识成果都是通过图纸、图案、说明书、电脑、多媒体等载体表现出来的。地理信息资源产权与知识产权一样，也必须借助一定物质载体来存储、显示与传输。

知识产权的法定性与物权的法定性，都是相对于债权而言的。现代法律对有形财产的物权一般采用高度概括的方法来定义，并授予产权人享有占有、使用、收益和支配等权利。当然最早的物权法也是用列举法来表述受保护的标的物。这是为了明确法律具体保护的范围，使其更具操作性。知识产权法同样也经历了由列举方法到概括方法的过程。1967 年 7 月 14 日在斯德哥尔摩签署《成立世界知识产权组织公约》时，世界知识产权组织（WIPO）用列举法来定义知识产权；但到 1992 年，AIPPI 在东京会议上就用概括的方法来定义知识产权。

权利主体享有双重权利。知识产权的双重性是对于物权而言的，物权的产权所有人仅享有单一的财产权；但知识产权的产权所有人则同时享有人身精神权与财产权等双重权利。其中人身权是一种永久的不可转让的权利，而财产权却可以转让，这样就可能出现人身权与财产权相分离的现象，如何协调这种现象，至今法律尚未找到有效或合适的解决方法。

归属的专有性。知识产权归属的专有性，是指知识产权只授予最先申请的人拥有产权。虽然知识可以共享，但产权人的权利是专有的或垄断的，如果不经产权人的同意，任何人都不得加以传播或利用。知识产权的专有权同物权的独占权一样，都是指产权人的权利是排他的，这是法律赋予产权人维护自己合法权益的一种手段。

权利的地域性、时间性和公开性。知识产权的地域性是相对于物权而言的。依照一个国家法律规定而取得的动产财产权，到另一个国家还是有效的，这是国际私法的原则。但知识产权则具有地域性，这是知识产权国际法的一种制度。所谓地域性是指依某国法律而取得的知识产权，只在该国有效，而在其他国家是无效或不受保护的，除非是依国际条约及双边协定的规定，即某国也加入该国际条约或双方签订双边协定。

知识产权的时间性是相对于物权所有权来说的。物权所有权不受时间的限制，但知识产权都规定有一定期限的保护期；保护期届满后，知识产权的专有权也就消失，而转变为全社会所共有的财产。知识产权的种类不同，其保护期也不同。我国《专利法》、《商标法》、《著作权法》等对保护期都有明确规定，发明专利权的保护期为 20 年，实用新型专利权和外观设计专利权的期限为 10 年；注册商标的有效期为 10 年；著作权中的人身权为永久权，而财产权为作者终生及其死亡后的 50 年，软件著作权的保护期为 25 年。

知识产权也具有公开性特征，虽然有些动产可以秘密隐藏，但一般财产权都需公开，才可能发挥其价值的作用。知识作为一种产权也必须公开，发明人必须公开其发明内容，才能获得专利权；商标人必须把商标印制在其商品上，人们才能识别他的商品；著作权人只有公开发表其作品，软件产权人必须进行登记，才能取得作品和软件的产权。知识产权必须公开的法律特征，也是由作为产权客体的知识特征所决定的，因为作为财产和商品的知识只有公开以后才能进行交换或流通，只有交换才能实现其自身的价值，没有交换而长期予以隐藏，就是一堆垃圾。

（二）地理信息资源产权与知识产权的一般比较

地理信息资源产权具有上述知识产权的基本特征，在产权客体上具有法定性与客体的无形性；在产权归属上具有专有性与权利的双重性；在权利内容上具有地域性、时间性和公开性等特征。在功能上也具有知识产权中制作成果权利，可以直接作为商品而转化为社会财富的功能；而且也具有识别标志权利，可以替代商品而起到指示功能的作用，可以替代一切人、物、事而起到消除事物的不确定性与使系统进行有序运作的作用。

同知识产权的功能相比，地理信息资源产权的功能，不论是客体本身的种类与数量、应用上的范围，都要比知识产权更丰富、更易得到、更普遍、更广泛。因此在生产力中的作用就更直接、更全面，意义自然也更重大。另外，作为商品的地理信息资源，也与知识产权不同。地理信息资源具有国家安全性和基础公益性特征，使地理信息资源作为商品时就受到两个因素的限制，使其商品功能也无法得到充分的发挥。其一是由于地理信息资源关系到国家安全及整体利益，只有满足这个条件后，地理信息资源才能成为商品而进入市场流通，因此需要有安全保密政策来把这道关口。二是作为基础公益性特征的地理信息资源，必须为全社会进行普遍性服务，也只有满足这个条件后才能成为商品，因此，产权政策必须对地理信息资源的基础公益性与商品性的界线进行划分。

即使地理信息资源作为基础公益性而为全社会进行普遍性服务，它所体现的社会效益或社会功能也是知识产权所无法比拟的。因为地理信息资源不仅可以作为数据资源提供全社会共享，从而实现资源转化为物质和精神等社会财富的转化功能；而且还表现在地理信息作为符号，可以作为信息时代社会经济运作的基础及其具体的内容。例如，当今各种电子政务、电子商务、电子货币、数字城市、数字交通、网络教学、网络医院、网络社区等经济社会信息系统中，信息和地理信息就分别替代或指示人物、商品、货币、城市设施、交通工具和社区活动等的作用。地理信息这两种功能在信息社会中所起的作用，是任何一个知识成果所无法替代的，并且信息、地理信息本身也是任何物质、知识进行扩大再生产的基础依据和重要来源。下面仅以地理信息资源产权在功能上的特征与著作权、专利权和商标权的比较来说明。

（三）地理信息资源产权与著作权的比较

现在人们通常把地理信息资源产权划入著作权，这不仅是由于作为地理信息资源产权客体的地图资源在著作权法中已有明确的规定，并且地理信息资源产权在内涵及基本特征上都与著作权有共同之处。但是从功能上说，地理信息资源产权在国民经济和国防建设中的地位都远远超过著作权所能发挥的作用。其主要依据有二：一是地理信息资源产权除具有著作权的一般功能外，还具有诸如专利权所具有的制作转化功能，以及商标权的指示功能。一句话，地理信息资源产权的功能，几乎涵盖所有种类的知识产权的功能。二是地理信息资源产权在功能上同著作权相比较，更易于商品化或资产化，距离生产力更近。例如，著作权法中规定的作为财产权的著作，当它使用于作品的出版发行、表演、录音录像、播放等方面时，著作权主要是起宣传教育的作用。此外，还有一部分作品可以在决策和管理中直接或间接转化为生产力因素，但多数距离生产力仍有一定距离。然而地理信息资源产权就其种类与应用，涵盖国民经济的所有领域，因为它与国民经济是形与影的不可分割关系。而且在信息技术的配合下，通过各种社会经济信息系统的运作，它可以迅速转化并大大提高生产力，因为这时的信息数据反映社会经济的本质属性，可以消除自然、经济与社会系统中的不确定性，可以使系统进行有序运转。仅就地理信息资源易于资产化的功能来说，地理信息资源产权在国民经济中的地位就远高于著作权的作用。

（四）地理信息资源产权与专利权的比较

地理信息资源产权在功能上同专利权一样，都可以起到通过技术转化为生产力的作用。仅就这个相同点来说，地理信息资源作为产业组成要素的数据库，就比专利成果的数量更多，应用上更不受专业的限制。地理信息资源还具有专利成果所没有的功能，即地理信息数据可以通过消除事物不确定性与使系统有序运转而在生产力系统中发挥辅助设计、规划、管理和决策等功能，直接或间接转化为社会财富，以及作为国家信息基础设施而发挥国家和地区在信息化中的基础作用。

（五）地理信息资源产权与商标权的比较

地理信息资源产权在替代功能上，也具有与商标权相同的指示功能。从这个意义上说，地理信息中的地理标志就是商标的组成部分，其实商标法也把地理标志权作为商标权的组成部分。地理信息作为符号的替代功能，不仅仅在地理标志中起着指示该地区商品的作用，而且还起到替代或指示任何人物、物体、事实、事件、现象和过程的作用。而这种替代或指示功能，一直在政治军事与社会经济中发挥重要作用。例如，军事专家常说，一条军事情报信息甚至可以左右甚至决定一场重大战争的结局；工商业人士常说一条信息可以救活一个大工厂；新闻媒体对假冒伪劣商品的披露，对人们食品安全的作用也是人所共知的；更不要说信息、地理信息对各个社会经济系统的替代功能，它在信息社会中的作用更是商标权所不能比拟的。

从地理信息资源产权的功能、特征同知识产权的比较中，大致可以得出地理信息资源产权就是广义知识产权的组成部分的结论。这不仅是因为知识产权的组成结构是一个庞大的体系，它完全可以包容地理信息资源产权的加入；而且更重要的是，二者的内涵、属性与功能特征，都是相同或相似的。

第三节　作为知识产权的地理信息资源产权

一　地理信息资源是知识产权的权利客体

我们能否在知识产权结构的框架内构建地理信息资源产权结构？如果这种设想行得通就可以避免另起炉灶，省去前期研究中的许多复杂工作，或者说可以利用现成的知识产权立法成果，来构建地理信息资源产权结构。对于这个问题，其关键是地理信息资源产权能否划入知识产权的范畴。其实不仅仅是地理信息资源产权与知识产权具有千丝万缕的联系，而且更重要的理由有三：一是地理信息符合《成立世界知识产权组织公约》中知识产权的定义；二是当前一些国际条约也把地理信息作为知识产权加以保护；三是在我国法律中已有明文规定，把许多地理信息资源列入知识产权保护的范畴。

（一）地理信息是国际法的产权客体

1.《成立世界知识产权组织公约》对知识产权的定义

1967 年在瑞典斯德哥尔摩签订的《成立世界知识产权组织公约》中对知识产权的定义采用了列举法，其具体内容有：①文学、艺术和科学作品；②表演艺术家、录音和广播的演出；③在人类一切活动领域内的发明；④科学发现；⑤工业品外观设计；⑥商标、服务标志、厂商名称和标志；⑦制止不正当竞争；⑧在工业、科学、文学或艺术领域内一切其他来自智力活动的权利。以上定义是一个最广泛的定义，它涵盖了人类智力活动的一切成果。1994 年 4 月在乌拉圭签订的《与贸易有关的知识产权协议》（TRIPS）还增加一条"未披露过的信息专有权"。

法学界通常认为《成立世界知识产权组织公约》第二条最后一款"以及在工业、科学、文学或艺术领域内一切其他来自智力活动的权利"是无所不包的"兜底"条款。但是有些法学家又认为信息数据并无创意，难以列入该条款；而TRIPS 中，虽然提到信息，但"未披露的信息专有权"是指"商业秘密"，并不是通常意义上的信息数据，因此信息数据不能列入知识产权法所包含的范畴。

果真是这样吗？没有创意的信息数据就不是智力活动的成果吗？国际保护

工业产权协会在 1992 年东京会议上，就把知识产权分为"创作成果权利"与"识别标志权利"两大类。对识别标志权利这类知识产权就可以是无创意的，但它们都属于知识产权的范畴。这个话题还将在下面分析，我们这里要分析的是地理信息数据包含人们智力活动的成果。这是由于地理信息数据资源是指包括原始采集和经过加工处理后的信息数据。首先即使是原始采集的地理信息数据，也是人们智力活动的成果，包括通过传统的和现代高新技术对原始地理信息的获取过程，都是专家、学者和广大科技人员经过精心规划、组织和实施等大量体力和智力活动才取得的信息数据成果，如果否认这一基本事实，那么广大科技人员的心血不就白花了吗？

2. 地理信息资源是智力劳动的成果

提供社会共享或者进入市场作为地理信息产业原材料的地理信息数据，都是经过包括标准化处理、安全保密保护、包装处理等一系列的技术加工活动。具体而言，作为地理信息产业原材料的地理信息数据具有较高的技术要求。例如，提供社会共享或进入市场的地理信息数据产品必须符合如下条件：

（1）地理信息数据产品应当符合标准化要求，包括必须有统一的分类和编码标准、有统一的数据格式或者能提供转换接口、具有灵活使用的数据结构、有统一的管理和使用属性指标、有统一的本征属性指标。

（2）地理信息数据产品应具备元数据，并且元数据必须标准化。

（3）地理信息数据产品必须按统一工艺流程开发，包括有统一标准的数据采集及编辑工艺、有统一的标准质量和一致性的检验规程。

（4）地理信息数据产品要有标准的外包装。

可见，所有的地理信息数据都是经过一系列的加工处理，特别是当今网络时代的地理信息数据，都是经过高技术的加工处理，所以地理信息数据都是科技人员"智力活动所产生的权利"，完全符合《成立世界知识产权组织公约》所界定的范畴。说得更具体些，信息还包括公约所列举的第六项中所指出的"标志"，因为信息数据就是事物的替代符号或标志，地理信息也包括地理标志。

3. 东京会议上对知识产权的归纳分类

1992 年国际保护工业产权协会在东京会议上，又进一步把知识产权界定为"创作成果权利"与"识别标志权利"两大类。或者说东京会议已把 1967 年斯德哥尔摩对知识产权定义所采用的列举法提升为归纳法，其中①～⑤各项知识产权对应于"创作成果权利"，而商标服务标志、厂商名称和标志，以及制止不正当竞争等知识产权对应于"识别标志权利"。用创作成果权利和识别标志权利这两大类概括知识产权的优点是避免了列举法所产生的遗漏现象，从而也避免了不必要的争论。例如，东京会议对知识产权的新定义，就可以避免知识产权是否必须要有创意的争论，因为新定义已给出明确的答案。如果说知识产权中的"创作成果权利"必须具备创意的话，那么对"识别标志权利"这类知识产权是否要求必须有创意，其答案是否定的。TRIPS第十五条第一款规定："任何能够将一企业的商品或服务与另一企业的商品或服务区分开的标志或标志的组合，均应能够构成商标。"可见，该协议对商标的构成要素是没有任何限制的，也无需有任何创意，只要由这些要素组成的标志具有自身显著特征就行了。实际上有些国家还允许诸如闻气味、听声响、一定的立体形状等要素构成的商标存在，并得到国际条约的认可，因而有气味商标、声响商标、立体商标等。当然这些商标并没有任何创意，但却仍然属于知识产权保护的范畴，因为对识别标志权利这一类知识产权并不要求有创意。其实一些国际条约很早就把诸如货源标志、原产地名称、地理标志等识别标志权利列入保护范畴。例如，1883年《保护工业产权巴黎公约》中就把货源标志作为知识产权来保护。包括货源标志、原产地名称、地理标志和商标等知识产权并无创意，但这些名称或标志是历史上人类付出包括智力活动在内的劳动成果。由于识别标志权利这类知识产权与地理信息资源产权的界定存在特别密切的联系，下面还将继续予以分析。

（二）一些国际条约已把地理信息作为知识产权加以保护

1. 货源标志和地理标志等术语其实就是地理信息

如上所述，在国际知识产权保护公约中，早就使用一些与地理信息名称相似的"货源标志"、"原产地名称"、"地理标志"等术语，作为知识产权中的识别标志权利加以保护。除1883年《保护工业产权巴黎公约》和1891年《马德里协定》称之为货源标志外，1925年海牙会议及1958年的《里斯本协定》称之为原产地名称，1994年乌拉圭回合称之为地理标志。《巴黎公约》中对货源标志（indication of source）的解释是："指任何用于标示产品或者服务起源于某个国家、某个地区或者某个特定地点的任何表达形式（expression）或标志（sign）。"《里斯本协定》将原产地名称（appellations of source 或 origin）定义为："一个国家、地区或者地方的地理名称，用于指示一项产品来源于该地，其质量或者特征完全或者主要取决于地理环境，包括自然和人为因素。"1994年 TRIPS 中就直接使用地理标志（geographical indication），并定义为"是指识别货物原产自某一成员方境内或者其境内的一个地区或地方的标志，货物的特定质量、声誉或其他特征实质性取决于其地理原产地"。在这些国际条约中都明确规定，它们属于工业产权而予以保护，并且这些国际条约至今也仍然有效。

其实不论是货源标志、原产地名称，还是地理标志等不同术语，它们都属于地理信息的范畴。

法律层面上，地理信息可以定义为那些直接、间接与地理空间位置分布及时间发展相关的自然、经济与人文等方面的物体、事实、事件、现象和过程描述的总和，不论这些信息是以何种形式的载体提供的。更简要地说，地理信息是指那些具体特定空间位置之事物和现象的替代。显然包括货源标志、原产地名称和地理标志，它们都是某个特定的地名或者特定地区的替代。

首先，《巴黎公约》对货源标志所解释的某个国家、某个地区或者某个特定地点，都是指用于标志某一产品或服务起源于特定的地理位置或地理界限；而任何"表达形式"或者"标志"，都是对某国家、地区、地点的替代。可见，货源标志也完全符合地理信息的定义，或货源标志是表述某国家或者地区产品或者服务特征方面的特定地理信息。

其次，《里斯本协定》中所定义的原产地名称直接表达了与地理位置相关的自然和人文特征的特定地理信息。

最后，在 TRIPS 协议中的地理标志的定义中，标志仍然是指事物的替代或描述，地理是指空间分布位置。地理标志是某产品具有特定区域分布特征的表述，完全符合地理信息的定义。只是，地理信息包括直接、间接与地理空间分布相关的自然、经济、人文等方面的信息，而货源标志、原产地名称和地理标志都是直接与空间位置分布相关的信息，即地理信息概念大于地理标志。从这个意义上说，一些国际知识产权公约，很早就把地理信息作为知识产权而加以保护。

2. 商标与地理标志的联系

商标是商品生产者或销售者在自己的商品上使用的用来区别他人商品的一种专用标志。作为商标只要求该标志具有显著的特殊性，此外没有其他限制。地理标志与商标一样，都是一种识别标志，用来识别某一国家或地区的商品具有某种质量、声誉或其他特性。因此，商标与地理标志在作为"标识"（识别标志）上所起的作用是相同的。如果说商标作为商品的符号或替代，那么商标就可以看做是一般信息（在这里商品是真实存在，而商标是其符号，商标与真实商品能够一一对应，就是货真价实，如果二者不对应，就是假冒伪劣商品）。而地理标志是某一国家或地区商品的符号或替代，则地理标志就是地理信息（在这里某一国家或地区商品是实，地理标志是虚，虚实之间也必须一一对应）。从这个意义上说，商标与地理标志就是信息与地理信息的关系。这也说明商标与地理标志之间存在密切的联系。

我国对地理标志的保护也是在《商标法》的框架内进行的。我国首次把地理标志作为保护对象是在 1994 年国家工商行政管理局发布的《集体商标、证明商标注册和管理办法》（简称《办法》）中提出来的。2001 年修改的《中华人民共和国商标法》（以下简称《商标法》），2002 年国务院发布的《中华人民共和国商标法实施条例》（以下简称《商标法实施条例》），2003 年工商行政管理局对 1994 年《办法》进行的修订，都是在商标法的框架内来构建我国保护地理标志的制度和规则。

当然，商标与地理标志仍有区别，商标是私权，厂商的商标是该厂商所享有的专有权；而地理标志是地理区域内所有人所共有的，因此《商标法》规定："县级以上行政区划的地名或者公众知晓的外国地名，不得作为商标"。

3. 地理信息资源产权同包括地理标志权在内的商标权的异同

上面已分析过两个问题：其一，我国是在商标法的框架内来构建地理标志权的法律制度和规则；其二，我们对地理信息资源产权也一直是在地理标志权和商标权等识别标志权利范围内进行分析比较的。这是由于地理信息资源产权同包括地理标志权在内的商标权等知识产权的识别标志权利具有密切联系，而这种联系主要体现在产权关系的客体上。商标权的客体是商标，地理标志权的客体是地理标志，而商标、地理标志都是真实商品和地理空间中商品的替代或符号。同样地理信息资源产权的客体是地理信息，地理信息是地理空间中事物的替代或符号。商标、地理标志、地理信息都是以某种具有独特性的符号来替代或表达特定的商品、特定地区商品和特定地理空间上的事物，这样就使作为商标、地理标志以及地理信息可以在商品流通、媒体传播中具有替代具体商品、事物、人体活动的指示功能。

作为地理信息资源产权关系客体的地理信息，同识别标志权利客体的地理标志、商标具有相同的指示功能，这是我们分析地理信息资源产权可以具有识别标志权利而列入知识产权的入门理由。然而地理信息资源产权不仅可以作为符号在商品流通、媒体传播中具有替代该具体事物、人体活动的指示功能，而且还具有被替代事物的某些实质性功能，以及被替代事物所没有的功能，这就使地理信息资源产权同包括地理标志权在内的商标权，既有相同之处，又有区别之点。

地理信息资源产权与包括地理标志权在内的商标权的相同之处，在于地理标志、商标和地理信息都是特定商品、特定地区商品和特定地理空间中具体事物的符号，作为地理标志权、商标权和地理信息资源产权都可以从该地理标志、商标和地理信息的使用中获得经济利益，因此需要法律予以保护。

地理信息资源产权与商标权、地理标志权的区别，在于商标、地理标志仅仅是该商品、该地区商品的替代，所以商标权与地理标志权的经济价值只有为消费者所认识和购买后，才能实现厂商的经济价值；并且如果大家都共同使用这一商标、地理标志，那么该商标与地理标志的声誉也就不存在，其经济价值也就丧失。可见，商标权和地理标志权等识别标志权利的经济价值就存在于它所替代的商品的质量、声誉和其他特征上。或者说商标权和地理标志权等识别标志权利，其经济价值仅仅是作为某商品区别于其他商品的这种差别性的符号上，厂商和经销商正是从商品差别性中才获得其经济利益的。

如果差别性不存在，他们的利益也就消失。然而地理信息资源产权除了具有知识产权中这种识别标志权利的指示功能外，它更重要的功能是作为经济运行中的生产要素而发挥它在国民经济中的作用。地理信息资源产权的这种功能，本书将在知识产权创作成果权利的创作功能中予以分析。

（三）按我国法律规定绝大部分地理信息属于知识产权客体

1. 《著作权法》对地理信息的规定

我国《著作权法》第十六条第二款第一项中规定"工程设计图、产品设计图、地图、计算机软件等"都属著作权客体，包括地形图、普通地图、地籍图、海图和其有关的专题地图等地理信息数据都属著作权客体。

《著作权法实施条例》第四条第一款第十二项，对作为著作权的图形作品又进一步界定，即图形作品包括"反映地理现象、说明事物原理或者结构的地图、示意图等作品"。可见，航片、卫片等航空摄影、遥感资料、各种比例尺地图、影像图及其数字化产品，都属于图形作品。《著作权法实施条例》第四条第一款第十三项，将模型作品界定为"为展示、试验或者观测等用途，根据物体的形状和结构，按照一定比例制成的立体作品"。连同上述第十二项，也就把测绘成果都包括在内。因为所有的测绘成果都是对地理现象、地表物体形状和结构进行观测、测定，并按一定比例绘制而成的。或者说模型作品包括当代地理信息技术处理后的平面作品和立体作品，其中立体测绘成果属于模型作品，而平面测绘成果属于图形作品。因此这两项就几乎把所有测绘成果包揽无遗。

2. 《测绘法》对地理信息的规定

2002年修订前的《测绘法》第二十一条直接规定，测绘成果属于知识产权。修订后的《测绘法》虽然没有直接规定测绘成果属于知识产权客体，但却从测绘定义及其他具体规定中来体现测绘成果属于知识产权，包括通过当前高新技术获取的地理信息数据，也包括通过传统方法获取的地理信息数据。正如修订后的《测绘法》第二条第二款规定："本法所称测绘，是指对自然地理要素或者地表人工设施的形状、大小、空间位置及其属性等进行测定、采集、表述以及对获取的数据、信息、成果进行处理和提供的活动。"即在《测绘法》的测绘定义"对自然地理要素或者地表人工设施的形状、大小、空间位置及其属性等进行测定、采集、表述"与《著作权法实施条例》"反映地理现象、说明事物原理或者结构的地图、示意图等图形作品"（平面测绘成果）和"根据物体的形状和结构，按照一定比例的立体模型作品"（三维测绘成果）中，对地理信息的表述都是一致的。只是《测绘法》又进一步说明《著作权法实施条例》中所说的图形作品是对测绘工作所获取的数据、信息、成果进行处理的测绘成果。

修订后的《测绘法》还对作为图形作品和模型作品的各种测绘成果做进一步说明。例如，《测绘法》第十一条第二款对基础测绘的规定中，还具体说明图形作品和模型作品包括"基础航空摄影、基础地理信息的遥感资料、测制和更新的国家基本比例尺地图、摄像图和数字化作品"等，《测绘法》第十九条中的土地建筑物、构筑物和地面其他附着物的有关登记资料和附图，第二十条的房籍图等。

可见，作为测绘成果的地理信息数据都属于著作权法所保护的著作权范畴。

二 在知识产权结构框架内构建地理信息资源产权结构

（一）对知识产权中两大功能权利的认识

从 1992 年东京会议上对知识产权所界定的新定义中，可以认识到知识产权具有两大功能；或者说东京会议是依据其功能上的区别才相应把知识产权划分为创作成果权利与识别标志权利。

1. 识别标志权利的功能

上文已经以商标权、地理标志权等识别标志权利为例，说明了识别标志权利的权利客体是诸如商标、地理标志等一切标志；而包括商标、地理标志等一切标志都是真实商品、地区商品的替代符号。可见，包括商标权、地理标志权在内的一切识别标志权利的功能，在于具有替代具体商品、地区商品等的指示功能。这种识别标志或标识之所以能作为一种权利，就在于它能够产生经济价值。

为什么识别标志能够产生经济价值？这是由于识别标志是真实事物的替代，从而代表该商品、地区商品等所具有的质量、声誉及其他特征；而识别标志权利则是来源于该标志区别于其他商品、地区商品的显著特殊性，当这种特殊性为消费者所认识并购买所替代的商品后，才会产生物有所值的经济价值。可见，识别标志权利主要体现在标志的差异性方面，为此法律只要求商标能区别于其他商品、具有识别的特殊性就可以了，无需有创意。至于其他所有的地理信息，则可以替代地理空间上所有人、物、事，从而起到消除事物的不确定性与使系统进行有序运转的作用，它所产生的社会经济价值，甚至可以使整个社会经济发生翻天覆地的变化。

2. 创作成果权利的功能

专利权、著作权、集成电路布图设计权、软件权等都属于创作成果权利。创作成果权利的功能，在于作为权利客体的专利、著作、设计、软件等，它们本身都可以作为产品或商品进行交易；并且这些产品或商品通过技术中介可以创造、制作出各种新的产品、服务或管理等生产力。由于这些作为专利、著作、设计、软件等权利客体，可以通过创造、制作生产出各种新的成果而为产权权利人带来大量的经济利益，因此可以把这类客体划归创作成果权利。如果识别标志权利的功能对商品起指示作用，那么创作成果权利的功能，就是客体本身具有创作性。

对创作性成果权利，特别是对客体的创作性或创意的认识不同，就直接导致某些客体被排除在创作成果权利的知识产权之外。例如，传统法学界通常认为信息、地理信息没有创意，不能划入知识产权的范畴。应该说这是对创作成果权利含义的认识不同而产生的。对创作成果权利的权利客体来说，该客体是否有创意，不仅仅是表现在诸如专利、著作、设计图和软件等客体本身是否存在创意，而更重要的是体现在该客体所产生的成果是否存在创意。或者说，主要是体现在这些客体本身可以创造和制作出更新的产品、服务和管理等各种形式的成果。从创作成果权利这组词的设定来看，创作是成果的限定词，成果才是主题词，或者说创作主要是体现在成果上。正由于这种对创意的不同认识，才把一些从权利客体本身看不存在创意，但经过技术中介的作用却可以创造、制作出一系列有创意的成果的信息、地理信息排除在知识产权范畴之外。

（二）地理信息资源产权具有知识产权的两大基本功能

地理信息资源产权既具有识别标志权利的指示功能，又具有创作成果权利的创作功能。严格地说，地理信息资源产权法律关系中作为权利客体的地理信息具有指示功能和创作功能，也是上面所说的地理信息的概念大于地理标志的概念。即地理信息既包括地理标志的全部内容，还包含地理标志所没有的内容。

地理信息资源产权之所以具有识别标志权利的功能，就在于地理信息可以作为一种标志或符号来替代真实的事物，并且通过信息流来运作物质流甚至整个经济社会，从而发挥其经济价值。例如，在电子商务中的信息数据和地理信息数据，它们是替代特定商家在特定地区的具体商品，顾客可以从网络商场中轻松地完成购物任务；而所购买的真实商品，商家则从最近的仓库中直接送到你手中，这样商家和顾客都得到了经济效益。

地理信息资源产权的创作功能，表现在作为权利客体的地理信息，不仅是作为商品、事物的替代，而且本身就是商品，也可以起到专利、著作、设计、软件等作用，通过技术中介可以创造、制作出各种新的产品、服务和管理的成果来。说得具体些，作为空间事物替代的地理信息通过信息技术的传输、显示、存储和利用，就可以了解、掌握被替代事物的规律性，可以扩大和有效利用该空间上的事和物，从而大大提高劳动生产率和人们的工作效率。另外，包括地理信息的信息数据作为事物的替代，还可以在指导、辅助国家机关、企业、事业单位和个人的决策、管理、设计等方面的工作中，发挥其真实事物所不可替代的作用。在信息时代的今日，包括地理信息在内的信息数据，已成为一种重要的战略资源、财产和商品，它贯穿在经济社会活动的所有领域及其全过程，从而影响整个社会的运转。可见，地理信息作为生产要素所起的作用，与专利、著作、设计和软件是相同的，并且地理信息还是专利、著作、设计和软件等的原材料。

从上面的分析可知，地理信息资源产权具有创作成果权利和识别标志权利两大功能，但其主要功能还是创作成果权利的功能，因此信息产权结构主要依据创作成果权利的功能来构建。

（三）地理信息是我国知识产权法的客体

从我国现行知识产权法来看，《著作权法》规定地图是知识产权；《测绘法》规定测绘成果属于知识产权；《测绘成果管理规定》规定地理信息数据是测绘成果。我国现行知识产权法有两方面规定必须引起特别注意：一是地理信息数据属于知识产权；二是地理信息数据作为商品流通时，应与专利、著作、软件的交易一样，实行严格的质量制度。在这里我国知识产权法强调的是：地理信息数据本身就是产品、商品，而不仅仅可以作为产品、商品替代的符号。换句话说，我国现行知识产权法是把地理信息资源产权放在诸如专利权、著作权、设计权、软件权等创作成果权利中来构建其产权制度和规则的。总之，不论是从理论还是现行法上来看，都必须依据知识产权中的创作成果权利的功能来构建地理信息资源产权结构。

第四节　地理信息资源产权属性与政策的构建

一 地理信息资源产权的基本属性

（一）地理信息资源产权三个要素的相互关系

地理信息资源产权具有与物权、知识产权相同的组成结构和属性特征，因此，地理信息资源产权是由作为产权客体的地理信息资源、作为产权主体的归属专有权与权利内容等三个结构要素所组成的。与地理信息资源产权的组成结构相对应，地理信息资源产权也有三个基本属性：一是作为产权客体的地理信息资源是财产和商品，从而具有经济价值；二是作为产权主体，通过国家对归属关系的确认，可以依法享有对地理信息资源的收益权；三是产权权利主体通过国家对产权权利内容的确认，可以依法享有对地理信息资源的支配权。可见，在地理信息资源产权中，地理信息资源这个结构要素及其属性特征是一个核心内容，产权主体的收益权和支配权能否实现，其前提是对地理信息资源特性的认识。或者说，政策要设定合理的收益权和支配权，就必须弄清地理信息资源产权这三个结构要素或属性特征之间的关系。地理信息资源产权的三个基本属性存在着紧密联系和不可分割的因果关系，其中地理信息资源的经济价值是因，它是地理信息资源产权存在的前提条件；收益权是果，获取更多的产权增值收益是产权人最终的目的；支配权在因（经济价值性）与果（收益权）之间架设起一座桥梁，是从起点到终点铺设的一条高速公路。可见，地理信息资源产权政策目标的实现，在颇大程度上取决于支配权的设定。

支配权是产权所有人依法对自己所有的地理信息享有的使用和处分等权利。这里所说的依法是指各种对地理信息资源支配的权利都是法律授权的，不像债权那样可以由当事人协商来设定，即地理信息资源产权包括支配权和收益权，都具有法定性。虽然物权也具有法定性，但地理信息资源产权与知识产权一样，对法定性的依赖更强烈。这是由于地理信息资源本身具有非排他共享性，极容易造成非排他使用而使权利人的权益受到损害，因此只有借助法律来保护。

收益权是指地理信息资源产权人依法对自己所有的地理信息资源享有精神和经济权利，尤其是商业利益。例如，《著作权法》中所说的人身权与财产权。作为人身权和财产权等收益权唯有与特定的权利主体相联系，才有实际意义，否则就不能称其产权。这就是政策、法律必须确定产权归属的原因。

（二）地理信息资源产权政策的目标

地理信息资源产权政策的目标，就是在明确地理信息资源产权归属的前提下，设置能够协调各方利益，可以适应、促进地理信息产业发展或可以加速产权流通和增值，又符合我国当前产权法律、法规的相关支配权，以期达到社会效益和经济效益的和谐、高效的目的。从发展地理信息产业的角度来看，明确地理信息资源产权的归属，设定相关的支配权，既是地理信息资源产权进入市场交易的前提，又是引导产业发展的指挥棒。只有特定的产权人在拥有法律授予的支配权后，才能自由进行商业运作，可以在市场经济大潮中实现自己的利益，并通过地理信息资源产权的流通交换来实现产权的增值收益。

在地理信息资源产权与产业政策中，收益权是激励地理信息资源产权人发挥聪明才智的动力机制；支配权是产权人取得利益的手段，唯有那些在地理信息产业经济运行中，能正确运用诸如许可使用权、质押权等支配权的人，才能实现高收益的目的。对地理信息资源产权政策的制定者来说，作为地理信息资源产权基本产权属性的地理信息资源的经济价值性是内在蕴藏的，政策就是要激励产权人去开发利用它。因此，政策制定者主要考虑的是，应授予产权人多大的收益权，设定哪些支配权，才最有利于调动人们开发地理信息资源的积极性。原则上说唯有保护地理信息资源产权，并能给产权人带来丰厚的经济利益和精神利益，才能最大限度激励人们创造更多的经济价值。然而凡事都有一个度，因为任何事物都存在利弊两重性，因此要求政策必须给予产权人以充分的收益权与支配权，又必须明确限制这些权利的滥用。既能平衡产权人的经济利益与全社会的社会效益等关系，又能平衡所有人、经营人和使用人等各方的利益关系。

由于地理信息资源产权中三个基本属性可以组成互为因果关系的统一整体，因而反映其产权属性的产权政策也可以构成一个统一整体。其中确认地理信息资源产权归属是基础前提，设定可以加速产权商品化的支配权是关键，保护收益权并鼓励产权创新是灵魂。通过研究并实现支配权与收益权之间以及利益各方之间的平衡，从而促使地理信息资源产权产业化与地理信息产业产权化进程的不断融合。前者是指明确产权归属，通过各种政策措施把产权转化为商品；后者是指地理信息产业经营者和使用者，都享有自己明确的一部分产权，并可在使用经营中通过创新而取得新的一部分产权。一句话，产权创造产业市场，而产业市场又创造新的产权。总之，地理信息资源产权政策应该成为地理信息资源产权与产业既双向联结又相互促进的双重机制的润滑剂。

二 地理信息资源属性与产权政策的构建

（一）地理信息资源对产权政策的一般要求

地理信息资源本身的有用性是地理信息资源产权经济价值得以实现的自然基础或潜在条件，要把资源有用性的潜在因素转化为现实的社会财富，必须依靠人们的商业化运作，并且必须有相关的政策和法律的保护。从科学技术层面上说，地理信息资源产权的经济价值是随着信息技术的进步，才逐步被认识与开发利用的。从经济学的层面上说，地理信息的可交换性和所有制性质（归属）是地理信息资源产权具有经济价值的社会前提。从法学的层面上说，经济上的可交换性和所有制的归属关系，都必须依靠法律予以保护，否则就变成无序的黑市交易，因为地理信息资源产权具有法定性。总之，要使地理信息资源产权具有经济价值并使之发挥到最佳状态，仍有一系列课题需要研究，其中最基本的有如下三方面的研究工作。

一是技术上要弄清地理信息的本质属性是什么？有哪些效用？只有通过技术装置予以控制，使人们对地理信息进行操作与使用，才能满足地理信息资源具有经济价值性、可操作性和安全性等财产三要素的要求。由于地理信息资源的有用性是通过技术装置的控制来实现的，而不是像空气那样人人随时随地可得的资源，即地理信息资源具有稀缺性的经济属性。这种稀缺属性是地理资源可以作为商品交换的前提。

二是经济学上要研究地理信息资源的所有制问题，如果地理信息资源是无主的，人人都可以使用，或者只有单一的国家所有制，人们的使用通过行政方式获取，也都无需交换。因此，地理信息资源的所有制性质是经济学研究的首要问题，这是人们进行商品交换的社会前提。经济学上要研究地理信息资源以何种形式进行交换，诸如是无偿交换还是有偿交换、何种形式的交换成本最低、其使用效率最高等一系列问题。

三是法学上要研究作为上层建筑的政策和法律必须适应经济基础的要求，即必须及时把科学技术和经济学对地理信息资源的研究成果手段予以确认和保护。其中，激励政策可以促使人们研究出更多的地理信息资源及其产权成果，以及研究成果迅速向生产力转化，使地理信息资源产权的经济价值得到充分发挥；此外，由于地理信息资源产权经济价值是通过市场交换才能实现的，所以制定地理信息资源产权交易规则，就是产权政策制定的基本任务，其中价格政策又是核心的内容。

(二) 不同特性的地理信息资源对产权政策构建的要求

具有财产和商品特性的地理信息资源，由于具有一般财产和商品的基本属性，因此可以像物权中的物和知识产权中的智力成果那样，在市场中进行交易。并且作为商品的地理信息资源与物质商品相比具有可共享性和扩充性特点；与知识产权的智力成果相比，其数量多，在应用上十分广泛。因此，鼓励地理信息资源的流通、应用，应是对商品性地理信息资源的基本政策。

具有基础性公益性属性的地理信息资源，同物权中的水文、气候、道路、市政设施和知识产权中的公共图书馆一样，属于社会公用品，其政策也应确保地理信息资源能为全社会进行普遍性服务。由于地理信息资源同时具有商品性与基础性公益性两重性，因此，产权政策应从用途上对两者的界线进行界定。

具有国家安全性的地理信息资源，需从国家安全的层次上制定相应的保密政策。制定地理信息资源保密政策，必须从国家安全的需求与客观实际的现状这两方面同时考虑。由于地理信息资源的保密，对于发展地理信息产业来说是一个制约因素，都关系到国家的整体利益，因此，必须妥善处理这二者的关系。国家安全与产业发展的平衡点是，地理信息资源的保密政策既要满足国家安全需求，同时这些地理信息又必须是能够保得住密的。这两个条件必须同时具备，第一个条件是国家安全需求是地理信息资源保密的目标，第二个条件是保密的具体内容或可能性。所谓保密，《辞海》解释为保守机密，使不外泄。可见，保密的具体内容是保守那些别人所不知道的信息，如果信息已经外泄是人所共知的事，那么在客观上或内涵上就不是秘密。从地理信息资源保密的概念上说，保密不是产权研究的内容，它属于公法的法律范畴；但它与地理信息产业的发展又具有密切联系。

三 地理信息资源归属与产权政策的构建

（一）作为归属关系核心内容的收益权对产权政策的要求

收益权是指地理信息资源产权所有人对自己所有的地理信息资源享有收益的权利。从支配权的角度分析，产权所有人对其所有资源的经济收益，主要不是来源于自己的专有、使用，而是通过对支配权的操作来获取资源增值部分的价值。从这一方面说，地理信息资源产权具有一切财产权所共有的特点，可以通过商品流通而取得收益权。然而地理信息资源产权同物权相比，又具有更大的优点，即地理信息资源的使用并不排他而可以共享，这就为产权人可设定多个许可使用权提供理论依据，以扩大地理信息资源的共享并增加收益。此外，地理信息资源可以重复使用而不耗损，并可以在使用中通过扩展和创新而使其经济价值得以提高，使地理信息资源使用人可以成为创新部分的产权所有人。地理信息资源产权政策的制定者，必须充分考虑地理信息资源产权中收益权的这些特点。

从根本上说，收益权是调动产权人积极性的最基本动力机制。然而利益分配是最敏感的问题，利益分配不均，也是矛盾激化的触发点。因此，在地理信息资源产权政策中，对收益权的设定和分配必须特别谨慎，不能只调动某一方面的积极性，而要调动各方面的积极性，就要使各方的收益权大致平衡。这对地理信息资源产权政策来说，提出了两点要求：一是政策的制定必须考虑资源的属性。对于国家财政投资取得的基础公益性地理信息资源，如气象资源，应在确保公益性气象无偿服务的前提下，可以依法开展气象有偿服务；在国家财政投资取得的地理信息资源基础上，进行加工整理、改造或创新所产生的地理信息资源具有商品属性，就可以进行商业运作。二是可以进入市场运作的地理信息资源，政策的制定者也必须全面、完整地研究各类市场主体的目的和需求，所制定的政策应能大致平衡主体各方的利益需求。

地理信息资源产权主体中，一般包括产权所有者、经营者与使用者三部分。

产权所有者通过行使包括许可使用权、质押权等支配权取得经济利益。经营者通过对地理信息资源的销售、分发、包装等各种服务而赢利。使用者的需求是发展地理信息产业的市场动力，是产权所有者和经营者收益权能否实现的决定因素，当然也有部分使用者可以成为新的地理信息资源产权的所有者。这就要求政策制定者必须有合理的价格政策，使产权所有者与经营者都有利可图，又使多数使用者能消费得起。总之，只有使各方主体的利益都能大致平衡，各自的合法权益又能得到保护，地理信息资源产权市场才能持续发展。此外，由于地理信息资源产权还可以实现多次创新，就要求政策必须确认和保护地理信息资源产权在使用过程中创新的那部分产权，这也是地理信息资源产权不断增值的一个来源。

（二）不同产权归属主体对产权政策的要求

国家作为产权所有人的地理信息资源，其使用有两种方式：一是作为公用品，提供全社会普遍性服务。这种方式从本质上说也不是地理信息资源产权研究的内容，而是国家的行政行为，它属于公法的法律范畴。另一种方式是把地理信息资源作为商品，它可以在市场中进行交易，此时国家就委托某一单位以法人身份进行经营。而以法人身份经营的单位，必须执行行政管理与企业经营活动相分离，所有权与经营权相分离的政策。

私人和企事业单位作为产权所有人的地理信息资源，其使用只有一种商业化的运作方式，它要求执行市场经济政策。

四　地理信息资源支配权与产权政策的构建

（一）地理信息资源产权的支配权

依据地理信息资源产权同物权、知识产权的共同特性，地理信息资源产权的支配权是指地理信息资源产权人享有直接支配地理信息资源的绝对权和对世权。同物权一样，绝对性是指对世性，是保护上的绝对性，而不是产权内容的绝对不受限制。支配权的实质是法律授予产权所有人可以享有某种权利，并使他可以对地理信息资源实施增值的一种工具。

支配权与收益权构成地理信息资源产权最本质的内容，是地理信息资源产权可以进行商品交换，实现产业化的经济机制和政策核心。对地理信息资源产权中支配权的研究，需从经济学和法学等各个层次上进行。

首先，所有制理论是价值理论的基础，它最终涉及经济利益的分配等敏感问题，从而关系到经济发展速度和社会安定等重大问题。资源产权政策制定的前提是必须对资源产权的本质属性有较深入地了解。其中所有制问题，尤其是对所有权的界定就是必不可少的工作，所有权包括公有与私有，以及两者之间的各种过渡形式，都必须有明确的界线，才有可能进行交换。交换也有转让、出租和抵押等多种方式，而这些交换形式是否适用于地理信息资源产权交易，以及这些交易形式所需要的交易的成本和效益等相关问题，都需要从经济学原理的高度上予以回答。

其次，地理信息资源所有权确定、维护和实现等制度，又需要国家通过法律程序予以保证，这是法学必须研究与解决的问题。例如，应该如何设置我国地理信息资源产权的所有权制度。根据《民法通则》的规定，我国当前财产所有权有三种形式，即国家财产所有权、集体财产所有权和个人财产所有权。其中国家所有权与个人所有权是两种基本形式，而集体所有权是国有与私有的过渡形式。各种财产所有权的划分是为交换提供条件，并且各种财产所有权均受国家保护。《民法通则》还规定了社团财产和共有财产，第七十七条规定"社会团体包括宗教团体的合法财产受法律保护"，第七十八条第一款规定"财产可以由两个以上的公民、法人共有"。这里提到的社团财产和共有财产，是指财产法律关系的客体，并非指财产权。财产所有权只有上述所指的三种形式。社团财产的所有权人有国家和集体两种形式，共有财产的所有权人有国家、集体和个人三种形式。《著作权法》规定的著作权人是作者，而作者可以是公民、法人或者其他组织。从所有权的形式看，著作权同样划分为个人所有权、国家所有权和集体所有权。《中华人民共和国商标法实施细则》规定，企业、事业单位、社会团体、个体工商户、个人合伙以及外国人或者外国企业都可以成为商标权的所有权人。上述这些产权归属的法律制度，都为地理信息资源所有权的设置提供了法律依据。

地理信息资源产权进入市场交易，也可以考虑采用现在市场上通行的转让、租赁和抵押等形式。而市场交换形式的法律制度，在我国也处于不断完善的过程中，《民法通则》在所有权部分规定了使用权、经营权和相邻关系（相邻关系即相邻权，相当于大陆法系的地上权）；在债权部分规定了抵押权、留置权等担保权。《著作权法》规定了人身权和财产权，人身权包括发表权、署名权、修改权、保护作品完整权等权利，财产权包括复制权、发行权、出租权、展览权、表演权、放映权、广播权、信息网络传播权、摄制权、改编权、翻译权、汇编权等权利。《专利法》规定了独占权（包括制造权、使用权、销售权、进口权）、许可权和转让权等权利。《商标法》规定商标权人享有独占使用权、许可使用权、商标转让权、续展权等权利。地理信息资源产权人应享有哪些支配权呢？首先应从《民法通则》与相关知识产权法所规定的我国产权制度出发，充分考虑有利于我国地理信息资源产业政策的基本目标，来构建包括各种支配权在内的地理信息资源产权结构内容。

为促进地理信息产业经济的发展，必须鼓励作为商品的地理信息资源产权直接进入市场流通领域，使产权所有人能在价值规律驱使下充分发挥自己的创造能力，使地理信息资源产权的经济价值不断增值。当前信息经济之所以能得以高速发展就在于科学技术的进步，以及使包括信息、知识、技术、人才在内的所有资源都可以作为商品在市场上流通。其直接后果是使信息、知识、技术等资源迅速转化为生产力，从而促进经济的高速发展。为适应和保护市场经济发展，西方国家早就建立了一套财产转移的法律制度。其法学理论的基础是把静态的财产所有权转化为财产的流转权，使财产所有权人可以借助债权的形式实现包括信息、知识和技术资源的商品化。其操作方法也相当简单，即国家通过法律程序，赋予诸如地理信息资源产权所有人享有某种支配自己地理信息资源的权利。这种支配权不仅可以保护产权人的合法权益，排除他人的非法使用；而且还赋予产权人享有许可转让权和质押权等处分自己财产的权利。地理信息资源产权人只要依法签订合同，就可以在商海大潮中自由行使自己的权利。

现代商品经济的交换形式，是人们之间通过货币同包括信息、知识、技术在内的所有有经济价值的资源进行交易的一种经济行为。货币作为商品使用价值的符号，是财富的一般代表；资金又是货币的表现。在当代，资金是工、农、商等产业经济发展的血液，是商品流通的润滑剂或催化剂。商品交换可以带来财富的增值，因此也称为资本运作。通过资本的运作带动商品经济的加速发展，这是社会财富迅速增长的奥秘之一。例如，农业社会以土地、牲畜为主要资源进行加工、开发和流通，其周期很长，因此地主财富的增值只能以加法进行。然而工业社会的资本家，把各种财产所有权通过债权化进行资本运作，则可以实现财富以乘法方式的增值。可见，产权债权化之所以隐含巨大潜能，就在于商品的交换与流通，即资本的运作。有一个实例可以说明这个问题，那就是1982年我国《宪法》规定："任何组织或者个人不得侵占、买卖、出租或者以其他形式非法转让土地"。这就是说，土地所有权人的支配权，只有自己占有、使用的权利，而不能通过产权债权化的形式，把土地产权推向市场。为此，当时在房地产方面所执行的政策是，城市土地属于国家所有，职工住房由单位分配。这种房地产政策的直接后果是我国房地产业萎缩、住房条件不断恶化。国家虽然每年投入几百亿元资金来修建职工住房，然而城市居民人均居住面积却越来越少，无房户越来越多，城市设施也越来越老化。究其原因就是在一个没有流通环境的房地产业中，只有投入而没有产出。然而，1988年《宪法修正案》通过"土地的使用权可以依照法律的规定转让"，国家允许土地使用权可以作为商品进入市场流通交换。这一适应商品经济发展的土地产权法律制度一建立，就给我国的房地产业带来无限活力和生机，仅仅十来年的时间，城市居民住房条件大大改善，城市面貌焕然一新。说来也真神奇，神州大地上土地面积并没有任何变化，但政策却改变了神州的面貌。这就是经济学上所说的资本运作、法学上所说的产权债权化的威力所在。

在当今的信息社会中，地理信息资源与土地资源一样，都是一种基础资源，对其他产业的发展具有重要作用，因此，地理信息资源也潜藏着巨大的能量。要把这种潜能激发出来，从经济学上说，就是必须把地理信息资源作为一种商品（仅指具有商品属性的地理信息资源），让它同所有商品一样可以在市场上流通交换，这是发展地理信息资源产业及所有信息产业的必由之路。从法学上说，要实现地理信息资源产业化，其前提条件是必须确定地理信息资源产权的归属，并赋予产权所有人可以依法支配自己拥有的地理信息资源的各种手段，以激励产权人为地理信息产业的发展作出自己最大的贡献。

（二）地理信息资源支配权的内容

作为商品的地理信息资源，只有符合市场经济中的各种交换条件，才能适应地理信息产业的发展。因此，地理信息资源产权的权利内容，必须具备转让权、许可使用权、质押权及相应的收益权等完全产权，其中转让权又包括出售、交换、继承（含赠与）等权利。

第三章 产权主体的需求

第一节　人的属性是地理信息资源产权政策制定的依据

一　人的需求欲望是客观存在的

（一）人的需求欲望是人的本质属性

人的本质属性是什么？是善还是恶？自私是不是万恶之源？这些问题历来都是古今中外哲学家、政治家、宗教人士所争论的焦点和热点，因为它们关系到人的生存发展与国家政策的制定等重大问题。

1. 人的需求欲望是由人体的组织机能所决定的

人饿了要吃东西、冷了要穿衣服、困了要睡觉，这是每一个人都具有的最原始的生理需求欲望，是人与生俱来的本质属性。为什么人们会具有这种本质属性呢？这是由人体的组织机能所决定的。简单地说，人体具有眼、耳、鼻、舌等感觉器官，具有消化器官与排泄器官，具有内分泌系统与生殖器官，具有大脑中枢等神经器官，才使人们追求色、声、香、味、触等各种功能欲望的享受，才使人们具有追名逐利的心理动力或念头。可见善与恶、动力与邪念同时存在于人的这个本质属性中；而最终是善是恶、是动力是邪念，则取决于每一个人的理智，以及国家道德、政策、法律的疏导、约束等多种因素的综合作用。

2. 人的需求欲望是一个具有层次等级的不断发展过程

人们对需求欲望的追求是一个不断的发展过程。最基础的层次是生存需求欲望，有吃、有住、能保证身体安全是最原始的需求；满足这个需求以后人们就要求吃得更好、住得更好、身体更安全等第二个层次的发展需求欲望；满足生理需求欲望以后，就要求有各种心理人格尊严等第三个层次的欲望。人们需求欲望的不断升级，也是与生俱来的本质属性。

3. 追求名利等欲望是人们的普遍追求

在自然界当事物之间的相互作用力或加速度等于零时，事物就处于平衡状态或达到平衡点。当人与工作之间不存在压力，人与人之间不存在利害关系时，就是人与物之间，人与人之间处于和谐状态，或者说相当于相互之间的作用力等于或趋于零，人就感到特别轻松、舒服。可见追求安逸、快活的享受也是人们生理上的追求，当然这仅仅是最低层次的追求。

要克服人们贪快活、图安逸的恶习就必须制定相应的激励政策，来启动人们对更高层次包括物质与精神在内的名利等欲望的追求，这就是所谓"人往高处走"。"人往高处走"既包括以最少的付出换取最快活的享受，也包括追求现实阶段中的最高的名利欲望。这两种欲望追求的目标，就是经济学中以最少的投入来获取最大的利益的价值规律原理。获取最快活的享受和获取最高的名利等目的，也有两种根本不同的方法或手段：一是通过自己的聪明才智或辛勤劳动的付出；二是通过投机取巧的方法来窃取他人的劳动成果或社会财富。

追求名利、过上美好生活是客观存在的规律性，并且客观规律都要在现实社会中发挥它的作用。现实生活中的每一个人不管认识不认识它，也都在适应或应用这个规律。"正如秋去冬来那样是每一个人所不能抗拒的"，只不过体质强的人感觉不太明显，他们只要添点衣服就可过冬；而体质较弱的人就必须添上厚厚的衣服。追求安逸快活的享受，甚至是追求名利欲望都是人们与生俱来的本质属性。而道德、良知等理智则是每一个人在他所处的家庭、环境条件以及社会教育中形成的，是后天的本质属性。这两种本质属性的竞争与协调，才决定人们将采用哪种方法来实现各自的需求欲望。

对于一个国家的决策者来说，也只有从本质上认识人们的需求欲望在社会发展中的地位，才能理智地制定相应的政策，来激励、疏导或抑制人们的欲望追求对社会发展所带来的利与弊。如果离开了对人们的欲望这个本质属性的认识，那么所提出的一些观念或对策，尽管设计者的动机如同他的设想那样，都是十分吸引人和美妙的，但其后果要么是无法实施，要么是适得其反。所谓欲望的本质属性，是指欲望同时具有利与弊或正与负的两重性，并且利与弊也是在一定条件下可以相互转化的。只有全面评估欲望中的利与弊将在社会经济发展中各起何种作用或影响，以及利与弊的转化条件，才可能制定相应的政策来激其利，抑其弊，以及促弊向利转化。

当代科学的发展，已经逐步接近于对人本质属性的认识，当然，不同学科及不同学者对欲望的认识仍有不同的侧重点。例如，经济学家大致是从欲望的正面作用来认识人性，所以，经济学中的市场价值规律基本上反映了欲望的客观规律性；社会学家大致是从理智层面上来审视欲望所产生的负面影响，从而提出抑制欲望的各种观点。作为国家的地理信息资源产权政策，应激励欲望的正面作用以发展地理信息产业，并抑制欲望的负面影响以确保市场经济的健康发展。如何协调欲望的正负面之间的关系，并不是一件容易的事。因为，人的欲望的正面作用与负面影响同时存在，而抽去任何一面，另一面也就不存在。所以，国家的地理信息资源产权政策就必须正确评估欲望是利大于弊还是弊大于利，从而决定是采用激励还是抑制的政策；即使是激励也要清醒认识到可能产生的负面影响及预先采取的相应对策。

（二）需求欲望是地理信息产业发展的原动力之一

从人类社会最原始的生存欲望，到需求欲望的不断升级，促进了社会文明或社会经济的不断发展。换句话说，人类需求欲望的发展，推动了人类社会文明的进步。而社会经济的发展主要就表现在产业结构的升级换代方面。不论从哪个角度分析，需求欲望都是技术发展与产业发展的原动力，而技术又是产业经济发展的推动力；从整体上说，人的需求欲望等消费与产业经济之间是因与果的关系，当然，并不排除在某个期间二者的因果可以互换。作为需求欲望的消费也与风俗习惯、宗教信仰等意识形态有关。下面从人需求欲望的发展来看产业结构的升级换代。

1. 以生存需求为中心的产业

生存需求的产业是指为满足人们生理、安全等需要，以及为解决财产归属而发展的产业。生存需求是人类最基础、最原始的需求，特别是生理需求更是客观存在的，所以人们常说"民以食为天"。首先，要满足人们的生存需求，就要发展衣、食、住、行等物质产业；其次，为保证这些物质财产和人们自身的安全，就发展了门锁、保镖等行业，为解决产权归属纠纷，就有帮打官司的律师等行业。其中以人们的衣、食、住、行等需求最为重要，就分别发展成为国民经济领域中的农业、工业、交通运输业、商业或第一产业、第二产业和第三产业。安全产业也从门锁、安全门、保镖，发展到保险、消防、医疗等一系列行业。

经济产业的分工与升级换代是由需求欲望所驱使的。正如孔夫子所说"食不厌精，脍不厌细"，才推动饮食业和饮食文化的不断发展；并且行业之间是相互联系、相互促进的。衣食住行是以农业、林业、牧业、副业、渔业为原材料而发展起来的行业，由于消费人群与资源的分布都不同，就需要有交通业、中间商、广告商来联结；生存需求既推动产业经济的发展，也带来投机、欺诈、犯罪等行为的产生，也导致有关安全需求和解决财产权纠纷等行业的发展。

2. 以心理需求为中心的产业

心理或精神需求的产业是指为满足人们心理欲望或享受而发展起来的产业。精神需求是人类区别于动物的基本属性，首先，表现在人有羞耻感与要求受人尊敬，从而有参与伦理道德、宗教信仰与政治党派等活动的需求欲望；其次，要求享受轻松、快乐的生活，从而就发展成包括文学、艺术、体育比赛、旅游以及当前的网络游戏在内的精神方面或文化娱乐产业。由于互联网集生产、交换与消费于一身，是信息社会国民经济的重要支柱产业，也是发展地理信息产业的重要工具。

3. 以发展需求为中心的产业

发展需求产业是指有关使人们自己及其子女能增强生存与发展机会的人才产业部门。当代人们都越来越理智，深知要实现自己的需求欲望首先与国家经济的发展存在密切联系，而增强和开发人们的聪明才智是国家强大、人们富裕的根本。因此，从国家到每一个人都重视教育的发展。教育是人才的生产和再生产的产业部门，是创造、获取、适应和应用知识的关键，也是增强每一个人竞争能力的关键，故各类学校、培训中心将是国民经济行业中的重要产业之一。

从上述实例分析可知，欲望从过去、现在到将来都是推动产业经济发展的原动力之一，都具有正面的作用。由于地理信息资源的生产、经营和消费是通过地理信息采集、加工技术与互联网等技术进行，因此，地理信息产业既可以作为现代国民经济中的生存需求产业、精神需求产业并为发展需求产业提供辅助设计、规划、决策和管理等功能，而且本身就是现代产业的重要组成部分。一句话，地理信息资源作为现代财富的重要来源，自然是人们对财富追求的对象。因此，欲望也是发展地理信息产业的原动力，地理信息资源产权政策也必须充分利用欲望的这种正面作用。

4. 欲望潜伏着危机

如上所述，在市场经济中追求欲望（利润）是共同的目标，但方法却不同，并且总有一部分人通过损害自然环境和公共利益来获取自己的利益。也有少数人通过诸如采用假冒或仿冒等混淆手段从事市场交易，进行商业贿赂、虚假的广告宣传，侵犯其他经营者的商业秘密，以排挤竞争对手为目的、以低于成本的价格销售商品，搭售商品或附加其他不合理的条件销售商品，进行违反规定的有奖销售，损害竞争对手的商业声誉，串通投标，享有独占地位的企业非法排挤其竞争对手，政府及其所属部门滥用行政权力限制正当竞争等行为。上述种种行为所造成的后果，包括造成环境破坏与资源短缺，危害社会风气与社会道德，威胁社会经济的稳定。

1）环境破坏与资源短缺

普遍存在的资源环境问题多数是由产业经济利润最大化的驱动所造成的。资源环境问题的严重性与危害性是全社会人所共知的。但资源环境问题带来的是经济的高速增长，而经济增长涉及政府的政绩，经济利益涉及特定人的根本利益。就当前的技术条件和经济实力而言，大多数环境污染是可以避免的，但为追求利润最大化，没有人愿意去解决这个问题。例如，限制温室气体排放的《京都议定书》，规定要削减二氧化碳的排放总量。如果按技术水平和经济实力来说，美国排在世界上第一位，但又是美国政府最强烈反对减排规定。因为美国是世界上最大的温室气体排放国，最不愿意接受排放量的限制。

解决资源环境问题的基本出路，是把生态学的基本原理引入到经济系统中。生态系统之所以能始终持续顺畅发展，是因为生态系统由生产者、消费者与还原者等部分所组成，作为还原者的微生物能够把生产者与消费者剩余物还原为生产者的营养元素。但经济系统中却没有对还原者予以足够重视，从而造成今日严重的环境问题。作为一个循环系统来说，任何一个环节发生故障都将造成系统中物质的堵塞或不畅。经济系统没有把分解、还原生产活动中的废弃物质作为系统的一个要素。企业在价值规律的作用下，自然就把环境问题外部化。为此从经济上说，具体的解决办法：一是企业把分解、还原"三废"物质列入企业成本，由企业与消费者共同承担还原责任；二是政府采用绿色国民生产总值（Green GDP），利用国家的政策和法律保证经济与环境的协调发展。

2）危害社会风气与社会道德

如上所述，人们对物质与精神的需求欲望是无限的，必然要随经济发展而不断升级。随着城市设施日益完美，物质和精神的产品与服务极大丰富，只要有金钱、有时间就可以得到各种享受。在最大利润驱使下，从宣扬享乐主义的广告，到各种最新奇、最刺激的产品与服务比比皆是。在市场经济中，只要有需求，市场就会提供。但并不是所有人凭自己的能力都能享受这一切的，因而，就有少数依靠投机倒把或歪门邪道而发了大财，也有少数以权谋私的腐败分子，他们财富得来太容易，金钱和权力既腐蚀了这些人，也毒害了社会风气与道德。一些商家为追求最大利润，采用坑蒙拐骗等欺诈方法，从而造成社会信任危机，涣散了社会的凝聚力。总之，这部分人为追求个人的欲望享受，却不惜采用不正当的方法，虽然他们获取了财富也享受了生活，但却侵犯了他人和社会的利益，也毒害了社会风气与社会道德。

3）威胁社会经济的稳定

追求利润最大化对社会经济稳定性带来威胁主要表现在：随着产业经济的升级换代，也带来大量的失业人员；社会财富分配不均，造成贫富两极分化及富国与穷国之间矛盾的进一步激化。解决这些问题的基本措施是通过税收政策来实现财富的再分配，并通过社会保障政策来扶植社会弱势群体，使他们通过培训或救济可以重新走上新的岗位或过上有生活的保障；通过政府的财政承担社会公共设施的建设，使基础公益性事业能为全社会进行普遍性服务；通过健全市场经济的法律法规和政府的宏观调控，使市场经济秩序维持在正常的轨道上。总之，追求欲望或利润的最大化，既有利也有弊，但利是大于弊的；并且所产生的这些弊端也有可能通过国家的法律和政策措施得到解决。最后，市场经济中的这些问题也可能在地理信息产业的发展过程中出现，但同样也可以通过国家法律与政策措施予以解决。

二 不同的产权政策是对欲望评估的产物

国家对产权制度或产权政策的制定，都是对人类欲望可能产生的正负面后果进行评估的产物。当这种认识被国家确认为政策后，又反过来影响甚至决定了一个国家社会经济的发展速度。下面对欲望持负面与正面认识的政策后果予以分析，从而提出唯有平衡这两方面的认识才能制定正确的地理信息资源产权政策。

（一）对欲望持负面认识的政策后果

在宗教人士和一些政治家中，不论是性善论者还是性恶论者，他们对人类的欲望都深恶痛绝，都视为洪水猛兽；他们对欲望的态度是防止、抑制、堵塞和消灭。朱熹提出"存天理，灭人欲"；西方基督教提出"原罪论"，应时时忏悔自己的罪过；有人提出"私有财产是万恶之源"，解决方法是财产的公有制。这一派人所提出的规划设计方案也大致相同，都十分美好。

实行公有制的大同社会是十分吸引人的，晋代的陶渊明还写了《桃花源记》来发挥先贤的大同思想；佛教提倡和营造的是一个"无尚胜妙地，离垢清凉园"；道教则设计了蓬莱仙境，只要修道、修佛都可以过着自由自在的生活。西方空想社会主义者傅里叶（1772～1837 年）所设计的未来社会是上帝为人类社会生活规定的一种"和谐制度"。欧文（1771～1858 年）的未来社会是以生产资料公有制为基础的按需分配的共产主义社会。古今中外的这一切设想，都十分美好，引人入胜。然而他们的理想是无法实现的，中国儒家先圣的大同世界和欧洲空想社会主义理想的落空已为历史所证明，无须多说。

（二）对欲望持正面认识的政策后果

古代的政治家早就知道利用人们对欲望的追求来调动他们的积极性，"重赏之下，必有勇夫"，这是古人，也包括当代人最经常使用和最有效的方法。运用科举考试来笼络人才更是中国隋唐以来各个朝代的基本政策。至于依据对欲望的正面认识来制定产权政策的实例，早在战国时吴起就发布"有能先登者，仕之国大夫，赐上田上宅"的军令；商鞅变法则建立起十二等军功赐爵授田的制度，这些都是循万民欲望的范例。

在近代和现代的一些发达国家中，通过实施一系列市场经济政策和知识产权政策，来激励人们往高处走。其中市场经济政策就被西方经济学家看做是创造财富的动力。据西方学者的研究，在公元 500～1500 年的 1000 年中，经济大约增长了 3 倍，即每年经济平均增长速度是 0.1%。而当代世界经济的发展，即使按不变价格计算，其实际增长率也在 2% 以上。当然现代经济增长率有一部分是由科技进步所提供的，从当代执行市场经济政策国家与执行计划经济政策国家在经济发展速率上的比较，以及执行计划经济政策的国家改制为执行市场经济政策以后，该国经济发展速度的变化，都可以证明，执行市场经济政策可以加速经济的发展。中国加入世界贸易组织（WTO）谈判总代表龙永图就深有感触地说："在其他各种模式的经济体制经过一定试验而瓦解以后，市场经济目前被认为是一种有效的经济体制，市场经济体系代表着人类文明的发展趋势"（龙永图，李仲周，1993）。为什么市场经济能够推动国民经济的发展？这是由于"人往高处走"的客观规律或经济价值规律中所有两个含义都在发挥作用，其中以最大投入来获取最大利益的推动作用所产生的贡献最大。正如 19 世纪英国评论家登宁所说，资本害怕没有利润或者利润太少，就像自然界害怕真空一样。一旦有了适当的利润，资本家就胆大起来。如果有 10% 的利润，它就保证到处被使用；有 20% 的利润，它就活跃起来；有 50% 的利润，它就会铤而走险。而客观规律中的第二个含义表现在激励企业家降低投资和运营成本，目的也是追求最大利润。当然这两方面的含义都同时存在正面与反面的后果，第一种含义已如登宁所说："为了 100% 利润，它就敢践踏人间的一切法律；为了 300% 的利润，它就敢犯任何罪行，甚至冒绞首的危险"（马登民，1999）。而第二种降低投资成本，则诱使一些企业生产假冒伪劣商品和滋生偷税漏税等行为。为什么同一个（追求最大利润）目的，却存在不同的后果呢？从现象上来看，追求最大利润同时存在依靠自身的聪明才智与努力，以及依靠投机取巧等两种截然相反的方法。从本质属性上说，每一个人的理智程度是不同的。

理智是人类区别于动物的本质属性。理智可以用来控制、指挥欲望，包括评估欲望能否实现，以及决定通过何种方法来实现欲望。一般地说，只有在人们的生存欲望受到严重威胁或者人们理智失去控制的情况下，人们才会做出那些违反常态的邪恶行为。

人们具有欲望与理智的基本属性，也是相互制约与相互促进的，只有这样，人们才能够在事业上有所成就。其中欲望具有动物的遗传性，是与生俱来的先天特性。为克服欲望固有的自私弱点，人们需要经过后天的学习、反思等才能获得理智。就整个人类来说，他们之所以能脱离动物界，并从其中提升出来，就是人类从适应环境的变化，而进行学习、训练、制造开始，到制定规则来调整人们相互之间关系的过程。这个过程表现为人类从蒙昧到逐步开化、文明的漫长历史。所谓文明就是能理智地处理与欲望的关系，能理智地处理人与物、人与人之间的关系。因此，从社会学的角度上说，理智是指适用伦理道德、宗教、法律等规则来调节、调控人们自身行为的能力。

正由于人们具有理智，能够运用理智来调控自己对欲望的追求，才能做到趋利避害。说得具体些，虽然欲望同时具有利弊两重性，但是能够理智处理对欲望的追求的人总是占大多数；而兽性战胜理智的人总是少数。就整个社会来说，欲望总是利大于弊，因此，社会就能够不断发展与进步；如果欲望是弊大于利，那么人类早就灭亡了。至此，可以有两个结论：一是对欲望持正面认识是反映客观社会的实际情况，是基本正确的；同样，对欲望持负面认识是基本错误的，是不利于社会的发展与进步的。二是认识了欲望之所以能够给社会带来正面作用与负面影响的原因以后，就可以采用有针对性的办法来激其利、抑其弊，甚至制定促使弊向利方向转化的相应的政策措施。这一切的核心内容是：人不是动物，而是具有理智的人，政策就是理智的集中反映。

（三）欲望的正负面影响

如上所述，对欲望持负面认识所实施的产权政策，至今没有成功的案例；而对欲望持正面认识所实施的政策，则基本上是成功的。其根本原因：一是人们具有理智这个基本属性，使欲望的社会后果利大于弊；二是欲望所产生的弊是可以消除的，可以通过政策措施来解决。欲望与理智这一基本理论问题对于地理信息资源产权政策来说也是完全适用的，也为地理信息资源产权政策的制定提供了两方面的指导思想：一是为地理信息资源产权政策体系的构建，提供了基本的框架结构。具体地说，构建地理信息资源产权多元化结构，鼓励产权人开发、利用、创新地理信息资源，是激励欲望正面作用的政策；制定地理信息资源产权方面的债权法，进行公平、公正、自由的竞争，制裁各种不正当竞争的行为，是抑制欲望负面影响的政策；建立、健全地理信息资源产权的各种社会保障体系，是促使欲望从害向利进行转化的政策。二是明确各个地理信息资源产权政策在这个政策体系中所处的地位，以及它们之间的主从关系。具体地说，发挥欲望的正面作用在地理信息资源产权政策体系中应占有绝对的支配地位，是政策成败的关键，必须花大力气进行研究。为此制定各种鼓励政策，以激发社会成员加速实现从地理信息资源转化为社会财富的过程。其中包括：鼓励民营企业参与基础测绘等工作，确认和保护他们可以享有地理信息资源的持有权；鼓励民营企业在国有基础公益性地理信息资源基础上进行加工、增值和创新，确认他们可以拥有所增值创新部分的所有权。要确保这种政策的正面作用，并有预防其负面影响的措施，这样就不必担心民营企业会影响地理信息产业市场的发展。或者说，要相信民营企业家是有理智的，要相信地理信息资源产权政策可以规范那些采用不正当方法进行牟利的行为。最基本的观点是包括企业家在内的所有劳动者，在地理信息产业中所创造的财富，是社会财富的基本来源。国家要强大，人民要富裕，只有鼓励社会成员通过自己的聪明才智和辛勤劳动，才能最大限度地实现从地理信息资源转化为社会财富的生产过程。

地理信息资源产权中的各种抑制政策，从本质上说是为确保社会成员能通过正当途径实现从地理信息资源向社会财富的转化。要实现这个目的，除采用激励的政策以外，还要有抑制和制裁的措施，对采用不正当方法取得利益者进行制裁，一是使这些投机取巧分子不敢再胡作非为；二是为能确保地理信息资源产权市场可以得到健康的发展。至于第三方面的地理信息资源的保障政策措施是社会对财富的第二次分配。第二次分配的目的是使欲望所产生的负面影响能转化为正面作用。具体地说，由于市场经济不可避免地会出现一些企业的倒闭和员工的失业，以及社会贫富的两极分化等问题，因此必须使那些在市场竞争中处于劣势的社会群体，能够得到救济或通过培训重新走上工作岗位，使他们在社会中找到其适合的生存与发展的空间，我们这个社会才会安定和谐发展。

激励经济主体充分发挥欲望的正面作用，在地理信息资源产权政策中，最核心的内容是明确界定地理信息资源产权的归属，并赋予产权人享有对该资源的支配权利，使地理信息资源能够成为商品，可以在市场流通中不断提升其经济价值。

第二节　地理信息资源产权的归属

一　产权归属与地理信息产业的关系

（一）确定产权归属的意义

为什么要确定资源的所有权归属？其目的是确保产权人能够获得对该资源的收益权。可以用一个实例来说明：一只野兔从树林里跑出来，这时马上有许多人来追逐它；与此同时也有一大群绵羊在山坡上自由自在地啃着青草，虽然只有一个小孩在看管它，但却没有一个人去追逐绵羊。这是为什么？道理很简单，野兔是无主物，谁都有权利去捕获它；而绵羊是有主的，其主人有权利排除他人对绵羊的非法占有。如果进一步去追问，为什么野兔是无主物，而绵羊是有主物？回答是依据国家法律的规定，当然国家法律最早也起源于人们的约定俗成。如果有一天野兔也成为国家法律保护的对象，这时人们就不能随便捕获它。

可见，对地理信息资源产权归属确认的经济学原理，是国家法律通过对产权归属的界定，从而使经济主体享有对地理信息资源的经济收益权利。说得通俗些，是让地理信息资源产权人的欲望可以得到满足。至于地理信息资源产权归属界定的具体作用，大致有三个方面：一是使经济系统及社会秩序可以得到持续稳定的运转，而不会出现许多人共同追逐一只野兔的混乱现象；二是激励产权主体开发利用并创新地理信息资源及其产品，加速地理信息资源向经济生产力转化；三是可以使地理信息资源得到及时维护与更新，以满足全社会不同成员对地理信息资源的不同层次的需求。

地理信息资源产权的界定及其在社会经济系统中作用的发挥，必须通过国家政策或法律的确认才能实现。具体地说，第一，国家政策或法律必须明确规定各类地理信息资源归属于何种主体所有，如果是共有资源也必须有具体的权利人，并通过协议明确规定是共同所有还是按份所有；如果是按份所有，又必须规定权利人各占有多少份额，使地理信息资源产权归属十分明晰，不会引起产权纠纷。第二，国家政策或法律必须赋予地理信息资源所有权人享有排他的专有权，才能确保产权人对地理信息资源享有唯一的收益权。第三，国家政策或法律必须赋予所有权人享有对地理信息资源的转让、许可使用与质押等支配权，使地理信息资源可以成为商品而进入市场流通。第四，地理信息资源所有权人或持有权人的专有权，必须履行汇交或登记制度，经国家法定机构的确认程序，地理信息资源产权人的权利才能具有公信力或取信于公众。第五，国家政策或法律必须赋予产权人享有保护地理信息资源或法律必须赋予产权人享有保护地理信息资源的请求权。一旦地理信息资源产权人的利益受到他人非法侵犯时，产权人可以依法请求国家行政机关或法院予以保护。因产权归属发生争议或因他人的非法侵犯使产权人的经济受损，国家可以恢复其产权或赔偿其相应的损失。

上述国家法律对地理信息资源产权归属方面的五个规定中，也有两个重点：一是明确界定所有权的归属主体是地理信息资源产权交易的前提；二是地理信息资源产权人包括所有权人和持有权人享有何种支配权，是产权人的收益权能否得到最大限度满足的依据，也是地理信息资源开发利用能否达到和谐高效的核心问题，本书将在下面予以专门的分析。

（二）地理信息资源产权主体的多元化

由于地理信息资源具有基础公益性和国家安全性等特征，因此，地理信息资源的所有权主体就基本上体现为国家所有。然而，具有基础公益性特征的地理信息资源也同时具有商业性特征，也要求作为商品进行交换。在社会主义市场经济条件下，单一的国家所有制是无法实现市场交换的。因为供与求是属于同一个主体，二者的交换只表现为资源产权从国家的一个部门转移到另一个部门，并未发生资源产权同货币的交易。或者说在单一国家所有制前提下，资源的供求不是由市场来决定，而是通过国家行政机关的行政划拨来实现的。正如改革开放前我国城市土地属于国家所有一样，不存在土地市场；只有国家法律赋予企业单位或私人可以拥有国有土地使用权时，才有土地市场与今日的房地产业。可见地理信息资源产权主体的多元化，即地理信息资源的国家所有权、私人所有权及其混合所有权是市场经济得以发展的必要条件。多元化的地理信息资源所有权也要求国家通过政策或法律的程序予以确认。

要充分发挥多元化地理信息资源产权主体在产权功能中的作用，对国家政策或法律也有两个方面的基本要求。第一，要求国家法律赋予不同的地理信息资源产权主体享有一律平等的地位，或者说对公私财产权实行同等保护，才能使私人企业在我国的地理信息产业中发挥积极作用。第二，多元化主体的地理信息资源产权市场的形成，要求国家政策建立所有权中各项权能相分离的法律制度，包括地理信息资源国家所有权与持有权相分离、国家所有权与企业经营权相分离的法律制度，确认所有权权能分离后持有权主体、经营权主体的法律地位，并保护这些产权主体各自的合法权益。这样才能使一个本来没有竞争机制的国有企业的经营模式转变为一个利益驱动、充满竞争机制的自主经营、自负盈亏的市场模式。

二 地理信息资源产权归属的确认

（一）地理信息资源产权主体地位的确认

确认地理信息资源所有者、持有者、经营者的地位，实质上是赋予他们都享有部分的收益权和支配权。要把地理信息资源潜在的经济能力转化为现实的经济生产力，需要依靠资源所有者、持有者和经营者的密切配合和共同努力才有可能。或者说，只有法律赋予所有者、持有者、经营者等经济主体都享有独立的经济权利，他们才有相应的权利和积极性来从事地理信息资源的经营活动，才能实现资源向财富的转化。

开发、利用、经营地理信息资源，获取经济收益是这些不同经济主体的共同目的或动力。要使地理信息资源能和谐、高效地转化为生产力，就要求国家政策明确地理信息资源所有者、持有者和经营者的经济地位，以及各享有何种支配权和收益权。这样各个经济主体在追求利润最大化的驱使下，才会认真思考投入产出或提高经济效益等经营决策问题。此外，只有确认不同经济主体享有一律平等的地位，才能确保他们能在公平、公正条件下进行自由竞争，市场经济秩序才能有序运转。

（二）基础公益性地理信息资源属于国家所有

确认基础公益性地理信息资源属于国家所有，有三个方面的依据。

第一，基础公益性地理信息资源具有国家专控性特征，关系到国家的安全，因此，必须归国家所有，实施专门的控制。

第二，基础公益性地理信息资源，首先应确保为全社会所有公众提供普遍性服务。政府作为全社会公众的当然代表，才有资格和相应的职能来实施这种服务。

第三，对基础公益性地理信息资源进行采集、加工、生产与维护、更新工作，基本上都是由国家财政投入的。依据"谁投资谁所有"的原则，这部分地理信息资源当然归国家所有。

由于国家所有的基础公益性地理信息资源同时也具有商业性特征，因此，国家就同时具有双重身份：一是作为管理者的身份，对地理信息资源实施行政管理；二是作为地理信息资源所有者的身份，是市场活动的参与者。此时国家委托特定单位作为经营人，与个人及企业一起参与市场经济活动。

依照《物权法》的规定："国有财产由国务院代表国家行使所有权；法律另有规定的，依照其规定。"依照《中华人民共和国土地管理法》（以下简称《土地管理法》）的规定，国有土地由国务院代表行使国有土地所有权，但该法又规定建设单位使用国有土地，由县级以上人民政府依法批准。可见国务院的这种职能分别由国务院及各级政府作为管理者，对地理信息资源的行政管理，是其法定的行政职能。作为市场主体参与市场经济活动，也负有特定的经济功能。一般地说，政府是一个不完全市场意义上的经济权利主体，政府参与资源经济活动的目的是维持契约性秩序，而不是为获取经济利益。具体地说，首先，政府通过对地理信息资源的采集、加工生产与维护更新，并以公用物品的形式向全社会提供普遍服务。其次，政府依据国家法律制定相关的市场规范以及包括财政、税收、货币、价格在内的宏观调控政策来影响地理信息商品市场的运作，目的是维护市场经济的稳定发展。再次，政府通过制定优惠政策、最低工资标准与岗位培训来实施对弱势企业与员工的社会保障。最后，作为商业性地理信息资源产权所有人身份参与市场经营活动，是执行地理信息资源所有权与经营权相分离、行政管理职能与经营活动相分离的政策。一句话，受政府委托作为国有地理信息资源产权法定代理人参与市场活动的国有企业，与一般企业单位享有同等权利，进行公平、公正的自由竞争。

(三) 民（私）营企业的持有权

上面讨论了基础公益性地理信息资源的所有权应归属于国家所有的三个依据，其中第三个依据基础公益性地理信息资源的采集、加工生产与维护更新基本上是由国家财政的投资所获取的。但国家经济财力相对有限，而人们对地理信息资源的需求却是无限的。为了缩小国家有限财力的投资与人们无限需求之间的差距，就要求制定调动一切积极因素的政策，其中包括鼓励民营企业投资开发那些人们生产、生活中急需的基础公益性地理信息资源。民营企业投资、采集、加工、生产的基础性、公益性地理信息资源的所有权应该归属何种产权主体呢？为了确保基础公益性地理信息资源的国家专控性，以及能确保为全社会提供普遍服务的公益性，民企投资所取得的这部分地理信息资源的所有权应归属于国家所有。国家通过对基础公益性地理信息资源实施汇交制度来实现统一的调控；而这部分地理信息资源商业性的功能，则应归民营企业所享有，或者说，民企享有对这部分地理信息资源的商业支配权，这样才能通过收益权这种动力机制来激励其投资开发的积极性。

对民营企业所享有的这种权利称之为地理信息资源的持有权。持有权既不同于地理信息资源所有权，也区别于地理信息资源的许可使用权。因为，地理信息资源的所有权是产权中最完整、最不受限制的一种权利，对基础公益性地理信息资源来说，唯有国家才享有所有权，而民营企业是无法享有这种权利的，这是地理信息资源持有权与所有权的基本区别。但地理信息资源持有权在商业功能的开发利用方面，则同所有权有相似之处，两者都享有完全的商业支配权。民企拥有的持有权，在不违背国家安全与公共利益的前提下，与其他商业性地理信息资源所有权没有任何区别，这是地理信息资源持有权与所有权的区别与联系。

持有权不同于地理信息资源许可使用权，这是由于地理信息资源许可使用权的实质是地理信息资源的出租权，或者说地理信息资源持有权与许可使用权的内涵是不同的，持有权的内涵包括对地理信息资源的转让权、许可使用权和质押权等完整的商业支配权，而许可使用权仅是地理信息资源持有人享有的各种权利中的一种。

（四）地理信息资源所有权的确认

对于在国有或他人所有的地理信息资源基础上进行加工增值的，享有创新部分的所有权。创新部分拥有所有权的依据或原理，可以分别从自然科学、经济科学和法律科学等层次进行分析。

第一，自然科学的原理是发展社会生产力。地理信息资源的特性与作为物权客体的物质资源存在本质区别。物质资源在开发利用中存在资源的耗损性，即随着资源开发强度的增加，其存有量不断减少，从而产生不可再生资源的耗尽，可再生资源的枯竭、退化，甚至灭绝等严重的资源危机；而且物质资源在开发利用中还存在种种环境问题，诸如一种资源的开发利用，可能对其他资源造成负面影响。例如，毁林、毁草开荒可能造成沙漠化，建造水闸可能截断回游性生物的繁殖过程等，对不可再生资源的开发利用所带来的环境污染。因此，对物质资源的开发利用及其加工增值必须从经济上与环境上同时进行评估与预测，才能实现经济效益与生态效益的协调发展。

对地理信息资源的开发利用与加工增值就与物质资源存在完全不同的后果。首先，地理信息资源的开发利用不存在对资源的消耗和磨损等问题，而且还可以供所有人同时进行永续利用，即具有共享性，它是一种不带来环境问题的绿色资源。其次，地理信息资源在开发利用中还具有可扩充性。所谓可扩充性是指地理信息在反映真实地理实体的过程中有一个不断深化、不断扩充的过程，换句话说，地理信息的扩充性是人们在认识客观世界时，有一个由浅到深、由低级到高级、由表面现象到本质属性的过程。例如，从物质利用层面上来认识树木，它可以作为建筑材料、家具等物质材料；从化学组成上来认识树木，它可以作为燃料的能源，作为燃料也仅是利用其初级的能量；从量子力学的原子核结构来认识树木，它是由电子和原子核等微小粒子所组成的，这些微粒可以用特定的信息来反映树木存在的本质属性。通过对地理信息资源本质属性的认识，挖掘其中所蕴藏的能量或生产力，可以说是没有极限的。对这种潜在生产力的挖掘，必须依靠作为地理信息资源产权主体的人才能实现，而人的积极性从本质上说，又必须通过对其需求欲望的满足才能调动。

第二，经济科学的原理是应用价值规律或"人往高处走"的客观规律来调动经济主体的积极性。具体而言是通过对创新地理信息资源产权归属与经济利益分配等生产关系的界定，来激励每一个社会成员的积极性，激励并引导他们通过自己的聪明才智和辛勤劳动，来提高自己的收入水平与生活水平。

对于在国家所有的地理信息资源基础上创新的地理信息资源拥有所有权，是目前我国地理信息资源所有权中私人所有权最重要的来源。这一政策是鼓励全社会对地理信息资源共享，不断挖掘地理信息资源的潜能，提高其经济价值的重要政策。因为地理信息资源私人所有权归属直接决定个人的经济利益的分配，而经济利益目前是激励社会成员中大多数人，去挖掘创新地理信息资源新成果，并把其中蕴藏的潜能转化为现实生产力的最主要、最有效的一种手段。

这里所说的对在国家所有地理信息资源基础上创新的地理信息资源拥有私人所有权，能够最大限度地调动全社会成员的积极性，其基本原理就是经济价值规律性在起作用，其正面的经验是上面所说的，被欲望持正面认识的市场经济机制所证明。

第三，法律科学的原理是上层建筑要反映并保护经济基础。所谓上层建筑要反映经济基础，是指通过自然科学和经济科学的大量研究，已经确实证明地理信息资源中蕴藏着巨大的生产能力，并且这个生产能力唯有依据确定包括私人所有的地理信息资源所有权才能最大限度去开发利用，这样就必须通过政策或法律把这种成果固定下来，这也是第一章所说的地理信息资源产权政策必须反映包括自然规律、经济规律、社会规律等客观规律性的基本原则。所谓上层建筑要保护经济基础，是指一个能够适应经济基础发展的地理信息资源产权政策，可以保护并促进地理信息产业的发展。在这里反映与保护二者存在因与果的关系，只有满足地理信息资源产权政策能够反映地理信息资源产权的客观规律性这个前提条件，产权政策所保护的地理信息产业才会得到加速发展，或者说上层建筑才会发挥其能动的积极作用。如果地理信息资源产权政策不能反映地理信息资源产权的本质属性，那么这种产权政策就不会有积极作用，甚至可能阻碍地理信息产业的健康发展。具体地说，只有通过政策或法律规范等形式来确认对地理信息资源创新部分拥有所有权，并确保这些权利能够兑现，创新人才会全力以赴去挖掘、创新地理信息资源新成果。

（五）地理信息资源经营权的确认

地理信息企业是市场经营活动的主体，不论是国有企业、民营企业或公司制企业，他们之间的关系都是平等的，各种类型企业的行为都受民事法律规范所调整。作为市场经营活动主体的地理信息企业的主体资格或地位，是依据市场准入等法规，并经法定机构的确认才取得的。具体地说，各类地理信息企业在获取工商部门的营业执照以后，就可以对地理信息资源进行经营活动。

国有地理信息企业，虽然其所有权是由国务院及各级政府来行使，但经营主体是由国务院及各级政府委托的国有地理信息企业。经营主体所享有的经营权已经与国家的所有权相分离，并且政府对国有地理信息企业的行政管理职能，也与企业的经营活动相分离。从企业角度上说，国有地理信息企业的经营主体享有同其他企业一样的经营自主权，而且必须对企业的决策及经营后果承担责任。从政府的角度上说，政府作为市场的管理者，他所从事的一切市场管理活动或行为，都必须与企业的经济利益相脱钩。否则，从企业层次上说，行政权力必然会吞食企业的经营权利，使企业之间公平、公正的市场竞争荡然无存，甚至使企业丧失经济主体地位而沦为政府的附属物；从政府的层次上说，政府的行政行为与经济利益挂钩，将是造成政府官员腐败的温床。国有地理信息企业改革的方向是实行规范的公司制。

国有企业、民营企业和公司制等地理信息企业都按社会主义市场经济进行运作，都遵守市场价值规律的原理。企业在法律规定的范围内，为追求丰厚的利润，就必须通过各种合理配置资源的方法，提高资源的利用效率，降低经营成本。包括国有企业在内的各类地理信息企业之间的关系都受民事法律规范所调整，都遵守双方约定和自律公约的规定，并通过公平、公正的市场竞争而实现各自的利益，从而推动地理信息产业的发展。

地理信息市场经济中，也必然存在企业为追求最大利润而造成的各种负面影响，而这种负面影响必须依据政策、法规及政府的监管、疏导予以解决。例如，通过反不正当竞争法、消费者权益保护法来打击各种市场垄断、欺诈等行为；运用合同法等债权法来协调经济主体的各种经济活动；运用税收和价格等政策来引导市场的发展方向；运用成本补贴、最低工资等社会保障政策来扶植、维护相关企业与职工的合法利益。

第三节　地理信息资源支配权的内容

一 地理信息资源支配权的经济功能

所有权的归属与市场的可交换性是发展地理信息产业、促进地理信息资源经济价值得到不断增值的两个最基本的社会前提条件。

上文分析所有权归属的法律确认，使地理信息资源所有人享有专有权与收益权，是解决市场主体进行市场活动的动力来源或依据。而作为地理信息资源所有人动力来源的收益权能否得到实现，以及能否得到最大限度的实现，就取决于政策、法律对地理信息资源设置何种支配权。这是由于作为所有权人专有的地理信息资源是确认所有权的因，而收益权才是所有人获得经济收益满足需求欲望的果。这就需要有某种工具或方法，使因与果两者之间的关系联结起来，才能实现把因转化为果。迄今为止，最好的方法是使作为因的地理信息资源成为商品而直接用来交换，只有把地理信息资源作为可交换的商品，作为果的收益权才能得到最大限度的实现，否则，作为自己使用，其收益与投入对比，对于个人来说其收益权几乎是零。从所有权人个人的层次上说，只有政策、法律赋予所有权人享有对地理信息资源的转让权、许可使用权和质押权等支配权，所有权人才能通过市场交换，实现地理信息资源利润的最大化，即地理信息资源才能最大限度地转化为收益权。从整个社会经济层次上说，地理信息资源作为商品，在市场交换过程中，又可以使地理信息资源的配置不断优化，其经济效率不断提高。

（一）市场机制可以提高地理信息资源的利用效率

通过市场机制实现对地理信息资源的优化配置，是提高地理信息资源经济效率的最基本手段，市场经济之所以能提高地理信息资源的经济效益，是因为市场经济的法律制度是建立在反映市场经济供求规律的基础上的。在市场经济政策的驱使下，地理信息企业要想取得最大的利润，就必须提高其经济效益。其前提条件是企业所生产的地理信息产品必须能够满足消费者的需求，而不可能像计划经济时代那样，可以依靠上级的指令。在市场经济机制下，公平、公正的竞争取定于产品的质量与价格。只有通过提高地理信息产品的质量和降低产品的价格，企业才能取得优势的竞争地位，才可能让消费者从口袋中掏更多的钱来购买。

此外，不同消费者对地理信息资源也有不同的需求，企业只有依据并满足不同消费者的各种特殊需求而量身定做，才能不断推出新的地理信息产品，才能提高自身的经济效益。一句话，地理信息企业只有通过提高地理信息资源的利用率才能提高企业的经济效益。反过来说，唯有企业有经济效益，企业才有可能投入更多资源来开发更多、更新的地理信息产品。

（二）市场机制可以激励经营主体的积极性

运用市场机制的地理信息企业不仅可以通过对地理信息资源的优化配置来提高企业的经济效益；而且还可以通过明晰地理信息资源产权的归属关系，来提高经营主体的责任心与积极性。明晰产权归属之所以能够激励包括企业经理与员工等经营主体的积极性，是因为地理信息企业经营与决策的后果直接关系到企业每一个人的切身利益。因此，经营者对每一项决策和经营管理活动、每一项支出都不敢掉以轻心，而能按照经济学原理中所说的投入最低而产出最高的原则进行论证，使每一笔投入都可能有回报，使每一个员工的特长都能得到发挥。总之，提高企业的经济效益、降低经营成本是企业永恒的目标。

（三）地理信息资源作为公用物品与商品之间的衔接

地理信息资源只是一种特殊商品，因此，并不是所有的地理信息资源都可以通过市场机制来提高其利用率。

从地理信息资源的用途特征上看，只有在满足地理信息资源的国家安全性特征与基础公益性特征及其特殊用处后，地理信息资源才能作为商品用来交换。具体的操作程序是，首先必须依据国家相关保密法规，把地理信息资源划分为机密的地理信息资源与可公开的地理信息资源两部分；其次依据使用目的，把可公开的地理信息资源划分为基础公益性地理信息资源与商业性地理信息资源。

从地理信息企业的经济效益上看，只有满足在较短时间内，对地理信息资源的投资可以带来较高经济效益的前提下，地理信息资源的商品性功能才会被真正挖掘出来。实际上对地理信息资源的采集、加工生产和维护、更新，都需要有巨大的资金投入，而所获取的地理信息资源又只有其中一部分能作为商品投入市场。因此，对地理信息资源投资的经济效益，在短期内很可能是一个负数，一般地理信息企业是不会做这种赔本生意的。从总体上说，地理信息资源主要是由国家财政投资取得，而国家投资所取得的地理信息资源也是作为公共物品，向全社会提供无偿共享。

如何使国家投资取得的具有公共用品特征的地理信息资源转化为作为商品性用途的地理信息资源呢？目前有两种思路：一是凡属于商业用途而使用地理信息资源都实行有偿提供；二是只有应用户的特殊需求而进行加工制作的地理信息资源，才依据加工制作方面的费用而计算收费。第一种思路已经过几年的试行。例如，国家测绘局早就发布了《国家基础地理信息数据使用许可管理规定》，规定使用单位必须与数据提供方签订使用许可协议，使用许可协议分甲、乙、丙三类，其中丙类使用许可协议是有偿使用，适用于商业目的的用户。但试行效果并不理想，其原因是可操作性不强，因为不少地理信息企业往往可以通过其他渠道来获取相同的地理信息资源，而执法部门要追究企业违法使用行为，要么执法难度较高，要么执法成本较高，最后只能不了了之。目前大多数掌握有国家基础性、公益性地理信息资源的部门，大体上都主张地理信息企业与一般用户一样，享有无偿使用国家所有的基础公益性地理信息资源，而国家通过税收方式同样可以回收部分投资成本，换句话说，第二种思路更具可操作性。

二　地理信息资源支配权的设定

（一）基础公益性地理信息资源可设定支配权

能否在国家所有的基础公益性地理信息资源中设置可交换的支配权？在我国现有的法律中，既明确规定基础公益性地理信息资源的使用属于基础性公益事业，又规定其在一定条件下可以有偿使用。我国《气象法》第三条第一款就明确规定："气象事业是经济建设、国防建设、社会发展和人民生活的基础性公益事业，气象工作应当把公益性气象服务放在首位。"而《测绘法》第三十一条第一款规定："基础测绘成果和国家投资完成的其他测绘成果，用于国家机关决策和社会公益性事业的，应当无偿提供。"《著作权法》第二十二条规定可以不经著作权人许可，不向其支付报酬的十二种合理使用的共同特征是非商业性目的而使用作品。从我国的这些法律规定来看，基础公益性地理信息资源属于公共物品，私人对这部分地理信息资源可以行使合理使用权，但不拥有产权，自然也就不可能享有交换的支配权。

作为公用物品的地理信息资源能否成为产权客体，并成为商品而使产权人享有支配权呢？实际上在我国许多城市中，有关公共交通、电信、煤气等基础公益性事业，就有由私人企业或公司制企业进行经营的实例，并已成为国有企业改制的经验而在各地推广。这是由于这些基础性公益事业与人们生活息息相关，在国家政策的宏观调控下，商业化运作更能满足人们生活的需求。

作为基础公益性地理信息资源能否成为商品，在我国上述法律中也有明确的规定。例如，《气象法》第三条第四款规定："气象台站在确保公益性气象无偿服务的条件下，可以依法开展气象有偿服务。"而《测绘法》第三十一条第二款规定，除用于国家机关决策和社会公益性事业之外的，依法实行有偿使用制度。在这里法律规定，基础公益性地理信息资源也可以有偿使用，就为基础公益性地理信息资源转化为商业性地理信息资源并成为产权客体，产权人可以把地理信息资源作为商品进行交换，或者享有支配权提供了法律依据。地理信息资源的产权人包括国家、个人和法人等不同的产权主体，这些产权主体对地理信息资源进行商品交换时，都享有同等支配权。

（二）设定支配权的经济分析

作为可以交换的地理信息资源这种特殊商品，产权人也享有对它行使转让、许可使用与质押等权利，对地理信息资源产权人包括所有权人、持有权人和经营权人，可以通过市场运作使地理信息资源的价值得到不断增值，从而获取丰厚的经济利益。对国家来说，也可以从发展地理信息产业中取得相应的税收收入等经济效益，以及通过安排社会就业人员而发挥社会效益。但对消费者来说，从无偿使用到有偿使用，不就增加了他们的支出吗！其实，不同的消费者对地理信息资源的需求是不同的，而基础公益性地理信息资源仅仅是对地理信息进行采集、初步加工的成果，是地理信息产品的原材料（作为原材料的基础公益性地理信息资源，对于一般消费者来说还是无偿提供的）。但从原材料到加工制作成各种类型的地理信息产品，仍有一定的差距。

作为原材料的地理信息资源，由于与人们的生产活动及日常生活存在着密切联系，因此发展成为一种产业有其必然性。即使是对基础公益性地理信息资源的无偿使用，但消费者仍需经过对该数据的复制或传输、分发与包装等服务过程，也都需支付一定的服务费。另外，不同消费者对地理信息资源需求的数量、时间与质量都是不同的。例如，野外工作的用户，他们对天气预报数据的需求量，就超过室内工作的用户。同样，对地理信息数据质量要求也不同，航空公司对天气预报质量的要求远远高于农民，海洋作业的船舶公司对天气、水文数据的质量要求非常高，特别是不同消费者对基础公益性地理信息资源都有其特殊的要求。

通过上面的简单分析可知，即使国家所有的基础公益性地理信息资源无偿提供给用户使用，但从包装、分发等服务费用到对地理信息资源进行一系列加工、制作成为不同的地理信息产品，都存在一个应用十分广泛的地理信息产业市场。而这个地理信息产业市场存在与发展的基本动力，是由大量用户需要有高质量的且能满足其特殊需求的数据所驱动的，而满足用户这种特殊需求的地理信息产品，又无法通过无偿提供来获取。换句话说，作为这种商品性地理信息资源，不仅要满足不同用户的特殊需求，而且当企业所提供的地理信息产品不合格时，给他们造成的人身与财产损失，还要求能够依法提供赔偿，这些都是无偿提供所无法达到的。

地理信息产业市场能否形成并健康发展，取决于许多因素，但首先取决于产权的两个基本前提：一是确定地理信息资源产权的归属；二是必须确定产权所有人或持有人享有对地理信息资源与产品进行交换的各种支配权。从政策或法律上设置支配权的目的或经济功能，确保产权人可以使地理信息资源作为商品进行自由交换，从而实现其经济价值的提升。设置地理信息资源支配权的具体内容，必须依据我国物权法和知识产权法的规定，支配权的大致内容包括转让权、许可使用权和质押权。这部分内容是地理信息资源产权政策的主要内容，将在下面用专章予以分析。

第四节　产权主体与产权政策

依据产权主体需求欲望的一般规律性与地理信息资源产权的特殊性，来构建地理信息资源产权的两大基本政策，即对不同地理信息资源产权主体实行分类管理政策和经济利益驱动激励政策。

一　地理信息资源产权的分类管理政策

确定地理信息资源产权归属，依据不同产权主体实施分类管理政策，这是确保具有国家专控性或非公开性的地理信息资源不会进入市场进行交易的必要条件；而对公开性的地理信息资源实行产权多元化政策，又是市场交易的前提条件。

（一）对具有国家专控性特征的地理信息资源实施安全保密政策

对具有国家专控性特征的地理信息资源实施保密政策，是满足国家安全的需要，但又是对发展地理信息产业的制约。国家的安全与经济的发展，是国家强盛富裕的两大基本任务。因此必须依据保密的必要性与可能性这两个要件的协调来制定保密政策。所谓必要性是指国家安全的需要，国家安全需要又依靠可能性来保证。所谓可能性是指在现实的技术条件下是否能确保地理信息资源的机密不会外泄。只有能够确保其机密不会外泄，国家的安全需要才能实现，这些地理信息资源才是保密的内容。如果这些信息已经外泄，是人所共知的事，那么这类的地理信息资源就是公开的信息，就是发展地理信息产业的具体内容，而不是保密的内容。只有处理好二者的关系，才能做到既确保国家的安全，又满足发展地理信息产业的需要。这个原则就是划分保密与公开地理信息资源的界限，是实行分类管理的基本依据。

（二）对商业性地理信息资源实施产权多元化政策

对于公开的地理信息资源，又可以进一步划分为公用性地理信息资源与商业性地理信息资源两大类，对商业性地理信息资源实施多元化的产权政策。按图 3-1 对公开性地理信息资源实施分类管理政策。

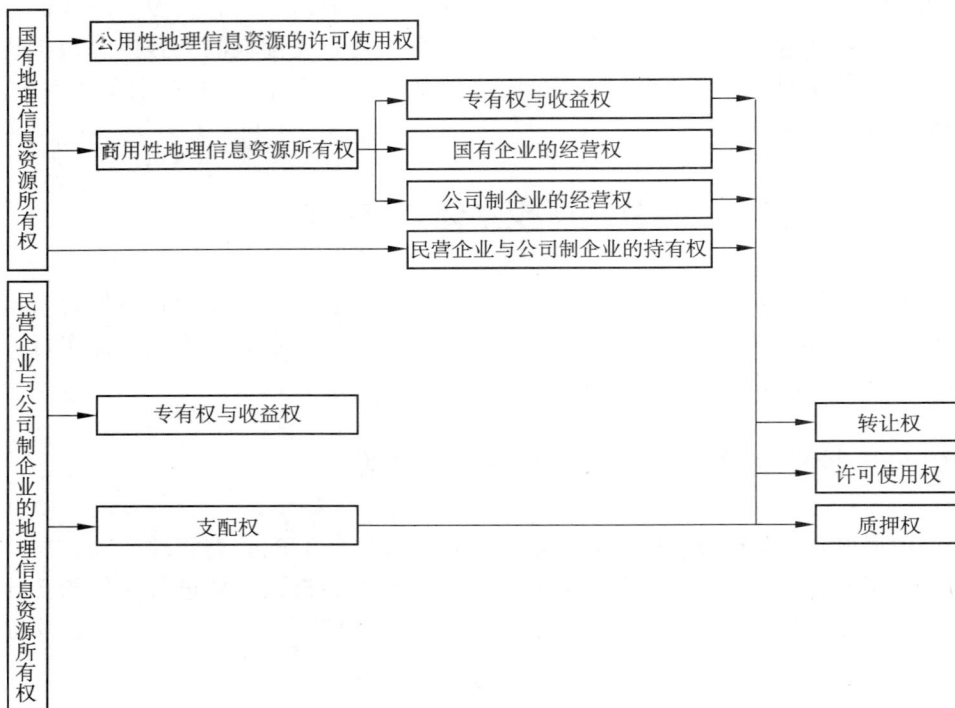

图 3-1　对公开性地理信息资源实施分类管理

（三）地理信息资源的分类管理是一个基本政策

对地理信息资源的分类管理是一个基本政策，仍需有一系列具体政策予以保证。

由于对地理信息资源产权的分类有不同的标准或依据，就有不同的分类体系。这里依据两个标准。

第一种分类标准即依据作为产权客体的地理信息资源本身的特征，把地理信息资源划分为三种类型，分别实行三种不同的政策：对国家专控性地理信息资源，实行保密政策；对基础公益性地理信息资源实行公用物品政策，即对社会公众无偿提供；对商业性地理信息资源实行产权多元化的商业化运作政策。

第二种分类标准即依据地理信息资源产权主体的不同，分为国家所有的地理信息资源、民营企业和公司制企业所有的地理信息资源。国家所有的地理信息资源包括依据地理信息资源本身特征的全部三种类型，分别实行保密政策、公用物品政策和商业化运作政策。而民营企业和公司制企业所有的地理信息资源只有商业性地理信息资源一种，实行商业化运作政策。

在地理信息资源分类管理基本政策的大前提下，尚需有对地理信息资源保密与公开的相关政策、对国家所有地理信息资源的公用性与商用性界线划分的政策、国有地理信息企业的经营权政策、公司制地理信息企业的经营管理政策、民营企业参与基础测绘享有地理信息资源持有权等一系列具体政策。

二 地理信息资源产权的激励政策

激励政策指包括名利在内的各种物质与精神的利益驱动政策，对于市场经济系统来说，主要是指通过各种经济利益作为指挥棒或动力机制，以激励经济主体为自己和社会尽力把地理信息资源转化为社会财富。

（一）高效是地理信息资源产权制度实施激励政策的核心

西方经济学家道格拉斯·诺思等在分析发展中国家大多数人长期处于贫困状态的原因时，就指出这些国家没有一套能激励人们从事经济活动的产权制度。虽然各国都建立起适合本国特色的制度，但各种产权制度在功能效率上却存在高低差异。其中效率较高的关键是能够提供一种对人们经济活动的激励，并且这种激励必须从作为生产力与生产关系基础的产权制度中首先建立起来。

没有在产权制度中建立激励政策，并不是发展中国家大多数人处于贫困的唯一原因，特别是长期处于殖民主义奴役的发展中国家，当他们还没有从政治上和经济上摆脱殖民主义的控制时，谈不上幸福富裕的生活。然而，在这个前提条件被满足以后，能否有激励机制就是构建一个高效率产权制度的核心。因此，在经济社会中有两个人人皆知的原则：第一个原则是从个人层次上说，商人不会做赔本生意；第二个原则是从国家层次上说，公益性事业必须由政府承担，只有使经济主体的收益大于他们付出的成本，才能驱使他们去从事符合社会需要的活动；对于那些虽然对社会来说是有利的事业，但人们投入的成本要超过他们的收入回报，就必须由政府公益部门来组织实施或承担其费用。从上述的基本原则出发，检验一个国家产权制度是否具有较高的效率，也就在于这个国家的产权制度能否激励人们从事该种经济活动。

（二）构建地理信息资源产权激励政策体系

激励政策是地理信息资源产权政策中最基本的政策，它通过对产权主体的利益驱动，调动生产者采集、加工生产和维护、更新更多的地理信息资源与产品；调动经营者把更多的地理信息产品及服务投放市场；调动更多消费者对地理信息资源、产品和服务进行利用、增值和创新，以共同促进地理信息产业的发展。为达到这个目的，就需要制定以投资政策、产权保护政策、价格政策为中心的激励政策群体及其配套措施。

为使这些政策能起到相应配合、相互促进的作用，就必须弄清这些政策在地理信息资源产权政策中各起何种作用，以及这些政策之间的相互关系。

地理信息资源产权保护政策是激励政策中最核心的政策，是激励产权主体把资源转化为社会财富的指挥棒或基本动力。产权保护政策通过产权归属及其权利的确认来实现产权的保护。或者说，唯有赋予地理信息资源投资者与加工增值创新者享有专有权、支配权与收益权，才能鼓励经济主体生产、加工、增值和创新更多地理信息资源与产品。地理信息资源产权的保护措施包括经济、行政和法律等多种形式。产权保护既是激励经济主体对地理信息资源进行投资的一种手段，也是协调生产者、经营者和消费者共同目的的一种方法。一句话，投资政策和价格政策都是地理信息资源产权政策的一种具体应用。

投资是取得地理信息资源产权的基本依据，也是发展地理信息产业的制约因素。投资作为产业发展的制约因素，就必须应用激励政策去突破；而投资作为取得产权的依据，就可能以取得产权为动力来激励其进行投资。从制约因素的层次上说，由于对地理信息资源的生产、维护和更新既需有高科技的投入，也需有巨额的资金投入，因此，地理信息资源基本上是由国家财政的投入所取得的。为解决国家财政的相对有限性与人们对地理信息资源需求无限性的矛盾，就要求鼓励各类经济主体对其进行投资，而拥有产权、获取经济利益就是激励的一种重要方法。

价格是协调地理信息资源生产者、经营者与消费者之间利益分配的中介或调节因素，也是生产者、经营者实现利润的最终保证。价格作为生产者、经营者与消费者利益分配的调节因素，主要体现在它是协调供求关系的有效方法。从消费者的层次上说，他们对地理信息资源、产品及其服务的需求量，既与消费者自身的需求能力（如工资）有关，也与商品价格有关。而商品价格又与商品的质量、档次、品种等因素有关。从生产者与经营者等地理信息企业的层次上说，价格既能协调与消费者的关系，也是他们实现自己目的的保证。为达到追求最大利润这个目的，地理信息企业就必须应用价格这种杠杆原理来扩大其供给量。具体的方法是通过价廉质优、新款高档、使用方便的产品及其服务来吸引消费者。地理信息资源价格政策包括商品及其服务的价格与企业员工工资价格等政策。

第四章 物权理论与地理信息资源产权

第一节　构建地理信息资源产权的物权理论基础

由于地理信息资源产权是当代高新技术发展的产物，是新生事物，要构建地理信息资源产权结构就必须依据传统的产权理论，因为二者之间存在特殊与一般或者小概念与大概念的关系。其中物权理论是产权理论最基本、最成熟的理论，因此构建地理信息资源产权机构就必须依据物权理论。例如，地理信息资源所有权与物权所有权的概念是一致的，构建地理信息资源所有权就可以直接依据物权所有权的理论；地理信息资源许可使用权可以借鉴用益物权，而当代的用益物权在一定条件下又具有经营权，即交换权或支配权，这样地理信息资源的经营权可以借鉴用益物权的经营权；地理信息资源的质押权可以借鉴担保物权。可见，物权理论可以为地理信息资源产权结构的构建提供基本依据，为此必须介绍物权的基本理论及我国物权法的相关规定。

一　物权的概念及其发展变化

（一）物权的概念

作为大陆法系广义财产权的物权，是人们最古老、最传统的一种财产权。在当代，物权、知识产权和信息产权是人们最重要的三种财产权利。

财产权作为一个法律概念，法学上通常把财产权定义为权利主体对特定客体（最早是指物）能够直接支配和排他的一种权利。这个定义最早就是专门为物权设定的，因为作为物权客体的不动产与动产最容易为经济主体所控制并安全地利用，因而也就成为人们日常生活和生产中最古老，也是最基本、最重要的财产形式。

说物权是人们最古老的一种财产权，是指人类自从有了私有制，就有涉及不动产与动产的相关概念。说物权是人们最基本、最重要的财产权，不仅是指17 世纪以前物权是人们唯一的财产权利，而且至今仍然是人们最基本、最重要的三大财产形式之一。当然，随着时代的发展、技术的进步，知识产权和信息产权在国民经济，乃至于在人们日常生活中所占的地位将不断提高。这三种产权形式，也许有可能像国民经济中的第一产业、第二产业和第三产业那样，会发生结构性的变化。

尽管物权是人们最古老的财产权，但其含义并没有变化，正如 2007 年 3 月 16 日第十届全国人大第五次会议上通过的《物权法》第二条第三款规定："本法所称物权，是指权利人依法对特定的物享有直接支配和排他的权利，包括所有权、用益物权和担保物权。"《物权法》第二条第二款规定："本法所称物，包括不动产和动产。"

物权作为一种法律关系，它包括物权客体、物权的权利主体和权利内容等三个结构要素。我国《物权法》规定的物权权利主体包括物权所有权人、用益物权人和担保物权人等主体；物权的客体是不动产和动产；物权的权利内容是支配权和排他权（即独占权）。

排他权或独占权是解决物权的归属关系，属于生产关系的范畴。物权权利主体享有排他权的目的，是为取得收益报酬的权利。而收益权的大小取决于资源的加工增值与交换增值这两部分的收入，并且交换增值的收益又远大于加工增值的收入。可见，收益权的实现，实质上取决于支配权的设定。在物权发展的历史中，排他权基本上是没有变化的，但支配权却有较大的变化。

（二）物权权利内容中支配权的设定是存在着变化的

为什么物权权利内容中的支配权，在产权发展历史中会发生不断变化呢？这是由于支配权作为法律规范属于上层建筑，它必须反映生产力的发展与生产关系的现实情况。生产力与生产关系在历史进程中是不断变化的，因此支配权的内容也必然要随之变化。

尽管物权的权利内容也与政党的政治纲领或意识形态有关，例如，对物权归属关系或所有制的认识不同，就可能对支配权内容有不同的设定。但从整体上来说，物权支配权的内容必须能反映生产力发展的实际情况，否则就必然要阻碍社会经济的发展。因此对支配权内容的设定，大致是从不设定支配权，到设定并逐步完善以交换为中心的支配权。

社会生产力的发展从根本上来说，取决于人们的需求消费水平与科学技术发展的程度。从历史发展的进程来看，人们的需求消费水平是在不断提高的，特别是科技迅速发展对生产力的推动意义更加重大。例如，新技术的发明才使新产品不断涌现，而新产品推出初期，总是属于价格昂贵的奢侈品，只有少数消费水平高的人才能消费得起；随着技术的更新，成本的不断降低，消费人群越来越多，最终成为大众消费品。

从这个实例可知，作为产权客体的产品的生产与消费等生产力的发展变化，要求物权的权利内容，特别是不动产物权的权利内容也要发生相应的变化。物权最基本的权利内容按《民法通则》第七十一条规定，是"占有、使用、收益和处分的权利"。其中，占有权就是确认产权人享有排他的权利；使用权是产权人通过自己加工增值来获取收益权，在不动产物权中，它是指用益物权中的土地使用权，包括宅基地使用权、地役权和居住权。物权中占有、使用、收益等权利内容是产权人最基本的权利，甚至可以说是自从有物权以来，产权人的这些权利都没有任何变化。即使我国在北魏到中唐所实行的均田制，以及公社化后至改革开放前所实行的公有制，这些权利内容也没有发生过变化。具体地说，均田制的露田部分和公有制的土地所有权的权利内容中，都不设定交换权。

在物权的权利内容中，唯一发生变化的是处分权或支配权（我国《民法通则》称其为处分权，而《物权法》称其为支配权）。支配权又包括继承权和作为商品的交换权。其中，交换权是为适应商品经济的发展而设定的一项物权权利，而这项权利又成为产权人获得收益权的主要来源。当代物权的交换权包括用益物权中的转让权、租赁权，以及担保物权中的典权、抵押权、质权和留置权。

在物权中究竟应设定何种支配权，必须从发展生产力这个基本前提出发。而发展生产力的核心内容就是构建一个适合于市场化运作的物权产权结构模式，即土地产权必须能够在市场中自由流转。我国的《物权法》第一百二十八条规定："土地承包经营权人依照农村土地承包法的规定，有权将土地承包经营权采取转包、互换、转让等方式流转。"第一百四十三条规定："建设用地使用权人有权将建设用地使用权转让、互换、出资、赠与或者抵押。"可见，我国《物权法》中设定的交换权已经可以适合于市场化的经营需要。

（三）物权法律关系中对权利与义务设定上的变化

物权法律关系中的权利是权利主体对物权客体享有支配权和排他权；而物权法律关系中义务主体的义务是负有对物权客体不得侵犯的义务。在物权法律关系中，关于对权利与义务内容的设定，也经历了资产阶段初期的私有财产神圣不可侵犯，到20世纪初期以来的财产所有权也负有义务，到当代已经发展到财产所有权的个人本位与社会本位应相互协调。

在自由资本主义时期，西方国家都强调对私人财产的保护。例如，法国民法典就依照《人权宣言》中关于"私有财产神圣不可侵犯"的精神，规定物权所有人对物享有绝对和无限制的支配权利。法学家把这种权利内容称其为个人权利本位。个人权利本位可以充分调动产权人的积极性，对社会经济的发展也起到某种推动作用。然而这种绝对和无限制的支配权利，是不利于社会经济的和谐发展的。特别是作为不动产物权的土地，除了具有商品性特征以外，还具有基础公益性特征。如果私有产权人可以自由而不受限制地使用其不动产的权利，就有可能要影响甚至危害社会公共利益。例如，法国在 1935 年通过的法律规定，机场周围不得建高层建筑物，从而否定了这种绝对和无限制的物权权利内容中的支配权。

20 世纪初，德国民法典依据《德国魏玛宪法》的规定："所有权为义务，其使用应同时为公共福利之义务。"20 世纪中期的日本民法典也规定"私权必须遵守公共福祉"（王利明，2003）。换句话说，物权所有权必须服从于公共利益。然而，由于对什么是公共利益，并没有明确的法律规定，因此，希特勒为了发动侵略战争这个目的，就以公共利益之名实施一系列限制，甚至是执行剥夺私人物权支配权的政策。法学家称这种对支配权限制的政策为社会权利本位，显然社会本位无法调动私有物权所有人的积极性，不利于社会经济的发展，也将危害公共设施的建设和完善。

当今对物权法律关系内容中，应如何设定支配权，人们通过对个人权利本位与社会权利本位这两种政策后果的深刻反思得出，物权支配权的设置应遵循产权人的个人利益与社会公共利益相协调的政策。对这个政策的具体操作，必须注意如下几个方面：

第一，必须首先依据物权客体的公益性与商品性特征，分别制定不同的产权政策。对具有公益性特征的物权客体，应以公共物品形式向全社会提供普遍性的服务。

第二，对具有商品性特征的物权客体，私有物权所有权人享有完全的支配权；凡因公共利益必须对私人享有的支配权进行限制时，必须要有明确的法律依据，并应有对权利行使限制的具体时间规定。

第三，物权所有权人对支配权的行使，不得危害环境以及侵犯社会上其他人的人身权和财产权。

二　物权所有权

(一) 所有权的权利内容

依据我国《民法通则》第七十一条规定："财产所有权是指所有人依法对自己的财产享有占有、使用、收益和处分的权利。"而《物权法》第三十九条也按《民法通则》的规定，来定义物权所有权。该法规定："所有权人对自己的不动产或者动产，依法享有占有、使用、收益和处分的权利。"物权所有权的权利内容除《民法通则》和《物权法》所规定的这四项权能外，还包括物上请求权。

占有是指权利主体对物的实际控制，占有权是指明确归属关系以后所确定的实际控制权或排他权。占有分为所有人占有与非所有人占有两种情况，所有人占有是指所有人自己行使占有的权能；非所有权人占有，是指所有人以外的其他人占有不属于其所有的财产，又分为有权占有与无权占有。有权占有是指依据法律或合同的规定而享有对该物占有的权利；无权占有又分为善意占有与恶意占有。

物权所有权中的占有权或占有关系，就是经济学上的归属关系或所有制，它是指包括各种资源在内的生产资料归谁所有和生产资料在生产过程中如何进行利用的经济制度。当这种生产资料的归属关系，通过国家法律予以确认之后，也就成为法律关系，就是所有权四项权能中的占有权。

使用是指经济主体实际对作为物权客体的资源进行加工利用的过程，使用的目的是取得资源的使用价值。使用权是物权所有权人一项基本权利，因为物权所有人占有资源，只有通过对使用权的利用以及对支配权的行使，才能实现该资源增值收益的最终目的。

所有权人对使用权的使用，有两种基本途径：一是自己使用，从而取得资源的加工增值收益；二是通过交换来取得资源交换增值收益。不论是加工增值还是交换增值，其增值收益都可以用货币来度量或计算。其公式为

$$资源 \xrightarrow[\text{交换增值}]{\text{加工增值}} 产品或货币$$

从上面公式可知，物权客体之所以具有使用权，是由资源本身具有价值或使用价值决定的。至于资源增值量的大小，既取决于资源的数量与质量，并与资源的数量、质量成正比，也与资源转化为产品或货币的周期平方成反比，或与转化速率平方成正比。

收益是物权所有人通过对资源使用权的使用所取得的经济利益。收益权是物权所有人之所以占有、使用资源的目的。从使用权的行使可知，收益的方法是通过加工增值和交换增值来取得增值收益的。

按传统民法的理论，收益作为所有权的一项权能是指收取由原物产生出来的新增经济价值的权能。所有物新增的经济价值包括孳息与利润。孳息分为天然孳息和法定孳息。利润包括物投入生产经营活动中所产生的利润。在当代商品社会中，通过孳息所取得的收益是极为有限的，只有通过商品经济活动，才能取得利润的最大化。

处分或支配作为所有权的一项权能是指物权所有人对其占有的资源进行使用、消费和交换的一种支配权利。使用、消费是所有权人对资源事实上的处置，交换属于法律上的处置。如上所说，通过事实处置方法，取得收益极为有限，其中通过消费的处置方法，其收益量为零。因此，通过法律上的处置或交换增值方法，就成为物权所有权人取得最大利润的重要方法。由于所有权人对资源

进行交换，必须依据法律规定通过合同（契约）的签订才能实现，因此通过这种方法对物的处置，就称其为法律上的处置。

占有、使用、收益和处分四项权能，一起构成所有权的积极权能，并且这四项权能中的每一项都有相对独立性。因此，其中某一项或某几项权能可以暂时脱离财产所有人，但财产所有人并不丧失对该物的所有权。不同权利主体对这四项权能的分合情况也不同，例如，国有物权所有人，作为所有权人的国家，就不行使占有与使用这两项权能，只是通过行使处分权来取得收益权。

物上请求权是物权所有权的一项消极性权能，它是指当物权被侵犯或者可能受侵害时，有权请求恢复物权的圆满状态或者防止侵害。物权请求权的内容包括返还原物请求权、排除妨害请求权、停止侵害和消除危险请求权、恢复原状请求权等。物上请求权是保护物权的重要法律手段。

（二）国有物权所有权

1. 国有物权所有权的特点

国家作为公共利益的代表者，历来都负有解决社会经济中重大问题的职责，必然要有一定财产作后盾，因此国家所有权就有其客观存在的必然性。

《物权法》第四十五条规定："法律规定属于国家所有的财产，属于国家所有即全民所有。"我国国家所有权取得的方式包括：没收、征收和征用；赎买、罚款和罚金；依法取得的无主财产、积累资金、税收等。就当前来说，最主要方式是税收，其次是积累资金。除取得方式的特殊性外，国家物权所有权与一般物权所有权在权利主体、权利客体与权利内容等方面，也具有自身特殊性：

第一，国家作为财产所有权的权利主体具有统一性和唯一性。换句话说，国家所有权只能由国家统一行使，国家是全民财产的唯一所有人。除国家授权或法律规定外，任何单位和个人都不得行使国家所有权及其权能。从法学理论上说，国家是一种特殊的权利主体，只有在参加国际会议、签订国际条约或者双边协议等情况下，才以国家主体的身份出现。而在国内的法律关系中，除发行公债等少数行为以外，国家所有权主要是通过法律规定或国家授权方式，由相关部门来行使国家所有权。例如，《物权法》第四十五条第二款规定："国有财产由国务院代表国家行使所有权；法律另有规定的，依照其规定。"在现行的体制中，我国对国有所有权是实行在国务院领导下的分级分权的管理办法。一句话，国家作为所有权权利主体，必须把作为国家所有权客体的各项财产，按照其性质、用途分配给相关的国家机关、企事业单位、其他组织和个人占有、使用。可见，虽然国家作为财产所有权的权利主体，具有统一性和唯一性，但国家财产占有权人和使用权人的主体则具有多元性。

第二，国家所有权的权利客体具有广泛性和专有性，但其取得必须具有合法性依据。所谓客体的广泛性是指任何财产都可以作为国家所有权的权利客体。《物权法》从第四十六条到第五十五条共用十条来规定国家所有权产权客体的范围。所谓专有性，是指依照法律规定这些国家所有权客体，只能由国家享有专有权。例如，矿藏、水流、海域、城市的土地、森林、山岭、草原、荒地、滩涂等自然资源，野生动植物资源，无线电频谱资源和国防资产等，在《物权法》中都明文规定是属于国家所有的专有资源。对国家专有的这些资源进行描述，并作为这些资源替代的地理信息资源所有权，自然也只能属于国家所有。

第三，国家所有权的权利内容具有复杂性。虽然国家所有权的权利内容是由国家自身来决定的，但具体的决定权是由全国人民代表大会及其常务委员会来行使的，并且国家所有权的取得和行使都必须合法。或者说，国家对这些权利内容的设定不能在法律之外，不能依自己意志随意创设，也不能与国家宪法和法律相违背。我国所有权的权利内容只能由民法及专门的财产法来规定。例如，《物权法》作为国家的基本法，是由全国人民代表大会通过的。

2. 国家所有权的行使

国家所有权的行使主要有三种方式。

第一，国家通过法律规定，可以把国家所有的不动产或动产交给集体组织、公民和外国投资者使用或经营。被准许使用和经营国家不动产或动产的组织或个人，应在法律或协议规定的范围内，依法进行使用和经营，从而取得相应的经济收益，以及充分发挥资源的综合效用。

第二，授权国家机关、企业、事业单位占有、使用和管理国家所有的动产和不动产。例如，国家机关、事业单位占有、使用和管理国家所有的房地产。

第三，授权国有企业对国家所有的不动产和动产进行经营活动。这时国家与国有企业的关系是实行政企分开的政策，包括国家行政管理权与国家所有权相分离，以及国家物权所有权与物权经营权相分离的政策。当然，国家必须授权国有企业负责人享有法人资格，企业法人可以在市场经济总目标下，成为独立自主、自负盈亏的市场经济主体。国有企业与其他企业享有同等的权利，它们的经营活动都受民事法律规范所调整。国家对包括国有企业在内的所有企业的监督、管理，都属于国家行政管理的范畴。

3. 国家所有权的保护

对国家物权所有权的保护，《物权法》用两条三款予以规范：一是国家所有的财产受法律保护，禁止任何单位和个人侵占、哄抢、私分、截留、破坏。二是履行国有财产管理、监督职责的机构及其工作人员，应当依法加强对国有财产的管理、监督，促进国有财产保值增值，防止国有财产损失；滥用职权、玩忽职守，造成国有财产损失的，应当依法承担法律责任。三是违反国有财产管理规定，在企业改制、合并分立、关联交易等过程中，低价转让、合谋私分、擅自担保或者以其他方式造成国有财产损失的，应当依法承担法律责任。

可见，对国有财产的保护，关键在于建立和完善对国家财产的保护和管理制度，明确国家机关和企事业单位占有、使用、管理和经营国有财产的权利与义务，加强对国有财产的责任感，制裁各种侵犯国有财产的行为。

（三）集体所有权

集体所有权是指劳动群众集体组织依法对属于集体所有财产行使占有、使用、收益和处分的权利。

1. 集体所有权的特性

集体所有权同国家所有权相比较，具有如下特点：

第一，集体所有权取得方式，主要有法律授权与集体集资两种方式。《物权法》第五十八条到第六十二条，共用五条规定明确法律授权集体组织所有的不动产和动产的具体范围。第六十七条规定："国家、集体和私人依法可以出资设立有限责任公司、股份有限公司或者其他企业。"换句话说，集体组织投资的企业，其所有权也属于集体组织所有。

第二，权利主体具有分散性与巨量性特征。同国家所有权的统一性与唯一性相比较，集体所有权不具有全国的统一性和唯一性，而是分散于全国城乡各地，并且权利主体的数量是十分巨大的。

第三，权利客体的局限性。同国家所有权相比较，集体所有权的客体，仅限于国家法律授权与集体集资两种取得方式。

2. 集体所有权的行使与股份制企业

集体所有权的性质就在于其所有权是属于众多的劳动群众集体所有，是属于公有制的范畴。然而，由于所有权实质上是属于一种私权，因此，集体所有权的行使只能由集体组织的成员通过民主程序来行使，才能使集体所有权权利的行使具有公平性与公正性。

民主程序是公有制存在的基础，如果没有民主程序或民主程序不健全，或者操作不当，公有制就可能蜕变为私有制或者无所有制。

何种民主程序才能实现公平与公正呢？当前认为最公平、最公正的方法是少数服从多数。然而对这些少数人来说，又是最不公平和不公正的；并且这种少数与多数是依据投资人数的多少，还是依据投资资金数额的多少，不同的标准依据，就有不同的结果。当今股份制企业就是依据投资数额来确定其投资者的权限。

当代股份制企业已在西方发达国家运行了半个世纪，其核心内容是企业的所有权与经营支配权相分离。其中，企业所有权属于众多的股东，而企业的经营权是属于总经理等少数高级管理人员所支配。其运作方式十分简单且灵活。

按照《中华人民共和国公司法》（以下简称《公司法》）第三条的规定："公司是企业法人，有独立的法人财产，享有法人财产权。公司以其全部财产对公司的债务承担责任。有限责任公司的股东以其认缴的出资额为限对公司承担责任；股份有限公司的股东以其认购的股份为限对公司承担责任。"第四条规定："公司股东依法享有资产收益、参与重大决策和选择管理者等权利。"

公司制企业具体运作机制是股东大会及其董事会决定公司的经营方针和投资计划等方针大计；董事会聘请总经理主持公司的生产经营管理等日常工作；监事会负责对董事、经理的决策、经营行为进行监督。

企业中所有权与经营权相分离最为典型的是股份有限公司中的上市公司，股东作为公司产权所有人，其实质内容是股份资本的出租者，总裁等少数几个管理者才是事实上的所有人；然而股东出售自己的股份，也无需公司或其他股东的允许。即不论是多数人还是少数人都有权按照各自的意愿来行使自己的权利，而不存在多数人压迫少数人的现象。

由于公司制企业必须按照民主程序来协商产生上述机构，而这些机构的运行都要以付出成本为代价，自然要比私人企业个人说了算的独裁管理方式有较高的管理成本，因此公司制企业具有公有制所共有的运作成本高的缺点。然而，由于董事、经理和监事职责分明，其效率也是高的。此外，股份制公司还具有私有企业的优点，即所有权归属关系十分明确，从而使所有人为自己也为社会奋斗的目标十分具体。由于企业不论是以何种资源形式向股份制公司投资时，都以货币形式来计算其份额而拥有相应的股份。拥有股份的投资者就是股东，公司的所有权是属于股东的，股东拥有所有权的权利，是以股份的多少来计量的。当出现少数人利益受到多数人压迫的时候，少数人就可以通过出售其股份来维护自身的利益。

可见，股份制企业既可以集中大量的资金、技术和人才等优势，实现社会化的大生产，又可以尊重每一个人的私有权，这也许是恩格斯所期待的解决私人所有制与社会化大生产之间矛盾的一种方法。

（四）私人所有权

私人所有权是指公民依法享有对自己所有生活资料和生产资料行使占有、使用、收益和处分的权利。私人所有权是私人所有制在法律上的表现。

私人所有权的客体包括个人的生活资料和生产资料两大类。私人所有的生活资料包括个人的合法收入和合法的储蓄、房屋、生活用品、文物、图书资料、农民的牲畜及宅基地上的林木等。私人所有的生产资料是指个人投资生产经营活动，包括个体工商户、农村承包经营户、独资企业所经营的产品或商品，也包括股民对股票的投资活动。

私人财产的来源是私人个人的劳动所得及其投资活动的合法收入。《物权法》用两条三款规范了私人财产的来源：一是私人对其合法的收入、房屋、生活用品、生产工具、原材料等不动产和动产享有所有权；二是私人合法的储蓄、投资及其收益；三是继承所得及其他合法权益。

对私人所有权的保护仍是当今一个极其重要的政策，只有保护私有财产，才能激励社会成员创造更多的社会财富；在市场经济活动中，保护私有财产才能营造一个公平竞争、诚信交易的良好市场环境。为此，《物权法》在总则中就确立了"保障一切市场主体的平等法律地位和发展权利"的总原则；在第五章中又用三条具体规范了私人所有权的行使和保护。特别是第三章第四十二条第一款规定："为了公共利益的需要，依照法律规定的权限和程序可以征收集体所有的土地和单位、个人的房屋及其他不动产"。本款也为私人所有权的保护提供了相应的法律依据，不足之处是对公共利益没有给出具体定义。

三　用益物权

大陆法系的民法典，通常把物权划分为所有权与他项权，而他项权又分为用益物权与担保物权。

（一）用益物权的特点及其意义

用益物权是指非所有权人对他人所有物享有占有、使用和收益的权利。用益物权是以对物使用、收益为目的的一种权利，它与所有权的使用和收益具有相同的前提条件与目的性。

从物权结构的一般原理中所说的，资源通过加工制造，可以生产出各种产品或者社会财富的模式中，就可清楚了解用益物权的内容及其目的。例如，由于土地资源具有经济价值是所有权人和用益权人使用土地的前提条件，因此有的法学家把用益物权称其为"使用价值权"。不论所有权人或用益权人，他们在使用（加工、制造）资源中，可以生产出各种产品，也取得了收益权或者取得使用价值权。

所有权与用益物权二者的区别是：所有权人对物享有支配权；而用益物权只享有使用和部分收益权，而没有支配权。用益物权与担保物权的区别是：用益物权的目的是取得使用价值权；而担保物权的目的是取得支配物的交换价值权，而不以物的实体使用为目的。因此，用益物权是独立物权，而担保物权的实质内容是属于债权，但与一般债权相比，又具有优先的清偿权。

用益物权同所有权、担保物权相比，大致具有如下特点：

第一，用益物权的核心内容就在于"用益"二字，即通过使用来取得收益，这是社会财富的最基本的来源。然而，要使这种基础或者根本的资源得到充分开发利用，使资源的"用"真正转化为"益"，就必须通过"利益"来调动产权主体对资源使用的积极性，特别是要有商品经济来推动，要有先进的技术工具来武装，否则资源的"用"与"益"都只能在低水平的基础上进行循环，如我国长达2000多年的小农经济。

第二，用益物权同所有权相比，其权利内容仅具有使用权和收益权，而不具有处分权。我国当前的土地使用权，在其法定的使用期间内，也具有部分的处分权，包括转让、出租和抵押等权利。

第三，用益物权同担保物权相比，则具有独立物权的性质。用益物权设定后，用益物权人便能独立地享有对物的使用权和收益权。而担保物权则依附于债权，即担保物权随债权的成立、转移、消灭而成立、转移、消灭，二者是主从关系。

第四，用益物权的客体仅限于不动产。用益物权是在他人土地所有权或者土地使用权基础上设立的，而不能在他人动产上设立用益权。如果需要利用他人的动产，通常是通过购买、借用、租赁等方法。其原因是不动产数量有限且价值较大，通过设定用益物权可以解决需要使用他人土地而又无力支付或者不愿支付较高费用等用户的难题。

上面所说用益物权是财富来源的基础或根本，其实就是指土地是财富来源的根本，而这个根本是指土地是各种财源的载体。如何理解作为用益物权客体的土地是财富来源的根本，以及它与商品交换之间的关系，是一个关系到国计民生的重大问题。对这个问题我国历史上有两种根本对立的理论：一是农本商末理论；二是重商促农理论。理论是制定政策依据，因此就有两种根本不同的政策：一是重农抑商政策；二是重商促农政策。政策对社会经济的发展又具有重要的反作用，因此就有两种不同的社会后果。

我国早在商朝时代，就有繁荣的商品交换活动。商朝之所以称为"商"，就在于他们这族人十分重视商业的发展，重视商人在社会经济活动中的作用。由这批商人当政的朝代，也自然称为商朝。周朝继续执行商朝传统的重商促农的政策，这可以从《易经》和《诗经》中大量的记载得到印证。

到春秋时代，商品经济仍然十分发达，各诸侯国之间的商品交流也十分频繁。郑国的刀、宋国的斧、鲁国的削刀、吴以及粤的剑都驰名全国（郑克中，2005）。春秋时期出现了两个著名人物，他们都是重商促农理论的倡导者及政策的制定和执行者，其政策的后果是造就齐国和越国的霸主地位。

管仲重商促农的理论和政策，是把齐国经济发展奠定在"通工商之业，便鱼盐之利"的基础上。在这个政策的驱动下，地处偏僻，土地盐碱化，人烟稀少的齐国，经过几代人的努力，终于成为"冠带衣履天下，海岱之间敛袂而往朝焉"的霸主之国。

春秋末期的范蠡，是我国商人所称的陶朱公，也是一位著名的重商促农的理论倡导者与政策制定执行者。在范蠡的苦心经营下，越国成为春秋时期最后一个霸主之国。即使到了战国时期，商人在各国之间的活动仍然十分活跃，吕不韦就是其中一个代表人物。

到战国的中晚期，才开始出现重农抑商的本末理论，它也成为秦国的政策。韩非子的重农抑商理论最为系统，他在《五蠹》中把商人列为"五害"之首，并提出抑制商人的具体办法。他说："夫明王治国之道，务使商工游食之民少且名卑。"而商鞅则具体执行重农抑商的政策，他把商业列为末业，采用加重赋税、徭役等方法来压制商人；关闭各种旅店，使商人无处可住；实行粮食专卖，不让商人插手。此外，商鞅还采取一系列愚民政策，使广大农民老老实实地从事农耕。他提倡："愚农不智，不好学问，则务农疾。"从此愚民政策也就成为历代"明君治国之道"。

我国从秦汉一直到清王朝，在长达 2000 多年的历史中，都无一例外地推行重农抑商的本末政策，禁止商人穿丝绸衣裳，不准乘车，不准从政，其子孙不得做官都是历代的基本国策。这种政策的后果是严重压抑、甚至摧残资本主义在我国的发展进程，从而使我国广大农村在长达 2000 多年的岁月中，始终停滞在自给自足的小农经济之中。虽然在南宋有叶适，明代有张居正等人反对重农抑商政策，但力量微小，无法撼动传统势力。

（二）用益物权的一般权利内容

在罗马法中已有用益物权的概念，并设定了地役权、人役权、承佃权和地上权等几种权利内容。大陆法系各国大致都采用用益物权的立法体例及其权利内容。例如，《法国民法典》规定用益权、使用权、居住权和地役权四种权利内容；德国用益物权的权利内容包括地上权、地役权、限制的人役权、用益权和居住权；日本的用益物权的权利内容则有地上权、承佃权、地役权和入会权。可见，各国用益物权的权利内容大同小异，而各具特色。例如，日本的入会权就具有东方特色，所谓入会权是指居住在一定地域或村落的居民，对于一定的山林原野享有的管理、经营、使用和收益的权利。

我国颁布的《物权法》也明确采用大陆法系国家的用益物权的概念。虽然大陆法系国家的物权体系，是建立在土地私有制基础上的，但我国已经实行社会主义的市场经济制度，并通过《宪法》确认土地使用权可以依照法律的规定进行转让，这样就使用益物权成为联结我国土地公有制和市场经济土地流转客观需要的纽带。

我国《物权法》规定的用益物权的权利内容包括土地承包经营权、建设用地使用权、宅基地使用权、地役权等权利，而居住权、特许物权虽未在《物权法》中予以规定，但其具体的权利内容则在相关的专项法中有规定。

(三) 建设用地使用权与经营权的含义

建设用地使用权是指土地使用权人为了开发利用、生产经营、社会公益事业等目的而在国家所有的土地上建造建筑物、构筑物及其附属设施，并依法享有占有、使用和收益的权利。《物权法》第一百三十五条规定："建设用地使用权人依法对国家所有的土地享有占有、使用和收益的权利，有权利用该土地建造建筑物、构筑物及其附属设施。"可见，建筑用地使用权包括如下三方面的含义。

第一，建设用地使用权主体使用土地的目的：一是对土地进行开发经营，以获取最大的经济利益；二是为了社会公益事业而开发利用土地。如果是以营利为目的的开发利用，就是建设用地使用权人采用出让、转让、互换、出资等方式取得土地使用权，也就同时取得了土地的经营权。

所谓土地经营权是指土地使用权人以营利为目的，而依法享有对土地使用权进行各种商业活动的权利。这里所说的依法，是指依靠我国法律的规定。《民法通则》规定"公民、集体依法对集体所有的或者国家所有由集体使用的土地的承包经营权，受法律保护"，"全民所有制企业对国家授予它经营管理的财产依法享有经营权，受法律保护。"《物权法》规定"工业、商业、旅游、娱乐和商品住宅"等用地属于"经营性用地"，"建设用地使用权人有权将建设用地使用权转让、互换、出资、赠与或者抵押"。

如果建设用地使用权人的目的是为了社会公益事业，此时建设用地使用权人通过行政划拨的方式取得土地使用权，那么建设用地使用权人就只享有使用权，而不享有经营权。可见，建设用地经营权的概念，是为发展商品经济的目的，而依法设定的一个物权概念。建设用地经营权的权利内容，包括对房地产权的转让、出租、典当、抵押等内容。

第二，建设用地使用权的客体，依据我国目前的《物权法》规定，建设用地客体是国家所有的土地，而依据《中华人民共和国城镇国有土地使用权出让和转让暂行条例》(以下简称《城镇国有土地使用权出让和转让暂行条例》) 规定，建设用地使用权的客体是城镇国家所有的土地。如果必须使用集体所有的土地作为建设用地，必须通过土地征用，转为国家所有。所谓土地征用是指国家为了公共利益的需要，依法将集体所有土地征收归国家统一使用的一项行政行为。既然征收的目的只能是为了公共利益，那么为了商业利益的征收就不符合国家法律的规定。因此，现在已有不少专家提出，集体所有的土地也应该成为建设用地的客体，以便让农民也直接分享土地增值的利益。

第三，建设用地使用权使用土地的范围，仅限于建造建筑物、构筑物及其附属设施，而不包括罗马法所说的种植竹木。建筑物、构筑物包括地上和地下的各种建筑设施。建筑物中数量最多的是房屋，房屋也几乎成为建筑物的特定名称；而桥梁、隧道等交通设施与堤防、沟渠等水利设施，以及纪念碑、塔等则通称为构筑物；其他固定附属设施，则指与建筑物、构筑物不可分的相关设施，如建筑物、构筑物上固定的水电设施，已成为特色城市景观中建筑物的重要组成部分。

（四）建设用地经营权与农业用地承包经营权的权利内容

我国《物权法》、《中华人民共和国城市房地产管理法》（以下简称《城市房地产管理法》）等法律规定，建设用地经营权是在国有土地使用权基础上设定的一项物权，也是国家为发展房地产业而建立的土地市场制度。同土地私有制的大陆法系国家地上权不同的是，我国地产市场制度是在土地公有制基础上构建的，因此我国的土地市场就与地上权市场具有不同的特点。二者的基本区别是：我国建立了两级市场的运行体系，其中一级市场包括国有土地使用权出让和农村集体土地承包经营权市场，二级市场属于竞争性的房地产市场。

所谓一级地产市场是指国有土地使用权出让市场。国有土地使用权出让，是指国家以土地所有人的身份，将土地使用权在一定年限内出让给土地使用者，并由土地使用权人向国家支付土地使用权出让金的行为。

国有土地使用权出让主体是国家，受让主体是我国境内外的公司、其他组织和个人，除法律另有规定外，均可成为土地使用权的受让人。

一级地产市场属于不完全的地产市场。所谓不完全的地产市场是指一级地产市场是由国家垄断的市场，其行政调节大于市场调节。尽管不完全，但毕竟又具备市场行为的一些基本要件，即国有土地使用权出让是属于民事行为而不是行政行为。《物权法》就明文规定："工业、商业、旅游、娱乐和商品住宅等经营性用地以及同一土地有两个以上意向用地者的，应当采取招标、拍卖等公开竞价的方式出让。"可见，国有土地使用权出让是一种市场行为，它与行政划拨具有完全不同的性质，其主要区别有二：一是国有土地使用权出让合同是按民事法律关系的原则签订的；二是出让方与受让方等双方当事人的主体地位是平等的关系，而不存在行政隶属关系。此外，一级地产市场的市场特点也有利于追究双方的违约责任。

农村土地承包经营权大体上也具有一级地产市场的不完备性特点。依据我国《物权法》和《农村土地承包法》规定，农业用地承包经营权是指在农民集体所有和国家所有由农民集体使用的耕地、林地、草地以及其他用于农业的土地使用权基础上设定的一项物权。

土地承包经营权的主体包括发包方与承包方，发包方是集体土地所有人；承包方是本集体组织的农户，特别是家庭承包户。

农业用地承包经营权使用土地的范围，是对耕地、林地、草地等从事种植业、林业、畜牧业等农业生产。

农业用地承包经营权的权利内容，依照《物权法》第一百二十八条规定，可以"采取转包、互换、转让等方式流转"。但"未经依法批准，不得将承包地用于非农建设"。可见，农业用地承包经营权尚不具备完全的市场要件。

从某种意义上说，《物权法》已经为农业用地承包经营权的商业运作预备了空间。该法在第一百二十八条所规定的"未经依法批准，不得将承包地用于非农建设"。换句话说，如果今后有新的规定，那么承包用地也就可以用于非农建设用地，可以同建设用地一样，充分行使对土地商品交换的权利。据新华社2007年7月2日电，重庆市工商局已出台新政，允许该市农民以土地承包经营权直接入股，设立农民专业合作社、有限责任公司和独资、合伙等企业。重庆市这个政策的前提是这些企业只能从事农业经营，因此其意义仍相当有限。然而两年前广东省出台的《广东省集体建设用地使用权流转管理办法》，就承认农民可以在自己所拥有的土地上设立"集体建设用地使用权"，将其出售或者租赁给从事非农产业的工商企业。广东的政策也有所保留，该《管理办法》仍规定"通过出让、转让和出租方式取得的集体建设用地，不得用于商品房地产开发和住宅建设"。然而，一些地方的农民已经在自己的土地上建工厂、商业设施；而一些诸如小产权房等乡村房地产市场在北京周围也十分火热（秋风，2007）。

（五）特许物权

特许物权是当代综合利用自然资源的一个新概念，它是指经国家行政机关的特别许可而开发、利用某特定自然资源的权利。依据我国《民法通则》第八十一条，以及《中华人民共和国野生动物保护法》（以下简称《野生动物保护法》）、《中华人民共和国森林法》（以下简称《森林法》）、《中华人民共和国渔业法》（以下简称《渔业法》）、《中华人民共和国矿产资源法》（以下简称《矿产资源法》）的规定，我国特许物权的范围大致包括狩猎权、林业权、渔业权、矿业权和取水权等内容。

特许物权与一般物权相比较，最基本的特征，就在于特许物权必须经过国家法定机关的特许。为什么必须经过特许呢？这是由于这种权利是在国家所有的自然资源所有权，以及这类资源又受到国家法律的特别保护等基础上设定的一种权利。

例如，我国《野生动物保护法》规定"野生动物资源属于国家所有"，并且国家对不同种类的野生动物资源，实施分类管理的办法。为实施对野生动物资源的保护，积极驯养繁殖和合理开发利用，就必须通过特许的方法来确定野生动物资源的使用权。

《野生动物保护法》规定，要取得野生动物资源使用权经济主体的资格，就必须申请并领取由野生动物行政主管部门颁发的猎捕证，并遵守国家有关法律规定，承担相关的义务，就可取得猎捕或者驯养繁殖野生动物的资格。其中，捕捉、捕捞国家一级保护野生动物的，必须向国务院野生动物行政部门申请特许猎捕证；猎捕国家二级保护野生动物的，必须向省级野生动物行政主管部门申请特许猎捕证。

尽管特许物权与一般物权相比，具有其特殊性，但仍然具有物权的一般属性：

第一，作为特许物权的权利主体，是通过国家法定行政机构确认的，即由国家法定行政机关确认该经济主体可以取得由国家所有的自然资源的使用权，从而解决了物权产权的归属关系。例如，上面所说通过发放特许猎捕证来确认野生动物资源的占有关系，可以起到维护社会秩序稳定的作用。

第二，作为特许物权的权利客体，其所有权是属于国家所有并受到国家法律特别保护的特殊自然资源。例如，上面所说的国家一级或者二级保护的野生动物资源。

第三，作为特许物权的权利内容，是使用权人享有对该资源占有、使用、收益及部分的支配权。例如，上述所说的特许野生动物资源使用权人有权依法猎捕、驯养繁殖和开发利用该野生动物资源，其目的是通过对野生动物的收益权来调动权利主体对野生动物的有效保护和合理开发利用的积极性。

四　担保物权

（一）担保物权的特点

担保是一项法律制度，是为保证债权人利益的实现而规定的以第三人的信用或者特定财产，保证债务人履行债务、债权人实现债权的制度。我国《中华人民共和国担保法》（以下简称《担保法》）对此作了明确的规定，其中担保物权是指为了担保债权的实现，债务人或者第三人以自己所有的物或者权利为标的而设定的限制物权。

担保物权同用益物权、债权相比较，都具有自己的特点。

1. 同用益物权的比较

担保物权同物权相比，具有物权的一般特点，包括担保物权的法定性，担保物权的支配性，担保物权的排他性，担保物权的优先性，担保物权的追及性。

因此，它与用益物权一起共同构成物权理论中的他项物权。

担保物权与用益物权的区别是：

第一，设定担保物权的目的是取得其交换价值；而用益物权的目的是实现物的使用价值。第二，担保物权的客体，包括不动产、动产和权利；而用益物权的客体仅是不动产。第三，担保物权的设定是从属于债权的设定，即与债权存在从属关系；而用益物权是一种独立的物权。第四，担保物权实现的前提，取决于债务能否实现；而用益物权人利益的实现完全取决于自身的主观意志。

2. 同债权的比较

担保物权同债权相比，设定担保物权的目的就是为保证债权的实现。担保物权与债权同时设立，并同时消灭，只不过担保合同是债务合同的子合同或者从属合同罢了。

担保物权同债权的区别：第一，担保物权的权利人依法享有直接支配物的权利；而债权只有请求权而没有直接的支配权。第二，担保物权同债权相比，具有优先受偿权。第三，担保物权体现为有限责任，即债务人只对特定的担保物作为履行债务的前提；而债权体现为无限责任，即以债务人的总财产作为履行债务的前提。

从担保物权同用益物权及债权的比较中，可概括出担保物权具有如下特点：

第一，担保物权是为担保债务而设定的一项权利，它是以债权的存在为前提的。第二，担保物权是对权利的行使进行某些限制（支配权受限制）的物权，是不完全物权。第三，担保物权是以获取担保物的交换价值而设立的一项权利，当债务不能按期清偿时，才通过拍卖其担保物来实现债权人的债权。第四，担保物权的清偿权优先于一般债权。

（二）质押权或者质权

质押是指债务人或者第三人将其动产移交债权人占有，或者将权利出质，以该动产或者权利作为债权的担保，当债务人不履行债务时，质权人有权依照法律规定的程序和方法以该动产或者权利折价、拍卖或者变卖所得优先受偿。

质押与抵押都属于担保物权，但二者又存在区别：

第一，抵押与质押的标的不同。抵押不能以权利作为抵押物。

第二，抵押与质押的占有关系不同。抵押权人不占有抵押物，但质权人可占有质押物，并享有获得孳息的权利。

质押分为动产质押和权利质押。

1. 动产质押

《物权法》第二百零八条第一款规定："为担保债务的履行，债务人或者第三人将其动产出质给债权人占有的，债务人不履行到期债务或者发生当事人约定的实现质权的情形，债权人有权就该动产优先受偿。"

2. 权利质押

权利质押是指以可以转让的权利为标的的一种担保方式。

依据《物权法》第二百二十三条规定，可以作为权利质押的范围有七个方面：

"（一）汇票、支票、本票；（二）债券、存款单；（三）仓单、提单；（四）可以转让的基金份额、股权；（五）可以转让的注册商标专用权、专利权、著作权等知识产权中的财产权；（六）应收账款；（七）法律、行政法规规定可以出质的其他财产权利。"

关于以知识产权作质押的，《物权法》第二百二十七条规定："以注册商标专用权、专利权、著作权等知识产权中的财产权出质的，当事人应当订立书面合同。质权自有关主管部门办理出质登记时设立。"

该条第二款规定："知识产权中的财产权出质后，出质人不得转让或者许可他人使用，但经出质人与质权人协商同意的除外。出质人转让或者许可他人使用出质的知识产权中的财产权所得的价款，应当向质权人提前清偿债务或者提存。"

第二节　物权理论与地理信息资源产权权利

本书第二章分析了地理信息资源产权具有物权的一些基本特征，因此设定地理信息资源产权的权利内容，就必须依据物权理论中的基本原理。其中，如下三个方面的物权理论对于设定地理信息资源产权的权利内容具有特别重要的指导意义。

一　用益物权理论对国有地理信息资源设定持有权的启示

（一）地理信息资源产权与土地资源产权具有的共同特征

尽管地理信息资源产权与土地资源产权分别属于不同的法律体系，即土地产权属于物权法律体系，而地理信息资源产权属于知识产权法律体系，但是地理信息资源产权与土地资源产权在产权客体与产权主体这两方面都具有共同的特点。

从产权客体来看，地理信息资源与土地资源都具有基础性、公益性与商业性等三个明显特征。

土地资源的基础性表现为：它是其他自然资源和建筑物的载体，也是国家各种基础设施的载体；而地理信息资源的基础性则表现为它是其他信息资源的空间定位基础。

土地资源的公益性表现在国家通过兴建铁路、公路、机场、港口、水利、国防工程和各类城市市政设施工程来实现为全社会所有人进行普遍性服务；而地理信息资源的公益性表现为上述各种基础性和公益性设施的地理信息，以及有关气象、水文、环境保护、灾害防治和医疗卫生等方面的地理信息，都是关系到国计民生的大事，这类的地理信息资源也必须为全社会进行普遍性服务。

土地资源的商品性，主要体现在它作为人们生存和发展的基础依据上，其商品性已在人类历史文明的进程中得到充分证明，也在用益物权与担保物权中予以概括；而地理信息资源的商品性，同样也在当前地理信息产业的发展中得到证实，需要人们通过政策以及法律予以确认。

从产权主体来看，我国的土地所有权的主体，只有国家和农村集体组织两种；对于地理信息资源所有权来说，我国基础公益性地理信息资源所有权都属于国家所有，只有少量在基础公益性地理信息资源基础上加工增值的商业性地理信息资源属于私人或企业所有。

（二）国有土地使用权与国有基础公益性地理信息资源持有权

国家的产权政策及其法律是确保自然资源能够作为商品进入市场交易的前提条件。然而，作为国家所有权的土地产权又不能直接进入市场交易。为此，只有设定并确认国有土地使用权可以在市场中进行转让、出租和抵押，才能解决这个问题。可见，我国国有土地使用权是联结我国土地公有制和市场经济土地流转客观需要的纽带。

实践的结果也表明，对土地产权新权种的设定，也没有辜负人们的期待。因为，国有土地使用权的市场功能同样可以得到充分发挥，它已经为我国房地产产业的高速发展铺平了宽阔的大道。从1990年5月19日国务院发布《城镇国有土地使用权出让和转让暂行条例》开始，在全国范围内推进国有土地使用权的有偿使用或商业化运作以来，只不过是短短的十几年时间内，我国城乡基础设施的建设，以及老百姓的住房居住条件，都发生了翻天覆地的大变化，房地产业已成为驱动我国国民经济高速发展的一个极为重要的产业。

在国家所有的基础公益性地理信息资源所有权基础上设定持有权的目的，也具有国有土地使用权相同的功能。如上所述，作为产权客体的地理信息资源，具有土地资源的基础性、公益性和商品性等特征，还具有政治战略性或国家专控性特征。而具有基础公益性和国家专控性这部分特征的地理信息资源，必须由国家统一管理，其所有权也必须归国家所有。其依据是国家《宪法》和《物权法》的规定，矿藏、水流、城市土地等自然资源，以及国家社会经济基础设施和国防资源都属于国家所有，那么作为其客观存在性反映的地理信息资源，也必须归国家所有。

由于地理信息资源产权与土地产权，是分别属于物权法律体系与知识产权法律体系，因此二者在取得方式上也存在重大区别，特别是作为产权客体的土地资源是属于自然物，是老天赋予人们的财产；但地理信息资源的取得，尤其是基础公益性地理信息资源的取得，必须付出大量的财力、物力和智力。而国家财力的相对有限性，与人们对地理信息资源需求的无限性，则要求采取一系列激励政策，来鼓励个人和单位投资开发基础公益性地理信息资源。然而，这里存在一个难题，就是如何解决国家所有权与投资者的商业开发权之间存在的矛盾。这是由于只有同时满足这两个条件，即满足这部分基础公益性地理信息资源属于国家所有，又同时满足投资者可以享有对这部分地理信息资源的开发经营权，才能调动社会上各种积极因素来发展地理信息产业。解决这个难题，也必须借助物权理论中，国有土地使用权这个新权种概念的内涵才有可能。

虽然地理信息资源产权与土地资源产权属于不同的法律体系，但由于二者在产权客体与产权主体这两方面的法理上，都存在共同的特征，因此它们也必然有共同或者相似的权利内容。具体地说，我国国有土地使用权的设定和确认，已经成功地使属于国家所有的土地可以进入市场交易，并充分发挥其商业性功能。那么在基础公益性地理信息资源国家所有权与投资者开发经营权之间，也就可以设定类似于土地使用权的地理信息资源持有权这个新权种。

为什么要称其为地理信息资源持有权，不直接借用土地使用权的名称，而称其为地理信息资源使用权呢？这是由于地理信息资源产权是属于知识产权的范畴，对地理信息资源的使用，在客观上不具排他性，而在使用人数或使用时间上都同时具有共享性。因此，使用权的内涵或权利内容无法包容产权人对地理信息资源开发经营所享有的权利内容。其次，在现实中人们已经习惯了地理信息资源的许可使用权的名称或含义，即地理信息资源许可使用权的实质内涵是相当于物权法中的土地使用权的出租权，或者说被许可使用权人只能自己使用而不能转让给第三人。

从产权的权利内容上看，地理信息资源产权的权利内容与土地资源产权的权利内容及其权限也有一一对应的关系。即地理信息资源所有权的权限与国有土地所有权的权限没有任何区别；地理信息资源持有权的权限相当于土地使用权的权限；地理信息资源许可使用权的权限相当于土地使用权出租权的权限；地理信息资源质押权的权限相当于物权中权利质押权的权限。

二 特许物权理论对保密地理信息资源开发利用的指导意义

特许物权的客体具有两个显著特征：一是自然资源属于国家所有，单位与个人只有使用权，而不享有对资源的所有权；二是这类自然资源还受到国家法律的特别保护，不能按照一般程序或方法进行开发利用。产权客体的特殊性，也使产权权利内容的设定具有特殊性，即必须通过国家法定机关的特许，才能进行开发利用和保护。

具有国家战略性或专控性的这部分地理信息资源，同样也具有特许物权客体的两个特性，是否也可以从特许物权理论中得到启发，而对这部分地理信息资源进行开发？

对这部分地理信息资源，本书称之为地理信息战略资源，可以赋予特定单位享有特许地理信息资源产权，在通过国家保密机关的特许核准后，就可以在某种特定的保密条件下进行开发利用。具体的操作方式，可以依据国务院发布的《商业特许经营管理条例》规定，组建一个全国统一或者唯一的对具有保密性质的地理信息资源进行加工增值的企业组织。其生产和经营都严格执行国家的保密规定，该企业组织是国家唯一特许经营的特许人；而特许人与被特许人通过合同来确定对地理信息的保密规定及其经营活动。当然，被特许人必须具备地理信息的保密技术、保密业务及一般的经营能力，并在特许人组织的统一经营模式下开展经营。

三 物权的权利内容是构建地理信息资源产权结构的基本依据

物权理论是当今最基本、也是最重要的财产权理论，这是因为物权理论通过各国长期的实践，以及法学家们的不断总结，至今已经能够适应并促进商品经济发展的现实需要。

经过千锤百炼所形成的物权理论的核心内容是为确保商品经济可以健康发展，创设了以支配权为中心的一系列产权权利内容。例如，我国颁布的《物权法》所规定的物权的权利内容，包括所有权、用益物权和担保物权这三个基本的权利内容，但其核心内容是产权人对物享有直接支配和排他的权利。

物权理论所构建的所有权、用益物权和担保物权及其作为其核心的支配权、排他权等权利内容，都是构建地理信息资源产权结构的基本依据。其中对地理信息资源产权政策制定具有如下特别重要的指导意义。

第一，制定地理信息资源产权政策的目的依据是保护、促进地理信息产业的发展。因此，必须赋予产权人对地理信息资源享有直接支配和排他的权利，并且这些支配权与排他权必须在地理信息资源产权的各项权利内容中得到具体、充分体现。

第二，地理信息资源所有权人对自己所有的地理信息资源，必须享有排他权或者是专有权，包括商业性地理信息资源所有权人和基础公益性地理信息资源持有权人都享有专有权。保护地理信息资源产权人的这种专有的排他权就是地理信息资源产权保护中最基本也是最重要的任务。

第三，地理信息资源产权人的支配权，体现在对自己所有的地理信息资源享有开发经营的权利。开发权是指产权人对自己所有或者持有的地理信息资源享有使用及进行商业开发活动等权利。经营权是指产权人对自己所有或者持有的地理信息资源享有转让、许可使用和质押等权利。构建地理信息资源产权的这些权利内容，也是依据物权理论，尤其是我国国有土地使用权中对其权利内容的规定。

如上所述，地理信息资源产权与土地资源产权虽然是属于不同的法律体系，但由于二者在产权的客体、产权的主体方面具有共同的特征，因此地理信息资源产权的权利内容，就必然与土地产权的权利内容有相同或者相似的地方。为发展房地产业，我国《城市房地产管理法》和《城镇国有土地出让和转让暂行条例》都规定，国有土地使用权可以转让、出租和抵押，其中土地使用权转让就包括出售、交换和赠与等三种形式。

对于地理信息资源产权来说，转让同样也包括出售、交换和赠与等三种形式；土地使用权人享有的出租权，对地理信息资源所有权人或者持有权人来说，则是享有许可使用权。

国有土地使用权人享有抵押权，我国《物权法》在抵押权这章中，规定抵押权的客体是不动产及诸如生产设备、交通工具等动产。担保物权除抵押权外，还有质押权与留置权。在担保物权这些内容中，只有质押权中的权利质押可以适用于地理信息资源产权的担保，在《担保法》中一律称为质押权。

以发展地理信息产业为目的所构建的地理信息资源产权的权利内容，就包括商业性地理信息资源所有权，基础公益性地理信息资源持有权、转让权、许可使用权、质押权。

第五章 知识产权、债权与地理信息资源产权

第一节 知识产权与地理信息资源产权

一 知识产权的概念及其特点

(一) 知识产权概念的内涵

我国出版的各类高等教育知识产权教科书中，一般都把知识产权定义为权利主体对其智力成果依法享有的专有权利。其中有的作者对作为权利客体的智力成果加以具体化，即把知识产权定义为权利主体对其创造性的智力成果和商业标志依法享有的专有权利（张玉敏，2003）。虽然不同作者对知识产权定义的表述不尽相同，但强调权利主体对权利客体享有专有权利却是一致的。

在知识产权的概念中，我们不仅关心知识产权权利客体的范围，而且更关心知识产权的权利内容。作为知识产权客体的智力成果，包括商业标志、地理标志和地理信息。因为地理信息是本书讨论的内容，就必然要关心这个问题。

至于知识产权专有权的权利内容，目前还没有一个统一的名称，而是随着权利客体的不同，有不同的称呼，诸如著作权、专利权、外观设计专利权、商标权等；并且它们的权利内容也各有不同。但是各种专有权的权利内容却有一个共同的特征，即都不以对权利客体的占有或支配为内容，而是以对他人使用行为的控制为内容。说得更具体些，知识产权最实质的权利内容，是保护权利主体的专有权利，以防止他人非法使用。

(二) 知识产权概念的外延

目前，在一些国际知识产权公约中，对知识产权的定义仍然是采用列举的方法，即具体列出公约所保护的对象或范围，也就是概念的外延。1967 年 7 月 14 日签订的，1970 年 4 月 26 日生效的《成立世界知识产权组织公约》，列出 8 个方面的内容作为知识产权的定义：

第一，与文学、艺术及科学作品有关的权利（指著作权）；

第二，与表演艺术家的表演活动、录音制品和广播有关的权利（指著作权的邻接权）；

第三，与人类在一切领域创造性活动产生的发明有关的权利（指专利权）；

第四，与科学发现有关的权利；

第五，与工业品外观设计有关的权利；

第六，与商品商标、服务商标、商号及其他商业标记有关的权利；

第七，与防止不正当竞争有关的权利；

第八，一切来自工业、科学及文学艺术领域的智力创作活动所产生的权利。

1994 年 4 月 15 日在乌拉圭签署，1995 年 1 月 1 日生效的 TRIPS 对知识产权的范围作如下界定：

第一，版权与相关权利；

第二，商标权；

第三，地理标志权；

第四，工业品外观设计权；

第五，专利权；

第六，集成电路布图设计权；

第七，未披露过的信息（商业秘密）专有权。

WTO 对知识产权的定义与 WIPO 对知识产权的定义，也有一些差别。一般地说，WIPO 对知识产权定义的外延要宽些，而 WTO 强调的是与贸易有关的知识产权。因此与贸易无直接关系的科学发现权就未被列入与贸易有关的知识产权保护范围；而商标、地理标志都与贸易具有密切联系，因此在 TRIPS 中都有专节进行描述。在 WTO 对知识产权的定义中，还增加了一些新型的知识产权保护客体，例如，集成电路布图设计与未披露过的商业秘密，这在 WIPO 中都没有具体规定。

（三）知识产权的特点

本书第二章已经分析了知识产权作为财产权，同债权相比具有法定性；与物权相比，在财产上具有无形性，在权利上具有双重性和归属的专有性，以及权利内容上存在着地域性、时间性与公开性等特点。

从作为财产权利包括创作成果权利与识别标志权利的知识产权概念的内涵上看，知识产权最实质或最核心的权利内容是保护权利主体的专有权利。这种专有权包括了两方面的内容。

一是在权利行使的有效期内，知识产权所有人具有排他权。未经知识产权人许可，在规定的地域内，任何人都不得利用此项权利。

二是某一类型知识产权的权利主体是唯一的。国家不能对同一项智力成果授予第二个权利主体，或者说知识产权人具有独占性、垄断性权利。

知识产权作为财产属性，是受国家法律的保护，具有法定性。一旦离开国家法律的保护，权利主体的权利就无法实现，智力成果的有用性对他来说就不存在。

作为商业标志、地理标志等知识产权的特点，体现在它所替代事物或人物的活动中，包括相关商品的质量及价格等信息方面。人们通过对这些信息或地理信息的识别来认识事物和商品，从而可以维护自己的相关利益。例如，信誉良好的商标是产品质量及其售后服务质量的体现，是该商标权人通过大量投入所取得的成果。如果其他厂商不付出成本而使用其商标来出售自己的产品，就是假冒伪劣商品，就要坑害消费者的权益。

二 知识产权发展的新动向

(一) 知识产权的定义将从列举法向归纳法方向发展

1967 年 WIPO 在《成立世界知识产权组织公约》中，对知识产权的定义，是采用列举的方法，而 1992 年国际保护知识产权协会在东京会议上，对知识产权的定义，就已采用归纳的方法，把 1967 年 WIPO 所列举的 8 方面的具体内容归纳为创作成果权利与识别标志权利两大类型。

归纳法相对于列举法而言，可以避免列举法可能产生挂一漏万的不足。例如，地理信息作为一种资源，与作品、专利等智力成果一样，属于制作成果权利；而地理信息作为符号标志，也与商标、地理标志一样，属于识别标志权利。但是依据 WIPO 所列举的知识产权保护客体，并没有地理信息这一项。在一些法学家的眼中，又认为信息数据并无创意，无法列入知识产权保护的范围，而只有地图作品才是著作权法保护的客体。

如果依据归纳法来定义知识产权，那么地理信息中的地理信息数据资源，是通过高科技进行采集，经过标准化和数字化的加工处理，无论是哪一项劳动成果，都是一种智力创作成果，当然是属于创作成果权利的范畴。而作为符号标志部分的地理信息，虽然没有创意，但它与 WIPO 中所列举的商标，与 TRIPS 中所列举的地理标志一样，都属于识别标志权利。因此，所有的地理信息都毫无例外地属于知识产权法所保护的范围。

(二) 知识产权概念的外延在不断拓宽

本书第一章在分析产权的构成要素时，就指出资源能否成为财产或商品，其前提条件是取决于技术的发展。因为，随着技术的发展，就使作为产权客体的许多资源都可以安全地为人们所控制。作为人们智力劳动成果的知识、信息，也必将随着技术的发展，有越来越多的知识、信息等智力成果可能成为知识产权。这里所说的可能成为知识产权，是指要真正成为知识产权，仍需通过国家的知识产权政策或法律予以确认。

当前知识产权概念外延的不断扩大，是由包括计算机技术、集成电路技术、网络技术、生物遗传技术、地理信息技术和技术标准的发展所引发的。

计算机技术的发展，使计算机软件成为当代重要的智力成果。计算机软件按我国《计算机软件保护条例》规定，是指计算机程序及其有关文档。其中计算机程序，是指为了得到某种结果而可以由计算机等具有信息处理能力的装置执行的代码化指令序列，或者可被自动转换成代码化指令序列的符号化指令序列或者符号化语句序列。同一计算机程序的源程序和目标程序为同一作品。而文档是指用来描述程序的内容、组成、设计、功能规格、开发情况、测试结果及使用方法的文字资料和图表等，如程序设计说明书、流程图、用户手册等。

计算机软件作为知识产权保护的客体，也必须由国际法或国内法予以确认。1978 年 WIPO 颁布了《保护计算机软件示范法条》，而菲律宾于 1972 年率先把计算机软件保护纳入版权法。随后美国、英国、日本、韩国等国家都先后把计算机软件作为知识产权保护的客体。我国也于 1991 年 6 月 4 日，由国务院发布《计算机软件保护条例》。当前计算机软件产业已成为信息产业中重要组成部分，法律对计算机软件的保护就是信息产业健康发展的保证。

世界上大多数国家都把计算机软件的保护纳入版权法或者著作权法的保护范围，我国虽然采用专门立法的体例来保护计算机软件，但其保护内容也大致与著作权保护的内容相似，都包括发表权、署名权、修改权、复制权、发行权、出租权、信息网络传播权、翻译权等权利。与著作权相比，计算机软件著作权人的人身权中没有保护作品完整权这一项；在财产权方面，没有汇编权、表演权、改编权。

1994 年 4 月 15 日在乌拉圭签订的 TRIPS 协议中，已把集成电路布图设计列入知识产权保护的范围。依据我国《集成电路布图设计保护条例》的规定，集成电路是指半导体集成电路，即以半导体材料为基片，将至少有一个是有源元件的两个以上元件和部分或者全部互连线路集成在基片之中或者基片之上，以执行某种电子功能的中间产品或者最终产品。

集成电路布图设计是指集成电路中至少有一个是有源元件的两个以上元件和部分或者全部互联线路的三维配置，或者为制造集成电路而准备的三维配置。

世界上各国对集成电路知识产权的保护，大致采用专利保护、版权（著作权）保护、商标保护以及专门立法保护等形式。我国也于 2001 年 4 月 2 日公布《集成电路布图设计保护条例》，其基本思路是，对符合专利条件并取得专利权的集成电路通过专利法保护；对进入市场的集成电路及其布图设计注册商标是通过商标法予以保护；对当事人双方就一些不能取得专利的集成电路订立的合同，通过《合同法》予以保护；对布图设计则依据《集成电路布图设计保护条例》的规定予以保护。

网络技术是建立在微电子技术和信息技术基础上的。虽然网络技术是 20 世纪 70 年代初期才出现的，并在 1982 年才首次把互联网定义为一系列使用 TCP/IP 协议的国际互联网络，而开始向用户提供信息服务。然而网络技术与多媒体技术、超文本技术融为一体，体现了当代多种信息技术相互融合的发展趋势，也为人们对知识、信息等智力成果的创新提供了一个最有活力并且也是最便捷的技术平台。

在当代网络技术既是重要的生产力要素，又是知识或知识产权重要的来源。因为网络技术的出现，就把几千年来所形成的"知识在于积累"轻易地改变为"知识在于检索"。可见，网络技术既极大地提高和促进社会经济的高速发展，也改变了人们交往、生活方式、生存理念和价值观念。因此，网络技术的发展必将引发包括著作权保护、商业标志保护等知识产权保护的一系列新课题。

为解决网络技术所引发的各种知识产权保护问题，1992 年 WIPO 在奥地利设立视听作品国际注册办事处，1998 年 12 月欧盟通过《信息社会中的版权与邻接权指令》建议，而 1993 年 4 月欧共体通过《与卫星广播及电缆广播有关的版权及邻接权指令》。我国国家版权局 1999 年 12 月 9 日发布《关于制作数字化制品的著作权规定》，最高人民法院 2000 年 11 月 22 日发布《关于审理涉及计算机网络著作权纠纷案件适用法律若干问题的解释》。

国际互联网上的域名也是一种重要的商业标识，也具有知识产权。1998 年 10 月 26 日成立"国际互联网名址分配公司（ICANN）"，并先后发布《统一域名纠纷处理规则实施细则》、《统一域名争议解决政策》、《统一域名争议解决办法程序规则》和《国际域名争端统一解决协议》。

域名与商业标志的最大区别，在于域名所涉及的纠纷在许多方面突破了传统知识产权保护的地域性，给司法管理在适用法律上带来困难，为此需要建立全世界统一的争议解决的机制。

对网络知识产权的保护，也是以著作权法与商标权法为基本依据，并考虑网络知识产权的特殊性而给予特殊的保护。

生物遗传技术也称基因工程技术，它是 20 世纪 70 年代在生物学、遗传学、生物化学、计算机技术与信息技术基础上发展起来的一门应用技术科学。它在农业、畜牧业、环境保护、医药产业、生物电子学、生物材料等方面都有广泛的应用，并且已经产生了大量的专利产品，也对知识产权的保护提出了一系列新的挑战。

在《保护工业产权巴黎公约》、《成立世界知识产权组织公约》、《与贸易有关的知识产权协议》中都有关于生物技术、生物遗传技术中涉及知识产权的相关规定。有人提出以版权法来保护 DNA 分子结构的研究，但目前主要是从专利法的范畴提出对遗传基因知识产权的保护。欧盟和美国、日本等发达国家的专利局已颁布了大量基因专利技术，而我国专利部门也授予过这类专利。同样我国也应用《专利法》对微生物菌种和遗传物质及其研究方法予以保护。

技术标准本来是产品标准的组成部分，是人们制造生产技术产品的基本依据，属于公有领域，并不存在什么知识产权的问题。然而，当前一些发达国家借助于先进的专利保护新技术，作为制定技术标准的前提或基础，从而使技术标准与专利技术联结在一起，这样就把知识产权保护客体扩大到技术标准这个领域。借助技术标准的特殊地位，强化知识产权保护，以谋取最大的经济利益已成为当代发达国家控制国际贸易的重要手段。

由于发达国家对先进技术的垄断，在当前，知识产权进入技术标准已成定局，许多专利联营已成现实，多数跨国公司都把技术标准的推行与相关知识产权的许可捆绑在一起。

由于技术标准具有公开性、通用性、一致性与系统性等特点，也必须防止知识产权在技术标准中的滥用。例如，在 TRIPS 协议中就有防止滥用知识产权进行不正当竞争行为的措施。而技术标准中知识产权滥用就有可能成为非法技术贸易壁垒。

对于我国来说，制定技术标准应当尽可能结合自己的知识产权，以扩大自己的合法权益；在采用技术标准时应充分注意其中所涉及的知识产权，以避免造成不必要的经济损失；应重视技术标准与技术法规的衔接和配合，避免技术标准的制定与实施，可能会违背相关法律、法规的规定。

科学技术的迅猛发展，使知识产权概念的外延得以不断扩大，这对地理信息资源产权政策的制定，也有两个重要的启示。

第一，随着遥感（RS）、全球定位系统（GPS）、地理信息系统（GIS）等地理信息技术的发展与广泛使用，地理信息数据成为知识产权保护的客体，也是知识产权发展的必然趋势，国家必须及时制定相应的保护政策。

第二，虽然随着技术的飞速发展，不断有新的知识产权保护客体涌现出来，但这些新的知识产权保护的权利内容，一般都是依据《著作权法》、《专利法》和《商标法》的相关规定，并结合各个知识产权客体的特殊性而作相应的变化。对作为资源的地理信息数据，其产权的权利内容，主要也是依据著作权法规定的权利内容进行保护；而作为符号标志的地理信息，其产权的权利内容主要是依据商标法规定的权利内容进行保护。

(三) 知识产权与市场的关系日益紧密

当代以计算机为中心的信息技术的高速发展与普及,使知识产权转化为社会商品的周期不断缩短;与此同时,市场需求也极大地加快了知识产权诞生的速率。知识产权与市场经济日益密切,是当前知识产权发展又一个重要的动向。为此,1994 年 4 月 15 日 WTO 专门发布了 TRIPS 协议,就是一个实例。

此外,知识产权与市场经济的关系,还表现在日常的贸易活动中。《新京报》2007 年 7 月 12 日报道,多种形式的技术壁垒已成为影响我国外贸发展的主要障碍。据商务部统计,2006 年我国有 15.22% 的出口企业受到国外技术性贸易措施的影响,出口行业遭受直接损失金额达 758 亿美元。国外实施技术性贸易措施的最主要方式是提高标准和制定新的技术法规。也就是前面所说的技术性贸易壁垒。

所谓技术性贸易壁垒,按 WTO 的规定,是指那些具有强制性或非强制性的,用以确定进口货物某些特征的技术规章、技术标准,以及旨在检验进出口货物是否符合这些技术规章和技术标准的认证、审批和试验程序所形成的不合理的贸易障碍。

技术性贸易壁垒具有双重性,其中实施程序过于复杂,使用不当,就可能成为国际贸易的障碍。技术性贸易壁垒还具有广泛性,各国都制定了种类繁多的技术规章和标准,凡不符合规定的商品都禁止进入本国市场。技术性贸易壁垒是各国调整贸易利益、调控和规范市场的重要手段。各国设置技术性贸易壁垒的根本目的,是维护本国的利益。

在乌拉圭回合多边贸易谈判中,虽然达成《技术性贸易壁垒协议》(TBT),但 TBT 承认各成员在采用自定的技术规章和标准,以及采用必要措施实现其各自认为合适的保护水平等方面的权利,对偏离国际标准的技术规章和标准可能造成的不良影响尚缺乏硬性规定和明确的制约。因此,借助知识产权设置技术性贸易壁垒的现象也越来越多。

三 若干知识产权权利内容的分析

如上所述,不论知识产权的权利客体种类如何复杂多样,但其产权的权利内容,基本上都是依据《著作权法》、《专利法》和《商标法》的规定进行保护。因此,就有必要对这几种知识产权的权利内容进行专门的分析。

(一) 著作权的权利内容

1. 人身权

著作权的权利内容,依据我国《著作权法》的规定,包括人身权和财产权两部分。著作权中的人身权与民法中的人身权的概念是不同的。民法中的人身权主要是指生命权、健康权、自由权、人格权和肖像权，而著作权法中的人身权是指发表权、署名权、修改权和保护作品完整权。二者的主要区别是：民法的人身权是基于人的出生而人人皆享有的，并随着人的死亡而消失的一项权利；但著作权的人身权只属于作品的作者才拥有，并且作者死亡后，仍然存在着署名权；民法中的人身权只属于自然人，但著作权的人身权包括自然人和法人；民法中的人身权不能继承和转让，但著作权的人身权可以部分转让和继承，例如，作者授权他人修改作品的权利，就是修改权的转移。

发表权是指决定作品是否公之于众的权利，包括决定发表和收回作品发表权。发表的作品应当是尚未公开的作品原件或者复制件。公之于众是指在公众场合，向不特定的多数人宣讲或展示，为多数人所共知。作品的发表对于适用著作权保护期限的规定具有重要意义。对于发表权，各国的规定并不一致，在《伯尔尼公约》中，就没有保护发表权的条款。

署名权是指作者在作品上署上自己名字的权利。署名权是著作权的核心，有了署名权，著作权的权利主体才能确认。我国著作权法规定，如无相反证明，在作品上署名的公民、法人、非法人单位为作者。著作权法关于委托作品的著作权归属，规定若合同规定著作权归委托方享有，那么作为受托方的作者就不享有署名权。署笔名或不署名，就给作者身份权的确认带来一定难度。如果将自己的作品署上名人的名字发表，则是侵犯他人的姓名权。

修改权是指修改或者授权他人修改作品的权利。修改权对于著作权人来说也具有重要意义，因为作品是作者思想的反映，如果任随他人改动，必将改变作品的原意。为此，我国《著作权法》规定，报社、杂志社可以对作品作文字性修改、删节，对内容的修改，应当经作者许可。经作者许可，就是作者授权他人修改作品的权利。

保护作品完整权是指保护作品不受歪曲、篡改的权利。保护作品完整权，作者无法直接行使，只有依靠司法机关予以保护，故称之间接行使权利。

2. 财产权

著作权中的财产权是指能够给著作权人带来经济利益的权利。这种财产权的实现，必须以著作权人对作品的使用为前提。

著作权中的财产与物权中的财产也有区别。物权中的财产表现为所有权人对物的占有处分权；而著作权的财产权是通过对作品的使用才能取得。物权中的财产法律予以永久保护；而著作权中的财产权保护是有期限的，作者是公民个人的，其保护期是作者有生之年加上死亡后 50 年，作者是法人或非法人单位的作品，其保护期是作品首次发表后 50 年。法律对物权财产权的行使没有作过多的限制，但对著作权中财产权的行使则作了较多的限制。

依据我国著作权法的规定，财产权是著作权人通过行使复制权、发行权、出租权、展览权、表演权、放映权、广播权、信息网络传播权、摄制权、改编权、翻译权、汇编权等权利并由此获得收益的权利。

复制权是指以印刷、复印、拓印、录音、录像、翻译、翻拍等方式将作品制作一份或者多份的权利。复制是通过各种形式制作出从内容到形式完全等同于原作品的行为。复制权是著作权人决定实施或不实施上述复制行为或者禁止他人复制其受保护作品的权利。

发行权是指以出售或者赠与方式向公众提供作品的原件或者复制件的权利。发行是传播作品和实现著作权人经济权利的重要手段。复制和发行相结合就是出版。发行权是著作权人的一项经济权利，当然发行权可以是有偿的，也可以是无偿的，但要体现发行的公众性。出版权是著作权中财产权的基本权利，地理信息资源产权也具有这种权利。

出租权是指有偿许可他人临时使用电影作品和以类似摄制电影的方法创作的作品、计算机软件的权利，计算机软件不是出租的主要标的除外，地理信息也具有可出租的功能。

展览权是指公开陈列美术作品、摄影作品的原件或者复制件的权利。能够展览的作品一般限于美术作品和摄影作品，当然地图作品也是可以展览的。

表演权是指公开表演作品，以及用各种手段公开播送作品的表演的权利。表演是通过人或借助于技术设备以表情、声音、动作等来公开展出作品的内容。地理信息一般具有这种功能。

放映权是通过放映机、幻灯机等技术设备公开再现美术、摄影、电影和以类似摄制电影的方法创作的作品等的权利。放映权的行使有利于作品的广泛传播，地理信息也具有可放映功能。

广播权是指以无线方式公开广播或者传播作品，以有线传播或者转播的方式向公众传播广播的作品，以及通过扩音器或者其他传送符号、声音、图像的类似工具向公众传播广播的作品的权利。地理信息也具有可广播的功能。

信息网络传播权是指以有线或者无线方式向公众提供作品，使公众可以在其个人选定的时间和地点获得作品的权利。地理信息也具有通过网络传播的功能。

摄制权是指摄制电影或者以类似摄制电影的方法将作品固定在载体上的权利。地理信息资源产权也具有这种权利。

改编权是指改变作品，创作出具有独创性的新作品的权利。我国《计算机软件保护条例》的权利内容中没有直接列出改编权，当然可以解读为该《条例》第八条第一款第九项所列的"其他权利"之中。改编权可以自己行使，也可以允许他人行使，改编对地理信息来说是共享创新的重要手段。

翻译权是指将作品从一种语言文字转换成另一种语言文字的权利。地理信息资源产权也具有翻译权。

汇编权是指将作品或者作品的片段通过选择或者编排，汇集成新作品的权利。《计算机软件保护条例》的权利内容中也没有直接列出汇编权。汇编权对地理信息资源产权来说，其意义不如改编权。

此外，著作权的权利内容还有注释权与编辑权。

注释权是指对作品进行解释的权利。注释权属于著作权人，也可授权他人注释。

编辑权是指作者同意他人将自己的作品编辑出版的权利。编辑权是由作品的作者授予的。

（二）专利权的权利内容

1. 人身权

专利权的人身权包括署名权或者标记权。《专利法》第十七条规定："发明人或者设计人有权在专利文件中写明自己是发明人或者设计人。"《专利法》第十七条规定："专利权人有权在其专利产品或者该产品的包装上标明专利标识。"标志权还可以起到扩大产品销售以及警示等作用。

2. 财产权

专利权中的财产权是指通过专利的实施，专利权人有权获取相应的经济收益。专利法第十二条、第十三条、第十四条、第十六条对收益权都作了明确的规定。专利权人的收益权是通过对其专利行使独占权、许可实施权和转让权来实现的。

独占权或称专有权是指专利权人享有排除其他任何人支配该专利的权利。专有权包括制造权、使用权、销售权和进口权。

我国《专利法》第十一条规定："发明和实用新型专利权被授予后，除本法另有规定的以外，任何单位或者个人未经专利权人许可，都不得实施其专利，即不得为生产经营目的制造、使用、许诺销售、销售、进口其专利产品，或者使用其专利方法以及使用、许诺销售、销售、进口依照该专利方法直接获得的产品。""外观设计专利权被授予后，任何单位或者个人未经专利权人许可，都不行实施其专利，即不得为生产经营目的制造、许诺销售、销售、进口其外观设计专利产品"。在这里，法律保护了权利主体享有包括制造权、使用权、销售权和进口权等专有权。对于"方法发明"专利，专利权人的权利不仅包括对该方法的使用，还包括使用、许诺销售、销售、进口依照该专利方法直接获得的产品。

专有权或独占权包括如下四方面内容。

一是制造权，专利权人享有自己生产制造专利文件中记载的专利产品的权利。未经专利权人许可，任何人不得生产制造与专利产品相同或者类似的产品，否则就构成侵权。

二是使用权，是指非经专利权人许可，任何人不得使用其专利产品和专利方法。

三是销售权，是指专利人享有销售以及许可他人销售其专利产品的权利。

四是进口权，是指国家授予专利权人在专利有效期内有权禁止他人未经允许，为生产经营目的进口由该专利技术构成的产品或进口包含该专利技术产品或进口由专利方法直接生产的产品的权利。

许可实施权是专利人取得收益权的第二种途径。许可实施权是指专利权人（许可人），通过合同方式许可他人（被许可人），在一定条件下使用其专利权的全部或者部分技术的权利。《专利法》第十二条规定："任何单位或者个人实施他人专利的，应当与专利权人订立实施许可合同，向专利权人支付专利使用费。被许可人无权允许合同规定以外的任何单位或者个人实施该专利。"

在签订专利许可合同时，也有不同的合同种类，包括独立许可、排他许可、普通许可、分许可和交叉许可等不同的合同形式，其权利与义务的内容也不同。

独占许可是指在一定地域内，被许可人在合同有效期间对被许可使用的专利技术享有独占的权利，许可人自己不能在该地域内使用其专利技术，也不得把该技术再许可第三人使用。但专利的所有权仍属于许可人。

排他许可是指在一定地域内，被许可人在合同有效期间对被许可使用的专利技术享有排他的使用权，许可人不得把该专利技术再许可第三方使用，但许可人自己有权在该地域使用该项技术。

普通许可是指许可人允许被许可人在指定的地域内使用其专利技术，同时许可人自己有权在该地域内使用该技术，也可以许可第三人使用。

分许可是指许可人允许被许可人在指定的地域内使用其专利技术以及允许被许可人在一定条件下再许可第三方使用该技术。

交叉许可亦称相互许可，它一般发生在改进发明的专利权人与原专利权人之间。改进发明的专利权人若实施其技术，必须经原专利权人许可，原专利权人若实施新的专利技术，也必须经改进专利权人的许可。在这种情况下，双方一般采用相互交换专利使用权的方式来代替相互支付专利许可使用费。当前技术标准在许可中涉及知识产权的许可，就经常出现交叉许可或专利联营。所谓专利联营是指两个或者多个不同知识产权人之间达成合作协议，各方可以使用其他人所拥有的专利。故专利联营的实质也属于交叉许可的范畴。

转让权是专利权人取得收益权的另一个途径。转让权包括专利申请的转让和专利权的转让，转让使权利主体发生了变更，使原申请人或专利权人不再享有申请权或专利权。我国《专利法》第十条规定："专利申请权和专利权可以转让。中国单位或者个人向外国人、外国企业或者外国其他组织转让专利申请权或者专利权的，应当依照有关法律、行政法规的规定办理手续。转让专利申请权或者专利权的，当事人应当订立书面合同，并向国务院专利行政部门登记，由国务院专利行政部门予以公告。"可见，转让权的实现必须签订转让合同，而由于继承而转让专利权的，则按《继承法》的规定执行。

（三）商标权的权利内容

我国 1982 年发布《商标法》，经 1993 年和 2001 年两次修改，已把地理标志保护纳入《商标法》保护范围之内。《商标法》对地理标志保护的内容，既包括准许地理标志注册为集体商标和证明商标；也规定县级以上行政区划的地名或者公众知晓的外国地名不得作为商标，对于商标中有商品地理标志，但该商品并非来源于该标志所标示的地区，则不予注册并禁止使用。

商标权的权利内容只有经济财产权而不包括人身精神权。商标的财产权利包括独立使用权、许可使用权、商标转让权和续展权等权利内容。

独占使用权是指商标一经核准注册，商标权人即享有在注册商标的范围内完全独占使用其商标的权利。他人未经许可不得在同一种商品或类似商品上使用该注册商标或相近似的商标。否则即构成侵权，商标权人可以依法请求工商行政管理机关或人民法院给予制裁。商标的独占使用权与专利的独占使用权相比较，权利范围要小，其排他权仅在同一种商品或类似商品的范围内有效。

许可使用权是指商标权人享有将其注册商标许可他人使用的权利。依据签订的许可使用合同，商标权人可以保留自己的使用权，也可以放弃使用权，由被许可人独占使用或多家使用。但无论是哪种情况，仅仅是商标的使用权发生了转移，商标所有权仍属于原商标注册人所有。

商标转让权是商标注册人依照商标法的程序，把商标所有权转让给他人的一种法律权利。商标权转让后，原商标权人，即原商标注册人的一切权利就丧失，都转移给新的商标权人。

续展权是指注册商标所有人向商标行政管理部门申请延长商标保护期限的权利。我国商标法规定注册商标的有效期是 10 年，期满前可以申请续展，商标权人如希望继续维持商标权，可以在期满前申请续展。

四　知识产权中对权利行使的限制

作为财产的知识产权具有无形性与公开性等特征，为此，作为无形性的知识产权一旦公开后，就可以在同一时刻为众多人所共享，这就是知识产权具有公用性或公益性特征的原因。因此同物权相比，知识产权权利主体对权利的行使，就受到更多的限制。对知识产权权利的限制，也因权利客体的不同而有所区别，下面以著作权、专利权、商标权的限制为例稍作简要分析。

（一）对著作权权利的限制

对著作权权利的限制是对著作权中财产权的限制，而对著作权中的人身权是没有限制的。

1. 对著作权中财产权行使时间的限制

我国《著作权法》第二十一条规定，公民的作品，其发表权与财产权的保护期为："作者终生及其死亡后五十年，截止于作者死亡后第五十年的 12 月 31 日；如果是合作作者，截止于最后死亡的作者死亡后第五十年的 12 月 31 日。"这里把发表权与财产权的保护联系在一起，有两个意义：一是发表权是财产权的前提，或者说只有作品发表才会产生经济利益；二是超过保护期的作品即使发表，也无法取得财产权。

法人或者其他组织作品的保护期为"五十年，截止于作品首次发表后第五十年的 12 月 31 日，但作品自创作完成后五十年内未发表的，本法不再保护"。

2. 对著作权中的财产权行使地域的限制

著作权法是国内法，只能在本国有效。但当前知识产权保护又具有国际性，因此只有通过国际条约或双边或地区性协定才能解决。我国《著作权法》第二条规定，外国人、无国籍人的作品首先在中国境内出版的，依照本法享有著作权；外国人的作品根据其作者所属国或者经常居住地国同中国签订的协议或者共同参加的国际条约享有的著作权，受本法保护。依据地域限制原则，与我国没有签订协定，也没有参加共同条约的国家的公民作品，不是在中国发表的，也不受保护。

3. 著作权的合理使用

著作权的合理使用其实就是对著作权人权利的一种限制，所谓合理使用，是指为了个人学习、研究或者欣赏目的，为了教育、科学研究、宗教或者慈善事业而使用他人作品，不需征得作者的同意，也不需向其支付报酬，但应尊重作者的人身权利。我国《著作权法》第二十二条规定，为个人学习、研究或者欣赏的使用；为介绍、评论某一作品或者说明某一问题的使用；为报道时事新闻的使用；报纸、期刊、广播电台、电视台等媒体的使用；为学校课堂教学或者科学研究的使用；国家机关为执行公务在合理范围内的使用；图书馆、档案馆、纪念馆、博物馆、美术馆等为陈列或者保存版本的使用；用于免费表演的使用等十二项使用都属于合理使用的范围。

4. 著作权的法定许可与强制许可

法定许可是指法律规定使用他人作品时，不需征得著作权人的同意，但需向著作权人支付报酬。例如，我国《著作权法》第二十三条规定："为实施九年制义务教育和国家教育规划而编写出版教科书，除作者事先声明不许使用的外，可以不经著作权人许可，在教科书中汇编已经发表的作品片段或者短小的文字作品、音乐作品或者单幅的美术作品、摄影作品，但应当按照规定支付报酬，指明作者姓名、作品名称，并且不得侵犯著作权人依照本法享有的其他权利。"《著作权法》第三十二条第二款规定："作品刊登后，除著作权人声明不得转载、摘编的外，其他报刊可以转载或者作为文摘、资料刊登，但应当按照规定向著作权人支付报酬。"

强制许可是《保护文学艺术作品伯尔尼公约》和《世界版权公约》规定的制度。它规定成员国的国家版权当局，在一定条件下对于外国人的作品，强制性许可本国公民或法人使用的制度，但应当支付报酬。这种使用主要是翻译和复制，有的国家规定，可以扩大到广播和表演。

（二）对专利权权利的限制

专利权同样也受到时间与地域的限制。依我国《专利法》规定："发明专利权的期限为二十年，实用新型专利权和外观设计专利权的期限为十年，均自申请日起计算。"至于地域限制，也只有在申请国国内才能行使专利权，因为专利权也适用登记地法或权利主张地法；同样也可以以国际公约或双边性、区域性条约来解决国家之间的专利权问题。此外，专利权人的权利还受到国家利益、公共利益和国际惯例等多方面的限制。

1. 专利权受国家利益和公共利益的限制

对国家利益或者公共利益具有重大意义的发明专利的实施，必须经国务院批准。《专利法》第十四条用两款对此进行规定："国有企业事业单位的发明专利，对国家利益或者公共利益具有重大意义的，国务院有关主管部门和省、自治区、直辖市人民政府报经国务院批准，可以决定在批准的范围内推广应用，允许指定的单位实施，由实施单位按照国家规定向专利权人支付使用费。""中国集体所有制单位和个人的发明专利，对国家利益或者公共利益具有重大意义，需要推广应用的，参照前款规定办理。"

2. 专利实施的强制许可

强制许可是指由一定的国家机关决定，许可其他单位或者个人实施该专利的行为。强制许可违反专利权人的意愿，故也称为非自愿许可。我国《专利法》用专章八条来规范专利实施的强制许可。

强制许可既然是违背专利权人的意志，因此，只有在特殊情况下才能对专利实施强制许可，并且这种条件必须有明确的法律规定。依据我国《专利法》规定，实施强制许可的条件是：

第一，未能在合理长时间取得使用权的强制许可。《专利法》第四十八条规定："有下列情形之一的，国务院专利行政部门根据具备实施条件的单位或者个人的申请，可以给予实施该发明专利或者实用新型专利的强制许可。"申请强制许可必须符合三个条件：请求人必须具备实施条件；请求人必须以包括使用费支付、技术服务等合理的条件与专利权人进行协商；合理长的时间，按《专利法实施细则》规定是"自专利权被授予之日起满三年后"。

第二，国家出现紧急情况或者非常情况下的强制许可。《专利法》第四十九条规定："在国家出现紧急状态或者非常情况时，或者为了公共利益的目的，国务院专利行政部门可以给予实施发明专利或者实用新型专利的强制许可。"

第三，依据前置条件的强制许可。《专利法》第五十一条规定："一项取得专利权的发明或者实用新型比前已经取得专利权的发明或者实用新型具有显著经济意义的重大技术进步，其实施又有赖于前一发明或者实用新型的实施的，国务院专利行政部门根据后一专利权人的申请，可以给予实施前一发明或者实用新型的强制许可。在依照前款规定给予实施强制许可的情形下，国务院专利行政部门根据前一专利权人的申请，也可以给予实施后一发明或者实用新型的强制许可。"

第四，申请人必须要有充分证据。《专利法》第五十四条规定："依据本法第四十八条第（一）项、第五十一条规定申请强制许可的单位或者个人应当提供证据，证明其以合理的条件请求专利权人许可其实施专利，但未能在合理的时间内获得许可。"

第五，强制许可必须要有程序依据。《专利法》第五十五条规定："国务院专利行政部门作出的给予实施强制许可的决定，应当及时通知专利权人，并予以登记和公告。"

依据《专利法》第五十三条和第五十四条的规定，取得实施强制许可的单位或者个人不享有独占的实施权，并且无权允许他人实施。此外，强制许可也是有偿使用的。

3. 专利的合理使用

专利的合理使用，是指在法律明文规定条件下，不用通过任何申请程序和审批机关，任何人都可以获得这种许可使用权。依据《专利权》第六十三条规定，下列行为不视为侵犯专利权：

第一，专利权人制造、进口或者经专利权人许可而制造、进口的专利产品或者依照专利方法直接获得的产品售出后，使用、许诺销售或者销售该产品的。

第二，在专利申请日前已经制造相同产品、使用相同方法或者已经作好制造、使用的必要准备，并且仅在原有范围内继续制造、使用的。

第三，临时通过中国领陆、领水、领空的外国运输工具，依照其所属国同中国签订的协议或者共同参加的国际条约，或者依照互惠原则，为运输工具自身需要而在其装置和设备中使用有关专利的。

第四，专为科学研究和实验而使用有关专利的。

第五，为生产经营目的使用或者销售不知道是未经专利权人许可而制造并售出的专利产品或者依照专利方法直接获得的产品，能证明其产品合法来源的，不承担赔偿责任。

（三）对商标权权利的限制

对商标权的限制主要体现在注册商标的近似商标和指定商品的类似的商品上，以及商标权与地理标志权的地域限制上。

第二节 债权与地理信息资源产权

一 产权权利与市场规范的关系

（一）产权权利的核心内容是交换权

从法律上说资源所有权人只有享有对资源的转让权（实质是交易权或交换权），才称得上享有完全产权；如果产权所有人只享有对资源的使用权，通常就称为拥有不完全产权。这是由于产权人享有权利内容的区别，就极大地影响了其经济上的收益。说得具体些，产权人享有交换权所取得的对资源交换增值所产生的经济收益，远远大于自己对资源的加工增值收益。

所谓交换权，就是产权所有人对资源行使交易的权利。在《辞海》中，对交换与交易所作的定义是近似的，其中《辞海》把交换定义为人们之间相互交换活动或劳动产品的过程。能够用来交换的"活动"或"产品"等客体或标的就是商品。从商品经济的意义上说，交换就是市场中的交易行为。在《辞海》中更是直接把交易定义为对标的的交换。可见按我国的习惯，交换就是交易，就是做买卖的通称。对于产权权利来说，交换的实质就是所有权权利的交易。

在英语中交换（exchange）与交易（transaction）都有交易的意思。古希腊的亚里士多德就把交易划分为商业交易、金融交易和劳动交易等三种交易类型。新古典经济学家康芒斯把交易看做是人类基本经济活动的单位，是所有权进行转移。新制度经济学家科斯对交易，则理解为狭义的市场交换或市场交易（卢现祥，朱巧玲，2007）。

经济学上交换权或交易权，即使是狭义的交换权或交易权的概念，也大于法学上的交换权或交易权的概念。我国《物权法》第一百四十五条规定，土地使用权交易，包括建设用地使用权转让、互换、出资等行为，我国《城市房地产管理法》第三十六条规定，房地产交易包括房地产转让、抵押和房屋租赁。可见法律上的交易概念大于交换的概念。在《物权法》中，交换仅指互换，是交易的一种方式。在《城市房地产管理法》中，房地产转让方式就包括买卖、互易与赠与，交换是指互易，也是交易的一种方式。

（二）市场规范是产权人实现资源交易权利的基本保证

产权归属的界定与交易规则的制定，都是商品能够实现交易的两个基本前提，也是资源产权人交换权利能否实现的基本保证。这是由于只有使交换活动具有较高的效率，产权人才能取得较高的收益权。如果市场交易成本与交换风险都很高，那么产权人通过交换所取得的收益权就存在极大风险，就无法吸引多数产权人对产权进行交易。为此制定一系列降低交易成本、减少交易风险的市场交易规则，是进行市场交易以及实现产权人权利的基本前提。在当代的市场经济制度中，以契约理论为核心的市场规则，就是为解决市场经济中所产生的投机行为、市场信息不对称等问题而建立起来的市场规范。

二 市场经济中存在的主要问题

（一）市场经济存在的主要问题

本书第三章已分析了市场主体在市场经济中，为追求利润最大化给社会带来资源环境恶化和社会道德败坏等一系列问题，从而也影响并威胁社会经济的稳定与发展。产生这些问题的基本原因是：首先，市场主体为追求个人欲望而产生的各种投机行为，是市场经济带给社会发展的负面影响；其次，客观上存在市场信息不对称，消费者对商品的性能、价格和质量不够了解，加上个别市场经营主体主观上存在企图通过欺骗等投机行为来获取最高利润，使交易双方存在不信任心理，从而也增加了交易成本；最后，某些市场管理者的政治权力与经济利益的结合，就使公平公正的市场竞争机制受到严重破坏。市场经济中存在的这三个方面问题，是造成市场交易风险高和交易成本大的基本原因。

（二）为解决这些问题学术界提出的一些市场经济理论

市场经济是社会经济发展的重要动力，它代表着人类文明的发展趋势；然而市场经济也使社会经济的发展潜伏着严重危机，这就是市场经济的两重性。要推动市场经济的积极作用能持续得到发展，就必须消除市场经济的负面影响及其基本问题，为此经济学家和法学家都提出了一系列的市场理论。

1. 契约理论

契约理论是市场经济理论中最古老的理论，它已经历了古典契约理论、新古典契约理论和现代契约理论等三个发展阶段。

如果说产权是激励人们去寻找、使用资源转化为社会财富的最有效方法的话，那么契约就是人们用以寻找、识别和商讨交易机会的有效工具。不论是产权的界定或者是契约的缔结二者的目的都是共同的，都是为了取得经济上最大的收益，使自己的生活能过得更好。

契约是指人们之间通过协商、谈判所造成的某种交易协议，俗称合同。我国汉代把不动产协议称为地券。因此，契约的缔结与产权的界定，都是市场交易的前提，二者缺一不可。因为任何资源或商品的交易，都只有在契约有明文规定与产权界定清楚的情况下才能顺利进行，市场价格机制才能起到应有的作用，才能实现资源的优化配置。

契约是在商品交换过程中产生的，并且由于只有自由的契约关系，才能减少交易成本、降低交易风险，因此契约是人们相互寻找、识别和商讨交易机会的最有效工具。要达到这个目的，契约必须是一个法律概念，违背契约的规定必须承担相应的违约责任。实际上也是这样，在罗马法中契约是通过法律形式来缔结的，在我国封建王朝的法律中，也明文规定签订地券必须要有官员在场。到《法国民法典》又进一步提出签订契约的基本原则，是契约自由与契约是正义的。当前我国《民法通则》第四条规定："民事活动应当遵循自愿、公平、等价有偿、诚实信用的原则。"契约的签订就是一项重要的民事活动，当然必须遵守《民法通则》所规定的上述原则，而《中华人民共和国合同法》（以下简称《合同法》）对契约自由与诚实信用则作了更详细的规定，这些都是契约的基本理论。

契约的基本功能是维护缔约各方的合作，鼓励他们信守的承诺；并在承担责任的前提下，谋求新的、更为远大的利益。对契约的条款，也有两个具体功能：一是这些条款允许签约的各方确立交易利益的分割方式，以补偿他们的固定成本；二是可以决定双方在契约执行中的履约激励。

2. 交易费用理论

交易费用理论是新制度经济学的理论框架或前提条件，即新制度经济学的基本理论工具是交易费用理论与产权理论。交易费用理论之所以是新制度经济学的理论框架，是由于没有交易费用就没有新制度经济学。如果所有的交易成本都为零，那么不论生产和交换活动如何进行安排，资源的使用都是相同的，就不需要有制度上的安排。

狭义的交易费用，是指为寻找、识别、商讨交易机会以及缔结与实施契约所付出的费用总和。其中缔结契约的费用包括起草、谈判、保证落实某种契约等费用；实施契约的费用是指契约签订后所产生的费用，包括签约人想退出契约所需的费用，交易时才发现事先确定的价格等合同条款有误而作出改变所需付出的费用，契约双方为行政或司法部门解决他们之间纠纷所付出的费用，以及为维持交易关系能具有长期性所需付出的费用（卢现祥，朱巧玲，2007）。

从狭义交易费用的定义可知，在一个完全竞争的市场条件下，众多交易对手可以进行公平、公开、公正的自由竞争，使市场主体的投机行为大大受到抑制，所以可以降低交易风险和减少交易成本；相反，当市场出现垄断时，垄断者认为奇货可居及其机会主义行为，将会增加交易费用。

广义的交易费用，按阿罗与张五常的定义是指经济制度的运行费用。它包括市场经济制度的确定或制定的费用、制度的运行费用，以及制度的监督、维护费用的总和。

交易费用之所以存在，主要是取决于市场主体理智与欲望的平衡或制约关系，当市场主体的法律与道德底线无法抑制其追求利润最大化的欲望时，就可能出现各种机会主义行为。其次，客观上市场经济中存在着信息的不对称性，使交易双方无法在较短时间内达到他们之间的共识，也必然要增加交易成本。这种交易成本主要体现在下面要说的信息费用方面。

在新古典经济学的完全竞争理论中，交易费用为零，私有产权是健全的，非货币收入可以忽略不计。但在现实生活中这些经济现象并不存在。真实的情况是交易费用总是正的，只有高低之别而不可能为零。即使市场主体具有完全理性而毫无投机行为，但为寻找有关价格的确切信息，识别交易对象，监督与确认对方是否违约等都需付出信息费用。

交易费用理论在许多领域都可以得到广泛的应用，本书最关心的是对市场经济制度的应用。交易费用的广义定义就是指经济制度的运行费用。换句话来说，我们的任务就是寻找一种可以使交易费用最低化的制度。如果说对产权进行研究的核心任务或目的，是寻找一种可使资源转化为财富数量达到最大化的产权政策；那么对包括债权等市场制度研究的核心任务，是寻找一种市场制度可使市场交易成本达到最低化。二者的共同机制都是作为上层建筑的政策或制度，必须借助于人这个中介条件（通过调动人的积极性）来实现政策、制度对生产力的反作用。这是由于人的积极性只有借助于政策或制度的激励或抑制（抑制是指制止人们不当行为），使其寻找并实施加工增值与交换增值中最有效方法，才能使资源转化为社会财富能实现最大化。

3. 市场信息不对称理论

在契约理论与交易费用理论中，已经分析了为签订和实施契约，都必须搜集各种相关信息，并付出相应的费用，这是交易费用的重要组成部分。可见市场信息不对称是指交易双方对交易信息，包括产权交易中有关产权主体、产权客体及产权权利等方面所掌握的信息是不等量的。

当代经济学家认为市场信息不对称是造成交易双方利益失衡、影响市场公平、公正原则的实施，以及影响市场对资源配置效率的重要原因。1996 年英国剑桥大学的詹姆斯·莫里斯和美国哥伦比亚大学的威廉·维克瑞，以及 2001 年美国人乔治·阿克尔洛夫、迈克尔·斯宾塞和约瑟夫·斯蒂格利茨，都因对信息不对称的研究而获得诺贝尔经济奖。

信息不对称理论认为，在市场经济活动中某些主体拥有另一些市场主体不了解的信息，从而造成在不对称的市场信息下进行交易。占有信息的人在交易中具有优势而取得利益，实质上也是一种信息租金，它如同地租和资金的利息一样，信息也是一种重要资源。因此，掌握信息的卖方总是可以凭借信息优势而获得商品价值以外的报酬。交易关系由于信息不对称就产生了委托-代理关系，交易中拥有信息优势的一方为代理人，而不拥有信息的一方是委托人，交易双方进行的就是这种信息的博弈。

市场信息不对称对契约签订具有什么影响呢？古典经济学理论认为，市场竞争机制可以实现资源的优化配置，而这一理论的前提条件是市场主体拥有充分、完全或相等的信息。然而现实情况并不是这样，正如人们常说的，"买的不如卖的精"。因为买方不了解商品信息，而卖方对其产品是一清二楚的。买卖双方对市场信息的不对称性，一旦与市场主体的投机行为结合起来，那么市场上低质量的商品必将驱逐高质量的商品，使市场产品质量持续下降，甚至假冒伪劣商品泛滥。此外，市场信息不对称还会引起道德风险等问题，例如，引起买卖双方的不信任危机。这样对于交易双方都是不利的。由于拥有信息的一方有欺骗的倾向，而不掌握信息的一方持怀疑态度，而这种信任危机必将延缓或阻碍交易的进行，从而也增加了交易的成本。

如何解决因市场信息不对称而引起交易风险或增加交易成本的问题，不同学者有不同的看法，大致上有市场调控或政府调控两种不同的观点。

诺贝尔奖得主阿克尔罗夫提出，应建立起激励机制与信号传递机制。即缺乏信息的一方，应采取一定的措施来获取对方隐蔽的信息；而拥有信息的一方应极力把信息尽可能展露出来，使优质商品不被劣质商品所混淆。通过消除市场信息的不对称性，促使商品为消费者所接受，目前已为大多数商家所采纳，其中广告就是重要的方法。

另一位诺贝尔奖得主约瑟夫·斯蒂格利茨认为市场经济的特征是高度的非理性和不完整性，而市场的这种不完善特征则要求政府予以必要的干预。加强政府对市场的监管，也为许多国家所采纳。

市场信息不对称产生的原因及其影响并不完全相同，特别是市场主体中投机行为对信息不对称的利用更为复杂。因此对由市场信息不对称所引起的市场问题的对策，既要有针对性，又必须有综合性。

4. 政治权力脱离经济利益的理论

在市场经济活动中，政府是市场经济的管理者，而不是市场主体；政府的职能是监管、执行交易规则或制度。政府的行政权力必须同市场中的经济利益相脱离，正如竞技体育场上裁判员与运动员的职责必须严格分离那样。

制度或规则的制定与实施总是同某种经济利益相联系，制度要激励或调动最大多数人的积极性，就必须能反映客观存在的规律性。因此，制度的制定者与执行者就必须与这种经济利益相脱离，正如裁判员不能兼当运动员那样，这样才能确保市场主体可以在完全公平、公开和公正的前提下进行自由竞争，这是现代经济学和法学为限制政府作用所提出的又一个市场经济理论。

政治权力必须与经济利益相脱离的原则，在西方已经成为一般老百姓的日常常识。据《新京报》报道，美国马萨诸塞州一位刚上任的黑人州长帕特里克，为本地企业拉投资而和一位银行总裁打了一个几分钟的电话，证明该公司是可靠的（因为他曾经在该公司任职）。然而就这个简单不过的电话，却掀起一场政治风暴，招来市民们一致指责州长滥用公职为大企业谋利。开始帕特里克还为自己辩护，说打这个电话并没有接受公司任何的报酬。然而报刊媒体以及公众的舆论却是排山倒海似的一片喊打，这位州长只得正式道歉（薛涌，2007）。这表明政治权力与经济利益相脱离，在发达国家不仅是一种理论，而且在一般老百姓眼中，已是一般常识。否则，如果任凭二者的结合，不仅使公平、公正的市场竞争规则荡然无存，而且也是培植官员腐败的温床。

市场经济中存在的各种现实问题，以及经济学与法学为解决这些问题而提出的一系列理论观点，都为市场政策或制度的制定提供了现实的与理论的依据。

三 债权的概念及其基本内容

（一）债权的概念

理论通过法律程序予以确认，就是法律制度。同样，契约理论通过法律程序的确认，就是债权法或债权制度。在我国，通过《民法通则》和《合同法》，已把一系列契约理论上升为法律制度。

债是指民事法律关系中与财产相联系的债权和债务。按《民法通则》第八十四条规定："债是按照合同的约定或者依照法律的规定，在当事人之间产生的特定的权利和义务关系，享有权利的人是债权人，负有义务的人是债务人。"可见债权是指债权人依法要求债务人履行某种义务的权利，债务是指债务人依法对债权人所应履行的某种义务。在财产流转关系中，绝大部分的债是按照合同的约定产生的；而依照法律的规定所产生的债是个别的。

（二）债权的基本内容

债作为调整平等主体在产权转移、流通方面的重要法律，在民法体系中已同物权、知识产权并列成为三大财产权利。例如，我国《民法通则》第五章民事权利中，就分别用四个部分规定物权、债权、知识产权与人身权。在我国所有权、产权与债权都是国家调整民事权利的重要法律，但债权同所有权、产权又具有不同的法律特点。所有权、产权是依据国家法律的规定产生的权利，而债权除少数是依法产生外，绝大多数都是由契约签订的双方，通过平等协商而自愿缔结的。可见债权的设定，需要依靠人们自己的智慧，才能审时度势地签订各种契约。

债权的基本内容包括契约自由、公平竞争、诚实信用、政治权力与经济利益分离等四方面基本内容。

1. 契约自由

债权最基本内容是建立在契约自由理论基础上的。从经济上说市场经济主体为追求经济利益的最大化，就必须要有一种自由寻找交易伙伴的权利；然而识别交易伙伴又存在着一系列交易风险和交易成本，而规避交易风险和降低交易成本的最好方法，是交易双方事先通过协商进行一一约定，如果违背承诺，就应承担赔偿责任，这两方面的结合就是契约自由。

由于契约规定了交易双方所应遵守的权利与义务关系，因此通称为债权，其中享有权利的人是债权人，负有义务的人是债务人。根据契约自由的原则，每个人都有权在法律规定的范围内和个人意愿自由，以及在充分衡量利弊得失等条件下，同他人签订各种契约，以便规划、实施人生中一切重要事宜。在当代社会中，从出生到死亡，从身体健康到事业发展中一切与人们利益相关的关系，都可以通过契约形式来联结和维系，这也许是债权的实质含义。

在我国的法律中虽然没有出现"契约自由"这四个字，但在我国《民法通则》第三条和第四条规定了平等原则和自愿、公平、等价有偿的原则。在《合同法》中也规定了合同当事人在订立和履行合同过程中，要遵守平等原则、自愿原则和公平原则、合法原则，并且《合同法》还规定，有下列情况之一的合法无效：

（1）一方以欺诈、胁迫的手段订立合同，损害国家利益的；

（2）恶意串通，损害国家、集体或者第三人利益的；

（3）以合法形式掩盖非法目的的；

（4）损害社会公共利益的；

（5）违反法律、行政法规的强制性规定的；

（6）可见我国的法律规定是确认契约自由的原则的。

2. 公平竞争

交易双方要自由寻找交易伙伴，公平竞争就是最好的选择；从另一个方面说，如果契约缔结的双方能充分自愿、自由的话，那么也要求交易必须是在平等、公平、公开、公正的条件下进行自由竞争。也只有在公平、公正的市场竞争中，市场主体的经济利益才能达到最大化，资源配置才能达到最优化。公平、公正的市场竞争也为我国的法律所确认。如《中华人民共和国反不正当竞争法》（以下简称《反不正当竞争法》）第一条就明确规定："为保障社会主义市场经济健康发展，鼓励和保护公平竞争，制止不正当竞争行为，保护经营者和消费者的合法权益，制定本法。"并且还以具体条款规定，只要违反自愿、平等、公平、诚实信用的原则或者违背公认的商业道德，损害其他经营者的合法权益，扰乱社会经济秩序，也应认定为不正当竞争行为。在《中华人民共和国消费者权益保护法》（以下简称《消费者权益保护法》）赋予消费者的诸多权利中，就有自主选择权、公平交易权等，也都体现了市场的公平竞争的原则。

3. 诚实信用

诚实信用是当前市场交易活动中减少交易风险和降低交易成本的重要内容，它与契约自由、平等竞争一起共同构建了一个和谐高效的商品经济秩序的框架。契约自由、公平竞争体现了市场活动中的交易效率，而诚实信用体现了交易双方的利益公平和道德文明。契约自由和公平竞争刺激了市场主体追求利益最大化，就可能使一些人做出各种损害他人的丑恶行为，为此，也需要用诚实信用原则以制约这种投机行为。

一般而言，不论契约如何严密，只要当事人心存邪念，总有对付契约的办法。为此把诚实信用的原则提升为法律规范就十分重要。最早把诚实信用原则提升为法律规范的是法国人，他们在 1863 年《撒克逊民法典》第八百五十八条规定"契约之履行，除依特约、法规外，应遵守诚实信用，依诚实人之所应当者为之"。我国的《民法通则》、《合同法》、《反不正当竞争法》和《消费者权益保护法》中也都规定了诚实信用的原则。

4. 政治权力与经济利益相分离

政治权力与经济利益相分离，对于建立、健全以契约自由和公平竞争为中心的债权法律制度，以及政府官员的反腐倡廉建设都具有重要意义。发达国家的法律中对政府权力的行使都有明确的规定，特别是政治权力与经济利益相分离更是债权内容的重要组成部分。如果官员在这一方面稍有不检点，必将遭到媒体与公众的全力痛击。

我国在政治权力与经济利益相分离方面，尚没有相关的法律规定。然而政治权力与市场经济利益二者的结合所带来负面影响，却屡有媒体的报道。国家也开始注意到这方面的问题，在一些行政性文件中，已经明确规定必须实行政事、政企相分离的政策；此外，一些行政行为必须切断与经济利益的联系，也为有关部门所注意。例如，2007 年 6 月 14 日审计署和财政部联合发布的《关于切实保证地方审计机关经费问题的意见》中就明确提出，地方审计机关应切断与被审计单位的任何经济联系，不得由被审计单位承担审计费用。相信政治权力与经济利益相分离的政策，将会为我国法律所确认成为债权的基本内容之一。

（三）债的发生依据

《民法通则》规定，债是按照合同的约定或者依照法律的规定，在当事人之间产生的特定的权利和义务关系。依据债产生的原因，可发生的法律事实主要有如下几种。

1. 合同约定

合同约定是债数量最多的发生依据。合同是当事人之间设立、变更、终止法律关系的双方法律行为。合同生效后，当事人之间就产生债权债务关系。

2. 依法取得

依法取得是指依照法律的规定，在当事人之间产生的特定的权利和义务关系。例如，依据《民法通则》和《物权法》的规定，不动产所有权人或者使用权人享有包括通风权、采光权等地役权或相邻关系，在一定程度上也具有债权性质。

3. 无因管理

无因管理是指没有法定的或者约定的义务，为避免他人利益损失而为之进行管理或者服务的行为。由于在受益人与管理人之间产生权利义务的关系，故也属于债的范围。管理人或服务人可以要求受益人偿付必要的费用，包括在管理或者服务活动中直接支出的费用，以及在该活动中受到的损失。在这里管理人或服务人是债权人，受益人是债务人。

4. 不当得利

不当得利是指一方无法律上的依据而受益，致使另一方受到损伤。基于不当得利的事实，取得不当利益的一方是受益人，负有返还不当利益的义务；财产受损一方是受害人，享有请求受益人返还不当利益的权利。返还不当利益，包括原物和原物所生的孳息。

5. 侵权行为

侵权行为引起的债，是由于侵害他人人身权或者财产权的违法行为造成的。当事人一方的违法行为造成他人损失的，受害人有权要求加害人赔偿损失，加害人负有赔偿损失的义务。

本书所称的债，主要是指由合同约定所引起的债权与债务。

（四）合同法的一般规定

1. 合同的概念及其特征

合同是指平等主体的公民、法人、其他组织之间设立、变更、终止民事权利义务关系的协议。这个定义具有如下含义：

（1）合同是一种民事法律行为，以意思表示为要素；

（2）合同的主体是两方以上的当事人，可以是公民、法人或其他组织；

（3）合同的目的是设立、变更和终止民事权利义务关系；

（4）合同是当事人平等、自愿协商的法律行为。

2. 合同的分类

以学理为标准可把合同分为如下几类。

1）典型合同与非典型合同

典型合同又称有名合同，是指法律已有规定，并赋予一定名称的合同，如买卖、租赁等合同。非典型合同又称无名合同，是指法律尚未特别规定，并未赋予一定名称的合同。

2）双务合同与单务合同

双务合同是指当事人双方承担给付义务的合同，如买卖合同。单务合同是指当事人双方不互相享有权利和承担义务，而只有一方负担给付义务，另一方不负有给付义务的合同，如借用合同。

3）有偿合同与无偿合同

有偿合同是指当事人一方享有合同规定的权益，必须向对方给付相应代价的合同，如买卖、保险等合同。无偿合同是指当事人一方享有合同规定的权益，不必向对方当事人给付相应代价的合同，如赠与、借用等合同。

4）诺成性合同与实践性合同

诺成性合同是指当事人各方的意思表示一致即成立的合同。实践性合同是指除双方当事人的意思表示一致以外，尚需交付标的物或完成其他给付才能成立的合同，如定金或借用等合同。

5）要式合同与不要式合同

要式合同是指必须依据法律规定的方式而成立的合同。不要式合同是指法律对形式不做强行规定，由当事人自由决定的合同。

6）主合同与从合同

主合同是指不需要以其他合同的存在即可独立存在的合同。从合同是指以其他合同的存在为存在前提的合同，如保证合同。

3. 合同法的基本原则

当事人在订立和履行合同的过程中，必须遵守平等原则、自愿原则、公平原则、诚实信用原则和合法原则。

　　4. 合同的主要条款

　　合同的条款是合同中双方当事人协商一致后，规定双方当事人权利义务的具体条文。合同当事人的权利义务，除法律规定的外，主要由合同的条款规定。合同条款是否齐备、准确决定了合同能否成立、生效以及能否顺利地履行。

　　按照《合同法》规定，合同的内容由当事人约定，一般应当包括如下条款：当事人的名称或者姓名和住所，标的，数量，质量，价款或者报酬，履行期限，地点和方式，违约责任，解决争议的方法。

　　5. 合同的效力

　　合同的效力是指已经成立的合同在当事人之间产生的法律约束力。有效合同对当事人具有法律约束力，国家法律予以保护，无效合同不具有法律的约束力。我国《合同法》关于合同的效力规定了有效合同、无效合同、可撤销合同和效力待定合同等四种情况。

　　有效合同必须具备的条件：订约人具有相应的民事行为能力；当事人的意思表示真实；合同的内容不违反法律、行政法规和社会公共利益；如果法律、行政法规或者当事人对合同的形式有明确规定或者约定的，合同应当具有该形式。法律、行政法规规定应当办理批准、登记或公证的、合同必须依照其规定。

　　无效合同是指不具有法律约束力和不发生履行效力的合同。无效合同不具备上述所说的四个条件，无效合同国家不予承认，也不予保护。

　　可撤销、可变更的合同是指因为当事人意思表示不真实，通过行使撤销权或变更从而使其归于无效或变更其内容的合同。

　　效力待定合同是指合同虽然成立，但因其不完全符合有效合同的要件，因而其是否产生相应的法律效力尚未确定的合同。究竟是否有效由合同当事人自己决定。

　　6. 合同的履行

　　合同的履行是指合同生效后，双方当事人按照合同规定的各项条款，完成各自承担的义务和实现各自享有的权利，使双方当事人的合同目的得以实现的行为或过程。

　　为确保债权人利益的实现，在借贷、买卖、货物运输、加工承揽等合同中，也可以实行担保制度。所谓合同的担保，是指合同当事人，为确保合同的切实履行，依照法律规定或者当事人约定而采取的具有法律效力的保证措施。担保的形式，包括保证、抵押、质押、留置和定金等。

　　7. 合同的变更、转让和终止

　　合同的变更是指合同成立后，当事人双方根据客观情况的变化，依照法律规定的条件和程序，对原合同进行修改或者补充。

合同的转让是指合同当事人一方将其合同的权利和义务全部或部分转让给第三人。

合同权利义务的终止是指依法生效的合同，因具备法定情况和当事人约定的情况，合同的债权、债务归于消灭。

（五）债权、产权的联系与区别

1. 债权与产权二者联系的联结点是交易

产权的核心内容是权利主体对权利客体享有交易的权利；而债权制度的核心内容是经济主体之间在交易活动中所达成的协议，因此经济主体通过交易活动，就必然要把产权与债权联系起来。其中产权是经济主体交易的目的，而债权是经济主体交易的工具。

对地理信息资源产权与债权来说，也是这样。地理信息资源产权人交易的目的，是为了获取经济收益的最大化。要达到这个目的，除完善地理信息资源产权价值评估、价格制定等法律制度外，主要是能在多大程度上减少交易风险和降低交易费用。从现实的物权和知识产权交易过程可知，地理信息资源产权要完成一宗交易活动，基本上有三个基本条件：一是明确产权的归属，即明确界定特定主体享有该资源的所有权；二是明确规定所有权人享有何种交易权利，例如，物权中的用益物权和担保物权，地理信息资源产权中的转让权、许可使用权和质押权等；三是所有权人在实施交易权利或进行交易活动中，必须签订合同。

这三个条件或程序（所有权、产权交易内容和合同）是相互联系的，其中所有权和产权交易内容是资源产权研究中必须解决的问题；而产权交易内容和合同是债权研究中必须解决的问题。这样，产权交易内容就是产权和债权都必须共同研究的问题，它像一座桥梁把所有权与债权紧密联系起来，使产权进入商品市场流通可以畅通无阻。

在这三个问题中，所有权是地理信息资源产权交易的前提和交易的重要标的，说所有权是产权交易的前提，是指所有权不明确，就无法进行交易；说所有权是交易的重要标的，是指地理信息资源产权交易的内容是包括产权的转让，即所有权、持有权、使用权都是地理信息资源产权交易的标的。作为产权和债权二者共同研究对象的转让权、许可使用权和质押权都是地理信息资源产权交易的基本内容。合同是地理信息资源产权所有人及权利相关人用以寻找、识别和进行交易的工具，它不仅可以极大地减少交易风险和降低交易费用，而且还可以激发产权人在市场经济利益驱使下充分发挥自己的能动性，通过各类交易合同使自己的财富不断增值。

2. 债权与产权的联系

在物权法中是把用益物权和担保物权都定义为物权；在知识产权法中把转

让权、许可使用权和质押权都定义为知识产权。上文又分析了产权人在进行产权交易时，其交易内容是包括对转让权、许可使用权和质押权的交易；产权人在进行产权交易活动都要签订合同，作为债权的合同，是落实上述所说各种交易内容的交易方法，使包括地理信息资源产权在内的各种产权可以自由进入市场经济中流通。

地理信息资源产权与债权的这种密切联系，从法律特征上说是地理信息资源产权债权化，或者说地理信息资源债权产权化。产权与债权这种密切联系，甚至是你中有我，我中有你的法律现象，就使物权中的担保物权、知识产权中的质押权是划归产权还是划入债权，成为不同学者产生争议的根本原因。

《物权法》第四十条规定："所有权人有权在自己的不动产或者动产上设立用益物权和担保物权。"其中担保物权包括抵押权、质押权和留置权。《担保法》第七十五条规定："依法可以转让的商标专用权，专利权、著作权中的财产权。"这表明《物权法》和《知识产权法》等法律都把抵押权、质押权作为物权、知识权的组成部分。

但从抵押权、质押权的法律特征上看，抵押合同、质押合同都是借贷合同的从合同，即借贷合同是主合同。因为抵押权、质押权是作为债权的担保标的，因此抵押权、质押权随债权的成立、转移、消灭而成立、转移和消灭。正由于债权合同是主合同，抵押合同、质押合同是从合同，因此有的学者把抵押权、质押权划入债权，也在情理之中。从我国当前的法律规定来看，把抵押权、质押权划归产权范围更为合理，因为抵押权、质押权是由国家法律予以明确规定的，并非由当事人协商约定的。

地理信息资源产权与债权之间的关系，其意义主要还在于可以实现地理信息产业的发展，因为只有通过地理信息资源产权债权化，才能使地理信息资源产权可以自由地进入市场经济中进行流通，这是发展地理信息产业的必由之路。

3. 债权与产权的基本区别

债权与产权之间的基本区别在于强行法与任意法的区别，或者说债权是由当事人之间自愿协商产生的，而产权是由国家法律规定所产生的。对地理信息资源产权交易来说，交易的内容是所有权产生转移，使用权的许可使用和给予贷款而取得质押权。对地理信息债权来说则是确保地理信息资源产权在转让、许可使用、质押等交易过程，是双方自愿、平等、公平和公正的，以及产权交易的质量和数量是符合要求的。产权是交易的实质内容，而债权是确保交易过程符合实质内容的具体方法。

债权与产权最主要区别有如下几方面内容：

一是产权反映的是财产的归属与财产交易的内容，是静态的财产关系；债权反映的则是财产交易方法，是动态的财产关系。

二是产权权利是对客体的直接的、排他性的支配权；债权的权利是对特定的债务人的请求权，即债权人的财产利益，只有通过债务人的给付行为才能实现。

三是产权权利主体对任何妨害他行使权利的人，都可以要求其停止妨害或恢复原状；而债权人只能对债务人主张权利，原则上不能对债务人以外的第三人提出权利请求（保证人除外）。

四是产权只能因合法行为而产生；债权则可以因合法行为而产生，也可以因不合法行为而发生。

四 确保债权制度实施的主要市场规范

当今市场经济有着产权、债权和代理等三大基本市场法律制度。为实施这三大法律制度，就需要有一系列市场法律规范或次一级的法律制度予以保证。例如，为确保产权制度的实施，就有包括价格、价值评估、税费等制度的配合。同样，为确保债权制度中契约自由、公平竞争、诚实信用、政治权力与经济利益相分离等内容的实施，也必须有一系列市场制度予以保证。

（一）市场准入制度

市场准入制度是国家对市场经济主体资格的确立、审核和确认的法律制度，包括企业法人资格及市场经营人员资格的实体条件和取得主体资格的程序条件。其内容及程序是国家通过立法，规定市场主体资格的条件及取得的程序，并通过审批和登记等程序。

资质管理及其经营人员资格认证制度是市场准入制度的重要组成部分。所谓资质管理是指市场主管部门对市场经营者的章程、自有资金、职工、专业技术人员、开发经历和业绩等进行检查、评定，并定期复审的行政行为。资质条件是经营单位注册登记和开展业务，即市场准入的前提条件。经营单位的资质等级直接决定了单位所能承担的开发经营任务的等级。为此国家必须发布各个行业的资质等级标准的规定，以及开发经营单位的等级评审和考核标准。对于开发经营人员，同样也需要有相应的资格认证制度。我国《测绘法》的第五章，就对测绘资质资格进行规范。

市场准入是国家为营造一个市场公平、公正的竞争环境所设置的一项市场管理制度。除为解决市场信息不对称这个原因外，国家设立市场准入制度还有其他不同的目的。市场准入制度也是政府对市场进行监督、管理的一种手段。通过市场准入规范，可以确保市场上某些主体对市场经营享有垄断或者相对垄断地位，例如，在电信行业中所执行的市场准入规定。通过市场准入规定，也可以防止一些不具备技术能力或者治污能力的企业进入市场。

市场准入规范可以依据国家的产业政策以及该行业的现状进行适当的调整。例如，对地理信息产业的准入条件，就要考虑到地理信息产业是属于高新技术产业，本来门槛就比较高；因此只要具备专业基础，或者说只要满足技术与信誉这两个条件的，就应该尽量开放市场，让更多的市场主体参与市场经营。

（二）政府对市场的监管

市场监管是指为维护市场经济秩序的健康发展，政府部门依据有关法律、法规，对市场经济主体所采取的相关控制与监督的行政行为。

市场监管的理论依据是市场经济除具有驱动市场经济主体为自己为社会创造最大财富的正面作用外，也可能产生一系列消极、甚至破坏性的问题。并且这些问题是由一部分市场经济主体在经济价值规律支配下，是采取一系列不正当竞争手段，来实现其投入最低、收益最高的目的。正如我国《反不正当竞争法》所列举的各种行为：采用假冒或仿冒等混淆手段从事市场交易的行为；商品贿赂行为；虚假的广告宣传行为；侵犯其他经营者的商业秘密行为；以排挤竞争对手为目的，以低于成本的价格销售商品的行为；搭售商品或附加其他不合理的条件销售商品的行为；违反规定的有奖销售行为；捏造事实、散布虚伪事实损害竞争对手的商业信誉、商品声誉的行为；串通投标的行为；享有独占地位的企业非法排挤其竞争对手的行为；政府及其所属部门滥用行政权力限制正当竞争的行为。国家通过立法手段，而政府依据法律、法规的授权来具体解决市场经济中所存在的各种问题。

在市场经济中，政府不是市场经济主体，而是市场管理主体，政府对市场经济的监管包括经济管制与社会管制两个方面。

经济管制主要针对自然垄断及信息不对称性引起的问题。为防止发生资源配置的低效率和使用者的不合理利用，政府可在法律规定的范围内，通过许可和准入等手段，对企业的进出、价格、服务的数量和质量、投资、财会等相关行为加以规制。

社会管制主要针对所有可能产生外部不经济或内部不经济的企业及事业行为的规制。这里所说的外部性主要是指一个企业的经济活动对其他人和社会造成有害影响而不承担责任。例如，一个污染企业通过把治污责任推给社会来提高自己的经济效益。政府的社会管制主要包括消费者保护、产品质量、生命安全保护、环境保护等，其主要职责是保护环境以及确保员工与消费者的健康和安全。社会管制并不针对某一特定的产业行为，任何一个产业内企业的行为如果可能对社会或个人的健康、安全、环境等造成危害，就将受到政府的管制。

（三）行业自律

市场中行业自律是指国家不是通过法律、法规的约束，而是鼓励市场经济主体制定自愿性的行为准则，通过自我约束来达到维护市场经济秩序健康发展的目的。行业自律的理论依据有两个：第一，大多数经济主体是理智的，他们深谙诚信才是行商之道，这为行业自律提供客观可能性依据。第二，当代企业的根本目标是利润最大化与社会责任相结合，它为行业自律提供了可操作的法律依据。

市场经济的基本运作机制，是依靠市场中一只看不见的手，即市场价值规律在起作用。而国家的市场法律，政府的市场监管都必须顺应这种客观规律性，才能发挥其积极的作用。其实不论是市场经济，还是计划经济，作为客观存在的价值规律都要起作用，只不过是起作用的方式与后果都不同罢了。所谓市场价值规律是指市场经济主体，在把资源转化为产品等社会财富时，都追求以最少的资源（广义的资源）投入来获取最大的收入或回报。经济主体是如何实现这个共同目的呢？大致有走正路与走邪路两种方法。

走正路的经济主体是遵循资源转化为产品等社会财富的一般客观规律性，公式为

$$资源 \xrightarrow[\text{交换}]{\text{技术}} 产品或财富$$

如前所说，产品等社会财富的多少从理论上说是与资源的数量、质量成正比，与资源转化为财富的周期平方成反比，或者说与转化速率平方成正比。这样走正路的经济主体一是通过扩大资源数量，提高资源质量和技术水平等方法来获取最大收入；二是通过加速技术更新与流通速度，使资源得到最合理的应用以及最生的转化方法来获取最高利润。

走邪路的经济主体通过上述所说的各种欺骗方法达到利润最大的目的。这里所讨论的行业自律是否存在可能性的命题，就是指行业能否通过自身努力来抑制这些欺骗行为。回答是肯定的，因为大多数经济主体是理智的，是深谙诚信才能发财的道理，其依据有如下四方面。

（1）绝大多数经济主体是具有良知与道德的，他们都信奉自己的享受只有依靠自己的聪明才智与诚实劳动，才能心安理得；而通过不正当方法取得的财富收入，将会使他们一辈子不得安宁。

（2）多数经济主体都深谙诚信才是行商之道。因为绝大多数消费者都持有"上当一回头"的信念，而聪明的商人是不愿意"做一榔头的买卖"，因为这样做等于破鸡取蛋。他们都深知，唯有通过价廉质优的商品来吸引消费者，消费者才会乐意掏钱包，他们的财源才会"可持续发展"。

（3）国家的市场法律，政府的行政监管都是对准那些走邪路的市场主体。市场主体的欺骗行为一旦被查获，不但追求最大利润的梦想要破灭，严重的还可能身败名裂，绝大多数人决不愿意走这条路。

（4）市场经济的历史已经证明，大多数经济主体都是依靠自身的努力来取得最大利润的，其证据是我们的社会经济在不断发展和进步之中。

大多数经济主体是理智的，为行业自律提供了客观可能性的依据；并且多数经济主体也深知，不能让"一颗老鼠屎坏了一锅粥"的道理。换句话说，多数经济主体不仅自己要走正路，而且也要求抑制那些走邪路的经济主体，这样市场才能健康发展，大多数人才有钱可赚。这就是当代企业为什么会追求利润最大化与社会责任相结合的原因。

利润最大化与社会责任相结合，是指企业所生产销售的产品或商品，既能给市场经济主体带来最大利润，又必须对社会上所有消费者的人身安全负责任。其具体体现是当代企业所生产销售的产品纷纷实行诸如"三包"或"五包"等承诺。企业对社会上消费者这种承诺，可视为已经同消费者签订了供销合同。如果企业这种承诺不能兑现，是以次充好，就可以按合同法的违约规定来追求其法律责任。这样行业自律公约就成为企业追求利润最大化的一种目标手段，也成为它向社会兑现承诺的法律保证。换句话说，企业的利润最大化与社会责任相结合的目标，就为行业自律公约的实施提供了可操作的法律依据。

总之，在地理信息产业市场规范化政策中，必须弄清市场价值规律的实质内容及其运行机制，才能制定出科学的政策。市场经济主体作为市场根本要素，在推动市场以及整个社会经济发展进程中，他们追求利润最大化的正面积极作用是基本的，所存在的负面消极影响是次要的，也可以通过市场监管和行业自律来解决。国家的市场规范化政策应以激励、疏导为主，而以抑制、制裁为辅。对于地理信息产业市场规范化政策也没有例外。对于市场准入政策，应在技术、信誉保证前提下，以放为主，而市场监管与行业自律作为解决市场信息不对称的两个基本机制，应该互为补充、相辅相成，其共同的目标是营造一个公平、公正的地理信息产业市场充分竞争的环境。

第三节　地理信息资源产权权利的主要内容

一　地理信息资源转化财富的最大化与产权政策

（一）权利内容对生产力反作用的一般原理

作为地理信息资源产权三要素的地理信息资源、资源归属关系与权利内容，分别属于生产力、生产关系和上层建筑等不同范畴。

从认识论上分析，地理信息资源要转化为现实的经济生产力或社会财富，需要通过确定地理信息资源产权归属，即确定所有制关系或生产关系作为中介，才能通过权利主体（生产者）实现这种转化功能。然而仅仅依靠确定产权归属关系，只能实现转化过程中某些初级功能，还是无法实现最佳的转化效率。

要实现地理信息资源最大限度地转化为社会财富，除采用最先进的技术工具外，还必须赋予产权人享有对地理信息资源的交换权利。从实践论上分析，资源转化为现实的经济生产力或社会财富，通过权利内容的设定或者说是通过建立一系列激励政策、制度，调动经济主体的积极性来实现这种转化功能。这种转化功能，就是上层建筑对生产力反作用的一般原理。其基本公式为

$$\text{政策、制度（产权内容）} \xrightarrow[\text{抑制}]{\text{激励}} \text{生产力等社会财富}$$

这个公式的核心内容是动调产权权利主体的积极性，而经济主体积极性的调动体现在产权归属关系的确定，经济主体在这种生产关系中所处的地位及其相互关系，以及对产品或社会财富的分配等方面。而不管在哪一个方面，经济主体的积极性基本上都是由人身精神权与经济财产权来指挥的。

（二）权利内容对生产力反作用原理的操作

要使政策、制度以及产权内容成为经济主体的指挥棒，其前提条件是必须使所设定的产权内容，既能符合地理信息资源及信息技术等客体的客观规律性，又必须能满足最大多数地理信息资源所有者、持有者、经营者和消费者等经济主体的需求目的性，才能实现主体的目的性与客体的规律性相一致。在产权三要件中，即产权权利内容与产权客体，以及与权利主体的关系中，客体的规律性是相对稳定的，可以认为在某一个阶段内是不变的，而经济主体的需求目的性则可以依据产权内容这个指挥棒而变化。这样按照这种理论所制定的产权内容，就可以以某一阶段客体的规律性为基础，然而再通过激励或者抑制等权利内容来指挥经济主体，使他们的行为可以符合地理信息资源客体的规律性。可见，地理信息资源产权权利内容设定的目的，是为了实现主体需求目的性与客体规律性相和谐，这是权利内容制定的理论依据与实际操作的基本出发点。

产权权利内容对经济主体需求目的性的调控，建立在对经济主体本质属性认识的基础上。由于经济主体的本质属性是追求利益的最大化，这种欲望既有利于经济生产力的发展，又对生产力有破坏性。因此，产权权利内容制定的基本理论是激励其有利的一面，抑制、打击其有害的另一面。其具体操作方法是在实体法的法律规范三要素中，"假定"的规定，必须体现地理信息资源的客观规律性；"处理"的规定，在经济主体有权做什么中，制定所要激其利的一系列

政策、措施，在经济主体不能做什么和必须做什么中，规定一系列抑其弊的禁止性或义务性的规范；在"制裁"的部分，是经济主体违背法律的规定，该为而不为，不该为而为之，就必须承担相应的法律责任。这样，在实体法的法律规范的所有条款中，都可以切实保证经济主体的行为必须符合客观规律性，以及符合其需求目的性；并且还有程序法，可以从程序上确保实体法可以得到实施。当然，其前提是"假定"部分的规定必须符合地理信息资源的客观规律性，"处理"部分的规定，必须符合经济主体的需求目的性，许多客观规律性也以义务性规范、禁止性规范的形式出现，"制裁"部分的规定，必须奖罚分明，制裁准确。

　　在产权结构三要素中，权利内容是协调产权主体之间，以及主体与客体之间等各种关系的最有效的方法。从产权主体与地理信息资源的关系上看，经济主体为了达到对地理信息资源收入最大而付出最少这个目的性，就必须认识或研究地理信息资源，就要求制定地理信息标准和标准化规范，并按照或遵守标准的规定。从经济主体之间的关系上看，大多数人都希望收入最高，生活过得最好。如果是通过采用走正道的方法，则可以达到国家所要激励的根本目的；但如果是通过侵犯国家、单位或者其他人的利益来达到自己的目的，那么这些人的行为将严重干扰、破坏国家的社会经济秩序。为激发大多数人的积极性，打击少数人的破坏性，最有效的方法也是法律规范。当然，地理信息资源产权政策等权利内容最核心的内容是设置一个可以最大限度激励全社会最大多数人的积极性，以便为自己也为社会创造社会财富的产权制度。

二　设定地理信息资源产权权利的基本原则

　　由于地理信息资源转化为社会财富效率的高低，在颇大程度上是取决于产权权利内容的设定，特别是交换权的设定。要准确完整地设定地理信息资源产权的权利内容，既必须依据物权和知识产权的一般理论，又必须充分考虑地理信息资源产权本身的特殊性。

　　（一）物权理论是设定地理信息资源产权权利的基本依据

　　物权理论反映了产权权利最本质的属性，即产权人对他所有的物享有支配权和收益权。其中支配权是实现对资源加工增值与交换增值的手段。支配权的基本内容是所有权、用益物权、担保物权，其核心内容是产权商品化或产权人享有交换权。收益权是产权人使用和支配物的目的或动力，操纵商品经济中那只看不见的手就是收益权。

　　物权关于产权人对他所有的物，包括不动产和动产享有支配权的理论，也完全适用于地理信息资源产权权利内容的设定。正如我国的《物权法》第二条第三款规定："本法所称物权，是指权利人依法对特定的物享有直接支配和排他的权利，包括所有权、用益物权和担保物权。"这就为地理信息资源产权权利内容的设定，构建了基本的框架。

地理信息资源产权支配权的性质同样也具有排他性或专有性；另外，地理信息资源产权支配权的基本内容也是所有权与交换权。所谓交换权，也是用益物权与担保物权的核心内容，即它是产权人用来作为市场交易的转让、出租和抵押的各种交换权利。

本书第四章已具体分析了物权理论对地理信息资源产权权利设定的实例，包括用益物权理论对于地理信息资源产权中持有权的设定，特许物权理论对保密地理信息资源开发利用的指导意义，并指出物权权利内容是构建地理信息资源产权结构的基本依据，包括对地理信息资源所有权与持有权、使用权相分离，地理信息资源所有权与经营权相分离等政策的制定都有重要的指导意义。

物权关于产权人对自己的不动产或者动产，依法享有收益权的理论，也完全适用于地理信息资源产权权利内容的设定。因为收益权同样也是产权人使用和支配地理信息资源的目的或动力，当然，地理信息资源产权的收益权包括人身精神权和经济财产权两个部分。

对地理信息资源产权收益权的设定，以及收益权与所有权的分合，与支配权的相互结合都是地理信息资源产权权利对生产力反作用的基本保证，是构建具有激励机制的产权制度，以确保社会成员能为自己也为社会源源不绝地创造财产的重要组成部分。

（二）设定地理信息资源产权权利的依据

物权理论虽然为地理信息资源产权权利内容的制定提供了基本依据，然而从法律体系上说，物权是关于调整有形财产权方面的法律，而地理信息资源产权属于无形财产方面的法律。因此，物权理论中关于用益物权与担保物权等支配权的具体规定，就无法直接适用于地理信息资源产权的支配权。

地理信息资源产权作为知识产权的重要组成部分，同知识产权一样，其产权也具有一系列共同特点：产权客体具有无形性特点；权利主体享有人身精神权与经济财产权等双重权利，其权利的核心都在于保护；权利内容都具有时间性、地域性与公开性等特点。因此，知识产权的权利内容基本上可以直接作为制定地理信息资源产权权利内容的具体依据。

当然，知识产权是一个庞大的法律体系，由于不同知识产权的权利客体存在一定的差异性，因此各种知识产权权利内容也略有不同。例如，著作权和专利权都有人身权，但商标权就不包括人身权。就财产权的权利内容来说，著作权的权利内容中的支配权，就有诸如复制权、发行权、出租权等 10 多项权利。而专利权的权利内容中的支配权则包括独占权、许可实施权和转让权。商标权权利内容中的支配权有独立使用权、许可使用权、商标转让权和续展权等。

在我国的《担保法》中，还规定了商标权与著作权、专利权中的财产权可以质押。这些知识产权关于权利内容中支配权的一系列规定，对地理信息资源产权权利内容的设定都有直接并且具体的指导作用。依据知识产权的规定，地理信息资源产权权利内容大致包括使用经营权、转让权、许可使用权和质押权。

（三）地理信息资源产权权利设定的特殊依据

地理信息资源产权自身的特殊性，包括权利客体的特殊性与权利主体的特殊性。客体的特殊性是地理信息资源具有战略性、基础性和公益性特征，因此，能够作为商品进入市场流通的大多数是经过加工增值后的地理信息资源。换句话说，作为权利客体的地理信息资源的商品性特征，受到多方面的限制。从权利主体上来说，作为战略性、基础性和公益性地理信息资源的投资都是国家，其所有权也只能是属于国家所有。

为加速地理信息资源产权商品化，在产权权利内容的支配权中，就必须特别突出两个基本权利内容的设定：

一是地理信息资源持有权的设定，其目的是为鼓励民营企业或个人参加基础公益性地理信息资源的生产，这是加速地理信息产业发展的重要政策。

二是在国家所有地理信息资源产权基础上进行加工增值或创新的，拥有自主产权。这是地理信息资源产权商品化的基本来源，因此也是鼓励地理信息资源共享，加速地理信息产业发展的基本政策。

三　地理信息资源产权权利的主要内容

依据地理信息资源产权设定的基本原则，我国地理信息资源产权权利应包括如下主要的内容。

（一）地理信息资源所有权

所有权是地理信息资源产权中最完整、最不受限制的权利。依据我国《民法通则》和《物权法》规定，地理信息资源所有权是指所有权人依法对自己所有的地理信息资源享有占有、使用、收益和处分的权利。地理信息资源所有权是产权中最基本的一种权利，与所有权密切相关的其他权利，实质上是所有权人对自己所有的资源行使支配权的具体体现。

由于基础公益性地理信息资源所有权与商业性地理信息资源所有权具有不

同特性，故基础公益性地理信息资源所有权只设权能；而商业性地理信息资源所有权才可以在市场上进行自由交易，因此必须在所有权基础上设定与所有权具有密切联系的若干权种。在这些权种中最基本的是人身权和财产权中的各种经营支配权及其相应的收益权。

（二）地理信息资源产权的人身权

地理信息资源产权具有知识产权的基本特征，都是人类智力劳动的成果，所有权人具有人身精神权，并且是一种永久存在的权利。人身权包括对地理信息数据的发布权、署名权、修改权和保护数据的完整权。

（三）地理信息资源持有权

地理信息资源产权的持有权是指持有权人依法对自己持有的地理信息资源享有实际的支配权和收益权，原始持有权人还享有人身精神权。持有权与所有权的区别，在于持有权中可能有部分支配权受到一定程度的限制，但与商业性地理信息资源所有权的支配权和收益权相比，则基本上是相同的。

（四）地理信息资源经营权

地理信息资源产权经营权是指产权人以营利为目的而享有对地理信息资源进行各种商业活动的权利。《民法通则》第八十一条和第八十二条授予公民、集体、全民所有制企业对经营管理的财产依法享有经营权。《著作权法》授予著作权人享有复制、发行和出租等各种经营权。当前在地理信息企业中，大多是以地理信息资源为原材料，进行各种地理信息产品（包括软件）的制作、加工、销售和服务的商业活动。

狭义的经营权包括制作加工权、销售权、服务权、支配权、收益权等。广义的经营权是指地理信息资源产权人享有行使转让权、许可使用权和质押权等各种产权交易活动的权利。

（五）地理信息资源转让权

地理信息资源产权的转让权是指所有权人或持有权人通过合同方式，把自己所有的或持有的地理信息资源所有权或持有权进行转移的权利。转让的内容包括出售、互换、赠与和继承。

地理信息资源所有权人和持有权人对其所有权或持有权行使转让权时，是把他所享有的权利同时转让给受让人。而包括买受人、互换人、受赠人和继承人在内的受让人，就替代原来的所有权人、持有权人而成为新的所有权人、持有权人并享有原所有权人、持有权人享有的所有权或持有权。可见地理信息资源产权的转让是所有权或持有权的转让。

出售是地理信息资源所有权或持有权的买卖，其特征是地理信息资源所有权或持有权与现金的交易。互换是双方各自以自己的地理信息资源所有权或持有权为标的进行的交易行为。如果双方的所有权或持有权不等值，则用现金进行补差，可见互换是买卖的一种形式。赠与和继承是产权人无偿把自己所有的地理信息资源所有权或持有权转移给受赠人和继承人的行为，二者共同的特征都是无偿的；而二者的区别是：赠与是生前行为，继承包括遗赠是身后行为。

出售、互换、赠与和继承等转让行为，均需签订转让合同［继承中的法定继承可按《中华人民共和国继承法》(以下简称《继承法》) 规定执行］。

(六) 地理信息资源许可使用权

地理信息资源产权的许可使用权是指所有权人或持有权人通过合同方式，许可他人在一定条件下使用所有权人或持有权人提供的地理信息资源的权利。这里所说的一定条件下是指按照合同的约定使用。

同地理信息资源转让权相比，许可使用权转移的只是使用权，并且被许可使用人不得再许可第三人使用。地理信息资源许可使用权实质上是出租权，是所有权人或持有权人把自己的地理信息资源租赁给他人使用，从而取得租金的行为。同不动产物权的租赁相比，由于地理信息数据产权的出租，其标的既不耗损，又不受使用人数的限制，可以充分发挥地理信息数据共享的优势，因而地理信息资源产权的许可使用权是地理信息资源产权交易的重要形式。

(七) 地理信息资源质押权

地理信息资源产权的质押权是指所有权人或持有权人为筹集资金，通过合同方式把自己的或者第三人的地理信息资源所有权或持有权，用来向债权人作为履行债务担保的权利。

地理信息资源质押权的法律特征：一是作为担保标的地理信息资源所有权或持有权，可以是质押人自己的也可以是第三人的，但必须是地理信息资源所有权或持有权。二是质押合同是借贷合同的子合同，因此质押权随债权的成立、转移、消灭而成立、转移、消灭。三是债权人对作为质押标的地理信息资源产权不行使专有权，仍由债务人使用和收益，只有在债务不能履行时，才通过拍卖所设定的标的——地理信息资源所有权或持有权，并从拍卖的价款中优先清偿所欠的债务。

(八) 地理信息资源收益权

产权人取得和支配地理信息资源产权的目的，是通过对地理信息资源的加工增值和交换增值，来获取最大的精神上和财产上的收益权利，因此收益权体现在支配权的行使中。

第六章

我国地理信息资源产权理论研究的进程

产权理论的研究与产权法制的建设，二者之间的关系是密不可分的。为加强产权法制建设，必须进行产权理论研究；而产权理论一经国家立法机关确认，也就成为产权政策、产权制度的重要组成部分。因此这两项工作很难截然分开，为了行文的方便，本书将用两章的篇幅对这两部分内容分别予以分析。

第一节 产权构成要素对地理信息资源产权研究的要求

功能的充分发挥取决于结构是否完善，产权的结构与功能之间的关系也没有例外。要使国家地理信息资源产权制度能够充分发挥保护、促进地理信息产业发展的作用，就必须对产权客体、产权主体的归属关系和权利内容这三个结构要素进行深入研究。从经济目的上说，唯有这三个内容之间的关系得到和谐发展，地理信息资源产权政策制定的目的，即经济利益最大化才能实现。其中产权客体是研究利益存在的依据与利益的多重性或综合性；产权主体是研究利益归谁所有，才能实现利益分配公平、公正以及效率最高；权利内容主要研究利益是如何实现的。

一 产权客体的特征是地理信息资源产权研究的前提条件

地理信息资源是产权的客体，因此弄清地理信息资源的客观规律性是人们获取利益最大化的前提条件。

（一）作为产权客体的地理信息的基本功能

作为产权客体的地理信息资源，其基本功能是通过人们的加工制作可以被转化为生产力或社会财富，地理信息的这种转化功能又分为资源性功能与符号指示性功能。

地理信息的资源性功能是指地理信息数据借助于信息技术与人们自身的大脑思维，可以作为真实自然资源开发、利用、治理、保护的计划、规划、决策与管理的模型或方案，从而起到产品或商品的作用。

地理信息的符号指示性的功能是指地理信息作为真实事物的替代，它可以对包括人体、物质材料和能源在内的一切事物及加工制作物、知识起到替代、指示的作用。这种替代指示性功能也可以转化为生产力，例如，商标、地理标志的功能。作为符号的地理信息，还发挥着使系统有序运转以及消减不确定性等功能。

为什么地理信息具有这种转化功能？这是由于地理信息是描述特定地理空间位置上自然、经济与人文等方面的物体、事实、事件、现象和过程的总和，或者说得更简单些，即地理信息是特定空间上真实的自然、经济与人文的描述。并且由于地理信息具有客观存在性、抽象性、压缩性、存储性、传输性和共享性等特征，因此能够起到真实事物本身的作用以及真实事物所未具备的两重作用。

（二）地理信息资源有用性的研究

地理信息资源能否成为产权客体，首先必须弄清它有什么用和怎样用等问题。地理信息作为自然资源的描述，它是开发、利用、治理、保护与管理自然资源的基本依据，其有用性与重要性虽是人人共知的，但要达到资源的多用性与高效性，就必须研究它是什么、为什么等自然科学中的一系列问题。

自然资源本身是稀缺物，对描述这些自然资源的信息进行采集、加工和制作，又必须有大量人力、物力、智力和财力的投入，因此地理信息资源也具有稀缺性特征。

（三）地理信息技术的发展保证

地理信息数据能够便捷、快速地被采集并加工制作成为海量数据，主要是依赖于遥感技术、地理信息系统技术和全球定位技术的发展与应用；地理信息数据的传输与使用也取决于互联网技术的发展与普及。

地理信息资源能够作为财产而为产权所有人安全地掌握与控制，也依赖于信息安全技术及其软件的发明与研制。地理信息作为一种财产权利，必须能够被人们所独立掌握与使用。所谓独立掌握与使用是指可以通过不同的技术载体来获取、利用。例如，可以通过拍摄、复印和网上下载等不同方式来获取、利用地理信息资源。

地理信息技术的进步就表现为对地理信息数据的采集、加工制作、传输、使用能够更加便捷、高速和安全。因此对地理信息资源产权的取得和保护，也必须对地理信息技术进行研究。

（四）地理信息有用性转化为现实生产力的研究

制定地理信息资源产权政策的基本目的，是期望把地理信息的有用性最大限度地转化为经济生产力。要达到这个目的，就要求产权所有人及与此有关的经济主体的经济活动都必须遵守地理信息的客观规律性。当然不可能要求每一个经济主体都去研究并弄清所有地理信息的特性，而只能组织有关单位进行专门研究，国家通过这些单位研究的成果，制定和发布一系列地理信息标准、法规等规则，并要求所有经济主体遵守这些规则，就可以达到这个目的。例如，我国《测绘法》第一章第五条规定："从事测绘活动，应当使用国家规定的测绘基准和测绘系统，执行国家规定的测绘技术规范和标准。"

二　地理信息资源产权归属的研究

产权主体研究的基本内容，是地理信息资源产权归谁所有，即利益归谁所有，才能实现利益分配的公平与公正，以及效率最高。因此地理信息资源属性、投资来源及主体需求目的性是确定产权归属的基本依据。

（一）依据地理信息资源属性与投资主体确定产权归属

对于具有战略性、基础性、公益性特征的地理信息资源，其投资主体都是国家，其所有权当然属于国家所有。民营企业和个人投资具有基础性、公益性特征的地理信息资源，其所有权属国家所有，而持有权归投资者享有。对具有商业性特征的地理信息资源的投资，以及加工增值的，投资者均享有所有权。依据投资来源确定地理信息资源产权的归属，可以体现公平、公正的原则。

（二）主体需求目的性是产权实现效益最大化的指挥棒

本书第三章已经通过价值规律的分析，说明产权权利主体取得地理信息资源的目的是追求利益的最大化。确定产权人拥有对地理信息资源的专有权是取得收益权的基础，而享有对地理信息资源的支配交易权则是实现利益最大化最基本、最重要的方法。

既然产权主体追求利益最大化是价值规律所决定的，那么作为地理信息资源产权政策和制度的制定者，就必须反映这种经济规律性，制定产权归属多元化政策以及各种鼓励产权交易的制度作为指挥棒，来调动一切经济主体的积极性。至于可能产生的副作用，则可以通过制定相关的市场制度来解决。

三　权利内容是实现地理信息资源产权目的的保证

（一）理论认识只有通过社会实践才能实现

地理信息资源要转化为现实经济生产力或社会财富，必须对地理信息资源的自然属性、技术属性和经济属性进行深入研究。而这种研究成果只是一种理论上的认识，要把这种认识转化为社会实践，则必须通过反映这种理论认识的政策、制度，来指挥、调控经济主体对地理信息资源的各种经营活动或行为才能实现。

（二）产权主体利益最大化的权利保证

本书第三章已从大量实例分析产权主体占有资源的目的是获得利益最大化，而利益在本质上是属于社会关系的范畴。换句话说，利益在我们这个社会中是一种人与人之间的关系，一个人利益的实现就必须依靠利益相关人的积极配合才能实现，因此利益唯有依靠法律的保护才能实现。

权利的设定过程就是利益衡量的过程，而最终的目的是利益的分配。法律作为一种社会控制手段，它是通过作用于社会中人们之间的利益关系来达到最终目的的。简而言之，权利是实现利益的手段。

对地理信息资源产权权利的设定，也是其利益分配的一种具体操作方法。地理信息资源产权主体之间的利益关系，大致存在个人利益、单位利益、公共利益或国家利益等多种类型。因此对权利内容的设定，不仅要考虑到协调各种利益关系，而且还要考虑哪些权利能够实现利益的最大化。前一个问题是利益的正当性和公正性，而第二个问题是利益的效率。我们制定地理信息资源产权政策的目的是在实现利益最大化的同时，实现利益的公平、公正的分配以便促进全社会的和谐发展。

要合理设定地理信息资源产权的权利内容就必须对利益的效率与利益的公正性这两个问题进行深入研究。要解决效率最大化这个问题，从理论上说有两个基本条件：一是经济主体的一切行为必须遵循地理信息资源的客观规律性；二是必须满足产权主体的需求目的性。这就要求对权利的设定必须以产权主体多元化与主体享有交易等支配权为前提。

要实现利益能够公平、公正的分配，就涉及依据什么原则来确定产权的归属，以及如何平衡地理信息资源产权所有人、持有人、经营人与使用消费人之间的利益分配；在所有人中又涉及原始数据所有人与加工增值人之间的关系；此外还涉及对地理信息资源价值的评估、价格的制定与财税、金融等诸多问题。

对这两个基本法律问题的研究，特别是效率问题，除法学界外，几乎是包括自然科学、技术科学、经济科学在内所有学者共同关心和研究的焦点。

第二节　地理信息资源产权研究概况

一　我国对地理信息资源产权客体的研究

（一）客体理论是地理信息资源产权制度的基础

客体理论是知识产权制度的基础，同样也是包括地理信息资源产权在内的信息产权制度的基础。只有弄清信息、地理信息是什么、有什么用、如何用、怎样用效率最高等问题，才能确认信息、地理信息能够成为产权权利的客体，才能合理设定权利内容。一句话，对信息、地理信息资源的研究是信息产权、地理信息资源产权政策研究的前提条件，特别是我国对信息、地理信息资源研究的进展及其成果，更是直接关系到我国地理信息资源产权政策制定条件是否成熟的前提。

（二）我国对地理信息技术和地理信息共享的研究概况

20 世纪 70 年代国际上掀起了以计算机为中心，以信息技术、微电子技术为支柱的第四次技术革命。对于地理信息来说，则是以遥感技术、地理信息系统技术、全球定位技术为支柱的地理信息技术革命。

同以往三次技术革命不同的是，我国积极投身到这一次的技术革命浪潮中。我国自 20 世纪 70 年代就开始进行计算机辅助制图技术的研究，并在中国科学院和一些著名高校中分别成立一系列研究中心，构建地理信息数据库。例如，中国科学院地理科学与资源研究所的资源与环境信息系统国家重点实验室，自 1985 年成立以来，就一直致力于地理信息系统理论、技术、地理信息共享与地球信息标准的研究。特别是第九个五年计划以来，该国家重点实验室和中国科学院遥感应用研究所、国家基础地理信息中心等研究单位，承担了若干国家科技攻关的重大项目，如"中国可持续发展信息共享系统示范研究"、"中国可持续发展信息共享系统应用研究"、"国土资源、环境和地区经济信息系统研究"、"科学数据共享研究"，等等，通过这些研究与实践，何建邦等提出了地理信息共享环境的概念、内容与理论技术的命题，并作了长时间的研究。这些研究工作，既为地理信息数据的传播、显示、存储、利用提供了可靠的技术平台，积累了各种观测、调查、实验数据及国内外卫星影像等海量数据，又为发展地理信息产业、信息共享和产权保护提供了现实依据，也为地理信息科学理论研究奠定了必要的基础。

国内外学者在对地理信息技术与地理信息共享的不断深入研究中，都深感要加速共享步伐、完善共享体系，就必须首先弄清地理信息共享的机制，因此就把地理信息科学的建设提到议事日程上来。

地理信息领域学术泰斗、中国科学院院士陈述彭先生，自20世纪90年代初以来就一直致力于推动地球信息科学的发展，并于1996年分别在北京和台南讲坛上提出关于地球信息科学的倡议。在陈先生的倡导和推动下，我国学术界有关地理信息系统与地理信息科学的教材、专著也纷纷问世。例如，黄杏元的《地理信息系统概论》、边馥苓的《空间信息导论》、陈述彭等的《地理信息系统导论》、龚健雅的《地理信息系统基础》、闾国年等的《地理信息科学导论》、邬伦的《地理信息系统原理、方法和应用》、李德仁等的《空间信息系统的集成与实现》、马蔼乃的《地理信息科学》、王家耀的《空间信息原理》，等等。

这表明我国对地理信息系统与地理信息科学的研究已经进入了一个全新的历史阶段，已经为地理信息资源产权政策及产权制度的制定奠定了坚实的产权客体的理论基础。下面仅以闾国年等的《地理信息科学导论》为例，稍作说明。

闾国年等的《地理信息科学导论》，虽然命名为地理信息科学，但实际上是以自然、经济与人文等地理现象为基础，来分析、论证一般信息科学。该书主要内容是回答信息、地理信息是什么、有什么用、如何用等信息基本机制的问题。为此作者在约200种信息概念中，首先从哲学概念入手，把信息定义为"物质存在方式、运动状态和属性的反映"，并且把信息划分为客观信息与主观信息。该书系统、全面地分析、论证了这两种信息的形成机制。

客观信息是客观世界存在（包括物质存在方式、运动状态和属性）的反映。客观世界存在的反映是指客观世界的存在是以波、光、电、磁、力、热、色、声、形、味等信号的形式出现的。

客观世界的存在为什么要以这些形式的信号出现呢？书中又以大量事实论证，这些形式的信号是物质运动、能量形式转化所产生的。其中特别指出物质、能量与信息可以三者合为一体，也可以三者相互分离，当物质处于静止状态时，就是三者合为一体；当物质处于运动状态，就是物质与能量相分离；当从一种能量形式（如势能）转化为另一种能量（动能）时，就出现各种或其中一种声、色、形、光等信号形式，就是物质、能量、信息三者相互分离。自然界中物质、能量和信息的分合关系，与产权制度中所有权、持有权、经营权的分合现象具有相似的原理与功能。

以色、声、香、味、触（力）等信号信息存在的客观信息，为人们的眼、耳、鼻、舌、身或诸如遥感技术所接受，并由人体神经系统的传输或诸如网络信息技术的传输，经大脑思维加工或计算机、地理信息系统技术加工后，就形成诸如文字、图表、数据符号形式的信息，即主观信息。

主观信息也是客观世界存在的反映或者描述。这里之所以用描述，是因为通过文字、图表、数据等符号形式来反映、体现、表述客观世界的存在，已经带有人们主观认识的因素。客观信息是客观世界本来面目的反映，并没有经过人们认识的加工过程。因此客观信息三要素是由包括信源（某一物质发射信息）、信道（经能量进行传播）和信宿（接受信息的另一物质）所组成的，如化石。客观信息对人们来说，只是眼、耳、鼻、舌、身所感受而未经大脑加工前的信息，如航片、卫片上的信息。

客观信息通过大脑思维加工或信息技术加工就是主观信息。主观信息由客体（客观信息）、技术（思维中介）、符号（文字、图表、数据等）三要素所组成，与客观信息的信源、信道、信宿三要素一一对应，都起到输入、转化（运动、制作）、输出等作用。因此该书对信息的基本属性概括为客观性与抽象性，时间性与空间性，存储性与传输性，可度量性与不确定性，可转换性与可扩充性，商品性与共享性等。

地理信息科学是研究地理信息产生、传输和转换规律，以及地理信息稳定运行规律的科学。地理信息科学研究成果也为地理信息资源产权制度的设定提供了基础理论依据。

（三）对地理信息标准的研究

标准、地理信息标准与产权、地理信息资源产权有何关系？标准、地理信息标准回答各种地理信息应如何用、怎样用效率最高等问题，也是产权客体研究所必不可少的内容。

由于地理信息标准是人们认识、利用地理信息资源、概念的行为准则，因此地理信息标准的研究对象是地理信息客体本身的规律性。只有弄清作为空间事物、概念所替代的地理信息及其信息技术的规律性，才能为经济主体的开发经营活动提供科学依据，即才能决定经营者不能做什么，应该做什么，怎样做其效率才能最高。一句话，地理信息标准是地理信息资源产权主体行为的依据，这也是制定一部地理信息法律规范就要制定一系列的地理信息标准与其相配合的原因，这类标准或规范是司法或执法部门实施法律的具体依据。例如，《电子签名法》的制定，必须要有若干电子签名标准作依据。

我国自 1983 年开始对地理信息标准规范进行立项研究，1984 年就出版了《资源与环境信息国家规范与标准研究报告》。该报告系统地提出发展我国地理信息系统纲要和标准的研究方向与内容，为我国地理信息标准化和共享作导向，产生了深远的影响。该报告提出了我国地理信息系统共享国家标准或规范必须解决的四个基本标准问题：一是全国统一的坐标系统和它们的数学基础、地图投影系统、网络系统以及区域分类系统；二是全国统一的资源与环境信息的分类体系和十大主要类型的详细分类标准；三是全国统一的编码原则和体系；四是全国统一的空间数据记录格式和转换标准。

1986～1990 年的第七个五年计划期间，国家、省、市和县级地理信息标准化研究，作为课题列入国家"七五"重点科技攻关项目，原国家科委继续支持资源与环境信息系统国家规范和标准研究组，联合全国几十位专家和科技人员协同攻关，就上述四个基本的标准问题进行了深入研究，并结合地理信息系统的研究和开发，进行了试验验证，提出了二十多种标准草案或建议方案，为进一步制定相关的地理信息国家标准打下基础。

1991～1995 年的第八个五年计划期间，资源与环境信息系统国家规范和标准研究组，又把上述研究成果进一步提炼，力求上升为正式的国家标准。经过十多年的努力，地理信息标准化工作主要成果有如下几个方面：

第一，对标准化的认识有了很大进步。研究、教育机构以及生产应用部门，都积极研究不同层次上的标准，拟定相关标准的制订计划。

第二，制定了一批国家和部门的地理信息标准。例如，地理格网标准、国土基础信息数据分类与代码标准、林业资源数据分类与代码标准等。

第三，在国家、省和城市三个层次上，研制了一组地理信息标准、规范、指南。例如，城市道路、道路交叉的街坊编码规则等。

第四，出版了一批引导地理信息标准化工作的国家级报告或专业书刊，例如《资源与环境信息系统国家规范与标准研究报告》、《城市地理信息标准化指南》、《资源与环境信息报告系列研究论文集》，开始了地理信息标准化的硕士、博士研究生培养，加强了学士教育与专业培训。

第五，开展国际合作，注意吸取国际先进经验与教训，提高国家地理信息标准化水平。我国 1995 年正式加入国际标准化组织地理/地球信息标准化技术委员会（ISO/TC211）的地理信息标准国际化的研究与制定。

1996～2000 年的第九个五年计划期间，地理信息标准化研究的重点开始转向地理信息共享的研究。即把地理信息标准化作为建立信息共享环境的主要内容，首次提出地理信息共享环境的概念，对信息分类与编码标准、元数据标准、地理格网标准、数据字典标准、数据质量标准等进行了系统研究，形成了系列的项目标准，经试行后许多已成为国家标准。

2001～2005 年的第十个五年计划期间，在经济全球化与我国加入 WTO 的新形势下，国家对涉及标准研究、基础性标准、专用标准以及保证国家安全、保障公众健康和维护民族产业等一些重要标准的研究和制定，都给予极大支持，我国地理信息标准化工作上了一个新台阶。

近年地理信息标准化工作发展很快，我国地理信息标准体系工作的完成，是一项重大的成果，对引导、规范全国地理信息标准的制定和实施有重要的意义。国际与国外先进标准采标率的极大提高和标龄的显著缩短，对加速标准化和提高标准化的科技水平有重要的推动作用。注重基础标准和实用标准关系的协调，标准间的内在联系与一致性，国家标准与部门、地方、项目标准的结构性与整体性，标准实施的宣传等都反映了我国地理信息标准化工作在充分吸收国内外标准化工作的经验上有了新的发展。

二 我国对地理信息共享立法的研究 *

（一）起步阶段的研究工作及其成果

在网络条件下如何实现对地理信息的共享与管理，特别是对地理信息共享政策与立法的研究，我国的起步并不晚。早在20世纪80年代中期，在当时的国家科委支持下，设立了"资源与环境信息系统共享与立法研究"课题，开始摸索和调查我国地理信息共享政策制定与立法的可能性问题。

当时就已经收集国内外有关资料，并对国务院所属的国家机关进行调查。1990年提出了制定"资源与环境信息管理法"的初步建议报告。这阶段的研究工作及其成果总结，是1990年出版了《资源法导论》一书。

在《资源法导论》一书中用专章分析了制定地理信息资源管理法的必要性、必须解决的几个问题，以及制定地理信息管理法的初步设想。

当时把地理信息称为资源与环境信息，所谓资源与环境信息系统是指在计算机软、硬件支持下，把各种资源信息和环境参数按空间分布或地理坐标，以一定格式输入、存储、检索、显示和综合分析应用的技术系统。

资源与环境信息系统的结构是由数据规范与信息源选择、数据获取与标准化预处理、数据输入与数据库、数据管理、信息分析与应用、成果输出与分发等六大内容所组成的。资源与环境信息系统与其他信息系统相比，具有三个基本特点：公共的地理基础、标准化和数字化、多维的结构，可以为决策部门提供实时显示与多层次分析的方便。资源与环境信息系统的功能可以实现区域综合、动态预测和信息共享。

当时提出制定资源与环境信息管理法的目的是实现地理信息的共享，具体要求是：

第一，对于建立资源与环境信息系统的方针、政策、原则、规划、标准，以及各种具体要求予以规范化。

第二，为资源与环境信息系统的管理体制和管理制度的建立，有关管理机构及其职责的行使，提供法律依据。

---

* 这一部分的内容，仅涉及作者及其研究组近年的研究工作。由于资料收集和理解水平的问题，尚未对其他方面的研究与成果进行介绍。

第三，对资源与环境信息系统开发和应用的各种技术措施和行政措施加以确认。

第四，对资源与环境信息管理中的各种违法犯罪行为给予相应的法律制裁，以保证各项方针、政策、标准和措施的实施。

制定资源与环境信息管理法应遵循的指导思想有四项，即保护和鼓励资源与环境信息系统的开发和应用、加强对构建资源与环境信息系统的规划和协调管理、限制和禁止资源与环境信息的重复采集、保护和鼓励资源与环境信息的共享。

当时还提出资源与环境管理法规的制定步骤：第一步，制定资源与环境信息规范和标准；第二步，研制国家资源与环境信息管理基本法；第三步，制定资源与环境信息系统的规章制度。

当时还提出资源与环境管理法的基本原则和法律制度。其基本原则是确保资源与环境信息共享，资源与环境信息的采集和系统的建立必须坚持统一规划和合理布局的原则。其法律制度是信息无偿共享与有偿共享相结合的制度，资源与环境信息标准化制度，资源与环境信息的登记制度和许可使用制度。

（二）"九五"期间的研究工作及其主要研究成果

在 1996～2000 年的第九个五年计划的国家科技攻关计划中，设立了两个专项，即"中国可持续发展信息共享示范研究"和"国土资源、环境和地区经济信息系统及国家空间信息基础设施关键技术研究"，在国家层次上铺开地理信息标准与共享示范的研究和实践。这两个专题的总体研究方案，是在网络化地理信息系统技术体系的支撑下，研究我国地理信息共享的政策机制，探讨网络环境共享地理信息的管理办法，建设不同层次地理信息共享的示范工程与应用系统，制定主要的地理信息共享国家标准与法规，分析和评估信息共享立法的可能性及其步骤。

这阶段研究的主要工作有：①对国内外地理信息共享现状的分析及我国应采取的对策建议；②对我国可持续发展信息共享政策的研究；③对我国可持续发展信息共享立法的研究；④对我国可持续发展信息共享管理办法的研究。

对上述各项研究工作都提出了研究报告，这阶段的研究工作及其成果总结是 2000 年出版的《地理信息共享法研究》一书。

《地理信息共享法研究》一书，着重分析了地理信息资源产权的资源理论、商品经济理论、公共功能理论、技术理论和法学理论，对地理信息资源产权与物权、知识产权进行比较，最后提出在当时条件下，地理信息共享法必须包含的最主要的内容及其详细组成结构框架。

该书在地理信息资源产权理论研究中的一个突出贡献，是回答了地理信息资源及其产权有什么用，应该怎样用才能实现产权的目的，即使地理信息资源最大限度地转化为经济生产力或社会财富。书中用大量篇幅来分析地理信息资源是通过两条途径实现向社会财富的转化；至于如何把地理信息资源转化为社会财富，该书的回答是通过政策、制度的激励作用来实现的。

关于信息、地理信息有什么用、如何用，即地理信息资源转化为社会财富的第一个途径，是在认识资源本质属性的前提下，充分发挥信息技术的作用。该书指出，"信息转化为物质和能量，表现为信息是国家财富之源，即国家财富的增值无一不是要依靠信息，并且其转化的周期相对于工业社会来说近乎是瞬时的，这才是地理信息最重要的功能。"每一种形式的信息都可以直接通过技术、管理等转化为生产力，这在各个社会中都是共同的。但信息社会中地理信息转化为物质、能量等生产力的特殊性，在于可以通过地理信息技术，借助于诸如人工智能、虚拟现实技术并运用古今中外所有的信息进行设计，并对这种设计进行仿真、模拟、推理、运算，并可即时检验、调整人们自己的设计，直至使自己的设计达到预期的效果。这就是信息可以消除不确定性功能的应用。

对于同一信息而言，则可以从不同角度来挖掘其知识，从而获得包括自然、技术和社会经济等不同层次的知识。正因为可以通过地理信息技术来迅速获得对客观世界的本质规律的认识，并可通过技术对这些认识加以调控从而迅速转化为生产力，所以信息社会的财富是呈现指数率的增值。由于对客观规律性有了本质认识、有技术调控能力和充足可靠的资金保证，因此就可以实现诸如空间上的区域组合、时间上的周期压缩和遗传上的基因移植。这样信息转化为物质和能量，基本上可以达到随心所欲且没有副作用。因此，信息是系统优化、社会进步的依据或动力。

要实现地理信息资源能够最大限度转化为社会财富，其前提条件是："只有认识了作为财产形式的地理信息数据的结构、功能等本质属性即识别事物的本来面目，才能把地理信息在国家社会经济生活中的地位、作用通过法律形式固定下来，才能把握由此产生的相关社会问题的来龙去脉，这样制定的法律才能从根本上协调社会关系，解决社会问题，而不是头疼医头、脚疼医脚式地穷于应付。"

为此该书用两章分别论述了地理信息资源通过技术工具转化为社会财富的基本机制。在"地理信息共享法的资源理论"一章中，通过对地理信息资源与地理信息系统特征的分析，提出地理信息共享立法必须遵循的原则，就是地理信息具有可共享性与客观规律性，及其具体应用。例如，该书提出在地理信息采集、传输和利用等各个立法内容中，都必须体现出地理信息资源的资源属性。

"地理信息数据的采集要贯彻遵循客观规律性的原则，就必须突出地理信息数据的采集，要考虑自然资源的客观性、综合性和预见性等特征。客观性是地理信息数据的采集生产能如实反映地理客体在空间分布和时间发展中的规律性。综合性是必须考虑地理客体是由自然、经济和人文等多层次要素所组成的综合体，因此地理数据的采集就要注意这些特点。预见性主要是必须根据地理信息数据的时间发展规律性，来预测地理客体发展的方向。因此要特别注意采集那些能够反映将导致地理客体产生突变的数据，以便及时做出科学的决策。要使地理数据的采集具有客观性、综合性和预见性等特征，地理信息共享法就要有准入制度，明确规定地理数据的采集者和分析者必须具备相关的知识和技能。共享法既要鼓励广开采集门路，扩大地理数据的来源，又要规定权威数据应由权威部门来采集。"

"地理信息资源具有可传输性与可共享性，特别是可以按光速进行传输，因此地理信息共享法应该鼓励地理数据公开传输，扩大其共享的范围。既要鼓励作为商品形式的地理信息数据按照商品规律进行流通，又要通过国家强制力对负有一定义务的公益性、基础性地理数据进行传输，都是地理信息共享法的重要内容。"

"地理信息资源学理论在地理信息数据开发利用上的应用，必须采用各种法律手段来鼓励各部门、各单位与个人对地理信息资源的开发利用。"

在"地理信息共享法的技术理论"这一章中，从遥感技术、地理信息系统技术、全球定位与网络技术的原理出发，分析了地理信息技术的应用才使地理信息资源可以转化为经济生产力或社会财富。

该书在地理信息技术起作用的一般原理中提出："地理信息技术起作用的一般原理是客观地理信息被作为人的感官延伸的地理信息技术中介所采集、传输，由包括人脑在内的电脑所加工处理后形成主观地理信息，主观地理信息再通过地理信息技术反作用于客观世界。"可见，"各种技术工具所组成的信息技术系统，既是人们对客观世界认识的第一个起点，也是人们对客观实践反作用的基本工具。在信息社会中，人们正是通过地理信息技术的应用，对地理信息数据实现采集、加工处理、存储、显示、检索和分发过程，这样才使地理信息数据成为可以调控的安全的有用的财产。"

"作为地理信息显示技术的基本形式的文字、数字、图形、图像等都必须以一定形式的物质材料作为载体才能得以存储，也必须借助于一定形式的能量为动力才能得以传输。因此通过一定形式的物质和能量等技术手段就可以实现对地理信息资源进行支配（存储与传输）。其实对地理信息的支配技术已有悠久的历史，只是对地理信息的存储数量有限，传输速度较为缓慢，很难使地理信息数据成为真正实用的财产，更不可能成为财产的主要形式。"

而唯有当代的信息技术，才能使信息、地理信息成为财产以及财产的主要形式。因为"当代信息技术，信息存储量极大且传输速度极快"。数据处理技术可以使地理信息的有用性转化为安全的财产形式。"当前通过卫星遥感技术所获取的客观地理信息具有海量特征，这样一些浩如烟海，又恰似天书的地理信息只有少数专家才能识别；对于那些主观地理信息来说，全世界大约有 3500 种语言，不同语言之间也无法实现交流。如何使这些地理信息变成全世界每一个人都可以认识的世界语言，并且又可以根据自身安全的需要而予以保密呢？数字处理技术（或称电子处理技术）就可以实现这个愿望。所谓数字处理技术，就是通过两个数字——0 和 1 来表达和传输的一切信息，即无论是书籍、报刊等主观地理信息，还是声音、影像等客观地理信息，不论是中文还是英文，都可以用这两位数字来编码和传输；到了网络的终端，即用户手上，这一连串的 0 和 1 又还原它原来的面目。"

"作为地理信息主要形式的文字、图形、图像都是客观事物的替代，为了使这种替代能够为人们所共识，就必须进行某种约定或规范，这就是地理信息标准。对于密码来说，这种约定是秘密的，不为其他人所知道的。现在所有的电子卡片，无论是到银行取款，还是打 IP 电话等都使用密码，就是只有自己知道，并事先与银行、电信局约定的数字。这是一般的保密原理，如果需要进一步加密，还可以应用更安全的数字处理技术。"

该书在"地理信息共享法的商品经济理论"一章中，论述了地理信息资源转化为社会财富的另一条途径。该书在分析地理信息资源具有一般商品特征以后，又具体分析地理信息数据作为商品还具有比一般商品更优越的特征。

该书用财产形式、生产条件、布局地点、产业结构特征、财产聚集条件、财产增值速度等参数对农业经济、工业经济和信息经济进行比较，并得出如下结论：

"信息经济系统是以信息产业为主导特征的商品经济系统。信息的占有、转化、创新是信息经济不断向更高层次结构发展的根本动力。虽然组成信息经济系统仍然包括农工商等物质要素（当然其产值比例将大幅下降），但信息经济系统中的农业产业是工厂化、农场化的建设农业，农工商都实现高度信息化。即不仅所有的农工商等物质产业都通过信息系统进行调控，而且信息、知识又可直接转化为人们必需的农工商等产品进入商品经济中流通。所以信息经济系统产业所占比例越来越大，是一个以信息流通、调控并转化为物质流、能量流的经济高度发达的经济系统。"

"信息经济系统是以信息、知识为主要财产形式，成功的主要条件是高新技术的应用，财富的主要聚集者是知识阶层中的知本家。虽然土地、机器等财产价值并未削弱，但人们只要掌握相应的信息、知识就可以随时实现对物质财富的转化。当人们认识到信息、知识是客观世界本质属性的反映，就可以通过网络、管理等手段来调控、转化、生产物质财富，从而使人们对财富的概念发生了更深刻、更本质性的变化。"

"信息经济内部产业结构的发展周期亦将缩短，其基本发展方向是信息产业所占比例越来越大，而农、工、商比例将迅速减少。并且由于知识更新周期的缩短，特别是由于随着客观世界内部奥秘的不断被破译及高新信息技术的运用、创新，科学、技术和产业的转化周期就将以年、月、日为周期来计算。"

"在信息经济系统中，作为生产力的劳力和工具都相应由科学技术所装备的人才和技术系统所替代。对于生产资料则由信息、知识直接转化为人们所必需的物质和精神财富。正是由于有不断创新的科技成果才能源源不绝地转化为社会经济中的物质财富。在信息、知识与社会物质及精神财富的转化过程中，人才起着决定性的作用。人才既是信息、知识最活跃的载体，又是实现上述各种转化、创新的源头。如果说农业经济对财富的追求表现为对土地、自然资源的争夺，工业经济表现为对资源、能源的争夺，那么信息经济则将表现为对人才的争夺。"

"对财富的增值速度，农业经济是以加法增值，工业经济是以乘法增值，而信息经济则以指数率增值。"

"正因为信息经济具有一系列农业经济与工业经济所没有的优点，因此信息经济不会出现经济效益递减、经济资源有限而导致通货膨胀、周期性经济危机、供求失衡等问题。"

信息经济的这些特殊性又是通过商品经济交换中最一般的特征，即市场价值规律来体现的。因此该书指出"地理信息数据具有商品经济的一般特征，也必须遵循商品经济运行的基本规律"。

对于地理信息资源产权政策，该书的结论是必须区分基础性、公益性地理信息与商品性地理信息，并执行不同的政策。对于基础性、公益性地理信息基本上执行无偿使用政策；对于商品性地理信息则执行自由竞争和有偿使用政策，而有偿使用实行政府定价与市场调节价相结合的定价制度。

关于地理信息资源产权政策、法律是如何实现把地理信息资源转化为社会财富的？该书通过政策、法律拟定的流程图（图6-1）来论证必须把对地理信息资源客观规律性的认识，即基本理论，通过政策予以确认；当然在微观上还要解决现实社会中存在的问题。

"立法者的技巧就在于能善于把国家宏观的政策转化为可以实际操作的特定条文规定，能在诸多矛盾的错综交织中寻找到各方的权利与义务的平衡点，做到使主观认识与客观现实的平衡和谐。其关键是必须抓住对'利'的激励和对'害'的抑制的深入研究，当然这是一个问题的两个侧面。"

"要恰如其分地拟定激励与限制的条文，发挥政策机制的作用，就要深入研究激励或限制动力机制。这种动力机制在自然界表现为自然规律，用模型来表

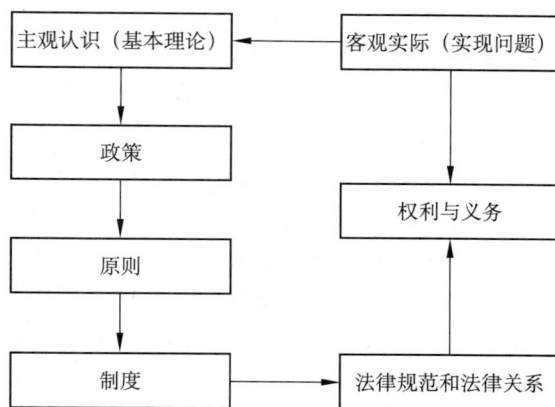

图 6-1　政策与法律拟定流程图

述就是牛顿万有引力的数学公式 $(F=G \cdot \dfrac{M_1 M_2}{R^2})$。"

"这种动力机制在法律上及社会经济现象中也有类似表现，该书通称为'人往高处走'。其动力学模型在形式上与自然规律相似，但在参数上要进行必要修正。即社会经济发展的动力是利益，而利益大小是与单位时间内的报酬成正比，与获得报酬的周期平方成反比。或者说人们过好日子往高处走的基本动力是利润的报酬，只有这样才能得到物质上和精神上的享受。这里所说的基本动力而不是唯一动力，除物质利益外还有其他精神动力。作为基本动力的利益，也是一种综合概念，因为任何特定人都是社会的人，都不能脱离社会而单独存在的……获得更多的报酬是人们活动的基本动力，但报酬的方式也是不同的。法律的任务是鼓励走正道的人，抑制、打击走歪路的人。"

该书除具体分析地理信息具有资源特性和商品经济特性外，还分析地理信息具有社会公共功能特征，以及这种特征对产权制度所提出的基本要求。

"地理信息数据和信息技术具有公益性、基础性和可协调性等特征，并且这些特征比以往任何社会中的重要性都更为突出或功能更为强大。首先，公益性、基础性的范围已大大地扩大了，以至于把全世界绝大多数人的利益都联系在一起；其次，公益性、基础性的设施建设已成为全社会重要的共同财产形式。"

由于地理信息资源具有基础性、公益性特征，如果"完全按市场规律来运作，就可能使贫富差距也按指数率发展，又将使社会的稳定平衡失去基础。为此作为公共功能的信息高速公路、地理数据基础设施的作用，必须要有一套相应的政策和法律来协调。政策、法律的一个基础原则就是要确保能为全社会成员进行普遍性服务，包括穷人在内，只要他愿意上网都应该千方百计地予以保证，防止信息社会中出现操作者和被操作者。在网络技术面前应该人人平等，这应是地理信息共享立法的一个重要原则"。

"地理信息数据和信息技术的社会公共功能具有全球化这个新特点，是以往社会所没有的，它的意义也远远超过数据与技术本身，仅从法律上来说，这种全球性特征将使法律的统治功能不断缩小，而使其社会公共功能不断扩大，从而创造条件使法律的社会公共功能将完全取代法律的统治功能。"

"法律的统治功能反映占支配地位的统治阶级的主观意志，公共功能反映社会绝大多数人愿望的客观规律。"

"公共功能理论最核心的内容是必须反映社会中最大多数人利益等自然与社会的客观规律性。客观规律是包括自然规律、经济规律和社会发展规律等规律的总和。其中自然规律是自然界存在的不以人们意志为转移的。例如，水往低处流是由于水本身存在着重力加速度，人们要让水往高处流，就要付出代价（对水做功），通过建筑高堤大坝等人工提水工程才能实现。经济规律是经济生活中客观存在的，它是人们在利用自然规律基础上并通过技术中介转化为物质财富或精神财富而起作用的。或者说人们为了获取更多的物质和精神财富，即所谓人往高处走就是最基本的经济规律。社会发展规律是指人类社会在自然规律和经济规律的支配下，社会的发展也存在着诸如由低级、简单到低级、复杂再向高级、简单的过程发展。其中包括人们为获取更多的财富，不同人可能采取不同的方法，即多数人是依靠自己的劳动来发财致富，但也有少数人是通过不正当手段来占有他人或国家的财产。为鼓励人们的诚实劳动，制裁非法所得等行为也就形成相应的风俗习惯、道德、法律等社会行为准则。在社会发展过程中，这些风俗习惯、道德和法律也存在着相应的发展规律性。"

"自然规律、经济规律和社会规律既有联系又有区别。自然规律是经济规律和社会发展规律的基础，因此自然规律在所有的领域中都是适用的；而经济规律的适用范围是经济基础领域，社会发展规律的适用范围是上层建筑领域。自然规律并不因人们的生产活动而改变，即它是自然界客观存在的不以人们的意志为转移的；而经济规律和社会规律都是人们在社会经济活动中才逐步形成发展起来的。自然规律并不以人的意志为转移，但它又随着人们认识水平和生产实践的深化才对自然规律有一个不断深入的认识；而经济规律与社会规律本身都随着人们的社会经济活动的发展而发展，并且经济规律又是社会规律的基础，社会规律的运用对人们的经济生活有能动的作用。"

"经济规律与社会规律之间的区别是明显的，追求市场利润，积极参与市场竞争，重奖之下必有勇夫等，都是运用经济规律的实例；遵守社会规范，实现自身价值，利用社会公共功能等，都是运用社会规律的实例。黄金有价情无价，黄金有价是经济规律，情无价是社会规律；所有权为权利是经济规律，而所有权负有义务是社会规律。我们认识并掌握了自然、经济和社会规律以后，并自觉应用于地理信息共享立法中，地理信息共享法就能如实反映社会经济的实际情况，就能保护与推进社会生产力的发展，这就是上层建筑对经济基础，对生产力的反作用。"也就是地理信息资源产权政策、法律转化为社会财富的具体运作。

（三）"十五"期间的研究工作及其主要研究成果

在2001~2005年的第十个国家五年计划中，在"中国可持续发展信息共享系统的研究开发"国家攻关项目中，设立了专项课题，继续"九五"的研究工作。这阶段主要的研究工作包括如下内容：

（1）中国可持续发展数据重组机制与体系化建设。

（2）可持续发展信息共享管理办法的研究。

（3）资源法学研究。

（4）对上述各项研究工作进行总结提炼。其主要的研究成果包括2003年由科学出版社出版的《地理信息共享的原理与方法》、2006年石玉林主编的《资源科学》中的第十章"资源法学"、2007年廖克等著的《地球信息科学导论》中的第八章"地理信息共享"，以及即将出版的《中国可持续发展信息共享管理与标准研究》。现以《中国可持续发展信息共享管理与标准研究》为例稍加分析。

《中国可持续发展信息共享管理与标准研究》对地理信息资源产权理论研究的贡献，主要体现在两个方面：一是对作为产权主体的人的一般属性及在网络条件下所具有新特性的分析；二是论证了要使地理信息资源最大限度地转化为社会财富，必须依靠正确的产权政策和制度。

1. 对作为产权主体的人的一般属性的分析

该书把人的本性作为政策、法规制定的出发点与依据，下面是该书的主要分析与观点。

自私性对社会发展是利还是弊呢？应该说既有利也有弊，但不是利弊各半或弊大于利，如果弊大于利，那么人类早已灭亡。故更准确地说，人类的自私性是经济发展、社会进步的重要动力之一。17~18世纪中外许多启蒙时代的思想家都对人类的自私性给予充分的肯定。17世纪我国启蒙思潮先驱者李贽就提出"无私则无心"的私有制理论和天赋平等等观念。以后黄宗羲提出"各自私自利乃天下之大公"，即发挥古代"八私为公"的思想；陈确还宣称"天理正是从人欲中见，人欲恰到好处即天理也"；王夫之认为"有理斯有欲，私欲之中，天理所寓"，是对朱熹的"圣人千言万语，只是教人存天理，灭人欲"的有力批判。

欧洲启蒙时代的思想家杜尔哥认为"个人的激情和野心是促进进步所必需的"。卢梭则从反面论证"人类由于文明而使道德变得越来越堕落和不幸"。资产阶级民主革命以宪法形式规定了"私有财产神圣不可侵犯",从法律上保护了人类的自私性。启蒙时代的思想家以大量事实,说明人类表面道德的进步,只不过是一层新外衣,兽性的本质并没有改变,人们潜在的情欲冲动的本质也不会改变。弗洛伊德的理论也承认人类具有兽类无意识的非理性冲动。

应该说启蒙时代的思想家对人类本性的认识是极其重要的,资产阶级就依据这一认识来制定和实施其经济政策,确实也极大地推动了经济的增长、社会的进步。这就是西方资本主义国家,自资产阶级民主革命成功后,就推行自由市场经济政策的原因之所在。我国自 20 世纪 40 年代后期新民主主义革命成功后,就一直实施计划经济政策,1982 年的《宪法》还规定"国家在社会主义公有制的基础上实行计划经济"。当然我国在 20 世纪 80 年代初期已经开始进行经济体制改革,1988 年的《宪法》修正案已增加了"国家允许私营经济在法律规定的范围内存在和发展,私营经济是社会主义公有制的补充,国家保护私营经济的合法的权利和利益,对私营经济实行引导、监督和管理"。而到 1993 年 3 月 29 日的《宪法》修正案中明确规定"国家实行社会主义市场经济"。2004 年 3 月 14 日的《宪法》修正案又规定:"公民的合法的私有财产不受侵犯。"

除自私性等欲望外,理智也是人的本性。所谓理智是人类区别于动物的一种思维能力,是可以辨别是非和利害关系,可以控制自己行为的能力。要明辨是非和利害关系,就必须要有某种行为规范和标准尺度。人类社会中各个民族和国家,在长期的发展过程中,都形成了一套相当完整的规范体系。它们包括风俗习惯、伦理道德、宗教信仰和法律规范,这是民族文化的重要组成部分。在这些规范中都有明确的是非界限,对于每个社会团体、政党和国家来说,就根据这些规定或再制定新的规范来调动每个社会成员的积极性,调整社会成员之间的关系;对于每个人来说,只能根据这些规范来决定自己该做什么,不能做什么,即根据现有的规范来调整或控制自己的行为。

欲望、自私性是动物遗传的,是与生俱来的。为克服自私性的故有弱点,人们需要经过后天的学习、教育,才能获得理智。理智也指使用伦理道德、宗教、法律等规则来制约和调控人们自身行为的能力。道德、宗教和法律都是社会意识形态,都是用来调整人与人之间关系的某种行为准则。其中伦理主要是处理家庭、亲属之间关系的行为准则。国家通过制定和实施共享管理规则,特别是共享法律、法规来约束共享主体的行为,使他们能慎重考虑自己行为的后果,以便更理智地处理各种社会关系。

各个国家、民族都是通过自己对人性的认识来制定各种社会经济政策、法律和伦理道德等规则。但由于对人类本性的认识尚未接近于本原,为此所制定的这些规则就不完全切合实际而存在不少问题。其中最核心问题是对欲望的评估,如果视欲望为罪恶而必须完全消灭之,那么所制定的规则必然会抑制人们的积极性；然而如果忽视欲望的副作用，也必将带来许多社会经济问题。因此不论是国家、政党、社会团体还是家庭和个人，都必须对人类的欲望有一个正确的认识，即人类的欲望是一把双刃剑，它在作为经济增长、社会进步强大动力的同时，也构成社会经济发展的重大隐患。为了弘欲望之利，抑欲望之害，国家、政党、社会团体在制定政策、法律、伦理、道德等规则时，家庭和个人在决定自己行动纲领时，都必须考虑理智与欲望的平衡。

2. 网络条件下对地理信息资源产权主体新特性的分析

网络条件下的产权主体是指享有地理信息数据、信息技术和软件的所有人、持有人、经营使用人等劳动者，与传统经济系统相比，这些劳动者也是有新的特点。这些人主要是同信息打交道而不是同实物打交道，即他们的生产过程表现为对信息的收集、加工、处理、分析、利用、传输和存储等过程；消费过程表现为对信息的传播和使用等过程。

作为生产者最基本的特点，是主体的智能和能力替代传统经济主体的劳动。他们借助计算机和网络技术，对信息进行输入、分析、加工、利用和输出。就是对传统的农业、工业、交通运输业、商务等产业，也是借助于各种信息应用系统来实现可视化、智能化的自动操作。说得具体些，生产者利用信息技术对作为劳动对象的信息进行转换，传递、输入的信息转换成替代人们的具体劳动即利用这些信息来控制机器、控制自然。例如，工人在家中通过网络信息技术操作工厂中的机器，农民通过网络信息技术来种植、管理作物，教师通过网络信息技术向世界各地的学生授课。

由于作为劳动对象的信息数据是依靠信息科技人才的采集、输入、分析、加工、利用和传输的；作为劳动工具的信息技术是由科技人才来操作的；作为劳动生产者的科学家、工程师和技术人员是应用信息技术对产品或服务进行创新与提升的，从而推动生产力和消费水平的发展。而生产者的创新动力又来源于生产者本身的能力，公司对员工能力的配置及激励，以及消费者的消费意愿等。

生产者自身的能力是对产品或服务创新的基础，只有对该产品和服务有充分的认识才能实现这种创新。生产者的能力主要来源于对客体规律的认识，而认识能力又是通过各类学校的教育及自身在工作实践中的摸索获得的。

国家、公司对员工能力的配置与激励可使生产者潜在能力转化为实际的生产力。配置是指对员工的使用和管理，把具有不同能力、知识的员工安排在不同的岗位，以便使各种知识、技能都能获得充分开发、保护、创新和共享。激励包括提升工资和职称等各种物质和精神奖励，以便最大限度地调动其积极性。

消费者通过对产品或服务的消费意愿，可以影响公司的生产决策，启动其创新欲望，因为生产者的目的就是满足消费者的需求以获取最大利润。

网络条件下生产者最显著的特点，除了主体是以智力、能力替代传统经济的体力劳动以外，生产者还可以借助于智能化、网络化的信息技术系统作为主体智力的扩展与延伸，作为生产者在生产决策、组织、管理等工作的辅助工具，才彻底改变传统经济系统的本质及其创造财富的方式。

在网络条件下的消费者也具有新的特点，可以实现足不出户而对商品进行多样化的选择，直到找到符合自己心意的商品；甚至可以先试用（通过网络购物），待满意后再购买；还可以量身定做，网络使得一对一的服务变得容易，商家满足特定消费者需求是其天职。总的来说，在网络环境下，消费者具有的新特点是：供给与需求融合在一起；消费者对商品的消费可不经中间商；消费者的消费类型将发生重大的变化；消费者的地位在提高，权益更受尊重。

该书对网络环境下作为共享主体的生产者和消费者具有新特点的分析，也为地理信息资源产权主体应享有什么权利提供了某些思考的空间。

3. 政策、制度等上层建筑对经济基础反作用机制的分析

该书对政策、制度是如何实现把地理信息资源转化为社会财富也作过某些分析、论证。

作为管理措施的信息规则，包括决策、计划、规划、组织、指挥、监督、调控以及政策、法律等规则，起着主体目的性符合客体规律性的中介作用，都是管理者手中的"矢"或"指挥棒"。"矢"是箭，其意思是它必须符合信息数据、信息技术和软件等管理客体或管理内容的所谓"的"。因为管理者必须根据信息数据、信息技术和软件等管理客体的特点或规律性来制造自己手中的"矢"，才可能使"矢"与客体相吻合，或者说"矢"才能射中"的"。"指挥棒"的含义是指管理者用它来指挥（调控）信息生产者、信息持有者、信息利用者等管理对象或管理内容，以便使这些主体的行为步调能相一致。当然管理者必须根据信息生产者、信息持有者和信息使用者的属性来制定自己的"指挥棒"，并且能满足大多数信息共享主体的需求，指挥棒才会发挥作用。

总之，作为管理措施的信息规则，既必须符合信息数据、信息技术和软件等管理客体的规律性，又必须能满足大多数信息生产者、信息持有者、信息消费者等主体的需求，才有可能实现主体的目的性与客体的规律性相一致。在信息规则与信息数据、信息技术和软件等客体，以及与信息生产者、信息持有者和信息使用者等主体的三角关系中，客体的规律性是相对稳定的，可以认为在某一个阶段内是不变的；而主体的目的性，由于其欲望几乎是无穷的，因此可以按照"指挥棒"所指方向而变化。根据这种理论管理者所制定的信息规则，就可以以某一阶段内客体的规律性为基础，然后再通过激励和抑制等规则来指挥调控信息共享主体，使他们的行为可以符合客体的规律性。可见，信息规则在这里是起着主体目的性与客体规律性相一致的中介作用；而认识客体规律性

与主体目的性，并使二者关系相协调，又正是管理者制定信息规则的理论依据与实际操作的基本出发点。

对信息规则与客体规律性相一致的具体操作方法，首先是建立在对客体规律性认识的基础上，即必须研究作为管理客体的信息数据、信息技术和软件的本质属性；然后按照这种属性来制定信息规则。

信息规则对主体目的性的调控，也是建立在对主体属性认识的基础上。由于作为主体基本属性的欲望，从其功能上来说，是既有利于生产力的发展，又对生产力有破坏性。因此在制定信息规则的基本理论是激励其利，抑制、打击其弊。应如何操作，简单地说，在实体法的法律规范三个结构要素中，"假定"的规定，是必须体现客体的规律性；"处理"的规定，是主体应该怎么做，不能怎么做，即禁止做什么；"制裁"的规定，是如果主体违背法律规定，该为而不为，不该为而为之，就必须承担相应的法律责任。这样在法律规范的某一个法律条款中，都可以切实保证主体的行为必须符合客体规律性；并且还有程序法，可以从程序上保证实体法得到切实地实施。当然其前提还是"假定"的规定必须符合客观规律，即人们必须对客观规律性从本质上有认识。

作为管理措施的信息规则是协调主体之间及主体与客体之间关系的最有效方法。

首先，从主体与客体的关系上看，主体为了达到收入最大而付出最少这个目的，即最省力又事半功倍，就必须认识、研究自己所从事的客体。说得完整些，主体认识信息数据、信息技术和软件等客体的规律性，就知道了这些客体是什么和为什么；认识客体的目的是为知道它有什么用和如何用。要达到事半功倍的目的，就要求主体必须按客体的规律性来使用它。如何才能要求每一个主体都按客体的规律性来使用它，最有效的方法就是制定每一个行为主体都必须遵守的法律规范。

其次，从主体与主体之间的关系上看，总有少数的"聪明人"，他们总想少付出或不付出，又希望收入最多，生活过得最好。这些"聪明人"使用的方法是侵犯国家、单位或者其他人的利益。这些人的行为严重地干扰、破坏国家信息共享秩序和社会的安定。为激发大多数人参与信息共享活动的积极性，打击少数人对信息活动的破坏性，其最有效的方法也是制定信息共享法律。因此在我国的各种规范准则中，唯有法律规范是用国家强制力来保证实施的。所以在各种共享管理措施中，信息共享法律是最具严肃性和权威性的文件，是最根本的管理措施。由于信息共享法律具有激励与导向、制约与劝诫等管理功能，因此信息共享法律是协调主体关系、主体与客体关系的最有效的方法。

作为最根本的管理措施的信息共享法律，如果能真正做到既反映客观规律性，又能协调主体间的目的性，那么这种信息共享法律将会在国家信息化的进程中，发挥其四两拨千斤的作用。

可见，共享机制既可以通过鼓励信息生产者发明、应用信息技术，又可以通过制定符合共享客体规律性的管理规则，来实现把信息数据转化为生产力的目的。

第三节　当前地理信息资源产权制度的研究

一　产权制度建设必须与生产力相适应

（一）产权制度与生产力的关系

一个国家的经济体制是指该国通过相关法律来确定人们对生产资料的占有形式。人们对生产资料的占有形式通称所有制；而国家通过法律确认人们对生产资料和生活资料所享有的权利，就是所有权，就是产权制度。可见，所有制属于经济基础的范畴，它是以生产力的发展为基础；而所有权是所有制在法律上的表现形式，它属于上层建筑的范畴，是社会生产力的反映。所有制作为国家基本的经济制度，对包括所有权在内的产权设定和国家经济的发展都起到决定性的作用。

从上层建筑必须适应经济基础的马克思主义原理来看，如果上层建筑脱离经济基础的实际状况，就必然要阻碍生产力的发展；并且社会经济是不断发展的，特别是在当前高新信息技术的催化下，社会经济是以指数率在高速发展，那么作为经济基础积极反映的产权结构也必然要作相应的变化，才能适应、保护和促进社会经济的发展。

在当前构建一个适合于社会经济发展需要的产权结构模式，包括对所有权与他项权的设计，都必须能适应、保护和促进市场经济的发展。正如我国入关谈判总代表龙永图所说，其他各种模式的经济体制，在经过一定的试验而瓦解之后，市场经济目前被认为是一种有效的经济体制，市场经济体系代表着人类文明的必然趋势。我国当前经济体制改革的核心内容，就是要重建一个适合于市场运作的产权结构模式，以便借助于市场价值规律推动我国经济快速健康的发展。

（二）产权制度必须反映生产力的发展

所谓产权结构是指在一定所有制条件下，为适应社会经济的发展，而对产权（包括权种和权能等权利）进行设定，所形成的一套产权法律制度及其理论依据的总和。例如，我国在计划经济体制下，对土地等资源产权结构只设定所有权，而没有设定使用权和经营权等权种，也没有设定转让、出租和抵押等其他项权，因此这种资源产权结构不能适应市场经济发展的需要。由于作为经济基础的财产所有制形式是在不断发展的，为保护、促进社会生产力的发展和维护产权人的合法权益，就必须对不能适应社会生产力发展的产权结构，包括权种和权能进行修正，以及重新设定新的权种和权能。其中不断调整和制定新的产权政策，就是影响社会生产力发展速度最重要的内容。历史事实证明，从来没有一劳永逸的产权结构模式及其产权政策。

从新中国成立后到现在的 60 年中，我国的产权结构也处于巨大的变化和发展过程中，新中国成立后特别是 20 世纪 50 年代，我国实现农村农业合作化和城市对私营工商业的社会主义改造后，就完成了 1982 年《宪法》第六条第一款所规定的"中华人民共和国的社会主义制度的基础，是生产资料的社会主义公有制，即全民所有制和劳动群众集体所有制"。从所有制的形式上看，我国生产资料只有国家所有（全民所有）与集体所有两种形式，即属于单一的公有制，这样从生产资料上说，私人所有制就从经济上完全消失了。从产权上说，国家不允许个人经营权的存在。在"文化大革命"中甚至连农民的自留地也要收回，农民用自家母鸡生的蛋来换油、盐等生活中必需品也作为资本主义尾巴来切割。这种公有制不妨称其为传统的公有制，以便同包括股份制在内的现代公有制相区别。

实践证明，传统的公有制形式严重地挫伤了劳动群众的生产积极性，阻碍了社会生产力的发展。到 20 世纪 70 年代的后期，我国开始制定并执行开放搞活的政策，其中产权结构开始产生巨大的变革。我国《宪法》修正案规定，我国经济制度已经从单一的公有制发展到允许、鼓励个体经济、私营经济等非公有制经济的存在和发展。当前，包括个体经济、私营经济等非公有制经济已成为我国社会主义市场经济的重要组成部分。

二　对我国产权归属关系的初步研究

（一）我国当前所有制的基本形式

由于我国目前处于经济体制改革的大变动时期，因此当前我国的经济体制也有多种类型。就公有制的形式来看，历史上就出现过诸如全民所有制（国家所有制）、集体所有制、合作所有及股份制等多种形式。仅国家所有制企业也有多种的形式，按 2004 年 3 月《宪法》修正案第七条规定"国家经济，即社会主义全民所有制经济"，这种国有经济就有中央各部委所属的企业、省属企业、市属企业和县属地方国营企业，以及事业单位兴办的企业。集体所有制形式的企业，按《宪法》第八条第一款规定："农村中的生产、供销、信用、消费等各种形式的合作经济，是社会主义劳动群众集体所有制经济"。而城市中的集体企业，《宪法》第八条第二款规定："城镇中的手工业、工业、建筑业、运输业、商业、服务业等行业的各种形式的合作经济，都是社会主义劳动群众集体所有制经济。"

《宪法》第八条所界定的集体所有制经济企业的形式覆盖了城乡中各行各业，其中小型集体所有制企业有村镇、街道所兴办的企业，大中型的集体所有制企业可以是国家投资并以集体名义兴办的企业。从资金投资来源看，在组建企业时有个人投入的资金或实物，诸如各种合作社社员的股金；公私合营时的私营财产；劳动积累所形成的资产；国家企业划拨给集体企业兴办时的资产；中央及地方政府投入形成的资产；国家给予减免税优惠照顾，允许税前还贷所形成的资产；职工个人借贷出资以及社会集资等。所以集体企业的资金形成渠道十分复杂，大致有如下几种集体企业：20 世纪 50 年代公私合营时发展起来的集体企业；由手工业合作社和供销社发展起来的集体企业；中央各部委及地方政府投资并以集体名义注册的集体企业；为安置待业人员而在国有企业中兴办的诸如劳动服务公司等集体企业；社会集资兴办的福利型集体企业；校办工厂及其他集体企业。

私有制的经济企业，《民法通则》称其为个人财产所有权，《宪法》称其为非公有制经济。《宪法》第十一条对非公有制经济有明确的界定，就是"个体经济、私营经济"；并在第十三条还明确规定"公民的合法的私有财产不受侵犯"，即我国《宪法》明确规定私人财产受国家保护。《民法通则》第二章专门用两节来界定私有经济企业，按《民法通则》的规定，包括个体工商户、农村承包经营户和个人合伙等私有经济企业，都属于《宪法》规定的个体经济、私营经济。总之，私人经济企业也有多种名称，仅就《宪法》和《民法通则》的称呼，就有非公有制经济、个体经济、私营经济、民营经济、个体工商户、农村承包经营户、个人合伙和外资独资企业等。

所有制的形式，除国家所有制、集体所有制和私人所有制以外，再也没有其他所有制形式。其对应的所有权，就是国家财产所有权、集体财产所有权和个人财产所有权。《民法通则》中所说的社团财产和共有财产，都是上述三个财产所有权的不同组合形式。同样上述三种所有制的经营形式或经营体制，也有其独特的组合方式。其中股份制就是把国家所有制经济、集体所有制经济和私人所有制经济融为一体的经营形式。按其运作方式及其资金的来源看，对照《宪法》第八条的规定，股份制企业大致属于集体所有制企业，但其中可能有国有股权，甚至有控股权，因此股份制可以划为公有制范畴。然而股份制又极其尊重个人的所有权，即不论何种形式的所有制在该企业中都按所占资金份额来行使其相应的权利。

（二）产权归属与经营权关系的分析

1. 改革开放前公有制企业的产权归属与运作方式

我国在改革开放前是属于单一的公有制经济形式，不论是国家所有的经济企业还是集体所有的经济企业，该企业的财产都分别归属于国家或集体，而企业负责人对企业的经营决策权都相当有限。因为企业的经营管理是通过计划经济制度的手段来运作的，而不考虑市场的需求及其经济利益。正如 1982 年《宪法》第十五条规定："国家在社会主义公有制基础上实行计划经济。"国家的经济计划是由政府的计划部门来制定的，并下达给下级相关的政府部门来组织生产和供应，相关政府部门又委派负责人到各个经济企业主持日常经营管理工作，企业负责人对委派部门的领导负责。不论是国有企业还是集体企业，其运作方式都大致相同。

2. 私有制经济的产权归属与运作方式

私有制经济最显著特点是产权归属十分明确，产权人对自己所拥有的企业的经营管理是全心全意的，因为经营管理与决策的后果是直接关系到自己的切身利益。私有制经济对企业的运作，是经营决策权高度集中，甚至是个人说了算。个体经济或私营企业通常都是以家庭为中心发展起来的。经营理念很简单，就是在法律规定、道德规范及自己力所能及的范围内追求最大利润。由于他们在产品质量与诚信方面毫不含糊，因此企业在竞争中能不断发展壮大起来。尽管家庭式的私人企业的经营方式与现代企业有较大差距，但他们对企业的运作是遵循市场价值规律，按照契约规定的完全市场方式进行的。

3. 现代企业的产权归属与运作方式

所有的企业要进行科学合理的经营，其前提是必须对所拥有的资源有支配权。然而，现代企业不是家庭式的私营企业所能比拟的，因为现代企业拥有的资金、厂房、设备、人才、技术等资源组合都是极其庞大的，因而其产权所有人的数量也同样是庞大的。如果企业的每一项经营决策都要由所有权人共同制定，不仅会导致高昂的成本费用，而且每个产权人对经营决策内容的认识不同，利益不同，也很难达成一致的意见，从而导致贻误决策时机而带来严重的损失。

半个世纪以前，资本主义国家已形成一种现代公司的理念，其基本核心是企业的所有权与经营支配权相分离。例如，股份有限公司，公司的所有权属于众多的股东所有，而公司的经营支配权属于总经理等少数几个高级管理人员。其运作方式是股东大会及其董事会决定公司的经营方针和投资计划等企业的方针大计；董事会聘请总经理主持公司的生产经营管理等日常工作；监事会负责对董事、经理的决策、经营行为进行监督。

（三）产权归属与生产效率关系的分析

1. 公有制经济企业的效率与成本费用

公有制经济效率不高的基本原因有两个：一是计划经济与市场需求相脱节；二是企业产权不明确。

首先经济从计划的制订、任务的下达到组织生产和产品的供应，都是依靠行政行为来驱动的；然而各种原材料的供应以及各地消费者对产品的需求，却存在大量的横向制约因素。一句话，主观的经济计划与客观的经济规律不相适应。

事实上这些横向的制约因素唯有依靠市场的自由竞争才能解决，通过公平竞争获取最大利润乃是市场发展的内在动力。可见，计划经济中计划生产任务与实际上产品的生产和消费的需求之间是存在严重的脱节现象，从而使公有制企业效率低下。

公有制企业效率低下更根本的原因，是企业所有权主体不明确，甚至可以说是主体缺失，以及利益的分配是吃大锅饭，使企业失去内在的推动力。私有制企业最显著特点是产权明确，企业所有人的经营决策后果直接关系到自己的切身利益。然而，在公有制企业中由于产权不明确，企业负责人经营决策后果并不与自己的切身利益相挂钩也不对决策失误负责，企业中广大员工又是干好干坏一个样，那么还有多少人能真正全心全意地关心企业发展呢？当然更实质的原因是企业负责人及员工没有决策经营的权利。一句话，这种经济体制违背了经济发展的客观规律性。如果说产出最大，投入最少（利润最大）是经济学研究的理论问题，那么多拿钱，过轻松快活的日子却是老百姓追求的现实问题。由于在公有制经济体制下，企业负责人只向他的顶头上司负责；企业中各级领导的利益，也取决于各自的上司；基层工人的收入又是干好干坏一个样。企业所有权中最核心的收益权不论是对领导还是对工人都没有直接关系。本来企业经济系统的运行是依靠利润最大化（利益）来驱动，对企业员工来说，在干好干坏一个样（产出相同）的前提下，当然是选择不出力或少出力（投入最少），这就是说经济客观规律是要以不同形式表现出来的。一个企业一旦缺乏内部推动力，那么它的效率是不可能长期维持在某一个水平上的。

成本费用也是企业中一个重要问题。在一个公有制企业中不论规模大小，都是党政工团等几套管理人员，都有着高昂的运行成本，并且高昂成本又不一定能带来相应的经济效益，其关键还是公有制的产权主体不明确或主体缺失。以全民所有制企业为例，国有企业的产权主体顾名思义是国家。但从法律角度上说，国家只有在国际法上才能成为法律关系的主体；在国内法中只有国家的相关部门，诸如各部委办可以成为机关法人。所有国有企业的产权所有人是属于相关的部委办或地方政府的相关部门，并由该部门委派负责人来管理该企业。所有权的实质内容是对企业进行经营管理的支配权和取得相应的收益权。然而企业负责人既没有独立自主的经营权，负责经营管理人员又与企业收益无关，他们只能按上级的指示办事，并且只要对上级负责也就行了，因此我国传统公有制企业中的产权主体实质上是缺失的。一个没有明确主人的企业，就是国外所说的"公地的悲剧"，也如"文革"中的民谣所说的，"国外有个加拿大，国内却有大家拿"。

如果从全民所有制的全民来理解，企业的所有权应该属于全民，即每一个人所有。那么全民如何来行使其所有权呢？从公平、公正的角度上说，就应该通过民主程序，由所有的人进行充分、切实的协商，来决定并行使对企业经营管理的支配权及其相应的收益权。公有制企业的种类不同，它们分别有部属、省属、市属、县属国有企业和集体企业（集体企业又有大集体与中小集体）等不同的规模和人数，随着公有制企业人数的增加，企业产权人就越来越多，需要协商处理的事就越多，成本当然也越高，以至于像一个国家就需要建立立法机构、行政机构和司法监督机构等庞大的官僚机构。机构庞大不仅成本太高，而且也相互牵制而降低了效率。再者，公有制企业所有权的全体所有人进行协商时，是采取何种协商机制呢？是少数服从多数还是一票否决制？由于在一个企业内有许多所有权人，并且每个人的利益与认识又不相同，如果采用一票否决制，那么什么经营决策的事都别想做了；如果少数服从多数，那么少数人对所有权的行使就将被剥夺，因此公有制企业要寻找更合适的协商机制。

如果没有民主协商程序那也不行，因为没有民主程序也就没有公有制。如上所述我国传统的公有制企业是属于产权所有人不明确或者权利主体缺失的企业，企业负责人只对上级负责，他们只要维持好与上级的关系就行了。作为真正所有权人的全民或集体中的任何人，对企业的领导人是没有任何约束力的。此外，还有少数企业领导人或管理人员，可以利用他们手中的权力来为自己、家庭、亲戚、朋友谋取私利，而作为企业所有者的任何一个人也是无能为力的。当然也不能说我国以往公有制企业完全没有民主程序，只能说这种民主程序不健全或不适宜，监督机构形同虚设，因此使公有制企业中的财产，也就可以成为无主化或转变为私有化。

2. 私有制企业的效率与成本费用

私有制企业效率高的原因，一是私有企业的产权明确。企业所有权与经营管理权通常是合一的，所有权人对企业资源产权的经营后果是直接关系到自己的收益权，因此产权人每一项目标决策、经营管理都是全心全意的，丝毫也不敢马虎，或者说，严格按照经济学上所说的必须按投入最低而产出最高的原则进行充分论证后，才敢于做出决策。二是运作成本费用低，没有庞大的官僚机构，没有相互牵制的因素，可以抓住信息万变的商机而不会贻误商机。私有制企业的高效率与低成本完全得益于市场经济制度，或者说要使市场经济得到充分发展，必须具备三个基本条件：一是所有权归属明确，并且所有权人能够自由支配、交换其所享有的产权；二是有完善的契约制度，并使交易成本和交易风险都降到最低限度；三是政治上的所有特权与所有权的利益应完全分离，才能保证所有权人能够自由行使平等、自愿、公平、公正等一系列《民法通则》所赋予的自由竞争的权利。私有制企业正好符合这些条件，同样私有制经济也是市场经济充分发展的具体表现。

但私有制经济在保证社会经济高速发展的同时，也给社会带来一些严重问题：一是造成社会贫富两极分化；二是毒化社会精神面貌及恶化生态环境。主要表现是少数资源所有权人为追求利润最大而不惜采取各种坑害他人或社会的恶劣行为；所有权人为保证生产的高速发展也往往不惜造成资源浪费、环境破坏等。

此外，个体经济难以适应信息时代经济发展的需要。当代经济发展的基本特点是逐步实现全球经济的一体化。企业经济的竞争是在全球范围内的竞争，而竞争的实力，依靠的不仅仅是资金、设备、厂房，更重要的是技术、人才、知识产权及技术标准。当前有一个通俗的说法，一流企业做标准，从而领导市场；二流企业卖技术，只能紧跟市场；三流企业拼价格，只能埋怨市场。在世界经济高度一体化的残酷竞争面前，企业经济如果依然停留在以个体经济为主的工业经济环境中，就将有可能被市场所淘汰。企业要做大做强，唯有拼技术、拼知识产权、拼技术标准。为此就必须把资本、设备、厂房同技术、知识产权、人才等种种资源都整合起来，而资源整合的前提条件就是各类资源产权的整合。这样通过整合后所建的企业，其所有权人就不是个体，而是若干个体，甚至是大量个体、集体和全民所有共同组成的群体，并且随着企业规模的扩大，其所有权人的数量也不断增加。经过这种整合后的企业，也不可能像个体经济企业那样采用所有权与经营权统一的模式，而是采用股份有限公司那种所有权与经营管理权相分离的模式。

3. 股份制的效率与成本费用

从上述分析可知，私有制经济最大的优点是效率高、成本低；而最大的问题是扩大贫富差距与造成世风日下。传统公有制经济的本意是克服私有制的弊端，期望实现一个共同富裕的美好社会，然而传统公有制企业实践的结果是经济效率低、成本高。由于任何事物都有利弊两重性，那么社会上就没有绝对的好事和绝对的坏事，而只能依据自己的需求与客观事物的规律性来权衡选择利大于弊的那部分。

对于企业经济的产权结构来说，人们只能在效率、成本与收益之间进行权衡与选择。从股份制产权的归属与运作方式来看，它的经济效率是高的，同时成本费用也相应较高。股份制经济效率高的原因在于所有权归属明确，从这个意义上说股份制具有私有制的优点或基本属性。这是由于不论何种资源形式向股份制公司投资时，都以货币形式来计算其份额而拥有相应的股份。拥有股份的投资者就是股东，公司的所有权是属于股东的，股东拥有所有权的权利，是以股份的多少来计量的。不论股份制公司的财产有多大，其财产所有权都由各个特定的股东所拥有。

股份制企业具有私有企业的优点，又具有传统公有制成本高的缺点。这是由于股份制公司中拥有所有权的股东人数十分庞大，为确保每个股东都能平等行使支配权和获得收益权，就必须按民主程序来协商产生董事、聘用经理和选举监理等企业的决策和经营管理人员，自然要比私有企业中个人说了算的独裁管理方式有更高的运行成本。然而，由于董事、经理、监理的责任明确，因此其效率也是高的。具体地说，以董事长为首所组成的董事会是企业的所有权人，是企业经营方针大计的决策者。他们工作的动力来源于对自己财产及财产增值的关心，他们对企业的决策后果直接关系到自己的收益权的大小。由于董事、董事长拥有的股份最多，企业的盈亏与他们的关系就最大，因此董事们必须要全心全意地工作。其他中小股东的股份虽不如董事们多，但都有自己一份产权，也会关心自己的企业。经理与监理们的工作动力来自于高薪与自己拥有的股份，作为诸如总经理这样的企业精英，他们还关心自己才能与人生价值的发挥，所以不断创新、提高效率、降低成本也是他们的毕生追求。

股份制企业中的每一个成员都有明确的责任权利，不再是干好干坏一个样。这样从董事长、总经理到全体员工们就会都在追求企业的最大利润这个共同目标或内在动力的驱使下，积极寻找资本、技术、知识产权与人才的最佳组合，就有可能不断提高企业的经济效率与不断降低成本。

三 对地理信息资源产权制度建设的启示

(一) 传统公有制的提出与实践

传统公有制的构思是在对私有制否定的基础上提出来的。私有制最基本的属性是自由竞争，因此有人把所有制定义为生存竞争。私有制的优点与缺点都同时反映在这种生存竞争上。首先自然界生态系统中就存在竞争与协同，正是竞争与协同这对矛盾的发展才使生态系统中从低级系统向高级系统发展。自然界的生存竞争，尤其是动物世界中弱肉强食的生存竞争，不同人有不同的感受。社会上的生存竞争，更与人们的切身利益相联系，不同的、甚至对立的观点纯属必然。因此有人认为私有制是人类文明、社会进步的基础，可以最大限度地调动人的积极性，是实现人生价值的根本保证。但有人则持相反观点，例如，我国历史上就有人认为私有制是社会万恶之源，而马克思和恩格斯在对资本主义这种私有制的深刻批判上，才提出建立公有制经济的设想。

然而公有制经济经过几十年时间在十几个国家实践的结果，并没有实现设计者设想的"把人从其他动物中提升出来"的美好愿望。事实证明，公有制经济的共同表现是低效率和高成本。其根本原因是私有制经济同时也具有的，且是不可分割的利弊两重性。如果企图完全抽去其反面，那么正面也就不存在。对公有制经济来说，如果企图消灭自由竞争的残酷性，那么人们生存发展的动力也就丧失了。

（二）对传统公有制经济的改革

由于公有制经济存在低效率与高成本，广大人民群众的生活水平长期低下，共同富裕的目标可望而不可即。这就迫使一些国家决策人物对传统公有制经济进行反思、总结，并寻求改革的道路。公有制经济之所以经济效率低下，最核心的原因是劳动者失去追求经济利益的推动力，而本质问题是公有制经济产权归属不明确，甚至是产权主体缺失。因此，公有制经济改革的根本方向就是明确资源财产所有权的归属，明确界定经营支配权与收益权。国有企业改革也有两条道路：一是重建私有制经济企业；二是构建所有权与经营支配权相分离的股份制企业，或者称其为新公有制企业。公有制改革的这两条道路的前提条件都是明确企业产权的归属，明确界定产权人的经营支配权与收益权。这两条道路并不相悖，可以互为补充，因为这两种所有制经济都是建立在市场运作基础上的产权结构。

（三）市场化运作对地理信息资源产权政策的基本要求

私有制经济和股份制经济都是一个完全的市场经济，其核心都是在最大利润驱动下的自由竞争。公平、公正的自由竞争又是充分发挥人们积极性、创造性、促进经济发展、社会进步的巨大推动力。因此，必须坚定地、不可动摇地制定和执行按公平、公正竞争以及利益驱动的地理信息资源产权政策。

地理信息资源产权及其产业的竞争也是残酷的生存搏斗，参加这场竞争的竞技者必然会有部分人采用不正当手段欺骗消费者或打击竞争对手，为此必须制定、执行公平、公正的自由竞争政策，限制、打击各种不正当竞争的行为，杜绝行政权力与地理信息资源产权中相应经济利益相联系的各种行为，健全、完善地理信息资源产权交易的各种契约制度。

地理信息资源产权交易的自由竞争，即使是在完全公平、公正条件下进行，同样也会存在优胜劣汰的现象。何况理想与现实之间仍然存在一定距离，因此必然有一部分弱势企业会在竞争中败下阵来。在地理信息资源产权交易中被淘汰的企业，也拥有一大批的员工，对这部分人要制定相应的社会保障、救济的政策。

地理信息资源产权政策的核心内容应是充分鼓励、支持财富的创造者，这是社会经济中财产的来源与财富的第一次分配，尽管会造成贫富的两极分化，但只要是依靠正当经营的合法财产，都应该予以坚决保护。地理信息资源产权政策的第二个核心内容是社会保障、救济的政策，包括通过税收手段筹集资金来进行第二次财富分配，通过制定岗位培训、创造再就业的条件、失业救济等各种措施来保护弱势群体，使社会中的所有人都能在我们这个国家中寻找到自己生存的空间。

第七章

地理信息资源产权的法制建设

第一节　地理信息资源产权法制产生的背景

　　研究、制定地理信息资源产权政策是在地理信息技术、地理信息产业得到迅速发展，以及信息法制逐步完善的前提下提出来的。其中，地理信息技术和地理信息产业的发展为产权政策的制定提供了现实需求；而信息立法的发展为地理信息资源产权政策的制定提供了法律依据。

一　地理信息资源产权的提出

　　地理信息资源产权概念的提出，是随着 20 世纪下半叶信息技术的发明和应用，特别是 20 世纪末互联网技术的普及，使信息技术迅速发展成为一种新兴产业；在信息技术产业带动下，地理信息数据及其软件也得到相应的发展。在这种情况下，地理信息资源不仅是国家机关、企事业单位和个人决策的基本依据，而且也是地理信息产业的基本原材料。地理信息资源是一种商品、财产的概念，就随着地理信息产业化的发展而逐步形成。可见，地理信息资源产权概念的提出是与地理信息产业的发展息息相关的。首先，没有地理信息产业的发展就不会有地理信息资源产权概念的提出；其次，地理信息资源产权概念的界定、产权归属的界定、产权结构内容的规定，是地理信息产业健康发展的前提和基本保证。

二　我国地理信息产业的发展

　　我国地理信息产业化始于 20 世纪 90 年代，首先，房地产业的飞速发展，并把房地产测绘推向市场；其次，地理信息数据的采集、加工、处理和应用具有广阔的市场潜力；再次，基础测绘和公益性测绘的实施，也开始引进市场竞争机制；最后，地理信息数据库的开发和 GIS 软件的发展，都为地理信息资源产业注入强大的活力。到 2003 年，我国地理信息市场份额已达 100 亿元，从事地理信息企事业单位有 7000 多家，其中从事 GIS 软件的企业有 400 多家，产值超过了 10 亿元。据《科学时报》2006 年 8 月的资料，我国从事 GIS 软件及其应用开发企业已超过 1000 家，国内 GIS 市场已近 50 亿元，可见 GIS 软件在我国发展之快。

虽然地理信息产业是一个新兴产业，但对它的分类也有不同的方法。我国大致有两种主要的分类方法：一种是依据产业结构，分为地理信息技术产业和地理信息内容产业；一种是依据产业发展历史，分为传统地理信息产业与现代地理信息产业。每一种分类都是相对的，因为信息只有借助技术载体才能实现采集、存储、传输与交易。如上所述，地理信息产业的出现与发展，就是由 GIS、RS、GPS 等地理信息技术所驱动的，即使是传统地理信息产业，也是在应用现代信息技术的基础上发展起来的。

对我国来说，不论是传统的还是现代的地理信息产业都处于形成发展阶段。所谓地理信息产业的形成发展阶段，是指地理信息已经作为一种商品公开在市场上进行流通、交易。当地理信息商品成为人们生活中不可缺少的内容，其商品交易的货币值在商品总量中占有一定比例时，也就成为国民经济中的一个产业。或者说把地理信息资源产权作为一种商品，实现流通交易的过程就是地理信息资源产权产业化的过程。

这里所说的传统地理信息产业，是指与地理信息相关的包括图书、档案、标准、专利、教育、科研、邮政电信业、文献情报业和公共服务信息业等产业，特别是地图产业。地图包括地形图、普通地图、地籍图、海图和其他有关的专题地图。这些地图开始是以产品无偿提供有关部门或单位使用，最早成为商品的是普通地图，它与其他图书一样，由出版社出版，供广大读者使用。当旅游业在我国兴起并发展成为一种重要产业时，各个城市的旅游图也相应成为热门商品，因为它是每个旅游者必备的旅游工具。至于当前的电子地图，则是在当代高科技地理信息技术武装下出现的，例如，电子导航地图在为城市交通提供综合服务中，就发展成为一种导航电子地图产业。

现代地理信息产业，是指在 GIS、RS 和 GPS 等高新信息技术普遍应用的基础上发展起来的一系列地理信息产业。它又分为地理信息技术产业和地理信息内容产业这两大产业群，并且这两大产业具有工具形式与内容实体的关系。具体地说，地理信息产业是由地理信息技术的发展与应用所引发的，而信息技术及信息技术产业的发展又将引发地理信息内容产业的发展。因为技术手段总是要为实体内容服务的，即地理信息技术产业对地理信息内容产业来说，有两层意义：一是借助于地理信息技术，才能有海量的地理信息数据。例如，借助 RS、GIS、GPS 等地理信息技术，才实现了对地理信息的采集、加工处理、传输、储存、显示的现代化，才能转化为地理信息产品和商品，从而提供给市场用户使用。二是地理信息技术的发展，必将引发地理信息在实体内容上的革命。

例如，网络技术的普及、激光照排技术的发明，就引发文化、出版发行、媒体等方面的革命，使图书、报纸、杂志等文化教育事业得到空前的普及，现在人们通常把网络作为与出版、广播、电视并列的第四媒体，并且是集三者大成的多媒体。

地理信息技术产业是以诸如 RS、GIS、GPS 等技术应用发展起来的产业。在地理信息技术产业中，最早发展起来的是 RS，RS 技术在国民经济中有广泛的应用。例如，对土地利用、农林业生物量、生产率产量评估、生态系统边界移动、海洋叶绿素、鱼群洄游路线、海岸变化和自然灾害的监测，都提供先进、快捷的技术手段，并且它们是地理信息海量数据的基本来源，因此 RS 是一个市场前景良好的地理信息产业。

GPS 作为一种地理信息技术产业，由于精度高、应用广，具有惊人的发展速度。海上捕鱼、海难救援、飞机导航、城市交通、农田管理、森林防火、地震监控等海陆空所有的范围都有它的用武之地。例如，近年来仅仅是城市的出租车装上 GPS，就使 GPS 技术产业的营业额可以用百亿美元来计量。

GIS 产业通常是人们对地理信息产业的狭义理解，这是由于 GIS 是指在计算机硬、软件的支持下，对地理信息数据进行存储、加工处理、查询、分析、综合和输出利用的技术系统。那么除采集与传输等信息产业外，其他产业都与地理信息系统技术有关，因此 GIS 技术产业更是一个庞大的产业群。

地理信息内容产业涉及社会经济所有的领域，包括：①第四媒体等新闻产业；②为部门、单位提供决策、谋划等信息服务、咨询产业；③提供各种技术、社会经济动态的信息中介产业；④电信服务、软件及地理数据库产业；⑤网络教育、网络医疗、网络社区等教育卫生社会服务等产业。这些信息产业绝大部分都与地理空间位置有关，特别是这些产业都存在着应用传统的地图和当前电子地图作为它们的空间定位依据，并且这些产业大多也需要有基础地理信息数据作为其原材料，或者在这些基础数据上进行加工整理及创新后形成新的产业。

三 与知识产权相关的信息法制的发展

随着 20 世纪中叶以计算机为中心的信息技术的迅猛发展，信息作为资源、财产和商品的观念也为世人所接受，在国内外与知识产权保护密切相关的信息产权制度也在逐步地建立和完善。

菲律宾于 1972 年最早把计算机软件保护纳入版权法。世界知识产权组织在 1978 年颁布了《保护计算机软件示范条例》。美国 1980 年修订《版权法》，把计算机程序列入版权保护范围。紧接着法国、德国、英国、日本也把计算机程序作为版权保护的客体。欧共体委员会于 1988 年提出《计算机程序保护指令》。

1994 年签订的《与贸易有关的知识产权公约》也明文规定计算机程序应该作为伯尔尼公约所指的文字作品给予版权保护。我国于 1991 年 6 月 4 日发布《计算机软件保护条例》，也把计算机程序及其有关文档作为知识产权保护的客体。

美国 1980 年将数据库作为"汇编作品"列入版权保护的范围。1991 年 11 月在日内瓦召开的关于伯尔尼公约可拟定议定书的专家委员会第一次会议上，提出数据库可作为汇编作品给予版权保护。欧盟 1992 年 4 月提出，1993 年 10 月通过，并于 1995 年 7 月再次修正了《关于数据库法律保护的指令》。1996 年 2 月欧盟向世界知识产权组织提出制定"数据库知识产权条约"的建议，1996 年 5 月美国也向 WIPO 提出制定"数据库知识产权条约"的建议。1996 年 5 月 23 日，美国众议院提出"1996 年数据库投资与制止知识产权盗版法"提案。

联合国国际贸易法委员会（UNCITRAL）于 1996 年 6 月 14 日通过《世界商业示范法》。1998 年 7 月新加坡颁布《电子商务法》。欧盟于 2000 年 5 月 4 日通过《电子商务指令》。UNCITRAL 于 2001 年 7 月通过《电子签名示范法》。

欧盟于 1993 年 4 月通过《与卫星广播及电缆广播有关的版权及邻接权指令》。美国政府于 1994 年 7 月发布《知识产权与国内及国际信息基础设施》绿皮书，并于 1995 年 9 月又推出《知识产权与国家信息基础设施》白皮书，准备提交国会讨论。欧洲议会和欧盟理事会于 2001 年 5 月 22 日发布《关于协调信息社会版权与相关权利指令》。

我国除 1991 年发布《计算机软件保护条例》外，1999 年 12 月 9 日国家版权局发布《关于制作数字化制品的著作权规定》，2001 年 11 月最高人民法院审判委员会第 1144 次会议通过了《关于审理涉及计算机网络著作权纠纷案件适用法律若干问题的解释》，在 1182 次会议上又通过了《关于审理涉及计算机网络域名民事纠纷案件适用法律若干问题的解释》，2001 年 12 月 20 日国务院公布修改后的《计算机软件保护条例》，2002 年 1 月 30 日国务院通过《奥林匹克标志保护条例》，2004 年 8 月 28 日第十届全国人民代表大会常委会第十一次会议通过《电子签名法》等。

第二节　国外地理信息资源产权政策现状与特点

一　现状

（一）若干国际组织和国家的地理信息资源产权政策

世界气象组织把气象数据划分为不允许设立交换限制的"基础数据"和可由数据提供方规定使用原则的"附加数据"两类。规定"基础数据"要无偿交换，而不应当为某些公司或个人用来谋利，以确保科研、教学等非商业化活动可以免费和无限制获取它所管理的所有资料和产品。同时该组织也支持各成员国在其国内提供商业化运作的气象服务所需的"附加数据"的资料和产品。

联合国环境规划署所属的全球资源环境数据库中包括大量地理信息资料和产品，用户可以免费下载。世界数据中心对数据的交换是建立在无偿、对等基础上的。

国际标准化组织地理信息技术委员会在其 ISO19100 地理信息系列标准中，正在研究的有关地理信息产权方面的标准有两项：ISO 19153，即地理空间数据产权管理参考模型（GeoDRM RM）；ISO 19149，即地理信息产权表达语言（GeoREL），这反映了地理信息产权及其标准正成为国际地理信息界和用户关注的热点。

（二）北美洲

1. 加拿大

加拿大是世界上最早研究、建立地理信息系统的国家，已有专门机构对地理信息资源产权进行管理。作为加拿大地理信息数据基础设施的国家联合机构（GeoConnections）设立了多个委员会，其中政策委员会就是专门负责对包括地理信息资源产权政策制定和管理的机构。在产权政策中生产地理信息的"第一拷贝"的费用，是由国家财政支付的，而进一步复制的发行和销售，则必须向用户收取费用。

加拿大当前的政策对所提供的"自由"信息类型有重要影响，例如，国家地图集信息服务（NAIS）网站（http：//www-nais.com. NRCan. gc.ca）提供了大量有关加拿大地理及相关属性的信息；另一方面，这个网站发布的国家地形数据库（NTDB），则仅供能够交费、并愿意遵守许可协议、交纳版税的用户使用。在新的加拿大地理空间数据基础机构（CGDI）立法提案（http：//cgdi. gc. ca）下，一系列工作正在进行之中，如开发信息标准、协调政策、施行新技术，以提高对加拿大政府地理信息的访问频率。

2. 美国

美国是当前世界上对地理信息法制管理最完善的国家，除《联邦信息自由法》对数据的使用和管理有专门的政策外，还建立了专门的联邦地理信息数据委员会（FGDC），这个机构的一个重要任务就是对地理信息政策的研究与制定。1994 年 4 月，当时的美国总统克林顿就专门发布了《国家空间数据基础设施》的 12906 号行政令，对地理信息的生产、分发和管理进行了专门的规定。

美国联邦政府在地理信息资源产权政策上有两个基本取向，即国有数据完全开放和私有数据的市场化运作。

第一个基本政策是，联邦政府投资生产和政府资助生产的地理信息数据，应当向全社会提供普遍性服务，主要内容包括：

（1）联邦政府所属的地理信息必须按完全开放、无限制、无歧视并不高于复制和邮寄费用向所有用户开放。例如，美国海洋与大气局、地质调查局、国立卫生研究院等国家政府单位拥有和生产的数据，克罗拉多大学国家冰雪数据中心等国家政府资助生产的数据，以及政府资助的大学和研究机构研究项目生产的数据均纳入"完全开放"的共享政府管理机制中。在该机制的保障下，科学研究人员以及社会各阶层人员均可以以不高于工本费的费用，以最方便的方式、无歧视地得到数据；国家则为促进地理信息的使用提供技术培训和资助。

（2）由政府雇员或官员作为其特定职责部分所完成的任何作品，不适合版权保护。

（3）允许所有美国人访问和要求取得任何联邦机构的信息；规定政府机构必须在一定的合理时间内处理、接受及响应所有的自由信息访问请求，如果阻止这种访问请求将被起诉。

（4）任何团体均可对联邦政府拥有的地理信息实施复制、分发等行为，无需申请批准或向数据生产者报告其用途。

（5）联邦政府资助并委托科研机构所产生的地理信息属于无偿向社会公众公开的范围。

（6）数据的传输可收信息传输成本费，收费原则只准回收分发成本费。

（7）对某些历史数据和经过加工整理的数据产品，可收取相应的加工整理费。

（8）收费内容包括数据获取与研发费用、数据处理加工费用。

第二个基本政策是，保障投资者获得利益。其含义是国家投资生产的数据应全民受益，而私人投资开发的数据，则由私人受益。其主要内容有：

（1）联邦政府不允许政府机关从事数据商业化服务。

（2）私营公司投资生产的数据纳入"平等竞争"市场化共享管理机制中。例如，空间影像公司和数字地球公司均从事高分辨率遥感数据的获取和发布业务，"空间影像公司"以经营1米分辨率的遥感数据而闻名世界。但是，美国政府又批准了"数字地球公司"去经营61厘米分辨率的卫星遥感数据。这两个公司的业务在很大程度上有重复，两个公司所在地也邻近。美国政府对这两个公司均发放许可执照，国家采取鼓励平等竞争的政策，通过市场竞争的方式降低数据价格，达到促进数据应用的目的。同时，国家也通过税收政策进行调节和控制。

（3）企业按完全开放、无限制和无歧视原则免费获取国家数据，对其进行加工增值后，拥有自主产权，受国家法律保护，义务是营业收入要向国家纳税。

（4）企业可以自主决定数据产品的价格或执行合同规定的使用限制条款。

（5）联邦政府向私企投资所产生的地理信息可以通过合同规定双方的权利义务，但第一次获得的大部分数据属于无偿向全社会提供的范围。

然而美国仍有 20 个州以上实行有偿提供的政策，允许地方政府以较高的收费来回收成本。

（三）欧洲

欧盟对各种各样的数据库都实行版权保护政策，虽然对数据库原始内容的制作者与数据库的开发者都予以保护，但数据库开发者的权利保护又优于原始内容制作者的权利。

1. 荷兰

荷兰大多数地理信息的采集、生产都由中央政府承担的。例如，地政局负责中、小比例尺地形图数据的采集生产，其中小比例尺地形图数据集与其他部门合作完成，大比例尺基本地图数据由国家制图局生产。只有地籍部门采用类似于我国国有企业形式，向用户提供完整的地理数据库，并通过有偿服务实现收支的基本平衡。而其他地理数据库一般不向私人或企业提供，如果必须提供这种数据，则需在供货合同中明文禁止转售行为。对这部分地理数据库不向用户开放，已受到各方面的质疑，2000 年的"数字时代的宪法权利委员会"就建议，宪法应明文规定公众有权访问包括地理数据库在内的政府信息资源。

2. 英国

英国对国家拥有和生产的地理信息享有皇家版权，采用商业化模式运作。这是因为英国政府对基础测绘等部门所生产的地理信息不提供公共资金的资助，因此允许、鼓励政府部门开展商业性服务，以便部分或全部回收投资成本。市场化政策对地理信息生产也起到重要作用，例如，地籍部门的成本回收率就达到 100％以上。英国对于那些可以商业化运作的气象资料和产品，规定其价格应反映市场情况和最大价值等于完全经济成本的原则。当然并不是所有地理信息都实行商业化政策，例如，在"公共信息"问题上，英国形成了一种新的指导思想，即不参与商业交易的信息被视为公开，这意味着大量的数据不仅可以提供给私营企业用于增值服务，而且也使许多过去得不到数据的公共部门可以得到数据。例如，利用"公共信息"开发国家土地信息系统（NLIS）、苏格兰土地信息系统（ScotLIS）以协助开展地产交易和转让等业务。

3. 瑞典

瑞典早在 1776 年就确立了公众有权获取信息的政策。在信息时代的今日，瑞典拥有先进的地理空间基础设施（SDI），又有高精度的数据并能提供在线服务。瑞典皇家土地调查局（NLS）承担地理信息的生产，并拥有版权与管理该版权。国家还授权 NCS 有权确定不动产登记信息的服务费及其定价的原则。依据成本即保持不亏不赢的原则来确定数据价格，包括地理信息的分发和维护的费用。专题数据（Megi）、元数据服务也由瑞典皇家土地调查局提供，NLS 网站提供元数据的查询服务。对地理信息，包括不动产登记的私人数据的每一个访问请求，都要经过 NLS 的批准。

4. 法国

法国成立了国家地理信息协会（CNIG）与国家地理院（IGN），并制定适用的国家服务管理体制及相关的政策、法规来管理地理信息数据的生产与分发。

法国地籍测量地理信息政策始于 1993 年，在这一年国家地理信息协会和法国地理信息协会（AFIGEO）发布的白皮书，为地理数据的互操作提供了统一的框架，公民可以全面访问公共地理信息。

法国第 2002-285 号法案授权批准了《奥胡斯公约》。该公约规定了信息访问、公众参与决策和获取与环境有关的司法信息权利等问题。与地方民主化和法国"信息社会"的发展有关的 2002-276 号法案规定了与地理信息相关的一些问题，包括有关地理数据适用性的法律草案。

依据法国法律的规定，地理信息分为公共数据与私有数据。公共数据可以从公共部门免费获取，但"免费访问"不适用于国家地理院和其他一些主要的地理信息生产者生产的地理信息。

5. 德国

在德国，有关测绘技术及其收费规章制度很健全，测绘与地籍管理方面的立法也相当完善，测绘与地籍工作严格依法进行。在这些法律法规中，详细规定了测绘主管部门的任务、职责和机构设置，包括私人测绘师制度、测绘工作人员的权利、测绘工作的任务、基本技术原则、坐标系统、基本测量、不动产地籍测量、测绘收费、测绘成果管理与使用、测量标志和界址标志的保护，以及有关违法的处罚等。

6. 意大利

在意大利，国家级的地理信息，由国家军事地理研究所、军事水文所、地籍测量局和国家统计局负责生产。地方级地理信息由省和市的相关部门负责生产。对地理信息的访问与利用，在 41/1990 及第 675/1999 号法令中都有详细规定，其基本政策是依据访问人从所访问数据中获取的合法利益来确定价格，因此各个机构对公共信息的有偿使用定价就不统一。

7. 立陶宛

立陶宛地理信息的采集工作主要由公共部门承担，私营企业仅限于地理信息增值服务。地理信息的主要提供者是农业部下属的立陶宛国家土地局（NLS）。除 NLS 外，立陶宛政府还于 1997 年建立了国家地籍测量和登记公司，该公司目前正在建设的数据库涉及地籍测量、行政管理单元、居民点、街道和地址等数据。除此之外，国家地质调查局（NGS）也提供一些数据，它与自己设立的一个特殊的 GIS 组织（GEOLIS）一起负责建立和维护国家级地质数据库。GEOLIS 目前正在生产地理信息数据，开发互联网浏览工具。此外，环境部下属的国家林业局也一直在从事林业地籍测量工作，目前正在开发森林地块地理信息数据库。统计局是立陶宛社会经济统计信息的官方提供者。农业部于 2001 年成立的农村商务发展和信息中心也为国家数据库提供了几种重要的地理信息。环境部目前正负责水文地籍测量和国土规划数据的采集工作。

2001 年 6 月，一项有关大地测量和地图制图的法律正式生效，为地理信息的所有权、版权以及地理信息的访问和使用条件提供了重要的法律依据。2002 年，NLS 还对使用官方地图和地理参考数据库、在线提供专题地图和以传统介质提供专题地图的价格问题进行了研究。其中的重点是，如果用户拥有许可证，就可以在线付费使用 NLS 提供的数据。根据规定，用户在线使用的 NLS 数据只能用于有限的用途。费用的多少取决于其使用目的（如非营利或商业性质）、使用约束条件（有限制的或无限制的使用）及服务的本质（有偿或无偿）。根据国家规定与政府确认，以下组织生产的产品可在线免费使用：政府各机构和部门、国会（议会）及在它们领导下的各个非营利机构，市政部门等生产的用于土地规划、土地改革、国家地籍测量和登记以及科技和教育领域的数据。

8. 挪威

挪威制图局（NMA）是挪威地理信息总体政策的主要制定者，也是大中比例尺地图数据的主要生产者，它还同公共道路管理局、电信部门、农业部门以及各个地方政府合作采集地理数据，形成全国数据集。

挪威《信息自由法》规定，自 1985 年起公民有权获取政府信息，包括地理数据信息在内，不允许访问需要说明理由。有关公共信息访问的白皮书也规定免费访问信息的原则，并明文规定应当收费的具体领域。政府鼓励私营企业通过公开投标方式参与数据生产工作，同时也鼓励私企以基础设施所提供的数据访问为基础，能够提供综合咨询服务，以及进一步提供增值性服务。私营企业也建立自己的组织机构，并在政府的地理信息机构中有自己的代表，为政策的制定反映自己的意见。

（四）亚洲和大洋洲有关国家

1. 日本

日本的地理信息是对政府以及教学与科研机构无偿开放的，其他用户对公共信息的访问受到一定限制，并且采用商业化运作的，有统一的价格标准。例如，《日本国家数字土地信息纲要》中规定，数据只为政府管理机构和大学研究所用，一般公众不能获得此种数据。日本还规定，如果想获取地理数据，必须向日本地图中心（JMC）提供申请；使用数据后形成的任何产品都必须标明其来源；购买数据后，如果想用做特定目的，必须申请使用许可，获取许可后数据不得另作他用，不能拷贝数据给别人；使用许可有效期为一年，如果想继续使用数据，必须重新申请许可。

2. 印度

印度测绘局（SOI）是地理信息管理和政策制定的机构。SOI 制定了有关公开系列地图使用的指导方针。例如，通过用户代理访问使用该系列地图的手续问题，用户代理之间的数据分发和共享是否增加附加值，以及在数据和其他附加事项方面保护印度测绘局的商业利益等问题。

2005 年印度政府颁布了"国家地图政策"（NMP）及"国家地图政策实施指南"，授权 SOI 制定详细规定。该指南明文规定，SOI 应当提供最新的地图信息，并向各类政府机关、地图销售商，以及 SOI 下属的地理空间数据中心（GDC）开放。这些信息应当在印度测绘局官方网站（www. surveyofindia. gov. in）上提供访问，并由印度测绘局负责维护。其中应包含相应的地图信息，如比例尺、信息内容、数据获取时间、价格、数据分发模式，以及是否经过国防部门的处理，是否可以作为公开系列地图出版等。网站还提供搜索引擎，能够通过给定的行政区划名称和代表性要素，检索到给定位置点的精确信息。

对数据的销售与分发，该指南规定如下：

（1）模拟/纸质地图：所有比例尺的该类型地图，都应当能够从印度测绘局或地图销售商那里获取，其销售价格及支付方式等由印度测绘局实时调整。销售商的具体联系方式、电话、地址等可以从印度测绘局的官方网站上查阅。这些地图可以通过任何零售商出售，但该类地图的数字化则被严格禁止。

（2）地图交易登记（map transaction registry，MTR）：根据"国家地图政策"的规定，印度测绘局将建立在线的地图交易登记，对所有与数字地图相关的交易进行记录。每个用户都将分配一个唯一的用户 ID 号，而每笔交易都将被分配一个唯一的交易 ID 号。这些用户 ID 号和交易 ID 号将为事后的通信联络使用。

（3）数字地图：包含栅格和矢量两种格式。数字地图数据许可的授权，只能由印度测绘局执行，并只能在授权协议允许和已完成支付的条件下获取。未经许可而对印度测绘局的数字地图数据进行拷贝和分发被严格禁止。所有的授权许可都将通过地图交易登记处发放，而许可协议的格式可以到印度测绘局网站查阅。

关于许可证，该指南规定：

数字地图数据服务有一般用户方式、增值方式和市场营销方式三种，可以获取单重或多重商业许可。数字地图必须附带密码或相应的加密机制，以便在遇到非法拷贝和其他未经授权的操作时，数据被毁坏。用户对上述类似行为将导致犯罪或承担民事责任。用户对保护这些数据、软硬件不受损坏负有法律责任。

印度测绘局的数字地图数据，将根据不同用途进行许可授权，其分类如下：数字化许可、出版许可、互联网许可、媒体许可和增值许可。

关于增值产品，该"指南"规定：

"国家地图政策"的制定目的是鼓励发展、繁荣地理空间产业及相关的知识服务，期望通过该行业为印度测绘局的数字产品增加更多的附加值。印度测绘局鼓励个人和企业创造新的产品附加值。预计未来增值生产将会形成一种业务模式，该模式将反映地图生产和地图市场的发展战略。该模式应符合地图用户和企业单位与印度测绘局签订的备忘录协议。

关于 SOI 的权利与义务，该指南规定：

（1）印度测绘局的所有地图（包含模拟和数字地图），其版权属于印度测绘局单独所有。按照现行法律规定，任何人未经授权而进行地图复制、使用及其他类似行为者，将被认定为犯罪或承担民事责任。

（2）印度测绘局将尽一切努力，确保所有地区地图都能够包含全部必须的细节信息，并保持其高精度和有效性，但对任何人由于上述因素中的失误或者其他原因所造成的损失将不承担任何责任。

（3）印度测绘局拥有在无需事前声明和不受委派的情况下，对该政策的某处或全部进行添加、删除、修改、更正的权力。

3. 澳大利亚

澳大利亚也大致按商业化来运作地理信息资源产权。例如，澳政府的地理信息数据办公室就同企业合作来维护和更新数字地图数据库。联邦政府拥有的地理信息由相关部门或授权机构对版权行使监护权，防止数据未经许可而转让；只有版权人或授权人才有权对数据行使许可收费。商业增值产品的生产，应向数据所有人支付许可使用费。对于公益性地理信息，包括由联邦政府采集或资助的，应以传输成本提供使用，只有应客户要求的加工数据才按商业化运作。对政府机构间的数据交换，则按非约束性协议或谅解备忘录进行。

2000 年，澳大利亚组建了一个关于空间数据访问和定价的省级间委员会（IDC），并于 2001 年 9 月宣布了空间数据访问原则和定价政策。

IDC 采用的基本原则是空间数据访问和定价政策应该使公众最大限度的受益。如果能使澳大利亚政府的空间数据资产更便于访问，随之带来经济和社会效益将远远超过成本回收。其他被 IDC 采纳的基本原则是：在政府在线计划中，所有适宜的政府服务都应当被传输到网上，这样，公众提供的数字空间数据必然是一个合适的在线传输服务。

二　国外地理信息资源产权政策的特点

世界上各国对地理信息资源产权所制定与实施的政策，虽然五花八门，但其中有三个方面政策是被绝大多数国家所采用的。

（一）基础性、公益性地理信息由国家投资生产

基础性、公益性地理信息是国家投资生产的，其产权属国家所有。但根据运行方式不同，大致有三种模式：一是国家对地理信息不拥有产权，可称其为公用财产，是按公用财产的方式向全社会提供普遍性服务，仅按传输成本收费，它以美国为代表；二是国家拥有地理信息资源产权，政府机构按商业化运作，即向用户回收部分或全部投资成本的费用，它以英国为代表；三是介于美国和英国之间的模式，即国家拥有的地理信息资源产权采用商业化与非商业化相结合的运作方式，或者说向营利性用户收取一定数量的投资成本费，对非营利性用户不收费或仅收极低的费用（指投资成本），包括发展中国家在内的大多数国家采用该模式。

（二）对营利性地理信息采用商业化运作

采用多种措施鼓励企业拥有地理信息资源产权，其中包括鼓励企业投资生产和对国家拥有的地理信息的加工增值拥有自主产权，并都实行商业化经营。

（三）对公益性机构和公益性事业采用非商业性方式运作

对公益性机构和公益性事业使用国有地理信息基本上都按非商业化模式运作。就是国有地理信息按商业化运作的英国，也实行不同收费价格的收费制度，并且一些福利机构和公益事业都可以按优惠价格或无偿获取地理信息数据。

三　国外地理信息资源产权政策对我国的启示

国外地理信息资源产权政策对我国有两方面启示：

一是国家投资生产的基础性、公益性地理信息资源产权，应采用何种政策？根据我国历史与现状，还是走第三种模式为宜，不仅世界上大多数国家都选择美国与英国之间的第三种模式，而且各有不同。对我国来说，中央财政投资生产的地理信息，在不影响国家安全的情况下应按公用财产形式向社会提供普遍性服务；中央财政无法满足社会需求的部分，允许地方政府通过贷款生产，并通过有偿使用回收部分或全部投资成本，美国有些州也是这样做的。

二是采用各种措施鼓励企业和个人通过投资生产和加工增值等方式拥有自主地理信息资源产权，这是发展地理信息产业的关键政策。国外的一些政策值得我国效仿，例如，美国私企同样享有无偿获得国家拥有的地理信息数据的权利；国家也资助私企生产地理信息资源。这种政策为美国带来巨大的经济和社会效益，既促进地理信息的广泛共享，也带动信息产业和信息增值服务业的快速发展。

第三节　我国地理信息资源产权法制现状

一　我国的产权政策及其落实情况

（一）我国产权政策的基本思路已经形成

我国自 20 世纪 70 年代末期实行开放搞活政策以来，到 2001 年 12 月 11 日正式成为 WTO 成员，最急切需要解决的重大问题，就是产权政策。

当前我国产权政策的基本思路已经形成，这就是 2003 年中共中央十六届三中全会上《中共中央关于完善社会主义市场经济体制若干问题的决定》中，明确提出建立"归属清晰、权责明确、保护严格、流转顺畅"的产权政策。这十六字方针有利于维护公有产权，巩固了公有制经济的主体地位；有利于保护私有产权，促进非公有制经济的发展；有利于各类资本的流动和重组，推动混合所有制经济发展；有利于增强企业和公众创业创新的动力，形成良好的市场环境。

归属清晰，是指各类财产所有权的具体所有者为法律法规所明确界定，以及同一产权内部具体权利主体也有明确界定。这是由于所有权的权能是由占有权或专有权、支配权、经营使用权和收益权所组成的。所有权的这些权能可以统一由同一权利主体来行使，也可以分别归属于不同的主体。在当代商品社会中，大多数财产所有者是把经营使用权转让给他人经营使用，而实行所有权与经营权相分离的制度，为此这些权利主体各有哪些具体权利也要明确界定。除产权主体的权利外，各类产权主体各自享有的收益权也应有明确规定。对我国来说，私有产权的归属关系是基本清晰的，产权归属不清主要发生在公有产权中，包括所有权与经营权的权力和利益的归属。

权责明确，是指产权主体所享有的权利和利益，以及应承担的责任和义务必须明确地界定，包括产权主体的权利要到位，利益和责任要具体界定，特别是实行所有权与经营使用权相分离的产权制度中，各类产权主体的权责必须具体、明确地界定。

保护严格，是指通过法律制度明确而具体地对各种形式的产权一律给予严格保护，以确保产权主体的合法权益，特别是对知识产权和信息产权归属的界定，主要就体现在对专有权人的保护上。保护严格的具体内容，包括保护产权主体的合法权益，排除其他人对产权主体合法权益的侵害，以及明确规范权利主体间的相互关系，以确保他们之间各自的权益。

流转顺畅，是指产权在市场交易中可以顺利地进行流通或交易。要实现流转顺畅，就必须在契约理论的基础上建立规范化的产权交易市场。

在十六字方针中，归属清晰和权责明确是产权交易的前提；保护严格是产权政策制定的目的，是调动产权主体积极性的动力；流转顺畅是产权主体实现目的的手段，在现代产权制度中，唯有通过市场中商品的流通，才能实现使产权主体的利益达到最大化。

（二）我国具体的产权政策尚待落实

为落实中共中央制定的产权政策 16 字方针，国务院及有关产权部门，已经从亟待解决的问题出发，发布了一些相关的产权规定或办法，其中主要的法规有：

（1）2003 年 12 月国务院国有资产监督管理委员会（以下简称国资委）与财政部联合发布的《企业国有产权转让管理暂行办法》（简称 3 号令），3 号令是对国有产权流动，特别是对以"进场交易"为核心的交易制度进行规范，不足之处是对产权交易的具体操作办法没有做出规定。例如，3 号令规定"企业国有产权转让应当在依法设立的产权交易机构中公开进行，转让方应当公开披露有关企业国有产权转让信息，广泛征集受让方"，但由于对受让方的协议转让没有明文禁止的规定，这就为"手拉手"的转让提供了合法的依据。

（2）2004 年初的《国务院关于推进市场改革开放和稳定发展的若干意见》（简称国 9 条），对非上市股份有限公司的股权转让进行一般性规定。

（3）2004 年 8 月国资委发布《关于企业国有产权转让有关问题的通知》，这个通知是 3 号令的配套措施。该通知规定："产权转让公告发布后，转让方不得随意变动或无故提出取消所发布的信息。"但该通知允许如有"特殊原因"可以另行处理，但又没有对"特殊原因"进行具体界定，就可能为产权转让的暗箱操作提供某些依据。

（4）2006 年 7 月财政部发布《行政单位国有资产管理暂行办法》（简称 35 号令）和《事业单位国有资产管理暂行办法》（简称 36 号令）。35 号令对行政单位的国有资产的流动进行规范，该办法明文规定："行政单位国有资产处置应当按照公开、公正、公平的原则进行。资产处置和置换应当采取拍卖、招投标、协议转让及国家法律，行政法规规定的其他方式进行。"36 号令对事业单位的国有资产流动进行规范，该办法也规定："事业单位国有资产处置应当遵循公开、公正、公平的原则。事业单位出售、出让、转让、变卖资产数量较多或者价值较高的，应当通过拍卖等市场竞价方式公开处置。"但35号令与36号令也没有对产权交易的具体规则进行规定，甚至对交易场合也没有规定，使产权交易只能按相似性质的交易进行变通。

（5）2006年底国资委和财政部门联合发布《关于企业国有产权转让有关事项的通知》，该通知规定了省级以上国资监管机构对协议转让方式的批准要求，对批准协议转让的范围、批准权限、协议转让价格、跟踪报告制度等方面进行规定。但这些规定仍然存在对界限判断难以操作的问题，例如该通知规定，产权转让挂牌时，受让条件不得具有明确指向性或者违反公平竞争的内容；但事实上具有明确指向性的受让条件却相当普遍。

（6）2007年初发布的《国务院关于实施〈国家中长期科学和技术发展规划纲要〉的若干配套政策》明确要求，"推进高新技术企业股份转让工作，在有条件的地区，地方政府应当通过财政支持等方式，扶植发展区域性产权交易市场，拓宽创业风险投资退出渠道。"科学技术部在《关于加快发展技术市场的意见》中也要求："积极发展技术产权交易市场，在发展较好的技术产权交易市场开展国家高新区内未上市高新技术企业股权流通的试点工作。"

在已经发布的这些产权政策中，存在的主要问题有两个方面。

一是产权政策的政出多门。我国的国有资产分属于不同的部门，目前的现实是证监会、国资委、国家发改委、财政部、银监会、保监会、工商总局，而无形的技术资产则属于科技部，这些部门都可以发文进行管理。

既然产权市场分属于不同的部门，而各个部门由于利益协调问题而不可能形成统一的交易规则和方法，就出现资本市场化障碍重重。例如，在这些不同主管部门的产权交易机构中，发展最好的还是以交易国有企业而设立的产权交易机构。有大量的国有企业股权和资产转让经验及与市场的紧密联系，使国有企业产权交易机构逐年壮大，出于业务拓展的考虑，许多行政性资产和技术产权也被融入这个机构之中，产权交易机构打破了行政界线，有了初步的业务交流。但当涉及进一步的纵深改革便遭到强大的阻力，这个阻力就是部门的利益。可见产权市场难于形成统一的政策指引和法律法规，这已经阻碍了市场的正常发展。

为此必须制定一项专门针对产权市场且带有操作指导性的政策法规来统一管理产权市场，使各部门的利益可以得到协调。或者说建立统一的法律规范，将各个部门的市场整合为统一的产权交易机构，实现统一的监管，其实这个统一的监管机构已在产权市场化发展过程中逐步形成了。

二是国有资产流失严重。据2006年的统计，国有产权交易额占到整个产权市场交易总额的70%。但随着经济结构的转变，产权市场新的交易对象和交易形式的不断涌现，产权交易的概念更为宽泛。除国有企业产权，产权市场的业务涵盖了技术产权、行政事业单位资产、各类所有制的产权，其中包括物权、知识产权与债权等领域。而这些产权业务的运行，又大多是在政策和法规不健全的情况下进行的，因此产权交易也存在着某种隐患。

二 我国地理信息资源产权归属现状

地理信息资源产权市场作为无形资产市场的组成部分，是一个刚刚兴起的产权市场，除了具有上述所说的一般产权市场的现状特征外，还具有自身的现状特征。

（一）我国地理信息资源产权归属现状

1. 从投资主体看我国地理信息资源产权的归属

当前我国对地理信息资源的投资，大致有七种类型：①中央财政投资生产和维护的；②地方财政投资生产和维护的；③中央与地方财政混合投资生产和维护的；④中央财政投资生产、地方财政投资维护的；⑤政府投资外加法人投资的；⑥法人投资的；⑦自然人投资的。

其中，前四种地理信息资源产权都属于国家所有，但其使用和收益仍有不同。例如，水利部门对水利、水资源数据使用的规定是，投资类型为中央财政的数据，可免费提供或只收复制成本费；而使用地方财政投资生产的数据，应缴纳适当的数据制作工本费（即为提供相应资料额外增加的材料、设备和人员经费）。这表明国家所有的地理信息资源产权是否应区分为中央政府所有与地方政府所有等不同类型。而法人投资的地理信息资源产权就属于法人所有，例如，法人投资生产的测桩、钻井、抗震鉴定等地震信息产权就归属法人；自然人拥有的地理信息资源产权，主要体现在非职务对地理领域的调研、图形设计等所取得的地理信息资源。

2. 从地理信息资源分类看其产权的归属

（1）国家拥有基础性、公益性地理信息资源产权。

基础测绘是由中央和地方财政投入生产的，其产权当归国家所有。有关国土、水利、林业、气象、农业、城市规划与建设、交通、环保、海洋、遥感等地理信息资源，以及高校和科研单位承担国家课题取得的地理信息资源，也都是由中央和地方财政投入生产的，其产权归国家所有，这里的问题是是否要区分中央和地方产权。此外仍有部分基础性、公益性地理信息资源是由部门计划外资金投入生产的，这里的问题是是否要区分国家与部门产权或者说国家所有的地理信息资源产权归属尚有不清楚的地方。此外基础、公益性地理信息资源同时也具有商业价值，现在有的国家机关就依据其用途来划分无偿使用与有偿使用，并进行分类管理；而有的部门则依据地理信息的类别进行分类，并从中确定部分信息为商业性信息，究竟划分公益性与商业性信息的标准是什么？

（2）企业拥有一部分商业性地理信息资源产权。

企业拥有部分工程测绘、房地产测绘、减灾防灾数据、公开版地图编制、电子地图数据、基础测绘的增值服务等地理信息资源产权，这是企业生存发展的基础资源和财富。这里的问题有国有地理信息资源产权在企业改制中发生的产权变化，以及企业在国有地理信息资源产权基础上增值的产权与原国有产权的关系，企业在他人地理信息资源产权基础上增值的产权与原产权的关系。

（3）公民或自然人拥有部分地理信息资源产权。

个人拥有的部分地理信息资源产权当前主要是地图、旅游图、工程设计图等的著作权，这部分产权相对明确，因为著作权法对此已有具体的规定。

3. 从当前地理信息产业发展看产权结构

我国地理信息产业化始于20世纪90年代，产业内容主要包括地理信息数据采集、加工处理和应用，以及GIS软件的开发和应用。在数据产业中，商业性地理信息数据年产值约占全国测绘产值的30%，在数据企业中已有大批民企参与，关于国企与民企所占比例，目前尚无统计数字。然而GIS软件企业中，则大约80%以上为民企。可见地理信息资源所有权的归属也是多元化结构，并且民企比重不断提高，这是一个值得关注的重要问题。

（二）地图信息产权的归属

在《著作权法》中地图是著作权保护的客体，因此地图作者享有著作权，即作者是地图作品的所有权人。依据《著作权法》的规定，如果作者是单位，那么所有权归单位（即单位是国有或集体所有，那么其所有权也归国有、集体所有）；如果作者是个人，就要看是职务作品还是业余作品。如果是职务作品，地图所有权的财产权归单位所有，人身权归个人所有；如果地图作品是业余作品，那么地图所有权，包括财产权和人身权都属于个人。总之，地图所有权也存在着国家所有、集体所有和个人所有等多种形式。

此外，地图作品往往是在国家测绘部门绘制的基础测绘，即小比例尺地形图基础上生成的，那么地图作品所有权人与国家测绘部门原地形图产权有什么关系？或者说在基础性地理信息数据基础上改编、增值的地理信息是否享有自主产权？这个问题带有一定的普遍性，也关系到地理信息产业的发展，因此也需予以正确的解决。

（三）增值地理信息资源产权归属的思考

根据《测绘法》规定，基础测绘是由国家主管部门编制规划和组织实施的，其投资也是由国家财政承担的，因此基础测绘所产生的基础地理信息数据的产权属于国家。至于公益性地理信息数据也是由国家相关部门编制规划和组织实施的，其投资也由国家财政承担，因此其产权也属于国家。那么商业性企业在国家基础地理信息数据基础上改编、增测、增值、创新所生成的地理信息，是否拥有自主产权呢？例如，北京长地友好制图技术有限公司所编制的电子航导地图，是在购买国家 1：25 万地形图，并在该图有关行政界线、居民点和水系等国家基础地理信息数据的基础上，自测有关道路与交通信息数据及详细的信息点等大量专业信息数据所生成的。这种导航电子地图是该公司员工付出大量智力劳动的成果，公司是否应该拥有其产品的自主产权呢？

解决这个问题的前提是必须了解该公司所生成的导航电子地图是否侵犯国家基础地理信息的产权，或者篡改、歪曲国家基础地理信息的内容。如上所述，国家基础地理信息数据是受著作权法的保护的。依据《著作权法实施条例》第十条规定："著作权人许可他人将其作品摄制成电影作品和以类似摄制电影的方法创作的作品的，视为已同意对其作品进行必要的改动，但是这种改动不得歪曲篡改原作品。"该公司购买国家 1：25 万地形图是同国家有关部门签订地理信息数据使用许可协议的，当然不存在侵权的问题；另外，该公司所生产制作的导航电子地图上是完整保存了国家 1：25 万地形图上有关的行政界线、居民点与水系等制图要素，也不存在歪曲篡改原作品的问题。第二个问题就是该公司所生成的导航电子地图是否拥有自主产权呢？

依据《著作权法》的第十二条规定："改编、翻译、注释、整理已有作品而产生的作品，其著作权由改编、翻译、注释、整理人享有，但行使著作权时不得侵犯原作品的著作权。"从著作权法的规定来看，显然该公司应该拥有导航电子地图的自主产权。因为该公司所生成的导航电子地图属于《著作权法》所说的改编原作品，其著作权由改编人享有。具体地说，导航电子地图是保留了国家基础地理信息数据的框架结构，又绘制了大量的道路、交通与相关信息点才生成新的地图。

对于这个问题，国外也有类似的规定。例如，美国对大部分国家所有的信息数据是没有产权的，但当公司或部门对该免费数据进行增值后，该单位就拥有自主的数据产权而受到国家法律的保护。

对原有地理信息数据进行改编、增值后所产生的地理信息数据，享有自主产权的最突出优点是这种规定反映了经济发展自身的客观规律性，当然可以促进经济的高速发展。换句话说，这种规定可以在发展地理信息产业的商业运作中，充分鼓励、调动地理信息资源产权人加速把地理信息数据转化为产品、服务和管理等社会财富。

还有一种观点认为，应该根据该公司所生成导航电子地图的地理信息数据总量中，国家基础地理信息数据与该公司自己采集绘制的地理信息数据各占的份额来分享各自的产权。然而这种观点不符合著作权法的规定。按照《著作权法》第十三条规定，作品可以是"合作创作的作品"，但任一合作者在"行使著作权时不得侵犯合作作品整体的著作权"。因为作品的完整性是著作权法第十条所明文规定的作者的权利，况且该公司的电子地图不是与国家主管部门的合作作品，而是改编作品。这里所引用的著作权法的条文，只是说明为保护作品的完整性，不应该对其权利进行分割。

按照《著作权法》的规定，对改编、甚至是汇编作品，改编人和汇编人都享有自主权利；除非改编人、汇编人歪曲、篡改或抄袭原作品，从而构成对原作品的侵犯。这二者的界限或标准，应该是所生成的新的地理信息数据必须具有新内容或者具有创意，否则就是侵权。例如，《著作权法》第十四条关于汇编作品，必须是"对其内容的选择或者编排体现独创性的作品"，才能视为汇编作品。依据《著作权法》的精神，如果对地理信息数据或数据库的改编、汇编或者制成新的地图时，没有生成更高精度，没有增加新的数据内容，或者所表示的要素类似于其他地图，或者没有生成自己特色的地图，而仅仅是对现有数据、数据库及现存地图的复制，这就是抄袭，就是侵权，而不能享有产权。

三 我国当前地理信息资源产权政策存在的主要问题

（一）我国当前地理信息资源产权政策概况

我国至今尚未从国家级层次上制定完整的地理信息政策和法律，更不要说有完善的地理信息资源产权政策和法规。但也不能说我国完全没有地理信息资源产权政策和法规，这是由于地理信息作为一种资源、财产和商品，它已经在社会上和市场中进行流通交易，就必然有一些相应的规则。说得具体些，对于基础性和公益性的地理信息数据，基本上是向全社会提供无偿服务的，但也可以对经营性企业实行有偿提供；对于商业性的地理信息数据，则是按市场方式进行运作的。这就是我国当前最基本的地理信息资源的产权政策，即实行地理信息资源产权分类管理的产权政策。

要对地理信息进行商业运作，实现产权产业化，其前提条件是必须对地理信息资源产权进行界定。或者说必须划分地理信息资源所有权和经营权等产权归属，明确各类产权主体行使所有权和经营管理权的范围及权限。地理信息资源产权界定包括两方面的内容：一是根据投资来源明确地理信息资源所有权的归属；二是在明确地理信息资源所有权的基础上，对地理信息资源所有权的权种、权能进行界定，地理信息资源产权各类主体才能有明确的经营管理支配权和收益权，才能充分调动他们的积极性，并使地理信息产业市场能进行有序运转。

凡是直接或间接涉及上述两方面内容而制定的政策、法规，都应视为地理信息资源产权政策和法规。我国当前对地理信息资源所有权的归属已有一些规定，而有关地理信息经营权政策或法规基本上还是空白的。对地理信息资源所有权的归属来说，是依据投资主体的不同来确定的，或者说谁对地理信息数据的采集或生成进行投资，谁就享有所有权。基础性和公益性地理信息资源是由国家财政投资的，因此这部分所有权属于国家；商业性或经营性地理信息资源的投资主体分别是国家、集体和个人，同样商业性或经营性地理信息所有权也分别归国家、集体和私人所有。当然对于经营地理信息的企业来说，还必须向国家工商部门履行注册登记等法定手续，才具有法律意义上的产权。

我国当前对地理信息资源所有权的归属如何规定呢？对于地理信息资源产权，我国已在相关法律的个别条款中，以及在行政法规、部门规章和地方性法规、规章中，作了一些相关规定。例如，《气象法》规定："气象台站在确保公益性气象无偿服务的前提下，可以依法开展气象有偿服务。"《测绘法》的规定又更加详细，该法第三十一条第一款规定："基础测绘成果和国家投资完成的其他测绘成果，用于国家机关决策和社会公益性事业的，应当无偿提供"；第二款规定："前款规定之外的，依法实行有偿使用制度"。《地质资料管理条例》第十八条第一款规定："保护期内的地质资料可以有偿使用，具体方式由利用人与地质资料汇交人协商确定"；第二款规定："因救灾等公共利益需要，政府及其有关部门可以无偿利用保护期内的地质资料"。为实施国务院的这个行政法规，国土资源部在《公益性地质资料提供利用暂行办法》中还对"商业性地质工作取得的公益性地质资料"，规定了明确的保护期，即"在该项工作结束后，给予 2 年的保护期，保护期满后提供社会利用"。

各个地理信息资源产权管理部门，在确保基础性和公益性地理信息数据无偿服务的前提下，都开展了相应的有偿服务。为此，这些管理部门都分别制定了地理信息数据产权的分类管理及相应的收费办法。例如，国家测绘局和国家工商行政管理局制定了《测绘市场管理暂行办法》，国家测绘局发布了《国家基础地理信息数据使用许可管理规定》。

在《国家基础地理信息数据使用许可管理规定》中，规定对国家基础地理信息数据实行使用许可制度，使用单位必须与数据提供方签订"使用许可协议"，方能使用。

根据地理信息数据的使用单位和使用目的，使用许可协议分为甲、乙、丙三类。甲类使用许可协议适用于中央、国家机关、省级政府等用于宏观决策和社会公益事业。乙类使用许可协议适用于非企业单位、个人为教学或者科学研究、规划管理等目的在本单位内部或者个人使用，或者将研究成果向中央国家机关、省级政府等部门提供于宏观决策和社会公益事业。丙类使用许可协议适用于企业单位，或者非企业单位用于商业目的、营利或者直接为建设工程项目服务。甲类使用许可协议可无偿使用，丙类有偿使用，乙类有偿使用，但给予价格优惠。

除了不同使用单位和不同使用目的有不同的地理信息资源产权政策外，就是不同的地理信息类别也有不同的产权政策。例如，国土资源部、环境保护部、住房和城乡建设部分别把国土信息资源、环保信息资源和城市规划信息资源分为政府信息、公益性信息和商业性信息三大类别。水利部把水利、水资源信息分为公益性资料、按工本收取费用的资料和保密资料三类，所谓工本费是指为提供相应资料额外增加的材料、设备和人员经费；并明确规定了收费与免费的数据种类，例如，流域属性信息，全部免费；而河道观测资料成果类数据属于收费部分。水利部门还制定了一些政策界限：中央财政投资小于或者等于1：25万比例尺的水利、水资源信息数据可以通过网络向社会公众发布，中央财政投资的1：5万比例尺的水利、水资源信息数据可免费提供，只收复制材料费，地方财政投资的，应收工本费；大于或者等于1：1万比例尺的信息数据应根据工程投资主体的不同，参照商业性信息资源制定相应的计价收费标准。

国家林业局制定了《林业信息管理办法》，而中国气象局制定了以分类分级共享为核心的，强调国家公益性事业免费无偿获取基本气象信息，商业化组织和机构则需支付一定的费用获取特定的气象信息的政策。为此国家气象局按气象资料的加工形态，把气象信息数据分为原始数据、基础数据、初加工产品数据、深加工产品数据和特殊加工产品数据。

关于地理信息资源产权的归属，我国虽未从国家层次上制定完善的产权政策，但各个部门相关的地理信息数据投资者和管理者，已从现有的国家法律的相关条款中寻找依据，制定了各自的地理信息资源产权政策，这些部门所制定的地理信息资源产权政策虽然各具特色或不尽相同，但也有两个共同点：一是为了把商业性地理信息资源切割出来，都执行地理信息资源分类管理的政策，把地理信息数据分为基础性、公益性地理信息与商业性地理信息两大类；二是基础性、公益性地理信息原则上无偿提供，而商业性地理信息实行商业方式运作的政策。为了经营商业性地理信息资源，除了对不同类型的地理信息数据进行分类外，也都按照国家国有资产管理局的有关规定，把国家机关投资创办的企业或者其他经营实体，同国家机关相脱钩，或者执行政企、政事相分离的政策。

关于地理信息资源产权第二个方面的内容，即地理信息资源产权人在经营地理信息资源产权时，应享有哪些经营管理的支配权与收益权，不仅在国家级层次上没有规定，而且各有关地理信息资源管理部门也尚无这方面的规定。然而如果不尽快制定这方面的地理信息资源产权政策，就必然影响我国地理信息产业的健康发展。

（二）国有地理信息资源产权存在的问题

1. 国有地理信息资源产权政策尚待明确的地方

虽然国家依据谁投资谁拥有的政策，对地理信息资源产权归属已有明确规定，但由于投资主体存在交叉或混合现象，再加上国家所有权中，又存在中央与地方、中央及地方政府与中央及地方部门之间的某些区别，就使地理信息资源所有权的归属，在政策上出现不明晰的地方。

（1）谁代表国家行使国家地理信息资源所有权。谁代表国家行使国家地理信息资源所有权，目前尚无法律规定，使各个部门在填报国家所有地理信息资源产权归属时也就不统一，大多用部门来代表国家。例如，中国科学院通过国家资金资助的课题所取得的地理信息所有权，其归属就填写中国科学院。

（2）中央政府产权与地方政府产权在政策上尚未界定。中央政府产权与地方政府产权在政策上尚未界定，但有些部门已有建议。例如，水利部门就建议对 1∶5 万比例尺的水文信息，中央投资生产的可无偿提供，而地方投资生产的，则需缴纳一定费用。

（3）两种不同投资形式所产生的地理信息所有权是否都属国家所有。国家所有的各类地理信息资源目前分别由不同行政主管部门管理，但又没有明文规定由这些部门行使国家所有的地理信息所有权。再加上除国家财政的投入外，还有部门自筹的计划外投资，更使国家所有权与部门所有权交织在一起，从而出现某一国家机关管理的国有地理信息资源，其他国家机关无法使用。解决方法一是向国家拿钱重新采集，使同一地区有几套基本相同的地图；二是国家出钱直接向某一部门购买，供其他部门使用。在同一个国家机关中有两种不同投资形式所产生的地理信息所有权是否都属国家所有，或者二者在性质上有何区别，目前尚无政策规定。

（4）政策没有规定的产权归属。政企分离后原由国家机关管理的基础性公益性地理信息资源转为企业所有的这部分产权归属，政策也没有规定。

2. 国有地理信息资源所有权行使中存在的主要问题

1991 年 3 月 26 日国家国有资产管理局等部门在《关于发布〈企业国有资产所有权界定暂行规定〉的通知》中，已指出所有权的界定，即"按各种经济成分谁投资、谁所有、谁收益的原则确定"。我国基础性和公益性地理信息资源的采集，都是由国家财政投资的，因此这部分地理信息资源所有权属于国家所有是十分明确的。然而国家所有中所说的"国家"是国之通称，具有极广泛的含义，其操作难度极大，仅从法律上说，全国人大及常委会发布的法律、国务院发布的行政法规、国务院各部委办发布的行政规章，以及省级人大发布的地方性法规和省级政府及有立法权的市所发布的地方规章，都通称为国家发布的法律、法规。

从法律关系主体的种类看，国家可以是国家资源产权法律关系的主体，但在国内资源产权法律关系中，国家所有的资源所有权的主体资格，通常是由直接管理该资源的国家中央机关作为其法定代理人。对由中央财政投资所产生的国有地理信息资源所有权，就分别由不同的国家机关来代理。例如，国家所有的基础地理信息数据所有权的法定代理机构是国家测绘局，而国家所有的公益性地理信息数据所有权的法定代理机构，就依据地理信息资源的类别分别由国家气象局、国土资源部、水利部、住房和城乡建设部、环境保护部等中央机构来行使。对于由地方财政投资所产生的国有地理信息资源所有权则由地方政府所属的机构来代理行使。

对于由不同国家机关代理或者管理的国有地理信息资源产权，目前又是如何行使所有权的各项权能呢？按照《民法通则》对所有权的定义，是指所有人依法对自己的地理信息资源享有占有、使用、收益和处分的权利。根据法律的规定，地理信息资源真正的所有权人是国家或者全体人民，那么作为真正所有权人又应如何来行使地理信息资源的占有、使用、收益和处分等权利呢？法律规定是"依法"，即必须由国家或全体人民通过相应的民主程序来规定和实施。虽然管理各类国有地理信息资源的国家机关分别制定了有关规定，但从国家或全民层次上都尚没有规定。而目前实施的现状是某一国家机关管理的国有地理信息资源，其他国家机关往往无法利用。而通常的解决方法：一是另起炉灶，需要利用的部门，重新向国家拿钱，重新采集绘制相同的地形图等地理信息数据，这样就出现同一地区，有几套相同或基本相同的地图；二是国家拿钱直接向某一部门购买地理信息数据，以供其他部门使用。不管哪种办法都是从国家口袋里拿钱，哪一个部门也不会心痛，但作为国有地理信息资源所有权的真正主人的国家或全民就要心痛，并且这种办法也与国有地理信息所有权的定义不符合。

至于由国家机关或地方政府机关等部门掌管的固定资产、流动资产或自筹资金投资所产生的地理信息数据的所有权，更是属于该部门所有。在同一个国家机关中这两种不同投资形式所产生的地理信息数据所有权是否都属于国家所有，或者二者还有性质上的区别，目前国家尚没有这方面的政策界限。与此相似的是，在我国高等院校、科研机构中的一些 GIS 企业、事业单位中也有国家的科研经费投入与本单位自筹资金的投入，其产生的 GIS 产权又应如何界定。

根据《国有资产产权界定和产权纠纷处理暂行办法》规定，使用单位投入资金形成的资产交付这些行业进行统一管理，凡已办理资产划转手续的，均作为管理单位法人资产；凡没有办理资产划转手续的，可根据使用单位与管理单位双方自愿的原则，协商办理资产划转手续或资产代管手续；对使用单位投入资金形成的资产，未交付这些行业统一管理而归使用单位自己管理的，产权由使用单位拥有。

对于由国家机关自筹资金投入所产生的商业性地理信息数据，国家机关也有专门经营这部分地理信息数据的单位。为适应市场化运作的需要，目前这些单位都与国家机关相脱钩而进入商业市场。这些地理信息企事业单位的产权又该如何来界定？依据上述《办法》的规定，国家机关投资创办的企业和其他经营实体，应与国家机关脱钩，其产权由国有资产管理部门会同有关部门委托有关机构管理。国家机关所属事业单位经批准以其占有的国有资产出资创办的企业和其他经济实体，其产权归该单位拥有。

从上述规定可知，不论是与国家机关脱钩的地理信息企业，还是高校、科研机构，以其占有的国有资产投资的企事业所有权仍属于国家所有，该企事业单位仅拥有经营管理权。

3. 国有地理信息资源经营权的行使及其存在的问题

传统公有制企业在经营管理中，存在的基本问题是产权主体不明晰或主体缺失。当前通过政企、政事脱钩进入市场的国有地理信息企事业单位，在经营地理信息资源产业中，也仍然存在着相应的问题。

上文在分析私有制和股份制企业经济效率高的基本原因就是产权主体明确。私有制企业产权所有人与经营管理人是合二为一的，股份制显然是产权所有人与经营管理人相分离，但二者在经营管理中的共同特点都是经营管理权限明确，可以自主进行经营管理，并且经营决策后果直接同自身的收益权相联系，因此经营人能全心全意地为追求利润最大化而工作。当前国有地理信息资源所有权主体仍然是抽象的国家所有，经营管理权又未与所有权相分离，而经营管理人既没有明确经营管理权限，其经营决策后果也与自身利益没有直接联系。解决方法已如上文所说，是使国有地理资源所有权人具体化和人格化，或者说使国有地理信息企业转化为非公有制或股份制企业。

我国不少比较有实力的 GIS 企业大都出身或依靠于科研机构或高校，在经营管理中除了企业产权不明晰，经营管理人缺乏自主经营决策权等老问题外，还存在着科研教学模式与企业经营管理模式的冲突。说得具体些，企业的运作是以客户的需求为导向，以追求利润最大化为目标，是以资金的流通来优化配置各项资源。然而，科研教学型的 GIS 企业是以国家下达的研究项目为中心，以完成该项目为具体目标，而以科技进步与人才培养作为其根本目标；并且科研型的企业资金缺乏，只能以特定的技术与人才来使用资源，当然无法使资源得到优化配置。这种科研型的地理信息企业与实现完全市场化仍存在较大距离。

（三）商业性地理信息资源产权政策存在的问题

1. 政策尚待明确的地方

关于商业性地理信息资源产权政策，国家也有一些原则性规定，只是关于地理信息资源产权的具体内容，政策上基本是空白的。《测绘法》规定，基础测绘成果和国家投资完成的其他测绘成果，除无偿提供国家机关决策和社会公益事业外，可依法实行有偿使用制度。《气象法》规定，气象台站在确保公益性气象无偿服务的前提下，可以依法开展气象有偿服务。这表明我国对基础性、公益性地理信息资源实行无偿共享政策，而对商业性地理信息实行商业化运作政策。国家地理信息资源相关管理部门，为实施这种政策都对地理信息资源产权制定分类管理及相应的收费办法。例如，国土资源部、环境保护部、住房和城乡建设部等把地理信息资源划分为政务信息、公益性信息和商业性信息；水利部划分为公益性资料、按工本收费的资料和保密资料；国家气象局把气象信息分为原始数据、基础性数据、初加工产品、深加工产品和特殊加工产品等。有些部门还明确划分出商业性地理信息资源，例如，水利部门把河道观测资料成果列入收费部分；环保部门把重大环境污染和重大环境灾害方面的卫星遥感监测数据列入商业性信息。至于商业性地理信息资源产权政策方面存在的主要问题有：①企业在国有基础性公益性地理信息资源基础上，进行加工开发后的产权归属尚无政策上的规定。②企业在他人地理信息基础上进行加工开发后的产权归属，也应有政策上的界定。③市场主体中民营企业能否做基础测绘需政策上予以明确规定。④国企中地理信息所有权与经营权的分离，政策也尚未解决。

2. 公平、公正竞争的地理信息资源产权市场环境中存在的问题

要使地理信息资源产权实现产业化，必须要具备三个基本条件：一是产权主体明晰，包括所有权人具体化或人格化，以及经营管理支配权权限明确，经营人可以自主经营所属的资源（我国国有地理信息资源产权目前尚未达到这个条件的要求）；二是在地理信息资源产权的交易中，必须创造一个公平、公正竞争的市场环境；三是政治权力必须与地理信息资源产权经营企业相脱钩，才能保证第二个条件能够实现。然而，我国地理信息资源产权产业化是在我国经济体制转轨过程中，基础性和公益性地理信息资源产权都属于国家所有，而商业性、经营性地理信息数据都是通过基础性和公益性地理信息资源增值基础上产生的。可见，从事地理信息资源产权产业化的企事业大致有两方面的来源：一是同国家机关相脱钩或者同国家机关有某种联系的企事业单位；二是科研机构和高校的科研型企事业单位。第一种形式的地理信息企事业单位，虽然在形式上已经同国家机关相脱钩，但实际上在人事关系和业务关系等方面仍然与国家机关存在剪不断、理还乱的关系；甚至还有相当一部分吃财政人头费的测绘单

位也进入市场中，使公平、公正竞争的基础不复存在。因为这种企业可以压价竞争而无后顾之忧，哪个企业也拼不过它们。再如，行政分割形成市场垄断，一些行业部门不开放或者变相不开放本身所管辖的市场领域，并对其所属或者曾经所属的企事业单位进行保护。可见建立、健全一个公平公正竞争的市场环境，仍然是地理信息资源产权产业化进程中必须着力解决的重要问题。

至于科研型地理信息企事业单位的竞争环境尚未形成，则主要是由技术原因所导致的。由于科研型 GIS 企业，是以特定的研究项目为中心，它们所生产的是研发型产品，尚不可能具备竞争条件和竞争对手。

3. 地理信息资源产权政策滞后于地理信息产业的发展

如果要问地理信息资源产权产业化进程中为什么会存在上述问题？回答是地理信息资源产权政策、法律未到位，或者说滞后于产业化的发展。哪些地理信息资源产权政策未到位呢？如下几方面的政策是地理信息资源产权产业化发展的前提条件：

一是地理信息资源所有权政策未完全到位。我国基础性和公益性地理信息资源的所有权属于国家所有，那么作为所有权人的各个国家机关，甚至是公民个人，在享有所有权四项基本权能中的使用地理信息资源权利的政策未完全到位。可能有人会说，各个地理信息资源管理部门大都已规定了基础性和公益性地理信息数据是无偿提供，但是为什么未能完全落实呢？也许是尚未从国家级层次上来制定相应的使用政策。另外对于商业性地理信息的国有企业的所有权，还没有制定相应的具体化与人格化的政策。关于国有地理信息企业的具体化和人格化政策，已如上述，大致有非公有制与股份制两条路可以选择。当然在国有地理信息企业的具体化、人格化中，或者说在地理信息企业改制中应有防止国有资产流失的政策。

二是地理信息经营权方面的政策尚未到位。在地理信息企业中，经营管理该企业的经营人应享有哪些管理支配权和相应的收益权方面的政策还没有制定。对于地理信息资源产权中的经营支配权政策的制定，除了考虑所设置的权种和权能必须符合市场发展的客观规律性外，还必须赋予企业经营管理人能独立自主行使这些权限及其限制行使的范围。当然经营权人自主支配地理信息资源权限也必须符合或受制于社会公益的需要，尽量做到个人权利本位与社会权利本位的平衡。当二者发生冲突时则前者应服从后者。

三是地理信息资源债权方面的政策尚未到位。如上所述，管理地理信息资源的行政权力尚与地理信息企事业单位有千丝万缕的联系，地理信息资源产权产业化中的公平公正竞争方面的政策尚未制定。

为确保、促进地理信息产业的健康发展，构建一个适合于市场化运作的地理信息资源产权政策已是当务之急。

第四节　对地理信息资源产权制度的展望

一　信息产权与知识产权的关系

（一）知识产权是在物权基础上产生的

任何新生的产权制度都是在原有的产权制度的基础上生长和发展起来的，早期的知识产权也是在物权权利中发展起来的。例如，著作权就是知识产权的重要内容，英美法系称为版权，它最初是为保护印刷出版行业的经济利益而设定的。版权本来的目的是保护印刷商的出版专有权，印刷商的出版专有权与物权所有人对物的占有权是没有任何区别的。活字印刷和造纸技术的发明，使印刷出版成为一个新兴行业，而印刷商为维护其垄断利益就要求国家能保持其出版的专有权。我国早在 932 年（后唐长兴三年），朝廷曾经下令禁止一般人刻印《九经》一书，只能由国子监"刻板印卖"，到宋代也有保护印刷商专有权的法令。西方在 15 世纪中后期的威尼斯共和国，也开始授予印刷商享有出版专有权。

到 18 世纪初，英国议会通过的被称为第一部现代意义的版权法，才开始确认并授予作者享有作品的专有权，即保护作品作者的经济利益。而大陆法系国家则称为著作权，并且把作者的精神权利也纳入保护范围。

可见最早的著作权是以保护作为出版商的物权所有人的出版独占权为对象的，当传统的物权权利体系无法充分阐述知识产权的特性时，知识产权的概念和体系就要突破传统物权的限制。正如从保护印刷商的独占权到保护作者的专有权，在这里保护的主体对象已发生了根本变化；从保护作者单一的财产权利发展到保护财产权与人身权并重的双重权利，在这里保护的权利内容也发生了根本变化。这就是说新的产权客体的出现，导致产权主体与产权内容也发生重大变化，从而使知识产权发展成为独立的法律概念和新的权利制度形态。

（二）新的产权制度是由客体的商品化所引发的

新产权制度的产生和发展，是以新的客体已成为生产力的重要要素为前提的；并且作为生产力要素客体的知识与信息，要充分发挥自身的经济价值，也必须要求能实现该客体的商品化。

当前包括地理信息资源产权在内的信息产权制度的发展，也同知识产权从物权制度中发展起来具有极相似之处。下面先分析作为生产力要素的知识及其商品化。

　　知识产权之所以能在 18 世纪从物权制度中独立起来，而逐步发展成为一种全新的知识产权制度，是因为欧洲 16 世纪发生的文艺复兴运动，欧洲的科学技术得到迅猛发展，从而促使知识产权于 18 世纪首先在英国兴起，绵延至 19 世纪 80 年代在欧美等发达国家先后完成。依据产权的客体理论，物权制度的产生与发展是由产权客体所引发的。如果说物权的产权客体是以土地为中心的各种自然资源，它是社会财富最基本和最重要的来源的话，当产权客体由自然资源同时扩展到知识时，那么新的产权制度就有产生与发展的可能性。具体地说，18 世纪的英国，蒸汽机为起点的各种动力机械来替代手工劳动，使社会生产力和财富迅速增长，并且各种能源与机器的开发利用及其效率，又直接取决于作为人们智力劳动成果的知识，因此知识已成为工业社会重要的生产力要素。在生产力诸要素中，资源（劳动对象）转化为生产力（社会财富），知识已起到越来越重要的作用。这是由于在农业社会，资源转化为生产力，依靠的中介是劳动力与手工工具；而在工业社会，资源转化为生产力，依靠的中介是掌握知识技能的劳动者与技术工具。

　　因此，知识作为生产力要素的重要性就越来越为人们所认识。简单地说，如果农业社会财富的积累是以加法递增的话，那么工业社会财富的积累则以乘法递增。工业社会中财富积累主要是依靠知识，包括作为智力成果组成部分的技术工具的贡献所取得的。既然知识是工业社会中重要的生产力要素，那么人们同样也清楚地认识到，要充分发挥知识的价值功能，则唯有使知识作为商品而在市场中自由流动，才能使知识的价值不断得到提升，从而加速社会财富的积累速度。总之，保护知识产权就成为激励、促进人类知识增长与创新，乃至于社会财富增长的关键所在，因此知识产权法律制度也就得到不断健全和完善。

　　当今信息技术的发展与信息的重要性，也同 18 世纪动力技术的发展与知识的重要性有着极相似的地方。

　　20 世纪 40 年代开始出现的原子能的利用与电子计算机的发明为标志的原子-电子技术的时代，20 世纪 70 年代开始出现的微电子技术与互联网为支柱的信息时代；并且随着信息技术在社会经济中的广泛运用，人类开始迈向信息社会。

　　从社会生产力或社会财富积累的层次上说，信息社会最显著的特征，是信息成为社会经济中重要的生产力要素，并且信息就是资源、财产和商品的观念也为越来越多的人所认识或接受。如果说 18 世纪中叶，知识产权由蒸汽机的发明所驱动，使知识在财富积累速度上从农业社会的加法提升到工业社会的乘法的话，那么 20 世纪下半叶的信息产权则由计算机与互联网技术所驱动，使信息在财富积累速度上从工业社会的乘法，提升到信息社会的指数率。可见信息产权作为一种新的产权制度，已经具备了生存和发展的社会经济条件。

（三）信息产权与知识产权的共同点

包括地理信息的信息产权与知识产权具有一系列的共同特点，从产权的基本结构上说，不论是知识产权还是信息产权，它们的产权客体都是无形性财产，都需要使用特定的载体来存储和传输；从产权主体上说，财产所有人都享有对该知识或信息的专有权，即这种专有权只能依靠国家法律来保护，而不能像物权那样可以占有或圈定；从权利内容上说，都具有财产权利和人身权利等双重权利，而对权利的行使也具有公开性与时间性，当然保护时间的长短仍有较大的区别。正是由于信息产权与知识产权在产权结构上具有这些基本共同的特点，因此当前人们通常把信息产权归属于知识产权的法律体系之中。

（四）信息产权与知识产权的区别

包括地理信息资源产权在内的信息产权与知识产权也存在一系列不同的特征，而二者最基本的区别是由作为产权客体的信息与知识的区别所引起的。

1. 作为产权客体的信息与知识的区别

知识作为知识产权客体的基本特征或核心内容，是人们智力劳动所创作的成果。从认识论的层次上说，知识是人们认识客观世界的产物，属于思维的范畴。知识的取得是人们生产活动、社会实践和科学研究等过程，并且知识真伪也需通过实践来检验。可见知识不论是取得还是检验，都是人们对客观世界认识的某种成果。因此，知识可以定义为人们社会生产实践和科学研究中对客观世界认识成果的总和。

按照这个定义，凡是对客观世界存在的认识，包括客观世界的存在是什么、为什么、有什么用、如何用，以及怎样用其效率可更高或更持久等一系列问题中的任何一个问题，有了新的认识成果都属于知识。人们对客观世界存在的认识必须经过大脑思维的加工制作过程，因此这是一个智力活动的成果，从思维成果的层次上说，知识也可以定义为人类智力劳动的成果。

把知识定义为人们对客观世界存在认识成果的总和，是从认识的过程上说的；把知识定义为人们智力劳动的成果，是从认识的结果上说的。那么知识的完整定义，就是人们对客观世界存在认识的总和，是智力劳动的成果。

如果说知识是人们对客观存在认识的成果或创作过程，那么信息就是人们对客观世界存在描述的总和。二者的共同点，不论是认识成果还是描述的对象或客体，都是客观世界的存在，包括人物、事物、事实、事件和过程等客观存在。而区别则是，知识是对客观存在的认识成果，这种认识仅指对客观世界中某一个特定的人、物、事及其时空条件的某一方面，包括是什么、为什么、有什么用、怎样用更好中的某一方面的认识成果，都属于知识，所以知识是人们已经知道的这部分客观存在；而信息是指人们对包括已经认识的以及尚未认识的全部客观存在的描述。信息对知识来说，最直接的作用就是为人们获得知识提供了原材料，因为描述就是反映、复制、模拟、再现客观存在的人、物、事及其过程，因此描述是认识的基础条件。

可见，信息与知识从其概念的外延或内容范围来说，信息的内容是包含对所有的已经认识以及对尚未认识的客观存在的描述，而知识的内容仅是信息内容的一个组成部分，二者在概念的外延上存在整体与部分的关系，在逻辑学上是种与属的关系。

作为已经被人们认识的客观世界存在的知识，其基本特征是智力创作；而作为对客观世界存在描述的信息，其基本特征是客观性，即信息必须反映客观世界存在的真实性，才是本书所说的信息。只有如实对客观世界存在进行真实描述的信息，才能作为人们认识、开发、利用、治理、保护和管理客观世界的依据。

作为客观世界存在描述的信息，是否需要有创意呢？从信息的定义及其客观性特征来说，信息可以不存在创意。例如，作为商标权的商标或地理标志，只要能与其他商品相区别，就可以作为商标，因此商标法允许颜色、气味也可以作为商标。这种商标信息只是客观存在的反映，而不存在创意。但由于对客观存在描述的信息，对人们的认识又具有扩展性或可挖掘性特征，因此不同人对同一信息也有不同的认识；同一个人对同一个信息的认识也有一个不断深化的过程，可见就人们对信息的认识来说，信息则可以是存在创意的。

从人们对信息的获取和利用来说，信息也可以存在创意。例如，对地理信息资源的获取，从对航片和卫片的判读，到标准化、数字化信息的产生，都是经过许多人智力劳动的成果，存在创意。从信息的利用过程来说，人们在对包括地理信息的利用中，又产生一系列新的数据，包括数据产品或相关软件，都是人们智力劳动的成果。

如果以是否存在创意为标准，也可以把所有信息划分为两大类：一是不存在创意的信息，亦可以称之为识别标志信息；二是存在创意的信息，亦可以称之为创作成果信息。创作成果信息也就是人们所说的知识，正如 Woolf 给知识下的定义，即知识是用于解决问题的结构化信息。从信息的组成内容也可以理顺信息与知识之间存在的区别与联系。

信息与知识在组成内容上的区别与联系，就决定了信息与知识在功能上的区别与联系。作为知识产权客体的知识，其基本功能是作为生产力要素，可以通过技术中介直接或间接把知识转化为生产力或社会财富。

　　信息作为一种资源、财产和商品，其中的一个基本功能也是起着生产力要素的作用。信息的这种功能与知识在知识产权中的功能是相同的，因为信息与知识在组成内容上存在整体与部分的关系。信息除具有生产力要素的功能外，还有知识所不具备的另外两个功能：一是可以使所有系统，包括自然系统与社会经济系统得以有序地运转，这是当今信息时代赖以生存的理论基础；二是可以消除对客观世界认识和利用中的不确定性，这是人类文明进步的理论依据。

　　信息之所以能使系统得以有序运转，这是因为任何一个系统都是物质、运动与信息三者相互作用达到和谐统一的产物。在自然界中，物质的循环与能量的转换都是通过信息的传递来达到自动控制的。当代系统科学中，不论是旧三论还是新三论，其核心内容都是自组织理论。自组织理论，对于自然系统来说，是指在没有外界力量的特定干预时，该系统可以通过自我调整，从而使系统实现相对的平衡状态。例如，全球系统中存在的纬度地带性和经度地带性，以及区域性系统中的山地垂直地带性，河流的冲淤平衡与各种生态系统的形成都是实例。

　　通过信息的传递来实现对系统的控制，在社会经济系统中已得到广泛的应用，这就是人为地建立起有效的信息控制系统。当代通过信息技术，各种类型的控制系统已经可以实现对几乎所有社会经济过程进行自动控制，例如，电子政务系统、电子商务系统、数字交通系统、数字农业系统、网络医疗系统和网络教育系统以及我国科学家对"嫦娥一号"卫星的调控。对这些社会经济系统的自动调控，其基本原理如图 7-1 所示。

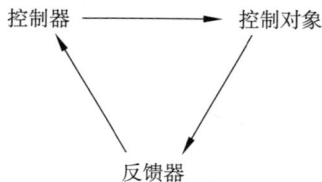

图 7-1　信息控制系统

　　在图 7-1 中，控制器是指决策管理机构；控制对象是指各种社会经济活动；反馈器是指提供与控制对象有关的信息。在这里社会经济系统之所以能得以有序运转，就在于通过信息的不断反馈，决策控制者可以随时修正决策数据或消除其不确定性，使系统的运行可以保持在最佳状态中。

　　信息的第三个基本功能是消除或减少对客观世界认识与利用的不确定性，以促进科学技术进步、管理决策科学化及人类文明能大踏步地发展。

　　不确定性是自然界和社会经济领域等客观世界中普遍存在的一种基本现象。人们对客观事物的认识及其管理决策、开发利用中之所以存在着不确定性，甚至造成决策或行动的失败，主要是由于客观事物的形成、发展本身就存在不确定性；也与人们对客观事物的认识存在局限性和不确定性有关；此外，还存在人们认识、开发利用该事物的技术工具的局限性和不确定性。

信息在消除或减少客观世界的不确定性，表现在对产生不确定原因的认识及采取相关的措施上。首先是通过收集、分析大量关于反映客观世界存在的信息，来揭露客观世界本身的不确定性存在的规律性。正如本书在绪论中所指出的客观世界最本质的属性是确定性与不确定性的平衡，说得具体些，事物在形成发展的混沌阶段（初期），都处于不确定性的发展期；只有事物通过突变或渐变，即发展到平衡阶段，才存在线性的因果关系而达到确定性；而在两者之间的大多数时间内都存在相关关系，只是越接近终点其相关性就越好。在当今的各门学科中，量子力学是研究微观世界不确定性现象的学科，经典力学是研究宇观、宏观事物因果关系的学科，而包括信息科学、系统科学在内的各门学科，则分别从各个侧面或综合地研究不确定性与确定性如何平衡的学科。本书第五章所提到的信息经济学对市场信息不确定性的研究，也为人们运用市场经济规律性及市场管理决策提供了信息与科学的依据。

信息同样也可以消除或减少人们对客观世界认识的局限性和不确定性，以及消除或减少技术工具的局限性和不确定性。这是由于人们所掌握的包括客观世界、人类自身思维和技术工具等方面的信息越丰富、越全面、越系统，对客观世界发展的规律性、人类自身思维的规律性、技术发展及其利弊两重性的认识就越准确，就为消除或减少不确定性所制定的措施提供了可能性。上面所提到的关于信息使系统得以有序运转所举的信息技术与信息反馈方法，可以使人们对当今自然、经济、社会进行有效控制，甚至对其未来的发展进行准确的预料，这些都建立在对信息的处理与应用上。这个实例同样说明信息可以消除人们对客观世界认识和技术工具等方面的局限性与不确定性，从而使人类与客观世界的关系更加和谐，社会文明更进步。

信息作为产权客体与知识相比较，不仅在组成内容上更丰富，而且在功能上也更齐全，因此信息在自然、经济和社会系统中，将比知识发挥更重要的作用。

在当代信息社会中，信息还改变了人们对知识的获取与利用的方式，使信息与知识之间的关系更紧密地联系在一起。首先信息技术改变了人们对知识的认识及获取方法，几千年来，人们都认为知识在于积累，只有十年寒窗苦，读破万卷书，才能掌握更多的知识，因而出现了各种"填鸭式"的教育方法，其用意无非是想多灌输一些书本知识。然而在今天的网络技术条件下，知识的获得在于检索，只要是古今中外已经积累的知识，通过网络检索，即刻就出现在你的眼前，因此教育方法，特别是高等教育，更应从给予学生知识，改变为教学生如何制造和应用知识。其次对知识的应用方式上，在网络时代，知识只有转化为信息，特别是转化为数字信息才能得到广泛的利用。总之在信息时代，信息的功能无处不在、无时不在、离开了信息，你将寸步难移，即使是掌握了丰富的知识也没有例外。因为信息是知识产生的原材料和催化剂，网络又为知识的获取和利用提供一个方便、快捷、高效、安全的平台。

2.产权主体方面的区别

信息产权主体与知识产权主体之间存在的区别，也是由作为产权客体的信息与知识之间的区别所引起的。知识作为一种智力成果，其产权所有人享有排他的专有权，各国知识产权法都规定，同一项智力成果不得授予第二个权利主体，这就是知识产权人享有独占性、垄断性的权利。

对于包括地理信息资源产权在内的信息产权主体来说，则可以成立多个相互独立的完整的财产权利，这是由于作为产权客体的信息在客观上具有扩展性特征所决定的。

知识产权保护的是知识的创造者，产权主体具有唯一性。但信息产权所要保护的不仅包括信息的收集者、加工增值者的利益，而且还包括所描述客观事物（严格说是原始财产）所有权人的利益。例如，对地理信息数据库的保护，既要保护地理信息数据库的收集者，又要保护数据的加工增值者。欧盟对数据库就明文规定，对原始数据与开发数据都予以保护，但开发者的权利又优于原始数据拥有者的权利。此外，数据搜集人这里称之为数据持有人，所收集的各种有关社会经济和国防军事数据中，还包含有国家的安全和个人隐私方面的数据，而这些数据的原始所有人是军事部门或私人及企业所享有的，他们的利益也应受到保护。对有关国家安全、商业秘密和个人隐私等方面信息的保护，其实质就是对数据持有人权利的限制，除非经数据原始所有人的授权或允许，数据持有人是无权发布该数据的。

从国际产权法的层次上说，对包括地理信息资源产权在内的信息产权人享有独占性或垄断性专有权，最早提出挑战的实例是遗传基因产权，最早对此做出规范的国际法是1992年通过的《生物多样性公约》。

遗传基因信息资源产权具有重要的经济价值、生态价值、科学价值和美学价值等多种功能，其开发利用的前景已为世人所瞩目。发达国家依据自身强大的科技实力和雄厚的经济基础，采用各种手段获取和控制发展中国家的遗传基因的信息资源，通过研制、申请专利和向发展中国家出售专利产品，以获取高额利润，被发展中国家称为"生物剽窃"现象，其典型案例是美国与印度之间关于印度苦楝（Neem Tree）的争端。

印度苦楝是印度一种四季常青的速生树，其树皮和树叶可以治疗痤疮、糖尿病及各种感染性疾病；嫩枝可作抗菌消炎的牙刷；种子可以提取出天然的杀虫剂、避孕药等多种功能，在印度古书中被称为"赐福树"。印度苦楝的这些功能引起跨国公司的兴趣。其中美国格雷斯化学公司分离出印度苦楝中最有效的成分——Azadirachti，向美国专利与商标局提出多项工艺专利，并获得批准。格雷斯公司的做法引起印度与世界各地环保主义者的严厉谴责，来自40多个国家的非政府组织对该专利提出异议程序，要求废除该专利（秦天宝，2005）。

为此 1992 年联合国在巴西里约热内卢会议上签署了《生物多样性公约》，对遗传基因信息资源的获取与惠益分享作了原则性规定。其基本精神是协调遗传资源提供国与利用国之间的利益分配，它的实质就是同时保护原始信息资源所有人与信息加工增值人之间的利益分配。可见国际法已承认信息产权可以同时设定几个相互独立且完整的产权主体，他们的权利可以同时得到法律的保护。

　　3. 在产权权利内容方面的区别

知识产权所有人在行使法律赋予权利时，受到地域性与时间性的限制。知识产权的地域性，是指知识产权法属于国内法，产权人的权利只受本国法律的保护；要同时取得其他国家的保护，只有通过国际条约或双边、多边协议来实现。当今在网络技术条件下，信息的传播是难以用国界来限制的，因此可以说大多数信息产权的法律规范将会通过国际法来实施。或者说知识产权的地域性，在信息产权中将为全球性所替代。

对于知识产权的时间性，虽然同样也适用于信息产权，但当代以信息技术为中心的高新技术的更新速度及其转化为生产力的速度都越来越短，使社会经济的发展速度大大加快了。例如，城乡建设的日新月异，使电子导航地图的更新周期越来越短，因此包括地理信息资源产权在内的信息保护时间的跨度将会缩短，有些甚至只能实施即时性的保护。

二　地理信息资源产权在信息产权法律体系中的地位

（一）当前信息产权是知识产权的组成部分

当前包括地理信息资源产权在内的信息产权，是在知识产权基础上发展起来的，并且也是作为知识产权法律制度的重要组成部分。例如，作为识别标志权利的这部分知识产权，包括商标权和地理标志权，其实它们都是信息产权和地理信息资源产权，因为商标和地理标志都不是人们智力活动的成果，都只是对客观事物的真实描述，但自 19 世纪以来，它们就一直是知识产权的重要组成部分。

知识产权法律体系之所以把商标权和地理标志权列入知识产权保护范围，是由于信息产权具有知识产权的一般共同特征。例如，作为产权客体的信息与知识都共同区别于物权客体的物，都是无形财产，需借助于一定的载体来存储和传输；并且信息与知识之间又存在密切联系，有的学者把知识定义为对客观存在信息的认识（刘春田，2003）。依据这种观点，商标、地理标志等客观存在的各种信息，当用来作为商品的商标或地理标识时，就是商家已经认识，并且可以区别于其他信息的知识。当前包括数据库等信息数据，世界上也有不少国家列入版权保护的范围，也说明作为客观存在的数据信息，是已为人们所认识的知识。

此外信息与知识二者之间存在密切的联系，也是人们把信息作为知识产权保护客体的重要原因。由于知识是人们对客观存在信息的认识，那么信息也是智力活动、知识创造的原材料和催化剂。反过来说如果知识离开了信息，那么知识就将成为无根之本、无源之水。在当代网络信息条件下，知识的创造更离不开数据和数据库，仅是知识的利用与传播也只有借助知识本身的信息化或数字化才能实现。在网络世界中人们可以从日益丰富的信息及数字信息形式的知识中，通过信息技术自动或半自动地挖掘出隐藏其中的新知识来，这是人们发现知识、创造知识的重要方法。因此把信息作为知识产权保护的客体，既符合产业经济发展的要求也有一定的理论依据。

（二）地理信息资源产权是信息产权的主要组成部分

地理信息是具有地理空间位置特征的这部分信息。在所有信息中，地理信息大约占有80％的份额。其实任何特定的信息，都与一定的空间位置或地理坐标相联系，例如，卫星地面接收站所收到的海量信息都是地理信息。只是这些带有空间位置特征的信息经过多次高度的抽象以后，其空间属性逐渐变得模糊，如抽象的数字、公式、概念及原理等方面的信息。

由于作为产权客体的地理信息是信息的主要组成部分，并且地理信息的内涵也比一般信息的内涵更丰富，即地理信息还具有一般信息所没有的空间位置特征。因此地理信息资源产权除具有一般信息产权所有的属性外，还具有由于地球是一个椭球体等三维空间，对空间信息研究、处理与应用，以及在网络信息中需对这部分信息进行空间化、标准化和数字化的特殊研究、处理与应用中所产生的空间信息产权的属性。事实证明，这部分地理空间信息产权也是信息产权中最主要和最重要的产权组成部分。

（三）未来信息产权的法律体系将包括知识产权

1. 信息产业对信息产权制度的要求

从产权客体的信息与知识概念外延的范围大小及其功能的重要性来看，现在产权法律体系中知识产权包含信息产权的关系被颠倒了，即本来应该是信息产权包含知识产权，这种产权法律体系才能反映它们之间的真实关系。但是为什么一百多年来的产权法律体系中，一直都是知识产权包含信息产权呢？这主要是由产权制度发展的历史背景条件或产业经济的发展所决定的，也同人们对信息与知识相互关系的认识水平有一定关系。

从产权制度发展的背景分析，知识产权之所以能够从物权或财产权制度中发展起来，并逐步发展成为独立的知识产权法律制度，得益于近代的产业革命。18~19世纪的欧美主要国家已先后从农业社会发展到工业社会，此时的知识已成为生产力发展的重要要素，而在产业经济中发挥着加速与催化剂的作用。然而在这个阶段，由于没有相应的技术能够对信息实施自动采集、处理和传播，因此信息尚无法成为生产力要素，信息的其他重要功能，也还未被人们所认识。只有少数诸如地理标志和商标等无须信息技术专门控制的信息，可以通过消费者对标志的识别，而在产业经济中发挥其经济利益的作用。因此早在1880年巴黎公约筹备会议上，就有国家提议禁止虚假货源标志（即地理标志），在1883年巴黎公约缔结时，就对货源标志进行有条件的保护。

巴黎公约主要是保护工业知识产权的国际条约，其全称为《保护工业产权的巴黎公约》，它是最早把地理信息资源产权列入知识产权保护的重要国际条约。而大多数信息和地理信息，由于尚未具备生产力要素的条件，因而仍长期被排除在知识产权制度的范围之外。

从知识产权成为独立的产权制度以来，客体理论就一直是知识产权制度的理论基石，并且能够作为知识产权客体的知识，必须是智力活动的成果，因此直至今日仍有许多法学家认为信息不具有创意，无法作为知识产权的客体。

历史的发展进入到20世纪70年代，社会经济的发展或人类文明进步又出现一次新的飞跃，即一些发达国家率先从工业社会迈向信息社会。信息社会的基本特点是信息技术的高速发展与普遍应用，使社会经济全面实现信息化、数字化和网络化。例如，RS、GIS、GPS和互联网等技术的应用，使地理信息的采集、处理和传输都实现自动化、数字化和网络化。

社会经济的信息化、数字化和网络化是信息社会发展的过程或技术手段，是信息功能中使系统有序运转并消减不确定性等功能的发挥过程，而社会经济信息化、数字化和网络化的最终目的或结果，是使信息成为资源、财产和商品，使信息成为信息社会中最主要的生产力要素和使信息产业成为国民经济中最基本最重要的产业部门。既然信息可以使信息社会有序运转并消减不确定性，成为信息社会最基本的资源、财产和商品形式，因此只有建立和健全信息产权制度，才能保护信息社会的基本财产形式，并维护信息社会的有序运转。换句话说，建立信息产权制度是信息产业经济发展的必然要求，是上层建筑必须适应、保护生产力发展所决定的。

2. 认识水平提高也要求完善信息产权制度体系

信息技术和信息产业的发展，使人类文明开始迈进信息社会，而信息社会最基本的要素或细胞就是信息。为此对信息是什么、信息有什么用等一系列问题的研究，自然就引起科学家的关注。首先，关于信息是什么的研究，目前大约已有 200 多种。在这些信息概念中，本书最关心的是信息与知识之间的关系，其中把信息定义为是人们对客观世界存在描述的总和，而把知识定义为是人们对客观世界存在认识的智力成果的总和，对于说明信息与知识的关系最为明确。按照这种定义，信息包含全部的知识，即信息概念的外延是包括已经被认识的客观世界（即知识）的描述与未被认识的客观世界的描述。这样由于作为信息产权客体的信息概念包含作为知识产权客体的知识概念，就为信息产权法律体系包含知识产权提供了概念上的依据；其次，关于信息有什么用的研究，科学家也认识到信息除具有知识所具有的生产力要素的功能外，还具有知识所没有的可使系统有序运转与消减不确定性等功能，这为信息产权体系可以包括知识产权提供了功能上的依据。

有关信息产权理论的提出以及信息产权制度的建设，已经吹响了信息产权制度从知识产权制度中独立出来的号角。1984 年澳大利亚学者 Michael Pendleton 就提出信息产权理论，并对知识产权与信息产权的内在联系进行比较。西方国家的学者在 20 世纪 90 年代上半叶开始对信息产权进行广泛的研究（李晓辉，2006）。在我国何建邦等在 2000 年提出地理信息资源产权，并把地理信息资源产权与物权、知识产权进行比较研究，从而提出地理信息资源产权的一些基本特征（何建邦等，2000）。

从信息产权制度的建设上说，20 世纪 70 年代以来，许多国家开始把计算机软件、数据库列入版权保护的范围，而 20 世纪 90 年代以来，一些国家和国际组织开始对数据库、电子商务及国家信息设施进行独立的保护，开始把信息产权制度从知识产权中独立出来。随着信息技术、信息产业和信息社会的进一步发展，一个包括知识产权在内的信息产权法律体系将逐步建立与完善。

第八章　对我国地理信息资源产权的讨论

第一节　对地理信息资源产权名称的讨论

在研究制定地理信息资源产权政策时，首先存在一个正名的问题。也就是说，用地理信息资源产权，还是用地理信息资源版权，或者是地理信息资源产权与版权等不同的名称。究竟是使用哪一种名称更符合地理信息资源的法律关系呢？为统一认识，就必须对这些概念的产生与发展作某些探讨。

一　版权与著作权

（一）版权与著作权的核心内容

在当代知识产权的相关法律规定中，版权与著作权大致是同义词。例如，1886 年 9 月 9 日在瑞士伯尔尼签订的《保护文学艺术作品伯尔尼公约》和 1952 年 8 月 9 日在日内瓦缔结的《世界版权公约》，以及 1969 年 10 月 26 日在罗马通过的《罗马公约》，在这些条约中所说的版权与著作权的含义，就大致是相同的。但是由于英美法系与大陆法系这两大法系有不同的发展历史与法律原则，因而对作者权利的保护也有不同的侧重点。

版权（copyright）是英美法系在实用原则基础上发展起来的一种知识产权，其核心内容侧重于从经济利益上来保护作者对社会有益的智力成果，并通过控制智力成果的复制，来保护作者的专有权。著作权（author's right）是大陆法系在自然法原则基础上发展起来的一种知识产权，其核心内容侧重于保护作者的精神权利。二者的共同点都是保护作者对其作品享有专有权，并且作者的专有权都包括人身权和财产权两部分；二者的区别只是对这两部分内容保护的侧重点不同。

当代世界上这两大法系通过不断渗透、融合，二者的界限已在不断缩小。因此现代意义上的知识产权法，不论是称其为版权法，还是称其为著作权法，其保护对象都是作者，保护对象都是作者对其作品享有的专有权，其内容都包括人身精神权和财产权利这两大部分，故版权与著作权基本上属于同义词。

我国大体上属于大陆法系国家，因此在立法上也用著作权这个名称。我国最早具有现代意义的版权法是 1910 年颁布的《大清著作权律》。1928 年，当时的国民政府也颁布了《著作权法》，新中国成立后在 1990 年正式颁布了《中华人民共和国著作权法》。在 2001 年修正的我国《著作权法》第五十六条就明确规定"本法所称的著作权即版权"。可见在我国内地，版权与著作权是同义词。但在我国港、澳、台地区，著作权与版权却是两个不同的概念。其中著作权是指创作该作品的作者所享有的权利；而版权则是指印刷、出版该作品的出版社所享有的权利。

我国港、澳、台地区所理解的版权属于早期版权产生时的最初概念，包括欧洲和我国当时的版权，其保护对象是印刷出版人的专有权，而不是作者的所有权，起码主要不是保护作者的权利。

（二）版权的产生与发展

1. 欧洲版权的产生与发展

英文版权，也称为出版、印刷权。活字印刷和造纸技术的发明，使印刷出版业成为一个新兴行业。印刷商为维护其垄断利益，强烈要求国家对印刷出版享有专有权。15 世纪中后期的威尼斯当局开始授以印刷商享有印刷出版的专有权，这被西方学者认定为是第一个对印刷权的保护。此后的罗马教皇、法国国王、英国国王都先后发布对印刷权的保护令。可见欧洲早期版权的含义就是对印刷出版权的保护，并不是对作者权利的保护。

被认为是世界上第一部版权法是在 1709 年由英国议会通过的《安娜法》，它首次确认作者对其作品享有首先印刷的权利，从而结束了印刷出版商对出版的垄断，因而被称为是第一部具有现代意义的版权法。

而在 1793 年法国颁布的《作者权法》中，其最大特点是将作者的精神权利纳入法律保护的范围，并在该法中引入"著作权"的概念。这部法律也使版权脱离了"印刷"、"出版"专有权的范围限制，成为保护创作作者的法律。法国的《作者权法》对大陆法系国家的立法产生了重大的影响，使著作权法与版权法在不同国家同时存在。

2. 我国版权的由来

既然版权的概念直接同印刷出版联系在一起，而欧洲的印刷技术又是从中国传入的，那么也有理由推定最早版权的概念，首先发源于我国。从汉字的版权中的"版"，与印刷术中的木板、铜板、雕板的"板"字来看，这两个汉字在古汉语中属于同义词。至今在《辞海》中，对"板"字的解释例证是："木板、雕板，也指版本，如宋板、明板。"而在对"版"字的解释则直接表明"版亦作板"。可见至今板与版依然是同义词，这也表明我国版权也直接同印刷出版相联系。

　　我国最早对印刷出版的保护是公元 932 年（比欧洲早 400 多年），即后唐长兴三年。当时朝廷令田敏在国子监主持校正《九经》，并"刻板印卖"。这是当时世界上第一个以出售为目的的出版社。为保护《九经》蓝本，朝廷曾经下令禁止一般人刻印这本书，或者说国家赋予国子监享有出版《九经》的专有权。当时保护的对象也是出版人，并不是作者。

　　到宋代庆历年间，毕昇发明活字印刷术以后，印刷出版活动更为频繁，印书也更有利可图，书商要求对出版专有权保护也相当强烈。在刻书业发达的地区，地方政府为对印刷出版的保护，也发布了禁刻令。在宋代《东都事略》一书所载牌记中，就有"眉山程舍人刊行，已申上司，不许覆板"，就是对印刷出版专有权保护的例证。

　　当然在对印刷出版者利益保护的同时，也可能对作者利益进行某些相应的保护。例如，在《东都事略》出版 50 多年以后，在《方舆胜览》与《丛桂毛诗集解》中，都有对作者保护的记载。当时两浙转运司曾"给榜"、"张榜晓示"、"禁戢翻印"，以保护《方舆胜览》的作者祝穆所付出的智力劳动。榜中指出，若有改换名目、节略文字、擅自翻板者，祝氏有权"陈告追究，毁版施行"。对《丛桂毛诗集解》的作者，也有类似的保护记载。

　　可见不论是中国还是欧洲，早期对版权的保护都是从经济利益出发，保护的对象是印刷出版者。虽然中国早期的版权保护中，已经有了对作者利益的保护，但这种保护也只有局部区域，也没有时间上的连续性，更不具有现代版权的双重保护（人身权与财产权）性。因此早期的版权仅是现代版权的源头，是产生发展的初级阶段。

二　地理标志权

（一）地理标志与地理标志权

　　地理标志（geographical indications）是 1994 年 4 月乌拉圭回合中 TRIPS 协议的内容之一。由于地理标志是受法律保护的一种知识产权，因此地理标志与地理标志权也是两个不同的概念。地理标志是地理标志权的权利客体，该地理区域的生产者是权利主体，地理标志权的权利内容是生产者享有该地理标志产品或商品的专有权。

　　按 TRIPS 协议的规定，地理标志的含义是指"标识出某商品来源于某成员方地域内，或来源于该地域中的某地区或某地方，该商品的特定质量、信誉或其他特征，主要与该地理来源相关联"。我国商标法对地理标志也有类似的定义，2001 年修改的《商标法》对地理标志的定义是指某商品来源于某地区，该

商品的特定质量 、信誉或者其他特征，主要由该地区的自然因素或者人文因素决定的标志。

地理标志具有商标的共同特性，不论是地理标志还是商标，都与一定的商品相关联，都使用在特定的商品上，并作为该商品的符号标志，以区别于其他商品。地理标志与一般商标不同之处，仅在于地理标志对商品的标识是与特定的地理空间位置相关联，而一般商标则与地理空间无关。他们二者的关系正如地理信息与信息的关系一样。

地理标志之所以作为一种知识产权受到法律的保护，就在于它存在经济价值，并且这种经济价值是同特定地理空间上某种商品的生产联系在一起的。地理标志本身不是商品，它的经济价值是通过消费者对某种地理标志商品的识别和消费后才产生的。由于这种商品由特定的地理空间上的自然因素与人文因素所决定，因而才具有特定的质量、声誉或其他特征，被消费者所钟爱；另外，商品的这种特性由该地理空间上生产者在长期共同劳动和使用中所形成，从而赋予该地理名称特定的含义（与其他地区商品相区别），才具有这种经济价值。

地理标志作为一种标识符号，起着替代该商品的作用。但地理标志同一般商标也有不同之处，即地理标志是该地理空间上生产者的共同财产，该地区的生产者都可以共同使用，而该地区之外的生产者则不能使用。由于地理标志具有经济利益，如果地区外的生产者也都使用这一地理标志，那么该地区生产者的利益就将丧失，因此地理标志需要法律的保护。作为地理标志权，法律保护的是该地区内的所有生产者，或者说地理标志是该地区内生产者的共同财产。而商标是某注册商家的私有财产，该厂商对其商标享有专有权。

（二）地理标志权的知识产权特性

地理标志权作为一种知识产权，自然具有知识产权的一般属性。知识产权按其功能来划分，可以分为创作成果权利和识别标志权利两大类，这两大类的区别就在于权利客体的功能是不同的。

诸如专利权、著作权等创作成果权利客体的专利、作品，它们本身就是一种商品，它们的功能是通过技术中介可以把专利和作品转化为社会财富。但商标权和地理标志权等识别标志权利作为这些权利客体的商标和地理标志，都是一般商品和特定地区商品的一种符号，它们的功能仅起着替代一般商品和特定地区商品的指示功能。

商标和地理标志之所以能够作为一种权利，是因为它也能产生经济价值。但地理标志的经济价值不同于专利、作品可以直接转化为社会财富，而仅是作为该地区商品的一种符号，在被消费者所识别、消费后，才转变为实际的经济价值。正因为知识产权存在功能上的区别而被划分为两大类型，所以虽然地图与地理标志都同样是对于地理空间上事物特征的描述，但地图由著作权法所保护，而地理标志则由商标法所保护。

（三）地理标志权的由来

地理标志作为国际法的保护范畴，虽然是1994年乌拉圭TRIPS协定中予以界定的，但早在1883年的《保护工业产权巴黎公约》中，就作为工业产权而列入知识产权的保护范畴。只是当时在巴黎公约中称其为货源标志（indication of source），1891年的《马德里协定》依然称其为货源标志，而1925年的海牙会议和1958年的《里斯本协定》则称其为原产地名称（appellations of origin），到1994年的乌拉圭TRIPS协定才称其为地理标志。虽然名称不同，但基本概念却是相同的，请看历次协定中对这些名称的解释或定义。《保护工业产权巴黎公约》对货源标志的解释是："指任何用于指示产品或者服务起源于某个国家、某个地区或某个特定地点的任何表达形式或者标志。"《马德里协定》对货源标志解释更为简洁，即货源标志是指："直接或间接地指示出某一国家或该国的某个地方标志。"《里斯本协定》将原产地名称定义为："一个国家、地区或地方的地理名称，用于指示一项产品来源于该地，其质量或特征完全或主要取决于地理环境，包括自然和人文因素。"

不论货源标志、原产地名称，还是地理标志，它们的共同含义都作为某地理空间位置上的一种符号标志，并且以这个符号标志来替代该地所生产商品的质量、信誉或其他特征。说得更简明点，这三个名称的共同概念都是用来替代某地理空间位置上事物特征的符号，而这个概念也正是地理信息的概念。或者说货源标志、原产地名称、地理标志都是特定的地理空间上商品特征的符号，它们属于地理信息的范畴，这样地理标志权也就是地理信息资源产权的一个组成部分。

三 地理信息资源产权与版权、地理标志权的关系

（一）地理信息资源产权与版权

1. 地理信息资源产权的大部分内容可以归属于版权（著作权）

根据《著作权法》第十六条第一款第一项的规定，地图、计算机软件等地理信息属于著作权保护的范围。根据《著作权法实施条例》第四条第一款第十二项规定，反映地理现象、说明事物原理或结构的地图、示意图等作品，都属于著作权保护的范围，或更简要地说都属于著作权。地理信息都是"反映地理现象、说明事物原理或结构"的各种形式的地图、示意图或说明。或者说地理

信息大部分是以地图形式出现的，或以地图为载体转化而来的。例如，当代海量地理信息都是从航片、卫片等地图形式转换为数据形式。因此绝大部分地理信息都由著作权法所保护，这部分地理信息资源产权就属于著作权的组成部分。

2. 著作权在知识产权中属于创作成果权利

著作权与专利权一样都属于知识产权中的创作成果权利，即作为知识产权客体的著作作品和专利，它们本身就是商品，可以通过技术中介直接转化为产品、服务和管理等社会财富。同样作为著作权客体的这部分地理信息也具有这种转化功能，也属于知识产权中的创作成果权利。

（二）地理信息资源产权与地理标志权

1. 地理标志权就是地理信息资源产权

如上所述，地理标志是某地理空间上商品质量、信誉或其他特征的符号标志。而地理信息的含义就是指那些直接、间接与地理空间位置分布有关的自然、经济与人文等方面的物质、事实、事件、现象和过程描述的总和，不论这些信息是以何种形式的载体提供的。更简单地说，地理信息就是指那些具有特定空间位置上事物特征的符号标志。而地理标志中所说的地域、地区、地方都是特定的地理空间，地理标志中所说的商品质量、信誉都是指该空间位置上事物的特征。因此地理标志就是地理信息，由于作为国际法和国内商标法所保护的地理标志就是一种知识产权，即地理标志权，那么地理标志权也就是地理信息资源产权。在国内法律中，地理标志权属于商标权的重要组成部分，或者说这部分地理信息资源产权是商标权的一部分。

2. 作为地理标志权的地理信息资源产权属于知识产权中的识别标志权利

地理标志权是商标权的组成部分，而商标权在知识产权中属于识别标志权利。或者说地理标志作为地理信息概念与地图作为地理信息概念的区别是：地理标志作为地理信息，它本身不是商品，而是商品的替代符号；而地图作为地理信息既是特定地理空间事物特征的替代符号，其本身又是商品。

作为商标权客体的地理标志是特定地理空间上某种商品的符号，它的功能是作为它所替代商品的识别标志。地理标志与真实商品的关系是一种虚与实的关系，如果两者一一对应，那么消费者所购买的商品就是正宗的商品。可见，地理标志的功能是维护消费者的合法权益，避免买到假冒伪劣商品；而地理标志权的权利主体也从消费者的消费中取得了经济利益。

（三）还是地理信息资源产权这个名称更符合其含义

从上述的分析可知，如果称地理信息资源版权，按照我国港、澳、台对版权的理解，是指出版社所享有的专有权，而不是概念本身含义中所指作者对作品享有的专有权，就容易引起概念的混淆；虽然我国大陆把版权与著作权界定为同义词，然而著作权也只包含地理信息资源产权中的创作成果权利这部分知识产权，仍然没有概括地理信息资源产权的全部内容。因为作为地理信息资源产权组成内容的地理标志权在知识产权中属于识别标志权利，这部分地理信息资源产权在我国属于商标法所保护的范畴。总之，不论著作权、版权，还是商标权都无法全部概括地理信息资源产权概念的全部含义。地理信息资源产权属于知识产权的组成部分，而知识产权才可以概括、包容所有的著作权、商标权等全部内容，因此，唯有地理信息资源产权这个名称才能真正符合概念本身的含义。

如果同时使用地理信息资源产权与版权这个名称，虽然意思并没有错，也能概括概念的全部含义，但是在逻辑上或文字上总是显得啰嗦、累赘，因为版权是知识产权的组成部分，二者是大概念与小概念之间的关系，既然大概念可以概括小概念，也就没有把大概念与小概念并列使用的必要。

第二节　对地理信息资源产权含义的讨论

一 产权与地理信息资源产权的一般含义

（一）当前经济学界对产权的认识

由于市场经济制度建立在商品经济交换的基础上，而所谓商品交换，实质上就是产权权利的交换。如果不首先明确界定产权的归属关系，以及产权人享有的权利内容，就无法进行交换，市场经济制度必将瓦解。

从经济学的层次上说，产权的核心概念就是产权权利主体享有对产权客体的交换权利。经济学家对产权这种新概念的分析，是20世纪30年代后期才开始的，到1960年科斯才把产权新概念纳入西方经济学的体系。这里之所以称之为产权新概念，是因为在亚当·斯密的古典和正统经济学中，其核心内容一直沿用法学上的所有权。

为什么经济学家要用产权来替代所有权这个法律概念呢？经济学家通过大量的调查研究得出两个对市场经济发展具有重大意义的结论：一是市场经济运作的失败，大体上都是由产权界定不明确所引起的；二是能够最为明确地行使产权权利的是私人产权，因此西方学者认为明确界定私人产权是寻找优化体制的基础。

在我国，产权概念的提出是20世纪80年代经济体制改革后的事了。我国经济学家认为《民法通则》规定的占有、使用、收益和处分等所有权的四项权能，已经不能完全解决国有企业改革中面临的深层次问题。

我国经济学家对产权概念大致有三种不同的理解：第一种认为产权就是所有权，是所有权的另一种译法；第二种认为产权概念大于所有权，它包括所有权及其派生的经营权、使用权，也包括物权、债权和股权；第三种认为产权概念小于所有权，产权仅指作为商品交换、经营中的那部分财产，或者说产权包括在所有权之中，是所有权用来作为商品交换、经营中所包含的使用、收益和处分的那部分权利。

（二）当前法学界对产权的认识

对所有权的界定是传统民法的核心内容，也是法学家研究的基本任务之一。西方学者认为所有权一词最早出现在罗马法中，其法律含义是"对物享有完全的权利"，在《查士丁尼安法典》中对所有权已有完整的界定。当前我国把所有权界定为一种民事权利，是权利主体依法对该客体享有占有、使用、收益和处分的权利。

法学界通常把产权理解为所有制在法律上的体现，即产权是在一定所有制条件下，国家法律赋予资源所有者享有支配该资源的权利。至于产权概念与所有权的比较，大致也有上述三种观点：产权就是所有权；产权概念大于所有权概念；产权概念小于所有权概念。

可见法学界对产权新概念的认识也是不同的。经济学界与法学界对产权各种不同的认识应如何协调或统一呢？我们认为应以经济目的为核心内容，以法律规定为依据，才能统一人们不同的认识。说得具体些，确定产权的目的是为了进行商品交换，只有产权主体享有对资源客体的交换权利，才能激励其对资源的增值并促进经济的发展，这是确定产权权利内容的目的所在。

学术界对产权概念可以自由争论，然而法律对产权概念的界定，却具有法律效力，是人们行为必须遵循的准绳。1993 年《国有资源产权界定和产权纠纷处理暂行办法》中规定："产权系指财产所有权以及财产所有权有关的经营权、使用权等财产权，不包括债权。"《物权法》第二条第三款规定："本法所称物权，是指权利人依法对特定的物享有直接支配和排他的权利，包括所有权、用益物权和担保物权。"

（三）地理信息资源产权的一般含义

从上述法律、法规对产权的界定可知，产权的基本含义是指财产所有权及与所有权密切相关的其他财产权利。

虽然财产的种类繁多，但作为传统民法却分为有形财产和无形财产两大类。有形财产包括动产和不动产，货币与有价证券通常划入动产范畴，这类财产通称为物权。无形财产包括知识和信息，在知识产权法中通称为知识产权。可见财产权大致包括物权和知识产权两大类。至于债权则是物权和知识产权等权利主体在行使法律规定的权利内容时，与其他人在签订契约中，当事人之间所产生的特定的权利和义务关系。其中，享有权利的人是债权人，负有义务的人是债务人。可以说产权是经济主体经营该资源时依法享有的权利，而债权就是经济主体在经营该资源时必不可少的经营工具。

在我国知识产权法中，《专利法》规定专利人享有对该专利的独占权、许可实施权、转让权等；《商标法》规定商标权人享有对该商标的独占使用权、许可使用权、商标转让权、续展权；《著作权法》规定著作权人享有对该著作的人身权和财产权，其中财产权包括复制权、发行权、出租权、展览权、表演权、放映权，并获得报酬的权利。《担保法》规定："下列权利可以质押：（三）依法可以转让的商标专用权、专利权、著作权中的财产权。"由我国知识产权法及相关法律的规定可知，知识产权也包括所有权、转让权、许可使用权和质押权。

地理信息资源产权作为知识产权的组成部分，除财产权外还有人身精神权。地理信息资源产权的人身权包括对地理信息资源的发布权、署名权、修改权和保护数据完整权；地理信息资源产权的财产权包括对地理信息资源的所有权、持有权、经营权、转让权、许可使用权、质押权和收益权。

二 地理信息资源产权的经济含义

不论是产权还是所有权，都是一个法律概念，具有三个相同的结构要素：一是资源等特定财产是产权法律关系的客体，是产权主体享有权利的标的或对象；二是产权主体，是资源及财产的归属专有人；三是产权的权利内容。从经济学的层次上说，其核心内容是产权主体享有对资源的交换权利。这三个要素是包括地理信息资源产权在内的所有产权最一般的含义或者内容。

（一）从资源经济学层次上看地理信息资源产权的含义

界定资源产权的归属关系，以及产权主体享有的权利，目的是为激励产权人加快把资源转化为生产力等财富的速度。为什么对产权的界定可以起到这种作用呢？这是因为经济主体要把资源转化为市场经济中的商品，并取得最大利润，就必须寻找并遵循自然界和经济界中存在的客观规律性，才能达到自己的目的。

要使资源转化为社会财富，必须按照下列公式进行，即

$$资源 \xrightarrow[\text{交换}]{\text{技术}} 产品$$

资源转化为产品必须借助各种技术工具。例如，要把土地资源转化为农产品等社会财富，其利润的多少既与土地的数量以及气候、土壤等自然条件有密切联系，也与所投入的肥料的种类、种子的品质等因素有关，更与工艺、技术工具等有关，尤其是与土地资源的配置有关。例如，土地资源是种粮食作物还是经济作物，是作为农业用地还是建设用地，其收益是大不相同的。对资源的合理配置，是提高资源经济效益最基本的途径。而要实现合理配置，物尽其用，则只有通过交换才能实现。换句话说，交换是提高资源经济价值最重要的途径，这是由于自己使用资源，最多只能取得加工增值部分的收益；而通过交换才能实现收益的最大化，这是由于通过交换取得的交换价值，是在资源合理配置基础上产生的。

这里必须特别指出，经济学上所说的加工增值与交换增值，同下文法学上所说的用益物权具有使用价值，担保物权具有交换价值的含义是不同的。法学上所说的交换价值是指通过抵押等担保方式所取得交换价值；而经济学上所说交换价值是指通过转让、出租和抵押等方式所取得的交换价值，注意不要混淆二者的含义。

资源转化为财富，不仅与资源的数量、质量有关，而且更与资源的转化速度有关。一般地说，资源转化为财富的多少，大致与资源本身的数量、质量成正比，而与资源转化为财富的周期平方成反比，或者说与转化速率的平方成正比。简单的实例是农业社会中，土地转化为农产品的周期通常是以几个月或年为单位，因此农业社会财富的积累是以加法进行的；而工业社会和信息社会是通过机械化、电气化与信息化等技术，使资源转化为财富的周期就大大缩短，从而使社会财富以乘法或指速率进行积累。而在资源转化为财富的过程中，交换又起到重要的作用。其中的道理商人最为清楚，例如，战国后期大商人吕不韦问其父，做什么事最为赚钱，其父回答，做买卖十倍于种田；吕不韦又问，如果做国君的买卖，其利如何？回答是奇货可居。

从资源经济学上分析，地理信息资源具有资源的一般特性，又具有自身的特性。从资源转化为财富一般模式的分析中可知，地理信息资源之所以具有产权的一般属性，就在于地理信息资源具有经济上的有用性和稀缺性，就在于经济主体可以通过信息技术把地理信息资源直接或间接地转化为社会财富。产权主体取得地理信息资源的目的，就是为了取得经济上和精神上的某种收益权。一句话，地理信息资源作为产权的含义，就在于地理信息资源具有价值与使用价值；并且产权人可以通过技术的控制使资源转化为社会财富。地理信息资源作为产权客体是产权主体之所以要获取、使用地理信息资源的目的所在。

地理信息资源除具有资源的一般特性外，还具有自身的特性。仅从资源的商品属性上说，地理信息资源使用时，不排他而具有共享性；在使用过程中，不耗损而具有创新增值性；地理信息不具实体属性，却能替代所有实体。地理信息资源的这些特性，都为资源转化为社会财富提供了无比广阔的客观空间。

不论是资源的一般商品属性，还是地理信息资源特殊的商品属性，虽然它们都可以通过技术直接或间接地转化为社会财富，但其转化效率的高低，却存在着巨大的区别。要提高资源的转化率，大致有两个方法：一是经济主体必须认识并按照资源的客观规律行事，这就要求制定地理信息标准；二是必须要有正确的政策，以激励经济主体寻找各种最有效的转化技术和方法。从产权政策的层次上说，不仅要求有明确的归属关系和保护政策，而且必须要有激励和保护经济主体对地理信息资源的共享与增值创新政策。

（二）从制度经济学层次上看地理信息资源产权的含义

上面分析了资源转化为社会财富是通过加工增值与交换增值来实现的，并且交换增值又是社会财富积累的最重要的方法。为什么商品交换可以加速资源转化为财富的速度呢？这是由于资源转化为财富除依靠作为产权客体资源的数量与质量外，更主要的是取决于产权主体自身的努力或积极性，即追求利润最大化是驱使经济主体积极性的最大动力。

在我国战国晚期，人们已经认识到商人利润是农民的十倍。商品交换可以调动人们积极性，从而加快财富的积累，其依据包括以下几点：

一是从资源本身来说，同一种资源对不同人有不同的用途或需求。

二是从人的角度上说，不同人有不同的特长、技术与爱好，不同的人只有找到他们各自合适的工作岗位，才能发挥他们最大的积极性，从而取得利润的最大化。

通过资源交换，既可以使物尽其用，而且可以使人尽其材。而不是韩非子所想象的，既然商人利润最大，那么大家都去从商，结果土地荒芜，因此要重农抑商。商品经济的功能就在于可以通过这只无形之手来实现物尽其用和人尽其才。

三是可以大大加速资源转化为财富的速度。资源交换可以同时加速资源的物质运作过程和资源的资本运作过程。所谓资源转化中的物质运作，是指资源通过技术加工、生产制造出各种产品的过程；而通过转让、出租等交换形式，可以使资源得到合理配置，即物尽其用，而达到加快财富积累的目的。资源的资本运作，是指包括技术、知识、资源、货物、服务等都可以作为商品在市场中进行交换；与此同时，所有的实物、技术、知识产权、土地使用权、厂房等都可以通过评估作价、核实财产，并折合为资金股份，进行上市交易，这就是资本运作。

在企业中，对资源的加工制作等物质运作最缺乏的是资金，只要有资金，就可以买到原材料，应用新技术与知识产权，就可以扩大再生产，使资源转化为财产过程中的物质运作与资本运作实现良性循环。这个过程既包括物尽其用，也包括人尽其才。

可见商品交换或商品经济可以加速资源转化为财富的奥秘，就在于社会财富的积累数量既与资源的数量、质量成正比，更与资源转化为财富的速度平方成正比。商品交换既可以促使经济主体扩大资源开发利用数量，提高资源质量，而且更重要的是可以加速资源转化为财富的速度。

如果说资源具有经济价值性是资源转化为社会财富的内在原因，是经济主体开发利用资源的目的动力；那么资源具有商品交换性，则是加速资源转化为社会财富的最重要的手段，同样是经济主体对资源追求的目的动力，而且是更强大的动力，因为经济主体的利润已从加法、乘法增加到指数率。资源具有商品交换性特征，又必须依靠产权政策来激活，而不会自动产生，即要求产权政策必须赋予产权主体享有对资源的交换权利，资源的这种交换功能才能实现。

从制度经济学的层次上看，如果能建立一个具有激励机制的制度，就能够调动经济主体的积极性，就可以促使所有人为自己也为社会创造最大财富，就是一个好的制度；同样道理，如果所建立的制度，是一个抑制经济主体积极性的制度，也将是造就大批懒汉的制度。

在产权中建立激励制度是所有激励制度中最基本、最普遍的激励制度。而产权中的激励政策又集中表现在鼓励产权人对资源进行商品交换。生产和交换都是制度经济学中的所有制问题。制度经济学或所有制研究的核心内容是通过分配或者交换来激励生产，如果是平均分配，就起不到对生产者的激励作用。

从制度经济学上说，产权的含义是指在明确产权归属的前提下，产权人必须具有行使对资源交换的支配权，这是激活产权人积极性、驱使产权人创造最大利润的基本动力。地理信息资源产权同样具有产权的这个基本含义，如果说作为商品的地理信息资源产权与一般资源产权有不同的话，那就是一般商品在使用时具有排他性和可耗损性，而地理信息资源却具有共享性和可创新增值性。因此产权政策对地理信息资源产权人的激励所产生社会财富的数值就更大。从这个意义上说，地理信息资源产权的经济含义是创建一个良好的市场交换环境，从而最大限度地把地理信息资源的经济价值转化为现实的社会财富。

三 地理信息资源产权的法律含义

(一) 产权法律含义的核心是确定产权的权利内容

从制度经济学层次上所分析的产权含义，已经表明交换增值是产权增值最重要的方法，它可以最大限度地把地理信息资源的经济价值转化为现实的社会财富。要实现经济上的这种转化，就必须建立一套激励政策或法律制度。

那么通过市场商品交换的正面经验，以及通过经济学理论的分析，都共同表明唯有建立一套对经济主体具有激励作用的产权制度，才能实现把资源最大限度地转化为社会财富。这样一种好的制度，就必须通过政策或法律把它固定下来，这就是上层建筑必须反映经济基础的本质属性，才能保护并促进社会经济的快速发展。因此设定产权主体享有对资源行使充分的交换权，就成为地理信息资源产权法律含义的核心内容。

在地理信息资源产权的内涵或结构要素中，地理信息资源是社会经济发展重要的生产力要素，是经济主体取得人身权和财产权等报酬的根本来源，也是经济主体为此所进行的一系列活动的动力依据。经济主体在地理信息资源的加工增值与交换增值等活动中，所形成的各种生产与分配关系，就是所有制或生产关系。要确保地理信息资源的加工增值与交换增值同时可以达到最佳程度，以确保社会生产力能持续、高速发展，就必须实行地理信息资源产权主体的多元化政策，以及对产权客体的地理信息资源实行商业化运作的政策，这种政策或法律就是上层建筑。这三个要素的和谐统一就是上层建筑可以保护并促进地理信息产业发展的重要保证。换句话说，当代地理信息产业的发展是以地理信息资源为基础，以地理信息技术为推动力，以地理信息商品为中心，以政策为导向，以法规制度为保证，并且只有这些要素有机组合，才能确保地理信息产业可以持续高速的发展。

作为生产力要素的地理信息资源，作为所有制或生产关系的地理信息资源产权主体的多元化归属关系，以及作为法律关系的地理信息资源产权主体享有对地理信息资源进行商品交换的权利内容，并且是这三者的有机组合，才是本书所说的地理信息资源产权的含义，缺少其中某一个要素，都不是完整意义上的地理信息资源产权的含义。

(二) 地理信息资源产权权利内容设定的基本依据

产权的权利内容属于上层建筑的范畴。国家上层建筑的功能是保护并促进社会经济能够持续高速的发展，其中保护并促进生产力发展就是上层建筑最基本的功能。

如上所述，首先，作为上层建筑组成部分的产权权利内容要起到保护与促进生产力发展的作用，其前提条件是必须反映作为生产力要素的自然资源的自然规律性，以及作为生产关系的产权主体的需求目的性或价值规律性。同样，制定地理信息资源产权的权利内容，也必须依据自然资源的一般特性与地理信息资源的特殊性。自然资源一般特性与地理信息资源的特殊性，是本书第二章所重点讨论的内容。其次，设定地理信息资源产权的权利内容，也必须遵循价值规律的基本原理，这是本书第三章所讨论的基本内容。总之，设定地理信息资源产权的权利内容的基本依据，是自然规律和经济规律等客观规律。

第三节　地理信息资源产权的组成结构

一　客体理论是地理信息资源产权制度的基础

客体理论是物权、知识产权制度的基础，也是地理信息资源产权制度的基础。从产权的概念与结构的分析可知，物体、知识与地理信息等自然资源与智力资源要成为产权客体，其前提是这些资源能够成为财产。资源成为财产的要件是必须具有经济价值（有用性）以及在现实技术条件下可以使用，其中有用性是财富的源泉和首要条件，稀缺性是对有用性的限制，只有稀缺性资源才具有经济价值；而具有可控制性与安全性才能为经济主体所支配和收益，这种资源才能成为财产或产权客体。客体具有经济价值才使经济主体作为财富追求的目标，自然就要创设产权制度来保护资源所有人的利益；并且产权客体的属性又决定产权的归属及权利内容的设定，这是由于资源的有用性要转化为最大化的财富，也必须以资源为基础进行深入研究，才能制定一个优良的产权制度。对地理信息资源产权客体来说，只有通过自然科学、技术科学、经济科学对地理信息是什么、有什么用、怎样用效率最高进行研究，其成果又必须依靠国家的政策、法律来确认，才能使经济主体在经济活动中予以贯彻。

地理信息之所以能成为地理信息资源产权制度的基础，是由于当代科学技术的发展，人们已经认识到地理信息已经是一种资源、财产和商品，严格地说地理信息是一种具有经济价值的稀缺、可控制与安全的资源，并且国家已确认其为一种财产和商品。

地理信息的稀缺性体现在地理信息总是有限的，而经济主体对地理信息的需求随生产发展与生活提高几乎是无限的；此外作为空间存在事物客观描述的地理信息，又需要有大量的资金、智力等投入，并且有用的地理信息需要不断更新，也需不断投入，其稀缺性的程度比一般自然资源更高。

地理信息的可调控性与安全性体现在当代的地理信息技术、软件与网络技术的发展与普及上，这使地理信息的采集、加工处理、传输、存储、下载和利用，可以实现有效的控制与安全的存储、利用。

地理信息的有用性首先体现在地理信息具有信息的三大功能属性：可使系统有序运转、可消除对客观世界认识和利用的不确定性和作为生产力的要素。

信息可以使自然、经济和社会系统有序运转，是当代信息社会赖以生存的基础。信息之所以能使系统有序运转，是由于任何一个系统都是由物质、能量和信息三者相互作用达到和谐统一的产物。在自然界，万事万物都共同遵守水往低处流的能耗最少或最省力的原理，在通过信息传递的不断反馈过程中，就可以使各种系统达到有序运转或平衡状态。例如，太阳系八大行星的运转、地球四大层次的排列、地表上的纬度地带性、经度地带性和山地高度地带性等现象。当今的社会经济系统中，人们借助于各种信息技术也可以人为建立起有效的信息控制系统，并使这些系统进行有序运转。例如，电子政务系统、电子商务系统、数字交通系统、数字农业系统、网络医疗系统和网络教育系统等，都是社会经济系统有序运转的实例。

信息可以消除对客观世界认识和利用中的不确定性，表现在对产生不确定性原因的分析及所采取的措施上。例如，通过收集、分析大量关于反映不确定性存在的信息，可以揭露不确定性存在的原因，提出相应的对策方案或设想；并借助信息控制系统的不断反馈，来达到消除其不确定性，从而使所制订的方案与真实客体及其过程相吻合。

信息的上述两个功能可以直接或间接产生经济效益，而最终的成果都是作为生产力要素的组成部分，而转化为社会财富。所以信息的第三个功能或基本功能就是生产要素，它通过信息技术与人们的智力劳动，转化为社会财富，实现人们对产权追求的目的。

总之地理信息的基本功能是一种生产力要素，可以成为资源、财富和商品，因此它可以归属于任何单位或个人所有，也可以设定各种交换权利。地理信息除具有信息的一般功能外，还具有空间位置特征，具有关系国家安全的战略性、涉及全民利益的公益性，以及作为其他信息进行空间定位的基础性特征，因此这部分地理信息必须归属于国家所有，对这部分地理信息的交换权也受到严格的限制。

二 产权多元化是地理信息资源产权制度的核心政策

确认地理信息资源产权归属于何种主体所有，从根本上说是所有制的核心内容，也是生产关系的基础，它的功能是决定一个国家的生产关系。所谓生产关系，是自然人和法人等经济主体对资源的占有关系，以及对该资源增值收益分配所产生关系的总和，是一切社会关系最基本的关系。人们要在各种社会关系中占有有利位置，过上好日子，就必须占有一定资源或取得资源产权，才能取得相应的分配利益。对资源和财产的取得又必须合法，正如《民法通则》第七十二条规定"财产所有权的取得，不得违反法律规定"。我国《宪法》规定"个体经济、私营经济等非公有制经济，是社会主义市场经济的重要组成部分"，"公民的合法的私有财产不受侵犯"，这表明我国已从宪法层次上鼓励实施产权主体多元化的政策，而《民法通则》、《物权法》和《公司法》等法律对产权多元化也有具体的规定。

所谓产权多元化是指国家制定的产权制度是明确规定产权主体不是单一的而是多个的，其中包括财产归属所有人、投资人以及所有权分离后所产生的权利主体都可以是多种类型的。例如，商业性地理信息资源的所有权主体可以归国家所有、个人所有、集体所有和混合所有（股份制公司）；地理信息资源所有权是一组权利，可以分离出多个产权主体，包括所有权人、持有权人、经营权人、许可使用权人、质押权人等多个主体。

为什么要制定产权主体多元化政策？一是可以激发全社会最大多数人的积极性，共同实现把地理信息资源最大限度地转化为社会财富；二是为使社会财富能得到公平的分配。这是高效和谐原理在地理信息资源产权制度中的应用。

地理信息资源产权主体多元化之所以能激励人们为社会制造最大财富，是客观经济规律在起作用，即人们为使自己的利益最大化，就必须进行创造性和高效率的工作。高效率的原则是人类文明进步、社会财富积累的基本动力，也是现代社会创设任何一项制度的基本依据，当然也是制定地理信息资源产权政策的依据。

地理信息资源产权主体多元化不仅可以实现地理信息资源转化为社会财富的最大化，而且也为社会财富实现公平、公正分配提供了基础。这是由于社会上大多数人成为各种不同形式的产权主体，那么他们自然就可以获得相应的收益分配；此外地理信息资源产权多元化带来了社会财富的最大化，为社会实行第二次分配提供了雄厚的经济基础，也可满足社会中弱势群体的生存与发展需要，从而给社会的和谐发展创造一个良好的环境。

在产权制度上，公平与效率或者和谐与高效是互为因果、相辅相成的。一个公平、和谐的产权主体多元化政策，就能比较公平地激励最大多数人的积极性，共同创造高效的社会财富；只有高效率才有高收益，才能在较高水平上体现收入的公平性。如果实行产权一元化以及干好干坏收入一个样，表面上看其收入分配是很公平的，但实质上是大家都过穷日子的公平。

三 交换权是地理信息资源产权制度中最关键的政策

产权的权利内容是产权结构的三大要素之一，是实现产权目的最核心最关键的要素，它是上层建筑的组成部分。产权权利内容的功能是保护、促进或阻碍生产力的发展。地理信息资源产权制度究竟是促进还是阻碍生产力的发展，就在于所制定的产权制度是激励还是抑制经济主体的积极性以及是否符合市场经济发展的规律性，这是衡量一项制度优劣的标准或依据。

依据经济发展客观规律性，对利益的追求是经济主体的基本动力，而利益需求必须依靠法律权利来保护。设定地理信息资源产权权利，只有符合经济发展客观规律性，才能激发经济主体的智力创造，才能最大限度实现把地理信息资源转化为社会财富。说得具体些，地理信息资源转化为社会财富的大小，取决于地理信息资源的数量、质量，先进的信息技术，以及市场经济制度等的有机组合。其中，增加地理信息资源数据、提高质量，以及发明、应用地理信息技术，主要是通过制定产权主体多元化来激励经济主体的创造性、积极性；市场经济制度则依靠国家政策、法律制定产权主体享有对地理信息的交换权来实现。

本书开头就提到产权的核心内涵是建立在商品交换的基础上，换句话说产权的实质权利就是交换权，没有交换权就没有产权。经济学家的产权理论，在我们日常生活中也得到广泛的应用。例如，我国有商品房与经济适用房之分，商品房是产权所有人享有转让、出租和抵押等各种交换权，也称完全产权；而经济适用房就不具有完全产权，产权人享有居住使用权和继承权，但没有交换权。

交换权之所以是地理信息资源产权制度的关键政策，就必须从资源转化为财富的经济价值量来分析。价值和使用价值在产权制度中所发挥的作用是存在重大区别的。所有权人自己占有使用该资源所产生的使用价值，与所有权人享有并行使交换权所产生的价值相比，其使用价值是微乎其微的。所有权人自己占有、使用资源，不仅资源转化为财富的周期长，而且资源不能得到合理利用，转化率低，再加上自己使用资源的目的是为自己消费与简单再生产，其财富的积累是相当有限的，例如，农业社会生产与积累的水平都很低。而商品交换可以使资源物尽其用，达到增加资源的数量，提高资源的质量来提高资源的转化率。商品交换是建立在社会分工的基础上，分工可以使人尽其才。人尽其才又可以使资源的利用、技术的发明及商品的流通等领域提升到更高的层次。此外商品交换又包括资本的运作，可为产业发展提供充足的资本，从而使农、工、商各业都得到相互促进。因此这两种方式对资源的转化周期或财富的增值积累速度是不能相提并论的。其实例是农业社会的财富按加法递增，而工业社会的财富按乘法递增，其原因除生产技术因素外，就要归功于市场经济制度，正如中国入关谈判总代表龙永图所说，市场经济体系代表人类文明的必然发展趋势。因此在地理信息资源产权权利内容中设定转让、许可使用、质押等交换权利就是最关键的政策。

商品经济之所以代表人类文明的必然发展趋势，应归功于商品作为联结生产与消费之间的中介，已经实现了商品在生产者与消费者等市场经济系统中的流动。商品的流动又驱动整个社会经济系统的流动，使一个鸡犬之声相闻，民至老死不相往来的封闭式的社会经济系统，转变为一个开放、自由流动的系统。

自然、经济和社会等系统中，流动代表生机和活力。按普里高津（L. Prigogine）的耗散结构理论，流通才能为系统输入负熵；而从更高的理论层次上说，流动的方向遵守一个宇宙和人类社会普遍规律性。正是这个共同规律性，才使自然系统和社会经济系统从低级向高级、从简单向复杂、从低级复杂向高级简单的方向发展，才使人类文明不断发展。

商品在生产者与消费者之间的流动，对消费者来说，遵循的原理是使用价值最高（优质低价），对包括生产者在内的经营者来说，遵循价值最高的原理（低投入高产出）。所有经济主体的共同点都遵循生产力最高或生活过得最好的原理或目的。要实现这个经济目的，就必须使作为生产要素的资源、资金、技术、知识产权、劳动力都可以自由流动，并且其流动又遵守从生产力低向生产力高的方向进行；而绝不是按相反方向发展。正如自然界中的水总是从高处流向低处，空气是从高气压流向低气压的地方，这是由于地心引力的存在，而自然力又遵守能耗最低的原理所造成的；如果要使水往高处流，人们就必须付出能量，通过高堤大坝进行人工提水，这是客观自然规律决定的。在经济系统中从低生产力流向高生产力，或从生活水平低向生活水平高的地方发展是经济规律决定的；如果要使人们向相反方向发展，就必须通过行政命令的方法才能达到目的。

人类文明的发展是由生产力所推动的，这是马克思主义理论关于生产力决定生产关系，经济基础决定上层建筑所论证的，即生产力的发展决定人类文明的发展。那么商品经济又如何推动生产力的发展呢？按马克思主义关于生产力的理论，劳动者通过技术工具，才把资源加工、制作成为产品（生产力）。按现代经济学的理论，包括农、工、商等企业通过对资源、资金、技术、管理、劳动力等生产要素进行有机整合才转化为生产力。生产力要素转化为生产力或社会财富数值的大小，既取决于资源、资金、技术、管理、劳动力等的数量和质量，又取决于这些要素之间的相互关系（即遵守生态系统中最小要素原理）。

如何才能使作为生产力要素的资源、资金、技术、管理、劳动力的数量最多，质量最好，并实现它们之间的最优化的组合，从而转化为最高的社会财富呢？直至今日，已知最好的方法是实行商品交换，使这些生产要素可以自由流动。这样经济主体在经济利益最大化这种吸引力的作用下，技术、资源、资金、劳动力，就必然会被吸引到这里来，并进行优化组合，从而使这个地区可以产生出最高的生产力。这也使地区之间经济发展产生不平衡，一些落后地区为赶上发达地区，就制定吸引资金、技术和管理人才的优惠政策（重新制定一个经济引力中心）来开发资源，发展生产力。这样在生产要素的不断流动中，就不断推动社会经济向前发展。相反地，如果没有流通机制，是一个封闭的社会经济系统，那么资源、资金、技术、管理、劳动力都只能处在半睡眠状态或相对静止状态，就无法使这些要素实现和谐、高效地转化为社会财富，而只能在较低的生产力水平上发展，中国 2000 多年重农抑商的农业社会就是实例。

在生产要素、商品经济与社会财富三者之间，作为资源、资金、技术、劳动力与管理的生产要素，是社会财富的源泉；社会财富是经济主体追求的目标，是社会发展、人类文明进步的支柱；而商品经济是实现生产要素转化为社会财富的基本方法，它起到催化剂的作用。用一个实例来说，单独的每一台计算机，只能作为人们智力、体力的延伸，可以起到个人生产力的作用；然而通过网络把所有计算机联结成为网络系统，它就成为全社会生产、流通和消费的经济系统，也把人们的各种社会活动都联结起来，使计算机的功能无处不在、无时不在而变得无比强大。同样，当作为一个企业生产要素的资源、资金、技术、劳动力与管理，只是这个企业的资产；然而通过商品交换，就可转变成为全社会的共同财富，从而实现社会经济的不断发展。因此设定交换权利就是地理信息资源产权最关键的政策。

第四节　对地理信息资源产权的权利内容的讨论

一 我国地理信息资源产权权利结构

我国基础性、公益性地理信息资源所有权并不进入市场流通，因而只设置权能；而商业性地理信息资源所有权则设置若干权种和权能，以确保其产权可以在市场上进行自由交易、流通。我国地理信息资源产权权利结构可以用如下简图来表示（图 8-1）。

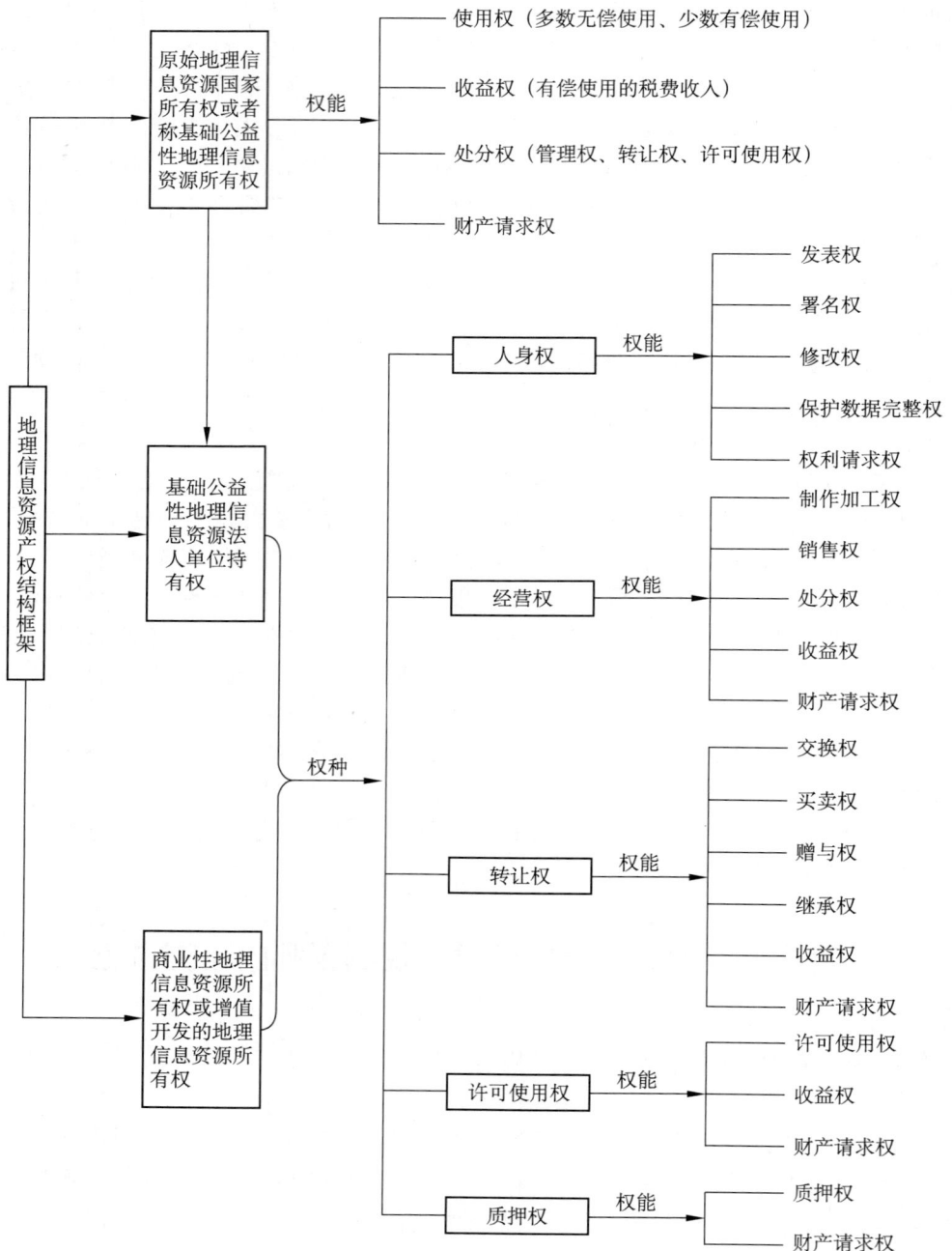

图 8-1　地理信息资源产权权利结构简图

二　我国地理信息资源产权的主要内容

(一) 地理信息资源所有权

所有权是地理信息资源产权中最完整最不受限制的权利。按照我国《民法通则》规定，地理信息资源所有权是指所有人依法对自己所有的地理信息资源享有占有、使用、收益和处分的权利。地理信息资源所有权是产权中最基本的一种权利，与所有权密切相关的其他权利，实质上是所有权人对自己所有的资源行使处分权的具体体现。

由于基础性、公益性地理信息资源所有权与商业性地理信息资源所有权具有不同特性，所以前者只设权能，而后者可以在市场上进行自由交易，因而必须在所有权基础上设置与所有权具有密切联系的若干权种。在这些权种中最基本的是人身权和财产权中的各种经营支配权及相应的收益权。

(二) 地理信息资源所有权的人身权

地理信息资源产权具有知识产权的基本特征，都是人类智力劳动的成果，所有权人具有人身精神权，且是一种永久存在的不可转让的权利。人身权包括对地理信息数据的发布权、署名权、修改权和保护数据的完整权。

(三) 地理信息资源产权的持有权

地理信息资源产权的持有权是指持有权人依法对自己持有的地理信息资源享有实际的支配权和收益权，原始持有权人还享有人身精神权。持有权与所有权的区别，在于持有权中可能有部分支配权和收益权受到一定程度的限制。

(四) 地理信息资源产权的经营权

地理信息资源产权的经营权是指产权人以营利为目的而享有对地理信息资源进行各种商业活动的权利。《民法通则》第八十一条和第八十二条授予公民、单位、法人经营管理的财产依法享有经营权。《著作权法》授予著作权人享有复制权、发行权、出租权等各种经营权。当前在地理信息企业中，大多是以地理信息资源为原材料，进行各种地理信息产品（包括软件）的制作、加工、销售和服务的商业活动。狭义的经营权包括制作加工权、销售权、服务权、处分权、收益权等。广义的经营权是指地理信息资源产权人享有行使转让权、许可使用权和质押权等各种产权交易活动的权利。

（五）地理信息资源产权的转让权

地理信息资源产权的转让权是指所有权人或持有权人通过合同方式，把自己所有的或持有的地理信息资源所有权或持有权进行转移的权利。转让的内容包括出售、交换、赠与和继承。地理信息资源所有权人和持有权人对其所有权或持有权行使转让权时，把他所享有的权利同时转让给受让人；而包括买受人、交换人、受赠人和继承人在内的受让人，就替代原来的所有权人或持有权人而成为新的所有人并享有原所有人享有的所有权或持有权。可见地理信息资源产权的转让是所有权或持有权的转让。

出售是地理信息资源所有权或持有权的买卖，其特征是地理信息资源所有权或持有权与现金的交易。交换是双方各自以自己的地理信息资源所有权或持有权为标的所进行的交易行为。如果双方的所有权或持有权不等值，则用现金进行补差，可见交换是买卖的一种形式。赠与和继承是权利人无偿把自己所有的地理信息资源所有权或持有权转移给受赠人和继承人，二者的共同特征都是无偿的；而区别是，赠与是生前行为，继承包括遗赠是身后行为。

出售、交换、赠与和继承等转让行为，均需签订相关转让合同（继承中的法定继承，可按《继承法》规定执行）。

（六）地理信息资源产权的许可使用权

地理信息资源产权的许可使用权是指所有权人或持有权人通过合同方式，许可他人在一定条件下使用所有权人或持有权人提供的地理信息资源的权利。这里所说的一定条件下是指按照合同的约定使用。同地理信息资源产权的转让权相比，许可使用权转移的只是使用权，被许可使用人不得再许可第三人使用。地理信息资源产权的许可使用权实质上是出租权，是所有权人或持有权人把自己的地理信息资源租赁给他人使用，从而获得租金。同不动产物权的出租相比，由于地理信息数据产权的出租，其标的既不耗损，又不受使用人数的限制，可以充分发挥地理信息数据共享的优势，因而地理信息资源产权的许可使用权是地理信息资源产权交易的重要形式。

（七）地理信息资源产权的质押权

地理信息资源产权的质押权是指所有权人或持有权人为筹集资金，通过合同方式把自己的或者第三人的地理信息资源所有权或持有权，用来向债权人作为履行债务担保的权利。地理信息资源质押权的法律特征：一是作为担保标的的地理信息资源所有权或持有权，可以是质押人自己所有的，也可以是第三人的，但必须是地理信息资源所有权或持有权。二是质押合同是借贷合同的子合同，因此质押权随债权的成立、转移、消灭而成立、转移、消灭。三是债权人对作为质押标的的地理信息资源产权不行使专有权，仍由债务人使用和收益，只有在债务不能履行时，才通过拍卖所设定的标的——地理信息资源所有权或持有权，并从拍卖的价款中优先清偿所欠的债务。

三　产权人行使地理信息资源产权必须借助债权

在商业性地理信息资源产权中，产权人在行使经营权、转让权、许可使用权和质押权时，必须获得许可证，并签订合同，才能实现产权交易。其中地理信息资源产权的质押权，既属于产权也属于债权，而许可证也是运用合同（债权）方法的一种法律制度。对于地理信息资源和产品的产权都是通过许可证制度来实现产权交易的，因此包括许可证在内的债权制度，同地理信息资源产权具有密切联系，是发展地理信息产业所必不可缺的基本工具。因为合同不仅是市场交易双方进行交易的准则，而且合同条款能够适应市场变化的灵活性和高效性，具有司法调整的最大优点。

第五节　对我国地理信息资源产权政策的讨论

根据地理信息资源产权的基本属性及当前我国地理信息资源产权归属现状，建议国家实施如下七项产权政策。

这七项政策在总体上可概括为四句话：国家所有，三权分立，许可使用，鼓励共享。"国家所有"指的是：基础性、公益性地理信息的资源产权主要属国家所有；"三权分立"指的是：明确划分和界定所有权、持有权和使用权等三种权利的权限，指明其适用的范围；"许可使用"指的是：在信息交易中，按双方签订的许可使用合同明确责、权、利；"鼓励共享"是政策制定的根本目的。

地理信息资源国家所有权、持有权和许可使用权等三种权利在权限上的关系，已在上一节中予以界定，说得具体些，这三种权利在权限上的关系，可以分别用国有土地所有权、使用权和出租权的权限关系来类比。即地理信息资源国家所有权的权限相当于国有土地所有权，地理信息资源持有权的权限相当于土地使用权，地理信息资源许可使用权的权限相当于土地出租权。

这七项产权政策不仅体现了我国地理信息资源产权的基本原则，即它是产权理论与地理信息资源本质属性的集中体现，而且已对这些产权原则予以具体化使其具有可操作性，是确保这些原则得以实施的相应措施和办法，因此统称其为地理信息资源产权制度。

一 对地理信息资源产权实行所有权与持有权相分离制度

对地理信息资源产权实行所有权与持有权相分离制度的建议，既从地理信息资源本身存在基础性、公益性、安全性和国家专控性等特殊性出发；也符合我国宪法和其他法律、法规的规定，特别是我国自 20 世纪 80 年代后期以来，《宪法修正案》、《民法通则》和《土地管理法》所确立的土地所有权与土地使用权相分离的制度。

二 实行投资主体拥有持有权的制度

对原始地理信息资源持有权归属实行投资主体拥有持有权制度，并对不同权利主体予以同等保护的建议，包括两个方面内容：一是地理信息资源产权实行多元化政策，并对不同权利主体予以同等保护；二是对原始地理信息资源的投资拥有持有权。本书建议，既应从当前产权归属的现状出发，也应符合我国宪法和其他法律、法规的规定。《宪法》第十一条第一款规定非公有制经济是社会主义市场经济的重要组成部分；十届人大五次会议上通过的《物权法》，也确立了对公私财产平等保护的原则。依据投资来源确定所有权归属，在国家国有资产管理局、财政部、国家工商行政管理局联合发布的"关于发布《企业国有资产所有权界定暂行规定》的通知"中，已有明确的规定；党的十六大报告中也重申了这个原则。

三 某些地理信息资源产权归属可以通过合同约定

受国家委托以及与国家合作所产生的地理信息资源产权归属，双方可以通过合同约定。建议包括两方面内容：一是国家资助并委托科研单位所产生的地理信息资源产权的归属；二是国家与企业合作所产生的地理信息资源产权的归属。而合同未作明确规定的，成果归受托及合作单位所有，而成果数据产权归国家所有。本建议的法律依据是《著作权法》第十七条的规定。

四 增值产权实行有区别的产权归属制度

对在不同产权所有人的地理信息资源基础上增值开发所产生的地理信息资源产权实行有区别的产权归属制度。建议包括两方面内容：一是在中央财政和地方财政投资生产的地理信息资源基础上进行增值开发的，政府可通过合同与开发人进行约定，也可以通过有偿使用回收部分投资成果；二是在他人地理信息资源和产品基础上进行增值开发的，双方可通过合同约定，合同未作明确规定的，原始数据与开发数据都予以保护，但开发者的权利优于原始数据拥有者的权利。

　　该建议的基本目的是最大限度地鼓励对地理信息资源的开发利用和创新。第一个方面建议的法律依据是《著作权法》第十二条、第十四条和第十五条的规定，美国也是这样规定的。第二个方面建议的法律依据是《专利法》第十二条，由于当代高新技术往往存在多个专利方案分别为不同产权人所掌握的情况，因而可依据《公司法》第四条有关"公司股东依法享有资产收益，参与重大决策和选择管理者等权利"的规定。欧盟对数据库产权也是这样规定的。第一个方面建议的地方政府所有的地理信息资源产权可以实行有偿使用的政策，是依据《测绘法》第三十一条第一款和《气象法》第三条第四款的规定。

五　对地理信息资源的保护实行许可使用制度

　　建议对地理信息资源的使用实行许可使用制度；对网络地理信息数据的使用，实行注册制度和身份验证制度，国家保护产权人的合法权益。未经地理信息资源产权人许可，为营利目的而使用其数据，属于侵权行为；未经地理信息资源产权人许可，为营利目的在其数据上进行增值开发所产生的数据产品，不论对原数据改变的分量多少，均属剽窃行为。此外还包括对地理信息资源产权中财产权的 20 年保护期，及对地理信息数据的引用实行标注制度，以保护所有人的人身权。

　　该建议对地理信息所有权中财产权保护期规定的法律依据是《专利法》第四十五条规定。保护期过长不能满足对地理信息数据需要不断更新的要求；保护期过短又难以调动投资者的积极性，起不到保护目的，初步考虑是不超过 20年。对标注制度的规定是沿用以往各种出版物中，使用他人提供数据的惯例及《著作权法》第十二条规定，目的是保护地理信息资源所有人的人身精神权利。对侵权和剽窃行为规定的法律依据是《著作权法》第四十六条、第四十七条的规定。

六　对地理信息资源的经营权实行与所有权相分离的制度

　　对地理信息资源产权的经营权实行与所有权分离制度的建议，包括四个方面：

　　(1) 国有地理信息企业实行所有权与经营权相分离制度，企业负责人享有法人所有权、经营决策权，并对经营决策后果承担责任；

（2）民营企业依法享有参与基础测绘工作的权利；

（3）地理信息资源所有权人和持有权人享有对自己所有或持有的地理信息资源行使包括转让权、许可使用权、质押权在内的经营权的权利；

（4）国家通过包括税收在内的宏观调控措施，对地理信息资源产权人的经营活动进行监管并维护经营者和消费者的合法权益。

该建议的法律依据：所有权与经营权分离的依据是《宪法》第十六条国有企业在法律规定范围内有权自主经营；十六大报告中，国有大中型企业实行规范的公司制改革的规定。地理信息资源所有人对自己所有的地理信息资源享有包括转让权、许可使用权、质押权在内的各种经营权，其法律依据是《著作权法》第十条和《担保法》第七十五条。政府对地理信息资源经营权的监管规定，是依据《宪法》第十五条第二款及《反不正当竞争法》的相关规定。对民营企业的政策规定，是依据《民法通则》第八十条、第八十一条规定，公民、集体享有对自然资源的使用权和承包经营权。

七　对涉外地理信息资源实行自然资源国家主权的制度

对涉外地理信息资源产权实行自然资源国家主权制度，建议的基本内容是：在中华人民共和国领土、领空、领海及其专属经济区内，同国外机构开展合作调查研究项目的，其原始地理信息资源所有权归我国政府所有。

该建议的法律依据是国际法中自然资源永久主权的原则，即在我国管辖范围内对地理信息资源产权享有国家主权的权利。自然资源是物权，可以享有永久权利；但地理信息资源是知识产权，具有时间性，不可能享有永久权利。

第九章

地理信息资源产权多元化政策

第一节　产权多元化概述

一　产权多元化概念

（一）产权多元化定义

产权作为经济主体对生产资料享有占有、使用、支配和收益等权利是由国家政策、法律予以明确规定的，它也是国家一项重要的财产制度。产权多元化最通俗地说，是国家制定的产权制度中明确规定产权主体不是单一，而是多个。从宏观层次上说，产权多元化是指生产资料所有制结构的多元化，即多种所有制形式并存；从微观层次上说，是指企业投资主体的多元化，从而实现产权结构的多元化。

微观上所说的产权多元化含义除由投资主体多元化引起产权结构多元化外，还包含产权组织体系的合理化。所谓产权组织体系合理化，是指不同类别产权的组合形式要合理，例如，在一个企业的产权组织体系中，应由哪几种产权构成以及它们之间比例关系如何？各类产权以何种方式组合？产权组织体系的合理化取决于生产力水平、企业所经营产业的状况和背景，以及企业所处的风险和预期收益状况，例如，竞争性企业可以由各种产权构成，但应以民企为主，必要时国企可以退出；而涉及国家战略利益及基础公益性企业则以国有产权占主要地位。

通过上述简要分析，可以给产权多元化下一定义，产权多元化是指国家确认作为人力资本和非人力资本所有者的国家、集体和个人都可以成为所有权主体，以及所有权权能经过分离与重组后产生新的产权主体的总和。

产权多元化的定义，概括了我国当前从单一的公有产权主体向多元产权主体过渡的各种形式。在宏观上包括所有国有企业产权，一大批私营产权，大批股民成为个人财产所有权人或企业的股东；在微观上包括国有企业所有权与经营权经分离与重组所形成的产权主体多元化，以及一大批股份制企业通过投资主体多元化所形成的企业产权多元化。产权多元化的内涵极为丰富，其外延随经济发展也在不断扩大。

（二）当前我国产权多元化的主要范围

当前我国产权多元化的主要范围有如下几个方面：

（1）生产资料所有权主体多元化。这是产权多元化最主要的内容，也是其他产权多元化的基础，只有生产资料可以归属于国家、集体和个人等多种产权主体所有，才能吸引各种人力资本和非人力资本的投资，才会产生其他种类的产权多元化的问题。

（2）投资主体多元化。在当前投资主体多元化是实现产权主体多元化的主要途径。自 1993 年中共中央在第十四届三中全会提出"允许属于个人的资本等生产要素参与收益分配"的新观念，从而极大地推动了我国产权多元化的进程。这是由于投资可以参与收益分配，而收益权是所有权的核心权能和基本权益，因此投资者就享有所投资额的所有权。

（3）所有权权能的分离与重组可以产生产权多元化。所有权的四项权能的分离与重组可以从所有权中产生出经营权、许可使用权和质押权等多种产权主体。

（4）不同产权主体的权与责是平等的。不同产权主体的权与责是平等的，包括两层含义，从宏观上说作为产权主体的国家与个人的地位是平等的，作为产权主体的国家不享有任何特权，因此不同产权主体的权利都受到同等保护；从微观上说，不论产权的权能如何分离与重组，所产生的各种产权主体的权利都受到保护，其权责都受到制约。

（三）产权多元化产生发展的原因

虽然自从产权制度确立以来就有产权多元化的现象，然而随着生产力水平的提高以及商品经济的发展，产权多元化的实质内容也处于不断发展中。以我国为例，历史上的土地所有制是从单一的国家所有制到多种所有制共存的过程；中华人民共和国成立后，又经历生产资料的单一公有制到当前的多种所有制共存的阶段。从所有权权能的分离与统一的实质内容看，也是处于不断变化之中。在秦代以前，虽然土地所有权属于全国最高统治者的国王所有，而在使用制度上实行所有权、持有权和使用权相分离的井田制。从秦朝到新中国成立前，土地所有权是多元化的，而在土地使用制度上却同时存在所有权与经营权合一和所有权与经营权相分离的两种情况，即除一些大地主通过租赁形式实现所有权与经营权分离外，其他农民都是所有权与经营权合一的。

发达国家，大多数是实行生产资料所有权的多元化；从微观层次上看，在自由竞争阶段都是企业所有权与经营权合一的，只有生产规模发展到一定阶段，才出现并逐步完善成为所有权与经营权相分离的股份制企业。

历史上的两权分离与当代的两权分离的实质内容是不同的，这对于我国当前经济体制改革是有意义的。历史上两权分离的实质内容是物权理论所说的租赁关系，它是拥有资源的所有权人与拥有劳动力的承租人之间在权利上的一种不对称的关系。当代股份制企业两权分离的实质内容是产权多元化，是拥有资本的资本所有人与拥有智力的人力资本所有人，共同分享企业剩余索取权与剩余控制权的一种对称关系。这种变化是由作为财富来源的生产要素已经从历史上单一的资源发展到以资源、资金为中心的资本要素与以技术、管理为中心的人力资本要素并重的商品经济现实所决定的。

从根本上说，产权多元化是由产权主体与产权客体之间的对立统一所推动的。说得具体些，产权主体要实现利益最大化的产权目的，就必须随着资源、资金、技术和劳动力等生产要素在生产力中的权重变化，通过所有权中四项权能进行重新组合，使资本所有人与人力资本所有人都能按照各自权、责来行使支配权与收益权，这样才能最大限度地调动各类产权主体的积极性，也才能实现各自的产权目的。因此产权多元化必须关注产权人对财产的支配规则，通过对所有人与使用人之间权利的分割与权益的界定，以明晰他们各自的产权关系并界定各自的权与责，从而实现资源的优化配置，即生产要素最大限度地转化为社会财富。

（四）产权多元化的基本功能

产权多元化的基本功能是通过产权激励来调动全社会最大多数成员的积极性，从而实现社会财富生产积累的最大化、高效化以及财富分配的公平化；从企业的层次上说，是通过加速资金、技术、管理等生产要素的流通速度，来提高企业对生产要素的转化效率和竞争能力。

二　所有权主体的多元化

（一）所有权主体多元化是各国最普遍的现象

所有权是指法律确认的对财产占有的权利，是所有制在法律上的体现。当代世界各国对生产资料的占有制度，虽有公有制与私有制之分，但公有制国家大多已进行经济体制改革；而私有制国家，也有大量的国有财产，特别是不动产，至于生活资料，则不论哪个国家都是私人所有的，因此各国都实行所有权主体多元化的政策。

（二）所有权主体多元化是其他产权多元化的基础

所有权主体多元化是其他产权多元化存在的基础。其中投资主体多元化的产生，是由于投资主体为了取得对该投资客体能享有所有权、持有权、使用权等权利，才会进行投资。除了对公益事业的投资外，投资主体与产权主体在投资与产权之间存在一一对应的确定性关系。

对于所有权中权能的分离与重组所产生的产权主体多元化，则是基于所有权主体对其所有的财产享有转让、出租、抵押等支配权利，所有权人为取得经济利益的最大化，在行使支配权时，就必须让出自己占有、使用的部分或全部权利。在所有权人丧失全部或部分权利的同时，也就产生了受让人、承租人和抵押权人等新的产权主体。

（三）所有权多元化权利主体的种类

由于所有权是所有制在法律上的体现，而世界各国对生产资料占有形式也只有公有与私有等两种基本形式，因此所有权也只有国家所有权与私人所有权，其相应的所有权主体就是国家与个人，以及介于国家所有与私人所有之间的集体所有，其产权主体是集体组织或单位。在市场经济中产权主体只有自然人和法人。

由于国家所有权和集体所有权中的国家和集体，都是指国家和集体中所有的人共同所有的，对这种所有权的行使，必须要有法律的规定或所有权人的授权，因此就存在着所有权权能的分离而使权利行使主体的多元化。对于同一项财产的所有权，法律规定只能有一个所有权主体，即产权归属必须明晰。但由于存在着投资主体的多元化，也就产生了多个民事主体对同一项财产共同享有所有权，即共有权。共有权主体可以包括国家、集体及多个个人。对于共有权的行使也必须按法律规定，我国《民法通则》第七十八条，以及《公司法》对此都有专门规定。

三 投资主体的多元化

如上所述，投资主体多元化是产权多元化的前提条件。为吸引与鼓励国内外的投资，我国就制定了"谁投资、谁拥有、谁收益"的政策，通过投资，投资者就享有该投资客体的所有权、持有权、经营权或使用权。当前资本所有权主体多元化是以股份公司的股权多元化为特征，特别是以上市公司的股票买卖最为典型。

（一）投资主体多元化是当代市场经济发展的客观要求

当代社会，资源、资金、技术、管理与劳动力等生产要素转化为社会财富，是依靠企业向市场提供商品和服务来实现的。而企业的唯一目标就是利润最大化，企业利润最大化与社会财富的最大化基本上是一致的。这里所说的基本上是指经济效益是一致的，至于社会效益和环境效益是否一致，就需依靠国家市场政策和法律来控制。

企业利润的最大化取决于资源、资金、技术、管理、劳动力等生产要素的数量、质量及其最佳组合。所谓最佳组合是指必须符合这些要素的最小要素的原理，即木桶效应。说得详细些，企业利润最大化，既与这些生产要素在最佳质量与最佳组合条件下的数量有关，更与这些要素转化为产品或服务的速率有关。那么企业如何才能达到这些生产要素在数量上足够而质量及其组合最佳呢？唯有通过这些生产要素可以在市场上自由交换才能实现，这是由经济客观规律所决定的。只要国家的政策、法律允许，那么这些要素就必然要向生产力最高的吸引中心聚集。这就是说以资源、资金为中心的非人力资本，以技术、管理与劳力为中心的人力资本，可以作为投资的资本而在市场中流通，即所谓资本运作，就可以为企业利润最大化，甚至是社会财富最大化提供一个良好的环境条件。

事实也证明，股市的资本运作、大量吸引社会投资等是当代社会经济得到高速发展的重要因素。社会经济的高速发展，财富的大量积累又吸引越来越多的投资者。投资主体的多元化使产权主体的多元化，这正是我国当前经济高速发展的写照。正如 2007 年 10 月中共中央十七大报告中所指出的，要"创造条件让更多群众拥有财产性收入"。据《新京报》报道，中国前证监会主席尚福林对此的解读是："财产性收入必然会涉及各种投资，除了实业投资外，还包括投资金融产品，涵盖了储蓄、债券、保险和股票等"。这表明通过投资主体多元化来实现产权多元化也是我国的基本产权政策。

（二）投资主体多元化是产权多元化的重要形式

依据国家法律规定，产权取得必须合法。我国法律规定的产权取得大致有两条基本途径：一是依照契约的约定，通过市场产权交易，包括转让权、出租权和质押权的交易取得产权；二是通过劳动收入和各种投资所取得的产权。在中共中央"创造条件让更多群众拥有财产性收入"政策的激励下，各种不同形式的投资者将成为我国产权多元化的重要形式。

在我国，由于城市土地、矿藏、水流、森林、草原、荒地、滩涂等自然资源，以及公共设施、邮电通信、军事设施与大量国有企业都属于国家所有，国家要开发利用和治理保护自然资源，兴建公共设施与科教文卫等事业，除国家的投资以外，主要就是依靠企业和个人，这些企业和个人通过投资，取得对该资源与设施的所有权、持有权和经营权。

通过投资主体多元化所产生的产权多元化，大致有三种类型：一是通过资本市场的运作，进行资本融通和产权转让，如公募、私募、兼并、收购、出售国有产权等；二是产权转型，通过不同产权主体之间的协商，将非投资类产权转为资本产权，如债权转股权、贷款改投资等；三是内部转让，如职工持股、管理层收购、实行股票期权等，从而使国有产权实现产权多元化（岳福斌，2007）。

四 所有权权能分离与重组的产权多元化

（一）所有权分离与重组是所有人利润最大化的要求

所有权是由占有、使用、收益和支配（处分）四项权能所组成的，其本质属性是支配权与收益权。因为在当代市场经济条件下，所有权人对其财产行使占有、使用时，其收益远远不如通过行使支配权所取得的收益大，特别是作为高投入且可共享的知识产权和地理信息资源产权更是如此。在经济利益最大化的驱使下，财产所有人宁愿让出部分权利（出租、质押），甚至是让出全部权利（所有权转让）。可见所有权分离与重组所产生的产权多元化是产权本质属性的反映。

（二）所有权权能分离是市场经济发展的要求

所有权权能分离是在市场交换过程中产生的，离开了市场交换，就不存在所有权权能的分离及其产权多元化。市场交换的实质是产权交换，对于知识产权和地理信息资源产权等商品交换，虽然也存在着所有权的交换，但主要的交换形式是使用权的交换，即许可使用权与现金的交易也存在着质押权的交换。由于地理信息具有可扩展性特征，通过产权交换，除了可以在原所有权基础上产生许可使用权人外，还可以产生通过加工增值部分的产权所有人，这是地理信息资源产权多元化的一条独特的途径。

五 不同产权主体的权与责是平等的

（一）不同所有权主体的地位是平等的

作为产权主体的国家、集体和个人，或者说法人与自然人，他们的地位是平等的，他们的权利都受到法律的同等保护。正如《物权法》第三条第三款的规定，"国家实行社会主义市场经济，保障一切市场主体的平等法律地位和发展权利"。为保障产权交易的公平、合理，就必须取消所有差别性歧视规定，国有主体不享有超越其他主体的"特权"，特别是行政特权。

（二）所有权权能分离产生的产权主体权责是均衡的

所有权权能分离与重组后所产生的产权主体，既包括所有权人、持有权人、经营使用权人，也包括资本所有权人（股东及其董事）与人力资本所有权人（经理）。这些不同的产权主体各自享有何种支配权与收益权，都必须通过合同予以明确规定，并且他们各自的权与责也必须受到制约，如《公司法》所规定的一套严密的组织机构。

第二节 产权多元化属性及其与企业经济发展的关系

一 产权多元化的属性

从产权多元化定义可知，产权多元化有两个基本含义：一是国家、集体和个人都可以成为所有权主体；二是所有权的权能可以分离与重组形成新的产权主体。为什么产权可以多元化呢？这是由所有权的基本属性决定的。首先，所有权作为经济所有制在法律上的反映，所有权必须反映各类经济主体在经济活动中的地位与利益；其次，所有权是一组权利，所有权的权能既可分离也可统一；最后，作为产权客体的生产要素是中性的，可以为不同主体带来剩余价值。

（一）经济主体的多元性

所谓经济主体多元性是指在当代社会的任何一个国家中，人们的经济活动都是以个人、集体（单位）和国家等形式进行的。作为经济所有制或生产关系在法律上反映的所有权，也应是多元化的，这样才能反映、推动社会生产力的发展。

（二）产权权利的可分割性

所有权的具体权利内容是由占有（专有）、使用、收益和支配等四项权能所组成的，并且这四项权能既可以统一也可以分离。这是由法律所规定的支配权所决定的。既然所有权人可以在法律规定的权限内行使包括转让、出租、质押等支配权（或交换权），那么就为所有权的分离提供了理论上与法律上的依据。而可交易性则是所有权可分割性的直接体现，即是所有权人在行使支配权时的具体内容。

（三）生产要素的中性论

资源、资金、技术、管理与劳动力等生产要素是中性的。因为生产要素转化为社会财富取决于这些要素的数量、质量及其组合，而与何种类型的产权主体并无直接关系。只要产权主体能够遵循客观规律性，并注意调动参与企业经济活动主体的积极性，就可以为企业创造更多的剩余价值。

二 产权多元化对企业经济发展的作用

产权多元化对企业经济发展具有如下几方面的作用。

（一）产权多元化是现代企业的基本机制

产权归属的界定是解决作为产权主体的人与产权客体的财产之间的关系。只有法律明确规定，社会成员通过合法手段可以取得财产的所有权及与所有权有密切联系的经营使用权、质押权与相应的收益权，社会成员才会为自己的权益而奋发有为。否则人们就不愿意承担风险或多付出，而是采用少投入少出力的方法，这是经济客观规律决定的。当代企业正是依据这个原理，通过让尽可能多的经济主体拥有企业的资本所有权与人力资本所有权等产权多元化的措施，来实现资源、资金、技术、管理与劳动力的最佳组合，并作为企业能够持续、稳定发展的基本机制。

（二）产权多元化也是商品交换的前提

产权多元化也是进行商品交换、发展市场经济的必要条件。如果只有一种国家所有权，那么所有的财产都属于国家所有，就只需通过行政划拨就可以了，而不必有商品交换，资源的优化配置以及价值规律也就失去作用。

（三）所有权权能的分离是实现其权益的最有效方法

所有权各种权能既可以合一也可以分离，并且只有所有权权能可以分离，所有权人才能实现其利益的最大化。因为只有所有权权能具有交换权，使所有权与经营使用权分离，才能发展商品经济，才能使生产要素最大限度地转让为社会财富。

（四）地位平等是市场经济主体公平竞争的基础

只有不同产权主体的地位一律平等，他们在市场经济活动中才能进行公平、公正的自由竞争。规范的市场制度下的交换是平等、自愿、没有欺骗的诚实交换，要做到平等交换，就不能有特权介入市场。不同产权主体的地位一律平等，他们各自的权利都受同等保护，这是市场经济健康发展的基础。

此外，企业中不同产权主体的权与责，也只有在平等的基础上，实现相互制约，才不会出现某一类产权主体侵犯其他主体的现象。

三　产权多元化是产权制度改革的要求

不论是公有制国家还是私有制国家，都有产权多元化改革的要求，就是同一个国家的不同发展阶段也存在产权多元化的变革。

(一) 产权多元化改革贯穿于社会发展各阶段

在人类几千年的历史发展进程中，始终存在着生产资料的国家所有权与私有权，包括某些重要商品是实行国家专卖还是向私人开放，以及所有权与经营权能否分离等制度的变革。例如，在所有权多元化中，我国历史上是从单一的国家所有权发展到所有权的多元化；从 20 世纪 50 年代初的单一公有制到 20 世纪 80 年代开始了所有权的多元化。在所有权与经营使用权分离方面，也经历了相应的变化。

我国在秦朝以前实行单一的土地国家所有权，也相应实行土地所有权与土地持有权、土地使用权相分离的制度。即国家最高统治者享有国家土地所有权，大小诸侯拥有土地持有权，按井田制由八家共耕公田后，才种自己的私田。虽然土地不能买卖，但包括官商、私商在内的市场经济仍然相当发达。从秦朝到 20 世纪 40 年代后期，基本上实行所有权多元化政策。虽然土地可以买卖、出租和典当，即土地可以实现所有权与经营权分离，但大量的小土地所有者是所有权与经营权合一的，并且从北魏到后唐曾实行均田制，对露田也是限制买卖的。这个阶段持续了 2000 多年，直至清朝灭亡都是实行重农抑商政策，商品经济的发展受到严重的抑制。20 世纪 50 年代初到 70 年代后期的 30 年中，单一公有制对应的是计划经济，市场经济也受到影响。因此从 20 世纪 80 年代为起点的所有权多元化与社会主义市场经济就拉开了国有企业体制改革的序幕。

(二) 西方国家产权多元化改革

西方国家产权多元化改革的内容是私有企业的产权多元化与国有企业的产权多元化两种形式并存。企业产权多元化改革的动力仍然是利润的最大化。

1. 企业产权多元化改革的动力

自 18 世纪中后期产业革命以来，企业就是工业经济中最基本的生产组织形式和经济主体，也是国民经济的基础。在经济全球化和网络经济高速发展的当代，企业作为国民经济基础的作用不但没有改变，而且还在加强。

作为经济组织和国民经济基础的企业，它在国民经济中的基本功能，是起着把生产对象转化为社会财富的作用，因此企业的发展及其利润，既取决于资源与劳动力，也取决于技术、资金与管理，并且在企业规模及科技水平的不同发展阶段，这些生产要素所起作用的权重也是不同的。在企业规模较小与技术水平较低的前提下，企业利润主要取决于资源与劳动力的丰度；在企业规模不断壮大与科技高速发展的前提下，资金、技术与管理所起的作用就不断增大，因此有人就形象地把企业分为四类：三流企业卖苦力，二流企业卖产品，一流企业卖技术，超一流企业卖标准。当今一些世界级领先企业已经不是依靠资源与劳动力优势，而是依靠以专利产权为基础的技术创新优势，以及以商标为基础的品牌优势，是一批能够创造和制定技术标准，让其他企业去追随、遵循的世界企业（张平等，2005）。

除技术条件外，能够获取高额利润的超级企业的第二个特点是资金雄厚与管理先进。唯有雄厚的资金与先进的管理理念，才能吸引大批优秀人才，开辟企业新方向并进行技术创新，或者购买新技术与新专利。可见创建超级企业，获取高额利润，不是一般私营中小企业所能胜任的。国有企业虽有经济实力，但体制上的缺陷导致经营和管理成本偏高和竞争力偏低。因此，不论是国企还是私企，要追求利润最大化，唯有进行企业产权多元化改革。

2. 企业产权多元化的方向是股份制

股份制是现代企业实施产权多元化最基本的生产组织形式。同公有制的国家所有权、集体所有权，以及私有制的个人所有权相比较，股份制所有权可以同时包括国家所有权、集体所有权和个人所有权等各种形式的所有权（有人称之为混合所有制或公司制），因此股份制是一种所有权多元化的所有制形式。

由多种所有权组成的股份制企业又如何进行运作呢？股份制的核心内容是企业所有权与经营支配权相分离，严格地说是资本所有权与人力资本所有权相统一，这种分离与统一是企业运作的灵魂。以股份有限公司为例，公司的所有权属于众多的股东所有，即资本所有权；而公司的经营支配权属于总经理等少数高级管理人员，即人力资本所有权。其运作方式是股东大会及其董事会决定公司的经营方针和投资计划等企业的方针大计；董事会聘请总经理主持公司的生产经营管理等日常工作；监事会负责对董事、经理的决策、经营行为进行监督。企业中所有权与经营权相分离最为典型的是股份有限公司的上市公司作为公司资本所有人的股东，其实是股份资本的出租者，总裁等少数管理者才是公司事实上的所有人。然而股东出售自己的股权也无需公司或其他股东的允许，其运作十分灵活。

股份制公司这种灵活的运作极大地推动了资本市场的资本运作，可见股份制企业包含了产权多元化所有四方面的含义，即股份制企业同时存在着所有权主体的多元化，投资主体的多元化，所有权权能分离与重组所产生的产权主体多元化，以及所有产权主体地位平等等内容，是现代企业的优化组织形式，因此中共十六大报告中，就明确提出国有大中型企业实行规范的公司制改革。

3. 国外产权多元化改革实例

国外私营企业产权多元化改革，是通过兼并、收购等方式实行企业产权多元化改革的。例如，英国和美国的第一次并购高潮都出现在 19 世纪末 20 世纪初，20 世纪 20~30 年代、50~60 年代、70~80 年代也都出现过并购高潮。并购的范围从食品到烟草、连锁超市、大众传媒、汽车、化工、银行、医药品、医院、通信、电子、石油、钢铁等产业。日本在 20 世纪 50~60 年代，企业的兼并活动大多在政府的指导和干预下进行的。仅在 20 世纪 60~70 年代的 10 年就有 9000 多个兼并企业。各国企业的兼购都是产权多元化形成发展的过程，也是企业做大做强的过程。这是由于兼购提高了市场的集中度，获取规模经济利益，减少国内过度竞争，提高了国外的竞争能力。

财产的国家所有权在世界范围内是普遍存在的，例如，英国就是一个土地公有制国家，土地所有权属于政府，使用权可在一定年限内出让。美国是一个私有制国家，但联邦政府曾一度拥有 80% 的土地。政府掌控的国有独资企业的特点是，财产所有权还具有国家行政权力的性质，这使经济权力与政治权力相互渗透或政企不分。国有企业所有权掌控在政府手中，企业没有经营自主权，也就没有经济活力，从而导致企业经营的高成本和低效益。为此自 20 世纪 70 年代末，各国开始进行国有企业的产权多元化改革。

最早进行国有企业产权多元化改革的是英国，自 1979 年开始，英国政府就出售石油公司、电讯公司的国有股份。英国对国企改革不仅清除了多年的财政负担，获得 1000 多亿英镑的收入，而且也使企业经营效率和竞争能力大大提高。德国国有企业产权多元化改革也取得良好的效果。

(三) 我国国有企业产权多元化改革

1. 我国国企产权的特征

国有企业是指国家代表全民行使所有人职能的企业。国家概念的抽象性，导致虽有产权明晰规定的国有企业，却找不到真正负责任的所有者。国有企业同一般企业相比较，在所有权上的不同特征，是由于国有企业的资本是全部或部分由国家投入的，并且是国家作为一个经济主体直接占有或经营的企业。我国国企具有如下特征或问题：

第一，国有企业具有政企不可分性，是政府机构的附属物。私有企业最基本的特征是以利润最大化为其追求的价值目标，但国有企业受国家意志的左右，往往成为国家实现国家安全、社会稳定、充分就业等非经济目的的工具。

第二，缺乏统一的产权主体或产权"虚置"。我国所有国有企业的所有者都是国家，但其所有权各项权能的行使只能通过各个具体的政府管理部门来实现。

在我国，中央大型企业工委、财政部、国有资产管理局、发展和改革委员会等政府部门，对国有企业的人事任免、资产管理、项目投资等企业活动都有最终决定权，从而成为国有企业事实上的所有权人，而享有支配权与收益权。部门利益的差异，使同时作为国有企业所有者与管理者的各个政府部门在行使监督或裁处权时，有可能失去公平，使国有企业的目标受到部门利益的左右。因为此时的政府部门兼有"运动员"与"裁判员"的两种职责，这也是人们所说的国有企业缺乏真正负责任的所有者，形成事实上产权"虚置"（卢现祥，朱巧玲，2007）。

第三，经营主体没有经营自主权。我国国有企业的所有权主体实际上是政府部门，国有企业作为国家意志或社会利益的目标，则往往为部门利益的目标所替代；并且国有企业的经营主体没有经营自主权与经济利益支配权，必须听从于其管辖政府部门的指令，从而导致经营主体不关心国有资产的保值增值。

2. 未触及产权多元化的国企改革

我国国有企业体制改革是从 1978 年底著名的三中全会开始提出来的，在《中共中央关于经济体制改革的决定》中指出："如果全民所有制的各种企业都由国家机构直接经营和管理，那就不可避免地会产生严重的主观主义和官僚主义，压抑企业的生机和活力"。为解决国有企业固有特征所带来的问题，我国从 20 世纪 70 年代后期到 80 年代中期，国有企业的体制改革大致经过扩权让利、利改税和承包制等三个改革阶段。

然而在这三个阶段中，国企体制改革效果并不理想，例如，在农村体制改革中发挥着重大作用的经营承包制，在国有企业改革中却发现许多承包者和租赁者都存在着短期行为，造成对国有企业进行"掠夺式"生产和"贪婪式"开发，结果导致企业效益下降，职工下岗现象严重。

为什么在农村体制改革中具有"立竿见影"效果的政策，却在国有企业改革中失去应有的作用呢？这是由于现代企业的本质属性，既与国有企业也与传统农业经济存在重大区别。

企业作为国民经济基础的生产组织形式，承担着把国家现有的资源、劳动力、技术、资金与管理等生产要素进行整合，并把这些要素转化为社会财富的重要职责。而现代企业的唯一目标就是把有限的资源转化为最大的财富，实现利润的最大化。现代企业要实现这个目标，就必须进行国有企业产权的多元化改革，包括所有权的多元化，投资主体的多元化，所有权与经营权分离、重组后产权主体多元化，以及不同产权主体地位平等及其权利受到同等保护。

第一，现代企业的基本功能是把国家有限资源转化成最大的社会财富。然而国有企业受国家意志，甚至是部门利益所支配，这种公有产权制度以往排斥使用资源要付费的交易规则，导致资源的严重浪费；而当前的国有产权虽然可以交易，但由于国有产权分属于不同的政府部门，并且不同部门有不同利益，也缺乏统一的交易规则和统一的交易机构，造成国有资产的严重流失。

国有企业改革首要任务是所有权主体多元化的改革，包括国企所有权理念与企业目标的变革。在理念上必须革除生产资料不能为私人占有的纯粹公有制经济观念，容纳私人资本进入国有企业。在国企目标上，必须弄清企业的任务是为国家创造财富，为此，应把承担国家意志或部门利益的国有企业改革为以追求最大利润为目标的现代企业。既然国企承担为国家创造社会财富，追求利润最大化的使命，就必须让行政行为退出国企，而使国企按照市场价值规律运作，才能有效地对资源、资金、技术、管理、劳动力等生产要素进行有效组合。这样的企业就不是单一的公有制所能胜任的，而是必须包含国有、集体和私人等混合所有制的产权多元化企业。

为什么必须按照市场价值规律对资源、资金、技术、管理与劳动力进行有机组合，而不能按人民公社那种"一大二公"的行政方式进行组织呢？这个问题已为历史与现代的社会实践所证明。首先，生产资料的归属占有是人们安身立命过好日子的基础，人们拥有自己的产权才会奋发有为。因此国有企业改革的核心内容就是把单一的国有所有权改革为所有权的多元化，如果不能触及这个要害，只进行其他方面的改革，其效果当然是有限的。

第二，现代企业要做大做强、获取高额利润的前提，是必须要有雄厚的经济实力。解决这个问题的基本方法是向社会融资，使投资者拥有自己所投资部分的产权。国有企业进行规范化公司制改革的一个重要内容，就是要通过投资主体多元化来实现企业产权的多元化，这也是企业改革必须触及的重要内容。

第三，现代企业与传统农业最大的区别是面向国内外剧烈的市场竞争，只有了解国内外市场需求及本行业发展现状，才能科学地进行投资决策和经营管理。这就需要一批具有战略头脑与专业管理才能，又具有自主决策权且敢于负责任的企业家，才能应对瞬息万变的国内外市场，才能使企业做大做强。为此要求国有企业实施所有权与经营权相分离，或资本所有权与人力资本所有权相统一的管理体制，这是国企改革的一个重要内容；并且要实行所有权与经营权分离的前提是政府部门对企业的管理权与企业所有权相分离，使政府的行政权力退出企业，使企业法人真正成为企业财产的所有人。

第四，现代企业是一个集所有权主体多元化，投资主体多元化，所有权、经营权多元化于一身的企业；但企业又能做到既稳定又灵活的运转，其关键是企业中不同产权主体的权利都受到同等保护与相互制约。因为不论是以何种形式向企业投资，都折算为统一的资金股份，每个人按其股份的多少享受权益，承担义务与风险；并且资本所有权与人力资本所有权的行使都受到严格制约或监管。这就要求国有企业的改革，必须改变国有企业的"国家利益至上"的观念，而使国企与其他企业处于平等的地位，对国企中其他非国有产权主体的权利进行同等保护，对资本所有权与人力资本所有权的行使都受到均衡制约。

3. 我国国企改革已进入产权多元化改革阶段

从中共十五大以来，我国对公有制和公有制的实现形式已有新的认识，并且已明确提出股份制和股份合作制是公有制的实现形式；还认为公有制为主体，主要体现在对国民经济的控制力上，而不是公有制经济在国民经济中所占的比例。在中共十六大的报告中，又进一步提出，国有大中型企业要实行规范的公司制改革。这表明我国国有企业改革已开始对实质内容的改革，并且也已经收到明显的改革成果。据有关方面对黑龙江、辽宁、重庆、江苏和浙江等地的调研，国有企业产权多元化改革，使企业的资本流动速度加快，资产负债率降低，技术和设备更新加快，人力与设备的闲置率和浪费大幅减少（岳福斌，2007）。

第三节　我国当前产权多元化的有关政策与法律

一 我国《宪法》的规定

（一）关于所有权多元化的规定

1. 有条件地实行所有权多元化

1988 年 4 月 12 日第七届全国人大第一次会议通过的《宪法修正案》规定："国家允许私营经济在法律规定的范围内存在和发展。私营经济是社会主义公有制经济的补充。国家保护私营经济的合法的权利和利益，对私营经济实行引导监督和管理。"这是我国首次对 1982 年《宪法》第六条规定的我国实行单一的"生产资料的社会主义公有制"的修正，首次提到可以有条件地实行所有权多元化。所谓有条件地实行所有权多元化，首先是只有在一定范围内，即只有在法律明文允许可以由私营经济进行经营的范围内存在和发展；其次，私有制经济的地位和作用只是公有制经济的补充；第三私营经济的发展受到一定的限制，是执行引导、监督和管理的政策。

2. 明确确立所有权多元化的经济制度

1993 年 3 月 15 日第九届全国人大第二次会议通过的《宪法修正案》规定："国家在社会主义初级阶段，坚持公有制为主体、多种所有制经济共同发展的基本经济制度。"这表明我国已从宪法的层次上确立了所有权多元化的经济制度。为此还把 1988 年的《宪法修正案》中"私营经济是社会主义公有制经济的补充"，再次修正为"个体经济、私营经济等非公有制经济，是社会主义市场经济的重要组成部分"。这样就把私营经济的从属地位一下子提升到国家经济的重要组成部分。

3. 对私人财产所有权的保护

1982 年《宪法》第十三条规定："国家保护公民的合法的收入、储蓄、房屋和其他合法财产的所有权。"这里所说的公民的合法的收入、储蓄、房屋，以及包括生活用品、文物、图书、牲畜等其他合法财产都是指公民个人的生活资料。可见《宪法》第十三条保护的仅是生活资料。

2004 年 3 月 14 日第十届全国人大第二次会议通过的修正案规定"公民的合法的私有财产不受侵犯"，"国家依照法律规定保护公民的私有财产权和继承权"。这里所说的国家保护公民的私有财产权则是包括生产资料和生活资料在内的所有私有财产的所有权。个人生活资料已如上述，而个人所有的生产资料则包括《民法通则》所说的个体工商户和农村承包经营户对其生产资料依法享有的所有权，私营企业以及个人所有的实业或金融产品，包括股票投资者对其财产依法享有的所有权。这表明我国对私人财产所有权的保护已从生活资料所有权发展到包括生产资料所有权的全面保护。

2004 年 3 月 14 日的《宪法修正案》还进一步对 1988 年 4 月 12 日《宪法修正案》中"对个人经济、私营经济实行引导、监督和管理"，修正为"国家鼓励、支持和引导非公有制经济的发展"。这也表明国家不仅保护公民生产资料的私人所有权，而且还鼓励、支持公民发展私有制经济，进一步发展非公有制经济，非公有制经济是社会主义市场经济的重要组成部分。

（二）关于所有权分离的规定

1. 土地所有权与使用权分离

1988 年 4 月 12 日第七届全国人大第一次会议上，通过的《宪法修正案》把 1982 年《宪法》第十条第四款"任何组织或者个人不得侵占、买卖、出租或者以其他形式非法转让土地"的规定后面，又补充规定了"土地的使用权可以依照法律的规定转让"。这表明《宪法修正案》确立了土地使用权可以与所有权相分离，这样土地使用权就可以依照法律规定进行转让。土地使用权可以转让，则为土地市场的发展提供了宪法依据，从而也确立了土地产权多元化的土地制度。

2. 公有经济企业所有权与经营权分离

1993 年 3 月 29 日第八届全国人大第一次会议上，通过的《宪法修正案》规定"国有企业在法律规定的范围内有权自主经营"和"集体经济组织在遵守有关法律的前提下，有独立进行经济活动的自主权"。"集体经济组织实行民主管理，依照法律规定选择和罢免管理人员，决定经营管理的重大问题"。这是国有企业和集体所有企业关于所有权与经营权相分离的《宪法》规定，是公有制经济企业实施所有权主体与经营权主体相分离的产权多元化制度。

二 中共中央关于产权多元化的政策

(一) 产权多元化是中央对经济体制改革的重大决策

在 1978 年 12 月 27 日著名的三中全会上，中央在经济体制改革中提出经营管理自主权，在农村推行土地承包经营责任制，在城市国有企业中推行所有权与经营权相分离的制度，开放城市土地市场等重大经济决策。又在 1987 年 10 月的十三大报告中提出股份制的产权多元化政策，为落实产权多元化政策，又提出对国有大中型企业进行规范的公司制改革等一系列经济体制改革的重大决策。

(二) 关于股份制改革的有关文件

股份制改革是实施产权多元化的核心政策。中共中央关于实行股份制改革的文件，是在 1987 年 10 月的中共十三大报告中提出的。该报告指出"改革中出现的股份制形式，包括国家控股和部门、地区、企业参股以及个人入股，是社会主义企业财产的一种组织方式，可以继续试行。"

1990 年 12 月十三届七中全会通过的《中共中央关于制定国民经济和社会发展十年规划和"八五"计划建议》中，提出要"逐步扩大债券和股票的发行，并严格加强管理"，并且要"在有条件的大城市建立和完善证券交易所"。

1993 年中共十四届三中全会《决定》提出：随着产权的流转和重组，财产混合所有的经济单位越来越多，将会形成新的财产所有结构。

1997 年中共十五大报告中提出：公有制实现形式可以而且应当多样化。要努力寻找能够极大促进生产力发展的公有制实现形式。股份制是现代企业的一种资本组织形式，有利于所有权和经营权的分离，有利于提高企业和资本的运作效率，资本主义可以用，社会主义也可以用。

1999 年中共中央十五届四中全会《决定》中提出，国有大中型企业尤其是优势企业，宜于实行股份制的，要通过规范上市、中外合资和企业互相参股等形式，改为股份制企业，发展混合所有制经济，重要的企业由国家控股。

2002 年中共十六大报告进一步提出，除极少数由国家独资经营的企业外，国有大中型企业实行规范的公司制改革，发展混合所有制经济。

2003 年中共十六届三中全会上，在《中共中央关于完善社会主义市场经济体制若干问题的决定》中提出："要通过大力发展国有资本、集体资本和非公有资本等参股的混合所有制经济，实现投资主体多元化，使股份制成为公有制的主要实现形式。"

2007 年中共十七大报告中，提出"要创造条件让更多群众拥有财政性收入"。

三　法律对产权多元化的规定

（一）《民法通则》与相关资源法对产权多元化的规定

1. 《民法通则》的规定

《民法通则》第八十条规定可以在国有和集体所有的土地所有权上设定土地使用权与承包经营权。第八十一条规定可以在国家所有的自然资源所有权上设定自然资源使用权及承包经营权。即《民法通则》规定所有权与经营使用权相分离，从而产生了所有权主体、使用权和经营权主体等产权多元化。

《民法通则》第九十四条、第九十五条规定著作权、专利权等所有权属于公民、法人；第九十六条规定商标所有权属于法人、个体、工商户、个人合伙人，表明知识产权所有权是多元化的。

2. 其他自然资源法的规定

《土地管理法》规定，国有土地所有权与土地使用权可以分离，国有土地使用权可以通过出让或划拨方式，由国有企业、集体企业与私人企业使用。

《矿产资源法》规定，矿产资源属于国家所有，并实行矿产所有权与探矿权、采矿权相分离的制度，因此矿产资源产权主体也包括所有权人、探矿权人、采矿权人。

《森林法》规定，国有森林所有权与使用权可以分离，其中用材林、经济林、薪炭林的林地使用权可以依法转让、作价入股或者作为合资、合作造林、经营林木的出资、合作条件。

（二）《城市房地产管理法》的相关规定

《城市房地产管理法》规定了国有土地使用权可以出让，通过出让方式取得的土地使用权包括地上建筑物所有权可以转让、抵押和出租。这表明《城市房地产管理法》已确立了房地产企业产权的多元化原则。

（三）《物权法》对产权多元化的规定

《物权法》第三条第一款规定："国家在社会主义初级阶段，坚持公有制为主体、多种所有制经济共同发展的基本经济制度。"第三款规定："国家实行社会主义市场经济，保障一切市场主体的平等法律地位和发展权利。"第四条规定："国家、集体、私人的物权和其他权利人的物权受法律保护，任何单位和个人不得侵犯。"

(四) 知识产权法对产权多元化的规定

1.《著作权法》的规定

《著作权法》第十一条规定，著作权主体有公民、法人或者其他组织。在我国法人包括企业法人，机关、事业单位和社会团体法人，即《著作权法》规定的著作所有权主体是多元化的。

2.《专利法》的规定

《专利法》第六条第一款规定："执行本单位的任务或者主要是利用本单位的物质技术条件所完成的发明创造为职务发明创造。职务发明创造申请专利的权利属于该单位；申请被批准后，该单位为专利权人。"第二款规定："非职务发明创造，申请专利的权利属于发明人或者设计人；申请被批准后，该发明人或者设计人为专利权人。"可见职务发明创造的专利权主体为国家、集体或民营企业，非职务发明创造的专利权主体为公民个人。《专利法》也规定专利所有权多元化。

3.《商标法》的规定

《商标法》第三条第一款规定："商标注册人享有商标专用权，受法律保护。"第四条第一款规定："自然人、法人或者其他组织对其生产、制造、加工、拣选或者经销的商品，需要取得商标专用权的，应当向商标局申请商品商标注册。"第二款规定："自然人、法人或者其他组织对其提供的服务项目，需要取得商标专用权的，应当向商标局申请服务商标注册。"可见《商标法》规定的商品和服务商标权主体也是多元化的。

(五)《公司法》对产权多元化的规定

《公司法》对企业产权多元化作了最系统、最全面的规定，说得具体些，《公司法》对产权多元化的四层含义都作了具体明确的注释。首先《公司法》规定以投资主体多元化为手段，来确保投资者享有所投资份额的所有权；其次《公司法》通过严密的组织机构实现企业所有权、经营管理权和监督权的分离和重组，从而形成企业资本所有权与人力资本所有权并存的产权多元化格局，并且不同产权主体的权与责也受到均衡制约；最后《公司法》通过按投资者出资比例来享受企业权利并承担义务，使不同产权主体的权益都受到同等保护。

从投资主体多元化来看，《公司法》第三条规定："有限责任公司的股东以其认缴的出资额为限对公司承担责任；股份有限公司的股东以其认购的股份为限对公司承担责任。"

资本的来源,股份有限公司按第七十七条规定,是"发起人认购和募集的股本达到法定资本最低限额"。有限责任公司,按第二十四条规定,是"由五十个以下股东共同出资设立"。第二十七条规定:"股东可以用货币出资,也可以用实物、知识产权、土地使用权等可以用货币估价并可以依法转让的非货币财产作价出资;但是,法律、行政法规规定不得作为出资的财产除外。"可见《公司法》的规定,是确保了公司投资主体的多元化。

从所有权主体多元化来看,《公司法》规定了投资者拥有所有权的各种权利,例如第四条规定:"公司股东依法享有资产收益、参与重大决策和选择管理者等权利"。

从所有权分离与重组所产生的产权多元化来看,不论是有限责任公司还是股份有限公司,都有一套严密的运作机制。第三十八条规定了有限责任公司的股东会可行使包括"决定公司的经营方针和投资计划"等十一项职权。有限责任公司设董事会,按第四十七条规定,"董事会对股东会负责",行使包括"决定公司的经营计划和投资方案"、"决定聘任或者解聘公司经理及其报酬事项"等十一项职权。董事会设董事长一人,可以设副董事长。

《公司法》第九十九条规定:"股份有限公司股东大会由全体股东组成。股东大会是公司的权力机构,依照本法行使职权。"《公司法》第一百一十四条规定:"股份有限公司设经理,由董事会决定聘任或者解聘。"经理可以行使包括"主持公司的生产经营管理工作"等八项职权。第一百二十四条规定:"股份有限公司设监事会,其成员不得少于三人。"监事会行使包括"检查公司财务"等职权。

《公司法》规定了股东享有自己份额的资本所有权,董事会行使企业所有权,经理行使经营权,监事会行使监督权,董事长、总经理、监事等高级管理人员享有人力资本所有权,从而构成公司产权的多元化,并且不同产权主体的权与责是相互制衡的。

从对不同产权主体地位平等,其权利受同等保护来看,《公司法》第四条规定了公司股东依法享有资产收益、参与重大决策和选择管理者等权利;第四十三条规定有限责任公司"股东会会议由股东按照出资比例行使表决权;但是,公司章程另有规定的除外";第一百二十七条第一款规定股份有限公司"股份的发行,实行公平、公正的原则,同种类的每一股份应当具有同等权利"。可见《公司法》对每一个投资者的权益都同等保护。此外,《中华人民共和国全民所有制工业企业法》(以下简称《全民所有制工业企业法》)也规定:"企业的财产属于全民所有,国家依照所有权与经营权分离的原则授予企业经营管理。企业对国家授予其经营管理的财产享有占有、使用和依法处分的权利。"

第四节　如何制定我国地理信息资源产权多元化政策

一　地理信息资源产权目的与现状对产权多元化的要求

（一）地理信息产业化对产权多元化的要求

制定地理信息资源产权政策，是为保护、促进地理信息产业的发展，加速地理信息资源向社会生产力转化的速度。要达到地理信息资源产权政策的目的，其基本措施就是必须实现地理信息资源产权的多元化。因为只有实现地理信息资源产权多元化，才能激发产权主体用最高效率来创造最大财富，也才能使社会财富得到公平的分配。在这里高效与公平就是地理信息资源产权政策制定的依据。

1. 地理信息资源产权多元化是创造社会财富最大化的基本条件

产权主体对地理信息资源的拥有、使用，是为满足自己的经济财产权和人身精神权。人们对地理信息资源的需求是巨大的，并且随着生产的发展、生活的提高，其需求量也在不断扩大。为此必须在有限的地理信息资源上设定专有权利，使产权专有人能够排除他人的侵犯而自由支配和收益其地理信息资源，这是激励人们拥有地理信息资源并通过自己智慧来实现资源转化为社会财富的基本措施。

地理信息资源产权多元化之所以能激发人们为社会创造最大的财富，其基本原因是人们为使自己的利益达到最大化，就必须进行高效率的创造性劳动。而高效原则是人类文明进步和社会财富积累的基本动力，也是现代社会制定任何一项制度的基本依据，当然也是制定地理信息资源产权政策的依据。多元化与高效率对于地理信息资源产权来说，具有天然的合理性。这是由于作为产权客体的地理信息资源具有可共享性与可挖掘性等特性，可共享性表明资源可以同时为大多数人利用，可挖掘性表明通过不同人的智力劳动，资源本身的价值也在增值，这两个方面都可以使地理信息资源转化为越来越多的社会财富。

2. 地理信息资源产权多元化是实现社会财富公平分配的基础

地理信息资源产权多元化还可以使社会财富的分配更公平和公正。由于大多数人可以成为不同形式的地理信息资源产权主体，那么这些人就可以获取相应的收益分配权利。并且地理信息资源产权多元化带来社会财富的最大化，也为社会财富第二次分配提供雄厚的经济基础，这样才能满足社会中一部分弱势群体的生存与发展需求。

从另一个角度上说，公平也是制定地理信息资源产权政策的基本依据。公平是人类文明发展中的永恒追求，也是现代社会处理人们之间关系的基石。要最大限度地调动全社会最大多数人的积极性，就必须公平、公正地分配由地理信息资源转化来的这部分社会财富，才能使不同阶层、不同利益集团的产权主体之间实现最大限度的和谐关系。

3. 地理信息资源转化为社会财富依靠企业

地理信息资源要转化为社会财富，主要是依靠企业借助于资源、资金、劳动力、技术和管理等生产要素的组合，才能设计、生产、制造出产品和服务，通过满足社会中广大人群的物质与精神需求来转化为社会财富。

此外，由于地理信息还具有可以消除对客观世界认识与利用中的不确定性，以及可以使自然与社会经济等系统进行有序运转，因此也可以由科研机构、决策管理部门，通过科学研究与决策管理直接或者间接地转化为社会财富。地理信息直接转化为生产力，是指通过科学的决策与管理，可以提高生产力而直接转化为社会财富；所谓间接转化为生产力，是指科研与管理人员通过制定一套科学、合理、可行的规划、设计、决策等方案，可以为企业的加工、生产提供基本依据，从而实现地理信息资源转化为社会财富。总之，地理信息资源转化为社会财富，主要是通过企业行为来实现的，而地理信息资源产权的多元化又是实现企业利润最大化的最有效手段。

由于地理信息具有一般资源、财产和商品的属性，可以归属于各种不同的产权主体；并且由于地理信息资源具有可共享性与可挖掘性等特征，则可以同时为不同人所使用，以及通过不同人的智力劳动来创造更多的社会财富。地理信息资源可以为不同的产权主体所拥有，并且也只有为不同产权主体所有，才能为社会创造出更多的财富。

(二) 我国地理信息资源产权现状对产权多元化的要求

1. 地理信息资源所有权多元化已初见端倪

我国商业性地理信息资源，基本上是在基础性、公益性地理信息资源基础上进行加工增值产生的。并且基础测绘是由中央和地方财政投入生产的，其所有权属于国家所有；有关国土、水利、林业、气象、农业、城市规划与建设、交通、环保、海洋、遥感等公益性地理信息资源，以及高校与科研单位承担的国家课题取得的地理信息资源，也是由中央和地方财政投入所产生的，其产权也属于国家所有，因此我国地理信息资源所有权基本上是属于国家所有的。

这里所说的地理信息资源所有权基本上是属于国家所有，是从地理信息资源本身的数量绝大多数属于国家所有的角度来讲的，但国家不是唯一的产权主体。作为地理信息资源所有权主体，还有不同所有制形式的企业与公民个人，我国地理信息资源所有权多元化已初见端倪。这是由于企业拥有部分工程测绘、房地产测绘、减灾防灾数据、公开版地图与电子版地图数据，以及对基础测绘增值服务所产生的地理信息资源产权。公民个人也拥有一部分有关地图、旅游图、工程设计图等地理信息资源产权，这是我国当前地理信息资源产权归属的一般现状特征。

2. 对地理信息资源投资的主体多元化已初步形成

我国对地理信息资源进行投资的主体，也大体上包括国家、企业和公民个人等所有不同类型的主体。虽然从投资数额来看，主要是由中央和地方政府投资和维护的地理信息资源；但仍然存在着政府与企业共同投资，以及由企业投资的地理信息资源；此外，公民个人在非职务期间对地理信息的调研、图形设计所进行与取得的地理信息资源，也属于由个人投资生产的。总之，对地理信息资源投资的主体多元化已初步形成。

3. 当前地理信息企业所有权多元化也是客观存在的

我国地理信息产业始于20世纪90年代，产业内容主要包括地理信息数据采集、加工处理和应用，以及地理信息系统软件开发和应用。在地理数据产业中，商业性地理信息数据年产值约占全国测绘产值的30%，随着地理信息产业的发展，这个比值有望不断提高。在地理信息产业中，已有大批民营企业参与。关于国有企业与私营企业所占比例，目前虽无确切统计数据，然而在地理信息系统软件企业中，民营企业占有很大比重。可见地理信息产业所有权的多元化已现实存在，并且民营企业的比重也在不断提高，这是一个值得关注的现实存在。

总之，地理信息资源产权多元化既是现实存在，也有良好基础，为加快地理信息产业的发展，就要求国家政策予以确认和保护。

二　地理信息资源产权多元化需解决的问题及其政策建议

要发展地理信息产业，使地理信息资源进入市场交易，就必须使商业性地理信息资源产权多元化。要实现地理信息资源产权多元化，就必须解决如下四方面问题并制定相应的政策。

（一）所有权多元化的问题及其政策建议

我国当前的现状，是基础性、公益性地理信息资源所有权属于国家所有。如何使国家所有的基础性、公益性地理信息资源转化为商业性地理信息资源，并且分别为国家、企业和个人所有，即如何实现地理信息资源所有权的多元化？其基本途径是使这部分地理信息资源按照商业化方式进行运作，具体方法是通过国家向企业（包括国有企业、民营企业、公司制企业）和公民个人有偿或无偿转让（严格说是出租）地理信息资源的许可使用权，而国家仍拥有基础性、公益性地理信息资源的所有权。这里所说的出租，是由于地理信息资源具有可共享性，国家可以同时向不同企业或个人转让使用权，国家拥有的地理信息资源所有权并未转让；并且地理信息资源具有可挖掘性，不同企业在使用、加工、创新中就拥有增值部分的地理信息资源所有权，实现了地理信息资源所有权的多元化。

要实现地理信息资源所有权多元化，必须解决两个问题，并制定相应的政策。

1. 对国有地理信息资源增值产权的归属

我国当前对于取得基础性、公益性地理信息资源的许可使用权，执行有区别的政策。依据国家测绘局发布的《国家基础地理信息数据使用许可管理规定》，对不同使用目的与不同使用主体分别实行有偿、优惠与无偿等不同的政策。除国家测绘局外，其他一些相关的管理部门，大体上也规定国有地理信息资源用于公益性事业实行无偿使用，而用于商业目的的，则实行有偿使用。对国有地理信息资源许可使用权实行有区别的政策，也颇受争议，并且操作性也不强。因此大多数主管部门都建议，对于基础性、公益性地理信息资源的使用，应一律实行无偿使用政策。然而不论是通过有偿或无偿等方式取得的国有地理信息资源，在经过企业或个人的加工增值以后的地理信息资源，企业或个人应该拥有增值部分的所有权。

例如，某公司所编制的电子导航地图，是在国家基础地理信息基础上，自测有关道路、交通信息等大量专业信息资源所生成的。该企业的电子导航地图是否享有自主产权呢？

解决这个问题的前提，是必须了解该公司所生成的电子导航地图是否侵犯国家基础地理信息的产权，或者篡改、歪曲国家基础地理信息的内容。如上所述，国家基础地理信息数据是受《著作权法》的保护的。依据《著作权法实施条例》第十条规定："著作权人许可他人将其作品摄制成电影作品和以类似摄制电影的方法创作的作品的，视为已同意对其作品进行必要的改动，但是这种改动不得歪曲篡改原作品。"该公司购买国家1：25万地形图是同国家有关部门签订地理信息数据使用许可协议的，当然不存在侵权的问题；另外，该公司所生产制作的电子导航地图完整保存了国家1：25万地形图上有关的行政界线、居民点与水系等制图要素，也不存在歪曲篡改原作品的问题。第二个问题就是该公司所生成的电子导航地图是否拥有自主产权呢？

依据《著作权法》的第十二条规定："改编、翻译、注释、整理已有作品而产生的作品，其著作权由改编、翻译、注释、整理人享有，但行使著作权时不得侵犯原作品的著作权。"从著作权法的规定来看，显然该公司应该拥有电子导航地图的自主产权，因为该公司所生成的电子导航地图属于《著作权法》中所说的改编原作品，其著作权由改编人享有。具体地说，电子导航地图是保留了国家基础地理信息数据的框架结构，又绘制了大量的道路、交通与相关信息点才生成新的地图。

对于这个问题，国外也有类似的规定。例如，美国对大部分国家所有的信息数据是没有产权的，但当公司或部门对该免费数据进行增值后，则该单位就拥有自主的数据产权而受到国家法律的保护。

对原有地理信息数据进行改编、增值后所产生的地理信息数据，享有自主产权的最突出优点是，这种规定反映了经济发展自身的客观规律性，当然可以促进经济的高速发展。换句话说，这种规定可以在发展地理信息产业的商业运作中，充分鼓励、调动地理信息资源产权人加速地理信息数据转化为产品、服务和管理等社会财富。

还有一种观点认为，应该根据该公司所生成电子导航地图的地理信息数据总量中，国家基础地理信息数据与该公司自己采集绘制的地理信息数据各占的份额来分享各自的产权。然而这种观点不符合著作权法的规定。按照《著作权法》第十三条规定，作品可以"有合作创作的作品"，但任一合作者在"行使著作权时不得侵犯合作作品整体的著作权"。因为作品的完整性是《著作权法》第十条所明文规定的作者的权利，况且该公司的电子导航地图不是与国家主管部门的合作作品，而是改编作品。这里所引用的著作权法的条文，只是说明为保护作品的完整性，不应该对其权利进行分割。

按照《著作权法》的规定，对改编、甚至是汇编作品，改编人和汇编人都享有自主权利；除非改编人、汇编人歪曲、篡改或抄袭原作品，从而构成对原作品的侵犯。这两者的界限或标准是所生成的新的地理信息数据必须具有新内容或者具有创意，否则就是对原产权的侵犯。例如，《著作权法》第十四条关于汇编作品，必须是"对其内容的选择或者编排体现独创性的作品"，才能视为汇编作品。依据《著作权法》的精神，如果对地理信息数据或数据库的改编、汇编或者制成新的地图时，没有生成更高精度，没有增加新的数据内容，或者所表示的要素类似于其他地图，或者没有生成自己特色的地图，而仅仅是对现有数据、数据库及现存地图的复制，这就是抄袭，就是侵权，而不能享有产权。

2. 对他人地理信息资源增值产权的归属

对于在企业或个人所有的地理信息资源基础上，进行加工增值所产生产权的归属问题，目前尚未发现市场交易的纠纷。但随着地理信息产业的发展，交易量的增加，其矛盾纠纷必然会出现，为此必须未雨绸缪，提前解决此类产权归属的问题。

在他人地理信息资源基础上增值产权的归属应如何界定？我们建议首先应由交易双方通过平等协商，并以合同形式予以确定。如果合同未作规定，则应本着效率与公平的原则，对原地理信息资源与增值地理信息资源一律予以保护，但增值者的权利优于原始数据所有者的权利。至于双方所享有权利的份额，也可以参照《专利法》与《公司法》的相关规定，实行所有权的按份共有。

（二）投资主体多元化的问题及其政策建议

前面所分析过的国家实行投资主体多元化的所有政策，对于商业性地理信息资源的投资都是适用的。然而由于商业性地理信息资源基本上来源于基础性、公益性地理信息资源，现在的问题是国家投资主体多元化政策对基础性与公益性地理信息资源的投资是否适用呢？对公益性地理信息资源的投资主体多元化大致上不存在争议，而争议的焦点是民营企业能不能对基础测绘进行投资？

民营企业能不能做基础测绘，必须解决两个基本问题：一是前提条件，即法律是否有明文禁止行为人从事该行为客体的法律条款，如果没有这种禁止性的条款存在，那么行为人就有可能从事该行为客体的活动；二是要满足准入条件，即民营企业必须具备相应的测绘资质条件及企业人员具有相应的资格证书，并遵守相关规定，才能做基础测绘。

1. 《测绘法》没有规定民营企业不能做基础测绘

在讨论发展地理信息产业的一些座谈会上，几乎一致认为《测绘法》规定，民营企业不能做基础测绘，如果做了就是违反《测绘法》的规定。究竟《测绘法》有没有这种规定呢？在《测绘法》第三章基础测绘中，用了五个条款来规范基础测绘。其中第十一条对基础测绘的性质进行定位，并对基础测绘这个概念进行法律界定；第十二条和第十三条分别对基础测绘规划和军队基础测绘规划的编制和组织实施进行规定；第十四条对基础测绘资金来源进行规定；第十五条对基础测绘成果的更新进行规定。

《测绘法》对国家测绘领域进行专门的规范，是人们进行测绘工作的行为准则。国家在测绘工作中的种类很多，但人们对测绘工作的行为方式，则仅包括应当做什么、不能做什么、有权做什么这三种类型。因此测绘法律规范也相应包括义务性规范、禁止性规范和授权性规范这三大类。在基础测绘这章中，第十一条是对基础测绘概念的界定，是规范行为客体是什么或者不是什么；第十二条和第十三条是授权性规范，即授权国务院测绘行政主管部门、军队测绘主管部门以及县级以上地方政府测绘行政部门组织编制基础测绘规划，授权国务院对全国基础测绘规划进行审批并授权上述国家机关组织实施；第十四条和第十五条是义务性规范，规定各级政府应当落实基础测绘资金，各级测绘行政主管部门应当对基础测绘成果进行更新。

《测绘法》对基础测绘的全部五条规定有两个特点：一是没有禁止性规定；二是行为主体都是国家机关，并没有规范法人、单位和其他公民的行为规范。

因为这部分内容都是国家行政机关的行政法律规范，而法人、单位和公民的行为属于民事法律行为，由《民法通则》来规定。按《民法通则》第五十五条规定，只要行为人具有相应的民事行为能力、意思表示真实、不违反法律或者社会公共利益（在这里是指《测绘法》没有禁止性规定），那么他们的行为就是合法行为。一句话，《测绘法》在基础测绘的全部五条规定中，既没有规范民营企业的行为准则，更没有禁止民营企业做基础测绘的规定。

在《测绘法》中对民营企业的行为规范，既没有禁止，也没有授权的情况下，民营企业能不能做基础测绘呢？回答是肯定的。依据是在全部三种法律规范中，只要法律没有明文禁止规定的，行为人都有权利去做，这就是法学理论中所说的剩余权利原则。具体地说，由于《测绘法》中并没有禁止的行为，那么人们去做了，当然并不违法，也没有法律依据来追究行为人的法律责任。这是由于我国追究行为人的法律责任所适用的法律依据，实行的是法定原则，而不是类推原则。当然行为人违反禁止性规范，就必须承担相适的法律责任，因为禁止性规范对任何人都具有强制性的约束力。关于授权性规范对国家机关来说也具有强制力，违背授权性规范要追究渎职罪，但对公民或者法人来说，则可以放弃法律赋予的权利。

其实民营企业开发经营包括基础测绘在内的地理信息，也是国家《宪法》和《民法通则》赋予包括民营企业在内的公民、法人和其他组织的权利。《民法通则》第八十条、第八十一条规定公民、集体享有土地使用权、自然资源使用权和承包经营权。包括基础测绘的地理信息也是一种自然资源，因此，民营企业在国家统筹规划条件下，从事基础测绘业务，也有国家相关法律作依据。

2. 民营企业也已开始进入基础测绘的实际工作中

如何理解《测绘法》第十二条"国家测绘行政主管部门会同国务院其他有关部门、军队测绘主管部门组织编制全国基础测绘规划，报国务院批准后组织实施"，以及"县级以上地方人民政府测绘行政主管部门会同本级人民政府其他有关部门根据国家和上一级人民政府的基础测绘规划和本行政区域的实际情况，组织编制本行政区域的基础测绘规划，报本级人民政府批准，并报上一级测绘行政主管部门备案后组织实施"。有人认为这是《测绘法》规定应当由测绘部门进行基础测绘的法律依据，并推论是禁止民营企业做基础测绘的法律依据。这种理解之所以不对，就在于采用推论的方法，而这种方法在适用法律方面是不对的。如上所说，我国追究行为人的法律责任，在适用法律上是依据法定原则，即必须要有明确的法律规定，才能追究行为人的违法或者犯罪，类推原则在我国已不适用了。

再进一步分析，把《测绘法》第十二条理解为民营企业不能做基础测绘，也曲解本条的内容含义。因为本条的实质内容是授权各级测绘行政主管部门组织编制基础测绘规划和组织实施基础测绘规划。或者说本条是属于行政法律关系，是国家法律授权给各级测绘行政主管部门进行组织编制基础测绘规划，并组织相关企业实施该规划的权利。这种权利是行政管理权，而不是对基础测绘进行测量工作的民事法律行为，因为对基础测绘的具体实施是由各个国有企业、集体企业或民营企业来完成的。当然各个企业、单位在对基础测绘的具体实施中，必须依据测绘行政主管部门所制定的规划，并在其组织下进行具体实施工作。

上述两项工作既存在相互联系，也存在本质上的区别。说两者的联系是指测绘企业在进行具体基础测绘工作时，必须依据测绘行政主管部门所编制的规划，并服从主管部门的管理，二者是一种管理与被管理的行政法律关系。而这两项工作的本质区别是，测绘行政主管部门的工作是行政行为，其法律调整适用行政法律规范；而测绘企业能否进行基础测绘工作是民事行为，其法律调整适用民事法律规范。具体地说，测绘行政主管部门在组织实施基础测绘时，可以通过协议、招标等方式来选择测绘企业进行基础测绘。测绘行政主管部门所管辖的国有测绘企业依然是国家基础测绘事业中一支重要的队伍，他们在技术力量、保密安全等资质方面都具有优势。然而，有民营测绘企业这支生力军的加入，也可以通过公平、公正的竞争，来完善市场机制并促进国家测绘事业的发展。国家测绘局有关同志还指出，现在已有民营企业与国有测绘企业合作，参与基础测绘。

3. 民营企业要具备什么条件才能做基础测绘

民营企业必须具备如下条件才能进入基础测绘领域。首先必须具备相应的测绘资质和资格条件。根据《测绘法》规定，从事测绘活动的单位，必须依法取得相应等级的测绘资质证书后，方可从事测绘活动。而取得相应等级的测绘资质证书又应当具备与其从事的测绘活动相适应的专业技术人员，从事测绘活动的专业技术人员应当具备相应的执业资格条件，取得相应等级的资格证书；有与其从事的测绘活动相适应的技术装备和设施；有健全的技术、质量保证体系和测绘成果及资料档案管理制度，以及国务院测绘行政主管部门规定的其他条件。测绘单位不得超越其资质等级许可的范围从事测绘活动或者以其他测绘单位的名义从事测绘活动，并不得允许其他单位以本单位的名义从事测绘活动。测绘单位不得将承包的测绘项目转包。

民营企业必须参加测绘行政主管部门组织的基础测绘项目发包会，通过投标等方式取得基础测绘承包项目，并按投标书或协议书规定的条款，从事基础测绘活动。民营企业在从事基础测绘活动中，必须遵守相关的法律规定和保密制度。虽然法律规定民营企业可以从事基础测绘活动，但民营企业能否真正承担基础测绘这个重任，就完全取决于自身的技术力量和行为素质，只有依靠自身的优势，才能在公平公正的竞争中打败竞争对手。

(三) 所有权分离重组问题及其政策建议

1. 国有地理信息资源所有权行使需解决的问题

地理信息资源所有权权能的分离与重组所要解决的问题，主要是国有地理信息资源所有权行使的问题。按照我国当前的现状，基础性和公益性地理信息资源所有权都属于国家所有，商业性地理信息资源也有相当大的部分属于国家所有，而由国有企业经营。对这部分国有财产权的行使，大致上存在着两个问题。

一是基础性、公益性地理信息资源分别由不同国家机关来管理。如何行使这部分国有地理信息资源的占有、使用、收益和处分的权利，虽然各个国家机关都有一些相关规定，但从国家层次上尚没有一个统一的规定，因此在实施中往往出现某一个国家机关管理的国有地理信息资源，其他国家机关无法使用的问题。

二是由企业或事业单位行使经营权的这部分商业性地理信息资源，则存在着企业或事业产权主体不明晰，以及市场中公平竞争机制尚未形成等问题。

所谓地理信息企业（事业）产权主体不明晰或主体缺失，是指对国有地理信息资源所有权中，包括占有、使用、收益和支配等权能的分割与行使，收益的分配，以及权与责之间如何制约等问题尚没有作过明确界定，从而使作为所有权主体的国家，作为管理权或持有权主体的国家机关，与作为经营权主体的企业之间，在权力、利益与责任的分配、行使方面都存在着一系列模糊现象。

所谓地理信息市场公平竞争机制尚未真正形成，主要是指从国家机关脱离出来的企业或事业单位，实际上在人事关系和业务关系等方面，仍与国家机关存在着"剪不断，理还乱"的关系；甚至还有一部分吃财政人头费的单位也进入市场，使公平、公正竞争基础不复存在。如果再加上行政分割所形成的市场垄断，一些行业部门不开放或变相不开放本身所管辖的市场领域，并对其所属或曾经所属的企业、事业单位的保护，那么地理信息市场的公平竞争环境，尚需等到行政权力与企业经济利益真正脱离的那一天。

2. 政策建议

对国有地理信息资源所有权的行使，建议实行三级所有权制度，分别由不同产权主体来行使所有权中的各项权能。

对国有地理信息资源所有权的行使，包括基础性、公益性地理信息资源所有权，以及国有商业性地理信息资源所有权的行使，实行所有权中各项权能的分离与重组，分别由不同产权主体行使其相关的权利。实行这项政策的前提，是对地理信息资源所有权中的权能进行分割，以及对不同产权主体所享有的支配权与收益权进行合理分配。

如何对地理信息资源所有权中的权能进行划分呢？我国现行法律是把所有权的权能，划分为占有、使用、收益和支配等四项权能。对作为国有地理信息资源所有权主体的国家来说，并不直接行使占有、使用地理信息资源这两项权能，只行使收益与支配这两项权能。其中作为所有权主体的国家，对收益权行使的内容是对地理信息资源的税费收入与作为出资人的资本分红。支配权的内容包括对企业的管理监督权与对企业投资等方针大政的决策权。国有商业性地理信息资源所有权的各项权能实际上是由企业经营主体来行使的。

依据我国目前对基础性、公益性与国有商业性地理信息资源的投资、管理与经营现状，建议一级国有地理信息资源所有权由国有资产管理委员会（目前已有这类机构，建议该机构直接隶属于全国与地方人大）作为国有地理信息资源所有权的国家主体，行使国有地理信息资源所有权的收益和支配等权利。

二级国有地理信息资源所有权，严格地说应称之为持有权，由中央与地方实际管理该资源的国家机关作为国有地理信息资源持有权的主体。其具体的权利是行使地理信息资源专有权（占有权）的转让，以及支配权中的监督管理权。对于作为公共资源或公用品的国有地理信息资源，持有权人的职责是制订规划并组织实施对地理信息资源的采集、生产和维护，以及依法向全社会提供地理信息数据。提供地理信息数据时，可以按实际支出数额收取服务成本费用。对于商业性地理信息数据，国有地理信息资源持有权人在向社会提供服务时，除收取服务成本费外，还可以依法收取一定费用，但必须上交国家财政。

三级国有地理信息资源所有权，严格地说是国有地理信息资源的使用权和经营权。对作为公共资源的国有地理信息资源来说是许可使用权，许可使用权主体是全社会所有的机关、事业、企业、社会团体等单位及公民个人；对商业性国有地理信息资源来说是经营权，国有地理信息资源经营权主体是国有企业经营人。企业经营权主体的权能，是对其所经营的地理信息资源享有专有、使用、部分收益和部分支配等完整的四项权能。这里所说的部分收益和部分支配等权利，是指收益权必须与一级所有权主体分享，支配权必须与一级、二级所有权分享。

三级所有权主体应如何分配收益权与支配权（这里只有商业性国有地理信息资源所有权才存在收益权的分配），这是政策成败的关键。从整体上说，一级国有地理信息资源所有权属于资本所有权，因为它承担着对地理信息资源进行投资的责任，其收益权包括作为国家主体的税费收入，以及作为出资人的资本所有人所享有的权益；其支配权包括作为国家主体的宏观管理监督权，以及作为出资人的投资与经营方针等决策权，具体职权可以参考《公司法》第四十六条的有关规定。

作为二级国有地理信息资源所有权主体的持有权人，实际上只行使部分的监督管理权，并不享有收益权，它是经营国有产权的中介组织。如果二级国有地理信息资源持有权人要实际行使收益权与支配权，就必须能代表国家履行出资人的职责，或者由一级国有地理信息资源所有权主体的授权。否则作为商业性国有地理信息资源持有权人只能行使监督管理权，其具体的职权可以参照《公司法》第五十四条的有关规定。

作为三级国有地理信息资源所有权主体，即地理信息企业经营权主体，属于人力资本所有权主体。企业经营权主体的支配权可参照《公司法》第五十条规定的职权行使。企业经营权主体的收益权，除获取企业规定的薪资外，还可以以人力资本要素参与红利的分配。这是由于人力资本，包括企业管理层与广大员工是企业生产力创新的重要源泉，创新是企业发展壮大的重要动力，因此人力资本应参与红利的分配。

对国有地理信息资源所有权的行使，实行三级所有权制度，实质内容是对传统所有权的权能进行分割与重组，并由不同产权主体分别来行使这些权利，因此对传统地理信息资源所有权与产权多元化的界定依据就有不同。传统所有权的界定，强调的是地理信息资源最终应归属于哪个主体所有，是静态的关系；而产权多元化强调的是所有权人、持有权人与经营权人之间权力的分割与权益的分配，是各个产权主体在权与责之间的和谐、制衡关系，其目的是实现企业利润的最大化或资源转化为社会财富的最大化。

至于国有地理信息企业中各个产权主体在权力与责任之间的制约关系，既要强调作为出资人的一级国有地理信息资源所有权主体，只要企业经营权依照国家法律规定，以及企业规定的经营方针、制度进行经营，就不要干预其具体的经营决策活动，由经营主体进行自主决策与经营；又要强调作为国有地理信息资源三级所有权的经营主体，必须按照企业规定的经营方针、制度进行经营，使企业经营主体越权或违反企业制度的经营行为能够受到制约和纠正。正如《公司法》第四十七条规定，可以聘任或者解聘企业的总经理、副总经理、财务负责人。总之在国有企业中，企业经营人对他所掌控的地理信息资源，享有充分的占有、使用、收益和处分等权利，特别是各种经营决策的自主权；然而也必须明白，经营权主体的这些权力是国有地理信息企业中作为资本所有人的国家所赋予的，作为资本所有权主体的国家也有权对企业经营主体进行监督，甚至可以撤销其经营权主体的资格。

（四）不同产权主体地位平等

1. 需要解决的问题

在地理信息资源产权多元化中，既包括不同类型的所有权主体，还包括所有权的权能分离与重组所产生的不同产权主体，这些不同的地理信息资源产权主体的地位都是平等的，因为这些产权主体的活动都是民事行为，主体地位平等是行为人民事活动的准则，也是发展地理信息产业所必需的。在这里需要解决的问题是如何对作为国有地理信息资源所有权主体的国家进行定位，以及国有主体与民营企业、公司制企业、公民个人等主体之间的关系？其关键问题是作为地理信息资源产权主体的国家，是以民事主体的身份出现的，因此不享有行政权力。这个问题之所以成为问题，是由于传统国有企业具有政企不分的产权属性，并且国有企业的所有权实际上也是由各个政府部门所掌控的。国有企业产权的这种特性，不仅严重影响国有企业正常的经营活动，而且也严重影响企业之间在公平公正基础上的平等竞争。

这种现象会不会出现在当前的国有地理信息企业中呢？最重要的问题是必须要有防患的政策措施。《物权法》第五十五条规定："国家出资的企业，由国务院、地方人民政府依照法律、行政法规规定分别代表国家履行出资人职责，享有出资人权益。"这就是说政府作为资本所有权人，享有国有企业的权益。在这里政府所享有这种权益将如何使用？全在于"依法"两个字，即必须要有政策、法律才能管住政府对所有权益的使用；如果没有政策措施，这种权益就有可能被滥用。

2. 政策建议

作为国有地理信息企业所有权主体的国家，是以民事主体身份参加企业的活动，因此不享有任何超越其他企业、个人的权限，而与企业与个人具有平等地位，特别是行政权力一定要与企业的经济利益相脱离。虽然政府可以代表国家履行出资人的职责，享有出资人的权益。但政府作为出资人向企业投入的资金来自于所有纳税人缴纳的税金，因此政府享有的经济收益，也应该收归国家财政。并且作为企业所有权主体的政府，在企业中的活动属于民事行为，与其他企业或个人享有平等的民事权利，而不享有任何行政特权。

第十章 地理信息资源的持有权政策

第一节 持有权概念的提出

持有权概念，是因为国有财产（也包括其他形式的公有财产）所有权是一个既广泛又抽象的概念，为解决国有财产所有权权利行使中一系列具体的问题而提出的。持有权权利的创设与所有权有着密切的联系，持有权是一个权种而不是所有权中的一项权能。

一 持有权权利的设定

（一）所有权的权能是不断发展的

最初的所有权就是占有权，而占有的目的是取得该地域内的资源，这种现象在动物世界中仍在继续演绎。随着生产力的发展，特别是商品经济的发展，出现转让、出租、抵押、典当等支配权，它使所有权权能中的占有、使用等权利与收益、支配等权利开始分离。

所有权权能的分离有两种形式或原因：一是所有权人为取得收益权的最大化而行使其支配权所产生的，可以称之为经济目的的所有权权能分离。二是国有财产所有权权能的分离，是由于国家是一个抽象的概念，不可能直接行使所有权中的占有、使用等权利，而必须由一些特定的自然人或法人（部门、单位）来行使；并且，国有所有权的权利客体是一个广泛且数量巨大的财产，例如，全国的土地资源，因此就必须要有一个特定部门来代表国家行使土地的划拨或有偿转让等支配权，这种所有权权能的分离可称之为行使主体的分离。

这两种形式有两个共同特点：第一，它们都是所有权人对所有权权能的具体行使方法，即所有权人要实现所有权的权益，就必须使所有权的权能产生分离；第二，它们都必须依据国家规定的政策、法律进行。

这两种形式也有不同的特点：第一，产权主体不同，国有财产所有权权能分离的产权主体必须是国家，产权分离是由产权主体的分离引起的；而为经济目的的所有权权能分离可以是各种类型的产权主体，其产权的分离是由产权权利内容的分离引起的。第二，国有所有权权能的分离是产权主体在行使权利时的分离，具体地说，是由特定的自然人或法人来代表国家行使所有权的各项权能。为了使这个自然人或法人所享有的权利与国家所有权的权利有所区别，可以给这个自然人或法人命名为持有权人。持有权人所享有的权利就是持有权，持有权不是所有权的一项权能，而是权种。为经济目的的所有权权能的分离，是所有权人为取得所有权收益最大化这个目的进行的，这两种分离存在着目的与手段的区别。

作为国有财产所有权代表的持有权人，应该享有何种权利呢？换句话说，应该如何设定持有权的权利内容呢？

（二）持有权的权利

1. 设定持有权权利的依据

在我国的民事法律与财产权法中，还没有发现有关持有权的概念，因此持有权是一种新的权利。创设一种新的权利时必须在已有权利体系中寻找其依据，它主要是应用演绎法扩大对已有权利的适用范围，使其可以涵盖新权利的要求。已有和应有的权利通常包括道德权利、习惯权利或者自然权利。法学家通常认为道德是法律权利的基础和公理性来源，而习惯权利或自然权利来源于人类及世界的本质属性，即自然权利是客观规律性的反映。

创设一种新的权利还可以通过归纳的方法，使某种利益或权利的设定符合正当性这个途径来实现。由于利益是产权主体的目的，权利又是对利益的保护。对利益的判断标准一是公平、正义，二是效率，即公平与效率是所设定的新权利是否正当的基本依据。

可见要创设地理信息资源持有权的权利内容，大致有三个依据：一是地理信息资源产权在自然、经济与社会等方面的规律性；二是公平与效率；三是现行法律的规定。例如，我国的《民法通则》第三条和第四条规定的平等，以及自愿、公平、等价有偿、诚实信用等原则。《物权法》第一条规定的效率原则，第三条规定的平等原则。因此，设定我国地理信息资源持有权权利的原则是效率、公平、平等、等价、自愿等。

2. 持有权权利的来源

持有权人所享有权利的来源是所有权人所赋予的，换句话说，持有权人是代表所有权人来行使所有权中的各项权能。可见持有权人权利的大小取决于所有权人所授予权利的大小，只要所有权人授权，持有权人就可以行使所有权中全部的四项权能，也可以只行使其中的某一部分权利。总之，持有权的权利可以等于也可以小于所有权的权利，但基本上都是小于所有权的权利，因为所有权人必须保留最终的支配权，否则就不是所有权人了。

那么，持有权权利究竟是大些好还是小些好？这主要是依据所有权人所委托任务的需要，只要作为代理人的持有人能完成所交付的任务就足够了。持有权的具体权利必须依据上述所说的效率、公平、自愿等原则，由所有权人作出具体的规定。

二 持有权概念的提出

(一) 中外历史上有关土地持有权的概念

我国历史上的西周王朝是实行土地分封制，土地在广义上是属于国家所有的。作为国家的最高统治者——国王，是全国土地所有权的唯一主体，因为"普天之下，莫非王土"，只有国王才有权"授民予疆土"。国王把土地分封给各个诸侯以及有功的贵族、臣民等，但诸侯和贵族仅享有土地的占有、使用、收益等权利，而不享有转让等支配权。诸侯和贵族其实是代表国王行使国家土地所有权的占有、使用和收益等权利，也可以称之为土地持有权，而土地持有权主体就是诸侯、贵族等特定的自然人。

在英国的历史上，也实行类似于周期的土地分封制度。英国全国所有土地在名义上也属于英王所有，英王再把土地分封或特许给贵族及有功的人。在英国享有土地的人称之为主持有人（tenant-in-chief），主持有人再把土地许可给其他人占有、使用，直接占有土地的人称为承租持有人（demesne tenant）。在这里，国王是国有土地所有权人，贵族是土地主持有权人，而直接占有、使用土地的人是承租使用权人。

(二) 当代哲学家对持有权的分析

当代哲学家，哈佛大学教授 Robert Nozick（1938～2002），认为持有权的设定，只要符合正义原理，特别是分配上的正义，那么持有权就是正当的、合理的。Nozick 所说的正义是指全社会人人都普遍遵守的规则。他采用归纳法，提出了持有权的概念，以及持有权正义性的两个依据：①凡是符合获得的正义原则，该持有人的持有资格是有权利的；②凡是符合转让的正义原则，从有资格持有人那里获得的持有资格是有权利的。除符合这两个条件外，任何人都没有资格享有持有权。总之只要最初获得和转让过程都符合正义性原则，那么持有权就具有正当性。

西方社会自文艺复兴以来，社会平等与个人自由，或者公平与效率这两个基本价值观中，Nozick 大体上侧重于效率这方面。这是由于西方国家 20 世纪 30 年代凯恩斯主义时兴的数十年中，在国有化和福利化等政策制度下，已养了大批懒汉；而在东方社会主义国家经过 70 多年的实践，也给公平与效率留下许多有益的教训。Nozick 的产权思想也有发人深省的地方（顾肃，2002）。

（三）农地持有权概念的提出

我国学者在最近几年也提出关于农用地持有权的概念（张德元，2002）。当前农用地持有权概念的提出，是为了解决我国农村土地商品化程度低，农民所享有的土地权益受到侵犯等现实问题；而长远的目的是建立一个既能稳定土地公有制，又能激励农民开发利用与治理保护农村土地积极性的产权制度。

农村土地属于集体所有，土地所有权不能在市场上交易。虽然《物权法》第一百二十八条规定"土地承包经营权人依照农村土地承包法的规定，有权将土地承包经营权采取转包、互换、转让等方式流转"，而《农村土地承包法》第十条规定："国家保护承包方依法、自愿、有偿地进行土地承包经营权流转。"但实际上农村土地仍然不能顺畅流转，目前全国流转耕地约占耕地总面积的 5%～6%，其中内地流转耕地仅占承包耕地的 1%～2%（张德元，2002）。

为什么农村土地市场未能得到发育成长呢？一些研究农村的专家认为有两个原因：一是农民未能拥有土地完整的财产权，限制了农民的民事行为能力；二是农村土地仍不能成为真正的商品（许经勇，1994；秦勇，李凤霞，2007）。

农民未能拥有完整的土地产权，其基本原因是集体土地所有权与农民土地承包经营权各自权利的行使尚未理清，或者说农村土地产权界限不明晰。同国有财产所有权归属相似，集体土地所有权主体似乎就是乡镇政府和村干部，农民土地承包经营权实际上只能附属于乡政府的土地所有权。实际上农民对土地承包经营权的行使也受到所有权主体的制约，例如，土地征用协议应该由用地者与拥有土地承包权的农民直接协商并签订，但实际上农民根本不能参与谈判协商，农民的土地权益遭受侵犯也不可避免，这为一些乡村干部挪用、贪污征地补偿安置钱款提供条件。

农村土地尚未成为真正的商品，其具体表现为：①土地实际上依然是单纯的福利品；②国家征用集体土地，一般只补偿农业损失，并不承认土地具有价值。虽然当前房地产价格猛增，一些地方政府部门往往低价征用集体所有的土地，发展房地产业。但这种情况并不属于农村土地市场的商品化，因为作为农村土地市场主体的农民并未参与市场活动，也没有从中获取收益权。

为解决农村土地产权中存在的实际问题，促进农村土地商品化的进程，一些专家建议创设农地持有权，赋予农民享有并自由支配他所持有的土地的充分权利。这里所说的农地持有权相当于大陆法系的用益物权，相当于我国法律的土地使用权，比现行的土地承包权更充分、更完整，即农地持有权可以在现有承包经营权的基础上进行充实和完善。

第二节　持有权概念的内涵

一　持有与持有权

（一）持有的含义

在《辞海》中，"持"一是指"拿着"、"握着"某种物品；二是指"主管"、"主持"某事物、某活动。"有"是"无"的对称，在这里是指有某物品、有某事物。总之，"持有"是对事、对物的一种事实上的控制支配状态。因此，"持有"包含占有、管理某物或者代理某种的权利。持有在经济关系中是一种经济利益和权利，也自然可以称之为持有权，这是由于人们能够持有某物、管理某事，就可以取得相应的利益、权利或社会地位。持有作为一种利益和权利要得到实现，就必须要有法律上的保护。例如，现在家喻户晓的股票持有人、债券持有人的权利，首先是从中共中央的产权多元化政策中提出来的，并由《公司法》等法律予以保护。在《公司法》中多次提到"持有"这个述语，第一百三十八条规定："股东持有的股份可以依法转让"；第一百四十二条规定："公司董事、监事、高级管理人员应当向公司申报所持有的本公司的股份及其变动情况，并在任职期间内不得转让"；第一百四十八条规定："国家授权投资的机构可以依法转让其持有的股份，也可以购买其他股东持有的股份"。而非法持有某物所得的收益，要受到惩罚也要有法律规定。我国《刑法》第三百四十八条规定：非法持有鸦片、海洛因或者甲基苯丙胺或者其他毒品的，就构成非法持有毒品罪，要受到刑法的处罚。可见，持有作为一种经济利益或权利，通过法律的确认，就是持有权，就是产权关系中的法律概念。

（二）持有权的含义

持有权的法律含义是指持有权人依法对其所持有的财产享有占有、使用、收益和支配的权利。持有权是一种权种而不是所有权的权能，因为持有权的权利可以包括所有权中四项权能的某一项或某几项。

本书所说的持有权是特指持有人对国有财产所享有的权利，完整地说是特指持有权人依法对其所管理的国有财产享有行使占有、使用、收益和支配的权利。这里所说的特指，也表明其他形式的所有权也可以存在持有权，例如，股票持有权就包括国有股份的持有权与私人股份的持有权。

作为国有财产持有权包括产权客体、产权主体和权利内容三个方面，国有财产持有权也具有如下特点：

持有权的产权客体是指国家所有的各种财产，包括作为为全社会普遍服务的公用品，以及作为产品流通的商品等两大类型。由于这两种国有财产的属性不同，因此持有权所归属的主体，以及不同持有权主体所享有的权利也就不同。

持有权的第一种主体是国家机关，例如，国家财政、税收部门、中央银行、国有资产管理部门和国土资源管理部门等行政主管部门。作为国有财产持有权主体的国家行政机关的职能，是对国有财产进行预算、投放、划拨、协调、回收、管理等，这些部门不直接从事生产性和商业性的经营活动；持有权的权利内容是对上述所说的国有财产进行管理。

持有权的第二种主体是事业单位、社会团体和军事部门，这些单位或部门作为持有权主体，是对国家划拨、投放的国有财产，包括不动产、固定资产等进行管理，以便完成国家交付的特定任务。第一种主体与第二种主体的区别：①第一种主体对国有财产持有权只享有或行使管理权；②第二种主体对其持有的国有财产主要行使占有、使用与管理等权利。这两种持有权主体的共同特点是都不享有商品交换权。在国家机关、事业单位之间发生的国有财产转移，其所有权并没有变化，依然属于国家所有，但持有权发生变更，即持有权主体变化了。

持有权的第三种主体是国有经济企业及股份制企业中的国有股份持有人。这种国有财产持有权主体同第一种持有权主体的区别是第一种持有权人只对国有财产权行使管理、划拨等权利，并不直接行使对国有财产的占有、使用等权利。同第二种持有权主体相同的是对国有财产行使占有、使用及部分管理等权利。与上述两种主体都不同的是国有企业还享有商品交换权。

严格地说，国有企业并不具有国有财产持有权主体的资格，因为国有财产的持有权主体要么由国有资产管理委员会统一承担，要么由国家授权的各个国家行政管理部门承担，国有企业只行使对企业的经营权。至于国有股份的持有权，可以由投资管理机构作为股权主体的代表，也属于这类国有财产持有权主体的范围。在股份制企业中，股东持有的股份是属于所有权还是持有权？从《公司法》规定看是属于持有权，虽然股东作为股权主体，享有投票权与分红权；但股东数量众多无法行使决策权与经营权，即企业的决策权在董事会，经营权属于经理，监督权属于监事会，因此股东的股权是属于持有权。

持有权的第四种主体是个人或私营企业，当这些个人与企业依法持有国有财产时，也就成为国有财产持有权主体。这种持有权主体的特点是持有权与使用经营权相统一，并且还享有把国有财产作为商品进行交换的支配权。因此第四种持有权主体所享有的权利最充分，可以包括所有权的占有、使用、收益和支配等四项权能。然而由于其财产的所有权主体是国家，因此国家对持有权权利的行使仍有权作出相应的限制，但也必须依法才能作出限制。我国历史上的周王朝及历代封建王朝所分封的诸侯王都是国有土地的持有权主体，但他们不享有对封地的支配权。

在当代,《民法通则》中规定"公民、集体依法对集体所有的或国家所有由集体使用的森林、山岭、草原、荒地、滩涂、水面的承包经营权",对国有矿藏的采矿权,国有土地的使用权都属于持有权。因为各类自然资源的承包经营权、采矿权、土地使用权的占有、使用者,不仅享有占有、使用等权利,而且还享有转让支配权。例如,《矿产资源法》第六条规定:"已取得采矿权的矿山企业,因企业合并、分立,与他人合资、合作经营,或者因企业资产出售以及有其他变更企业资产产权的情形而需要变更采矿权主体的,经依法批准可以将采矿权转让他人采矿。"因此,这类国有资源的承包经营权、采矿权、土地使用权已不仅仅是所有权权能中的占有、使用等权利,而是已经成为一个新权种。上面已提到民营企业对基础测绘进行投资,可以享有持有权,它也属于这种持有权主体。

二 持有权与相关权利的比较

(一) 持有权与所有权

持有权与所有权的区别是由于对同一产权客体的不同权利内容分别由不同产权主体来行使所引起的。所有权是财产权利的本体权,其他权利都是由所有权派生出来的。所有权的特点包括:一是必须体现该财产的经济权利和精神权利依法归属于何种主体所有,所有权主体可以是国家、集体和个人;二是所有权的权利最完整、最不受限制,即所有权完整地包括占有、使用、收益和支配等四项权能,虽然所有权的各项权能可以依据所有权人的意志和利益发生分离,但并不导致所有权人丧失所有权,这是由于所有权人可以通过行使支配权来控制和实现其所有权的权益。这表明所有权是一种独占的支配权,所有权人可以依法行使各种支配权,其中包括对持有权的行使。

持有权是受财产所有权主体委托,而由持有权人代理行使所有权中某些或者全部的财产权利。持有权与所有权的区别主要体现在产权主体与产权权利这两个方面。

1. 产权主体的比较

从产权主体上说,所有权主体与持有权主体之间的关系,大体上是一种法定的委托代理关系。委托代理关系最早出现在法律领域,所谓委托代理是指委托人授权代理人代表委托人从事某种活动,并承担民事责任,于是委托人、代理人与第三人之间所形成的民事法律关系就是委托代理关系。我国《民法通则》第四章第二节就用八条来规定各种委托代理关系。

　　这里所说的所有权主体与持有权主体之间的关系是一种委托代理关系，是指所有权主体是委托人，持有权主体是代理人。所谓法定的委托代理关系，是指作为代理人的持有权人所享有的权利是依据法律规定所产生的，持有权主体必须依据法律的规定来行使其权利，如果持有权主体侵犯所有权主体的权利，所有权主体可以依法取消其持有权主体的资格。这里所说的所有权主体与持有权主体之间的关系，大体上是属于委托代理关系，它与纯粹的民事活动中的委托代理关系仍有不同的特点。民事活动中的委托代理关系，是代理人必须以委托人（即被代理人）的名义来实施其民事行为，并且在其代理权限内的代理活动所产生的一切法律所果，都由委托人承担。但是国有财产持有权主体在代表国家行使所有权的某些权利时，却是以持有权人的名义来实施的，并且持有权人也独立承担其代理活动中所产生的一切法律后果。

　　2. 产权权利的比较

　　持有权主体与所有权主体在行使其产权权利时存在着权利多少的区别。所有权主体可以行使包括占有、使用、收益和支配完整的四项权能；但持有权主体的权利是根据国有财产的特点来设定不同的权利内容。依据产权客体的特点，大致可以划分为作为公用财产的国有财产与作为商品的国有财产两大类。

　　公用财产是指为全社会所有成员共同使用的财产，例如，城市基础设施、公共道路、公共图书馆，以及基础性、公益性地理信息。公用财产不能完全作为商品出售，不能由个人享有所有权，对这类财产我国也称之为国有财产但它与作为商品的国有财产也存在着能否成为商品的区别。

　　由于公用财产具有公用性与非商品性，因此这类国有财产持有权主体所能行使的权利是对公用财产的划拨权与管理权，与所有权拥有四项权能的区别最大。严格地说，公用财产不属于产权研究的范畴，但由于公用财产涉及全社会中所有的成员，特别是对具有可共享性与可挖掘性特点的地理信息资源来说，用好这部分资源，对于我国社会经济的发展也具有重大意义，并且对地理信息资源产权还有直接与间接的关系。

　　由于作为商品的国有财产具有商品性，其持有权主体具有多元性，因此对持有权权利的规定也不同。如果持有权主体为国家机关，如国有资产委员会或其他国家行政机关时，持有权主体的权利是代表国家行使出让、收益和支配等权利；如果持有权主体为企业单位、个人和企业（包括股份制、私营等各种形式的企业），则持有权的权利内容可以包括占有、使用、收益和支配等各项权能。

　　从上述分析可知，持有权与所有权具有的共同特征是两者都是权种；持有权与所有权的区别是持有权的权利要少于所有权的权利。

　　（二）持有权与占有权

　　占有通常与所有联系在一起，最初的占有权与所有权就是同义词，随着商品经济的发展，产权关系变得复杂，才使所有权的权能多样化，可以相互分离，并且占有权与所有权可以相区别。在现代民法中，占有权仍然是所有权的重要权能。占有权是指民事主体对于财产的实际控制权。占有权能是指所有人或非所有人合法对该财产实施控制和管领的权利。占有权作为所有权的一项权能，当它与所有权统一时，就是所有权人对该财产实施控制和管领的权利，目的是取得该财产的使用价值；当它与所有权中的其他权能分离时，它就是一种独立的权利。例如，依据租赁、担保合同而转移占有权，占有者就取得占有权，可以排除第三人的干涉，甚至对抗所有权人。占有权的转移是所有权人为取得该财产的价值与增值价值所实施的行为，是符合所有权人的意志和利益的。

持有与占有在对产权客体的实际控制方面是完全一致的，但词意上仍有区别：首先，持有不仅对物，而且还表现为对事等两方面的实际控制；而占有只表现在对物的控制上，因此物权所有权的权能表述为占有权，但知识产权和信息产权的所有权则表述为专有权，这是由于知识和信息是一种无形体，不能通过占有来独享其排他的独占权，唯有借助于法律上专有权的保护。其次，占有不仅表现为对产权客体的实际控制而且主观上还要有据为己有的含义；而持有只是实际上的控制，并不以主观上有以占有意思为要件。从持有权主体与占有权主体所控制的财产来说，持有权主体所控制的财产不是持有权主体自己的，只是代理所有权人来行使一定的权利；而占有权主体所控制的财产，可以是占有权主体自己的财产，也可以是通过契约关系来合法占有别人的财产。

持有权与占有权的共同特点是对该财产实施实际控制；区别是持有权是权种，而占有权是权能。

（三）持有权与使用权

使用权是所有权中的一项权能。所有权人占有产权客体是为了使用，而使用的目的是为了取得该客体的使用价值以满足所有权人在财产上和精神上的需求。财产权客体的使用价值必须通过所有权权能中的使用权才能实现，所以使用权也是所有权的一项独立权能。

使用权作为所有权的一项独立权能，在物权法中是指对土地与房屋的租赁权；在知识产权法中是指许可使用权。例如，大陆法系国家的永佃权就是指支付佃租而永久在他人土地上进行耕作、畜牧的权利。我国在20世纪50年代以前的法律也规定有永佃权。《城镇国有土地使用权出让和转让暂行条例》规定土地使用权可以随同地上建筑物租赁给他人使用。《城市房地产管理法》规定房屋可以租赁。在我国，土地租赁和房屋租赁是不同的，即土地租赁的客体是土地使用权，而房屋租赁的客体是房屋所有权。在《著作权法》中，使用权是指包括专有使用权与非专有使用权的许可使用权。其中，专有使用权是指独家使用权，非专有使用权是可以同时许可多人同时享有使用权。在《专利法》中是使用权指专利使用权。在《商标法》中使用权是指使用许可权。

我国《物权法》中规定的建设用地使用权、《城市房地产管理法》和《土地管理法》中规定的土地使用权属于用益物权，也是这里所说的持有权，因为土地使用权已经不是所有权权能中单一的使用权，而是指非所有权人对他人土地依法享有的占有、使用、部分收益和部分支配的权利。

我国《宪法》规定"土地使用权可以依照法律规定转让"。《物权法》第一百三十五条规定："建设用地使用权人依法对国家所有的土地享有占有、使用和收益的权利，有权利用该土地建造建筑物、构筑物及其附属设施。"第一百四十三条规定"建设用地使用权人有权将建设用地使用权转让、互换、出资、赠与或者抵押"等支配权。可见《物权法》规定的建设用地使用权并不是作为所有权的一项权能，而是一个新的权种，已经包含所有权的占有、使用、收益和支配等完整的四项权能。

《城市房地产管理法》第三十一条规定："房地产转让、抵押时，房屋的所有权和该房屋占用范围内的土地使用权同时转让、抵押。"《土地管理法》第二条第三款规定："土地使用权可以依法转让。"我国法律规定的土地使用权可以转让，这使使用权人所享有的权利已经超出所有权权能中使用权的范围；并且作为所有权独立权能的使用权的功能是对财产客体取得使用价值，但我国法律规定的土地使用权的功能，不仅具有使用价值，而且可以通过转让权等商品交换权来取得价值和增值价值。因此，我国国有土地使用权是一个新的权种，而不是权能。这个新权种应有一个新的命名，以免同土地所有权权能中的使用权相混淆，这也有利于新的土地产权制度的不断完善。

前面提到我国学者已经建议把土地承包经营权改名为农地持有权。其实不仅是农村土地承包经营权，而且包括城市建设用地等土地使用权都可以统一定名为土地持有权。因为持有权是一个权种，它可以包容所有权四项权能中某一项或者全部四项权能，并且土地承包经营权与土地使用权的权利内容是大体相同的。虽然土地承包经营权是特指农户对农村集体经济所有的土地使用权，但依《物权法》第一百二十八条规定："土地承包经营权人依照农村土地承包法的规定，有权将土地承包经营权采取转包、互换、转让等方式流转。"这与第一百四十三条规定的建设用地使用权的权利内容是基本一致的。

通过上述分析，持有权与使用权最基本的区别是持有权是一个新的权种，而使用权是所有权中的一项权能。依据持有权与使用权属性的区别，以及不同产权主体的组合，大致有三种产权关系。

一是不具有使用权的持有权。例如，国家机关对国家财产拥有的持有权，就不享有对国有财产的使用权。

二是不具有持有权的使用权。对作为公用财产的国有财产，其使用权主体是全社会所有成员，包括机关、事业、企业和社会团体等单位以及公民个人；对作为商品的国有财产，其使用权主体是依法取得出租权的承租权人或许可使用权人，包括企业和个人。这些使用权主体都不享有持有权。

三是既具有持有权又具有使用权。对作为公用财产持有人的事业单位，也是该国有财产的使用权人，其持有权与使用权相重合。

（四）持有权与经营权

在《辞海》中，经营是指筹划营谋，专指经营办理经济事业，如经营商业。在当代商品经济社会中，经营系指在商品生产、流通等领域所进行的各种活动的总和。经营主体的目的是通过对经营客体的经营活动来取得使用价值和增值价值，即产权权益中所说的最大经济和精神利益。

经营权是所有权派生出来的一种权利。经营权可以由所有权主体自己行使，例如，《宪法修正案》所说的"个体经济"、"私营经济"等经营主体，《民法通则》所说的"个体工商户"、"农村承包经营户"、"个人合伙"等经营主体，都是所有权人直接行使经营权的实例。经营权也可以由非所有权人通过所有权权能的分离与重组所形成的经营权主体来行使，例如，国有企业是通过所有权与经营权的分离，即国家是企业所有权主体，企业是经营权主体，承担企业日常的经营活动。严格地说，国有企业的经营活动是所有权、持有权与经营权的分离，即国家享有企业所有权，国资委或相关国家行政管理部门享有持有权，国有企业享有经营权。对于股份制企业和私营企业或公民个人通过投资方式取得诸如国有土地使用权、基础测绘经营权，则是持有权与经营权相重合，但与所有权相分离的实例。

经营权是所有权派生以及所有权权能的分离与重组所产生的权利，经营权的权利内容包括占有、使用、收益和支配等权能。其中，收益和支配等权利要与所有权主体共同分享，但毕竟包含所有权的四项权能，因此经营权的权利内容也具有持有权相同的权利属性，二者都是一种权种，而不是权能。经营权与持有权的权利主体则是具有不同的特点，例如，经营权主体可以与所有权主体相重合，如上述所说的个体工商户、个人合伙等私营企业就是这两种主体的重合；但持有权主体必然要与所有权主体相分离，这是由持有权属性所决定的。因此持有权与经营权的不同组合中，就产生出不同的产权关系。

一是不具有经营权的持有权。有两种持有权主体在两种情况下不享有经营权：第一种情况是作为公用财产的国有财产持有权主体的国家机关和事业单位，这两种持有权主体都不享有经营权，这是由于公用财产不具有商品性所决定的；第二种情况是作为商品的国有财产持有权主体的国有资产管理委员会或国家行政主管部门，也不享有经营权，这是由于企业是实行所有权、持有权与经营权相分离的制度所决定的。

二是不具有持有权的经营权。不具有持有权的经营权主体是由国家作为投资主体所产生的众多国有企业，这些企业享有自主经营权，但是持有权是由国资委或相关国家行政主管部门行使的。上面所说的国有土地使用权的实质是国有土地持有权，如果国有企业投资经营房地产活动，由于投资主体是国家，那么其持有权是由国资委或相关国家行政管理部门行使，房地产企业只享有经营权。

三是持有权与经营权合一。持有权与经营权合一的产权关系，是由经营主体与投资主体相一致的民营企业或公民个人所享有的。例如，农村承包经营户对集体土地所享有的承包经营权，民营企业和个人对国有土地使用权进行投资所享有经营权，以及民营企业和个人对基础性、公益性地理信息资源进行投资所取得的持有权与经营权，都是持有权与经营权统一的实例。

第三节　设置地理信息资源持有权的建议

一 设置地理信息资源持有权的现实意义

通过对地理信息资源产权归属关系的界定，包括对持有权归属的界定，不仅可以调动投资者的积极性、保护他们的权益，而且可以加强对国有地理信息资源的管理、提高其共享程度及其社会经济效益。

（一）对投资者权益的保护

第九章已经分析了投资主体多元化是当代市场经济发展的客观要求，是产权多元化的基本和重要途径，是中共中央近几次代表大会所强调的政策。然而，对投资者拥有他所投资资源、财产所有权的这项基本政策，在地理信息资源产权及地理信息产业的发展中，却遇到相当大的麻烦。这是由于作为产权客体的地理信息资源，虽然与一般资源、财产、商品具有共同特征，但也具有一般财产所没有的特殊性。

地理信息资源作为一种新型的财产权，既与物权中同一物上不能同时设立两个所有权或者性质相同的用益物权不同；也与知识产权必须有智力创造有区别。作为地理信息资源产权客体的地理信息是对地理空间上客观存在物体的描述，因此，它具有客观存在性。地理信息的客观存在性对产权归属的界定及权利内容的划分具有重要意义。既然地理信息是地球空间上各类自然资源以及社会、经济、军事等设施或人工建筑物的真实描述，并且地理信息又具有可挖掘特性，因此地理信息资源在采集、生产和加工增值过程中，就可能存在多个产权的主体。以我国的现实及法律的规定来看，例如，《物权法》从第四十六条到第五十五条共 10 条规定了国有财产所有权的各种产权客体，其中包括矿藏、水流、海域、城市土地、森林、山岭、草原、荒地、滩涂、野生动植物、无线电频谱、国家文物、国防资产，以及道路、通信、管导等基础设施都属于国家所有的财产。这样对几乎覆盖全国城乡所有地方，对所有自然资源和基础设施描述的地理信息资源产权，以及对这些地理信息资源再次挖掘加工所产生的产权，可能至少存在三个产权主体：一是作为自然资源与基础设施原始所有权主体的国家；二是对这些自然资源与基础设施进行采集、生产的投资者，即初始地理信息资源产权主体；三是在初始的地理信息资源所有权基础上进行挖掘加工增值的地理信息资源增值产权主体。可见，从法理上说，同一个产权客体的地理信息，就可能同时存在三个不同的产权主体，这与物权法中对物权所有权归属的界定显然不同。

应该如何界定地理信息资源产权的归属呢？必须考虑两个基本事实：一是作为自然资源，以及社会、经济和军事设施描述的地理信息，不仅其描述载体的多数自然资源和所有基础设施本身具有基础性、公益性和国防安全性等特征，属于国家所；而且作为其描述成果的地理信息同样也具有基础性、公益性与安全性特征，因此这些地理信息资源所有权必须属于国家所有。二对地理信息资源的采集、生产过程，在当代是属于高新技术领域，必须要有巨额资金的投入，我国对地理信息资源的生产，历来也是由国家财政进行投资的。现在的基本情况是国家经济建设飞速发展，城乡面貌日新月异，用户对地理信息现势性要求不断提高。国家对地理信息生产、更新有限的资金投入与用户要求加速生产、更新速度的矛盾不断突出，这就要求有大量的社会资金参与，包括民营企业在内的资金投入。从资金的来源分析是没有问题的，问题是这些资金的投入，本身就是资本的运作，是要求有回报的；并且当前的政策是鼓励投资者进行投资，还允许投资者拥有该投资客体的所有权。但是对这部分地理信息资源的投资，投资者是不可能拥有所有权的，那么又该如何来保护投资者的权益呢？

现实的问题要求政策制定者利用地理信息资源产权不同于物权的特殊性制定相应的政策。具体地说，宜在国家具有地理信息资源所有权的基础上设置持有权，并界定与划分这两种产权主体各享有何种权利内容。首先，依据法学理论在同一地理信息资源产权客体上同时设置几个不同的产权主体，这样社会资金与民营企业对基础性、公益性地理信息资源投资所产生的所有权应该归国家所有，而民营企业及公民个人可以享有持有权。其次，必须明确划分国家所有权主体与民营企业持有权主体各自享有的权利内容。这里，国家所有权的权利主要是对投资项目的控制权、决定权，以及对持有权权利行使中的监督管理权，例如，对有关国家安全的投资生产要有特别的准入政策。民企与个人所享有的持有权权利，除投资项目受限制外，其他权利与作为商品的财产所有权中的四项权能是没有区别的。

至于在初始地理信息资源所有权或持有权基础上进行挖掘增值所产生的增值部分地理信息资源所有权，则是属于智力创造的成果，是受著作权法保护的。

（二）加强国有地理信息资源的管理

设置地理信息资源持有权的第二个现实意义是加强对国有地理信息资源的管理，提高对作为公用财产的基础性、公益性地理信息资源的共享程度，提高作为商品的地理信息资源转化为社会财富的经济效益。

由于地理信息资源在类别上具有多样性，因此，我国对于基础性、公益性地理信息资源的采集、加工、生产、维护、更新和管理等工作，分别隶属于不同的国家行政管理部门。其中，国家测绘局、国家气象局、国土资源部、住房与城乡建设部、交通部、水利部、农业部、国家环境保护部、国家林业局、国家海洋局、中国地震局、中国科学院等部门所管理的地理信息资源的所有权都属于国家所有，并且国家在相关法律、法规中也规定对这些地理信息资源的利用。例如，《气象法》第三条第一款规定："气象事业是经济建设、国防建设、社会发展和人民生活的基础性公益事业，气象工作应当把公益性气象服务放在首位。"本条第四款规定："气象台站在确保公益性气象无偿服务的前提下，可以依法开展气象有偿服务。"《测绘法》第三十一条第一款规定："基础测绘成果和国家投资完成的其他测绘成果，用于国家机关决策和社会公益性事业的，应当无偿提供。"第二款规定："前款规定之外的，依法实行有偿使用制度。"《地质资料管理条例》第十八条第一款规定："保护期内的地质资料可以有偿使用，具体方式由利用人与地质资料汇交人协商确定。"第二款规定："因救灾等公共利益需要，政府及其有关部门可以无偿利用保护期内的地质资料。"

从所有权的法理上说，对于国家所有的地理信息资源所有权可以由相关的国家机关代表国家行使其有关权利；而其他国家机关依照上述法律、法规的规定以及所有权理论，应该享有使用权。实际上，一些国家机关要利用别的国家机关所管理的地理信息资源却存在着诸多困难，甚至是无法使用。解决的方法是使用部门申请国家投资，重新采集生产，使同一地区就可能出现几套相同或基本相同的地图；也可以由国家拿钱直接向管理地理信息资源的部门购买。这也表明国家所有的地理信息资源产权归属仍然不明晰，只有设置持有权来代理国家行使所有权，并明确规定持有权的权利内容，才能解决对地理信息采集、生产的重复投资和资源无法共享等问题。

对作为商品的国有地理信息资源，由国有地理信息企业进行经营，同样也需设置持有权，实行所有权、持有权与经营权相分离的三级产权制度。对于所有权来说，持有权主体代表国家履行出资人职责，享有出资人权益；对于企业的经营权来说，持有权主体也代表国家对享有自主经营决策权的企业进行监督管理，使国有企业的经营权达到相对和谐，并以能适应现代企业经济利益最大化作为自己的唯一目标。

二 设置地理信息资源持有权的法律依据

（一）反映客观规律性的法理依据

前面说过，习惯权利或自然权利也是创设一项新权利的基本依据。自然权利是客观规律性的反映，因此通过对地理信息资源产权客观规律的研究，也可以为地理信息资源持有权的设置提供法理依据。

地理信息资源产权最基本的客观规律性包括两个方面：一是作为产权客体的地理信息资源具有基础性与公益性特征，国家是全社会公共利益的代表者和决定者，因此基础性、公益性地理信息资源所有权只能归属于国家所有。本书在设置地理信息资源持有权的现实意义的第一部分对此已作了分析。二是产权主体必须人格化，并且人格化主体的活动必须遵循经济价值的客观规律性，即产权主体的价值取向是投入最少和收益最大。这种经济客观规律性对地理信息资源产权主体也有两个要求：第一，要求把广泛且抽象的国家所有权主体具体化为特定的法人或自然人主体。这个特定的法人或自然人主体可以代表国家行使国有财产所有权中的某些或全部权利，因此与所有权是有区别的，可以称之为持有权。第二，作为持有权主体的法人只行使国有财产所有权中的管理监督权，而实际经营主体享有充分的自主经营决策权；作为持有权主体的自然人则享有所有权的四项权利，因为此时的持有权与经营权是重合的，只有充分的权利，才能反映经济价值规律性，实现产权权益的高效性。

此外，在法理依据上，地理信息资源产权还具有区别于物权的一物一权原则，而可以在同一产权客体上同时设置几个产权主体，也为持有权的设置提供相关的法理依据。

（二）演绎现有的法律依据

虽然我国至今尚未发现在哪部法律中正式出现过持有权这个法律概念，但通过对现有法律规定的演绎，也可以确认持有权作为财产权的一项权利在我国法律文件中已经存在。本章第二节在持有权概念的内涵中，已对我国现行法律作过一些演绎，其基本结论如下：

第一，持有权是所有权主体通过法律规定委托特定产权主体代理行使所有权的某些或全部权利。《物权法》第四十五条第二款规定："国有财产由国务院代表国家行使所有权。"第五十五条规定："国家出资的企业，由国务院、地方人民政府依照法律、行政法规规定分别代表国家履行出资人职责，享有出资人权益。"在《土地管理法》、《水法》和《草原法》中，都规定了国家所有土地的所有权、水资源的所有权、国家所有草原的所有权由国务院代表国家行使。这里，国家所有的财产所有权是通过法律规定，分别由国务院、地方人民政府作为国有财产持有权主体，代表作为所有权主体的国家履行出资人的职责，享有出资人权益。国务院作为国有土地持有权、国有草原持有权、水资源持有权的主体，主要对这些自然资源行使征用、划拨、出让及相关的监督管理权，大体上属于行政行为；并且这些权利也依照法律、行政法规的规定，分别由国务院及国务院有关行政主管部门和地方人民政府来行使。

持有权人作为所有权主体的代理人，行使所有权的某些或全部权利，这种代理关系在我国《民法通则》中也有相应的规定，并且已成为当今民事行为与市场经济中的一项基本法律制度。

第二，关于持有、非法持有及持有权的权利，现行法律中也有明文规定。《公司法》规定"股东持有的股份可以依法转让"，而公司董事、监事、经理所持有的本公司的股份，在任职期间内不得转让，已明文规定持有权主体所享有的转让权，自然可以演绎出持有权及其权利已为公司法所确认。《刑法》第三百四十八条对非法持有毒品罪罪名的设置与量刑的规定及其追究，也表明《刑法》肯定了持有权存在的事实。

第三，国有土地使用权与农村土地承包经营权的实质就是土地持有权。我国《宪法修正案》、《物权法》、《城市房地产管理法》、《土地管理法》和《农村土地承包法》所规定的国有土地使用权和农村土地承包经营权的权利内容表明，我国国有土地使用权和农村土地承包经营权并不是所有权权能中的使用权，而是一个权种，它们的权利内容都可以用持有权来概括，或者实质就是持有权。

三　地理信息资源持有权的取得与确认

（一）地理信息资源持有权的定义

地理信息资源持有权是特指国家机关、企事业单位或公民个人代表国家行使国有地理信息资源所有权的某些或全部权利。这个定义包括三层含义。

（1）持有权主体是指由国家法律规定的国家机关、企事业单位或公民个人，这些主体依据法律规定，行使国有地理信息资源所有权的某些或全部权利。地理信息资源持有权主体包括两大类：第一大类基础性、公益性地理信息资源持有权主体是承担相关地理信息资源生产、加工、维护、更新和管理的国家行政主管部门；第二大类商品性地理信息资源持有权主体是国资委或者相关的国家行政主管部门，以及民营企业和公民个人。

（2）持有权客体仅指国家所有的地理信息资源，包括全部基础性、公益性地理信息资源，以及一部分商品性地理信息资源。

（3）持有权的权利内容是指法律规定持有权人所享有的管理权、支配权或所有权中全部的权利。国家机关作为持有权主体时，其持有权的权利是管理权与某些支配权；民营企业与公民个人作为持有权主体时，其持有权与经营权相重合，持有权的权利包括所有权中的全部四项权能。

（二）地理信息资源持有权的取得、行使与确认

1. 持有权的取得

地理信息资源产权主体要取得地理信息资源的持有权，必须付出大量的智力、物力和财力。地理信息资源虽然具有客观存在性，但它并不像物质或能量等自然资源那样是老天赋予的自然物，只有通过产权主体周密规划、设计和精心地实施，才能取得各种自然资源和人工设施的准确数据。例如，珠穆朗玛峰（以下简称珠峰）的高度是客观存在的，珠峰也是在地球内外力共同作用下形成的；但要获得珠峰高度的准确数据，却需要许多测绘工作人员付出大量的智力劳动，需要国家付出大量的投资。从各种地理信息资源的取得以及投资付出来看，如果投资主体是国家，当它用于公益事业时，地理信息资源是公用财产，并且国家的投入是取之于民，也用之于民，是无需回报的；而当它用于商业性活动时，也可以考虑有所回报。如果投资主体是法人单位或公民个人，则是需要有回报的，这样才能继续再生产，而且营利也是投资主体进行投资活动的动力所在，因此必须在地理信息资源持有权中设置各种经营权。

2. 持有权的行使

同所有权相比较，地理信息资源持有权权利的行使受到一定限制。当投资主体是国家时，地理信息资源持有权是国家通过法律授权，规定由国家机关或授权事业单位行使所有权中某些行政管理权，而经营权受到严格限制。当投资主体是民营企业或公民个人时，持有权主体是民企或个人，但其投资项目受到严格的限制。

国家机关或事业单位作为地理信息资源持有权主体时，经营权之所以被严格限制，是因为市场经济是民事主体在平等、自愿的基础上进行民事活动，负有行政管理职能的国家机关或事业单位当然不能参与经营活动，这也是国家规定政企分开的理由。而事业单位是指通过授权承担某些行政管理职能的单位，如全国地理信息共享中心、分中心和区域共享中心等事业单位。

国家对民营企业投资地理信息资源生产项目的限制，其实也是对其经营权的某些限制。国家之所以对民营企业进行限制，是因为地理信息资源是一种战略资源，它承担维护国家安全的使命。具体地说，地理信息是一种具有定位特征的空间信息，其中承载着与军事设施有直接或间接联系的属性信息，这些信息又直接关系到国家的安全。国家对民营企业投资地理信息生产项目的限制，即保密性质的地理信息不能采集，因为这些信息无法在市场上公开使用，从某种意义上说，也是对民企投资权的保护。因此，民营企业对持有权的行使必须严格遵守国家相关保密法律、法规的规定。当然，凡属于可以在市场上自由流通的地理信息资源，作为持有权主体的民营企业，在行使其专有、使用、收益和支配等权利时，就与所有权主体的权利没有任何区别。

3. 持有权的确认

地理信息资源持有权主体对其持有的地理信息资源持有权的取得和确认，在程序上也必须有相应的规定：一是地理信息资源持有权主体，应该依照法律规定的地理信息资源的汇交制度和办法，把自己取得的地理信息数据副本及相关目录，上交国家行政主管部门。二是国家行政主管部门应依照法律规定，对汇交的地理信息数据进行核实验收合格后，由县级以上人民政府把地理信息资源持有权证书发给持有权人。在地理信息资源持有权证书中，应该明确规定持有权人所享有的各种经营权利，而持有权人必须依照规定进行经营。

四 地理信息资源持有权的组成结构

地理信息资源持有权同所有权一样，也是一项权利，而不是所有权的一项权能。法律权利是一个有层次等级的结构系统，其中权利的一级结构是权利客体、权利主体和权利内容等法律关系三要素。对地理信息资源持有权来说，权利客体是指地理信息资源，权利主体是指代理国家行使国有地理信息资源所有权权利的国家机关、事业单位、企业或个人。权利内容是指持有权主体所享有的权利与承担的义务。其中，权利包括权益和权能，义务就是权责。地理信息资源持有权的权利内容也是通常所说的产权结构或产权结构模式，严格地说是持有权的二级产权结构。

（一）地理信息资源持有权客体的特点

1. 同时具有公益性与商品性特点

作为持有权客体的地理信息资源的一个突出特点，是同时具有公益性与商品性。地理信息资源的公益性是指地理信息资源对全社会所有的人都是有利的；并且这种公益性是天然存在的，因为它对另外一些特定人并不构成妨碍或威胁。

地理信息资源的公益性与地理信息资源的基础性也具有密切联系，因为多数的公益性必须通过相应的基础设施的建设才能实施为全社会提供普遍性服务，例如，国家信息化是一种公益性事业，但国家信息化必须依靠包括地理信息基础设施的建设才能实现。《气象法》就把基础性与公益性联结在一起，称"气象事业是经济建设、国防建设、社会发展和人民生活的基础性公益事业"。测绘事业既是公益事业也是基础性事业，《测绘法》第三十一条第一款规定："基础测绘成果和国家投资完成的其他测绘成果，用于国家机关决策和社会公益性事业的，应当无偿提供。"它也把公益性与基础性并提。

作为持有权客体的地理信息资源的商品性，是指地理信息资源是生产要素的重要组成部分，可以作为商品在市场上进行交易。其中，作为资源的地理信息可以借助于人们大脑的思维加工与信息技术等中介，通过构思、设计、规划、决策和管理活动，把地理信息资源直接或间接地转化为产品与服务，即转化为社会财富；作为符号或标志的地理信息可以通过社会经济系统的有序转运，以及消除人们对客观世界认识与利用的不确定性，例如，通过原产地的地理信息标志来消除各种假冒伪劣商品，从而使地理信息资源直接或间接地转化为社会财富。地理信息资源的有用性与市场经济政策的密切结合，是地理信息资源商品性特征的必要条件。

2. 决定是作为公用品还是商品的依据

作为持有权客体的地理信息资源同时具备公益性与商品性这两个特征，那么究竟是作为公用品还是作为商品呢？包括两个基本依据。

第一，依据对地理信息资源采集、生产、维护和更新的投资来源。如果地理信息资源的投资主体是国家时，那么大致上可以确认该地理信息资源是作为公用品。这里所说的大致可以确认为公用品，是指可能还有例外，因为在某些条件下，还必须考虑对地理信息资源的使用目的或用途。如果对地理信息资源的投资主体是民营企业或公民个人，则可以确认地理信息资源是作为商品。这是由于我国当前的投资政策所决定的，即中共中央已制定了产权政策多元化的政策，国家也发布了"谁投资、谁拥有、谁收益"的有关规定。因此民营企业、公民个人对地理信息的投资，自然可以拥有地理信息资源的持有权（这是由于地理信息资源具公益性特征，所有权必须归国家所有）。而民营企业和公民个人对地理信息资源的投资是为取得收益回报，因此只有通过市场交换权的行使才能达到目的。

第二，依据地理信息资源的使用目的或用途。当地理信息资源用于非营利性目的时，地理信息资源就是公用品，应当无偿提供；当地理信息资源用于营利性目的时，就是商品，可以通过有偿方式也可以通过无偿方式提供，但都可以属于商品。其法律依据是《著作权法》、《气象法》和《测绘法》等法律规定。

《著作权法》第二十二条规定："在下列情况下使用作品，可以不经著作权人许可，不向其支付报酬，但应当指明作者姓名、作品名称，并且不得侵犯著作权人依照本法享有的其他权利。"《著作权法》规定的合理使用，都属于非营利方式的使用，都可以把作品视为公用品，包括"为个人学习、研究或者欣赏"，"为介绍、评论某一作品或者说明某一问题"，"为报导时事新闻，在报纸、期刊、广播电台、电视台等媒体中不可避免地再现或者引用已经发表的作品"，"为学校课堂教学或者科学研究，翻译或者少量复制已经发表的作品，供教学或者科研人员使用"，"国家机关为执行公务在合理范围内使用已经发表的作品"，"图书馆、档案馆、纪念馆、博物馆、美术馆等为陈列或者保存版本的需要，复制本馆收藏的作品"等。《气象法》和《测绘法》也规定为公益事业而使用地理信息资源，这时的地理信息资源就是公用品。

地理信息资源用于营利性目的时就是商品，其法律依据是《著作权法》及其他相关法律、法规中都规定知识产权和地理信息资源产权具有人身权和财产权，其中的财产权就是通过许可使用权的有偿使用或有偿转让来实现其商品特性的。例如，《气象法》第三条第四款规定，公益性气象可以依法开展气象有偿服务；《测绘法》第三十一条第二款规定，测绘成果依法实行有偿使用制度，都为公益性地理信息资源作为商品提供了必要的法律依据。

3. 公用性与商品性的协调与转换

地理信息资源是作为公用品还是作为商品，在现有的法律规定中，也存在着相互协调与相互转换的关系。大致有两种情况：一是国家作为投资主体时，作为持有权客体的地理信息资源，其公益性是首要的。例如，《气象法》规定，气象信息作为基础性公益事业，气象工作应当把公益性气象服务放在首位。气象台站只有在确保公益性气象无偿服务的前提下，才可以依法开展气象的有偿服务。《气象法》对气象信息资源公益性与商品性的定位十分明确，其公益性是基本的、首要的，只有在完成公益性服务的前提下才能开展商品性服务，可见商品性是从属于公益性，是公益性所派生出来的。二是对地理信息资源的商品性进行了必要的限制。对知识产权与地理信息资源产权商品性的限制，除体现在使用目的上，也体现在时间的限制上。包括著作权、专利权和地理信息资源产权的行使都有保护期限，当保护期限届满，地理信息资源的商品性特征就丧失而恢复其公益性的本来面目。

（二）不同持有权主体的权利也有不同特点

1. 公益性地理信息资源持有权主体

作为公益性地理信息资源持有权主体的国家机关或享有某些行政职权的事业单位，他们在为全社会无偿提供公益性地理信息资源的服务，以及对商品性地理信息资源的监督管理中可以行使国家法律规定的各种权利。国家机关的这些权利都属于行政行为，为行政法律规范所调整。

作为持有权主体的国家机关所享有的行政权力，与作为持有权主体的企业和个人的民事权利相比，其权利的特点是国家机关与企业或个人之间的关系不是处于权利与义务对等的法律地位，其中国家机关是处于管理者的领导地位，而企业或个人是处于被管理的服从地位。然而处于管理、领导地位的国家机关，也必须依法向全社会提供公益性地理信息资源的服务，以及依法对从事商品性地理信息资源经营企业的监督管理。当国家机关在行使上述服务与监管权力时，与企业或个人发生纠纷，国家机关有权采取强制措施，一般不需通过第三方的审判活动来解决。如果企业或个人不服从国家机关的行政处罚，也可以向其上级单位申请进行行政复议，并有权向法院提起行政诉讼。当行政复议或法院的行政诉讼认定国家机关的行政处罚有误时，国家机关应当承担相关的法律责任。作为持有权主体的国家机关在行使法律规定的对地理信息资源的服务及监督管理权力时，不仅必须依法行政并承担相应的法律后果，而且不能从事商品性地理信息资源的经营活动，不能利用行政职权谋取经济利益。

在我国，公益性地理信息资源持有权主体的国家机关一般是指对基础性、公益性地理信息资源进行采集、生产、维护、更新和管理的行政管理部门，以及与此有关的事业单位。其中依据对地理信息资源占有的不同，分为不同类型的持有权主体：一类地理信息数据持有权主体是从事地理信息资源采集、生产并占有该数据的事业单位。二类地理信息数据持有权主体主要是委托其他单位采集、生产地理信息数据的持有权人。这类数据持有权人除事业单位、社会组织外，还包括有关行政管理部门。三类地理信息数据持有权主体是指自身生产但也从部门内部各有关单位调集地理信息数据的事业单位，及有关行政管理部门。这类持有权主体有地理信息共享分中心、区域地理信息共享中心及与其性质类似的地理信息事业单位。四类地理信息数据持有权主体是指调集全国各有关部门的地理信息数据于一身的数据事业单位。这类数据持有权主体包括地理信息共享中心和与其性质类似的全国性地理信息事业单位，也包括国家行政管理部门。

2. 商品性地理信息资源持有权主体

作为持有权主体的地理信息企业单位（这里所说的享有持有权主体的企业是民营企业、公司制企业，而国有企业只享有经营权而无持有权）和公民个人，在取得公益性地理信息资源的许可使用权，以及从事商品性地理信息资源的经营权与持有权的各种活动都属于民事行为，都为民事法律规范所调整。这些持有权主体所享有的民事权利的特点是持有权主体的法律地位一律平等，不存在谁领导谁、谁管理谁的问题，他们双方关系的发生或变化都以双方共同意愿为前提，以平等互利为原则，双方的权利与义务是对等的；当他们在许可使用权、经营权与持有权发生争议或纠纷时，可以向仲裁机构申请仲裁或向法院提起民事诉讼。

商品性地理信息资源持有权主体，可以是国有资产管理委员会，它代表国家对国有地理信息企业履行出资者的职责，享有出资者的权益；也可以是对公益性地理信息资源进行投资的民营企业、公司制企业和公民个人，它们都可成为持有权主体，当然必须在程序上取得投资生产的准入资质，并取得持有权证书。当前我国还有不少事业单位，他们大多是通过政事分离产生的，也占有一部分地理信息数据，也是地理信息资源持有权主体。例如，生产并经销地理信息数据的持有权人。

五　地理信息资源持有权的权利内容

（一）公益性地理信息资源持有权的权利义务

不同类型的地理信息数据持有权主体享有不同的权利与义务，以上述所说的四类持有权主体为例稍加说明。

一类数据持有权主体享有的权利：对所持有的地理信息数据享有持有权，并不因提供共享而改变；有权要求用户在引用所提供的数据时注明数据来源；有权对无偿共享以外的用户按规定收取报酬；有权对包括无偿共享数据在内的所有数据，依据经有关数据管理部门批准的数据服务收费标准收取服务工本费，服务工本费包括复印费、拷贝费、装订费、翻译费、上网费和包装费等。

一类数据持有权主体承担的义务：有义务向本系统数据共享中心无偿或者有偿提供地理信息数据；有义务把无偿公开地理信息数据向全社会提供无偿共享；有义务把无偿保密地理信息数据向有资格享用的用户提供无偿共享；有义务审查用户资格，确保不将保密数据向无资格享用的用户提供，如因保密措施不当导致泄密，必须承担责任；有义务保证地理信息数据的质量，确因数据质量低劣造成用户重大损失必须承担责任；有义务及时更新地理信息数据，并向用户提供经更新的数据；有义务向用户提供数据使用说明书，对网络数据，必须提供元数据和元数据工具。

二类数据持有权主体的权利与义务：二类数据持有权主体的权利与义务与一类数据大致相同，但二类数据持有权主体是委托其他单位生产的地理信息数据，自身不是数据的生产者，因此二类数据持有权主体有权要求数据生产者按合同提供合格数据，有权向数据生产者追究数据质量和数据密级划分问题的责任，有权要求数据生产者对数据使用方法进行培训并更新数据。这些权利是对数据的使用者来说的，也是二类数据持有权主体的义务。

三类数据持有权主体享有的权利：有权无偿调集部门内部各数据生产事业单位所持有的全部或部分无偿共享数据；有权有偿调集部门内部各数据生产事业单位所持有的全部或部分有偿共享数据，并有权对上述调集所得数据统一分类编码、重组、集成和叠加，但无修改权；有权将调集的所有数据上交国家地理信息共享中心；有权对调集的数据进行分析和综合，并可上报部门领导，作为部门宏观管理和决策的依据；有权对有偿共享用户按规定收取报酬，其中由调集所得数据收取的报酬，须与原数据持有权主体分享，分享比例按合同规定执行；有权对包括无偿共享数据在内的所有地理信息数据，根据行业制定经有关数据管理部门批准的数据服务成本收费标准收取服务费用，服务费用包括复印费、拷贝费、装订费、包装费、翻译费、网络数据的上网费等；有权对调集所得数据的生产者追究数据质量和数据密级划分等问题的责任。

三类数据持有权主体承担的义务：有义务向国家地理信息共享中心无偿或有偿提供地理信息数据；有义务及时无偿地提供更新的数据；有义务将自身持有的无偿公开数据向全社会提供无偿共享；有义务将自己持有的无偿保密数据向有资格享用的用户提供无偿共享；有义务审查用户资格，确保不将各密级数据向无资格享用的用户提供，如因保密措施不当导致泄密的，必须承担责任；对所调集的保密数据，不承担数据密级划错和升降解密失误的责任，但有义务追究数据生产者对划错数据密级和升降解密失误的责任，对自身生产的保密数据承担密级划错和升降解密失误的直接责任；对自身生产的数据必须确保其质量；确因质量低劣造成用户重大损失，必须承担责任。对调集的数据有义务追究数据生产者对数据质量的责任；对自身生产的数据有及时进行更新并向用户提供更新数据的义务；有义务向用户和地理信息共享中心提供数据使用说明书，对网络数据必须提供元数据和元数据工具。

四类地理信息数据持有权主体享有的权利：有权无偿调集各地理信息共享分中心所持有的全部或部分无偿共享信息；有权有偿调集各地理信息共享分中心所持有的全部或部分有偿共享数据，并进行统一分类编码、重组、集成和叠加，但无权修改数据；有权对调集所得的数据进行分析与综合，并将其成果上报国家宏观管理和决策部门作为决策依据；有权对有偿共享用户收取数据共享的报酬，报酬金额通过许可使用协议确定，报酬须与原持有该数据的地理信息共享分中心分享，分享比例按协议规定执行；有权对包括无偿共享数据在内的所有数据，根据行业制定经有关数据管理部门批准的数据服务成本收费标准向用户收取服务费用，服务费用内容同上述规定；有权向地理信息共享分中心追究数据质量和数据密级划分等问题的责任。

四类数据持有权主体承担的义务：有义务将所调集的无偿公开数据向全社会提供无偿共享；有义务将所调集的无偿保密数据向有资格享用的用户提供无

偿共享；有义务审查用户资格，确保不将保密数据向无资格享用的用户提供，因保密不当导致泄密的，必须承担责任；对调集数据的质量有义务追究数据生产者的质量责任；有义务及时向用户提供更新的数据；有义务向用户提供数据使用说明书，网络数据必须提供元数据和元数据工具。

（二）商品性持有权主体的权利

这里所说的商品性地理信息资源持有权，包括两方面的含义：一是特指民营企业、公司制企业或公民个人对基础性、公益性地理信息资源进行投资所取得的持有权。由于这些企业在地理信息资源投资项目的选定时严格限制对保密性地理信息资源的采集，因此这类资源可以作为商品在市场上进行流通。二是依据国家产权多元化的投资政策，作为投资主体的民营企业、公司制企业和公民个人可以享有该投资客体的所有权或持有权，这里只能是持有权。并且作为商品的地理信息资源持有权的权利内容与所有权的权利内容没有任何区别。商品性地理信息资源持有权的权利结构如图 10-1 所示。

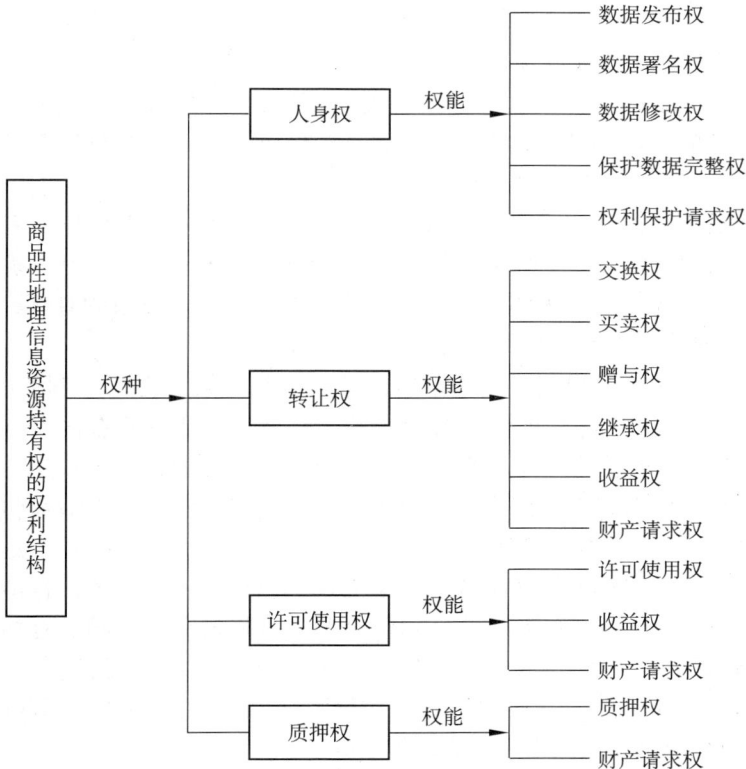

图 10-1　商品性地理信息资源持有权的权利结构图

第十一章

地理信息资源的经营权政策

第一节　经营权概述

一　当前我国法律对经营权的规定

当前我国法律规定的经营权有三种类型：一是农村土地承包经营权；二是公有企业经营权；三是私有企业经营权。

（一）农村土地承包经营权

1. 有关承包经营权的法律规定

1999 年 3 月 15 日第九届全国人民代表大会第二次会议上通过的《宪法修正案》规定："农村集体经济组织实行家庭承包经营为基础、统分结合的双层经营体制。"

《民法通则》第八十条第二款规定："公民、集体依法对集体所有的或者国家所有由集体使用的土地的承包经营权，受法律保护。"第八十一条第三款规定："公民、集体依法对集体所有的或者国家所有由集体使用的森林、山岭、草原、荒地、滩涂、水面的承包经营权，受法律保护。"

《物权法》用专章规定了土地承包经营权，其中第一百二十五条规定："土地承包经营权人依法对其承包经营的耕地、林地、草地等享有占有、使用和收益的权利，有权从事种植业、林业、畜牧业等农业生产。"第一百二十八条规定："土地承包经营权人依照农村土地承包法的规定，有权将土地承包经营权采取转包、互换、转让等方式流转。"

《农村土地承包法》全面系统地规定土地承包经营权的主体、客体及其权利内容。其中第三十七条规定："土地承包经营权采取转包、出租、互换、转让或者其他方式流转，当事人双方应当签订书面合同。"第十七条规定，承包方应"维持土地的农业用途，不得用于非农建设"。这是对土地承包经营权的用途限制，其目的是确保农用地不为非农用地所挤占。

2. 土地承包经营权的法律特征

承包经营权是指农村集体组织及其成员依法对集体所有或者国家所有由集

体经济组织长期使用的农业土地采取家庭承包、招标、拍卖、公开协商等方式承包，从而依法对所承包的土地享有占有、使用、收益和土地承包经营权流转的权利。土地承包经营权具有如下特征：

（1）土地承包经营权主体的特点是只有从事农业生产的公民或集体，才能成为承包经营权的主体，其他非从事农业生产的公民或集体不能成为农村土地承包经营权的主体。并且土地承包经营权主体主要是农地所属农业组织的成员，而非农地所属组织的成员则受到一定的限制。依《农村土地承包法》第四十八条第一款规定："发包方将农村土地发包给本集体经济组织以外的单位或者个人承包，应当事先经本集体组织成员的村民会议三分之二以上成员或者三分之二以上村民代表的同意，并报乡（镇）人民政府批准。"承包经营权主体除区域限制以外，主要是职业的限制，只能从事农业生产的公民或集体，才能成为承包经营权主体，因为承包经营权客体的土地，只能用于农业用途，不得用于非农建设。

（2）土地承包经营权客体的特点是仅限于集体所有或国家所有由农民集体使用的农村土地。依《农村土地承包法》第二条规定："本法所称农村土地，是指农民集体所有和国家所有依法由农民集体使用的耕地、林地、草地以及其他依法用于农业的土地。"可见承包经营权客体仅是土地资源中的农村土地，其经营权客体特征是其单一性。

（3）土地承包经营权权利的特点是物权与债权的有机结合。说得具体些，土地承包经营权是由国家法律规定的，包括承包经营权的种类、内容、效力和公示方法。在《物权法》和《农村土地承包法》中，都有明确的规定，而不能由当事人通过协议任意设定，特别是《承包法》中还规定了土地承包经营权可以继承，因此承包经营权具有物权的基本特征。然而农村土地承包经营权又是基于土地承包经营合同而产生的，只有通过承包方与发包方签订土地承包合同以后，经营人才能取得土地承包经营权，因此承包经营权又具有债权的特征。

（二）公有企业经营权

1. 有关公有企业经营权的法律规定

1993年3月29日第八届全国人民代表大会第一次会议通过的《宪法修正案》规定："国有企业在法律规定的范围内有权自主经营。"

《民法通则》第八十二条规定："全民所有制企业对国家授予它经营管理的财产依法享有经营权，受法律保护。"

《全民所有制工业企业法》规定："国家依照所有权和经营权分离的原则授予企业经营管理。""企业对国家授予所经营管理的财产享有占有、使用和依法处分的权利。"

《公司法》第四条规定："公司股东依法享有资产受益、参与重大决策和选择管理者等权利。"而"公司享有由股东投资形成的全部法人财产权，依法享有民事权利，承担民事责任"。《公司法》在组织机构用专章规定了股东大会、董事会行使资本所有权，作为公司管理者的经理层行使经营管理权，监事会行使监督权，构成公司三权分立的管理体制。

2. 公有企业经营权的法律特征

公有企业经营权是指以企业法人制度为依托的非所有权人依法行使他人财产的经营权。公有企业经营权主体的特点是非企业所有权人，但又是企业经营管理信息的占有人。由于企业经营主体具有从事企业经营管理知识与丰富经验，了解国内外市场需求与本行业现状及未来趋势，所以企业资本所有权人才选择他们来经营管理企业。总之，公有企业持有权主体是凭借自身的人力资本，按合同约定对企业财产实施占有、使用与支配的经营者或管理者。

公有企业经营权客体的特点，不论是与土地承包经营权客体的农村土地的单一性相比，还是与私有企业经营权客体的规模、影响相比较，都具有财产类型的广泛性、数量或规模的巨大性和对国计民生影响的深远性。以财产类型为例，企业的物质资本是属于国家所有的或者是股东投资形成的企业财产。作为经营权客体的财产类型，包括货币、实物、工业产权、非专利技术、土地使用权等。除货币以外，这些类型的财产在投入企业前，都必须进行价值评估，核实其财产的真实数额。

公有企业经营权权利的特点实质是一种租赁关系。作为企业资本所有权人为追求资本收益的最大化，就必须把企业所有权权能中的占有、使用和支配等权利让渡或出租给经营者，而成为获取红利的单纯所有者；作为人力资本所有权人的经营主体的权利，是通过对企业财产的实际生产、制造出产品和服务，从而为企业也为自己取得经济报酬，经营者付出的是智力与体力，即所谓人力资本。资本所有者与企业经营者这种租赁关系的形成与实现，是通过契约的规定来实现的。即经营者以其人力资本为标的来承租企业的物质资本，而资本所有者以其物质资本为标的来承租经营者的人力资本，二者互为出租人和承租人。

（三）私有企业经营权

1. 有关私有企业经营权的法律规定

1988 年 4 月 12 日第七届全国人民代表大会第一次会议通过的《宪法修正案》规定："国家允许私营经济在法律规定的范围内存在和发展。"1999 年 3 月 15 日第九届全国人民代表大会第二次会议通过的《宪法修正案》规定："在法律规定范围内的个体经济、私营经济等非公有制经济，是社会主义市场经济的重要组成部分。"2004 年 3 月 14 日第十届全国人民代表大会第二次会议通过的

《宪法修正案》规定："国家鼓励、支持和引导非公有制经济的发展，并对非公有制经济依法实行监督和管理。"

《合伙企业法》中规定的合伙企业，是指由各合伙人订立合伙协议，共同出资、合伙经营、共享收益、共担风险，并对合伙企业债务承担无限连带责任的营利性组织。

《个人独资企业法》中规定的独资企业，是指由一个自然人投资，财产为投资人个人所有，投资人以其个人财产对企业债务承担无限责任的经营实体。

2. 私有企业经营权的法律特征

私有企业经营权是指以合伙人或自然人的投资为基础，投资者依法对自己财产行使的经营权。

私有企业经营权主体的特点是投资主体就是经营主体，即企业中的物质资本所有权主体与人力资本所有权主体是同一个人。私有企业经营权主体是自然人或合伙人。

同承包经营权客体的单一性相比，私有企业经营权客体的特点，是其经营客体类型更具有广泛性或多样性，只要能为社会提供产品或服务，又不违反法律规定的财产，都可以成为私有企业经营权客体，比公有企业经营权客体更具灵活性。另外，同公有企业经营权客体规模的巨大性相比，多数私有企业经营权客体的规模只具有中小型性质。

由于企业所有权主体与经营权主体是合一的，因此私有企业经营权的权利最充分，经营权人对权利的行使最自由；但企业经营权人要以其个人财产对企业债务承担无限连带责任。

私有企业中的合伙企业，从形式上看与集体企业或股份制企业有某些相似，但实质内容是不同的：首先，合伙企业不具有法人资格，而集体企业或股份制企业具有独立法人资格。其次，合伙人的出资也与《公司法》股东的出资不同。合伙人出资是取得合伙经营的前提，合伙人必须共同从事经营活动，但公司股东一般不参与公司的经营。最后，当合伙盈利时，合伙人可分享利润，但合伙财产不足以清偿债务时，合伙人还须以其个人财产来清偿债务，在合伙企业中，合伙人承担债务无限连带责任，但公司股东只以其出资额为限对公司承担责任，并不承担债务的连带责任。

二　经营权的定义

（一）广义的经营权

经营是人类古往今来最基本的生产活动，正如《天工开物》所说的那样，所谓经营是人们依据客观规律性，通过自身体力、智力和技术工具，把天然存在的生产资料开发、制造成为对人类有用的物品或服务的各种生产活动的总和。由于人们的经营活动是一种人与人之间的社会关系，人们的经营活动要取得预期效果，除了经营活动要符合客观规律性以外，还必须要有法律赋予的一定权利作保证。因此，经营必然是一个法律概念，是经营者对生产资料的占有并享有相应的经营权利，即经营权。

由于不同国家或一个国家的不同发展阶段，其生产资料（财产）的占有关系或所有制存在不同形式，因此经营者所享有的权利也不同。此外，随着生产力的发展，特别是商品经济的发展，财产所有权人为取得经济利益的最大化，自己往往不经营其财产，而是通过对所有权中权能的分割，即把财产权中的占有、使用和支配等权利让渡给他人经营，从而就出现所有权与经营权相分离的经营制度，经营人的权利也有不同。

从上述简要分析可知，人们所有直接从事法律授权的生产活动中，所享有的经营管理支配权都可以称之为经营权，虽然经营者所享有的经营权利可能不尽相同。广义的经营权是指生产经营者依靠自身的人力资本及技术工具，依法对生产资料享有占有、使用、收益和支配的权利。

经营权与所有权相比，既具有共同性也有其特殊性。共同性是指二者的权利都属于权种，都具有占有、使用、收益和支配等四项权能。在实行私有制或产权多元化政策的国家中，经营权与所有权二者可以合一，例如，土地私有制条件下的自耕农和私营企业的企业家。

经营权与所有权的不同之处是经营权中的各种权能是不可分离的，但所有权的各种权能既可以合一，也可以相互分离。例如，在土地私有制国家，地主把土地租赁给农民，承租土地的农民就享有经营权。大陆法系国家规定的永佃权就是农业经营权，也是所谓所有权与经营权相分离。在实行产权多元化政策的前提下，国有企业或股份制企业，也是所有权与经营权相分离。虽然农业经营者与企业经营者所享有的权利是不同的，但经营权中各种权利都不可分割。这是由于经营权的本质是经营者必须直接从事对该财产的经营活动，必须同时享有对该财产的占有、使用和支配的各项权利，因此其权能就具有不可分割性。

广义经营权的外延包括《农村土地承包法》中所有从事农、林、牧、渔业等的生产经营权，《全民所有制工业企业法》中所说的对国有企业的经营权，《公司法》中所说的股份制企业经营权与城镇集体企业的经营权，以及《合伙企业法》和《个人独资企业法》所说的所有自然人、合伙人的经营权。

（二）狭义经营权

狭义经营权是指上述第二种类型的经营权，包括国有企业、集体企业和股份制企业等的经营权，是由物质资本所有权衍生的具有商品经营职能的他人商品经营权。这种类型的经营权可以定义为企业的经营者依法对企业法人财产享有占有、使用、收益和支配的权利。正如《全民所有制工业企业法》规定的"企业的财产属于全民所有，国家依照所有权和经营权分离的原则授予企业经营管理"，"企业对国家授予其经营管理的财产享有占有、使用和依法处分的权利"。

狭义经营权最基本的特点是在形式上表现为企业所有权与经营权的分离，但实质内容上却是物质资本所有权与人力资本所有权实现高度统一或融合，因此，可以实现人力资本所有权主体积极性、创造性的最大化与物质资本所有权主体利益最大化的平衡。狭义经营权的另一个基本特点是经营权虽然是由所有权所派生的，但现代的经营权是集物权、知识产权、股权与债权于一身的权利组合。与所有权相比，其内涵更丰富，其外延的范围更大，这是由于当代商品经济的发展，必须使企业建立一个更具特色的产权制度才能适应。说得详细些，之所以出现经营权大于所有权，是因为物质资本所有权是原始所有权，它虽然具有完整的四项权能，是所有各种权利的本体权，但这种完整所有权主要只适用于小规模的生产条件。在商品经济条件下，不仅所有权人对经营信息占有的不完整性越来越突出，而且现代企业已把众多的人与物等要素结合在一起，也为产权可以为契约所约定，以及一物可有两权等提供了客观的依据，否则就只能导致企业组织的分裂。

狭义经营权的产生虽有两条途径，但有共同的目的，都是追求经济利益的最大化。

经营权产生的第一条途径是由私有制企业通过合并或兼并，组成股份制企业而产生独立于物质资本所有权的经营权。这种企业经营权的产生也有两个基本原因：从主观上说，私有企业的经营人就是所有权人本身。企业在激烈的市场竞争中，经营人深感自己对市场信息的缺乏是导致企业效率低的基本原因。为取得资本利润的最大化，弥补自身对市场信息占有的不足，就要求由一些具有管理专业知识、技能，并熟悉市场的专门人员来经营企业。从客观上说，现代企业要取得利润的最大化，不仅取决于资源、资金和劳力等因素，而且更取决于高新技术、知识产权，以及经营者对投资项目的决策与营销策略。现代企业利润的最大化是取决于物质资本要素与人力资本要素的有机组合，因此，一个由专业化人才组成并行使的经营权，首先从私有企业所有权中独立出来。

经营权产生的第二条途径是国有企业体制改革的产物。不论是国外还是国内，传统国有企业存在的基本问题是政企不分，企业产权主体归属不明晰或者主体"虚置"；加上企业的经营目标受国家意志，甚至受部门利益所左右，因此国有企业效率低下。为解决国有企业存在的固有弱点，国有企业体制改革的基本方向是使国企产权实现多元化。即国家作为企业投资者，是企业物质资本所有权主体，享有企业的收益权；企业法人作为企业经营者，是企业人力资本所有权主体，享有对企业财产的占有、使用和独立自主的经营支配权，承担经营决策的后果。我国当前所说的狭义经营权主要是指国有企业的经营权，其法律依据是《全民所有制工业企业法》所规定的"国有企业的财产属于全民所有，国家依照所有权与经营权分权的原则授予企业经营管理"，"企业对国家授予其经营管理的财产享有占有、使用和依法处分的权利"。

从形式上看，企业经营权是从所有权中分离出来的，包括从私有制企业的私人所有权与公有制企业的国家所有权等单一产权中分离出来的一项权利。但从实质内容上看，现代企业的经营权是对企业中各种权利进行重新组合所产生的，是集物权、知识产权、股权与债权于一身的权利集合。这里所说的经营权包含物权、知识产权和股份，是指《公司法》规定的"股东可以用货币出资，也可以用实物、知识产权、土地使用权等可以用货币估价并可以依法转让的非货币财产作价出资"，除知识产权外，货币、实物、土地使用都是物权；工业产权、非专利技术是知识产权。《公司法》规定"有限责任公司的股东以其认缴的出资额为限对公司承担责任；股份有限公司的股东以其认购的股份为限对公司承担责任"，即股东上述各种投资，最终都以股权的形式出现。《公司法》规定"公司是企业法人，有独立的法人财产，享有法人财产权。"这里所说的"法人财产权"，就是物质资本所有权主体所投入的物、知识产权和股权，并由经营权主体进行经营和支配的财产权。说得具体些，股东作为物质资本所有权主体与经营者作为人力资本所有权主体在法律上是一种契约关系，即物质资本所有权主体通过契约聘任总经理，并把企业所有财产的占有、支配等权利让渡给经营权主体，使自身成为以获取利息的单纯所有者；而经营者在依照股东大会、董事会经营决策的前提下，对企业的财产享有充分的占有、使用和支配等权利。这也是前面所说的物质资本所有权主体与人力资本所有权主体通过契约的约定，可以使经营者产生相应的经营权利（我妻荣，1997）。换一种说法，"法人财产权"是指法人企业对物质资本所有权主体所赋予其经营的财产享有占有、使用、收益和处分的权利，是由法人制度的建立所产生的一种权利。法人财产权的建立，使物质资本所有权转变为股权或债权。

三 狭义经营权的理论依据及现实意义

（一）狭义经营权的理论依据

狭义经营权理论可以从不同层次进行分析，其中产权多元化理论是经营权理论的具体依据，已在第九章中做过分析，而人力资本理论则是狭义经营权的核心理论。

1. 人力资本所有权的含义

依据马克思主义理论，生产资料、劳动者和生产工具都是生产力的基本要素，并且劳动者是生产力首要的能动的要素。因此，劳动力所有权与生产资料所有权都是经济制度的基本权利，但由于原苏联和我国的政治经济学家们突出生产资料所有权，而忽视了劳动力所有权。

劳动力所有权属于劳动者本人，在资本主义初期就通过国家法律予以确认。例如，18～19世纪以来，英国、法国、德国、美国等国家的劳动法、工厂法中都规定劳动力是商品，可以自由交易；劳动力的买卖由劳动力所有权主体的劳动者与资本所有权主体的企业主通过契约来完成，其纠纷由法院来裁处。当前世界各国都在建立和健全劳动法及其劳动者权益保障法，例如，2007年12月底，第十届全国人民代表大会常务委员会第三十一次会议就通过了《劳动争议调解仲裁法》。

劳动力所有权是劳动者最基本的经济权利，是每一个劳动者个人取得社会财富分配权的基础；劳动力所有权性质也决定了分配制度和性质，社会财富的分配过程就是劳动者所有权权利实现的过程。如果否认劳动力所有权，就不能明确劳动者在社会经济中的主体地位，也限制了社会主义民主法制的建设与发展，忽视和排斥劳动者对公有制企业的监管权及其他个人权利，阻碍现代企业制度的建立和完善（刘永佶，2001；黄永芳，2006）。

人力资本所有权的内涵比劳动力所有权的内涵要丰富，这是由于劳动力所有权的客体通常是指生产型的人力资本，而人力资本所有权的客体，除包括生产型的人力资本外，还包括经营型和管理型的人力资本。关于人力资本的概念，通常是指生产经营者投入到生产经营活动中的知识、技术、体力、毅力、健康和努力程度等因素的价值总和，它反映经营者所具有的潜在能力与实际发挥的能力。

劳动力所有权属于劳动者本人，是由劳动法所确认的；同样，人力资本所有权属于生产者、经营者和管理者本人，也是国家通过劳动法、公司法、企业法所确认的。所谓人力资本所有权是指生产者、经营者、管理者对自己所具有的知识、技术、体力、毅力、健康及努力程度等能力，以及通过契约所约定的物质资本所有权主体所赋予的财产都享有占有、使用、收益和支配等权利。

2. 人力资本所有权主体的私有性

人力资本所有权主体是指承载着知识、技术、体力、健康等硬件能力与道德品质、毅力、努力程度、社会关系等软件能力的生产者、经营者和管理者。人力资本所有权主体的基本属性是其产权归属具有天然的私有性特征，即人力资本所有权主体只能归属于自然人与法人，国家不能成为人力资本所有权主体的生产者、经营者和管理者，而只能是特定的自然人，以及由自然人所组成的法人。作为人力资本所有权客体的智能、体能和道德品质都以特定的人为其载体，只有通过这些特定的人才能取得和发挥其才能。虽然作为人力资本所有权主体的自然人所具有的智能、体能和品德有相当一大部分是由国家投入资金通过教育、培训所取得的，但国家兴办这些事业是以公益性的公用财产投入的，是不要求个人回报的。而特定的自然人在国有知识产权和信息产权基础上进行加工增值拥有自主的产权，也已为著作权法等知识产权法所确认。可见，人力资本产权归属的私有性特征也符合当代的法律规定。

对人力资本所有权私有性的界定，对国家发展社会经济，也具有积极的作用。其作用大致有如下几个方面（刘楼，吴能全，2005）：

（1）确认人力资本归个人所有是尊重人才，可以有效配置和充分利用人力资本的基础。

（2）确认人力资本归个人所有可以激励人力资本所有权主体对其才能的发挥与挖掘。

（3）确认人力资本归个人所有，可以激活人才市场，加速发挥人才资本的价值及其增值效益。

（4）确认人力资本归个人所有，可以为生产者、经营者、管理者享有企业自主经营权，并成为人力资本所有权主体提供法律依据。

3. 人力资本所有权客体的商品性

人力资本所有权客体的基本属性是其商品性与不可共享性。商品性是指人力资本也是商品，可以在市场上自由交易。这是 18～19 世纪以来资本主义国家首先对劳动力在内的人力资本的法律确认，也为当前各国的法律所承认。不可共享性是指人力资本都以特定自然人为载体，属于该自然人所独占，人力资本所有权客体与主体具有不可分割性，因此他人无法共享其人力资本。除非人力资本所有权主体把他所具有的智力、技术、品德等人力资本记录、存储在别人可以使用的纸质、磁带、电脑等载体上，但这已是法律所保护的著作权等知识产权，已与人力资本具有不同的概念。

人力资本所有权客体是指生产者、经营者和管理者所具有的硬件能力和软件能力。硬件能力是指智力、技术、体力与健康状况，其基本功能是作为生产者、经营者、管理者在从事生产、经营、管理活动中必须具备的基本能力，就是人们常说的安身立命的本事。人们如果没有一些谋生的本事，就很难在一个竞争社会中找到自己合适的位置。

人力资本所有权主体对硬件能力的取得，既依靠国家，包括兴办各类学校在内的基础公益性投入，也取决于家庭及本人的投入及奋斗，此外也同每个人的天赋有一定关系。

人力资本的软件能力由价值观、道德品质与人际关系等方面组成。软件能力的基本功能是确保潜在的硬件能力可以最大限度地转化为价值或社会财富，可以确保、加速硬件能力的发挥，还可以减少人力资本的交易成本。

由于人力资本具有商品属性，必然要受商品价值规律性的制约。因此，作为人力资本所有权主体的生产者、经营者与管理者为追求人力资本利益的最大化，就必须通过包括学习在内的各种渠道，使自己的硬件能力与软件能力可以适应市场的需求，以便使自己所从事的生产、经营和管理活动能有最高的效率，才能取得最大的报酬，这就是市场商品经济规律对人力资本的激励作用。商品经济规律的激励作用既是人力资本所有权主体取得人力资本的基本动力，也是人力资本所有权主体能够具体发挥潜在硬件本事能力的一种催化剂。据美国哈佛大学詹姆斯（C. James）教授对人力资本的能动性做过的专题研究，其结论是：如果没有相应的激励机制，一个人的潜在能力只发挥20％～30％；如果能得到有效的激励，其潜在的硬件本事可以发挥80％～90％（程承坪，2001）。

人力资本软件能力在人力资本所有权主体身上表现为道德品质、信誉和人际关系等方面，对软件本事的发挥也具有不可轻视的作用。例如，一个具有高尚道德、有着良好信誉及和谐人际关系的生产者、经营者和管理者，不仅在市场中对人力资本的交易可以减少交易成本；并且在当代具体从事生产、经营和管理活动都是团队行为，也可以造就一个气从以顺、各从其欲、皆得其愿的和谐环境，可以心情舒畅地进行工作，为其硬件本事的发挥创造有利条件。

同物质资本相比较，人力资本价值的评估具有不确定性，由于人力资本与其所有权主体具有不可分离性特征，必须统一在同一个自然人身上，这就为对人力资本价值的评估带来难度。说得具体些，人力资本所有权人所具有的人力资本是看不见、摸不着的东西，自然无从评估。只有通过对其所取得硬件本事的证书、过去工作的业绩，特别是在本岗位具体使用过程中的表现，才有可能进行量化。

4. 人力资本所有权权利的双重性

人力资本所有权主体对其所有的人力资本所享有的权利具有权利的双重性与所有权中权能的不可分离性。权利的双重性是指权利内容同时具有产权与债权的双重权利。人力资本所有权主体不仅对自身所具有的人力资本享有占有、使用、收益和支配等所有权中完整的四项权能；而且还享有契约所规定的物质资本所有权人所赋予的法人财产权，即可以依法对企业的财产行使占有、使用和支配等权利。人力资本所有权权能不可分离性，是指人力资本所有权中的占有、使用、收益和支配等四项权能只能统一由所有权人行使，而不能分别由不同人来行使。这同物质资本所有权的权能可以分离具有完全不同的特征，这是由于人力资本与其所有权主体的不可分割性所决定的。

（二）人力资本所有权理论的现实意义

人力资本所有权理论有利于建立和完善一个归属明晰、权责明确、保护严格、流转顺畅的现代企业产权制度。其具体的现实意义是可以使国有企业产权归属明晰化，可以使企业资本所有权主体经济利益最大化与生产者、经营者、管理者积极性最大化得到和谐统一，可以促使人才资本的合理流动，有利于人才资本价值的充分利用与挖掘（兰玉杰，陈晓剑，2003）。

1. 国有企业产权明晰化

依据马克思主义的生产力理论，人力资本所有权的权利与物质资本所有权的权利是一对相互依存的经济权利。在当今的信息经济时代，知识与信息在企业生产要素中的作用不断加强，从而使人力资本在企业中的作用也在提高。然而，人才资本所有权的形成离不开物质资本所有权，这是由于"巧妇难做无米之炊"，人力资本本事的大小具体表现在对企业中客观存在的物质、能量、信息、资金、技术等生产要素的操作上。换句话说，人力资本价值的实现是离不开物质资本的（刘正才，2006）。为此，依据人力资本所有权与物质资本所有权的理论，可以把国有企业中的所有财产权利划分为物质资本所有权与人力资本所有权这两个相互并存的权利。其中，物质资本所有权归属于作为企业投资主体的国家所有，并由国资委作为国企中国有财产持有人代表国家行使投资职责并享受收益权利；而人力资本所有权归属于国有企业中的生产者、经营者与管理者所有，由企业法人行使国有企业的经营权。具体地说，由投资主体与经营主体通过契约的规定，由经营者依法实施对国有企业的经营管理。这样就可以解决国有企业产权归属不明晰或主体"虚置"的问题，也为国有企业产权保护严格、流转顺畅提供保证。

2. 投资者利润最大化与经营者积极性最大化的统一

现代企业是由一些能够向市场提供产品和服务的投资者与生产者、经营者和管理者所组成的，企业的唯一目标是实现利润的最大化。企业如何完成向市场提供产品与服务并实现其利润呢？现代企业不论规模如何庞大，技术和管理如何先进，其基本模式都离不开马克思对生产力的界定，都是由物质、能量、信息等资源，通过技术中介以及生产者、经营者、管理者创造性的劳动，提供产品和服务。换句话说，企业是由人与物的相互关系所组成的，其中，物包括物质、能量、信息等资源，以及资金、技术等物质产权与知识产权；人由提供资源、资金、技术与知识产权的投资者，以及对这些资源、资金、技术与知识进行加工制作的生产者、经营者和管理者所组成。

要实现企业利润最大化的这个基本目标也有两个要件：一是投资者所提供的资源、资金、技术和知识要有充足的数量、合格的质量及其相互之间存在的最佳组合；二是生产者、经营者和管理者要有本事，才能把这些生产要素高效地转化为产品和服务。这两个要件都依靠生产者、经营者和管理者必须对自身具有的人力资本享有使用与支配等权利，以及契约规定对投资者所投资的资源、资金、技术等财产都享有占有、使用与支配等权利才能实现。换句话说，作为人力资本所有权主体的生产者、经营者和管理者不仅是企业人力资本所有权主体，而且也是企业资金、资源和技术等物质资本的承租权主体。这样，生产者、经营者和管理者就会为自己利益的最大化，也为出资人（出租权人）利益的最大化而发挥自己最大的积极性，并像私人企业那样，全心全意地经营，从而可以有效解决传统国有企业所存在的诸如经营管理者没有自主经营决策权、生产者干好干坏一个样、生产经营后果不与自己的经济利益相挂钩等问题。总之，可以解决传统公有制由于没有合适的激励机制，生产者采用不出力或少出力、管理者采用不求有功、但求无过来对待企业的生产，而使国有企业存在高成本与低效益等一系列问题。

3. 可以使人力资本按照商品规律进行流动

商品经济必然反映客观经济规律性，作为商品的人力资本也与物质资本一样，遵循一个共同的规律性，它们都必然要向一个生产力高和生产条件好的经济中心流动，其结果是使人力资本与物质、能量、信息等资源都可以得到优化配置与充分利用，从而有效地提高资源转化为社会财富的速度。

只有承认人力资本也是一种商品，才能使它同物质资本一样，可以自由流动。这里所说的人力资本是一种商品，并不是说人是一种商品，这是两个完全不同的概念。人力资本是人力资本所有权的客体，是人所具备的智力、体力、技能等谋生的本事，可以作为商品；而作为人力资本所有权主体的人，就不是商品。但由于人是本事的存储与显示的载体，本事离开了人也就不复存在，因此二者容易混为一谈。只有从人力资本所有权的三个结构要素的相互关系上才能把二者区别开来。只要法律确认人的本事是一种商品，就表明法律赋予人可以依据自己的意愿来支配自己的本事，这不仅可以充分发挥人才的作用，也是尊重人才的具体表现。

人们容易把人才资本与作为其载体的人混为一谈，也表明人力资本所有权与物质资本所有权在本质属性上是存在着区别的，只有弄清人才资本区别于物质资本的固有属性，才能制定出适合于人才流动的相关政策。

第二节　地理信息资源经营权及其政策建议

一　地理信息产业与地理信息资源经营权

(一) 产业与经营的关系

在《辞海》中，产业是指各种生产的事业，特指工业。《简明不列颠百科全书》将产业定义为"各种制造和供应货物、劳务或收入来源的生产性企业"。在当代商品经济中，产业是指从事国民经济中同性质的生产或其他经济社会事业的企业、事业单位和个体的总和。

在《辞海》中，经营是指筹划营谋，专指经营办理经济事业，如经营商业。在当代商品经济中，经营是指在商品生产、流通等领域所进行的各种经济活动的总和。

产业与经营既有区别也有联系。二者的区别是：产业强调经济实业的存在形式，其词意性质属于名词；而经营强调对经济实体的生产、加工和谋划等动态过程，其词意性质属于动词。二者同为一种经济目的，但存在实体与过程的关系。二者是通过作为经济主体的企业、事业单位或个人来联结的。经济主体通过自身的经营活动把自己的或他人的实体转化为产品或服务。一个产业是依靠众多的企业对该产业的生产要素进行生产和制作活动才形成产品与服务的，而后又通过流通领域中一系列营销活动，才被消费者所利用而形成一个产业链。在一个产业链中，资源、资金、技术等生产要素，以及产品、服务等商品都是产业实体；从生产要素生产加工成为产品与服务的过程，以及产品与服务在流通领域中的销售过程都统称为经营。如果要细分的话，从生产要素到产品与服务过程是由生产者、管理者所实施的经营活动，属于广义的经营；而从产品与服务等商品的销售过程是经营者与管理者所实施的经营活动，属于狭义的经营。

产业与经营都是经济学的概念，然而经济主体利益的实现必须有法律的保障。换句话说，必须赋予企业、事业单位或个人等经济主体对其生产要素享有占有、使用、收益和支配等权利，即授予经济主体享有经营权，产业才能得到健康发展。例如，《农村土地承包法》规定，承包经营权是法律授予农业组织及其成员等经济主体依法在农业领域的生产资料所享有的各种经营权利；《全民所有制工业企业法》与《公司法》规定，公有企业经营权是法律授予公有企业单位及其成员等经济主体依法对企业在工业、商业领域的生产要素享有的经营权利；《合伙企业法》、《个人独资企业法》规定，私有企业经营权是法律授予私有企业的合伙人或自然人等主体依法对私企在工业、商业领域的生产资料享有各种经营权。只有法律授权给经济主体享有各种经营权利，才能使有关农业、工业和商业领域中的各个产业部门为社会提供更多更好的产品与服务。

（二）地理信息产业及其经营权

地理信息产业是指应用现代测绘技术和其他地理信息技术对地理信息资源进行生产、开发、销售等活动及其与这些活动有关联的各种设备、技术、服务、产品的各类企业和机构的总和。在这个定义中，地理信息产业主体被界定为各类企业和机构，这是依据当前地理信息产业市场主体构成中，企业单位占50％，而事业单位占41％的现状提出的，是现阶段地理信息产业的反映，其缺点是给地理信息产业的进一步发展潜伏危机。因为企业单位很难与事业单位进行平等、公平的竞争。解决这一问题的有效方法是等到时机成熟时，把从事地理信息经营的事业单位转化为企业单位。

地理信息产业主体包括对地理信息资源进行生产、开发的投资者、生产者和管理者，也包括对地理信息产品进行销售、服务、加工的经营者与管理者。地理信息产业的客体是指地理信息资源与地理信息技术及其产品与服务。作为产业活动的经济主体或企业单位，其目标是追求利润的最大化。企业要实现利润最大化的目标，除地理信息产业的生产者、经营者、管理者必须依据地理信息的自然规律、经济规律等客观规律性进行生产、开发与销售外，还必须要有法律上的保障。

广义的地理信息经营权是指经济主体直接从事地理信息的采集、生产、加工、维护、更新、销售、服务等活动中，依法所享有的专有、使用、收益和支配等权利。由于地理信息资源具有战略性、基础性与公益性等特征，并且对地理信息资源的生产、维护与更新的投资，基本上都是由国家承担的，而国家对地理信息资源的生产，主要也是作为一种公益性事业，并不以其商品经营为主要目的。因此，狭义的地理信息经营权是指企业单位在地理信息资源的生产、加工、销售、服务等商品经济活动中，依法对地理信息资源及其技术所享有的占有或专有、使用、收益和支配等权利。

二　地理信息经营权客体

（一）地理信息经营权客体的组成

地理信息经营权客体是指经营权主体享有权利与承担义务所指向的对象。其组成要素包括地理信息技术、地理信息数据和地理信息服务等三大类型。

1. 地理信息技术的组成

地理信息技术主要是由遥感技术、空间定位技术、地理信息系统技术、现代测绘技术、自动化制图技术与网络传播技术等所组成的。遥感技术及其他现代测绘技术是对地理信息进行采集、测量、监测、航空摄影等，其产品是地理信息数据，该技术可以为数据、软件等产品的制作，以及为工程测量、咨询等服务提供技术上的保证。空间定位技术为空间地理信息数据的采集、生产与服务，包括导航定位工程、车载导航与基于定位服务等提供技术保证。地理信息系统技术与现代制图技术为地理信息数据生产、数据库建设、软件开发、系统集成、地图出版提供技术保证。网络传播技术为地理信息的传播、销售、利用提供技术保证。

2. 地理信息数据产品的组成

地理信息数据产品主要由测绘数据产品、地图数据产品、卫星导航数据产品、遥感数据产品等组成的，其中包括各类电子地图及与之关联的属性数据、图像数据、数据库、地图出版物，以及各类地理信息处理软件。

3. 地理信息服务

地理信息服务由地理信息工程服务、地理信息增值服务、咨询与培训等所组成。其中，地理信息工程服务包括数据采集、数据库建设、应用系统开发和系统集成等信息服务；地理信息增值服务包括通过互联网、电信业务和有关运营设施提供的跨网络的多媒体、以服务形式向用户提供地理信息的业务；咨询与培训包括地理信息工程监理、技术咨询、技术培训和资料出版等。

（二）地理信息经营权客体的商品性与空间性

地理信息经营权客体的一般属性与物权商品一样具有商品性，但与物权、知识产权、其他信息产权等客体不同的属性是其空间性。

1. 地理信息的商品性

地理信息之所以能够成为经营权的客体，就在于它具有商品属性。地理信息技术、地理信息数据和地理信息服务都具有商品性特征。作为商品的地理信息，不仅具有使用价值，而且更重要的是具有交换价值，可以像一般商品那样进入市场流通、交易，并在市场流通中把地理信息传递、渗透、应用到社会经济的各个领域中，以实现其价值与增值价值。

地理信息的商品性与物质商品性相比，也具有自身一系列特征。第一，地理信息具有无形性与共享性特征。任何人都无法独占其商品的所有权，因此，商品交易通常不是以所有权转移为特征，而是以使用权的交易为主要形式。地理信息经营权人只要享有经营权，就可以在其权利保护期限内进行多次交易，以获取最大利润。第二，地理信息价值评估具有不确定性，同物质商品价值评估具有较多客观依据相比较，地理信息数据价值的大小，随着应用领域和时间的不同也存在着较大的变化，即其价值评估存在着应用范围的特定性与时间性等不确定性因素。第三，地理信息商品的使用价值大多具有间接性，不同于物质商品购买者，对商品的使用可以直接体现于物质与精神的享受上，而需通过构想、设计、管理、决策等过程才体现其使用价值。

2. 地理信息的空间性

地理信息区别于其他信息的基本特性是其具有三维的空间性特征，并且还体现为时空统一的四维时空结构特征。例如，只要借助全球定位系统确定某人在某时段乘坐某交通工具，就可以肯定某人某时曾在某地出现。地理信息空间性特征，可以为发展电子地图导航、数字营销、网上地图、网络社区等服务提供直接现实依据。以数字营销为例，现在已出现一门称之为地理营销（geomarketing）的新学科。地理营销是在地理信息系统技术、网络技术和地理信息空间性特征的基础上，对市场营销进行空间分析，以便作为对超市选址、商品营销决策的依据。金融机构、购物中心、零售网点、餐饮场所、库房、代理中心和服务维修站的选址，都可以通过地理营销的空间分析来完成。例如，通过对商圈（商圈是指对客户具有吸引力的区域空间）的分析，可以对现有客户有一个清晰的认识，从而为直接营销活动提供有效帮助和准确定位数据。因为只有对商圈进行空间分析，才能取得最好的销售方案、最优的位置、最佳的直接营销目标、最理想的空间规划等决策依据，最后才能取得最大的营销回报。国外大多数国际企业都通过商圈的空间分析作为其选址与营销决策的依据，并且已取得良好的效益。这些国际企业为争夺市场份额，已把地理营销方法应用在中国的经营，诸如沃尔玛、麦当劳、肯德基等企业，已开始建立在中国选址的分析系统。

（三）地理信息技术的特征

作为地理信息经营权客体的地理信息技术，最基本的属性是其知识的高密集性与高投入性。地理信息技术知识的高密集性是指地理信息技术产品中所包含的智力价值的比重特别高，首先，由于从事地理信息技术产品研发、生产的人员对智力水平有特殊的要求，必须具有高学历、高智商、高素质的科技人员才能承担；其次，地理信息技术产品中的知识含量及其附加值特别高，就是地理信息数据的交易，也必须借助诸如光盘、磁带、网络等信息技术来存储与传输。总之，作为商品的地理信息从形式到内容都是一种知识商品。正由于地理信息技术的研发和生产都具有知识的高密集性，因此也具有资金投入的巨大性。而且，地理信息技术的更新周期不断缩短，在高新技术领域中的竞争更为激烈，企业不惜投入大量资金、技术、人力和物力，以期取得在竞争中的有利地位，因而对地理信息技术的投资也存在着风险性。

（四）地理信息数据的特征

地理信息经营权客体的地理数据的基本属性是共享性、可挖掘性与空间性。共享性是指作为商品的地理信息可以同时且持续与不同用户进行交易，因此地理信息的交易主要以许可使用权为基本形式。可挖掘性是指地理信息在使用中不仅不会消耗、不会损失，而且可以通过挖掘，发挥其新的使用价值，从而为地理信息加工增值者拥有创新部分产权提供理论依据。地理信息数据的空间性特征，除上述所说的功能外，还包括为诸如电子政务、电子商务等社会经济信息系统提供一个统一的基础平台，从而为地理信息服务提供一个准确的空间定位依据。

（五）地理信息产品与服务在交易上的特征

地理信息经营权客体的地理信息服务具有网络化与智能化等特征。

网络化是指现代地理信息服务，不论是地理信息工程服务、地理信息增值服务，还是咨询与培训等服务，以及地理信息数据的交易服务，都可以借助网络技术来完成。网络技术对地理信息资源产权经营的最突出贡献是网络技术的特点与地理信息经营权客体的特点可以实现完美结合。首先，网络技术对地理信息产品与服务的交易具有高效率与低成本的优点，而高效率与低成本正是经济主体追求利润最大化的基本方法。高效率是指对地理信息产品与服务的加工、生产是通过地理信息技术来完成的，其效率是手工操作所无法比拟的，特别是传输速度几乎已不受时空的限制。低成本是指地理信息产品与服务一旦投入生产以后，其成本就是复制的费用，而网络传输与下载的成本十分低廉。其次，地理信息产品与服务本身都具有无形性特点，它们在交易过程中不需要中间商，双方可以通过网络直接商谈；也不需要仓库存储，商品不存在变质问题，可以长期保存，几乎不占空间。因此，作为商品交易的营利模式不遵守帕累托定律（或二八定律），而是适用长尾理论。

地理信息咨询服务的智能化特点是指地理信息经营者借助各类地理信息智能技术与地理信息数据库，通过对咨询问题存在机制建立模型并进行推演，快速提出解决问题的理想决策方案。例如，通过网络技术收集有关地理信息数据，对其进行分析与综合，然后提出一个或几个模型，并运用虚拟现实技术来调整、修正、检验，就可以迅速找到一个适合于解决问题的最佳方案。地理信息咨询服务是指地理信息资源经营权人受用户委托，通过对用户提出问题的调研，运用地理信息技术与地理信息数据对该问题进行分析与综合，从而为用户提出解决该问题的方案。现代遥感技术及其他地理信息技术的高速发展与普遍应用，海量地理信息的存在及众多地理信息数据库的建立，也为地理信息咨询服务业的发展提供了坚实的技术与数据等依据。地理信息咨询服务之所以作为地理信息经营权的重要客体，是因为地理信息经营者在宏观上可以为政府及有关部门解决资源环境与经济社会协调发展的一系列问题，并为他们提供正确科学决策和对未来发展的预测，而且在中观和微观上可以为政府部门与企业提供解决各种现实的及突发性问题的应对办法。

三　地理信息经营权主体

（一）地理信息经营权主体的种类

地理信息经营权主体是指在地理信息经营中享有权利和承担义务的当事人，即依法有权直接从事对地理信息经营的当事人。依据我国《企业法人登记管理条例》规定，要具备地理信息经营权主体资格，必须办理企业法人登记。只有申请企业法人登记，经企业法人登记主管机关审核，准予登记注册，领取企业法人营业执照，取得法人资格，其合法权益才受国家法律保护。对于事业单位、科技性的社会团体从事经营活动的，也需登记。社会团体，依《社会团体登记管理条例》第二条规定，是指中国公民自愿组成，为实现会员共同意愿，按照其章程开展活动的非营利性社会组织。事业单位，依据《事业单位登记管理暂行条例》第二条规定，是指国家为了社会公益目的，由国家机关举办或者其他组织利用国有资产举办的，从事教育、科技、文化、卫生等活动的社会服务组织。依据《企业法人登记管理条例》第二十七条规定，事业单位、科技性的社会团体根据国家有关规定，设立具备法人条件的企业，由该企业申请登记，经登记主管机关核准，领取企业法人营业执照，方可从事经营活动。

地理信息经营权主体由投资主体与经营主体两大类组成，其中投资主体是指地理信息企业的财产所有权主体。由于地理信息企业是由国有企业、集体企业（公司制企业）以及个人独资与合伙等私营企业所组成的，因此地理信息企业的投资主体也分别由国家、集体和个人所组成。而地理信息企业经营权主体包括自然人及自然人组成的经理层两种类型。

（二）地理信息企业经营权主体的特点

1. 地理信息企业投资主体的特点

地理信息企业投资主体的一般特点包括投资主体多元化与不同主体法律地位与权利一律平等。与一般企业不同，对地理信息企业的投资可以分为初始数据的投资与加工数据的投资两大部分，从而就有初始地理信息资源产权与加工地理信息资源产权之分。对初始地理信息数据的投资，绝大多数是由国家承担的，因此初始地理信息资源产权归国家所有；而对加工地理信息数据的投资包括国有企业、公司制企业和私营企业，因此加工地理信息数据产权也分别由国家、集体和个人所有，具有一般企业投资主体多元化的特点。

对于国有、公司制等公有地理信息企业，与个人独资、合伙等私营地理信息企业主体的特征也有不同。公有地理信息企业的所有权主体与经营权主体是分离的，因此公有地理信息企业实行所有权与经营权相分离的政策；而私有地理信息企业的所有权主体与经营权主体合一，即企业所有权人直接从事地理信息的经营活动。

2. 地理信息企业经营主体的特点

地理信息企业经营权主体的一般性特点是经营主体具有天然私有性，而地理信息企业经营权主体区别于一般企业的特殊性，是其经营主体具有知识密集性或高科技性。对于国有地理信息企业和公司制地理信息企业来说，经营权是投资主体通过法律或契约授予经营人对企业财产享有占有、使用、收益和处分等权利。因此，经营权的实质就是人力资本所有权。人力资本所有权与一般财产所有权的基本区别就在于人力资本所有权的各项权能是不可分离的，只能由人力资本所有权人统一行使。换句话说，一般财产所有权只要法律授权，任何经济主体都可以行使；但经营权只能由经营权人自身来行使。这是由于财产是中性的，即使是知识和信息，只要借助于某种载体，任何主体都是可以使用的。但人力资本的唯一载体就是人力资本所有权本人，只有地理信息企业经营主体对地理信息资源、地理信息技术及其服务行为等客体有丰富的知识和熟练的技能，才能从事对地理信息的经营活动，在地理信息技术部分已经对此做过分析。既然地理信息的生产与经营都是一项高科技活动，那么地理信息企业的经营主体就必然具有高科技特征，这也是《测绘法》中所说的企业的准入资质与个人的准入资格。

四 对地理信息经营权的政策建议

(一) 地理信息企业经营权多元化政策

依据我国《全民所有制工业企业法》、《公司法》、《合伙企业法》和《个人独资企业法》等法律规定，我国地理信息企业的类型可以包括国有地理信息企业、公司制地理信息企业和私营地理信息企业。不同类型的地理信息企业，其经营的内容应各有侧重和相互补充。其中，国有地理信息企业重点经营有关国家安全、基础公益性及具有高新技术等企业；公司制地理信息企业重点经营高新技术以及一般竞争性的企业；独资和合伙等私营或民营企业，主要经营一般性竞争的企业。从企业所经营的地理信息的内容、特性以及经营权的多元化角度考虑，是否可以发展下面几类经营性质不同的企业。

1. 有关国家安全的地理信息企业

有关国家安全的地理信息企业，其经营内容可以是多方面的，其中也包括对有关保密地理信息的生产与利用的企业，其用户是党、政、军的各级领导人员。例如，我国有着军队和地方两支测绘大军，拥有极为丰富的地理信息数据。对其保密性质的地理信息，就是按现行保密法律可以确保国家安全的规定，其适用范围也是一个庞大人群，更不要说军队与地方的相关科研人员。因此，建议国家组建一个地理信息战略资源开发企业，专门研发保密地理信息资源，并依据《商业特许经营管理条例》的规定，通过合同方式，由一些具备技术和业务条件的人（被特许人）进行具体特许经营活动。地理信息战略资源开发企业具有四方面的特征。

（1）地理信息战略资源开发企业是一个以具有保密性质的地理信息资源进行生产、加工的企业单位。其生产和经营都严格执行国家的保密规定，该企业也是特许经营的唯一特许人。

（2）特许人与被特许人之间通过合同来确定对地理信息的保密规定及其经营关系，特许人与被特许人都是相互独立的市场主体，双方通过订立保密及特许经营合同来确保双方的权利义务关系与保密责任。他们之间的行为都适用于民事法律规定，并且他们共同受到地理信息保密法律关系的制约，一旦违背保密规定，都要承担相应的法律责任。

（3）被特许人必须具备地理信息保密技术与业务等能力，并按特许人组织的统一经营模式进行经营活动。保密地理信息数据的特许经营是一种高度系统化、组织化的分发方式，统一分发模式的核心要求之一是确保服务行为的规范化、一致性，以及确保保密法律规定的执行。

（4）被特许人应当依照合同的约定向特许人支付相应的费用，并且被特许人不得把特许经营合同转让第三人。

对保密地理信息的特许经营，虽然属于民事行为，但由于其特许经营权客体是属于保密的地理信息资源，因此对包括特许人与被特许人在内的市场经营主体资格的准入要求特别严格，必须同时取得工商与保密等部门的许可方可进行特许经营。

2. 基础公益性地理信息企业

我国当前有关基础性、公益性地理信息数据分别由国家测绘局、国家气象局、国土资源部、城乡住房与建设部等几十个部门进行管理，其缺点是部门利益的左右，地理信息资源开发往往出现低水平条件下的重复投资，致使地理信息共享水平受到抑制。为此建议组建一个全国地理信息共享中心及若干区域中心，按照公益性企业模式进行运作。凡是由中央财政投入所产生的地理信息数据，经主管部门验收合格后必须交由共享中心统一管理。地方财政投入所产生的地理信息数据，地方可与共享中心签订合同后交由共享中心统一管理。共享中心按国家统一规定，分别实行无偿或有偿共享政策，不论是无偿或有偿共享，均按国家统一规定收取复印费、拷贝费、装订费、包装费、翻译费、网络数据的上网费等服务费。

3. 高新技术地理信息技术企业

高新技术地理信息技术是引领地理信息产业发展的基本动力，但由于这类企业的发展需要有巨额的资金，故大多由国家财政或大型企业资金投入，由高校、科研院所和企业科技人员联合研制，并由企业进行开发生产。高新地理信息技术企业具有较大的风险性，一般都由国有企业和公司制企业经营。

4. 竞争性地理信息企业

竞争性地理信息企业是地理信息产业最基本、最主要的企业。凡是能够作为商品可以在市场中进行自由流通、交易的地理信息数据、地理信息技术及其服务，都可以成为竞争性地理信息企业经营权的经营客体。

竞争性地理信息企业，主要由大量的个人独资和合伙经营的民营企业和公司制企业经营，而国有企业大多通过改革成为公司制企业或民营企业，从而退出对竞争性地理信息企业的经营。

对于民营地理信息企业，则应依据《宪法修正案》的规定，鼓励、支持和引导其经济的发展。民营地理信息企业在基础测绘活动中享有平等权利，对其所投资的基础公益性地理信息数据也应享有持有权，可以依法直接从事相关的经营活动。

（二）国有地理信息企业改制路线

对国有地理信息企业的改革，可以依据上述所说的有关政策，对不同经营内容的国有地理信息实行不同形式的改制，建议其改革路线如图 11-1 所示。

国有地理信息企业的改革，可以有不同的模式或途径。其中有关国家安全的国有地理信息企业、基础公益性国有地理信息企业和高新技术国有地理信息企业，主要是通过政企分离，所有权与经营权分离，使国有地理信息企业改制成为资本所有权、人力资本所有权与持有权并存的产权多元化企业。竞争性国有地理信息企业的改革，更是可以通过多种途径，最终使国有地理信息企业退出竞争性企业的经营。

国有地理信息企业改革主要包括持有权多元化、政企分离、所有权与经营权分离、股份合作制与股份制改革及私有化等多种方法。

1. 持有权多元化

国有地理信息企业持有权多元化是指战略性、基础性与公益性地理信息资

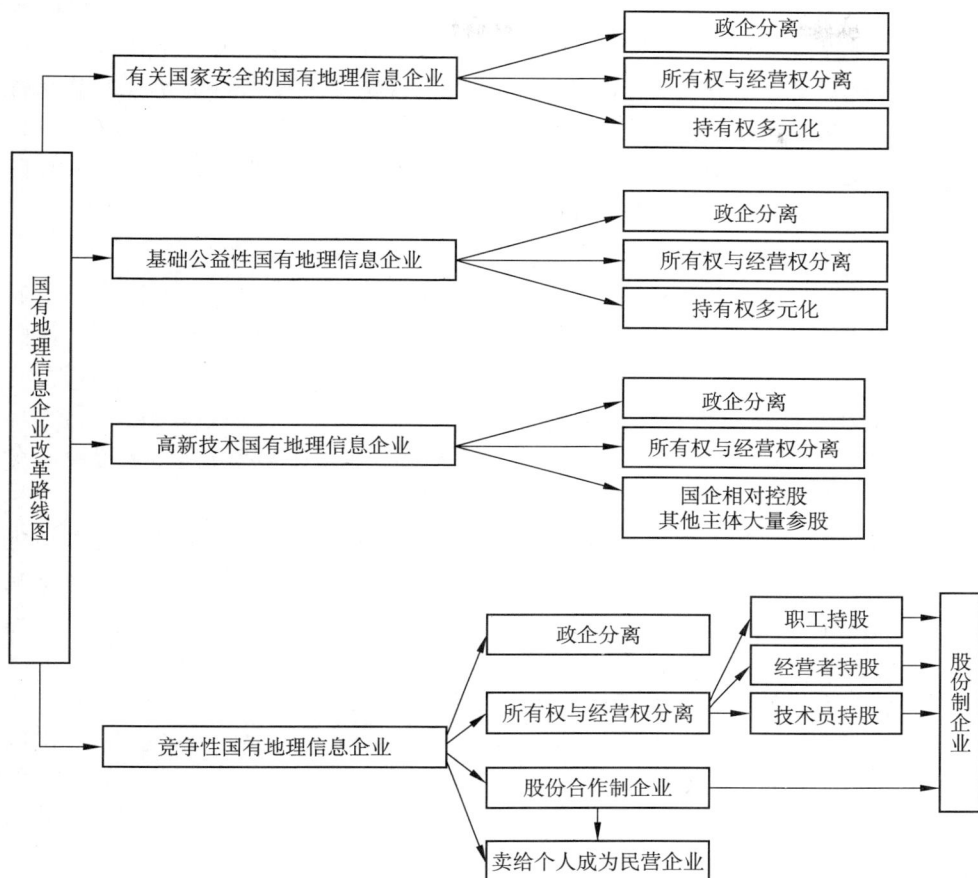

图 11-1　国有地理信息企业改革路线图

源的所有权都属于国家所有，但持有权则分别由国家不同行政部门所持有，这些国家行政部门分别代表国家对相关地理信息企业履行持有权人的职责，以便确保地理信息数据的质量与更新，以及享有出资人的权益。

2. 政企分离

政企分离是指政府行政行为必须同国有企业经营中的民事行为相分离。企业行为包括国有企业的行为必须遵循《民法通则》所规定的平等、自愿、公平、等价有偿、诚实信用等民事行为准则。如果有行政权力渗透到企业中，就必然使《民法通则》所规定的原则遭到破坏。然而国有企业的固有弱点恰恰是政企不分，国有企业是政府的附属物，企业的经营取向受到国家意志甚至是部门利益的左右，因此不管企业是否盈利，国有资产能否保值、增值，这必然使国有企业降低效益，增高成本。为此国有企业改革的前提条件就是政企分离，使政府的行政权力退出国有企业。具体方法是把国有企业与政府部门脱钩，使国有企业与其他企业一样成为市场主体，可以独立自主进行经营、决策，必须承担经营决策的后果，这样使企业的盈亏等生存问题与企业经营者的切身利益联系起来，经营者的积极性才可以完全被调动起来。政府的职责是依照法律、行政法规的规定，代表国家履行出资人的职责、享有出资人的权益，以及依据市场管理法律、法规，对包括国有企业在内的所有企业行使一视同仁的管理职责。

3. 所有权与经营权分离

所有权与经营权分离，按《全民所有制工业企业法》规定，是指国有企业的财产属于全民所有，国家依照所有权和经营权分离的原则授予企业经营管理。即国有企业的资产所有权归国家所有，但法律授权把经营权授予企业经营管理，使企业成为国有资产市场化的经营主体。按照《公司法》规定，股份制企业，包括有限责任公司中的国有独资公司与股份有限公司的两权分离，是指由股东大会、董事会、监事会等决策监督权与经理层的经营权的分离。

实行两权分离的基本要件有两个：一是资本所有权人是资源增值的人格化代表，其目标是追求资本收益的最大化，为此必须把对企业财产的占有与支配等权利出租给经营者，使自己成为获取租金的单纯所有者；二是资本所有人与人力资本所有人通过契约的约定，由经营权人统一对物质资本与人力资本的所有权行使占有、使用和支配等权利（蔡一珍，1995；张力，2003）。对国有企业来说，《物权法》规定政府代表国家履行出资人职责，享有出资人权益。《全民所有制工业企业法》规定"企业对国家授予其经营管理的财产享有占有、使用和依法处分的权利"。国有企业两权分离的方向，就是使国有地理信息企业改制成为公司制企业。

4. 公司制与股份合作制企业

对国有企业进行改革，一直是中共历次全国代表大会的重要议题。1987年10月十二大报告就指出改革中出现的股份制形式，即国家控股和部门地区、企业参股以及个人入股是社会主义企业的一种组织方式。2002年"十六大"报告进一步提出，除极少数由国家独资经营的企业外，国有大中型企业实行规范的公司制改革，发展混合所有制经济。按《公司法》规定，股份制（即公司制）企业有三种基本形式。

一是有限责任公司，至少要有两个股东。除国有股以外，还必须有一个非国有的股东，才能成为公司法所说的产权多元化的企业。有限责任公司的股东对公司债务承担有限责任，即以其出资额为限对公司承担责任；公司资本不表现为等额股份；每个股东有一票表决权；公司不公开发行股票，这是有限责任公司的特征。其中，有限责任公司中的国有独资公司是国家授权投资的机构或者国家授权的部门单独投资设立的公司。

二是股份有限公司。股份有限公司与有限责任公司有两方面不同：第一，股份有限公司股东的人数不受限制，而有限责任公司的股东为 2～50 个；第二，股份有限公司的资本要分为等额的股份，股东按股认购，同股同权，同股同利。股份有限公司与有限责任公司相同的是股东以其所持股份为限对公司承担责任，公司以其全部资产对公司的债务承担责任。股份有限公司的股票可以上市。

三是上市公司，可以公开发行股票，通过社会集资拥有大量的公众股。上市公司是股份有限公司中符合公开发行股票的公司。

国有地理信息企业改革的方向就是实行规范的公司制改革。但由于国有地理信息企业组成也有不同的特点，因而其改革也可以有多种形式或多条途径。例如，十六大报告指出国有大中型企业实行规范化公司制改革，那么大量中小型国有地理信息企业又如何改革呢？除了公司制改革这条路以外，大致还有两条途径：一是把国有资产卖给有经营管理实力的个人或者合伙人，使国有地理信息企业改制成为个人独资企业或合伙企业等民营企业；二是把国有资产卖给企业职工，组成股份合作制企业。股份合作制与股份制企业存在的区别是股份合作制企业的股东就是职工，这一点又同合伙企业有共同之处，但股份制企业的股东不一定是企业职工。股份合作制企业与合伙企业也有不同：股份合作制企业是公司制企业的初级阶段，具有产权多元化特征，且股东对公司债务承担有限责任，股东对企业进行资本与人力资本双重投资；但是合伙企业不具有法人资格，属于单一的私人企业；并且股份合作制企业的股东只以其出资额为限对企业承担责任，但合伙企业的合伙人，对合伙企业的债务却需承担无限连带责任。如果股份合作制企业搞得好，就可以发展成为规范的公司制企业，如果股份合作制企业搞得不好，最后卖给个人或合伙人，就成为个人独资企业或合伙企业。

5. 私有化方向的改制

对于一些中小型国有地理信息企业，也可以把国有资产折价卖给具有经营能力的个人或合伙人，使国有地理信息企业改制成为民营企业。

第三节　地理信息许可使用权的经营政策

一　许可使用权是地理信息经营权的基本内容

(一) 许可制度与许可使用权

1. 许可制度

许可制度是国家通过法律授权政府对资源开发活动所实施的一项行政管理制度。它规定资源开发者在开发利用资源前，必须取得国家行政主管部门颁发的许可证，并遵守该证中规定的条件，才能进行经营活动的一项制度。由于许可制度授权国家资源行政管理部门，因此这些部门有权依据对资源的预断评价来决定能否进行开发活动，以及在经营中必须执行的保护、治理规定。从而可以防止资源的破坏和浪费，维护良好的生态平衡，可协调各类开发经营者的关系，因此被称之为是国家对资源管理的一项支柱性措施。在我国的《城市规划法》及各个资源管理法中，都规定了各种许可证，诸如规划许可证、用地许可证、建设许可证、排污许可证、取水许可证、采矿许可证、林木采伐许可证和木材运输证、特许猎捕证等。

2. 许可使用权

许可使用权是国家法律规定的所有权人或经营权人对其所有或经营的资源依法享有许可他人使用的权利。与许可使用制度作为一项行政权力相比，许可使用权是经济主体在其经营活动中依法享有的一项民事权利。许可使用权是对知识产权与地理信息资源产权进行经营的一项极其重要的经营权。我国《著作权法》第三章著作权许可使用和转让合同中，规定许可使用包括专有使用与非专有使用两大类。如果是非专有使用，许可使用就不具有排他性，即著作权人可以再许可他人使用其作品。不论是专有使用还是非专有使用，许可使用权人与被许可使用人都必须签订许可使用合同，被许可人只能在合同规定期限内自己使用，而不能再许可他人使用该作品。《计算机软件保护条例》也用专章规定了软件著作权的许可使用和转让。

《专利法》规定的专利使用权，是指非经专利权人许可，任何人不得使用其专利产品。但是专利使用权的行使也有两个例外：一是专利权人自己制造或许可他人制造的产品，这种产品销售后使用权就消失，即权利用尽；二是使用不知道是未经许可制造的专利产品，不属于侵犯专利权人的使用权。

《商标法》第四章规定注册商标的续展、转让和使用许可。注册商标的使用许可是指注册商标所有人将其注册商标通过签订商标使用许可合同，许可他人在一定条件下使用其注册商标。被许可使用人享有该商标的使用权，商标使用权也是经营权的客体。商标的使用许可，仅是许可他人分享注册商标的使用权，而不是指注册商标的所有权，因为商标的所有权并没有转移，仍属于商标注册人所有。商标的使用许可也分为独占使用许可和普通使用许可两类，独占使用许可是指商标注册人允许被许可人在约定的地区、时间和一定的条件下独家使用注册商标，排除他人使用的权利；而普通使用许可就不具有排他使用的权利，即在一个地区内，一个注册商标可以允许两个以上的被许可人使用。

3. 地理信息许可使用权

地理信息许可使用权虽然可以作为政府对地理信息资源开发经营的一项行政管理权限，但其主要的功能是作为地理信息所有权人或经营权人的一项民事权利。例如，澳大利亚实行的地理数据使用许可证，其目的是保护地理数据产权，防止非授权的转让或数据买卖。依据澳大利亚对购买数字地图数据的规定，要获取数据产品，必须办理许可证手续。数据许可使用权出售的是数据使用权，而不是数据所有权。有了许可证，订购数据就相当简单，只需填写一张订单并付费给经销商或分发商就可获得数据。澳大利亚的数据使用许可证的种类包括标准许可证、扩展许可证、商用许可证和科研许可证等，并以资区别其数据的价格的不同。英国测绘局规定要获取测绘数据，也必须先获得许可证。许可证的种类包括专门许可证和标准版权许可证。专门许可证用于地方政府、政府部门、私营公用事业、教育机构等；除上述用户外，要获取测绘数据必须领取标准版权许可证，支付更多的数据价格。国家测绘局等部门发布的《国家基础地理信息数据使用许可管理规定》中的使用许可权也是作为地理信息数据所有权人或经营权人的民事权利。

（二）许可使用权在地理信息经营权中的地位

在《著作权法》、《计算机软件保护条例》和《商标法》中，许可使用权都是知识产权所有权人或经营权人对其权利行使的最主要的和最基本的内容。这是由于著作权、软件权和商标权的标的都具有可共享性，它们在商品交易中所转移的仅是使用权，而其所有权并没有转移。许可使用权包括专有许可使用权（商标法称为独占使用许可权）和非专有许可使用权，其所有权都没有转移，二者的区别仅是被许可使用人是独家使用还是多家使用的不同。

地理信息具有同作品、软件、商标等经营权客体相同的可共享性，因此许可使用权也是地理信息所有权人或经营权人对其权利行使的最主要的和最基本的内容。地理信息数据与作品、软件和商标不同的是，它在国民经济中的功能更强大、应用范围更普遍。这是由于地理信息不仅更易于商品化更接近于生产力，而且地理信息具有海量性的数量，其应用不受专业的限制，有广泛的基础性，可以在所有社会经济等信息系统中，消除系统的不确定性因素，使系统有序运转，并直接或间接地转化为生产力等。为充分发挥地理信息数据的功能，对于许可使用权中的专有许可使用或独占许可使用应予以严格限制。

二 对地理信息许可使用权经营政策的建议

要使地理信息许可使用权的经营取得良好的效益，除了必须使地理信息数据物美（要有数据质量标准政策）价廉（要有价格政策）外，还必须要有经营的策略和政策。

（一）地理信息数据质量标准政策

地理信息数据是地理信息产业的基本资源要素，没有数据，任何地理信息应用系统都无法正常运转。作为地理信息产业基本资源要素的地理信息数据，不仅要有一定数据类型的数量，而且更要有能符合要求的质量，如果数据质量不合格，那么数据处理的结论就不可信。

依据《产品质量法》规定，质量是产品和服务规定或者潜在需要的特征和特征的总和。这里所说的需要特征，包括使用性能、安全性、可用性、可靠性、可维修性和环境等基本目标参数。对于产品质量责任的追究，通常执行过错责任制度，即必须是产品本身有缺陷，以及造成他人损害的事实，并且损害事实与产品缺陷存在因果关系。例如，《测绘法》第四十八条规定："违反本法规定，测绘成果质量不合格的，责令测绘单位补测或者重测；情节严重的，责令停业整顿，降低资质等级直至吊销测绘资质证书；给用户造成损失的，依法承担赔偿责任。"

要确保地理信息数据的质量，首先要提高地理信息标准化水平，使基础地理信息有统一的空间定位框架标准、统一的数据分类标准、统一的数据编码系统、统一的数据记录格式、统一的地理信息数据质量标准与数据生产的质量控制标准，以及统一的元数据标准与数据交换格式标准，等等。其中，地理信息数据质量标准主要包括位置精度、属性精度、时间精度、逻辑一致性以及数据完整性等；地理信息数据生产的质量控制包括消除生产过程中数据的误差和系统的误差，以及对地理信息产品进行精度评价和质量评价。

符合标准规定的基础地理信息数据不但便于提供快速查询、检索与分析空间基础地理信息，为各部门的专业地理信息系统等用户提供统一的空间定位基础，可以快速编制和更新地图、生产模拟和数字地理信息数据；而且更便于对任何范围、任何要素类型或任何实体进行基础地理信息的分类查询、检索，便于与各种专题信息数据库连接，进行专题分析和专题制图。统一的元数据标准可以使用户打开多元数据资料，是进行获取、智能分析与运算大门的钥匙；统一的数据交换格式标准是用户实现不同系统之间进行交换、利用的钥匙。

地理信息数据质量标准的实现，必须要有相应的地理信息标准化政策予以保证。除《测绘法》第五章测绘资质资格规定，国家对从事测绘活动的单位实行测绘资质管理制度，从事测绘活动的专业技术人员应当具备相应的执业资格证书外，还必须建立专门的地理信息数据标准化机构，例如全国地理信息标准化技术委员会 SAC/TC 230，负责全国地理信息数据标准体系的设计与发展，地理信息标准的研制、审批、发布和宣传等。

地理信息数据生产依靠企业，地理信息数据标准的贯彻也依靠企业。因此，地理信息的质量标准政策也应能鼓励通过市场公平竞争，降低采集成本，保证数据质量。地理信息标准政策与价格政策的密切配合，有利于数据面向各类用户开放；再辅以价格政策以公益性为主，就可以鼓励企业以较低价格购买通用的基础地理信息数据；然后依据市场需求，实现多次加工增值开发，以满足各种特殊用户的需求，也补充基础数据的不足。

地理信息数据标准的制定，对地理信息产业的发展是一种促进，并给其带来机遇。一些世界级的地理信息企业，往往借助于地理信息标准，特别是技术标准的制定来控制或垄断全球市场。因此，就有所谓超级企业卖标准，一级企业卖技术，二级企业卖产品，三级企业卖苦力的说法。这也充分说明质量与标准对地理信息企业经营的重要性，只有物美、质优、新颖才能拥有市场、控制或垄断市场。

（二）地理信息价格政策

地理信息数据之所以能成为商品，就在于它具有使用价值与交换价值。当代作为商品交换的产品与服务，都以货币形式明码标价进行交易，即商品交换必须要有价格。商品的价格既取决于凝结在商品中的人们的劳动，包括地理信息生产者在采集、加工、整理、传输、存储等过程中所消耗的体力、智力及所付出的物力和财力等物化劳动；也取决于商品的稀缺性与供求关系。商品交换作为商品社会中最普遍的民事活动，必须遵循《民法通则》中规定的等价和有偿的原则。

地理信息的商品性与一般物质商品性相比，它具有商品性与公益性、无形性与共享性，以及价值评估的不确定性与使用价值的间接性等特征。因此，对地理信息商品价格的确定也具有其特殊性。

1. 无偿使用对服务价格的确定

由于地理信息数据具有商品性与基础公益性同时并存的特征，因此对地理信息数据价格的确定，必须首先以投资主体与使用目的为依据，把原始地理信息数据划分为无偿使用与有偿使用两大类。凡投资主体为国家，使用于公益性事业的，原始地理信息数据执行无偿使用政策。地理信息数据与服务价格只考虑经营者所提供的服务成本费用，包括复印费、拷贝费、装订费、包装费、翻译费、网络数据的上网费等。

2. 有偿使用价格的确定

对于原始地理信息数据与加工地理信息数据有偿使用的价格，除考虑投资主体外，还必须考虑开发成本、供求关系与消费者的支付能力。开发成本是指对地理信息数据采集、生产和加工过程中所付出的体力、智力、物力和财力的总和，它由原始地理信息数据成本与加工地理信息数据成本两大部分组成。供求关系是指市场价值规律对地理信息数据价格的调节作用。消费者的支付能力或社会承受能力是指政府对经济欠发达地区所采取的价格保护措施，可以通过经营者的让价或推迟支付等办法来实现地理信息数据的交易。

凡投资主体为国家，使用于商品目的的原始地理信息数据，以及投资主体为公司制或民营等企业，使用于公益性事业的原始地理信息数据都可以执行有偿使用政策。但对这类地理信息数据价格的确定，是实行政府指导价，由政府规定最高和最低价格的幅度。具体价格的确定可以考虑投资成本费用，但又必须大大低于投资成本费用，主要是考虑社会承受能力。

对于加工地理信息数据价格的确定，是实行市场调节价，可以由经营者自行确定价格。具体价格确定的依据是加工成本费（包括前期购买原始地理信息数据的费用与加工费）、国家税费和企业利润等。

（三）地理信息销售政策

地理信息销售是指通过市场平台把地理信息数据产品与服务等商品送达消费者的各种手段的总和。其中，网络手段是当前对地理信息数据销售最主要的方法，地理信息经营者可以借助定期的文字刊物作为网刊，相互交流信息，联系用户。也可以有针对性地为用户提供有参考价值的信息传递服务或提供专题性咨询服务，其目的是通过网络进行洽谈，还可以在网上完成交易的各种手续。此外，也可以通过电话、电报、电传、电台等现代信息手段作为地理信息的交易平台，以固定场所作为交易中心，以报刊资料发行作为媒介的交易平台，通过会议形式组织的临时交易平台等多种形式。

1. 长尾理论是制定地理信息销售政策的理论依据

长尾理论是对意大利经济学家 Pareto 所提出的帕累托定律的颠覆。帕累托定律是指商品销售中 20％或不到 20％商品的销售额及其利润占到 80％或 80％以上。帕累托定律是对传统社会经济现象相当准确的概括，例如，20％或不到20％的富人大致占有 80％或 80％以上的社会财富。

长尾理论（the Long Tail）是 2004 年 10 月美国 Chris Anderson 给《连线》杂志撰写的一文中所提出的理论。长尾理论的基本原理是指存储和流通的渠道足够大，一些需求不旺或销售不佳的商品所占据的市场份额可以和那些少数热销商品所占份额相当甚至更大。

长尾理论之所以能逃脱帕累托定律的约束，而成为当代经济学的一个热门话题，例如，有的评论家甚至认为长尾理论将是企业运作方式的一个新的里程碑，是因为网络经济所创造的时空概念使传统物流市场中的时空概念受到严重挑战，特别是那些信息商品则是对传统物流定律的彻底颠覆。说得具体些，长尾理论的适用条件是网络技术的发展及某些商品的特点所共同决定的。对于网络技术来说，它几乎不受时空条件的限制，可以把网络商品快速销售到世界各个角落，可以满足不同人群的需求；并且网络的传输费用低廉，不会增加消费者的负担。对于商品的特征来说，也必须能够满足如下条件：

（1）商品的保质期要有足够长的期限，才能满足不同人不同时期的需求而不变质。

（2）商品的存储、流通成本必须相当低廉，才不会加重消费者的负担。

（3）商品丰富，并且用户数量大（王益明，2007；韩瑞珍，刘纯，2007）。

作为商品的地理信息数据的销售，完全符合长尾理论所需的所有条件。首先，地理信息数据是无形体，在其有效保护期限内，它既不消耗，也不会变质，可以长期保持其有效性和有用性。其次，作为无形体的地理信息数据，由于它不占据空间，也不需要有仓库来存储，在网络中的流通下载成本也极为低廉，不会给用户增加负担。最后，地理信息数据具有可共享特征，其商品是用不完的，完全可以满足用户的需求；并且地理信息数据的应用不受专业的限制，其应用范围大，其用户数量相应也很大，因此长尾理论是地理信息销售政策制定的基本理论依据。

2. 零售是地理信息销售的主要形式

根据长尾理论，销售政策的制定必须高度重视零售方式。因为长尾理论的核心内容就在于其需求曲线上存在一个无限长的尾巴，而这个无限长的尾巴是由广大社会公众的购买队伍所组成的。其实对于一般商品的销售来说，面向广大公众进行零售服务，也是经营者构筑其销售网的重要内容，正如上述所说的，大多数国际企业之所以重视地理商圈的确定和分析，也是因为要吸引这个无限长的消费队伍。对于那些数量更加巨大的零售商来说，他们更是精通薄利多销的道理。因为经销商的利润既与销售数量成正比，更与销售速率的平方成正比，所以商人常说时间就是金钱。既然地理信息数据的销售完全符合长尾理论的要求，因此零售是地理信息数据销售的主要方式。

从需求的现状来看，地理信息数据与服务也已经开始走进寻常百姓家。人类活动的80％与地理信息位置有关，其中，城市基础设施和交通工具都直接与地理信息服务相联系，城市水电的维修、医疗救护、社会治安联动、车载导航等都与每一个家庭息息相关。当前基于位置的信息服务、房地产信息查询、交通线路查询、社会信息查询、网上购物、网上旅游等服务方式与百姓的需求都在同比增长。

从地理信息数据库及其地理信息系统的建设来看，当前根据我国所拥有的航片、卫片数据所建立的各种各样的数据库以及 GIS 和软件也都可以满足广大社会公众的需求。

总之，公众的需求表明对地理信息数据存在巨大的零售市场，并且也有丰富的货源可以提供充分的供给。现在的问题是采用何种政策，以何种形式进行经营。以地形图数据为例来说，由于地形图是各种地理信息数据库及地理信息应用系统的基础平台，因此对各种类型地形图的需求量是巨大的；并且不同用户也有不同的需求，有的需要整幅，有的只要其中一小部分，有的要长期使用，有的只是即时使用，有的要原始数据，有的要求加工数据。各种各样的需求，都为经营者提供了商机，也为销售价格的确定提出严格要求，即不能一刀切，而应有区别对待。并且这种销售政策的制定，也必须要有地理信息数据产权保护法律及技术操作具有可行性等作为其前提条件。可喜的是已开始对它们进行研究，特别是技术操作已有显著成果。

第十二章 地理信息资源产权保护政策

第一节 地理信息资源产权保护概述

一 地理信息资源产权保护的一般原理

（一）地理信息资源产权保护的含义

地理信息资源产权包括人身权和财产权，它们都是国家法律赋予产权人对自己的人身和财产享有的某种权利。因此，地理信息资源产权保护就是国家为确保产权人能够实现这种权利所采取的一系列措施的总称。国家的这些措施主要由下列三大部分内容组成。

1. 立法保护

法律必须对地理信息资源产权进行明确界定，并建立相应的保护制度。国家通过立法使地理信息资源产权得到社会的确认，其保护制度是对侵犯者进行制裁的依据。地理信息资源产权作为一种人与人之间的社会关系，其任何一个产权人要实现对自己人身精神和财产的权利，都离不开相关人的配合。其中，产权人要对自己财产行使占有、使用等权利，必须以其他人不作为为前提；产权人要对自己财产行使转让、许可使用、质押等交易权，则必须以相关人的积极配合为前提。产权是人们经济活动中最普遍的一种社会关系，因此只有使产权归属具有公信力，人们对产权的行使不存疑义，人们的经济活动才能有序进行。可见，地理信息资源产权必须通过国家法律的确认，其权利才能受国家法律的保护。

国家的产权制度就是通过国家强制力对产权实施保护的法律依据。例如，《民法通则》第八十条第二款规定的"公民、集体依法对集体所有的或者国家所有由集体使用的土地的承包经营权，受法律保护"，为实施对土地承包经营权主体权利的保护，国家发布了《物权法》和《农村土地承包法》，都规定了各种具体的保护制度。《民法通则》第八十二条规定："全民所有制企业对国家授予它经营管理的财产依法享有经营权，受法律保护。"国家发布了《全民所有制工业企业法》，具体规定各种保护制度。《民法通则》第八十五条规定："依法成立的合同，受法律保护。"国家也发布了《合同法》，规定各种保护措施，实施对债权的保护。《民法通则》第九十四条、第九十五条和第九十六条规定，依法取得的著作权、专利权、商标权受法律保护。国家发布《著作权法》、《专利法》和《商标法》，实施一系列知识产权保护制度。

上述法律所构建的物权、债权、知识产权等法律保护制度都是对各种类型产权进行保护的依据。如果没有国家产权立法，产权主体的法律地位及其权利就无法保护，特别是知识产权和信息产权主体的法律地位，更离不开立法保护。作为知识与信息等产权客体的基本属性可以共享但又必须公开，如果通过隐藏它就一钱不值，如果公开又可能遭到假冒和盗版。因此，这些产权如果失去国家法律的保护，产权权利主体也就一无所有。有的学者把关于知识和信息等产权称之为诉讼上的权利，就是指这类产权通常要通过诉讼等司法活动才能实现其保护的目的。要取得诉讼上的权利，首先必须建立和完善产权保护制度，因为产权保护制度是知识产权和信息产权司法和执法的前提和准绳。

2. 以司法为中心的保护

产权的司法保护是指产权权利主体或国家公诉人向法院对侵权人提起刑事诉讼和民事诉讼，追究侵权人的刑事责任和民事责任以维护产权权利主体的合法权益，以及不服产权行政机关处罚的当事人向法院提起行政诉讼，法院通过对行政执法、司法审查，决定支持正确的行政处罚或纠正错误的处罚，使各方当事人的合法权益都得到切实保护。

司法保护是地理信息资源产权保护的关键内容，是最重要的产权保护法律实施活动。司法保护主要通过人民法院的行政诉讼、民事诉讼和刑事诉讼等三大诉讼途径来实现保护的目的。

产权的行政保护是指国家行政机关对地理信息资源产权相关人违反各种产权法律和法规的行为给予行政处罚，以及对某些地理信息资源产权人予以授权等行政行为。同发达国家相比，产权的行政保护是我国产权保护的一个特色，在各种类型的产权保护法律中，都详细规定行政责任及行政处罚的实施办法。它是产权保护的一项重要措施，如果不服行政主管部门的行政处罚，还可以通过行政复议或者提起行政诉讼来维护自己的合法权益。

产权的司法保护也往往要借助于特定组织的保护来实现。特定组织的保护是指各类产权权利主体为维护自身正当权益而自愿组织起来的民间团体、行业协会。例如，我国的音乐著作权协会就是维护音乐著作权人合法权益而组织起来的协会。各国的法律一般都赋予这种组织享有一定的法律地位，我国最高人民法院曾发函答复中国音乐著作权协会的来函，承认该组织可以作为原告为其成员进行诉讼。

地理信息资源产权的司法和执法保护，还必须通过产权权利主体或其他利益相关人的自我救济来实现其保护目的。地理信息资源产权属于私权的范畴，法律对私权保护的程序往往需要权利主体或利益相关人的起诉才能启动。地理信息资源产权主体及其利益相关人对地理信息资源产权具有直接的利害关系，并且对其权利受到侵犯也最为清楚。因此他们对产权保护要求就最强烈，所提供的证据也最明确。此外，许多企业单位以及著名人士，为维护其财产权与人身精神权，也都聘请专门的律师来保护自己的合法权益，这些都是产权保护的重要措施。

3. 地理信息资源产权的技术措施保护

技术措施保护是指应用信息技术手段对法律所保护的地理信息资源产权主体及其利益相关人的权利进行的保护。由于地理信息资源产权具有公开性与共享性等属性，因此其产权极容易受到他人的侵犯，正如著作权的盗版现象屡禁不止那样。地理信息资源产权作为当代高新技术的产物，侵权者可以利用信息技术实施侵权活动；同样产权权利人利用信息技术防止未经授权对地理信息进行使用的侵权行为实施保护也是可能的。

当前所采用的技术保护手段主要是加密或使用密码技术以及水印技术等。对地理信息来说，结合地理信息系统矢量数据的特点，综合运用具有加密特性的数字签名技术，具有信息隐藏特性的版权标记技术，以及具有拦截系统操作特性的监控手段等技术，都是对地理信息资源产权保护的技术措施。

我国在一些知识产权法律中，已经有了技术措施保护的规定。例如，《著作权法》第四十七条第六项规定："未经著作权人或者与著作权有关的权利人许可，故意避开或者破坏权利人为其作品、录音录像制品等采取的保护著作权或者与著作权有关的权利的技术措施的，法律、行政法规另有规定的除外"；"应依法追究刑事责任"。在《著作权法》中，把"故意避开或者破坏"技术措施的行为认定为是一种严重的侵权行为，要承担刑事责任。这说明技术措施也是产权保护的重要内容。再如2004年第十届全国人民代表大会常委会第十一次会议通过的《电子签名法》同以往许多法律相比，也具有十分明显的技术特征。这部法律所创设的电子签名制度就是建立在安全可靠的技术保障基础上的。首先，电子签名是在特殊的技术措施下才能完成的，技术措施就是该法的支持条件；其次，电子签名法是为电子行为立法，不是为电子签名技术立法，电子技术本身可以通过多种途径来实现电子签名的目的，或者说电子技术的发展可以为电子签名行为的实现提供广阔的空间。总之，电子技术的发展既为《电子签名法》的制定提供前提条件，也为《电子签名法》的实施提供取证依据。即《电子签名法》是以电子签名技术标准规范为前提，《电子签名法》的实施也是以电子签名标准规范为依据（平庆忠，2005）。同样，技术措施在地理信息资源产权保护中，除了可以起到直接保护的作用外，在某种程度上还是决定是否采用立法保护的前提条件，也是司法与执法保护的取证依据。

（二）地理信息资源产权保护内容确定的依据

产权保护内容的确定是为了对产权权利主体的权利进行保护，所以它必须从保护的目的性进行分析。地理信息资源产权保护的基本目的是确保产权主体能够实现其精神权利与财产权益，这样才能激励人们加速把地理信息资源转化为社会财富。以财产权为例，法律上所说的财产权，必须具有经济上的有用性，权利上的可支配性，并且这二者都需具有安全性。因此，财产权保护的目的是为确保产权人能够安全地支配其财产，这样才能实现经济利益的最大化。

地理信息资源产权保护内容的确定，必须从产权主体这个根本目的出发，依据所有权既是权利也负有义务这种理论入手进行研究。这种理论建立在产权是人们之间一种权利与义务的社会关系的基础上，因此产权保护的实质就是协调人们在权利与义务之间的关系。换句话说，对某人产权权利的保护，就是对与该产权利益相关人权利的限制。例如，如果对公益性地理信息资源实行产权保护，就是对原来无偿使用这些资源的用户的权利进行限制。为此地理信息资源产权保护内容的确定，必须考虑对产权实施保护以后，可能引起各方利益的变化及其对社会经济甚至于对自然环境的影响。这就是说，首先必须对产权保护内容的确定是否具有可行性进行研究；其次，还必须对产权保护内容的强度与范围是否恰当进行研究。如果不能适当地确定产权保护强度与范围，也可能产生两种保护的后果。

一是保护强度不足，范围过窄，就可能使产权主体的利益得不到保障，起不到充分保护的作用。例如，TRIPS 中就存在着对生物遗传基因资源产权及传统知识与民俗文化产权保护不足的问题。《生物多样性公约》要求签字国保护传统知识，鼓励均等使用传统知识带来的利益，确立了对生物遗传基因资源的成员主权、知情同意和利益分享三大原则。公约的目的是防止发达成员的跨国公司对遗传基因资源未经许可的无偿利用，防止生物遗传基因盗版与对传统知识的侵权行为，确保发展中成员的生物多样性和人类可持续发展。但 TRIPS 与《生物多样性公约》的有关规定存在抵触。例如，植物专利有可能造成遗传基因及生物多样性的损失。即扩大特有植物品种的专利保护范围，将意味着少数几个农业公司将掌握全球重要农作物基因组的实际垄断。主要发展中国家成员主张对 TRIPS 进行修改，使之与《生物多样性公约》相协调。但欧美等发达成员坚持对生物多样性的保护不能降低现有知识产权保护水平，反对对 TRIPS 进行修改。发展中国家成员有着丰富的传统知识与民俗文化，对传统文化知识的产权保护将给他们带来重要利益。据统计，1995 年以土著民族传统知识生产的药物市场价值达 430 亿美元。但目前传统知识和民俗文化却很少能获得知识产权保护。在 TRIPS 中的专利权、版权及相关权利、商标权、地理标志权等都不足以有效保护传统知识与民俗文化。发展中国家成员也建议在世界贸易组织（WTO）多边框架下对传统知识和民俗文化的保护进行讨论，但主要发达成员对此议题也不感兴趣，以对传统知识和民俗文化的定义以及有关范围的界定存在较大难度为由消极对待，主张留待世界知识产权组织（WIPO）对此作进一步研究（李顺德，2006）。对生物遗传基因资源产权、传统知识和民俗文化产权保护不足，导致大量生物基因资源以及传统知识和民俗文化被窃取，使发展中国家的利益遭到严重损失。

二是产权保护强度过度，范围过宽，从而可能使利益相关方的利益受到损失。例如，TRIPS 中，并没有为知识产权保护设定实体义务，却要求 WTO 所有成员都必须达到保护知识产权的最低标准。这是发达国家依据他们在当今世界上所处的经济与政治优越的地位，借助 WTO 框架，实现其知识产权保护的全球化，从而谋求经济利益的最大化；而作为利益相关方的发展中国家则无法依据国内经济状况来确定自身的知识产权保护标准与政策，这必然要使他们的合法权益遭受到严重的损失。

对于地理信息资源产权保护内容的确定来说，大致有一个基本依据，就是必须协调或平衡效率与公平这二者的关系。效率与公平是人类文明进步的两大历史车轮，它们都是社会发展所必不可少的要素。然而不同利益集团及代表人物在不同的历史发展阶段，对二者的重要性以及谁应优先却是有不同的认识与主张。如果把公平排在效率前面，企图以公平来促进效率而一步到位，就可能出现"干好干坏一个样"的"大锅饭"现象，最终只能在低效率水平上实现社会公平。这是确定地理信息资源产权内容依据中必须记住的教训。说得具体些，关于商业性地理信息资源产权保护内容的确定，应当把效率排在公平前面，而公益性地理信息资源产权保护内容的确定，应当把公平排在效率前面。

地理信息资源产权保护具体内容的确定，首先必须研究的是地理信息资源所有权应归属于公有还是私有的问题。对于这个问题要考虑的是效率原则，要算经济账。这是因为对地理信息资源产权的保护以及产权所有人对其权利的行使，都是需要付出成本代价的。如果保护成本大于实际的收益，就应当放弃私有产权的保护，而以公用品形式实行全社会无偿共享。当产权保护成本小于实际的收益时，就应当明晰界定产权，建立公私分明的产权制度，予以严格保护。总之，效率原则是界定产权以及建立产权保护制度的基本依据。

对于确保地理信息资源产权制度的实施以及当产权主体利益受到损失的赔偿等具体保护内容的制定时，必须要遵循在法律面前人人平等的公平原则。平等、公正原则是我国《民法通则》所规定的民事主体在民事行为与市场经济活动中的基本原则。

（三）地理信息资源产权保护的作用

地理信息资源产权保护最基本的功能是通过鼓励制度的创设，从而激发人们从事符合社会经济需要的活动，也为社会创造最多的财富。说得完整些，只有建立一套保护产权的完善制度，才能确保公平、公正、自由竞争的市场经济秩序正常运转。地理信息资源产权保护主要具有如下四个方面的作用。

第一，可以激发生产者的创新能力。地理信息资源是经济发展的基础要素，因此，合理确定和保护产权是充分利用、优化配置人力资源和地理信息资源的前提条件。这是由于地理信息资源产权制度的实质内涵，就是为了最大限度地鼓励产权人对地理信息数据、技术的使用及其使用中的创新能力。

第二，可以减少交易成本。当前包括地理信息资源产权在内的知识产权贸易已同货物贸易与服务贸易一起成为三大贸易对象的组成部分。因此，合理界定和保护产权可以确保地理信息资源产权交易的正常进行，并可以最大限度地减少谈判与交易成本。

第三，可以加速信息、知识和技术转化为生产力的进程。合理界定和保护产权是发展地理信息产业的催化剂与助推器，从而可以加速信息、知识、技术转化为生产力的进程。

第四，可以与社会经济发展保持良性循环。包括地理信息资源产权保护在内的知识产权保护水平，将成为反映和衡量信息经济发展水平的标志。地理信息资源产权保护制度的完善程度是一个国家科技发展水平、经济实力的法律体现。说得严格些，地理信息资源产权保护水平与社会经济发展水平之间存在着互为因果、相互促进的关系。

二 地理信息资源产权保护的特殊要求

地理信息资源产权除具有物权、知识产权的一般性特征，具有适用一般产权保护的基本原理外，还存在自身一系列特殊性的东西，也必然存在一般产权所没有的特殊条件。为适用这些新条件的变化，对一些一般产权原理也应有所修正，成为只有地理信息资源产权保护才适用的特殊性原理，在地理信息资源产权保护的特殊性原理中，既存在于实体法中的法律制度的特殊性原理，也存在于程序法中的诉讼制度的特殊性原理。

（一）一物一权原则与一物多权原则

一物一权原则是物权法的一项基本原则，它是物权所有权与他项权体系赖以建立的理论基础。物权法中所说的一物一权原则，是指同一物之上不得成立两个所有权或者成立两个在内容上相互矛盾和冲突的物权。即一物一权原则有两个含义：①一物之上只能存在一个所有权，或者说一物只能有一个主人，而不允许该物既属于张三又属于李四，即使是共有关系，也只是数人对共有财产享有一个共同的所有权；②同一物之上不允许存在两个在内容上相互矛盾和冲突的物权，换句话说，同一物之上可以并存数个互相不矛盾的物权。例如，所有权与他项权可以同时存在，同一物之上可以设定数个担保物权，只要其担保总额不超过该财产总价值的90％（王利明，2003）。

物权法中一物一权原则是建立在对物的使用存在排他性与可消耗性的基础上。例如，作为不动产物权客体的土地就存在排他性特征，如果该土地使用于盖建筑物，就无法再种农作物；作为物权客体的大多数物质和能源资源都具消耗性特征。然而作为地理信息资源产权客体的地理信息，不论是作为符号还是数据资源，它们在使用中既不存在排他性，也不存在消耗性，而是可以同时供多人使用，并且还可以在使用中实现价值的增值。因此，地理信息资源就可能存在多个相互独立的所有权。例如，有关城市基础设施、房屋的门牌号码等地理信息资源就可能存在多个各自独立的所有权：①该城市基础设施、房屋等不动产所有权；②对城市基础设施、房屋门牌号码等地理信息进行采集的初始地理信息资源所有权；③对初始地理信息资源进行添加、加工、增值所产生的多个地理信息资源增值所有权。由于物权所有人与地理信息采集人、地理信息增值人不是同一个人，而是多个人，这样就存在多个相互独立的所有权主体。

可见，地理信息资源产权客体的特殊性，导致一种地理现象与地理信息同时存在多个所有权主体，从而颠覆了物权法律制度中的一物一权原则。在同一个物之上同时存在多个所有权，就可能出现产权主体在行使权利时产生的相互冲突的现象。当数个产权所有人的效力发生冲突时，又将如何适用法律来保护产权所有人的合法权益呢？其前提是必须要有相应的冲突规范作为解决矛盾或冲突的法律依据。

目前是否有保护地理信息资源产权的冲突规范呢？客观地说，当前尚没有相应的地理信息资源产权保护规范，更不可能有产权冲突规范。解决数个产权所有人在行使地理信息资源产权时所产生的权利冲突，只能从现有的法律规定以及法律制度的一些基本原则，诸如效率与公平等原则，去寻找解决问题的法律依据。例如，上述三种地理信息资源所有权的效力，首先必须依据原物权客体的基本属性，对照国家保密法、商业秘密法与个人隐私法及法律、法规的规定，确认原物权所有人有权行使初始地理信息资源不得公开或者可以公开的权利；其次，对于可以公开的初始地理信息资源所有权人与增值地理信息资源所有权人的效力，则可以依据《民法通则》的共有权与债权的规定，通过合同的形式由当事人双方协商公平地决定初始地理信息资源所有权与增值地理信息资源所有权利益的分配。如果当事人合同没有规定或规定不明确，则可以以效率与公平相平衡的原则，对双方权利一律予以保护，但增值所有权人的权利优于初始数据所有权人的权利。

（二）产权、股权、债权一体化

在传统的产权理论中，产权主体与产权客体之间的界限是十分明确的。正如我国《物权法》第二条第二款规定的物权客体"包括不动产和动产"。第三款规定的物权主体是"依法对特定的物享有直接支配和排他的权利"的权利人。在知识产权法中，知识产权客体是指作品、专利和商标等与主体的相关行为。知识产权主体是指享有知识产权权利的权利人，包括作者、专利权人与商标注册权人等。

地理信息资源产权主体除一物可能存在多个产权主体外，还存在虚拟主体与真实主体的区别，并且虚拟主体与虚拟客体可以相互融合或者称之为主体客体化。这是由于地理信息既可以是作为真实产权主体的人的替代符号，也可以是真实产权客体的真实事物的替代符号，例如，当今的虚拟现实技术、人工智能技术和专家系统等都是人体大脑思维的扩大与延伸，即这类信息技术是人们大脑的替代符号，然而地理信息技术与地理信息数据一样都被界定为产权客体。在虚拟地理信息系统中除客观地理信息（真实存在的事物的替代）以及真实人对虚拟地理信息系统的操作者是真实的主体外，其余所有的地理信息数据都是主体与客体交织融合在一起的。例如，"嫦娥一号"的绕月飞行等智能工程都是主体客体化的具体成果。在经济学中已经得到广泛运用的人力资源或人力资本，也是主体客体化的一种具体表现形式。由于人力资本理论是公司制企业所有权与经营权进行分离与重组的重要理论依据，因此，从法律上对产权主体与产权客体融合进行研究也是十分必要的。从法律上说，产权主体客体化的理论依据是主体的行为，也是产权客体的重要组成部分，因为产权主体只有通过相应的活动或行为，才能具体来使用、支配作为产权客体的资源，才能行使产权关系的各种权利并履行各种义务。例如，对地理信息资源的研究、咨询及许可使用等行为都是属于地理信息产权客体的范畴。再如，人力资本所有权主体是指承载着知识、技术、体力、健康等硬件能力与道德品质、努力程度、社会关系等软件能力的生产者、经营者和管理者。人力资本所有权客体是指经营主体所承载的各种硬件与软件能力。这里，经营权主体与经营权客体是相互融合在一起的，二者是不可分离的。经营权主体如果不具备一系列经营能力，投资主体绝不可能聘请这种人来经营他所投资的企业。经营权主体的这种经营能力就是主体客体化的人力资本。

在传统的物权理论中，物权与债权是两个有重大区别的概念。在物权三大基本原则中，第一个原则便是物权的法定原则，即物权必须由法律设定，而不得由当事人随意创设。但债权则是由当事人在依法的前提下自由约定的。债权的一个基本原则就是契约自由，即当事人可以通过平等协商，自愿缔结符合双方需求的契约。总之，产权与债权的基本区别在于产权是由国家法律规定产生的，属于强行法；而债权是由当事人协商约定的"任意法"。在传统的物权理论中，对物权与债权权利的保护是不同的。例如，对债务的追偿，物权法是实行物权优于债权的原则。例如，债务人以物权作抵押向甲贷款 50 万元，又向乙贷款 50 万元，但没有设定担保。当债务人破产后，就以抵押物拍卖作为债务的清偿，这时以物权作担保的甲就享有优先清偿权。

在包括地理信息产业的现代公司制企业经营权中，作为投资主体的股东，即物质资本所有人是以其所投资的物权、知识产权折算为股权，并通过合同的约定，即通过债权形式交由人力资本所有权人进行经营。因此，在公司制的地理信息企业中，物质资本产权、人力资本产权、股权与债权是融合在一起的，并不存在谁比谁更优先的问题。正如日本学者我妻荣所说，近代企业把众多人的所有物结合在某种法律关系中，产权、股权和债权成为一个整体，影响社会各阶层的利益。在这种情况下，如果把有形物和无形物、物权与债权明显区别开来，认可所有权人的绝对权利的法律思想，除了导致企业组织的分裂以外，不会起任何作用（张力，2003）。

（三）追究民事责任从过错责任到无过错责任

在传统物权法中，追究民事法律责任通常是实行过错责任制度。过错责任是指承担民事责任的构成要件必须是有损害事实的存在和行为的违法性，并且损害事实与行为违法二者存在因果关系，行为人主观上是故意或者过失的，才须承担民事责任，称为过错责任。然而关于侵犯地理信息资源产权的归责制度，也由于作为产权客体的地理信息资源具有特殊性，而要求归责制度有所区别。例如，地理信息资源的使用并不具有排他性，而具有可共享性特征，因此当地理信息资源产权受到他人侵犯时，产权人自己往往还不知道；并且在网络技术条件下，非法侵犯他人的地理信息资源产权也不留下任何痕迹，原告要证明被告有"过错"往往十分困难，而被告要证明自己"无过错"则相当容易。从侵犯知识产权与地理信息资源产权的实际案例看，实行过错责任原则表明要追究盗版行为是相当不容易的。有些地理信息资源所有权人，曾经采用预先埋伏某些标志性符号，例如，故意设置一些错别字企图来证明侵权者的过错。虽然这是一种自残性的权宜之法，只能暂时性使用，而非长远之计；但这个思路却是当今作为产权保护技术措施的信息隐藏的理论依据，把某些秘密信息植入被保护的客体中，就可以作为产权归属或跟踪侵权行为的依据，如水印技术。

为保护知识产权，扼制盗版现象的发生，许多国家已经开始实行无过错责任制度。在普通法系的英国，有关侵权的归责早就实行无过错责任制；而美国、澳大利亚、加拿大、新西兰和新加坡等普通法系国家的版权法，同样也实行无过错责任制。在大陆法系中的德国、法国、希腊和日本等国家的著作权法中也开始实行无过错责任制度（何建邦等，2003）。

无过错责任制是指追究民事责任只考虑有损害事实的存在和行为人的行为是违法的，以及二者存在因果关系这三个要件，而不考虑行为人是否故意或者过失，均要承担民事责任。鉴于地理信息资源产权存在的特殊性以及国外对这种特殊性所采取的政策，建议追究地理信息资源产权的民事责任也实行无过错责任制。

（四）举证制度从原告举证到举证责任倒置

在传统民法中，对于民事诉讼的举证责任是实行"谁主张谁举证"的制度。这是由于不论物权还是债权，其权利客体都是有形体，侵犯者都必然会留下侵权的证据。例如，物权中的不动产或者动产被他人非法占有，债权中借债到期不还，权利人马上就知道自己权利被他人非法侵犯，可以以自己手中的产权证或者合同书来证明侵权者的侵权行为（证据在原告手中），侵权人是赖不掉的。然而如上所述，地理信息资源产权客体是无形体，在使用中不具排他性特征，侵权人在侵犯他人产权时是可以不留痕迹的；并且由于地理信息资源具有可共享性特征，产权人往往也不知道自己权利受到侵犯。因此，在追究地理信息资源产权的民事责任或民事诉讼中，其举证责任应实行举证责任倒置制度。即原告只要出示自己具有合法的产权证明就可以了，而被告如果拿不出合法的产权证明，就必须指出自己从未从事该行为的证据，或者指出自己的行为具有免责依据，即自己从事该行为是符合法律、法规规定的，无需申请许可使用的条件（何建邦，吴平生，2006）。

第二节　地理信息资源产权的保护措施

对地理信息资源产权保护的措施，首先是法律制度的创设，其次是法律救济原则的确定。

一　地理信息资源产权保护的法律制度

地理信息资源产权保护的法律制度包括基本制度与一般性制度，并且在设置这些法律制度中，也都具有某些地理信息资源产权保护的特殊性原则。

（一）地理信息资源产权保护的三项特别重要的基本制度

产权多元化、持有权与许可使用等法律制度的创设是地理信息资源产权保护的三项特别重要的基本制度，它们分别起到基础性制度与支柱性制度的作用。

1. 产权多元化制度

地理信息资源产权多元化制度是地理信息资源产权保护的基础性制度，它是地理信息产业赖以发展，以及其他产权保护制度得以生存的基础和前提条件。首先，地理信息资源产权多元化制度解决了私营企业在发展地理信息产业中的市场地位等重要问题，为市场经济发展注入了最强大的活力；并且只有产权主体多元化，才能实现商品的交换。其次，只有存在多元化的产权主体，才会出现为保护地理信息资源产权主体的合法权益的要求，才需要制定诸如市场准入与商品交换规则等相关制度；否则，皮之不存，毛将焉附。关于地理信息资源产权多元化制度，本书第九章已作了专题分析。

2. 持有权制度的创设

创设持有权制度的重要性，在于它赋予特定地理信息资源产权主体享有地理信息资源产权中某些特定权利。持有权虽然是其他产权中所没有的，只是地理信息资源产权中所特有的制度。然而如果没有这项制度，将会在很大程度上限制地理信息产业的发展。地理信息资源具有基础性及公益性特征，决定此类地理信息资源所有权只能属于国家所有。因此，持有权制度可以看做是解决发展地理信息产业中某些限制性因素所必需的基础性与"瓶颈"性制度。只有设置持有权这个新权种，赋予特定产权主体享有某些特殊权利，才能鼓励、调动民营企业投资此类地理信息资源的积极性，才能加速地理信息产业的发展。

3. 经营权中的许可使用制度

经营权中的许可使用制度既可以发展地理信息产业，也是地理信息资源产权主体行使其权利的支柱性制度。地理信息资源产权保护制度中的支柱性制度是指地理信息产业的发展主要依靠地理信息资源产权中的使用权的交易。地理信息资源产权交易基本上是通过许可使用制度来实现的。这里所说的基本上是指仍有少数交易是通过地理信息资源所有权的转让来实现，并通过地理信息资源所有权的质押来实现融资经营，但它们在地理信息资源产权中所占份额是少数的。既然地理信息资源产权的交易基本上是通过许可使用制度来实现，因此许可使用制度当然是地理信息资源产权经营中的支柱性制度。

地理信息资源经营权中的许可使用制度同物权经营权的交易制度相比，也具有特殊性。在当前的企业中，物权交易形式主要以物权所有权的转让进行，只有部分不动产物权以使用权出租，以及以所有权质押，以动产所有权进行质押就更少了。地理信息资源产权与物权在交易形式的区别是由其产权客体的特性不同所决定的，即物权产权客体的使用具有排他性与可消耗性，因此只能以所有权的交易为主要形式；而地理信息资源产权客体的使用则具有可共享性与可增值性等特征，因此，其交易形式主要是以使用权的转让为主要形式。

(二) 产权登记制度

1. 产权登记制度对产权保护的作用

产权登记制度是从不动产物权法中的地籍登记发展起来的一项制度。这项制度的功能是国家为征收赋税而实行的一项行政制度，正如西方学者对"地籍"的定义，是一国土地的数量、价格和所有权的登记，编辑成册，用于征税（吴平生，何建邦，1990）。如今包括我国在内的世界上许多国家对农业用地已经实行农业税免征政策，不动产物权登记的最初目的已经改变了，但产权种类在增加，登记制度也演变为一项民事制度。即产权登记的功能已转变到对产权的保护，以及产权纠纷的协调等方面来，因而产权登记的种类也在扩大。

产权登记的基本功能，对产权所有权人与使用权人来说，都是对其合法权益的保护。所有权登记与使用权登记，都是处理产权纠纷与侵权行为的基本依据。如上所述，地理信息资源具有共享性与不消耗性等特征，网络盗版不留痕迹，从而造成地理信息资源产权侵权行为屡禁不止。这里，通过产权登记所取得的地理信息资源所有权证、持有权证及许可使用权证，都是判断产权纠纷与侵权行为的基本依据。

对于国家来说，通过产权登记，可以为包括对地理信息资源的生产、开发、利用与管理提供可靠的决策依据，特别可以避免以往那种在低水平条件下的重复生产，可以尽可能减少国家人力、物力和财力的严重浪费，因此产权登记仍然具有一定的行政功能。

2. 我国对产权登记的法律规定

我国《土地管理法》第十一条规定："农民集体所有的土地，由县级人民政府登记造册，核发证书，确定所有权。单位和个人依法使用的国有土地，由县级以上人民政府登记造册，核发证书，确认使用权。"第十二条规定："依法改变土地权属和用途的，应当办理土地变更登记手续。"第十三条规定："依法登记的土地的所有权和使用权受法律保护，任何单位和个人不得侵犯。"

《矿产资源法》规定："勘查、开采矿产资源，必须依法分别申请、经批准取得探矿权、采矿权，并办理登记。"国务院还发布《矿产资源勘查区块登记管理办法》、《森林法》、《草原法》、《渔业法》等，也对森林、草原、渔业等资源的所有权和使用权进行确认，规定了相应的登记造册、核发证书的制度。

我国对知识产权登记种类主要有产权登记、产权转让登记、生产经营的注册登记等。我国《著作权法》规定，著作权无须登记，其产权实行自动产生的制度。但在对以著作权中的财产权做质押时，依国家版权局发布的《著作权质押合同登记办法》规定，其质押合同也必须登记。对于包括地理信息软件在内的计算机软件则实行登记制度。《计算机软件保护条例》第三章具体规定了软件产权登记的具体办法，并规定软件登记是软件权利纠纷行政处理或者诉讼的前提。

《专利法》第四章专利申请的审查和批准中也明文规定，当专利申请被确认后，"由国务院专利行政部门作出授予专利权、实用新型专利权或者外观设计专利权的决定"，"发给发明专利证书及相应的专利证书，同时予以登记和公告"。国家专利局也发布了《专利权质押合同登记管理暂行办法》。

商标的登记称为商标的注册。商标法遵循商标以自愿注册为原则，以强制注册为例外的注册规则，因此商标有注册商标与未注册商标之分。《商标法》规定："经商标局核准注册的商标为注册商标，包括商品商标、服务商标和集体商标、证书商标；商标注册人享有商标专用权，受法律保护。"可见注册商标是对商标专用权保护的重要形式。

为保护地理信息资源产权所有人、持有人和使用人的合法权益，为地理信息资源产权纠纷的行政处理或者诉讼提供依据，地理信息资源产权也必须实行登记制度。

3. 地理信息资源产权登记的种类

地理信息资源产权登记包括所有权登记、持有权登记、所有权与持有权转让登记、许可使用权登记、所有权与持有权质押合同登记，以及地理信息经营权的注册登记。其中，地理信息资源所有权与持有权的登记机关为县级以上人民政府；地理信息资源许可使用权登记、所有权与持有权质押合同登记机关为县级以上地理信息行政管理部门；地理信息资源经营权注册登记机关为当地工商行政管理部门。

（三）产权交易的价值评估制度

1. 地理信息资源产权价值评估的含义

地理信息资源产权价值评估是指国家认可的产权价值评估机构依据法定的原则与程序，运用科学的方法对地理信息资源产权的现时价格进行评定和估算，并由法定机关对评估价值予以确认（郑曙光，2005）。这里所说的国家认可的产权价值评估机构是产权评估的主体，它也是拥有评估资质或资格的中介机构以及由若干取得资格的评估师所组成的，即必须经国家资质管理部门认定具有资质证书的评估机构及有关人员组成的组织。国有资产管理办公室发布了《关于从事证券业务的资产评估机构资格确认的规定》与《注册资产评估师执业资格制度暂行规定》，对产权价值评估机构的资格与评估师的资格进行了明确规定。

产权价值评估客体是地理信息资源产权，属于无形资产。

依据法定原则与程序是指必须依据国家法律与法规，以及相关的标准所规定的原则与标准。例如，《国有资产评估管理办法》第七条规定："国有资产评估应当遵循真实性、科学性、可行性原则，依照国家规定的标准、程序和方法进行评定和估算。"依据该法第十二条对国有资产评估程序的规定，对国有资产评估必须按如下四个程序进行，即申请立项—资产清查—评定估算—验证确认。该法第四条规定的评估方法包括收益现值法、重置成本法、现行市价法、清算价格法及国家行政主管部门规定的其他评估方法。

在《国有资产评估管理办法施行细则》第四十三条第二款规定："经国有资产管理行政主管部门确认的资产评估报告，作为计划部门批准可行性报告，经贸部门审批合同的必备文件；经国有资产管理行政主管部门确认的资产评估报告和出具的产权登记表（包括变更登记或者开办登记）作为工商行政管理部门办理登记注册的必备文件。"

从《国有资产评估管理办法》来看，我国对国有资产的评估是采用政府管理模式，即产权价值评估业务活动，包括人员资格、机构、项目均由政府行政管理部门进行管理。其不足之处是容易造成对市场经济的冲击，评估机构往往受到政府部门利益的左右，从而可能导致多头管理与评估市场条块分割等问题。当前较理想的产权价值评估管理模式是政府监督下的行业自律管理模式。政府监督是指实行统一的产权价值评估管理体制、统一评估标准、方法与管理机构，避免多头管理与评估市场的条块分割。行业自律是指将产权价值评估行业置于作为民间组织的行业协会的管理，产权价值评估的发展必须依赖于市场内在规律和行业协会依据市场自身规律所形成的行业准则规范。

2. 地理信息资源产权价值评估的意义

地理信息资源产权价值评估是保护产权所有人、持有人和使用人的合法权益，调动他们积极性的重要手段。其重要意义有如下几个方面：

第一，地理信息资源产权价值评估是规范地理信息资源产权交易的前提。

在发展地理信息产业的活动中，几乎所有的企业都涉及必须对地理信息资源产权进行界定及产权价值进行评估的问题。一些企业在实施股份制改革、合资、联营、兼并、承包经营、拍卖、转让、租赁、质押等过程中，都需要对地理信息资源产权价值进行评估。例如，《公司法》第二十七条第一款规定："股东可以用货币出资，也可以用实物、知识产权、土地使用权等可以用货币估计并可以依法转让的非货币财产作价出资。"但都"必须进行评估作价，核实财产，不得高估或者低估作价"。本条第三款规定："全体股东的货币出资金额不得低于有限责任公司注册资本的百分之三十，国家对采用高新技术成果有特别规定的除外。"国家科学技术部和国家工商行政管理局在《关于以高新技术成果出资入股若干问题的规定》中，规定以高新技术成果入股，作价总金额可以超过公司注册资本 20％，但不得超过 35％。对这些高新技术成果的价值也都必须进行评估才能确定。

《国有资产评估管理办法》第三条规定，有下列情形之一的，应当进行资产评估：资产拍卖、转让；企业兼并、出售、联营、股份经营；与外国公司、企业和其他经济组织或者个人开办中外合资经营企业或者中外合作经营企业；企业清算等。第四条规定，资产抵押及其他担保、企业租赁等都必须进行资产评估。

第二，地理信息资源产权价值评估是确定地理信息商品、服务价格的重要依据。

地理信息资源产权的价值体现在使用价值与交换价值上，其中交换价值又表现在商品及其服务的价格上。作为商品及其服务的地理信息的价格的确定，必须以地理信息资源产权价值、供求关系与消费者的支付能力等因素来综合考虑。而地理信息资源产权价值是其价格确定中最基本、最重要的依据。任何经营商品与服务的经营者，都必须考虑所投入的成本，赔本生意是没有人做的。而这个本钱就是经营者凝结在商品及其服务中的物化劳动。在这里称其为地理信息资源产权价值，其价值的大小必须通过评估才能确定。

第三，地理信息资源产权价值评估是在国际贸易中维护当事人合法权益的基本手段。

在国际贸易中，包括地理信息资源产权在内的知识产权贸易是与货物贸易、服务贸易并列的三大内容之一。TRIPS 规定，对知识产权的贸易必须给予其他成员最惠国待遇，而不能通过关税来实施保护。在 TRIPS 中，最惠国待遇原则是指一成员给任何其他国家国民的任何好处、优惠、特权或豁免，应立即无条件地给予所有其他成员的国民，除非其他国际条约有特别规定。既然国家无法用关税维护自身的经济利益，那么只有依靠正确、科学的价值评估才能维护地理信息资源产权当事人的合法权益。

第四，地理信息资源产权价值评估是维护国有地理信息资源产权保值增值的重要手段。

由于我国基础性、公益性地理信息资源都属于国家所有，依赖于国有地理信息资源产权发展起来的国有地理信息企业和事业单位，在资产拍卖、转主、兼并、出售、联营、股份经营，与外国公司、企业和其他经济组织或者个人开办中外合资经营企业或者中外合作经营企业，以及企业清算等过程中，都必须进行产权价值评估，这是防止国有资产流失，维护国有资产使其保值、增值的重要手段。

第五，地理信息资源产权价值评估是地理信息资源产权侵权赔偿的依据。

在地理信息资源产权保护的有效时限内，当产权人遭到他人侵犯涉及赔偿数额的计算时，也需在对地理信息资源产权价值进行评估后，才能妥善解决产权纠纷。此外当以地理信息资源所有权、持有权设定质押时，也必须对其价值进行评估。

3. 地理信息资源产权价值的评估方法

关于地理信息资源产权价值评估的方法，按照《国有资产评估管理办法》的规定，有收益现值法、重置成本法、现行市价法、清算价格法及主管部门规定的其他评估方法。前三大项大致都适用于地理信息资源产权价值的评估。依据《资产评估操作规范意见（试行）》第九十五条的规定，根据所评无形资产的具体类型、特点、评估目的及外部市场环境等具体情况，选用现行市价法或收益现价法、重置成本法等评估方法。采用现行市价法评估无形资产时，特别要注意被评无形资产必须确定适用现行市价法，注意掌握公开市场原则，充分重现被评无形资产的特点。当类似无形资产之间具有可比性时，可根据它们的交易条件、市场交易价格和价值影响因素的差异，调整确定评估值；当被评无形资产曾向多个使用者转让使用权时，可结合受让者的具体情况调整确定评估值。采用收益现值法时，要注意分析超额获得能力和预期收益，注意收益额的计算口径与被评无形资产相对应，不要将其他资产带来的收益误算到无形资产的收益中；要充分考虑法律、法规、宏观的经济环境、技术进步、行业发展变化、企业经营管理、产品更新和替代等因素对无形资产收益期、收益额和折现率的影响。当被评无形资产确具有超额获利能力，但不宜采用现行市价法和收益现值法时，可采用重置成本法进行评估。要注意根据现行条件下重新形成或取得该无形资产所需的全部费用（含资金成本）确定评估值；要注意扣除实际存在的功能性陈旧贬值和经济性陈旧贬值。

对于地理信息资源产权价值的评估，还必须充分考虑地理信息产品属于高投入与高风险的高科技特性；但地理信息产品一旦研发成功，投入生产，在其保护期内则可以不再投入而可坐等收益等特性。此外，也必须充分考虑我国地理信息商品大多数是在国家所有的地理信息资源基础上进行加工研发的，因此，对商品性地理信息资源产权价值的评估，其核心价值是评估对该商品的加工增值所付出的研发成本以及对该产品取得经济效益的评估。

对于因侵犯地理信息资源产权而引起的诉讼，其评估的目的是为了赔偿。诉讼赔偿一般是执行完全赔偿责任（即损失多少赔偿多少的原则）和惩罚性的赔偿（高于损失额的若干倍）。知识产权诉讼赔偿也存在对产权价值进行评估的问题，地理信息资源产权的侵权赔偿也同样存在价值的评估。

（四）地理信息资源产权保护的合同制度

1. 合同的含义及其特征

合同是平等主体的自然人、法人、其他组织之间设定、变更、终止民事权利义务关系的协议，亦称为契约。

合同是一种民事法律行为，合同的主体是自然人、法人或者其他组织，合同的客体包括产权客体及其相关的行为，合同的目的是设定变更和终止民事权利义务关系，合同是当事人平等、自愿协商的法律行为。1999 年 3 月 15 日我国第九届全国人民代表大会通过的《合同法》的第三条至第八条分别规定合同必须具备平等、自愿、公平、诚实信用、尊重社会公德和合法等六大原则。

2. 历来的产权保护都实行合同制度

历来的产权保护都实行合同制度，特别是当代产权的价值主要体现在交换价值上，就更离不开合同制度的保护。因此，不论是物权法还是知识产权法，对产权的保护都无一例外地实行合同制度。我国《城市房地产管理法》规定："房地产转让、抵押、房屋租赁都必须签订相应的合同。"该法第四十一条规定："房地产转让，应当签订书面转让合同，合同中应当载明土地使用权取得的方式。"第五十条规定："房地产抵押，抵押人和抵押权人应当签订书面抵押合同。"第五十四条规定："房屋租赁，出租人和承租人应当签订书面租赁合同，约定租赁期限、租赁用途、租赁价格、修缮责任等条款，以及双方的其他权利和义务，并向房产管理部门登记备案。"

我国《著作权法》第三章用五条规定了著作权许可使用和转让合同。其中，第二十四条规定："使用他人作品应当同著作权人订立许可使用合同，本法规定可以不经许可的除外。许可使用合同包括下列主要内容：（一）许可使用的权利种类；（二）许可使用的权利是专有使用权或者非专有使用权；（三）许可使用的地域范围、期间；（四）付酬标准和办法；（五）违约责任；（六）双方认为需要约定的其他内容。"

《专利法》规定的合同制度包括转让专利申请权合同或者专利合同、实施专利许可合同与实施强制许可合同等各种不同类型的许可合同。例如，该法第十二条规定："任何单位或者个人实施他人专利的，应当与专利权人订立书面实施许可合同，向专利权人支付专利使用费。被许可人无权允许合同规定以外的任何单位或者个人实施该专利。"《商标法》第四十条规定："商标注册人可以通过签订商标使用许可合同，许可他人使用其注册商标。""商标使用许可合同应当报商标局备案。"商标使用许可合同的类型包括独占许可、排他许可和一般许可等。

3. 地理信息资源产权保护合同制度的内容

地理信息资源产权许可使用合同的内容包括以下几方面：

第一，地理信息资源的使用实行许可使用合同制度。在签订许可使用合同前应当明确地理信息资源许可使用权的性质：许可使用的是地理信息资源产权的使用权，而不是所有权；使用者按许可使用合同规定，只能自己使用，不能再许可他人使用；许可使用具有一定的期限；许可使用不具有排他性，即地理信息资源所有权人还可以许可其他人使用其地理信息资源。

地理信息资源许可使用合同的主要条款：许可使用的性质是专有使用权或者非专有使用权（专有使用是指使用人独家使用，非专有使用是许可使用不具排他性）；许可使用期限；付酬标准和办法；违约责任；双方认为需要约定的其他内容。

第二，未经地理信息资源产权人许可，为营利目的而使用他人数据，属于侵权行为；未经地理信息资源产权人许可，为营利目的在他人数据上进行添加、加工开发所产生的数据作品，不论对原数据改变的份额有多少，均属剽窃行为。

关于地理信息资源产权归属合同。地理信息资源产权人与利益相关人有自由订立合同的权利，其中包括产权归属合同。依据合同的含义及合同法规定的签订合同的原则，地理信息资源产权人及利益相关人有权同他人订立地理信息资源产权归属的合同。例如，国家资助或者委托科研单位所产生的地理信息资源产权的归属可以由合同约定；国家与企业合作产生的地理信息资源产权的归属可以由合同约定。

（五）地理信息资源产权保护及增值产权实行有区别的归属制度

1. 含义及其法律规定

地理信息资源增值产权是指在初始地理信息资源以及其他经加工制作后的地理信息资源基础上进行再加工制作所产生的增值部分的地理信息资源产权。

有区别的地理信息资源增值产权归属政策是指在不同产权主体所有的地理信息资源基础上的增值产权归属实行不同的政策。

国外对地理信息资源增值产权归属的规定，也是从不同主体应当承担不同责任并享有不同权利为依据进行规定的。例如，美国人的理念是国家投资生产的地理信息资源，用的是纳税人的钱；而企业单位和个人投资生产或者加工增值的地理信息资源，用的是自己的钱，就必须要有回报。因此，美国法律规定由政府雇员或者官员作为履行职责（公务时间）所完成的任何信息数据作品都不适用于版权保护；而任何个人或者企业在国家数据基础上进行加工增值都拥有自主产权，受国家法律保护。欧盟对数据库的保护是实行对数据库原始内容的创造者与数据库的开发者都一律保护的政策，但数据库开发者的权利优于原始数据创造者的权利（中国地理信息产业政策研究组，2007）。这里，对作为地理信息资源产权主体的国家与企业单位、个人，以及数据开发者与数据创造者等不同产权主体所享有的权利都实行不同的保护政策。

2. 地理信息资源增值产权归属区别政策的内容

地理信息资源增值产权归属区别政策的内容有如下几个方面：

第一，在中央财政投入产生的基础性、公益性地理信息资源基础上进行增值开发的，作为开发人的个人或企业单位均享有自主产权。

第二，在个人或者企业单位所有的地理信息资源和产品基础上进行增值开发所产生的增值产权归属，双方可以通过合同约定；合同未作明确规定的，原始数据与开发数据均予以保护，但数据开发者的权利优于原始数据拥有者的权利。

第三，国家委托科研单位或者与企业合作所产生的地理信息资源产权归属，双方可以通过合同约定；如果合同规定不明确的，则科研单位和企业单位享有著作权、软件权和专利权，而数据所有权归国家所有。

第四，地方政府投资所产生的地理信息资源所有权归地方政府所有；地方政府可以在财产权保护期限内通过许可使用回收部分收益，即收益交地方财政。

（六）涉外地理信息资源产权的保护制度

1. 含义及法律规定

涉外地理信息资源产权是指外国人和外国企业在我国境内或者我国公民和企业在国外所享用的地理信息资源产权。通过30年来所执行的对外开放政策，我国同国际组织或国外单位开展联合调查、科学考察，外国企业在我国投资，我国企业在境外投资都越来越普遍。因此对涉外地理信息资源产权的保护也提到议事日程上来。

我国《民法通则》第八章用九条规范涉外民事关系，《民事诉讼法》对涉外诉讼也有专门的规定。我国于1979年第五届全国人民代表大会第二次会议通过《中外合资经营企业法》，并先后于1990年和2001年对《中外合作经营企业法》进行两次修正。1986年第六届全国人民代表大会第四次会议通过《外资企业法》，2000年又对《外资企业法》进行修正。1988年第七届全国人民代表大会第一次会议通过《中外合作经营企业法》，2000年又对《中外合作经营企业法》进行修正。此外还有《涉外经济合同法》，以及国务院发布的相关涉外产权的行政法规。在这些法律与行政法规中所称的涉外产权，是指依照我国法律规定，外国人和外国企业在我国境内所取得的产权。

2. 涉外地理信息资源产权保护的原则

涉外地理信息资源产权保护必须坚持如下原则：

第一，维护国家主权原则。

国家主权就是国家独立自主地处理自己对内对外的事务，管理自己国家的权力。地理信息资源产权适用自然资源保护的永久主权原则。国际法对自然资源实行永久主权保护的原则，但由于地理信息资源产权的保护存在期限的限制，超过保护时限就是全世界所有人类的共同财产。尽管有时限的区别，但国际法对自然资源永久主权保护的基本精神对涉外地理信息资源产权的保护还是适用的。

国际法所称自然资源永久主权原则，是在1962年第17届联合国大会的第1803号决议《关于自然资源永久主权的宣言》中提出来的。《关于自然资源永久主权的宣言》宣称："各民族及国族行使其对天然财产与资源的永久主权，必须为其国家的发展着想，并以关系国人民之福利为依归。""各国必须根据主权平等原则，互相尊重，以促进各民族及各国族自由有利行使其对天然资源之主权。""侵犯各民族及各国族对其天然财富与资源之主权，即系违反联合宪章之精神与原则，且妨碍国际合作之发展与和平之维持"。

此后，自然资源永久主权原则就逐步发展成为国际习惯法原则。1974年联合国大会通过的《建立国际经济新秩序宣言》中也重申"每一个国家对自己的自然资源和一切经济活动拥有充分的永久主权"。1982年通过的《联合国海洋法公约》，1992年通过的《联合国气候变化框架公约》，也都重申这个原则。并且自然资源永久主权原则在许多仲裁裁决中都得到承认。正如所有权也负有义务那样，自然资源永久主权的权利主体在享有各种权利的同时，也要承担各种相应的义务，例如，不得利用自然资源永久主权原则使他国利益受到损害。

在涉外地理信息资源产权中，国家主权原则即体现在地理信息资源产权的归属上。它的基本含义可以表述为，在中华人民共和国领土、领空、领海及其专属经济区内同国外机构开展合作调查项目时，其初始地理信息资源所有权归属于我国政府所有。由于地理信息资源产权保护是有时限的，因此，对地理信息资源产权的保护也不存在永久权利的问题；国家主权原则还体现在对中外合资地理信息企业的监管上。

第二，坚持平等互利原则。

对于与境外机构、企业进行地理信息资源合作调研，开展中外合资经营、合作经营或外资独资经营地理信息产业时，除遵循国家主权原则外，还必须遵循双方平等互利的原则。平等互利原则是指合作、投资双方的地位平等，都能实现各自合理的权益，包括：双方充分尊重彼此的意愿，友好协商，使合作项目或者合资企业建立在平等、自愿、公平的基础上；双方权利义务对等；双方都可以达到有利可图的目的。

第三，参照国际惯例的原则。

对于与境外机构进行地理信息资源合作调研、合资或独资经营地理信息产业，都会涉及不少国际经济关系，都会发生各种冲突。在处理这些关系和冲突时，应当特别注意到那些已为各国普遍接受的行之有效的惯例或习惯。双方可以通过友好协商而有条件地参照执行。这里所说的有条件参照执行，是指不得违背我国的社会公德、社会秩序、优良风俗习惯及法律基本准则等规定。

二　地理信息资源产权保护的法律救济

地理信息资源产权保护的法律救济主要涉及如何适用民事实体法律规范与民事诉讼的程序规范，当然也离不开行政法、刑法及行政诉讼法和刑事诉讼法的保护。

（一）地理信息资源产权的司法保护

地理信息资源产权保护，除创设相关的法律制度进行保护外，主要就是通过司法上的保护。对地理信息资源产权的司法保护，就是通过我国的《民事诉讼法》、《行政诉讼法》和《刑事诉讼法》来追究侵犯地理信息资源产权行为人的法律责任，从而达到保护产权人的合法权益。

（二）法律规定的救济手段

关于产权受到侵犯时，法律规定的主要救济手段有如下几种。

1. 请求行政、司法当局对产权进行保护

当产权人权利受到侵犯或可能受到侵犯，有权请求行政或司法机关发布禁令，对产权予以保护。《民法通则》第一百三十四条承担民事责任的方式中，就有排除妨碍、消除危险的规定。《物权法》第三十五条规定："妨害物权或者可能妨害物权的，权利人可以请求排除妨害或者消除危险。"

《著作权法》第四十九条第一款规定："著作权人或者与著作权有关的权利人有证据证明他人正在实施或者即将实施侵犯其权利的行为，如不及时制止将会使其合法权益受到难以弥补的损害的，可以在起诉前向人民法院申请采取责令停止有关行为和财产保全的措施。"第五十条第一款规定："为制止侵权行为，在证据可能灭失或者以后难以取得的情况下，著作权人或者与著作权有关的权利人可以在起诉前向人民法院申请保全证据。"《商标法》第五十七条也规定了诉讼前的财产保全，第五十八条规定了诉讼前的证据保全。《专利法》第六十六条规定："专利权人或者利害关系人有证据证明他人正在实施或者即将实施侵犯专利权的行为，如不及时制止将会使其合法权益受到难以弥补的损害的，可以在起诉前向人民法院申请采取责令停止有关行为的措施。"

2. 赔偿损害

当产权人产权受到侵犯并造成损害，有权要求赔偿损失。《民法通则》第一百三十四条、《物权法》第三十七条、《著作权法》第四十六条、《专利法》第五十七条和《商标法》第五十三条都有赔偿损害的相关规定。其中《著作权法》第四十八条、《专利法》第六十条和《商标法》第五十六条还规定了赔偿标准或赔偿数额。

3. 有获取信息的权利

产权人及利害相关人在行使其权利时，有权要求政府机关提供相关的信息，享有知情权。这是政府机关的义务，是产权人的权利。《中华人民共和国政府信息公开条例》第三十三条规定："公民，法人或者其他组织认为行政机关不依法履行政府信息公开义务的，可以向上级行政机关、监察机关或者政府信息公开工作主管部门举报。""公民、法人或者其他组织认为行政机关在政府信息公开工作中的具体行政行为侵犯其合法权益的，可以依法申请行政复议或者提起行政诉讼。"

4. 在行政争议和诉讼中的救济手段

产权人及利害相关人在行政争议和诉讼中也可以应用一系列救济手段，享有相关权利来维护自身的合法权益。例如，《行政许可法》第三十九条规定，要取得许可证、执照；资格证、资质证等市场准入证书的，应当向行政机关申请。第七条规定："公民、法人或者其他组织对行政机关实施行政许可，享有陈述权、申辩权；有权依法申请行政复议或者提起行政诉讼；其合法权益因行政机关违法实施行政许可受到损害的，有权依法要求赔偿"。

《中华人民共和国行政处罚法》第三十二条规定："当事人有权进行陈述和申辩。"第四十二条规定："行政机关作出责令停产停业、吊销许可证或者执照、较大数额罚款等行政处罚决定前，应当告知当事人有要求举行听证的权利。""当事人不承担行政机关组织听证的费用"。

《中华人民共和国行政复议法》第九条规定："公民、法人或者其他组织认为具体行政行为侵犯其合法权益的，可以自知道该具体行政行为之日起六十日内提起行政复议申请。"第十二条规定："对县级以上地方各级人民政府工作部门的具体行政行为不服的，由申请人选择，可以向该部门的本级人民政府申请行政复议，也可以向上一级主管部门申请行政复议。"

《中华人民共和国行政诉讼法》第二条规定："公民、法人或者其他组织认为行政机关和行政机关工作人员的具体行政行为侵犯其合法权益的，有权依照本法向人民法院提起诉讼。"第二十五规定："公民、法人或者其他组织直接向人民法院提起诉讼的，作出具体行政行为的行政机关是被告。"经复议的案件，复议机关决定维持原具体行政行为的，作出原具体行政行为的行政机关是被告；复议机关改变原具体行政行为的，复议机关是被告。第三十八条第二款规定："申请人不服复议规定的，可以在收到复议决定书之日起十五日内向人民法院提起诉讼。"第三十九条规定直接向人民法院提起诉讼的，在作出具体行政行为之日起三个月提出。

当事人不服一审法院判决的，可以在接到判决书之日起十五日内向上一级法院提起上诉，当事人不服二审法院判决，可以提出申诉，但申诉并不必然导致再审。申诉有一个较复杂程序，须由法院提交审判委员会决定。我国是实行两审终审制，申诉期间不停止原判决的执行。

三　地理信息资源产权权利冲突的解决

(一) 权利冲突的原因

由于地理信息是对一定地理空间中所发生或存在的客观事物的描述，因此，地理信息资源产权也往往存在着一物多权的现象。例如，北京朝阳区大屯路甲11 号是门牌号码，是一个特定的地理信息。在这个地理信息中可以存在和产生多个所有权：首先，该地理空间中存在中国科学院地理科学与资源研究所，其中的动产与不动产物权所有权是属于国家所有；其次，在北京电子地图上，大屯路甲 11 号这一门牌号码的地理信息资源所有权属于该电子地图采集制作人所有；再次，在大屯路甲 11 号的初始地理信息资源基础上，可以添加诸如中国科学院地理科学与资源研究所在过去和现在的人员组成、研究成果以及将来发展前景等许多信息，从而产生多个增值地理信息资源所有权。这样，在大屯路甲11 号这一特定地理空间上就可能存在两个以上在内容上相互矛盾或冲突的所有权。按物权法的原则，一物之上只能设定一个所有权。然而，这里就存在一个物权所有权主体，即国家；一个初始地理信息资源所有权主体，即北京电子地图采集制作人；若干个加工增值地理信息资源所有权主体。这些地理信息资源所有权主体在行使其所有权权利时，必然要产生矛盾或冲突。例如，初始地理信息资源所有权主体希望能通过出售该许可使用权来获得经济利益。但作为物权所有权主体的国家（或者企业或者个人）如果认为该初始地理信息资源涉及国家机密或者商业秘密或者个人隐私，则不同意初始地理信息资源所有权主体出售许可使用权，这种权利冲突将如何解决？如果该初始地理信息资源不存在国家机密、商业秘密、个人隐私的话，可以允许初始地理信息资源所有权主体出售其许可使用权，那么物权所有权主体又享有什么权利呢？再如，在这一初始地理信息资源基础上产生出多个增值地理信息资源所有权，那么增值地理信息资源所有权主体在行使其权利时又可能与初始所有权主体存在权利冲突或者利益的分配等问题。此外，在地理信息资源产权的涉外诉讼中，也存在适用哪个国家法律的冲突。为维护各个地理信息资源所有权主体的合法权益，必须制定相应的冲突规范来解决这些矛盾。

（二）地理信息资源产权权利冲突的解决原则

产权权利冲突在司法实践中是一个相当普遍的现象，即使在物权与知识产权中，权利主体在行使其权利时也可能发生权利冲突。对于物权的权利冲突，在水资源紧缺的今日，最突出的表现是在同一条河流上，既存在生活用水权、工业用水权、农业灌溉用水权、水产养殖权、航行权等多个产权主体的权利冲突，也存在上下游、左右岸等不同地区产权主体的权利冲突。

对于知识产权的权利冲突，既有著作权、专利权、商标权等单种产权主体之间的权利冲突，也有不同种类知识产权主体之间的权利冲突。著作权权利冲突表现在作品的著作权转让时，其草稿（即物权）仍留在作者手中，从而存在著作权中的财产权与人身权的冲突。

著作权与商标权也存在权利的冲突，例如，某些商家善于借助已为大众所熟悉的小说、电影、电视等名称或者标志意义的词汇，为自己的商标、商号取名。如果商家在注册商标、商号之前未与原著作权人协商并就其权利达成一致，就可能发生权利冲突。

1. 物权权利冲突的解决原则

我国的法律、法规中尚没有对权利冲突的一般解决办法进行专门立法，只是在一些相关法中对具体的权利冲突有某些特别或零星的规定。依据物权法的规定，我国解决物权权利冲突的基本方法和一些具体规定如下：

第一，《宪法》和《民法通则》中规定的平等原则是解决权利冲突的基本原则。

《宪法》第三十三条第二款规定："中华人民共和国公民在法律面前一律平等。"《民法通则》第三条规定："当事人在民事活动中的地位平等。"法律赋予每个民事主体同等的权力，为此解决权利冲突的方法是必须以法律规范为依据，以权利人具有平等地位为原则。

第二，以人为本以及以综合效益为原则。

由于产权客体具有多功能性，为发挥产权客体的综合效益，法律允许在同一权利客体上设定不同内容的权利。正如《物权法》第一条规定"发挥物的效用"，也是物权法立法的目的之一。但当权利发生冲突时，就必须以人为本以及以综合效益为原则。例如，上述所说在一条河流上设定多个用水权，当用水权发生冲突时，就必须以生活用水为优先，然后再依据其综合效益来安排用水权的先后顺序。

第三，解决权利冲突的具体原则。

在物权法中为解决物权权利冲突，已建立起一些解决权利冲突的具体原则。

其中主要的解决办法有如下几个方面：

（1）物权优于债权的原则是解决多个债权人对同一个债务人在资不抵债时的权利冲突。按物权法和担保法的规定，以物权作抵押的债权人在清偿债务时享有优先于其他债权人的权利。例如，我国《物权法》第一百九十九条与《担保法》第五十四条都规定"抵押权已登记的先于未登记的受偿"。

（2）限制物权的效力优于所有权原则是解决所有权人对其权利的行使与社会公共利益的冲突。限制物权是依据法律规定或法院、行政机关的裁定，要求在一定时限内限制所有权的行使，因而具有对抗所有权的效力。例如，《城市房地产管理法》第三十八条规定："以出让方式取得土地使用权的，不符合本法第三十九条规定的条件的；司法机关和行政机关依法裁定、决定查封或者以其他形式限制房地产权利的；依法收回土地使用权的；共有房地产，未经其他共有人书面同意的；权属有争议的……不得转让。"或者说在上述条件下限制所有权，只有当限制的原因解决后，所有权人才能行使其权利。

（3）先后顺序原则是解决权利主体在权利冲突时须遵守先到者优先的准则。例如，我国《物权法》与《担保法》都规定"抵押权已登记的，按照登记的先后顺序清偿；顺序相同的，按照债权比例清偿"。我国《水法》规定，因修建、扩建、改建、拆除或损坏原有工程设施的，由后建工程的建设单位负担扩建、改建的费用和补偿损失的费用，但原有工程设施违章的除外。

（4）此外在不动产物权中，还有共有人先买权原则和承租人先买权原则，它们是解决多个买主为购买同一不动产物权而产生的权利冲突的方法。不论是不动产物权共有人的先买权，还是承租人的先买权，都是指在同等条件下所享有的权利。

2. 知识产权权利冲突的解决原则

知识产权权利冲突的解决，除遵守平等、效率和以人为本等基本原则外，还存在一些解决权利冲突的具体办法。

第一，人身权利益优先的原则。

在一些知识产权法中，都规定同时存在人身权与财产权等双重权利。例如，我国《著作权法》与《专利法》都同时规定了人身权与财产权，但物权法规定的权利内容就只有财产权。

人身权优行于财产权原则的依据是民法与知识产权法的一般原理。民法规定的人身权是自然人出生后就享有的基本权利，是任何人也不能剥夺的。著作权、专利权中规定的人身权只属于作者、专利人，即使作者、专利人死亡，其署名权仍然存在，并且这种署名权并不因财产权的转移而转移；另外，知识产权是一种专有权，权利主体享有同意或禁止他人出版其著作的权利。权利主体考虑是否出版的依据是人身安全和经济利益，当然人身安全还是第一位。上面所说的山口百惠以影响她孩子的隐私权为由，抗议出版商出版《百惠育儿记》，结果出版商不出版该书，也说明人身权优先于财产权。

第二，有约必守的原则。

合同是当事人双方在平等自愿条件下约定的，双方都有守约的义务。《著作权法》第十七条规定："受委托创作的作品，著作权的归属由委托人和受托人通过合同约定。"只要当事人之间签订的合同是符合法律的规定，就是有效的合同，都应当遵守。合同通常是事前达成的，当产权权利发生冲突时，双方就应当以合同规定为依据来解决权利冲突。因此对许可使用合同的规定，就必须尽可能具体明确。如果当事人未签订合同或者合同规定不明确，当权利冲突产生后，当事人也可以通过平等协商、签订合同来解决权利冲突。

第三，先后顺序或在先权利原则。

我国《物权法》和《担保法》都规定了先后顺序原则，并且这个原则也适用于知识产权的权利冲突。《专利法》第二十三条规定："授予专利权的外观设计与现有设计或者现有设计特征的组合相比，应当具有明显区别。授予专利权的外观设计不得与他人在申请日以前已经取得的合法权利相冲突。"可见，有关专利权的权利冲突是以专利登记时间先后顺序为依据来解决的。

《商标法》第九条第一款也规定："申请注册的商标，应当有显著特征，便于识别，并不得与他人在先取得的合法权利相冲突。"第三十一条规定："申请商标注册不得损害他人现有的在先权利，也不得以不正当手段抢先注册他人已经使用并有一定影响的商标。"

解决产权权利冲突的一个原则，是依据该权利在法定机关登记注册的时间。这个原则在物权法中称为先后顺序原则，在知识产权法中称为在先权利原则，其实质内容是基本相同的，二者的区别是知识产权人对在先权利原则的行使存在时效的制约。例如，我国《商标法》第四十一条第二款规定："已经注册的商标，违反本法第十三条、第十五条、第十六条、第三十一条规定的，自商标注册之日起五年内，商标所有人或者利害关系人可以请求商标评审委员会裁定撤销该注册商标。对恶意注册的，驰名商标所有人不受五年的时间限制。"

第四，物权优先原则。

从知识产权中的人身权优于财产权的原则中，可以推导出物权优于知识产权和信息产权的结论。例如，作为人力资本所有权客体的智力、技能、道德品质与人际关系等，都是作为产权主体的自然人所拥有的本事，当这些本领尚未脱离该自然人的身体时，就可以体现为一种人身权，甚至可以作为一种物权，因为人也是由特定物质（血肉细胞）所组成的有思想的物；当这些本事由该自然人的身体通过特定载体记载存储下来，就是著作权、专利权等知识产权，因而这种权利就包括人身权与财产权等双重权利。由于知识产权是从属于或依赖于作为人本事的人身权或物权的，因此，物权应优先于知识产权。

我国《著作权法》第十八条规定："美术等作品原件所有权的转移，不视为作品著作权的转移，但美术作品原件的展览权由原件所有人享有。"这里，《著作权法》明文规定原件所有权的转移，并不是作品著作权的转移，因为作品可以依附于不同载体的物上；而依据物权的一物一权原则，只有作为作者这个特定人的大脑（物权）才是唯一能够支配所有权的，或者说美术作品所有权中财产权是否转移，是依赖于作者的意志，而不是作为原件所有权是否转移。

3. 地理信息资源产权权利冲突的解决原则

上述解决物权和知识产权权利冲突的一般原则大体上都适用于解决地理信息资源产权的权利冲突。对于地理信息资源产权权利冲突，应遵循如下具体原则：

第一，物权优先原则。

物权优先原则是知识产权中人身权优于财产权原则的进一步发展，其含义是物权优于知识产权和信息产权，当然也优于地理信息资源产权。地理信息资源产权的权利也存在人身权和财产权的双重权利，并且人身权或物权优于财产权原则也将是解决地理信息资源产权权利冲突的一个重要原则。例如，本节所提到的门牌号码所在地物权所有人与门牌号码信息资源所有人，他们在行使门牌号码信息资源权利时所存在的权利冲突，就可以按照这个原则来解决。作为所在地物权所有人可以依法决定该地理信息资源所有权中的财产权是否可以转让（即初始地理信息资源所有权人能否行使许可使用权）。这里所说的依法是指物权所有权主体可以依据法律的规定来行使这种决定权。例如，作为该建筑物所有权主体的国家可以依据国家保密法的规定来决定该信息是属于保密信息；作为该建筑物所有权或使用权主体的单位或个人，可以依据商业秘密法和个人隐私法的规定来决定该地理信息资源所有权人可否行使许可使用权。

从地理信息资源的国际法来说，依据 1986 年 12 月 3 日联合国大会通过的《关于从外层空间遥感地球的原则》中，也规定了被遥感遥测国家享有知情权和取得、应用这些地理信息资源的权利。该原则规定了参加遥感活动并确定其拥有的资料能防止有害于地球自然环境的任何现象的国家应将这类资料提供给有关国家。有关被遥感遥测国家管辖下的原始数据和处理过的数据一经制定，该国即得在不受歧视的基础上依照合理费用条件取得这些数据（何建邦等，2003）。

第二，在先权利原则。

在先权利原则在物权法与知识产权法中，都是解决产权权利冲突的重要原则。产权登记制度是执行在先权利原则的一个有利条件，《著作权法》规定著作权实行自动生效的制度，则可能给司法、执法带来某些难度。当前，知识产权与信息产权的盗版现象相当严峻，在先权利原则有助于维护地理信息资源所有权人的合法权益，有助于解决地理信息资源产权的纠纷，为此建议国家实行地理信息资源产权登记制度。

第三，合同约定原则。

合同约定是解决知识产权权利冲突的一个重要原则，也是解决地理信息资源产权权利冲突的重要方法。通过平等协商解决民事主体之间的矛盾，一直是我国处理民事纠纷的基本准则和重要方法。如果事前已有合同约定将是解决权利冲突的依据，因此合同制度既是地理信息资源产权保护的重要法律制度，也是司法保护的依据与方法。如果事前未对权利冲突作约定或者合同约定不明确，那么冲突发生后也可以通过平等协商来解决冲突。

第四，公平效率的原则。

公平与效率既是制定地理信息资源产权保护法律制度的基本依据，也是司法保护中解决一物多权，特别是财产权如何分配的重要依据。如上所述，地理信息资源产权实行有区别的产权保护制度，正是这个原则的体现；对于司法保护来说，也是解决产权权利冲突或产权纠纷的基本依据。

第十三章

地理信息资源产权保护技术

　　⬤ 地理信息是一种重要的社会资源和财产，它以信息的形式在商品社会中流通、转让，用以替代过去直接以物质、通量流通、转让的方式。作为基础性和公益性的地理信息资源，它需要充分的共享，而作为一种财产，它又需要保护。因此，无论是地理信息资源产权政策的实施，还是地理信息资源产权法律的保护，都需要相关的技术保障。

第一节　地理数据产品版权保护技术概要

　　地理数据产品有多种类型，不同类型的地理数据产品其版权保护的技术特点各有不同。

一　地理数据产品类型及特点

　　地理数据产品主要包括数字线划地图（DLG）、数字正射影像图（DOM）、数字栅格地图（DRG）、数字高程模型（DEM）等 4D 产品以及三维建模产品等多种产品类型（图 13-1）。

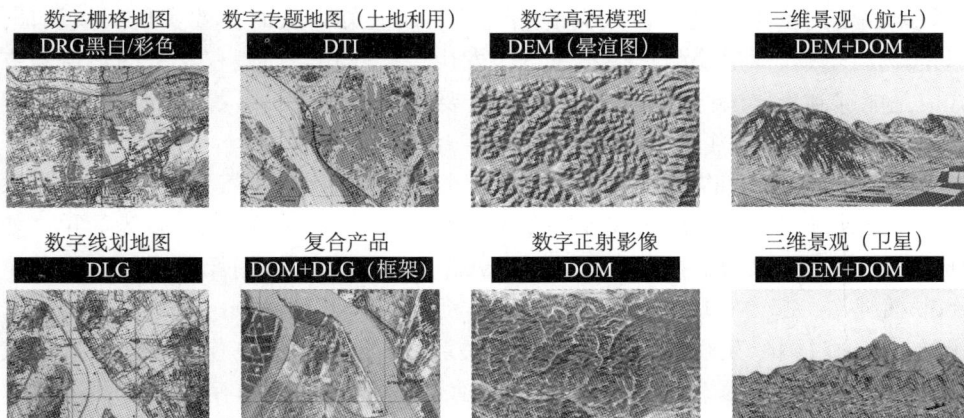

图 13-1　地理数据产品类型

DRG 是纸质地形图的数字化产品。每幅图经扫描、纠正、图幅处理及数据压缩处理后，形成在内容、几何精度和色彩上与地形图保持一致的栅格文件，其产品表达方式为栅格数据模型。

DOM 是利用数字高程模型对扫描处理的数字化的航空相片/遥感相片（单片/彩色），经逐像元进行纠正，再按影像镶嵌，根据图幅范围裁剪生成的影像数据。一般带有公里格网、图廓内/外整饰和注记的平面图，其表达方式为栅格数据模型。

DEM 是在投影平面上规则格网点平面坐标（X，Y）及其高程（Z）的数据集。DEM 的水平间距可随地貌类型不同而改变。根据不同的高程精度，可分为不同等级产品，DEM 主要有基于规则格网（GRID）和不规则三角网（TIN）两种表示方法，其中，前者是基于栅格数据模型的表达，而后者则是基于矢量数据模型的表达。

DLG 是现有地形图上基础地理要素的矢量数据集，且保存要素间空间关系和相关的属性信息，其表达方式为矢量数据模型。

三维建模产品，主要用于三维场景的直观表达，其表达方式主要有矢量数据模型、栅格数据模型和矢栅一体化模型。

上述五种地理数据产品类型根据数据模型及表达方式的不同，主要分为基于矢量数据模型的与基于栅格数据模型的两大产品。两种数据模型的截然不同，决定了其版权保护算法主要分化为两方面的版权保护。

二 地理数据产品版权保护技术框架

版权标记技术可将版权认证信息隐藏于数据的冗余信息，不影响数据的感觉效果和使用价值，且不被人类的感觉器官所感知，从而有效实现版权认证。但是，传统版权标记检测是在不法行为发生后起作用，而版权保护的最恰当方式应是能够制止非法行为的发生。客观上要求具有监控 GIS 操作的实时监控程序，以实时制止非法行为的发生。

面向地理数据产品实时操作监控，要求监控程序与 GIS 运行在同一操作系统环境下。理想的方式是把该程序嵌入到各 GIS 中，技术实现上较为简单。如 Digimarc 的图像水印，把水印检测器同 Adobe 公司的流行图像处理程序 Photoshop 捆绑在一起，实现了水印检测器的广泛分布。当 Digimarc 的检测器识别水印时，它通过国际互联网与中心数据库联系，并把水印信息作为密钥，从而找出版权所有者的联系信息。然而由于当前众多 GIS 平台的存在与竞争，捆绑 GIS 平台的可操作性较差，难以推广使用。此外，由于相关用户并不希望受到监控，单独发行安装的方法也行不通。

1996 年，美国电影协会、电子消费品制造商协会和部分计算机厂商联合成立了国际版权保护技术工作组（CPTWG）来研究防止数字视频，特别是 DVD 产品被私自复制的技术问题。CPTWG 的系统不断发展，目前已有 3 种技术应用于其中，分别是内容加扰系统（CSS）、模拟信号防护系统（APS）和拷贝管理系统（CGMS）。经 CSS 加扰的盗版 DVD 盘片不能在任何光盘播放机上播出。但那些经过解扰的非法复制的盘片却可以在任何设备上播放；CGMS 用来控制盘片的拷贝次数。但非标准的 DVD 播放设备可以轻易地去掉动态图像专家组（MPEG）视频流头部中的这些比特位，使复制盘片不再受到任何限制。为此，有两类应用水印技术的模块被加入到 DVD 防拷贝系统中，分别是记录控制与回放控制。记录控制取代了 CGMS 的功能。它利用水印的鲁棒性将 CGMS 数据保护起来，保证拷贝控制比特不会被轻易除去，从而有效防止因消除有关数据而引起的非法拷贝。回放控制将使符合标准的光盘播放机读出受水印保护的拷贝控制信息，并根据随机存取存储器（RAM）盘片本身的特点作出拒绝回放的判断。这样就利用数字水印和加密技术，较好地实现了 DVD 的拷贝控制。

借鉴上述思路，可运用数字水印与加密技术来实现地理数据的拷贝控制。然而与 DVD 拷贝控制中水印探测器嵌入在系统中（置于 MPEG 解码器内部和置于 DVD 驱动器）不同的是，难于将水印检测器嵌入在 GIS 中。因此，可以基于文件操作实时监控技术来实现地理数据产品数据文件的动态加密/解密，从而迫使用户主动安装监控程序并接受监控。

由此可见，地理数据产品版权保护技术是指在以数字水印的基础上，运用密码技术实现地理数据内容的保护，运用监控技术来弥补水印技术在地理数据被盗版后的事后检测的缺点，从而达到保护和监控的一体化。基于这一思路，即可在常规水印模型的基础上，增加动态加解密模块和实时操作监控模块（图 13-2），可形成一种针对地理数据产品的实时版权保护系统框架（图 13-3）。版权标记技术与实时监控相辅相成，共同实现实时版权保护，二者缺一不可。没有版权标记，无法对特定目标实时监控；没有实时监控，也无法实施版权保护。从图 13-2 中可知，该模型主要包括版权标记生成、版权标记嵌入及实时监控三个部分。

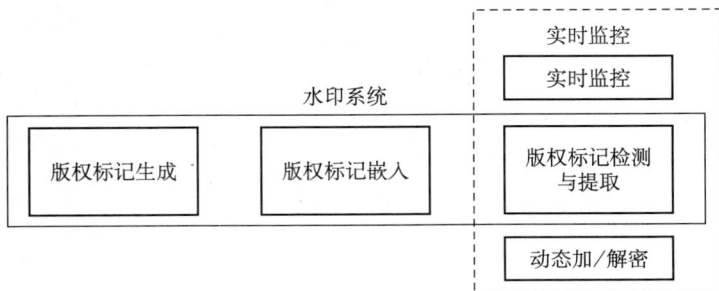

图 13-2　系统模块组成

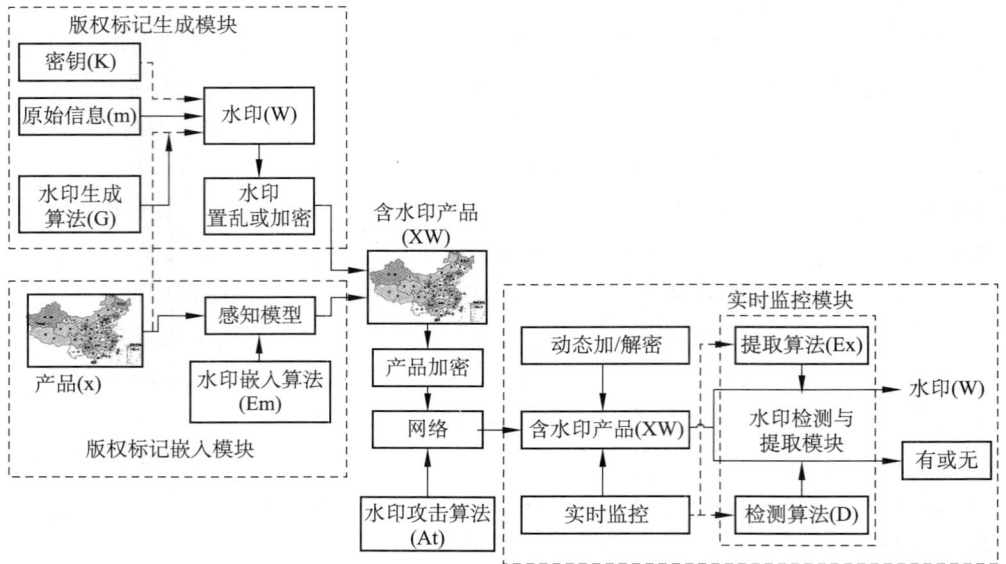

图 13-3　实时版权保护框架

第二节　版权标记生成技术

版权标记生成是版权标记处理过程的首要关键步骤。构成水印的序列通常应该具有不可预测的随机性，这样即使攻击者知道原始水印信息，也无法获知嵌入到地理数据产品版权中的真实的水印信息，从而能够有效地抵抗攻击者对水印信息的攻击。

通常意义上，版权标记生成过程就是在密钥的控制下通过原始版权信息、认证信息、保密信息或其他有关信息生成适合于嵌入原始载体中的待嵌入信号的过程（图 13-4）。

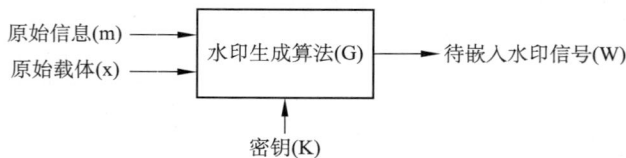

图 13-4　版权标记生成过程

从各输入项的参与情况来看，版权标记的生成方式可分为四类，七种情况（表 13-1）。

表 13-1　版权标记生成类型表（孙圣和等，2004）

序号	类型	生成函数
1	原始信息参与的自适应生成方式	$W = G\ (m,\ x,\ K)$
		$W = G\ (m,\ x)$
2	无原始信息参与的自适应生成方式	$W = G\ (x,\ K)$
		$W = G\ (x)$
3	原始信息参与的非自适应生成方式	$W = G\ (m,\ K)$
		$W = G\ (m)$
4	无原始信息参与的非自适应生成方式	$W = G\ (K)$

水印生成算子 G 应保证水印的唯一性和有效性，且在水印的生成过程中通常应采用伪随机数发生器或混沌系统以保证安全性。考虑到地理数据产品版权的需求特点，可选取有原始信息和密钥共同参与的自适应生成算法 $W = G\ (m,\ x,\ K)$ 进行版权标记生成。

原始信息有时也称为原始标记，其主要类型有如下几种情况：①文本消息，如 ID 序列号、签名、文本文件或消息。②声音信号，如语音、音乐或音频。③二值图像，如二值的图片、图章、商标和签名图像。④灰度图像，如有灰度的商标、图片、照片或图章。⑤彩色图像，如彩色的商标、照片或图片等。⑥无特定含义（甚至是随机的）的序列，如一维二值序列、三维三值序列、二维二值序列、实数序列等。

一　基于文本信息的版权标记生成

地理数据产品版权的版权标记可能为一段具有一定含义的文本信息。这些文本信息需要经过一定的转换才能够成为合适的版权标记信息。首先要将文本信息转换为汉字内码，然后再将其转变为 ASCII 码（图 13-5）。为保证文本信息的安全，还需要对信息进行加密或置乱，最后得到合适的文本水印。

（一）文本标记处理

由于版权标记与地理数据产品版权的值域不同，并不能直接将给定的初始文本信息直接嵌入载体数据中，而是需要经过一定的预处理算法变换后，才能嵌入。如果原始信息为一段汉字，则首先将其转换为汉字内码，再由汉字内码转换为 ASCII 码，从而实现值域的变换；如果原始信息为一段英文或阿拉伯数字，则只需直接转换为 ASCII 码即可。

（二）标记置乱

为了有效提高攻击成本，做到即使攻击者知道原始水印信息，也无法获知嵌

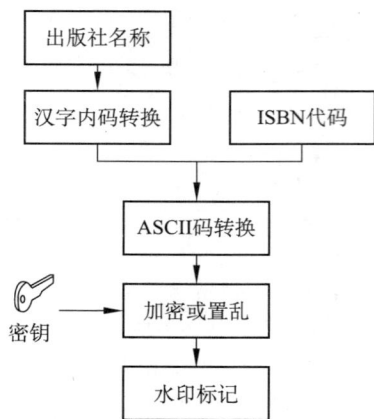

图 13-5　基于文本的版权标记生成流程

入地理数据产品中的真实的水印信息，还需进行文本标记信息的加密与置乱。目前比较好的加密方法有叶吉祥等（2004）设计的交替混沌序列的文本加密算法。该方法首先基于 Logistic 映射、Honon 映射产生两个混沌密钥序列，然后对读取的明文位串进行交替加密。由于混沌系统对初值的敏感性以及该文密钥产生算法具有非常大的密钥空间，因而可以有效抵制预测攻击。这种加密算法不但能抵抗唯密文攻击，而且能有效地抵抗选择明文攻击，具有良好的密码学特性。

二　基于图像信息的版权标记生成

在应用中，大多会采用图像作为原始信息。由于图像的信息量一般都比较大，原始载体有可能没有足够的承受能力，因此，首先需要判断是否需要对图像进行压缩，然后需要采用一定的算法对图像进行加密或置乱，再将置乱后得到的二维图像进行降维处理，最后对图像信息的值域进行转化（图 13-6）。

（一）图像的压缩

在图像信息量过大时，需对原始信息进行压缩。图像的数据量虽然较大，但是邻近像素的灰度（将其看成随机变量）往往是高度相关的。因而可以采用适当的坐标变换去除相关，从而达到压缩数据的目的。

传统的 K.L 变换把信号的一小块看成是独立的随机向量，K.L 基由余弦函数组成。由联合图像专家小组（JPEG）提出的标准变换编码算法中包含将图像分成 8×8 像素的方块，然后在方块内进行二维离散余弦变换。变换的系数分成两部分：一部分是零频率，称为直流部分；另一部分则称为交流部分。由于像素值均为正，所以直流部分是较大的正值，且在块与块间缓慢地变化，可以高

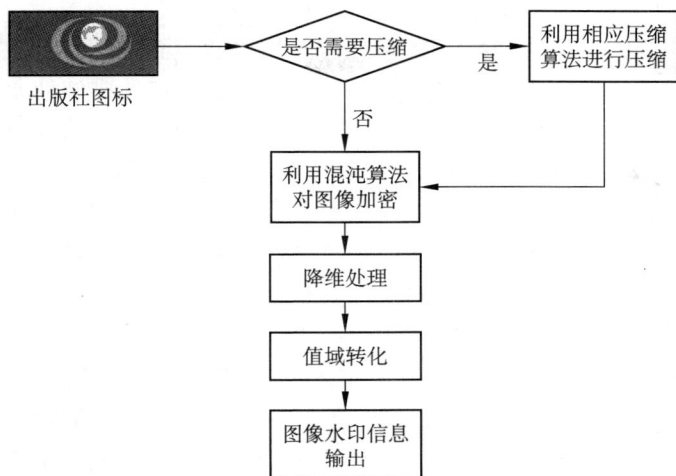

图 13-6 基于图像的版权标记生成流程图

精度地量化。因此，直流部分可以有效地代表缓变部分，对交流部分根据视觉特性赋予一定的权值，这种视觉特性根据人的主观感觉通过试验决定，量化时还需考虑一定的压缩比。

JPEG 及其变种是按空间进行分段的。当然也可以按尺度分段，或按尺度和频率分段后选择一种最优的表示，这可通过小波变换实现。

小波或多分辨率分析方法将一幅图像分成近似和细节两部分，细节对应的是小尺度的瞬变，但在本尺度内看起来很稳定。因此将细节存储起来，对近似部分在下一个尺度上进行分解，重复该过程即可。一个图像做小波分解后，可得到一系列不同分辨率的子图像。其中高分辨率（即高频）的子图像上大部分点的数值都接近零，越是高频这种现象越明显。而图像的能量主要集中在低频系数（近似系数）上。

从理论上说，由于 f 具有指数 α（$0<\alpha\leqslant 1$）Holder 连续的必要条件为

$$|(W_\psi f)(a,b)|\leqslant K|a|^{\alpha+\frac{1}{2}} \tag{13-1}$$

取 $\alpha=2^{-j},b=k2^{-j}$，所以当 j 比较大时，即高频时，小波变换 $(W_\psi f)(2^{-j},k2^{-j})$ 的绝对值较小；而当 j 比较小时，即低频时，小波变换的绝对值较大。

这样，可以在高频部分进行比较大的压缩，低频部分进行比较小的压缩，从而达到比较好的压缩效果。因此，利用小波分解去掉图像的高频部分而仅保留图像的低频部分是一种简单的图像压缩方法。

（二）基于 Loigstic 映射的数字图像迭代混沌加密算法

在版权标记生成算法中，往往不是直接嵌入所需信息，而是通过某种方法

生成适合嵌入的水印。如果给定的原始信息是有特定意义的图像、文本或音频数据，那么相邻的像素或采样间具有很强的相关性，而且一旦提取算法被人知道，攻击者很容易得到水印信息。因此，必须采用一定的措施使水印信息能量分散，消除信息中相邻像素的空间相关性，提高其抵制图像剪切操作能力，以保证数字水印算法的鲁棒性（robustness），同时提高安全性。

数字水印具有伪随机水印、扩频水印、混沌水印、纠错编码水印、变换水印等多种生成及加密技术。考虑到地理数据产品水印的安全性要求较高，普通的伪随机水印生成算法往往不能满足其要求，而混沌系统良好的初值敏感性使其产生的水印将具有良好的随机性和安全性。

目前，用于水印生成的混沌方法主要有四种，即逻辑斯蒂（Logistic）映射、切比雪夫（Chehshev）映射、瑞理（Reny）映射和花托自同构（toral automorphisms）。Logistic 映射模型是混沌模型中比较简单的一种，它起源于经典的"人口"或"虫口"问题。人们建立各种模型来计算人口或虫口数，马尔萨斯在1798 年发表的《人口论》是最著名的一个，随后，Verhulst 等相继提出修正模型。经过数代人的努力人们提炼出 Logistic 方程，即

$$y_{n+1} = ay_n - y_n^2 \tag{13-2}$$

要使 Logistic 方程产生混沌的效果，其中 a 的取值应该为（3.5699，4）。在接近 4 的范围内产生的混沌序列的随机性比较好（张小红等，2003）。

假设明文信息序列 $\{P_n\}$，其中 n 表示图像中的像素个数；密钥信息序列 $\{K_n\}$，得到密文信息序列 $\{C_n\}$。加密算法的表达式为

$$\{C_n\} = \{P_n\} \oplus \{K_n\} \tag{13-3}$$

而解密算法则为加密算法的逆过程，即

$$\{P_n\} = \{C_n\} \oplus \{K_n\} \tag{13-4}$$

基于 Logistic 映射的数字图像混沌迭代算法描述如下：

（1）打开一幅图像文件（可为 jpg、bmp 等格式）；

（2）顺序读取图像中的像素信息 P；

（3）根据 Logistic 映射方程，输入密钥 $[a_k, y_k]$，连续生成 8 个位，组成一个字节混沌；

（4）将混沌序列产生的字节与图像像素进行异或操作，获得密文 C；

（5）输入下一个密钥，转（4）进行计算，直到没有密钥；

（6）保存密文 C 到新的文件中。

（三）二维图像的降维处理

若要将二维图像嵌入地理数据产品的坐标序列中，通常需要进行降维处理，将其转化为一维序列。在二维图像的降维处理中，通常采用扫描方法，最常用

的扫描方法类似于电视中常用的光栅扫描法或行扫描法（孙圣和等，2004）。要将大小为 $M \times N$ 的二维图像 m 转化为一维序列 w 时，只需要对图像逐行地从左到右进行扫描，依次放入一维序列中即可，表达式为

$$w = \{W_k \mid W_k = m_{ij}, 0 \leqslant i < M, 0 \leqslant j < N, k = i \times N + j\} \quad (13-5)$$

（四）值域转化

在将水印信息嵌入之前，必须保证水印的值域与嵌入域相匹配。考虑地理数据坐标序列的值域为实数，必须将水印图像的二值序列或整数序列转化为实数序列。具体方法为：

（1）如果原始信息为 24 位彩色水印，则信息量和幅度较大，可采用对 R，G，B 三个分量分别进行归一化处理的方法，减少幅度（李金等，2002），即

$$W_o = \{W_{oi} \mid (W_{oi} - 128)/128\}, 0 \leqslant i < N, o \in \{R, G, B\} \quad (13-6)$$

（2）如果为二值水印，则需要在二值水印前乘以一个实数因子转换成实数序列。

三 基于图形信息的版权标记生成

（一）图形版权标记及其表达

图形、图像向来是一对"孪生兄弟"，在表达客观世界方面可以说各有所长。对于自然图案，由于其复杂的层次关系和不规则的形态特征，用图像来表示较为合适，能充分体现出其丰富的颜色、纹理等信息；而对于几何图案，由于其规则的形态特征，用图形来表达较为合适。而且，具有明显几何形态的几何图案用图形来表达，可以显著降低数据量（图 13-7）；同理，具复杂色彩与纹理的自然图案用图像来表达，数据量较小。

	蝴蝶		鲜花	
表达效果				
表达方式	图像	图形	图像	图形
文件容量/KB	298	31	86	1

图 13-7 图形、图像表达对比

目前图形表达主要应用于 GIS、计算机辅助设计（CAD）等专业领域及常规图形领域。其代表性的数据表达格式有 SHP，DWG，SVG，SWF 等（图 13-8）。然而，GIS，CAD 等专业领域的表达重在空间关系表达与支持空间量算，而不是表现形态，其可视化表达效果不够理想；而 SVG 与 SWF 等常规图形表达，由于重在表现形态，而不是表现空间关系与进行量算，可视化表达效果较好。对于重在表现形态特征，而不是空间关系与量算的版权标记来说，用 SVG，SWF 等常规图形方式来表达，较为适合。

表达方式	GIS矢量	CAD矢量	SVG	SWF
示例	南京市地质图	嘉兴市城市总体规划		

图 13-8　图形表达效果对比

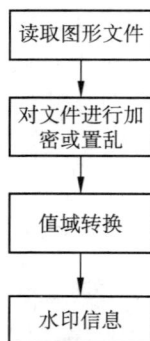

（二）图形版权标记生成算法

图形版权标记生成的具体流程如图 13-9 所示。首先顺序读取图形文件，其次对文件进行加密或置乱，最后将置乱后的文件内容转换为合适的水印信息。为有效提高图形标记的抗攻击能力，降低标记长度，读取图形文件后，可通过相关的转换与提取算法，只提取相关坐标信息与渲染信息参与版权标记的生成。此外，加密和置乱算法可直接采用上文所述的混沌算法，值域转换也与上文类似。

读取图形文件

↓

对文件进行加密或置乱

↓

值域转换

↓

水印信息

图 13-9　图形水印生成流程

（三）图形压缩算法

图形压缩的目的是删除冗余数据，减少数据的存储量，节省存储空间。在图形版权标记的生成过程中，压缩的主要对象是线状要素的中轴线和面状要素的边界数据。主要的压缩方法包括以下几种：

（1）间隔取点法。又可细分为两种：第一种是以曲线坐标串序列号为主，

规定每隔 K 个点取一点；第二种则以规定距离为间隔的临界值，舍去那些离已选点比规定距离更近的点。间隔取点法可大量压缩点，但不一定能恰当地保留方向上曲率显著变化的点。还需注意的是，由于首末点的重要意义，一定要保留。

（2）垂距法。该方法是按垂距的限差选取符合或超过限差的点。在图 13-10 中，设 i 点为当前点，$i+1$，$i+2$ 点分别为顺序相邻的点，过 $i+1$ 点作点与点 $i+2$ 连线的垂线得到相应的垂距。若垂距小于规定的限差，则说明从 i 到 $i+2$ 点的连线可取代 i 到 $i+1$ 再到 $i+2$ 点的折线，因此 $i+1$ 点被舍去；反之，若该垂距大于所规定的限差，则 $i+1$ 点应保留。

（3）偏角法。该方法是以偏角的大小为选取条件，按偏角的限差选取符合或超过限差的点。如图 13-11 所示，i 点为当前点，分别作 i 与 $i+1$ 点连线和 i 与 $i+2$ 点的连线，求出相应的夹角 a。若该夹角大于或等于规定的限差，则点 $i+1$ 应保留；否则，点 $i+1$ 应舍去。

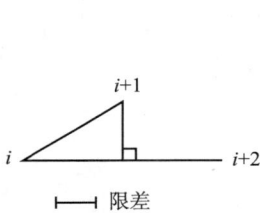

图 13-10 垂距法   图 13-11 偏角法

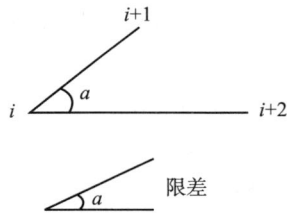

（4）道格拉斯-普克法。首先，在一条曲线的首末两点间连一条直线，求出曲线上其余各点到该直线的距离，选其最大者与规定的限差作比较，若大于或等于限差，则保留离直线距离最大的点，否则将直线两端间各点全部舍去。图 13-12 为该方法的示意图。显然，图中点号为 4 的点应该保留。然后，将已知点列分成两部分处理。计算 2、3 点到 1、4 点连线的距离，选距离大者与限差比较，结果 2、3 点均应舍去。再计算 5、6 点到 4、7 点连线的距离，经比较，6 点应保留。依此类推，最后保留下来的点在原数据中的编号为 1、4、6、7。当然也将压缩后的数据重新排列为 1、2、3、4 点。该方法可保持整条曲线的走向，并允许规定合理的限差（祝国瑞，2004）。

（5）小波法。利用多进制小波变换得到的矢量地图数据具有多层次、多细节、能够保持良好形状结构特征的性质。

在上述几种方法中，小波法的压缩效果最好，道格拉斯-普克法次之，再次是垂距法、间隔取点法和偏角法。但效果较好的小波法与道格拉斯-普克法，其计算量不可避免地会相对复杂，具体应用还应视情况而定。

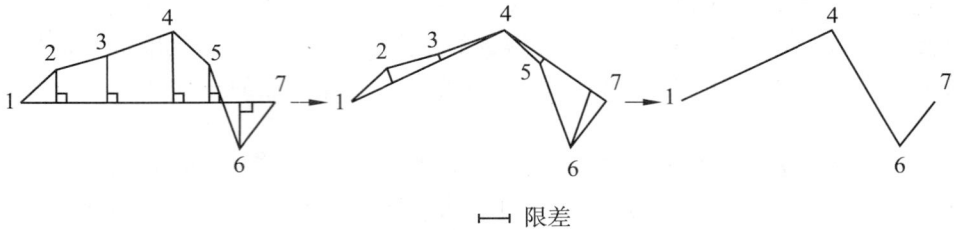

└─┘ 限差

图 13-12　道格拉斯-普克法

第三节　版权标记嵌入与提取技术

一　版权标记嵌入要求

地理数据产品版权标记嵌入算法，既具有与其他图像、音频、视频等数字水印一致的鲁棒性、安全性（security）等共性需求，又具有其特有的高保真、盲检测（blind detection）、不可见性（invisibility）需求。一般情况下，地理数据产品版权标记嵌入算法应满足如下基本要求：

（1）鲁棒性。为了满足水印系统透明性的要求，特征集合的有限变动（即水印嵌入）不应妨碍整个数据集合的固有功能。对视觉对象而言，符合条件的特征集合不应当包含人类视觉系统最为敏感的信息，否则水印信号的叠加很容易导致数据集合的视觉效果的劣化。与传统水印相比，其更强调对数据失真的抗攻击程度和数据融合的抗攻击程度。

（2）数据保真要求。在图像的水印嵌入过程中，无论是空域还是变换域算法，都会对图像像素点的颜色及纹理信息产生影响，造成一定程度上的失真。而矢量地理数据产品嵌入算法中，通常改变的是地理要素的几何位置信息，造成的是位置或量算上的失真，而并不会造成视觉上的失真。几何信息值的微小改变，虽然不会导致视觉上的明显变化，但要在相关空间分析的容限值之内，否则会对空间分析结果的精度造成一定影响。与常规图像水印后的失真有较大不同，矢量地理数据产品嵌入水印后造成的失真，会在以下几个方面产生影响：①对空间量算的影响。GIS 空间量算作为地理数据产品应用的主要目的之一，在空间坐标信息上的水印嵌入，会对 GIS 的空间量算造成一定影响，但影响非常小，应完全在误差和精度范围内。②对数据浏览的影响。应当完全限定在人眼的视觉误差之内，不能影响浏览效果。③对空间查询和空间统计的影响。④对空间分析的影响。如叠加分析、网络分析中，几何信息的改变应限定在容限值内，否则会影响分析结果。⑤对制图综合的影响。⑥对空间关系的影响。

（3）安全性。是指水印信息应该是安全的，必须难以篡改和伪造。

（4）盲检测。是指水印检测算法不需要用到原始载体数据，这也是绝大多数水印系统的基本要求之一。虽然检测过程中使用原始作品可以显著提高检测器的性能，但是对于开展实时版权标记检测研究来说，要获得原始作品是不现实的。

（5）不可见性。是指嵌入图层中的水印应该是不可见的，即在人眼看来嵌入水印的图形和原始图形应该是无差别的。对于图形来说，水印透明性是基本要求之一，并且有更高的要求。因为图形包含的信息种类虽然多，但是冗余信息很少。嵌入水印之后必须保证重要信息不能改动太大，否则将引起图形的变形和降质。

（6）可提取性。要求可以提取有意义的水印而非一个伪随机序列，并要求该水印提取能保证低于一定的误码率。

（7）恒定大小。嵌入的水印不应该增加或者显著增加图形文件的大小。

（8）多重水印嵌入。在实际的应用中，人们可能需要嵌入多重水印以实现具备篡改提示、生产商身份标识及叛逆者跟踪功能的多功能版权认证。理想情况下，这些水印不能互相干扰。

（9）最小的预处理操作。一个理想的水印系统必须允许立即访问嵌入的水印，而不需要对模型数据进行预处理。预处理可能会涉及对模型数据描述的变换、模型的识别等。

（10）最小的先验知识。一个理想的地理数据产品版权标记系统应该只需矢量数据和水印抽取密钥。然而不幸的是，标记抽取过程可能需要更多的先验知识，即模型本身的知识，尤其是特定的嵌入位置以及满足同步，为了重定位可能需要部分或全部原始模型。

以上基本要求是进行嵌入算法设计要求与评价的准则。

二　空间分析感知特性

在音频、视频版权标记技术中，可视化为主的应用目的，决定了基于人类视觉系统的版权标记自适应嵌入算法具有多方面的优势；然而在地理数据产品的版权保护中，空间量算与空间分析的主要应用目的，决定了基于空间分析算法或模型的感知特性进行版权标记自适应嵌入算法研究才有意义。空间分析感知特性主要包括以下几方面：

（1）与图像嵌入水印引起的颜色失真有较大不同的是 GIS 矢量嵌入水印后，引起的是位置的失真。

（2）位置失真将影响数据精度、空间关系与空间分析结果。

（3）为提高鲁棒性，误差允许范围内的数据失真是必要的，但是必须控制在一定的精度范围内。

（4）空间分析结果不应因水印的嵌入受到影响。

（5）空间关系不应因水印的嵌入而发生变化。

为此，在地理数据产品中嵌入水印时，只有充分利用人类视觉系统对区域、位置、不同要素类型的感知特性来进行水印的自适应嵌入，才能有效避免人眼视觉上的失真，从而可增加嵌入容量，提高嵌入算法的鲁棒性。

三 嵌入容量分析与估计

嵌入容量是指在单位时间或一幅作品中能嵌入水印的比特数。对于照片而言，数据容量是指嵌入此幅图像中的比特数。对于音频而言，是指在一秒钟的传输过程中所嵌入的比特数。对于 GIS 地图或图层而言，是指在一幅地图或图层中能嵌入的比特数。

在水印嵌入时，必须确定水印嵌入强度的最大值，并且用这个值来控制水印的能量，满足水印的不可见性。水印的嵌入强度也不能太小，否则会影响水印嵌入算法的鲁棒性。

矢量地理数据是由横、纵坐标以及属性组成的。将水印嵌入顶点坐标中是因为地图的属性一般是不能改变的。另外，由于地图中数据的测量值有一定的精度允许范围，水印的嵌入不仅要保证地图对人眼的视觉效果没有影响，还要保证地图的精度以及可用性。因此，应该在地图精度的允许范围前提下嵌入冗余信息位置。

图像水印系统中，不同分辨率的数字水印应嵌入对应的相同分辨率的原始静态图像中，而使水印对原始图像具有适应性。同理，不同空间尺度下的电子地图，由于其精度不同，信息隐藏容量不同。在版权标记嵌入时，为有效根据数据精度计算嵌入容量，进而确定版权标记长度，需先对地理数据的冗余信息量作估算，以在确保数据精度的前提下进行版权标记嵌入。

第四节　实时版权监控技术

单一的版权标记技术虽可有效实现地理数据的篡改提示、生产商身份标识及叛逆者跟踪等版权保护功能，但仍存在以下四方面的不足：一是在内容保密、访问控制等方面难以有所作为；二是目前的版权标记检测方法都只能在不合法行为发生后起作用，而版权保护的最恰当方式应是制止非法行为的发生；三是版权标记嵌入会对数据精度造成一定影响；四是版权标记嵌入算法面对地理数据的坐标变换、投影变换易造成擦除攻击，经变换过的文件或新生成的文件中，缺少必要的版权标记信息。

对于内容保密问题，虽可基于加密算法来实现，但在目前状况下，地理数据一旦加密后，各 GIS 软件就无法直接使用，若试图通过 GIS 软件厂商协议增加一个统一的数据解密模块，在数据格式不公开、数据互操作至今仍没实现的情况下，显然更行不通。这就决定了只有细致分析 Windows 系统结构和数据文件读写操作过程，在硬件系统之上、GIS 应用系统之下，通过拦截数据读写操作才有实现数据加密、解密操作的可能。只有基于文件系统过滤驱动技术可实现动态数据解密和版权标记的实时检测与提取，并且当数据操作生成新的数据文件时，调用相关版权标记嵌入与加密算法，才能实现对版权标记的嵌入及文件的加密。

一 基于动态加/解密机制的内容保密与访问控制

内容保密与访问控制的目标是共同的，即限制非法用户的使用，但二者采用的具体手段不同。内容保密是指针对数据加密以禁止非法使用；而访问控制是指基于相关程序功能控制，在对用户合法性进行判别的基础上，控制非法用户对数据的非法使用。二者相辅相成，访问控制是对合法用户正确解密的必要，内容保密是访问控制应用的前提。在实现数据加密的同时，基于许可（license）对用户进行合法性判别以决定是否解密数据，在仅对合法用户进行数据解密的同时就实现了访问控制。

任何加密方法，都可抽象为钩子（hook）理论。即在数据从用户界面到磁盘的通道上的某个地方，安装自己的处理过程（"钩子"，图 13-13），当写入请求到达的时候先把数据经过数学变换，然后再调用原来路径上的处理过程，写入到磁盘，当请求到达的时候，先把数据经过反向变换，然后再传递到上层应用程序。

各种加密方法的区别就在于这个钩子放置和起作用的位置和作用范围不同，硬件加密的钩子放置在硬盘控制器的固件（firmware）或专有的数字信号处理器（DSP）中，其作用范围大部分是整个磁盘；软件加密则都是在主机端，有的在文件系统中，有的在系统调用中，有的甚至在用户层应用程序中，作用范围有的是分区表，有的是文件分配表或某些文件和目录。

数据产品在发行时是经过加密的。每套数据产品都有一个附带的序列号，在数据产品中伴随着一个 license 文件，里面包含密钥信息。具体数据加密及产品发行流程如图 13-14 所示。

（1）以 SHP 文件为例，对于其文件头信息，运行非对称加密算法进行加

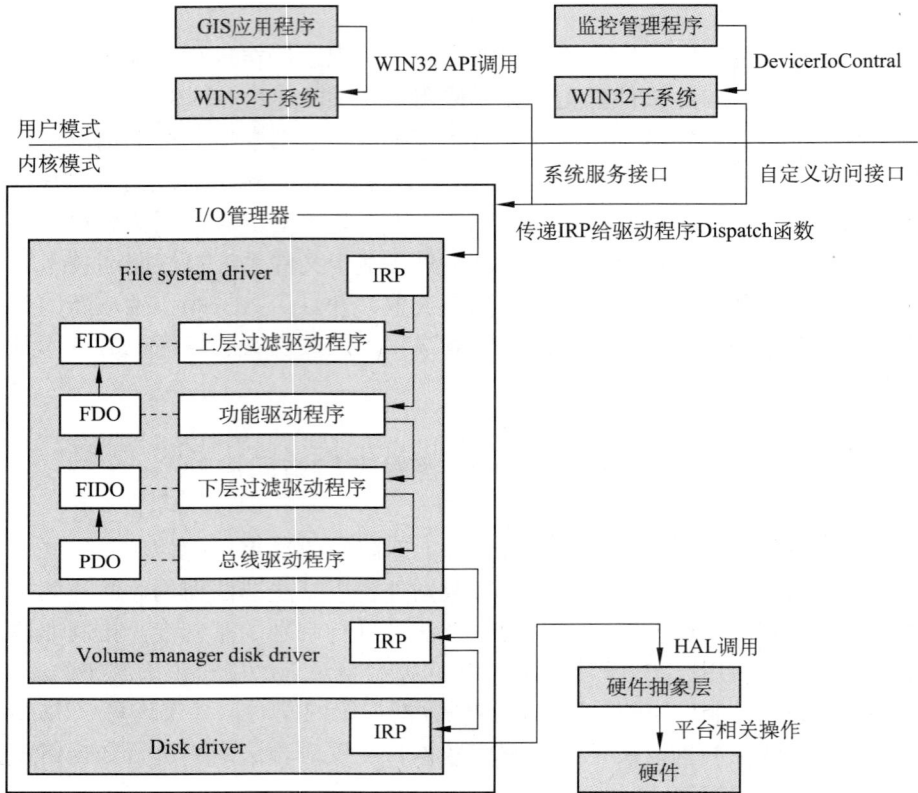

图 13-13　动态加/解密框图

密，生成相应的公钥及密钥。

（2）公钥信息生产商留存，用公钥加密数据产品的原文件头信息，数据产品通过发行渠道发行。

（3）密钥信息写入 license 文件，并作为数据使用的注册码。该 license 文件随数据产品一并发行。

上述数据加密中仅对文件头进行加密，主要是考虑地理数据的海量特征；若进行全部数据内容的加密，则会显著降低数据的读写效率。但在安全级别较高的应用中，可考虑对全部数据加密，具体的安全策略可根据实际情况进行选择使用与调整。

具体解密流程如图 13-15 所示。

（1）运行监控程序并监控文件操作。

（2）用户使用时，首先进行的是数据打开操作。当数据文件被打开时，监控程序进行文件扩展名过滤，当检测到 SHP 扩展名的文件时，先读取文件头信息。

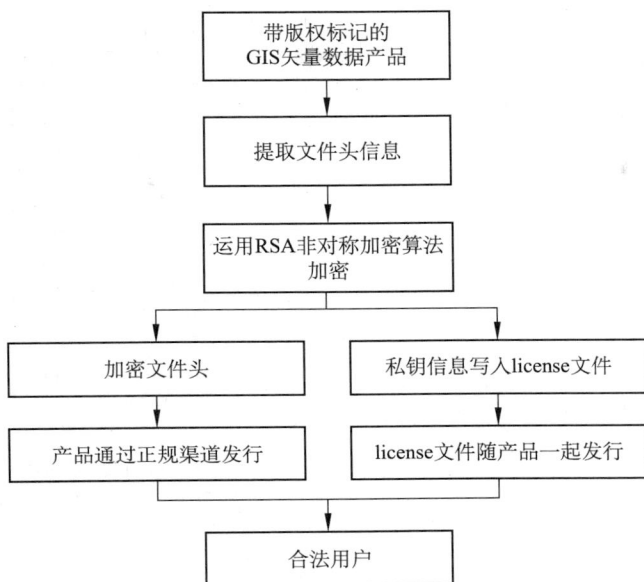

图 13-14　动态加密流程图

（3）如果在文件中没有检测或提取到数字水印，则跳转到正常文件操作，监控结束。

（4）若提取出版权标记，则查找 license 文件。查不到，则等待操作。

（5）科研用户可在产品发行网站上通过提交正确用户信息并经审查批准后，下载试用 license，但功能只限于数据读取操作。

（6）用 license 中的私钥进行文件头解密。

（7）解密后的文件返回正常的 GIS 操作。如果文件打不开，则说明私钥不对或文件头遭破坏，并给出相关提示。

从以上流程可看出，该方案主要由监控程序、license 文件及加密后的 SHP 矢量数据文件组成。或许用户主观上不想运行监控程序，但由于数据"磁盘加密状态、内存解密状态"的特性，客观上迫使用户安装监控程序。并且，由于用户态监控程序的运行，可以获得一定的系统控制权，实现一定的访问控制。此外，这一方法也适用于打印控制与拷屏控制。

访问控制是指主体依据某些控制策略或权限对客体进行不同授权访问，包括三要素：①主体，指提出访问请求的实体，通常指用户；②客体，接受实体访问的被动实体，可以是被操作的信息、资源、对象等；③控制策略，是主体对客体的操作行为集和约束条件集，访问策略体现一种授权行为，体现主体对客体拥有访问权利。

对于地理数据而言，其访问控制是指基于 license 在对用户合法性进行确认

```
          ┌─────────────────┐
          │  运行监控程序    │
          └────────┬────────┘
          ┌────────┴────────┐
          │    打开文件      │
          └────────┬────────┘
          ┌────────┴────────┐
          │   监控程序       │
          │ 过滤文件类型     │
          └────────┬────────┘
              ╱  SHP文件  ╲────否────┐
              ╲          ╱           │
                  │是                │
          ┌───────┴─────────┐        │
          │    读取文件      │        │
          └────────┬────────┘        │
                                     │
              ╱ 检测或提取版 ╲──否──┐ │
              ╲   权标记    ╱       │ │
                  │是              │ │
              ╱  读取license ╲─否─┐│ │
              ╲             ╱    ││ │
                  │是            ││ │
              ╱ 读取文件头 ╲─否─┐││ │
              ╲          ╱     │││ │
                  │是          │││ │
          ┌───────┴─────────┐  │││ │
          │ 正常操作或受限操作│◄─┘│ │
          └─────────────────┘    │ │
```

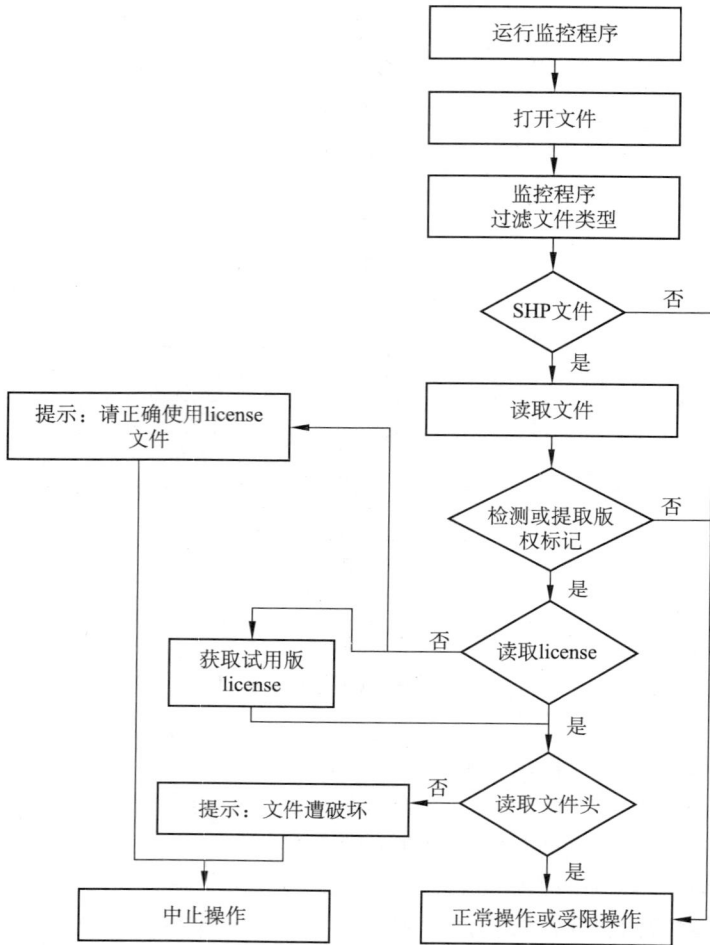

图 13-15　动态解密流程图

的基础上，做到控制内容只能按照许可证要求的方式被使用。具体控制策略包括以下几方面：①对于试用 license 的科研用户，可进行地理数据文件的读操作，限制写操作；②对于正式用户，可进行地理数据文件的读写操作，但在写操作的同时嵌入数据原始作者版权标记信息；③对于非法用户，中止地理数据文件的读写操作。

二　基于过滤驱动的实时版权标记检测

过滤驱动是驱动层中特殊的一种驱动，它们把自己贴在其他驱动之上，并且拦截对底层驱动设备对象的请求。基于文件系统过滤驱动的这种特性，可设计实现基于文件系统过滤驱动的实时版权标记检测。具体过程为：当用户程序利用 CreateFile 函数创建一个新文件或者打开一个已经存在的文件时，文件过滤驱动就能截获 CreateFile 请求的 IRP 以监控正在使用的文件。文件过滤驱动程序首先检查该文件是否是检测所关心的地理数据文件类型，对于不关心的文件只是将文件请求简单地传递给下层的文件驱动程序。如果 IRP 的返回值表明打开文件时产生错误，那么只把结果返回给 I/O 管理器，这种安排是为了防止当打开一个不存在的文件或者用户并没有权限访问的文件时，而做额外的工作。如果返回值表明成功地打开文件，那么文件系统过滤器驱动程序发送一个（或多个）ReadFile 的 IRP 给文件系统驱动程序，从而得到整个文件的内容。文件过滤驱动一直等待 IRP 完成后才开始文件水印的检测与提取工作。

与动态解密一样，版权标记的实时检测也由用户态管理程序与核心态过滤驱动两部分组成。用户态管理程序负责过滤驱动程序的安装及相关信息提示，核心态过滤驱动程序负责数据拦截与版权标记提取。该模块结构和大部分功能与动态解密一样，仅需将下述动态解密部分代码替换为版权标记检测与提取代码即可。

⚫ 三　版权标记的实时嵌入及加密

如前所述，版权标记算法的鲁棒性还不强，面对数据提取、数据综合、数据变换操作，版权标记信息的强度、完整性、正确性很容易被改变、丢失甚至破坏。在监控程序的实时监控下，当版权标记不完整时，进行版权标记信息的重嵌入，可以弥补版权标记算法的不足，从而始终保证版权标记信息的正确性、完整性。此外，当进行数据坐标变换、投影变换操作时，会产生新的数据文件，此时需要在写操作的同时嵌入版权标记及加密文件头。

理想方式的版权标记重嵌入要做到在正确判断版权标记完整性的前提下实现版权标记的重嵌入，主要依靠版权标记的盲提取、GIS 操作的监控、版权标记重嵌入等关键问题的解决。对于版权标记的盲提取问题，在适当降低算法鲁棒性的前提下，比较容易解决；GIS 操作的监控问题，基于文件系统过滤驱动的监控仅能实现对数据的读写监控，而对具体的 GIS 操作则难以做到；版权标记重嵌入问题相对容易，可以根据需要，适当降低算法的复杂度。总之，目前还难以实现根据版权标记完整性的实时判别来进行版权标记重嵌入的理想目标。

但在适当降低目标要求的情况下，根据数据读写操作的监控，当监控到写数据操作时，在不进行水印提取及完整性的情况下，直接进行版权标记重嵌入，并且采用前述相对简单的在文件头嵌入版权标记的算法进行版权标记的重嵌入，也不失为一种有效的折中方案。具体方法为：当监控到对特定 SHP 文件执行数据写操作时，首先在文件头重嵌入版权标记信息，然后对文件头信息进行重加密。重加密方法也同前述方法相同，只不过动态加密数据时，为能够继续使用原 license 文件，可继续使用同样的公钥与私钥对数据进行加密。而且，客观上也要求 license 文件中既有公钥信息，又有私钥信息，但是这也带来一定的安全隐患。

综上所述，可形成如图 13-16 所示工作流程：①监控程序运行；②当监控到指定 SHP 文件的写操作时，生成版权标记并嵌入；③读取 license 文件，失败时，中止操作；④读取公钥信息进行文件头加密；⑤执行正常写操作。

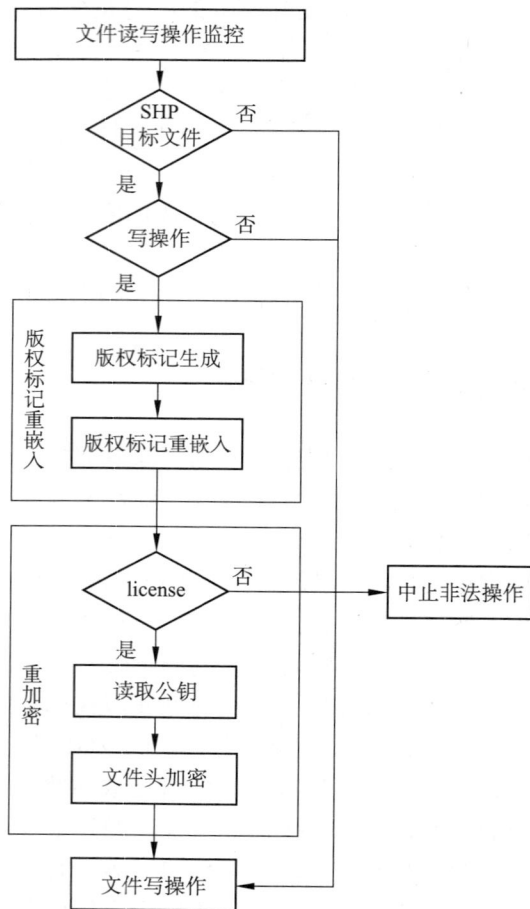

图 13-16　版权标记重嵌入与重加密

四 地理数据产品实时版权保护方案

地理数据产品版权保护技术涉及地理数据产品的生产与销售和用户使用等方面。

地理数据产品生产与销售阶段：首先，采集用户信息生成数字指纹，并与生产商版权信息合并或单独生成版权标记，可选择使用文件头位置、几何数据位置（一次或多次）嵌入产品数据文件中；其次，统计提取数据产品特征，生成完整性认证标记并嵌入产品数据文件中。两次嵌入的版权标记应嵌入不同的位置以互不影响，嵌入版权标记后的产品与 license 文件一起发行，供用户使用。

地理数据产品用户使用阶段（图 13-17）：首先，数字产品在发行时处于加密状态。为正确使用，必须运行用户态监控管理程序，并自动加载文件系统过滤驱动程序，从而获得系统的控制权，进一步实现产品文件的动态加解密及实时操作监控。此外，为避免版权保护过当，对于无 license 文件的用户，如不是出于商业目的，只进行科研应用，可以在提交用户真实信息、通过网络获取、安装并运行监控程序的前提下，实现文件的解密应用，但会对相关操作进行一定限制，例如，不断提示非法使用信息、通过网络自动上传一定的用户非法使用信息等。

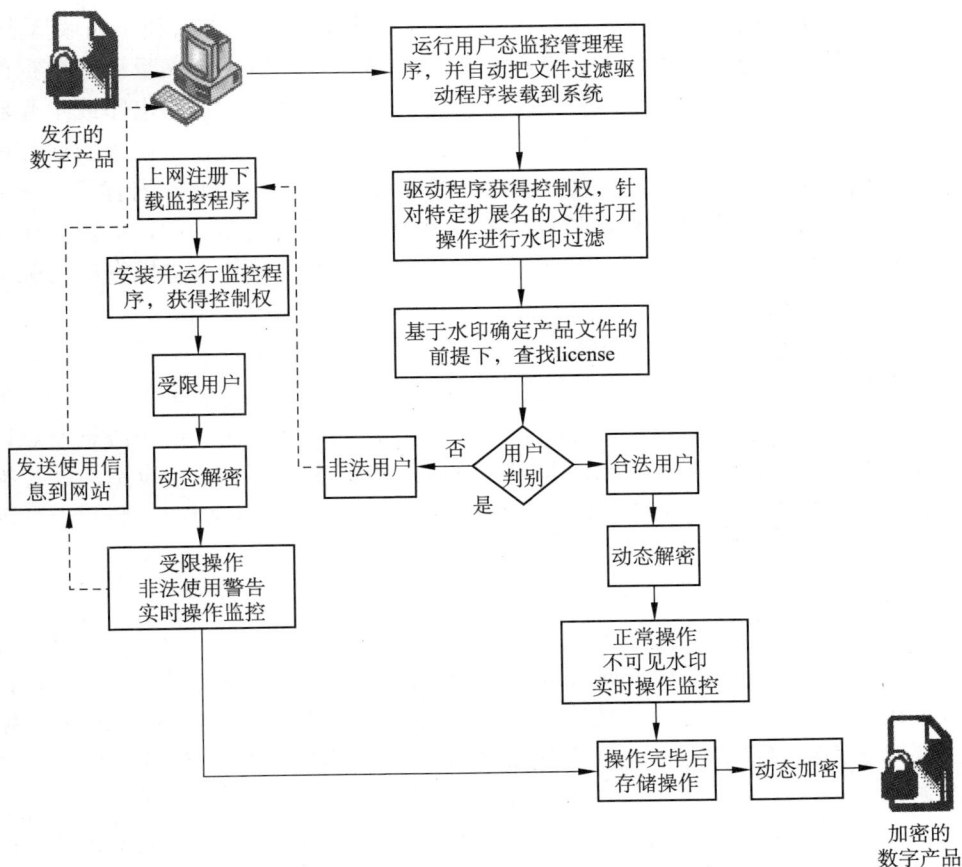

图 13-17　实时监控技术工作流程

第五节　矢量地理数据的版权标记技术

矢量地理数据表达方式、存储结构的多样性、应用的广泛性，以及无固定存储顺序、结构复杂、变换多样、冗余少的特殊性，决定了难以简单地套用现有的信息加密、电子签名等版权保护技术来进行矢量地理数据产品的版权保护。

一　空域自适应嵌入与提取算法

矢量地理数据的保真要求，决定了盗版者并不会对数据进行过多的数据变换攻击，这就与常规图像水印算法首先要考虑算法的鲁棒性有所不同。并且，在矢量地理数据水印算法中，面对空间数据的海量特征，算法效率的要求比鲁棒性显得更为重要。空域水印算法在鲁棒性上虽不如变换域算法和压缩域算法，但由于空域水印算法相对简单、实时性较强的特点，更适用于矢量地理数据的版权保护应用。此外，在空域算法中，重要的一大类算法是脆弱水印或半脆弱水印算法，因为这类算法具有对攻击的空间位置的定位能力，后期人们研究的空域算法多用于内容认证或篡改提示（孙圣和等，2004）。因此，内容认证或篡改提示应用较多、算法效率要求较高的矢量地理数据版权保护中，空域算法将成为研究与应用的重点。基于上述考虑，本节将着重研究基于空域算法的矢量地理数据水印嵌入方案。

此外，文献中常见的有加性、乘性、位平面、统计特征、替换、量化、关系、自适应等几大类算法和半色调图像的水印嵌入算法（孙圣和等，2004）。但非盲水印算法由于无法实现盲检测，从而无法满足矢量地理数据的海量特点以及实时版权保护的需要。为此，本节的空域水印算法将主要基于自适应、替换等相关算法集中进行盲水印算法的研究，以满足矢量地理数据产品版权保护的需要。

（一）嵌入算法

地理要素分布于地球表面或近于地表，包括自然产生的要素，如河流、植被和山峰，也包括人类活动的产物，如道路、管道和建筑等。矢量地理数据主要以一系列离散的点、线或多边形要素来表达不同类型、不同形状的地理要素。

矢量地理数据分层组织中点、线、面的分层组织特点，决定了应针对不同的图层类型，进行不同的版权标记嵌入算法研究（图13-18）。对于点图层，目前主要采取分块嵌入的方式，具体的分块策略，可采用均匀分块、四叉树分块或行政区划分块。此外，为满足数据的调序攻击，需基于遍历算法对无序的点排序后再进行版权标记信息的嵌入；对于线、面图层，可选择特征要素顺序嵌入，也可分块嵌入。其理论依据是水印信息应隐藏在对数据最重要的位置，这样对水印的攻击会造成数据质量的下降，甚至导致数据的不可用，因而能有效增强水印的鲁棒性。例如，对于地形而言，绝大部分信息都蕴含在地形特征点和特征线上。

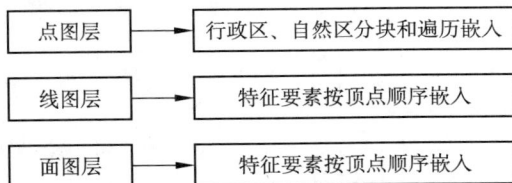

图 13-18　空域嵌入算法

此外，还需运用自适应技术，通过数据特征分析，自动感知要素类型、存储格式、空间分布特征等数据特征，并充分利用人类视觉感知特点，确定版权标记嵌入的范围、位置、强度、隐性及可见性等参数（图 13-19）。

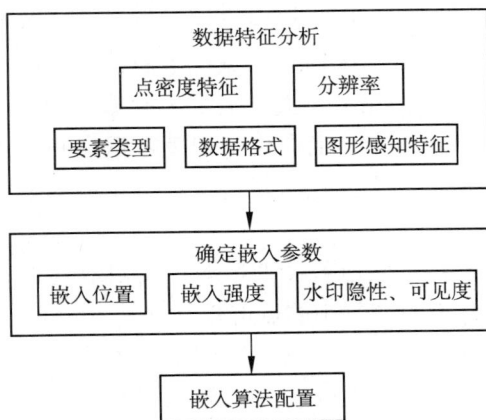

图 13-19　自适应版权标记嵌入框图

1) 基于行政（自然）区划分块的点图层版权标记自适应嵌入

从版权标记自适应对象上看，自适应嵌入目前主要有三个层次，即基于系统的、基于块的和基于帧的。而矢量地理数据版权标记主要采用基于块的自适应嵌入算法，同一特性块的系数对应的嵌入因子相同，不同特性块的系数对应的嵌入因子不同（孙圣和等，2004）。这些分块方案中，四叉树分块能较好地满足自适应嵌入要求（王勋等，2004）。具体方法为：对于点状图层，采用四叉树算法进行分块嵌入。首先，把地图划分成矩形网格，使得每个矩形网格内所含的顶点数不小于某一事先规定的数 d，如果某次划分产生内含顶点数小于 d 的矩形，则合并同层次中顶点数目最少的相邻矩形（图 13-20）；其次，对划分所得的树状结构矩形网格按深度优先排序；最后，嵌入水印信息。这种分块方案与矢量地理数据的实际应用特点与需求不太符合。

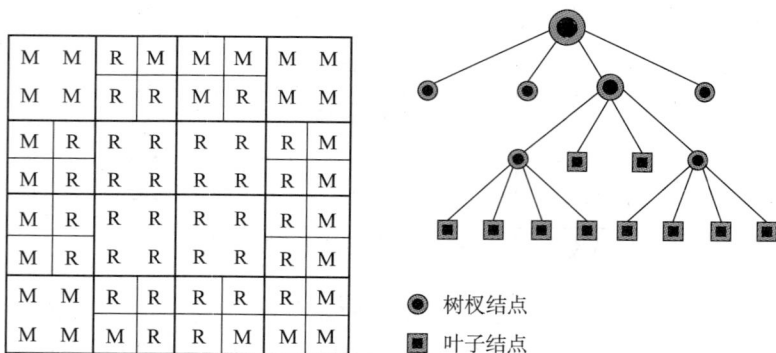

图 13-20　四叉树分块

前述矢量地理数据特点已知，作为地理信息表达的矢量地理数据，具有较高的普适性和区域应用特性。这些特性决定了矢量地理数据在受到非法裁剪使用时，多是按行政区划或自然区划分块进行盗版使用。面对这一状况，传统分块嵌入算法易造成"嵌入信息量较大，但难于检测"的局面，可以说，并没实现实用意义上的自适应。为此，面向矢量地理数据应用特点，研究形成如下基于行政（自然）区划分块的点图层自适应版权标记嵌入方案。具体嵌入流程如图 13-21 所示。

（1）加载行政（自然）区划图层和待分块的点图层。

（2）基于区划图层对点图层中的点进行分块。

（3）对每个分块中的散乱点，基于空间位置关系进行排序。具体方法为基于分块的外包矩形，从上到下逐行进行扫描，按照与点相交的先后进行排序。

（4）对每个分块的点序列进行点密度计算，在数据冗余位数允许之内，根据水印长度和点数，确定嵌入位置与嵌入强度。

（5）运用替换算法完成嵌入版权标记。

该方法中点排序算法的稳定性和效率是影响整个算法效率的关键。虽然可以直接采用点坐标数据在文件中按先后次序来顺序嵌入，但这种算法的抗攻击能力较差，只要对点做调整就会对标记信息造成较大破坏。为此，经对比分析，基于点之间的空间拓扑关系进行排序，只要不改变点的坐标值，就不会对版权标记造成大的破坏，而改变点坐标值是以牺牲数据精度为代价的。基于空间关系的点排序具体实现算法和示例如图 13-22 所示。

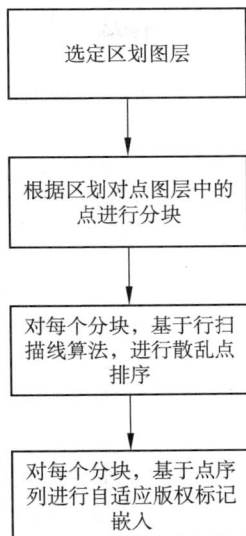

图 13-21　版权标记自适应行政（自然）区划分块嵌入流程

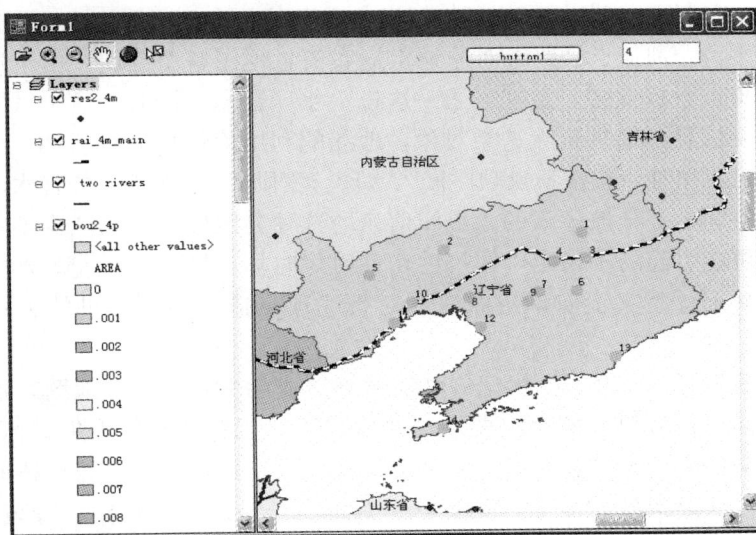

图 13-22　点排序示例

（1）已知需要嵌入水印的点图层 LayerPointA。

（2）根据用户的选择获取行政区划图层 LayerRegionA，此为多边形图层。

（3）获得 LayerRegionA 中区域的个数 n，并获得每个区域的 ID，保存到数组 FID［］中。

（4）分别对 n 个区域中的点进行排序，具体代码为

```
for (int i = 0; i<n; i + +)
{
```

①根据行政区划图层和当前正处理的区域的 FID，获得当前处理的区域要素（多边形）。

②设置查询过滤器的三个属性，即 Geometry，GeometryField 和 SpatialRel，其中 Geometry 表示过滤结果的查询的几何实体，GeometryField 表示过滤的几何实体中的属性字段，SpatialRel 表示过滤器选中的空间关系。

③根据查询过滤器在点图层中查询符合结果的要素集，返回一个数组 PointSelArray。

④对 PointSelArray 中的所有的点要素进行排序，将获取的这一组点要素按其 Y 坐标值进行从小到大的排序，对每一组有相同的 Y 坐标值的点按其 X 坐标值进行从小到大的排序，可采用冒泡排序算法作为排序算法。

```
}
```

由以上算法可知，该算法能较好地满足数据裁剪与数据排序攻击，唯一不足的是版权标记提取时需要基于区划图层进行分块，虽并不严格要求使用原始数据，但说明该算法并不是完全意义上的盲水印算法，今后还需进一步改进。

2）基于特征要素的线图层版权标记自适应嵌入

一般来说，河流、公路等对象通常遍布矢量地图整个空间，由于通常一条折线包含顶点数目众多，足够嵌入一次以上水印信息。同时，这类目标也是地图中的主要信息，如果删除这类对象，地图的利用价值将大打折扣。因此，对这类目标可以单独直接按顶点顺序嵌入水印（王勋等，2004），并且水印信息在矢量地图空间上是分散隐藏的。水印信息的这种分散性一方面减少了集中嵌入局部位置可能引起的不稳定，即抗剪切性时好时坏；另一方面能改善抗扭曲变形性能。从统计意义上看，扭曲变形对折线顶点造成的位移量的和总是接近于 0。

此外，为有效降低版权标记嵌入对数据造成的失真，结合地图对重要线状地物（长江、长城等）的存在要求，并不需要对所有的线要素进行标记嵌入，可选取少量特征线要素嵌入即可。至于特征线要素的选择，可着重选取重要河流、公路、铁路等线状要素，如长江、黄河、长城、京九铁路、青藏铁路等。具体嵌入算法为：

（1）读取指定线图层。

（2）遍历每个线要素，并读出其点序列长度。

（3）根据指定阈值，选择超过一定序列长度的线要素作为特征要素，顺序读取点对，并根据点对数量嵌入相应强度的版权标记位。

此外，为了提高算法的抗压缩攻击能力，可考虑仅在线要素的特征点中嵌

入版权标记位。由于是在指定阈值内嵌入，不会降低数据精度。

3）基于特征要素的面图层版权标记自适应嵌入

与基于特征要素的线图层版权标记自适应嵌入类似，面图层中的版权标记嵌入主要针对特征面要素进行顺序嵌入。面要素在存储时是一个首尾点重复的点对序列。在嵌入版权标记时可从头到尾顺序嵌入，但要确保首结点与尾嵌点坐标相同，这样才能不破坏面要素的闭合要求。

（二）提取算法

水印提取是指根据提取密钥通过一定的算法提取出可疑作品中的每个印记，其长度等于原始水印序列的长度。一般情况下，版权标记提取过程是嵌入的逆过程，在此不再详细论述。

（三）实验与分析

1）基于行政区划分块的水印嵌入与提取实验

取江苏省主要居民点为实验对象，以江苏省地级市为行政区划图层。嵌入水印前的居民点图层如图 13-23 所示。文本水印嵌入界面和水印提取界面及结果分别如图 13-24 和图 13-25 所示。

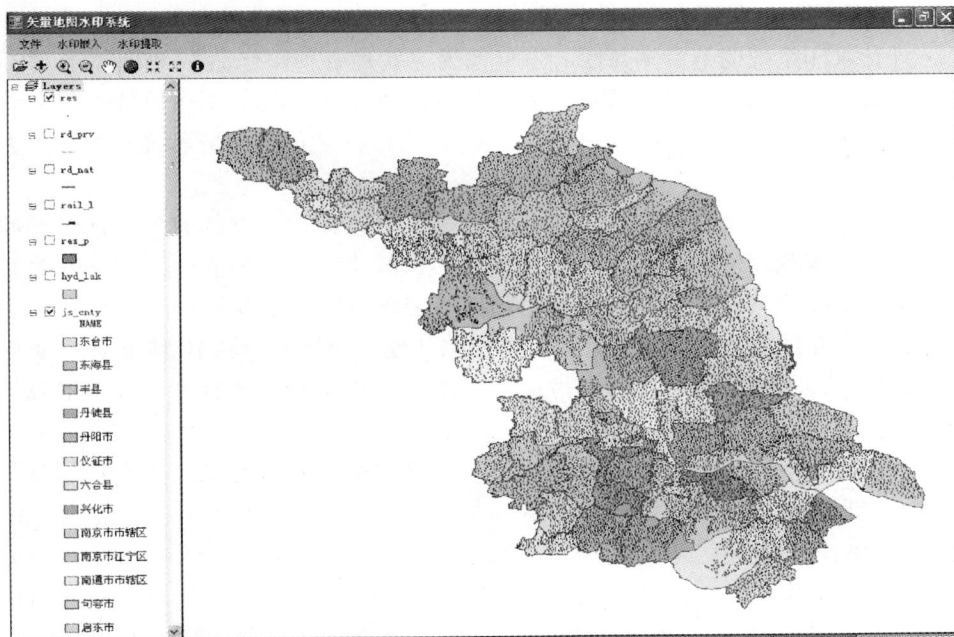

图 13-23　嵌入水印前的居民点图层

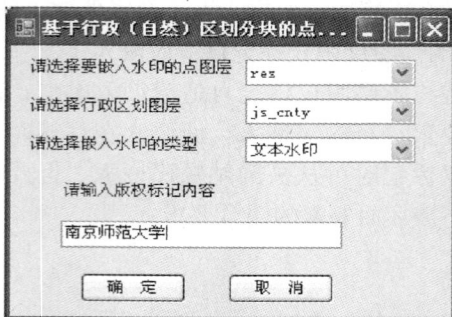

图 13-24　文本水印嵌入界面

图 13-25　水印提取界面及结果

2）嵌入算法的不可感知性分析

评价水印系统的不可感知性，简单地说，就是将水印作品 W 和原始作品 O 进行比较，看看两者差异的程度，差异程度小则水印系统的不可感知性好，差异程度大则水印系统的不可感知性差。评价 W 和 O 之间的差异程度有两大类方法：一种是主观方法，一种是客观方法。

客观评价方法是利用数学公式计算一个不可感知性测度的数值。针对图像水印作品的客观评价方法相对音频水印作品比较多，常用的有归一化平均绝对值、峰值信噪比、相关品质、构造内容比等多种测度。主观评价顾名思义是由人来给水印系统的不可感知性打分，由于水印作品 W 的最终接收者是人，所以主观评价标准是最终的，也是最可靠。对图像水印作品的评价也可采用主观打分的方法进行。

对于重在空间量算与空间分析的矢量地理数据来说，可视化并不是其首要目的，主观评价标准难以满足空间量算与空间分析精度的需要，在此主要应用客观评价法进行评价。对于矢量地理数据的不可感知性，通过文献分析，未见到相关研究。但从其差异性定义出发，在此通过空间操作来分析原始作品与水印作品的差异性。

该实验选取 1∶400 万中国地图中的主要公路作为试验对象。图 13-26 为原始主要公路图层，图 13-27 为嵌入水印信息后的图层。

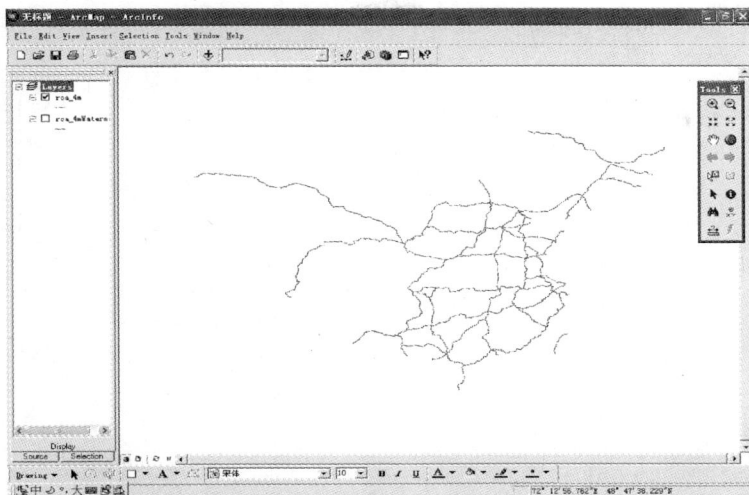

图 13-26　原始主要公路图层

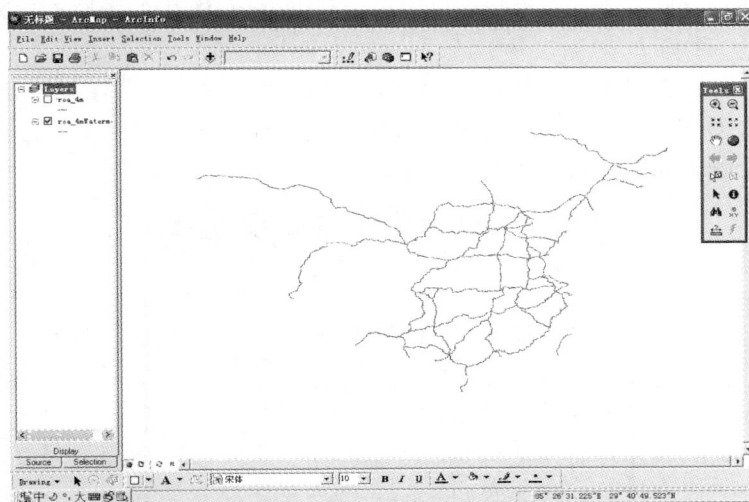

图 13-27　嵌入水印信息后的图层

图 13-28 显示了将两个图层叠加在一起的情景，单靠眼睛是看不出两个图层是否存在差异的。两个图层 A 和 B，它们之间的差异应该为 $(A \cup B) - (A \cap B)$。

此实验利用 ArcGIS 作为工具，但当前 ArcGIS 中图层合并时要求两个图层的几何特性都必须全部是多边形。从理论上讲，矢量数据的图层合并操作可以用于各种形式的矢量图形，而不局限于多边形与多边形之间。线与线、点与点，不同维数的对象如点与线、点与面都应该可以进行合并操作，但由于操作形式的限制，目前还无法实现。因此，本实验中求 $A - (A \cap B)$，如果结果为空，则

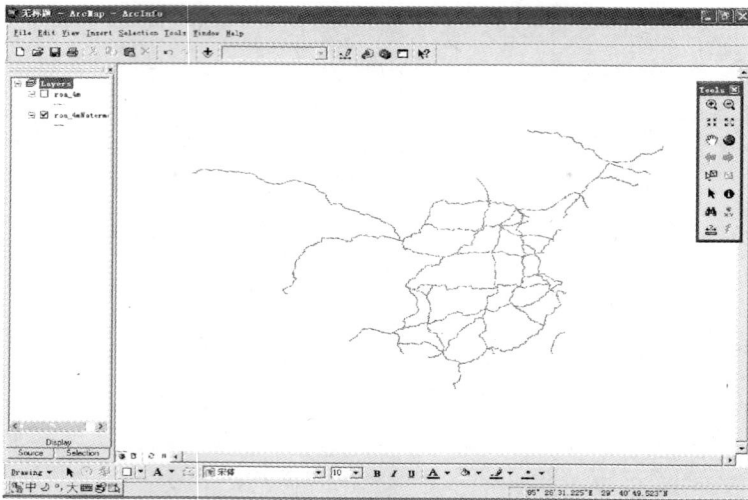

图 13-28　图层叠加效果

代表两个图层之间并不存在差异，可以直接利用 ArcGIS 中的图层擦除来实现逻辑运算 $A-(A\bigcap B)$ 。

从图 13-29 和图 13-30 中可以看出两个图层之间并不存在任何差异。由此，在图层要素的顶点横纵坐标的冗余字段中嵌入水印信息，并不会对数据的质量造成任何影响，在理论和实践上是可行的。

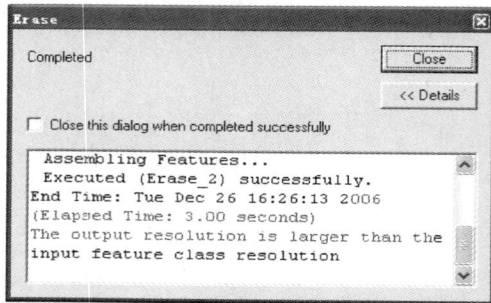

图 13-29　擦除对话框

3）嵌入算法鲁棒性分析

基于前述矢量地理数据应用中可能面对的攻击类型，对本嵌入算法进行多种攻击测试与分析，并对裁剪攻击与数据编辑攻击作详细说明。算法的具体抗攻击能力如表 13-2 所示。

由表 13-2 不难发现，算法具有盲检测、抗调序攻击、抗裁剪攻击、抗压缩攻击等优点；但对投影变换、坐标变换的鲁棒性较差，究其原因是由于版权标记

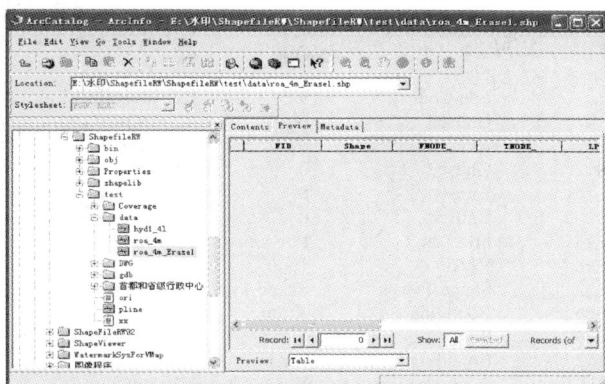

图 13-30　擦除后得到的图层要素

表 13-2　攻击列表

分类	攻击名称	鲁棒性	备注
传统水印攻击	IBM 攻击	√	盲水印算法
	拷贝攻击	√	分块嵌入，不同作品分块不同
	去除攻击	×	
GIS 操作攻击	数据处理攻击	√	参见以下剪切攻击实验
	投影变换攻击	×	
	坐标变换攻击	×	
	格式变换攻击	√	格式变换时坐标值基本不改变
	数据结构转换攻击	×	
	数据编辑攻击	√	参见以下数据编辑攻击实验
	数据压缩攻击	√	特征点嵌入
	数据综合攻击	√	特征点嵌入

信息嵌入在数据的几何属性中。此外，算法易受去除攻击，但考虑数据的保真要求和完整性要求，这种攻击一般不被使用。

为应对投影变换、坐标变换等去除攻击方法，可有以下三种优化方案。

方案一：考虑将版权标记信息加入数据文件中非几何属性数据部分，即属性数据部分或文件头部分。基于属性数据不可改变性要求及嵌入算法的复杂性，在此仅研究针对文件头的版权标记信息嵌入，以有效避免数据变换和提取时的版权标记信息的破坏。

由 SHP 文件格式（图 13-31）可知，Byte4-Byte20 的位置未被使用，Byte68-Byte80 的位置对于大部分二维矢量地理数据来说也未被使用。这么多的冗余信息完全可以实现简单版权标记信息的嵌入，并且由于前述文件头的动态加/解密，在该位置嵌入版权标记，即可以避免坐标变换、投影变换、格式变换及数据编辑的攻击，又可以避免遭受版权标记擦除攻击。

方案二：考虑在数据中生成特征要素或选择特征要素并记录其原始坐标信息。例如，选择一段平直的公路要素并记录其相关信息，当发现其变得不平直

Position	Field	Value	Type	Byte Order
Byte 0	File Code	9994	Integer	Big
Byte 4	Unused	0	Integer	Big
Byte 8	Unused	0	Integer	Big
Byte 12	Unused	0	Integer	Big
Byte 16	Unused	0	Integer	Big
Byte 20	Unused	0	Integer	Big
Byte 24	File Length	File Length	Integer	Big
Byte 28	Version	1000	Integer	Little
Byte 32	Shape Type	Shape Type	Integer	Little
Byte 36	Bounding Box	Xmin	Double	Little
Byte 44	Bounding Box	Ymin	Double	Little
Byte 52	Bounding Box	Xmax	Double	Little
Byte 60	Bounding Box	Ymax	Double	Little
Byte 68*	Bounding Box	Zmin	Double	Little
Byte 76*	Bounding Box	Zmax	Double	Little
Byte 84*	Bounding Box	Mmax	Double	Little
Byte 92*	Bounding Box	Mmax	Double	Little

* Unused，with value 0.0, if not Measured or Z type

图 13-31　ShapeFile 文件头格式

时，就能确定数据已进行坐标变换，可根据前后相关坐标方位信息的换算重新变换回来，以恢复水印。

方案三：可考虑利用原始作品的重要特征来构造原始水印信号，而不是修改这些特征。我们把这种不修改原始作品任何数据的水印系统称为"零水印"。零水印是一种新的数字水印系统，零水印数字水印技术可以很好地解决数字水印的不可感知性和鲁棒性之间的矛盾，也可以克服准可逆水印系统中存在的安全漏洞。零水印系统还是一种天然的盲水印系统，有很好的实用性。

二 频域自适应嵌入及提取算法

目前，面向矢量地理数据产品的数字水印方法以基于频域方法为多。矢量地理数据与图像的频域水印算法类似，但在数据预处理方法上有较大不同。图像数据"位置隐含，属性明显"的特征决定了含水印图像并不会经受数据重排序攻击，否则，对以可视为主要目的的图像则会被置乱，完全失去其应用价值；而矢量地理数据"位置明显，属性隐含"的特征，决定了数据中各要素间的顺序调整并不会丝毫影响数据的可视效果及量算精度，而如果不考虑数据存储的这种"无序"特征进行水印信息的嵌入，则当各要素数据在存储文件中的位置被调整时，就很容易导致水印信息的破坏。矢量地理数据面对排序攻击的脆弱性决定并不能简单地应用频域算法来嵌入水印。矢量地理数据的频域嵌入算法必须先解决数据的无序性问题，才能套用频域算法。

三　零水印算法

零水印作为一种新型的数字水印系统，由于它能利用原始作品的重要特征来构建原始水印信号，因此很好地解决了数字水印的不可感知性和鲁棒性之间的矛盾，成为一种天然的盲水印系统。而哈希（hash）函数具有可以将大小不同的报文变换为固定大小报文摘要的特征，因此可以用来表征矢量地理数据的拓扑特征。构建基于哈希函数的零水印生成、水印注册与公证、水印提取与认证技术，可在确保数据不失真的前提下，有效解决矢量地理数据的版权认证问题。

（一）鲁棒零水印对哈希函数的性能需求

为有效用于矢量地理数据产品的版权认证，要求水印对于投影操作、几何变换等仿射变换以及数据裁剪等诸多操作具有鲁棒性，因此，哈希函数必须满足如下性能测量指标：

（1）鲁棒性，数据 I_1 和 I_2 内容相似时，$H(I_1)$ 和 $H(I_2)$ 以很大的概率相同或接近。

（2）冲突性，数据 I_1 和 I_2 内容不同时，$H(I_1)$ 和 $H(I_2)$ 应以很大的概率不同。

（3）安全性，一个密码学哈希函数必须满足三个基本安全需求：①单向性。给定一个输出值 y，必存在一个数据 x 满足 $H(x) = y$，但是无法反推得到数据 x'，满足 $H(x') = y$。②防碰撞性。给定任一个数据 x，不可能计算找出另一个不同的数据 $x' \langle x$，使得 $H(x) = H(x')$。③钥匙保密性。在钥匙未知时，hash 值应该不容易被伪造或被估计，因为数据的 hash 值是由密钥产生的。经过不同的密钥加密后，即使是相同的 GIS 矢量数据也要产生不同的 hash 值。

（4）复杂度，哈希函数的算法应具有较低的计算复杂度。

除此以外，还有些技术特征需要考虑在内，如定位被篡改的区域以及 hash 值长度等。

（二）基于数据拓扑特征的零水印生成

传统哈希算法对信息变动非常敏感，一个比特的信息变化都会造成生成的哈希序列完全不同。而矢量地理数据可能会被进行坐标变换、投影变换、数据格式变换、数据压缩等操作，这些操作虽然改变了数据或数据结构信息，但并未影响数据的拓扑关系与视觉内容。因此，针对矢量地理数据的哈希算法应针对拓扑关系或地图视觉域的内容信息进行设计，而不是面对数据域的内容信息进行设计。

矢量地理数据的拓扑特征面对的最大威胁是数据压缩攻击，然而其高保真要求以及有损压缩算法拓扑保形的要求，一方面决定了矢量地理数据不太可能遭受有损压缩攻击；另一方面，即使遭受了有损压缩攻击，其数据拓扑关系也不会受到影响。此外，零水印基于权威部门公开注册的公证机制及时戳机制，可有效支持数据压缩攻击后数据与原始注册数据的相似度判别，同样可以作为版权认证的依据（如著作权的认证）。

1）基于宏观数据拓扑特征的数据分块

矢量地理数据分块是自适应水印生成算法的前提与要求。矢量地理数据分块可选择不规则三角网方法，如图 13-32 所示。

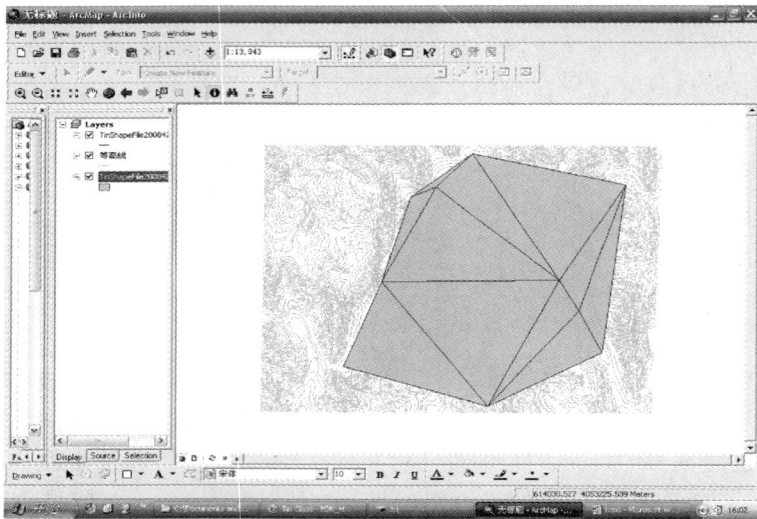

图 13-32　基于宏观数据拓扑特征的数据分块

矢量地理数据的宏观数据拓扑特征取决于客观存在的自然和社会经济现象，不同测绘厂商针对同一地理区域加工出来的数据，其数据拓扑关系比较相似。数据宏观特征的这种地理相关性及相对稳定性，决定了数据分块不会因投影变换、几何变换、压缩处理而改变，从而使算法具有较好的鲁棒性。

2）数据分块中的微观特征提取

在数据分块的每个子块三角形内，计算相应的数学形态学因子（几何特征与拓扑特征）。具体方法为：①对于点图层，在每个子块内，计算相应的点个数或其他数学形态学因子。②对于线、面图层，在每个子块内，可以针对子块内的线段数、线段周长或反映连通性质的欧拉数等数学形态学因子，分别计算作为相应的微观特征因子。此外，对于地形图层，可基于地形曲面的基本数字特征（地形粗糙度、地形曲率、区域地形参数等）及地形形态特征计算（周启鸣等，2006）作为子块的微观特征。

3）零水印生成

基于数据拓扑特征形成的哈希序列，要利用量化处理和压缩编码进行哈希序列的压缩处理转换为较短的、固定长度的比特序列，形成矢量地理数据的零水印。具体方法为：①基于量化加密方法，将浮点型数据变为二值数据。②基于广度扫描算法，对各子块获取的微观数据特征字符串排序，形成哈希序列。③用 Huffman 压缩编码进行压缩，得到最终的 hash 值（$hash_{origin}$）。

（三）零水印注册与公证

与其他水印方案不同的是，零水印方案中的水印信息注册到 IPR 信息库中，而不是嵌入数字产品中。为此，原始作品生产厂商应将其作品及生成的零水印在国家权威机关注册并在网站公布，以取得公证效力。零水印注册需着重注意以下几点：

（1）由于零水印是利用数据的特征来构建，那么任何人都可以根据数据特征来构建零水印，这不利于用零水印来证明版权。这个问题在零水印注册时，可以通过使用时戳机制得到很好的解决。

（2）为避免盗版者对数据稍做处理后进行注册。零水印注册时，需严格审查，确保不与已注册水印相同或相似。

（3）为了保障在数据遭受较严重攻击情况下的版权认证，可借鉴著作权认证机制，在数据零水印注册的同时，将原始数据作品及其相关文档（如元数据、数据生产方案等）注册。

（四）零水印提取与认证

运用国家许可的第三方水印提取软件，基于上述哈希算法对可疑作品进行零水印提取，并经与注册水印进行相似性判别，以有效确认作品的版权归属并出具法律证明。

计算客观相似性是因为受水印保护的原始作品在经过网络传输后必然有所变形和损伤，也就是信息的丢失，同时对矢量地理数据的某些常规处理也会造成一定的细小改变，要检测和原水印一模一样的水印是不现实的，只有通过检测客观相似性的峰值来判断水印的存在与否，才能使水印算法具有一定的鲁棒性。

在认证阶段，本书按照如下公式计算两哈希序列的距离，即

$$dis = norm\{(|hash_{new} - hash_{origin}|)/\sqrt{[norm(hash_{new}) \cdot norm(hash_{origin})]}\} \quad (13-7)$$

设定阈值 T，如果 $dis \leqslant T$，则匹配成功；如果 $dis > T$，则认证失败。这里的 norm 即 2—范数。当然，也可以采用其他的相似度衡量方法。

（五）实验结果分析

1）鲁棒性实验

经投影变换、坐标变换、数据裁剪等操作前后，地形图层的分块、数据特征（以包含线段数为例）如图 13-33 所示。数据特征的鲁棒性，决定了该算法具有较好的鲁棒性。

处理	原始数据	攻击后数据
数据分块	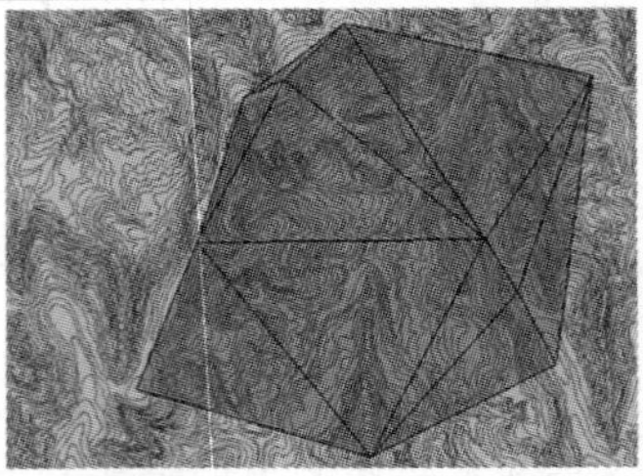	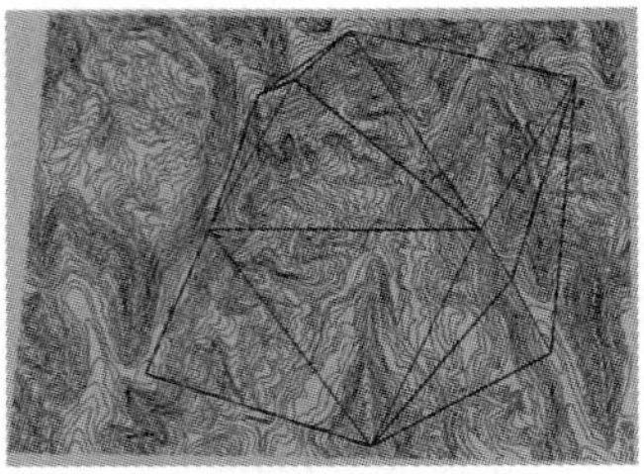
子块数据特征（包含线段数）	FID POLPHUMBER 0　68 1　56 2　88 3　105 4　26 5　105 6　63 7　56 8　7 9　84 10　106	FID FeatureNum 0　68 1　88 2　105 3　56 4　26 5　105 6　62 7　56 8　7 9　84 10　106

图 13-33　零水印生成及其鲁棒性实验

2）安全性实验

从算法安全性分析，该哈希函数满足三个基本安全需求。

（1）单向性。给定一个矢量地理数据，必存在一个 hash 值；但是无法反推得到数据。

（2）防碰撞性。给定任一个矢量地理数据，难于在确保数据质量的前提下，计算出另一个不同的数据，使得二者 hash 值相同或相近。

（3）钥匙保密性。在钥匙未知时，hash 值应该不容易被伪造或被估计，因为数据的 hash 值是由密钥产生的。经过不同的密钥加密后，即使是相同的矢量地理数据也要产生不同的 hash 值。

3）唯一性实验

冲突就是不同内容的数据产生了近似的 hash 值。本算法采用了数据宏观、微观特征来构建，由于不同矢量地理数据其地理特征的唯一性、数据综合特征的随机性以及矢量地理数据产品的有限数量，决定了其 hash 值冲突的可能性很小，基本可以保证数据的唯一性。

4）算法复杂度与序列长度

从算法复杂度分析，该算法基于传统的量化调制算法，算法复杂度较低，基于 GIS 软件的相关功能，可简化编程来实现。另外，对任何数据，无论多大数据量，其序列长度都能固定不变，且可根据安全级别有效控制数据长度。要满足矢量地理数据版权认证就必须对算法复杂度与序列长度进行约束。

四 多功能版权标记算法

目前，在某一数字产品中仅仅嵌入一种水印已经不能满足人们的要求，在很多情况下，人们需要的是多重水印或者多功能的水印。多重水印是指在同一数字产品中利用相同或者不同的算法嵌入多个鲁棒水印，从而抵抗各种不同的攻击。而多功能水印是指在同一数字产品中嵌入不同性质的水印，达到不同的目的。例如，在电子地图中可以同时嵌入一个易碎水印和一个鲁棒水印，前者可以用于篡改提示，后者可以用于版权保护。

与图像不同，矢量地理数据主要有地图与图层两种发行方式。其中，地图通常由多个图层组成。为此，多功能嵌入算法可以基于多个图层分别进行水印嵌入，从而实现多重水印的嵌入，也可以对单个图层进行多重水印嵌入。

鉴于易碎水印、鲁棒水印、数字指纹技术分别在篡改提示、标识生产商身份、叛逆者跟踪方面的成熟应用，本节将在对易碎水印、鲁棒水印、数字指纹分别研究应用的基础上，着重研究在同一数据产品中嵌入鲁棒水印、易碎水印、数字指纹等不同性质版权标记，实现具备篡改提示、生产商身份标识及叛逆者跟踪的多功能版权标记算法。

（一）基于数字水印的生产商标记

权利管理信息是指作品上标示的权利人姓名、创作时间等信息，主要用于保护版权人的经济利益。版权法对权利管理信息和行政管理信息的保护客观上起到保护署名权的作用。但在数字作品上直接标示权利管理信息会明显损害作品的质量，而利用文件的附加信息标示版权又很不安全。相比之下，在不过多损害作品质量的前提下，使用数字水印技术将权利管理信息秘密嵌入数据中是一个非常理想的解决方案。

生产商标记主要可采用前述的鲁棒水印技术来实现。

（二）基于数字指纹的销售商标记

数字指纹是指和用户及其某次购买过程有关的信息，当发现了非法拷贝后，发行者可以根据该信息对进行非法分发的用户实现跟踪。设置数字指纹的目的是希望通过对盗版用户的跟踪来阻止用户从事拷贝的非法再分发活动，即使是把拷贝转送他人，发行者也能够找出进行非法分发的用户，对其行为进行起诉或制裁，从而抑制非法拷贝。

数字指纹和数字水印虽然在技术上是相通的，但二者也有明显区别。数字水印技术证明数字产品的版权所有者，而数字指纹技术则主要用于叛逆者追踪。因此，基于数字指纹叛逆者追踪必须考虑合谋攻击问题（韩毅娜等，2006）。指纹编码与指纹协议方案的选择、设计与优化是影响抗合谋攻击能力的关键。

由于数字指纹方案要对付用户的合谋攻击，需要加强对用户指纹进行编码以增加该指纹方案的抗合谋攻击能力。指纹编码方案是指在一定的假设下，将获得的与用户有关的信息按照一定的规则进行编码，并生成具有一定抗攻击能力的码字的过程。常见的编码方案有正交码、BIBD 码、Turbo 码和基于 BIBD 码与正交码的混合码。此外，还与一些特殊性质组合的编码，如基于对偶二元汉明码的编码、基于有限集合的编码、基于 BIBD 构造的编码、IPP 码、TA 码、SPF 码及其相互组合编码等（曹军梅等，2006）。基于 BIBD 码的良好抗合谋攻击能力及 Turbo 码的优异纠错性能，许小霞（2006）提出了一种稳健的抗合谋数字指纹编码算法。该算法将 Turbo 码技术应用于数字指纹系统中，将 BIBD 抗合谋码和 Turbo 码纠错编码结合起来，在指纹嵌入之前对指纹进行 Turbo 编码，然后把指纹嵌入符合人眼视觉特性的小波域中，在接收端采用 Turbo 码迭代译码算法对指纹序列进行提取。实验结果表明，该算法不仅可以抵抗合谋攻击，而且还可以抵抗数字作品在传输过程中受到的各种稳健性攻击；同时，还降低了指纹信息在传输过程中的误码率，提高了整个系统的抗攻击能力，并且能够有效跟踪合谋用户。

指纹协议设计与指纹的编码密切相关。用指纹协议进行版权保护的思想最初是由 Neal R. Wanger 在 1983 年提出的，后人在此基础上从不同的方面提出了各种实际协议，如对称指纹、非对称指纹及匿名指纹。其中，Pfitzmann 和 Waidner 提出了匿名指纹，因其具有不可否认性、隐藏用户的身份信息等优点得以广泛使用。其具体工作机制为：用户在购买作品的过程中不会泄露自己的身份信息，但如果用户进行非法分发活动，凭借非法拷贝作品中的信息，发行商可以识别非法分发者的身份。匿名指纹的实现通常引入一个登记中心，负责对用户的真实身份进行登记，同时为用户发放购买过程中需要的一些验证信息。对匿名指纹的相关研究包括利用代理签名技术、群签名技术和同态公钥加密体制、基于数字水印等，以及信息和网络安全的理论来构建匿名指纹方案。指纹协议为盗版问题提出了可行的密码学体系，从各种安全角度解决了不同的安全问题，使无形交易过程变得安全可靠（曹军梅等，2006）。

（三）基于易碎水印的完整性认证

易碎水印作为数字水印的一种，除了具有水印的基本特征如不可感知性、安全性、一定的鲁棒性外，还应能可靠地检测篡改并根据具体场合的不同而具有不同的鲁棒性。

（1）检测篡改。易碎水印最基本的功能就是能可靠地检测篡改，而且理想的情况是能够提供修改或破坏量的多少及位置，甚至能够分析篡改的类型并对被篡改的内容进行恢复。

（2）水印盲提取。在一些应用背景下，如可信赖数码相机，为保证照片真实性，需要在拍摄成像时自动嵌入水印，在检测时原始数据无法得到。

（3）鲁棒/脆弱性。水印的鲁棒性与脆弱性随应用场合的不同而不同，如果用于版权保护，希望水印足够鲁棒，能承受大量的、不同的物理和几何失真，包括有意或无意的，若攻击者试图删除水印则将导致多媒体产品的彻底破坏。而在进行内容篡改鉴别时，则希望水印是在满足一定鲁棒性条件下的易碎水印。

（4）不可见性。同鲁棒水印一样，在一般情况下，易碎数字水印也是不可见的。

（5）水印安全和密码。一般来讲，一个易碎水印系统的算法是公开的，这样水印安全性依赖于密钥，因此密钥空间应足够大。

水印的易碎性也是与水印攻击相关的。易碎水印所面临的主要攻击是：攻击者不是将水印信息去掉或使水印的检测失败，而是设法篡改内容却不损害水印的信息。一些水印方法很容易检测出内容的随机改变，但却不能检测出精心组织过的修改。

在易碎水印的嵌入过程中，首先根据要进行真伪鉴别的层次对原始数据进行特征提取，为保证水印的定位功能与安全性，需要将原始水印与提出的特征及密钥经嵌入运算得到实际要嵌入的内容，以取代原始数据中的特征，从而得到含水印数据。

为实现矢量地理数据产品高效的完整性认证并支持篡改提示，经分析研究，如下三种解决方案能较好满足不同用户、不同应用环境的矢量地理数据的篡改提示需要。

1）基于混沌映射的易碎水印方案

最低有效位（least significant bit，LSB）替换算法由于其鲁棒性差，水印信息很容易被滤波、图像量化、几何变形的操作破坏，而在鲁棒性应用中被逐渐淘汰。但由于它的易碎特性，作为一类经典时空域嵌入算法，目前在内容认证中的应用越来越广泛。考虑最低位平面替换的鲁棒性差，而最高位平面替换的不可见性差。Lu 和 Liao（2003）提出一种折中方案，为了加强安全性，位平面的位置不再固定，而是用一个随机序列来随机选取要替换的位平面。

基于 LSB 算法，张婧（2004）设计了基于混沌映射的易碎水印嵌入算法，它能较好地支持篡改提示（图 13-34）。

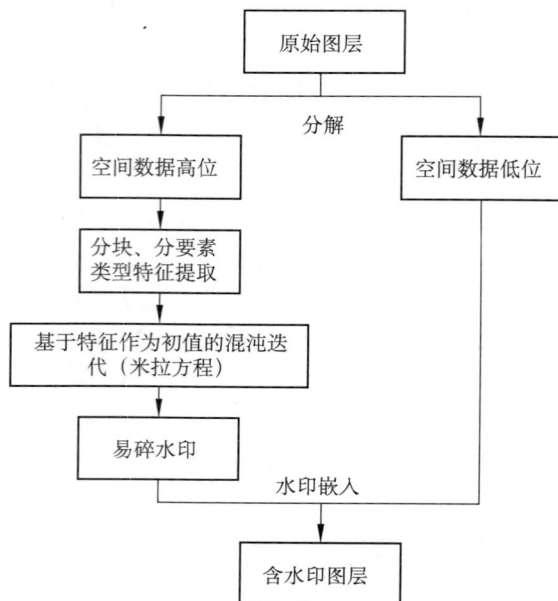

```
                    ┌──────────┐
                    │  原始图层  │
                    └──────────┘
              ┌───────────┴───────────┐
              │        分解            │
        ┌──────────┐           ┌──────────┐
        │空间数据高位│           │空间数据低位│
        └──────────┘           └──────────┘
        ┌──────────┐
        │分块、分要素│
        │类型特征提取│
        └──────────┘
        ┌──────────┐
        │基于特征作为初值的混沌迭│
        │代（米拉方程）│
        └──────────┘
        ┌──────────┐
        │  易碎水印  │
        └──────────┘
              │        水印嵌入
              └───────────┬───────────┘
                    ┌──────────┐
                    │  含水印图层 │
                    └──────────┘
```

图 13-34　基于混沌映射的易碎水印嵌入流程

如图 13-34 所示，具体步骤如下：

（1）提取每一地理要素坐标值最后一位的数据，组成采样值序列 Rnd［i］，其长度为原像素数 s-256。

（2）使用 MD5 算法对上述位置序列 Rnd［i］的采样值做运算，生成 256 位的索引值 Index。

（3）以索引值 Index 作为脆弱水印加入余下的 256 坐标值的最低位中。

易碎水印提取算法：直接使用嵌入方法的相同过程，首先产生 s-256 个位置随机序列 Rnd［i］。使用 MD5 算法对上述位置序列 Rnd［i］的采样值计算索引值 Index。在余下的 256 个像素值的最低位中提取索引值 Index′。若 Index′＝Index，则原数据信息未受到篡改或攻击。反之，原数据信息一定受到篡改或攻击（图 13-35）。

2）基于零水印的易碎水印方案

水印系统的不可感知性和鲁棒性是一对矛盾体，这个矛盾如果解决不好，将影响水印系统的成功应用。对于这对矛盾，前人提出了很多解决方法，其中主要的方法是考虑人类听觉系统（HAS）（Poomdaeng et al.，2002）和人类视

```
                        ┌──────────────┐
                        │   待测图层    │
                        └──────┬───────┘
              ┌────────────────┴────────────────┐
                        分解
      ┌───────────────┐              ┌───────────────┐
      │  空间数据高位  │              │  空间数据低位  │
      └───────┬───────┘              └───────┬───────┘
      ┌───────────────┐              ┌───────────────┐
      │  分块、分要素  │              │  分块提取水印  │
      │  类型特征提取  │              │      W         │
      └───────┬───────┘              └───────┬───────┘
    ┌─────────────────┐
    │ 基于特征作为初值的混沌迭 │
    │    代（米拉方程）    │
    └─────────┬───────┘
      ┌───────────────┐
      │    水印 W'     │
      └───────┬───────┘
                    ┌──────────┐
                    │   判别    │
                    └────┬─────┘
                  ┌──────────────┐
                  │  水印是否存在  │
                  └──────────────┘
```

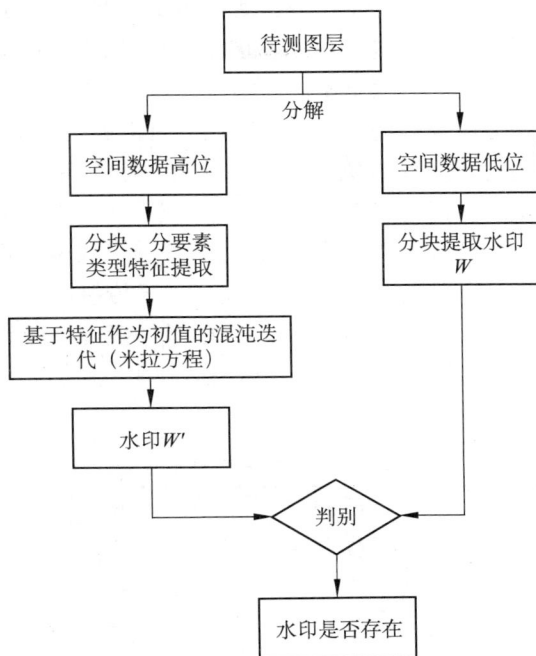

图 13-35　基于混沌映射的易碎水印提取流程

觉系统（human visual system，HVS）（Suthaharan et al.，2000）的自适应嵌入方法，但是因为 HAS 和 HVS 的复杂性导致水印系统的复杂性大大增加，而且目前对于 HAS 和 HVS 的研究并不完善，建立在上面的自适应水印系统也有很多不足之处。目前还没找到解决不可感知性和鲁棒性之间矛盾的方法（温泉，2005）。而零水印数字水印技术可以很好地解决数字水印的不可感知性和鲁棒性之间的矛盾，也可以克服准可逆水印系统中存在的安全漏洞。零水印系统还是一种天然的盲水印系统，有很好的实用性。

身份证号码有法律效用是因为签发自权威机关，如果由数字产品的特征而构造出的水印数码也为权威机关公证，同样具备法律效果。采用零水印技术后，发布出去的数字产品虽然没有水印信息，却在水印技术的保护之下。

矢量地理数据直观简洁，图元对象化，内容抽象化，格式矢量化，普通的数字水印方案很难达到透明性和健壮性之间的平衡，天然就是零水印方案的用武之地。零水印算法简洁明了，设计者可以专注于提高其健壮性，所以算法可以抵抗更多的水印攻击。

3）基于监控程序的完整性认证方案

面对矢量地理数据的海量特征，基于混沌映射的易碎水印方案的运算效率难以实用，基于零水印的易碎水印方案无法进行篡改定位，且实用性取决于安全体系的认同。因此，必须设计基于监控程序的完整性认证方案。具体思路是：基于实时监控对矢量地理数据进行操作，当发现数据被修改时，可直接修改完整性标志并记录篡改位置。以后再使用该数据时，可以直接提取这一标志来判断数据的完整性。该方案运算简单、效率较高，且能够进行篡改定位。

基于混沌映射的易碎水印方案、基于零水印的易碎水印方案和基于监控程序的完整性认证方案，可以说各有所短、各有所长（表 13-3），需要根据不同用户、不同应用环境选择使用。对于基于实时操作监控的版权保护方案，方案一方法简单，效率较高，且能够进行篡改定位。对于传统的版权保护方案，方案三较为简单实用，但无法进行篡改定位，适用于一般的完整性认证需求；方案二能够进行篡改定位，但提取效率相对较低，适用于篡改定位要求的完整性认证。

表 13-3 三种方案对比表

序号	方案名称	方案说明	优点	缺点
1	基于混沌映射的易碎水印	基于数据高位分块特征计算水印，低位嵌入水印	能够进行篡改定位，无需监控	方法复杂，效率较低
2	基于零水印的易碎水印	提取图层特征	方法简单，效率相对较高，无需监控	无法进行篡改定位；实用性取决于安全体系的认同
3	基于监控程序的完整性认证	基于监控程序，进行篡改操作时，修改完整性标志	方法简单，效率较高，能够进行篡改定位	需要有监控程序的操作监控

考虑零水印的高保真与不易擦除特性，以及监控程序方法简单、支持篡改定位、实时制止非法行为的特点，将二者相结合，是较为完善的解决方案。

（四）多功能版权标记嵌入算法

实质上，数字指纹属于鲁棒性水印。为此，首先可将多功能水印嵌入问题转化为鲁棒性水印与易碎水印的双重嵌入问题。在原始载体中同时嵌入鲁棒性水印和脆弱性水印能同时实现内容保护和版权认证的功能。然而在实现过程中存在一个难点，即这两种水印间的相互影响如何消除？脆弱性水印对失真是很敏感的，如果先嵌入脆弱性水印，后嵌入的鲁棒性水印就会影响先嵌入的脆弱性水印，使得脆弱性水印失去防篡改的作用（吴芳，芮国胜，2006）。然而，由于鲁棒性水印对载体失真有较强的抵抗能力，采用先嵌入鲁棒性水印后嵌入脆弱性水印的方案就可最大限度地降低这一影响。后嵌入的脆弱性水印虽然对先嵌入的鲁棒性水印有一定的破坏，但不会影响它的提取。基于上述思路，可以形成如下嵌入方案（图 13-36）：

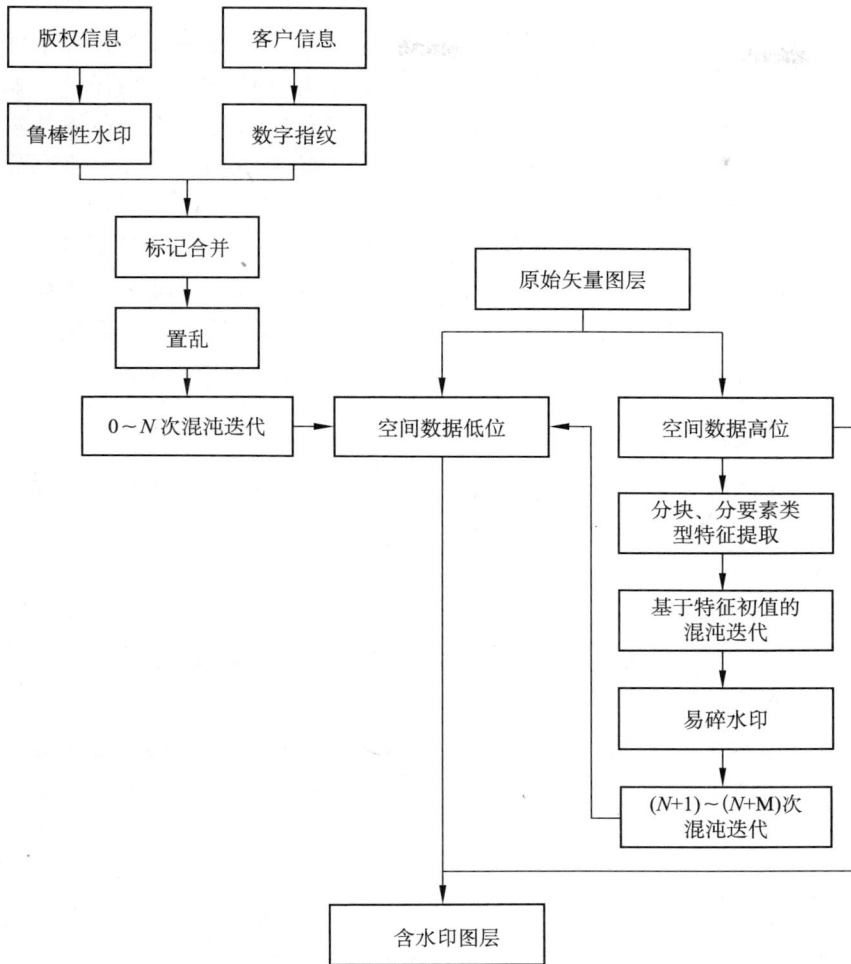

图 13-36　多功能版权标记嵌入流程

（1）根据产品生产商信息，生成用于产品标识的鲁棒性水印。

（2）根据购买用户信息，生成用于叛逆者跟踪的数字指纹。

（3）组合鲁棒性水印与数字指纹，合并为一个水印，其长度为 N。

（4）水印置乱（本步可省略）。

（5）基于混沌算法，运算 N 次得到 N 个坐标位置，在这些位置的低位上嵌入水印位（也可分别置乱后再组合）。

（6）在统计载体水印与载体数据特征的基础上，生成易碎水印，其长度为 M。

（7）基于混沌算法，运算 $N+M$ 次，取后 M 次得到的坐标位置，在这些位置的低位上嵌入易碎水印位。

该算法中脆弱性水印嵌入部分低位，留出大部分低位嵌入鲁棒性水印，最大限度上避免了二者的相互影响，并且二者可以互相印证、互相保护。如果过分攻击低位，就会破坏易碎水印；如果不攻击低位，就可以保证鲁棒性水印的完整性。此外，今后基于在线网络提供的完整性认证机制，可进一步充分发挥易碎水印的作用，并充分保护鲁棒性水印。

上述算法主要是针对一个图层进行多功能版权标记嵌入。但在具体应用中，特别是普通地图的使用，多为多个图层的整体应用。为此，可对上述算法进行适当调整，将多功能水印分别存储于普通地图的不同图层中，从而进一步避免水印间的相互影响。

（五）多功能版权标记提取算法

多功能版权标记的提取相对独立，通过不同的算法可分别在嵌入两类水印的载体中提取。其各自的提取过程实际上就是其嵌入过程的逆过程，在此不再详细论述。

第六节　DEM 数据的版权保护技术

数字高程模型作为地球表面地形的数字描述和模拟，是 GIS 地理数据库中最为重要的空间数据和进行地形分析的核心数据。因此，DEM 水印有其特殊的要求。

第一，近无损性要求。

在多媒体领域，人们认为嵌入的水印只要对人类感知系统（视觉或听觉等）达到透明、影响最小、满足视觉的保真度即可。这一点对于 DEM 数据同样重要，否则会影响对 DEM 数据的可视性分析，而且水印在空间上应表现为无规律的随机分布，否则其纹理结构可能会影响对 DEM 纹理结构的判断。但除此之外，DEM 数字水印还必须满足"近无损"性要求，即嵌入水印后的 DEM 精度必须满足一定的要求，应避免对频率直方图、等高线、坡度、坡向、曲率、流域结构、地貌晕渲图等地形分析结果的影响。因此，DEM 数字水印的保真度要求比普通数字图像更为严格。对于 DEM 数据而言，其近无损性要求应先于鲁棒性要求，因为数据精度不合要求，也就失去了它的应用价值，而没有了应用价值，对水印的攻击也就变得毫无意义。

第二，鲁棒性要求。

鲁棒性是指含水印作品在经过常规信号处理操作后仍能检测出水印的能力（孙圣和等，2004）。DEM 数字水印鲁棒性的要求主要包括以下几个方面：

（1）几何变形鲁棒性。因为 DEM 数据具有严格的空间定位性，所以直接平移、旋转图像的常规操作在 DEM 操作中并不常见。然而 DEM 空间参考系统的转换，其实质是通过对数据的平移、旋转和缩放来实现的，因此 DEM 数字水印应具有抵抗平移、旋转、缩放的能力。但是如果已知原始 DEM 数据和嵌入水印 DEM 数据的空间参考，则可以先进行空间参考的转换，再提取水印，这时对 DEM 数字水印几何变形的鲁棒性要求可以降低。

（2）空间滤波鲁棒性。DEM 数字水印应具有抵抗低通滤波的能力。主要表现为对 DEM 数据的平滑、随机误差滤波、有损压缩等操作。

（3）格式转换的鲁棒性。DEM 数字水印应对 DEM 格式转换具有鲁棒性。

第三，载体自适应要求。

DEM 数据是对地球表面地形的数字化表达，可能包含不同的地貌类型。根据我国最新版 DEM 精度标准（国家测绘局，2001），不同的地貌类型具有不同的高程精度要求。这一要求主要采用中误差指标进行衡量，平地格网点高程中误差最小，高山地最大。

在载体数据大小确定的情况下，中误差 RMSE 与嵌入水印能量成正比关系。不同地貌类型由于其中误差标准不同，所能嵌入的水印能量也不相同，平地最小，高山地最大。所以在 DEM 数字水印算法中，水印的嵌入量应当随地貌类型的不同而自适应改变。否则，如果对整幅 DEM 数据各地形嵌入相同水印能量，当水印能量过大，会使某些地形内嵌入水印的数据不符合 DEM 精度标准，当水印能量过小，不能使对整幅 DEM 所嵌入的水印能量达到最大，从而降低了水印的鲁棒性。

一 基于离散余弦变换（discrete cosine transform，DCT）的 DEM 数字水印算法

DCT 域是数字水印技术中常用的变换域之一。二维离散余弦变换具有实变换特性、良好的能量压缩和解压相关能力，并且存在快速算法与数字图像 JPEG 有损压缩标准兼容，因而在数字水印嵌入算法研究中，DCT 域具有很强的吸引力，被水印研究者广泛重视。

（一）数字水印生成

数字水印生成过程是在密钥的控制下由原始版权信息、认证信息、保密信息或其他有关信息生成适合于嵌入原始载体中的待嵌入水印信号的过程。构成水印的序列通常应该具有不可预测的随机性。而且，由于人类视觉系统对纹理具有极高的敏感性，所以水印应该具有与噪声相同的特性。因此，为了消除二

值水印图像的像素空间相关性，提高数字水印算法的抗差性，确保图像某一部分受到破坏后仍能全部或部分地恢复水印，应首先对二值水印进行置乱变换。

目前，已有的图像置乱方法有 Hash 算法、Fass 曲线、Gray 代码、Arnold 变换和方式等。实验中数字水印选用具有版权信息的二值水印图像，在三个密钥的控制下，采用 Hash 算法对原始水印信息进行"置乱"，再将置乱后的图像嵌入 DEM 中。

Hash 算法是现代密码体系中的一个重要组成部分。Hash，一般翻译为"散列"或直接音译为"哈希"，就是把任意长度的输入（又称为预映射，Pre-image），通过散列算法，变换成固定长度的输出，该输出就是散列值，即 Hash 码。这种转换是一种压缩映射。数学表述为

$$h = H(M) \tag{13-8}$$

式中：H 表示单向散列函数；M 表示任意长度明文；h 表示固定长度散列值。

在信息安全领域中应用的 Hash 算法还具有以下特性：①单向性（one-way），通过预映射能够简单迅速地得到散列值，而在计算上不可能构造一个预映射，使其散列结果等于某个特定的散列值，这样，散列值就能在统计上唯一的表征输入值。②抗冲突性（collision-resistant），即在统计上无法产生两个散列值相同的预映射。③映射分布均匀性和差分分布均匀性。正因为 Hash 具有以上特性，所以在信息安全系统、密码技术体系中具有广泛应用（刘友生，2006）。常用的安全 Hash 函数有 MD5，SHA-1 等。实验中应用 MD5 函数，结果如图 13-37 所示。最后，将置乱后的 0，1 水印变换为 -1，1 双极性水印，即 1 仍为 1，0 变换为 -1。

(a) 二值水印图像　　　　(b) 水印置乱后的结果　　　　(c) 复原后的图像

图 13-37　水印图像的置乱

（二）数字水印嵌入

1. 数字水印嵌入位置的自适应

Kutter 等（1999）将空域、频域和其他变换域中没有直接将水印嵌入在载体图像视觉重要位置的数字水印算法统称为第一代水印，并首次提出第二代水印的概念，即在水印处理过程中应利用数据的重要特征。特征可以是抽象的，也可以是语义上有意义的。对于图像，特征可以是边缘、边角点、纹理区或是图像中具有一定特征的部分。适用于水印处理过程的特征应满足一些基本性质：

（1）对噪声（有损压缩、加性、乘性噪声等）影响的不变性。性质（1）保证只选择重要特征。因为一般攻击不会改变数据的重要特征，否则会降低数据的商业价值。因此，选择重要特征能够抵抗噪声的影响。

（2）对几何变换（旋转、平移、下采样、伸缩等）的协变性。性质（2）描述载体数据受到几何攻击时特征区域的行为。适量的几何攻击不会破坏或改变特征区域。

（3）局部性（数据裁剪应当不改变保留的特征点）。性质（3）表明特征位置应当具有良好的局部性，从而使数据变化不会改变水印。

基于第二代数字水印的思想，本书提出将数字水印加载在 DEM 的地性线位置来增强水印的稳健性。地性线（terrainline）又称为地貌结构线、地貌特征线，指地形坡面变化的特征线或地貌形态变化的棱线，如山脊线、山谷线、坡折线等（国家技术监督局等，1996；中华人民共和国水利部等，1992）。因为地性线不仅是 DEM 视觉敏感的部分，而且集中了地形更多的信息内容，构成了地形变化起伏的骨架（李志林等，2000），是 DEM 的重要特征位置。因此，对地性线位置上水印信号的攻击，不仅会使 DEM 视觉质量受损，而且更易于导致数据精度的降低，甚至失去应用价值，且一般情况下，攻击算法都尽量保留 DEM 的地性线。由于不同的 DEM 数据地性线位置不尽相同，因而，基于地性线的数字水印算法能实现随 DEM 数据的不同，水印嵌入位置自适应改变。

研究证明，人眼对平坦区域、边缘区域、弱纹理区域内数据的改变相比其他区域更为敏感，又因为在某些山脊和山谷线的位置，地形可能反而会更为平坦，或者地形发生突变，或者位于纹理较弱的区域，因此，由于嵌入水印的不可见性要求，实验中应避免在这几类区域中嵌入水印。

数字水印嵌入位置的确定应包含以下三步（本节所述的嵌入位置指空间域上数字水印的嵌入位置，区别于频率域嵌入位置的选择），如图 13-38 所示。

1）地性线的提取

地性线的提取采用费立凡等（2006）提出的三维 Douglas-Peucker 算法。该方法能较好地筛选出 DEM 整体及局部范围的地貌特征点，能保持制图区域的主要地貌特征，对隐含在 DEM 中的地貌结构并没有破坏作用。此外，该方法简单易行，速度快，适合于海量数据。

费立凡等提出的三维 Douglas-Peucker 算法，受启发于 1973 年 Douglas 和 Peucker 提出的一种用于二维曲线形状化简的方法。该方法的特点是从形状复杂的曲线点列中，通过相对简单的全局性递归运算，选出那些反映曲线总体及局部形态的主要特征点。三维 Douglas-Peucker 算法的工作原理如下：

（1）首先可将栅格 DEM 数据转化为三维的离散点，然后将除下文所述的原点外的每个三维离散点都看成是从原点出发到该点所构成的矢量的终点，这样

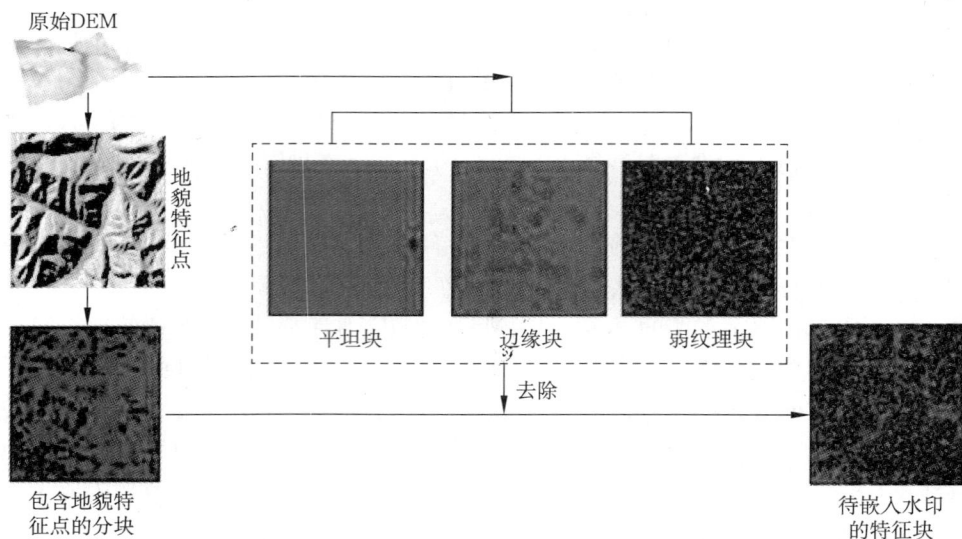

图 13-38　数字水印嵌入位置确定的流程图

就有了一个具有共同原点 **O** 的矢量集（该原点是三维离散数据点之一）。通过计算获知上述矢量集中矢量之积绝对值最大的两个矢量（**OA**、**OB**），可将 **OA** 定为初始锚矢量，**OB** 定为初始漂浮矢量。具有共同原点的初始锚矢量和初始漂浮矢量之积的绝对值就等于以这两个矢量为邻边的平行四边形的面积，同时，这两个矢量也决定了一个空间平面，并把它用作第一个基平面（这体现了从全局的观点来选取地貌特征点的思想）。

（2）将三维离散点生成为有序的点列，即从首点开始，下一点是在原始数据的点集中离上一点距离最近的新点，直到终点为止。这样的顺序体现了顺序累加的邻近就是远离（逻辑远离）、顺序累加的局部就是全局（或相对全局）等内涵。

（3）找到第一个基准面后，计算从锚矢量和漂浮矢量终点之间的点列中每个点到基面的距离。如果小于某阈值，介于锚矢量和漂浮矢量终点之间的所有点都被淘汰。否则该点就被选取（定为分裂点），并被插入已被选取的点列中。此时，若漂浮点不与锚点为邻，则锚点不动，将漂浮点移到分裂点位置，再进入下一轮循环，即重新构建新基面、找出新分裂点……一旦漂浮点紧挨锚点，但此时漂浮点还不在其初始位置，则锚点前进到漂浮点位置，而漂浮点回到初始位置，程序进入下一轮。若漂浮点已在其初始位置，则整个选取过程结束，该方法被称为"锚点前进法"。此外，也可选择"分而治之法"进行选取。图 13-39 为采用三维 Douglas-Peucker 算法提取的 DEM 地貌特征点与地貌晕渲图的叠加。因为地貌特征点的连线即为地性线，所以实验中直接将地貌特征点作为待嵌入水印的位置。本章水印算法采用 DCT8×8 分块算法，因此，还需提取包含地性线的分块。

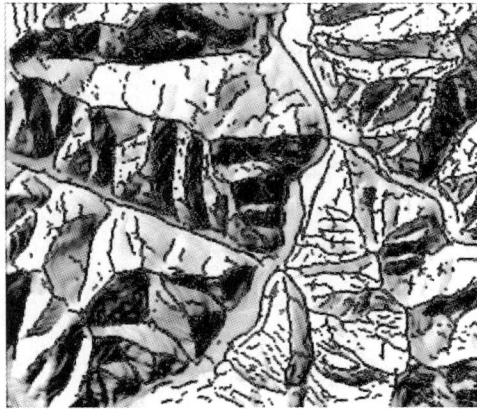

图 13-39　DEM 地貌特征点与地貌晕渲图的叠加

2）考虑视觉效果的嵌入位置确定

（1）平坦区域。计算原始 DEM 的坡度值，并根据我国 1∶1 万 DEM 精度标准，按照坡度将各栅格划归为平地、丘陵、山地或高山地中的某一类。然后将 DEM 分为互不重叠的 8×8 块，统计每一分块内出现频率最高的地貌类型作为该块的地貌类型。若该块地貌类型为平地，则不嵌水印。

（2）边缘区域。图像边缘是图像局部特性不连续性（灰度突变、颜色突变、纹理结构突变等）的反映，它标志着一个区域的终结和另一个区域的开始。在去除平坦块后的地形特征块中，实验证明边缘子块对应的方差往往较大，因此，选取合适的阈值即可得到边缘子块。方差的计算公式为

$$V = \sqrt{\frac{1}{n-1}\sum_{i=0}^{n-1}(x_i-\bar{x})^2}, \ \bar{x}=\frac{1}{n}\sum_{i=0}^{n-1}x_i \qquad (13-9)$$

（3）弱纹理区域。霍金斯（Hawkins J K）认为纹理的标志有三个要素：一是某种局部的序列型，在该序列更大的区域内不断重复；二是序列是由基本部分非随机排列组成的；三是各部分大致都是均匀的统一体，纹理区域内任何地方都有大致相同的结构尺寸（阮秋琦，2001）。一个纹理组织的粗糙程度可以用边缘像素的密度来表示。边缘密度是指在单位面积内边缘像素的平均个数，可表示为（缪绍纲，2001）

$$D(m,n) = \frac{1}{(2J+1)(2K+1)}\sum_{j=-J}^{J}\sum_{k=-K}^{K}E(m+j,n+k) \qquad (13-10)$$

式中：2J＋1 与 2K＋1 为观察视窗的大小，而

$$E(j,k) = \begin{cases} 1, & \text{若为边缘像素} \\ 0, & \text{不为边缘像素} \end{cases} \tag{13-11}$$

观察视窗的大小是纹理分析的一个关键。由于本章 DCT 域数字水印算法采用 8×8 分块法，所以观察视窗选为 8×8 大小的窗口。边缘检测通常选择一阶和二阶导数来检测，可以借助空域微分算子利用卷积来实现（余成波，2003）。实验中采用图像处理边缘检测中的 Canny 方法（罗军辉等，2005）。Canny 方法使用拉普拉斯算子，该方法与其他边缘检测方法的不同之处在于，它使用两种不同的阈值分别检测强边缘和弱边缘，并且仅当弱边缘与强边缘相连时才将弱边缘包含在输出图像中，因此这种方法较其他方法而言不容易被噪声"填充"，更容易检测出真正的弱边缘。与 DEM 地貌晕渲图对比，确定边缘密度小于 0.1 为弱纹理块。

3）待嵌入水印的特征块提取

从第一步中包含地貌特征点的分块中去除平坦块、边缘块和弱纹理块，即得到待嵌入水印的特征块，结果如图 13-40 所示。

▨ 待嵌入水印的特征块

图 13-40　待嵌入水印的特征块

水印应嵌入在 DEM 的地性线位置，但并不意味着 DEM 其他区域就不重要，而是指通常情况下，地性线比其他位置更为重要，所集中的地形信息也最为丰富。当然具体应用中，要根据实际情况而定，若用户对除地性线外的区域更为关注，则水印应嵌入在用户关注的区域内，总之，水印应嵌入在数据最为重要的位置。

2. 数字水印嵌入强度的自适应

根据人眼视觉系统的特性，当嵌入水印强度低于某一门限时，人眼对图像的感知质量不变，此时称嵌入的水印是不可见的，而这一门限称为临界可见门限。为保证水印的鲁棒性，必须使水印的强度尽量接近这一门限，因此适当地选取水印嵌入的强度因子是设计水印算法的一个关键（向德生等，2004）。

结合 DEM 的特点可将上述思想推广如下：根据 DEM 的精度要求，当嵌入水印强度低于某一门限时，嵌入水印的 DEM 数据仍保持在 DEM 精度范围内，此时称嵌入的水印是满足 DEM 精度要求的，而这一门限称为临界 DEM 精度门限。为保证 DEM 数据精度、水印不可见性，必须使水印的强度小于等于临界可见门限与临界 DEM 精度门限中较小的一个。

在多媒体数字水印研究领域，水印嵌入强度的大小通常根据经验或反复实验来确定，这样不仅费时费力，而且结果也不一定符合要求。近来很多研究基于人类视觉系统或听觉系统来确定水印的嵌入强度，可以实现嵌入水印的不可感知性。但是这一方案却并不完全满足 DEM 的精度要求，因此，本节拟探讨如何在给定一个满意的 DEM 精度标准条件下（即给定各地貌类型区的中误差和最大误差指标），从理论上确定水印嵌入强度所能取得的最大值，即临界 DEM 精度门限，并将此结果与视觉模型相结合，以保证在满足 DEM 精度和水印不可见性要求下最大限度的嵌入水印。

1）嵌入强度约束条件的数学表述

设 $x = \{x_{ij}\}_{n \times n}$ 为原始 DEM 数据，$X = \{X_{ij}\}_{n \times n}$ 为 x 的二维 DCT 变换系数，x' 为嵌入水印后的 DEM 数据，X' 为 x' 的二维 DCT 变换系数，则

$$X = \mathrm{dct2}(x) \tag{13-12}$$

$$x = \mathrm{idct2}(X) \tag{13-13}$$

$$X' = \mathrm{dct2}(x') \tag{13-14}$$

$$x' = \mathrm{idct2}(X') \tag{13-15}$$

式中：dct2 表示二维 DCT 变换；idct2 表示二维 DCT 逆变换。

设水印嵌入公式为

$$X' = X + \alpha \cdot \mathrm{JND} \cdot w \tag{13-16}$$

式中：α 为嵌入强度；JND 为 x 满足人类视觉约束的 DCT 系数最大改变量；w 为水印。

若 $D = \{d_{ij}\}_{n \times n}$ 为水印在空间域中产生的差值，即

$$D = |x - x'| \tag{13-17}$$

则最大误差约束可以表示为

$$D \leqslant \mathrm{max}E \tag{13-18}$$

中误差约束可以表示为

$$\sqrt{\frac{\sum_{i=0}^{n_1-1} \sum_{j=0}^{n_2-1} d_{ij}^2}{n_1 n_2}} \leqslant \mathrm{RMSE} \tag{13-19}$$

式中：$\max E$ 为 DEM 的最大误差限；RMSE 为 DEM 的中误差限。

联合求解最大误差不等式组和中误差不等式，取两者所求 α 中较小的一个，即得出满足 DEM 精度模型的最大嵌入强度。需注意的是，本书所推导的满足 DEM 精度模型的最大嵌入强度 α，适用于加性嵌入规则的情况。

2）嵌入强度的公式求解

设 $D' = \{d'_k, 0 \leqslant k \leqslant (n^2 - 1)\}$ 为 D 按列展开的列向量，其元素

$$d'_k = d_{ij}, i = k \bmod n, j = \left[\frac{k}{n}\right], 0 \leqslant k \leqslant (n^2 - 1) \tag{13-20}$$

$\mathrm{JND}' = \{\mathrm{JND}'_k, \ 0 \leqslant k \leqslant (n^2 - 1)\}$ 为 JND 按列展开的列向量，其元素

$$\mathrm{JND}'_k = \mathrm{JND}_{ij}, i = k \bmod n, j = \left[\frac{k}{n}\right], 0 \leqslant k \leqslant (n^2 - 1) \tag{13-21}$$

$w' = \{w'_k, 0 \leqslant k \leqslant (n^2 - 1)\}$ 为 w 按列展开的列向量，其元素

$$w'_k = w_{ij}, i = k \bmod n, j = \left[\frac{k}{n}\right], 0 \leqslant k \leqslant (n^2 - 1) \tag{13-22}$$

则

$$
\begin{aligned}
D' &= |y - y'| \\
&= |Q^* Y - Q^* Y'| \\
&= |Q^* Y - Q^* (Y + \alpha \cdot \mathrm{JND}' \cdot w')| \\
&= |Q^* Y - Q^* Y - Q^* (\alpha \cdot \mathrm{JND}' \cdot w')| \\
&= |Q^* (\alpha \cdot \mathrm{JND}' \cdot w')| \\
&= |\alpha| |Q^* (\mathrm{JND}' \cdot w')|
\end{aligned}
\tag{13-23}
$$

式中：Q^* 为二维离散余弦变换矩阵。

由式（13-23），最大误差约束可变换为

$$D' = |\alpha| |Q^* (\mathrm{JND}' \cdot w')| \leqslant \max E \tag{13-24}$$

即

$$
\left\| \begin{bmatrix} q^*_{0,0} & q^*_{0,1} & \cdots & q^*_{0,n-1} \\ q^*_{1,0} & q^*_{1,1} & \cdots & q^*_{1,n-1} \\ \vdots & \vdots & \vdots & \vdots \\ q^*_{n-1,0} & q^*_{n-1,1} & \cdots & q^*_{n-1,n-1} \end{bmatrix} \begin{bmatrix} \alpha \cdot \mathrm{JND}_0' \cdot w_0' \\ \alpha \cdot \mathrm{JND}_1' \cdot w_1' \\ \vdots \\ \alpha \cdot \mathrm{JND}_{n-1}' \cdot w_{n-1}' \end{bmatrix} \right\| \leqslant \begin{bmatrix} \max E_0 \\ \max E_1 \\ \vdots \\ \max E_{n-1} \end{bmatrix} \tag{13-25}
$$

此式为一元一次不等式组。

已有中误差公式

$$\sqrt{\frac{\sum_{k=0}^{n_1 - 1} d'^2_k}{n^2}} \leqslant \mathrm{RMSE} \tag{13-26}$$

令 $\varepsilon = |Q^* (\mathrm{JND}' \cdot w')|$，则

$$D' = |\alpha||Q^*(\text{JND}' \cdot w')|$$
$$= |\alpha|\varepsilon \tag{13-27}$$

式 (13-26) 可变换为

$$\sqrt{\frac{\sum_{k=0}^{n_1-1} d_k'^2}{n^2}} = \sqrt{\frac{\sum_{k=0}^{n_1-1}(|\alpha|\varepsilon_k)^2}{n^2}} = \frac{|\alpha|}{n}\sqrt{\sum_{k=0}^{n_1-1}(\varepsilon_k)^2} \leqslant \text{RMSE} \tag{13-28}$$

此式为一元一次不等式。

联立式 (13-25) 和式 (13-28)，取所求 α 中较小的一个，即为满足 DEM 精度的最大嵌入强度，其中 max E 和 RMSE 为给定的最大误差和中误差限。且由国家 DEM 精度标准可知，不同地貌具有不同的中误差和最大误差限，因此，随地貌类型的不同，由上式所求得的水印嵌入强度 α 即可随之自适应改变。

又因为 JND 为原始 DEM 数据 x 在满足人类视觉约束条件下 DCT 系数的最大改变量，因此由水印嵌入式 (13-16) 可知。为避免超出视觉模型，若 α 大于 1，则 α 应取为 1。

3）Watson 的 DCT 域视觉模型

测量人类视觉系统的方法有多种，其中 Watson 感知模型是近年来数字水印研究领域中应用较广、效果较好的一个。

（1）人类视觉系统对数字图像的感知特性。

在图像数字水印中，视觉感知能力是一个非常重要的性能评价方向。将人类视觉的某些特征与水印算法本身相结合就成了当前数字水印研究的热点，而这一切的基础当然是人类的视觉系统。HVS 的响应随着输入信号空间频率、亮度和色彩的变化而变化，它表明载体图像各区域或各频带的感知程度并不是等同的。一般来说，感知模型涉及三个基本概念，即灵敏度、掩蔽效应和综合（pooling）。

灵敏度是指耳朵或眼睛对于直接激励的反应程度，包括频率灵敏度和亮度灵敏度。前者存在空间频率、谱频率和时间频率三种形式。空间频率被感知成图案或纹理。人眼对亮度对比度变化的灵敏度通常描述了空间频率响应，称为对比度灵敏度函数。研究表明，人眼对中频范围内的亮度变化最敏感，而在较低和较高的频率处，人类的灵敏度会下降。此外，对于图像中水平和垂直的线和边缘最敏感，而对于成 45°的线和边缘最不敏感。谱频率被感知为色彩。人眼对蓝色通道最不敏感。时间频率被感知成运动或闪烁，研究显示当频率超过 30Hz 时，人眼的灵敏度下降非常快。人眼的亮度灵敏度研究表明人眼对于亮度越高的信号越不敏感。

掩蔽效应是一种测度，它用来测量观察者在"掩蔽"信号存在的情况下对某一激励的反应。掩蔽现象普遍存在，对于视觉来说，在频率掩蔽中，某一频率成分的存在能够掩蔽人类对于作品中另一频率成分的感知。在亮度掩蔽中，局部的亮度特征能够掩蔽对比度的变化。

综合。频率敏感度、掩蔽效应等均是从不同的层面衡量视觉感知质量。实际上，对一个图像的直观质量评价就是 HVS 对多方面评估结果的一种合并，这一过程称为综合。

（2）DCT 域 Watson 感知模型。

利用灵敏度、掩蔽效应以及综合思想，Watson（1993）提出一个用来测量视觉逼真度的模型。该感知模型试图对图像之间 JND（just noticeable difference，JND）值作出估计。JND 指临界差异，表示可以察觉的失真级别。一个像素的 JND 值是指其对应的分块 DCT 系数在不被察觉的情况下所允许修改的最大幅度值。结果表明，用该模型评价含噪声图像的感知效果远远优于通常所用的中误差指标（MSE）。然而，这一模型仍依赖于正确的同步关系，而且过高地估计了图像平移所产生的效果，还低估了某些块效应所带来的影响。

Watson 提出的基于 DCT 视觉模型的主要思想是对一幅图像经过分块 DCT 之后所得到的每个系数的可感知性进行评估，然后将这些评估值综合成感知距离 $D_{wat}(x, x^w)$ 这个单参数来评价，其中 x 是原始图像，x^w 是 x 失真后所得到的某种版本的图像。

①灵敏度特性。该模型定义了一个频率灵敏度表 t。表 13-4 中每一项 t_{ij} 大约等于块中相应的 DCT 系数在没有掩蔽噪声情况下无法被分辨出来的最小值（即 DCT 系数相应的变化恰好产生一个单位的 JND）。

表 13-4　DCT 频率灵敏度表

行号＼列号	1	2	3	4	5	6	7	8
1	1.40	1.01	1.16	1.66	2.40	3.43	4.79	6.56
2	1.01	1.45	1.32	1.52	2.00	2.71	3.67	4.93
3	1.16	1.32	2.24	2.59	2.98	3.64	4.60	5.88
4	1.66	1.52	2.59	3.77	4.55	5.30	26.28	7.6
5	2.40	2.00	2.98	4.55	6.15	7.46	8.71	10.17
6	3.43	2.71	3.64	5.30	7.46	9.62	11.58	13.51
7	4.79	3.67	4.60	6.28	8.71	11.58	14.50	17.29
8	6.56	4.93	5.88	7.60	10.17	13.51	17.29	21.15

注：该表所示为图像的一个 8×8 块。

②亮度掩蔽特性。亮度自适应是指如果 8×8 像素块的平均亮度更亮，那么可以对一个 DCT 系数改变较大的量而不被人注意。Watson 针对每一小块，根据其直流分量大小来调整灵敏度表 t。亮度掩蔽阈值为

$$t_{ij}^{L} = t_{ij}(X_{00k}/\overline{X})^{a_T} \qquad (13\text{-}29)$$

式中：a_T 是一个常数，建议取值为 0.649；X_{00k} 代表原始图像第 k 个像素块的直流系数；$\overline{X}$ 为图像中所有直流系数的平均值。

③对比度掩蔽特性。亮度掩蔽阈值 t_{ijk}^{L} 还要受到对比度掩蔽特性的影响。对比度掩蔽特性（即某一频率成分的能量使得另一个频率成分的变化可见性下降）则会产生一个掩蔽阈值 s_{ijk}，其定义为

$$s_{ijk} = \max\{t_{ijk}^L, |X_{ijk}|^{\beta_{ij}} \cdot (t_{ijk}^L)^{1-\beta_{ij}}\} \tag{13-30}$$

式中：β_{ij} 是 $0\sim1$ 的一个常数，对于所有的 i 和 j，Watson 取 $\beta_{ij}=0.7$。最终的门限 s_{ijk} 指如果分块 DCT 中的系数 X_{ijk} 改变量为 s_{ijk}，就会产生一个单位的 JND。

④综合。为了比较原始图像 x 和对应的失真图像 x^w，首先计算相应 DCT 系数之间的差值 $e_{ijk} = X_{ijk}^w - X_{ijk}$。然后分别用相应的松弛度 s_{ijk} 对这些差值进行比例调整，可获得每一项的感知距离 d_{ijk}，即

$$d_{ijk} = \frac{e_{ijk}}{s_{ijk}} \tag{13-31}$$

式中：d_{ijk} 代表第 k 块中第 i，j 个频率分量的误差，其单位为 JND。式（13-31）得到的单个误差必须被综合成一个感知距离 $D_{wat}(x,x^w)$，如式（13-32）所示。其中，Watson 建议 p 取值为 4。

$$D_{wat}(x,x^w) = (\sum_{i,j,k}|d_{ijk}|^p)^{\frac{1}{p}} \tag{13-32}$$

4）嵌入强度求解公式的检验

下面通过实验，检验上述嵌入强度求解公式推导的正确性，并与常用 DCT 算法进行对比。为叙述方便，将同时考虑 DEM 精度和视觉模型的分块 DCT 算法称为算法一，而将仅考虑视觉模型的分块 DCT 算法称为算法二，使算法一和算法二在下列条件下保持相同。

（1）载体相同，水印相同（均为 0，1 二值水印图像）。

（2）水印在空间的嵌入位置相同，均嵌入待嵌入水印的特征块内。

（3）均采用 DCT8×8 分块算法和加性嵌入规则。

（4）水印在频率域中嵌入的首位置和水印长度相同。为确保检验结果的客观性，实验中不对频率域中水印嵌入的首位置和水印长度做限制，否则当水印嵌入位置合适，而水印长度又较短时，所得到的实验结果也可能既满足 DEM 精度又满足水印的视觉不可见性。实验中首位置定为 2，每块的水印长度为 63。

算法一中嵌入强度 α 由 DEM 精度模型（实验中，给定 DEM 精度约束为国家 1：1 万 DEM 二级精度标准）和视觉模型（采用 Watson 的 DCT 视觉模型）共同决定，算法二中嵌入强度 α 仅满足视觉模型，经过反复实验取为 0.5，能够满足视觉不可见性。

分别应用算法一与算法二在 DEM 中嵌入水印，结果如图 13-41 所示，在视觉质量上两者基本一致，算法一 PSNR 值为 55.40，算法二 PSNR 值为 54.77。

方法一：基于地貌类型的误差检验。

提取原始 DEM 坡度，并按照坡度分级，将整幅 DEM 划分为平地、丘陵、山地和高山地四种类型，则各类型区对应 DEM 精度标准中的某一行中误差值，称为理论中误差。同时各类型区也对应某一理论最大误差值（根据国家 1：1 万 DEM 精度标准，最大误差为中误差的两倍）。计算各地貌类型区内应用算法一和算法二分别得到的含水印 DEM 与原始 DEM 的实际中误差和实际最大误差，再

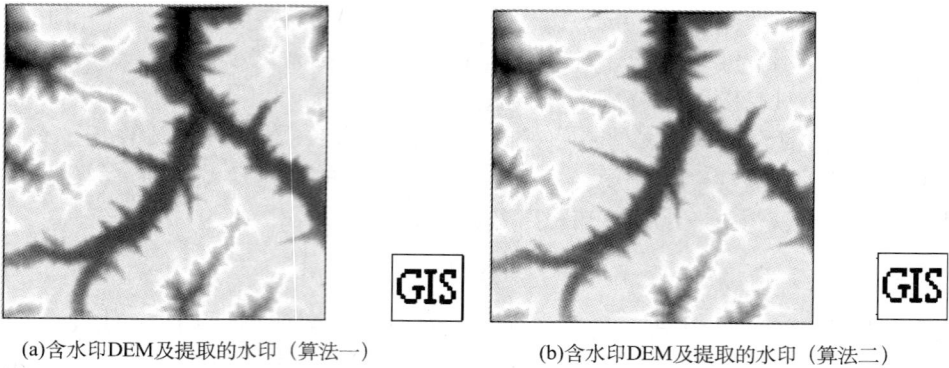

(a)含水印DEM及提取的水印（算法一）　　　　　（b)含水印DEM及提取的水印（算法二）

图 13-41　算法一与算法二实验结果

将实际误差值与理论值比较如图 13-42 和图 13-43 所示。

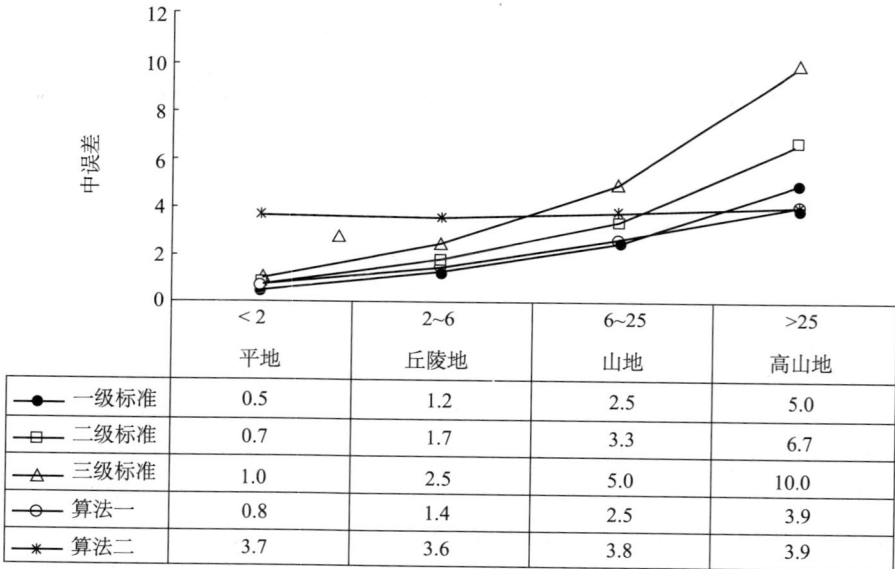

	< 2	2~6	6~25	>25
	平地	丘陵地	山地	高山地
——●—— 一级标准	0.5	1.2	2.5	5.0
——□—— 二级标准	0.7	1.7	3.3	6.7
——△—— 三级标准	1.0	2.5	5.0	10.0
——○—— 算法一	0.8	1.4	2.5	3.9
——＊—— 算法二	3.7	3.6	3.8	3.9

图 13-42　各地貌类型区两种算法的中误差比较

　　可见，虽然两种算法的结果均满足水印不可见性要求，但在各地貌类型区内，算法一的中误差和最大误差结果均在一级 DEM 精度范围以内，而仅考虑视觉模型的算法二，其中误差在平地超出三级标准，最大误差在平地、丘陵和山地均超过三级标准，显然不符合 DEM 精度要求。

　　方法二：基于块的中误差检验。

　　计算原始 DEM 的坡度值，并根据坡度分级，将整幅 DEM 划分为平地、丘陵、山地、高山地四类。然后将 DEM 分为互不重叠的 8×8 块，统计每一分块内出现频率最高的地貌类型作为该块的地貌类型，则该块对应 DEM 精度标准中

	< 2 平地	2~6 丘陵地	6~25 山地	>25 高山地
一级标准	1.0	2.4	5.0	10.0
二级标准	1.4	3.4	6.6	13.4
三级标准	2.0	5.0	10.0	20.0
算法一	1.4	3.4	6.6	13.4
算法二	13.2	13.1	14.2	15.1

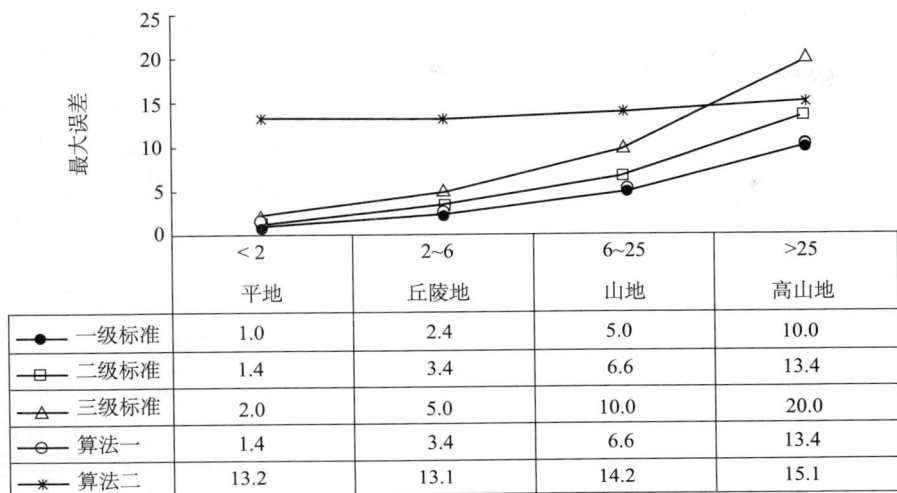

图 13-43 各地貌类型区两种算法的最大误差比较

某一行中误差值称为理论中误差。以块为基准，计算应用算法一和算法二分别得到的含水印 DEM 与原始 DEM 的中误差，即每一 8×8 分块对应一个实际中误差值，对比各分块的理论中误差与实际中误差，如图 13-44 所示。

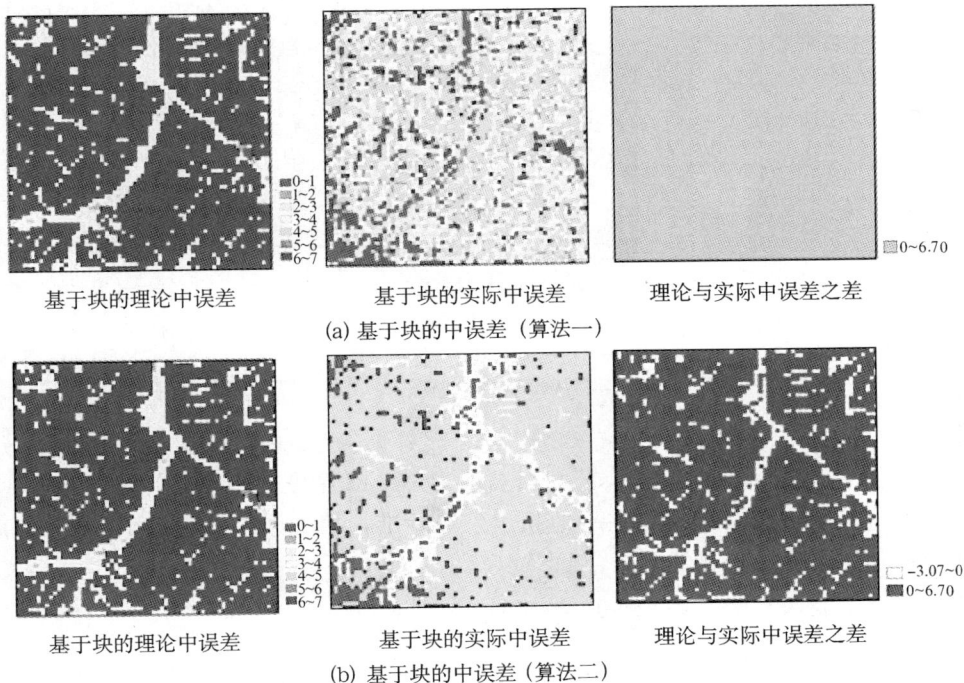

基于块的理论中误差　　　　基于块的实际中误差　　　　理论与实际中误差之差

(a) 基于块的中误差（算法一）

基于块的理论中误差　　　　基于块的实际中误差　　　　理论与实际中误差之差

(b) 基于块的中误差（算法二）

图 13-44 基于块的两种算法中误差统计结果

　　可见，应用算法一得到的含水印DEM，其每一块内的实际中误差均小于理论值（后者与前者之差为大于等于零的正数），满足DEM精度要求。而应用算法二得到的含水印DEM，其每一块内的实际中误差并不完全小于理论值（后者与前者之差出现了负数），而且超出精度部分主要出现在地形较为平坦的区域，由此，在水印嵌入强度相同的条件下，从DEM精度来看，平坦地区所能嵌入的水印能量要小于其他区域。很显然，算法二不能满足DEM的精度要求（实际计算中，理论中误差采用二级精度标准）。

　　方法三：基于栅格的最大误差检验。

　　计算原始DEM的坡度值，并根据坡度分级，将整幅DEM划分为平地、丘陵、山地、高山地四类，则每个栅格对应一理论最大误差限。采用算法一得到的含水印DEM与原始DEM差值的绝对值，记为实际误差一；采用算法二得到的含水印DEM与原始DEM差值的绝对值，记为实际误差二；用理论最大误差限分别减去实际误差一和实际误差二，如图13-45所示。可见，算法一的实际误差均小于理论值（后者与前者之差为大于等于零的正数），满足DEM精度要求。而算法二的实际误差并不完全小于理论值（后者与前者之差出现了负数），而且超出精度部分主要出现在地形较为平坦的区域。由此，在水印嵌入强度相同的条件下，从DEM精度来看，平坦地区所能嵌入的水印能量要小于其他区域。很显然，算法二不能满足DEM的精度要求（实际计算中，理论最大误差采用二级精度标准）。

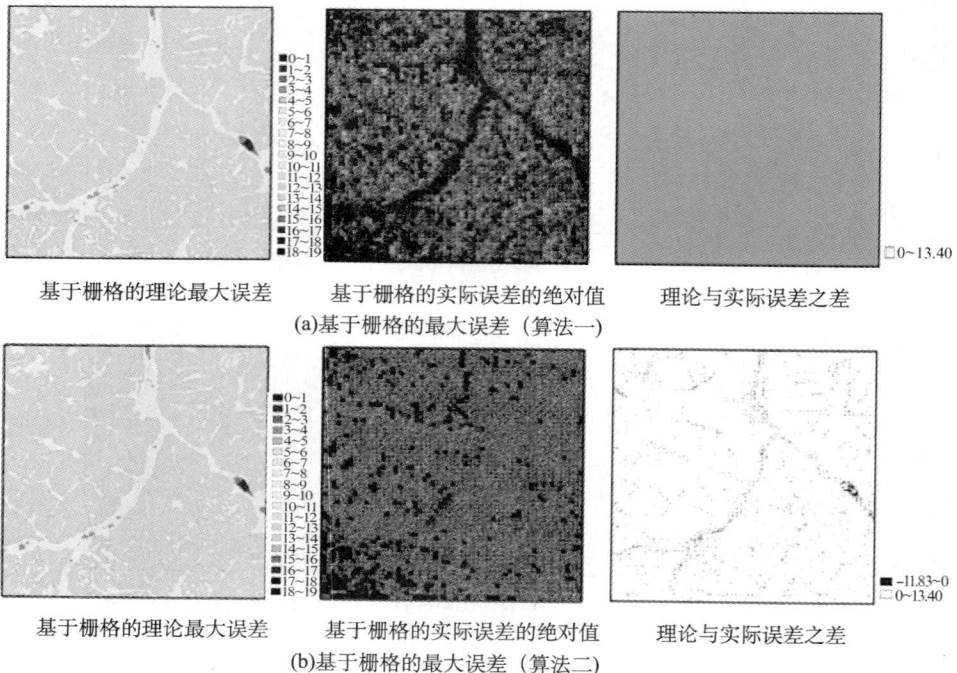

基于栅格的理论最大误差　　　基于栅格的实际误差的绝对值　　　理论与实际误差之差
(a)基于栅格的最大误差（算法一）

基于栅格的理论最大误差　　　基于栅格的实际误差的绝对值　　　理论与实际误差之差
(b)基于栅格的最大误差（算法二）

图13-45　基于栅格的两种算法最大误差统计结果

实验证明，上述所推导的 DCT 域水印嵌入强度的求解公式，能使水印 DEM 既满足给定的精度要求，又满足水印的视觉不可见性。而常用的仅考虑视觉模型的 DCT 分块算法却不一定能满足 DEM 精度要求。

3. 数字水印嵌入过程

DCT 域 DEM 数字水印嵌入过程分为以下几步：

（1）确定空间上数字水印的嵌入位置，并将该结果保存，待水印提取时使用。

（2）根据 Watson 的 DCT 域视觉模型计算 JND 值。

（3）确定水印嵌入强度。基于原始 DEM 提取坡度，并根据 DEM 精度标准中的坡度分级，将整幅 DEM 分为平地、丘陵、山地和高山地四类。然后对分类图进行 8×8 分块，统计每块中出现频率最高的地貌类型作为该块的地貌类型，根据 DEM 精度标准指定该块所对应的中误差限和最大误差限。最后，根据嵌入强度求解公式计算出该块在满足 DEM 最大误差和中误差情况下的最大嵌入强度值。

（4）对 DEM 各 8×8 块进行 DCT 变换，再对变换后的 DCT 系数作"之"字形排序，然后嵌入置乱后的二值水印（若水印长度不够，则重复嵌入）。采用加性嵌入公式，嵌入强度采用第（3）步计算结果，频域内嵌入位置如图 13-46 所示。

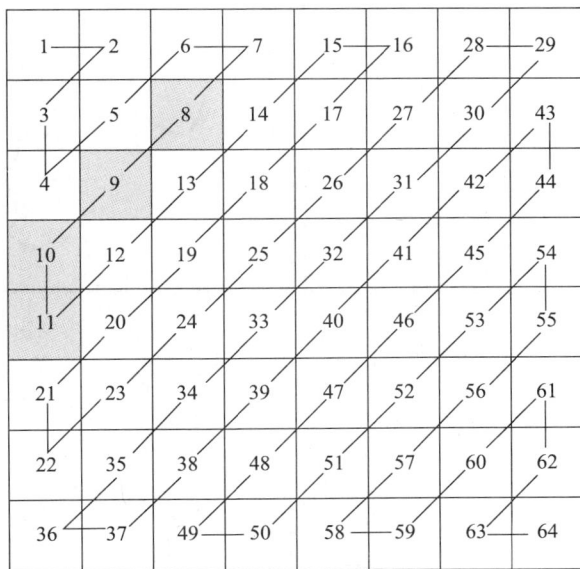

图 13-46 "之"字形排序

（以 8×8 图像为例，图中深色区域为嵌入水印的位置）

在嵌入强度确定、每块嵌入水印长度确定的情况下，通过调节水印嵌入的首位置，可实现含水印 DEM 提取等高线的近无损。当嵌入首位置为 3、5、8、10、15、20、30、40、50、60 时，含水印 DEM 提取等高线结果与原始 DEM 等高线叠

加如图 13-47 所示。显然，随嵌入首位置序号的增大，水印 DEM 所提取等高线从

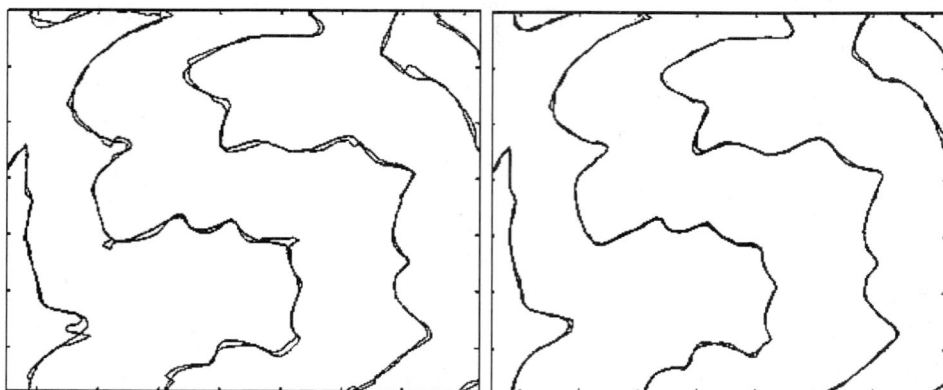

(a) 首位置为3　　　　　　　　　　　　(b) 首位置为5

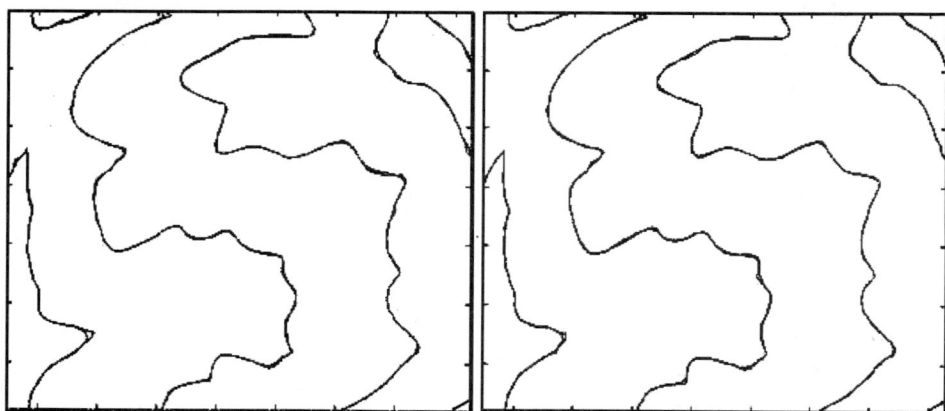

(c) 首位置为8　　　　　　　　　　　　(d) 首位置为10

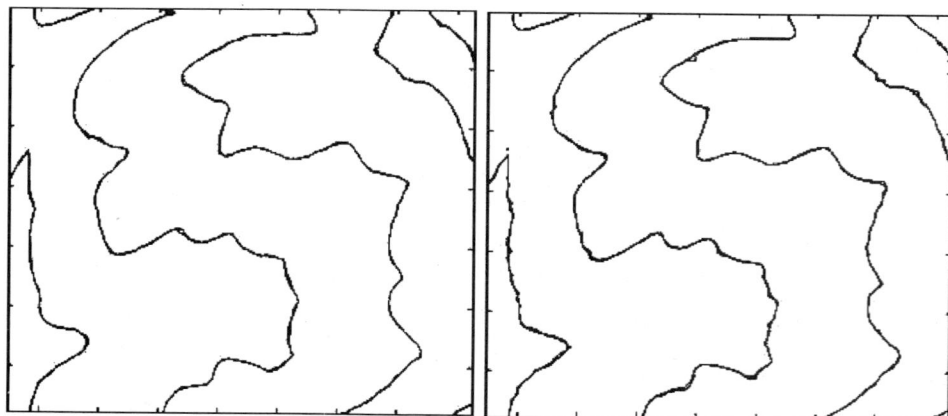

(e) 首位置为15　　　　　　　　　　　　(f) 首位置为20

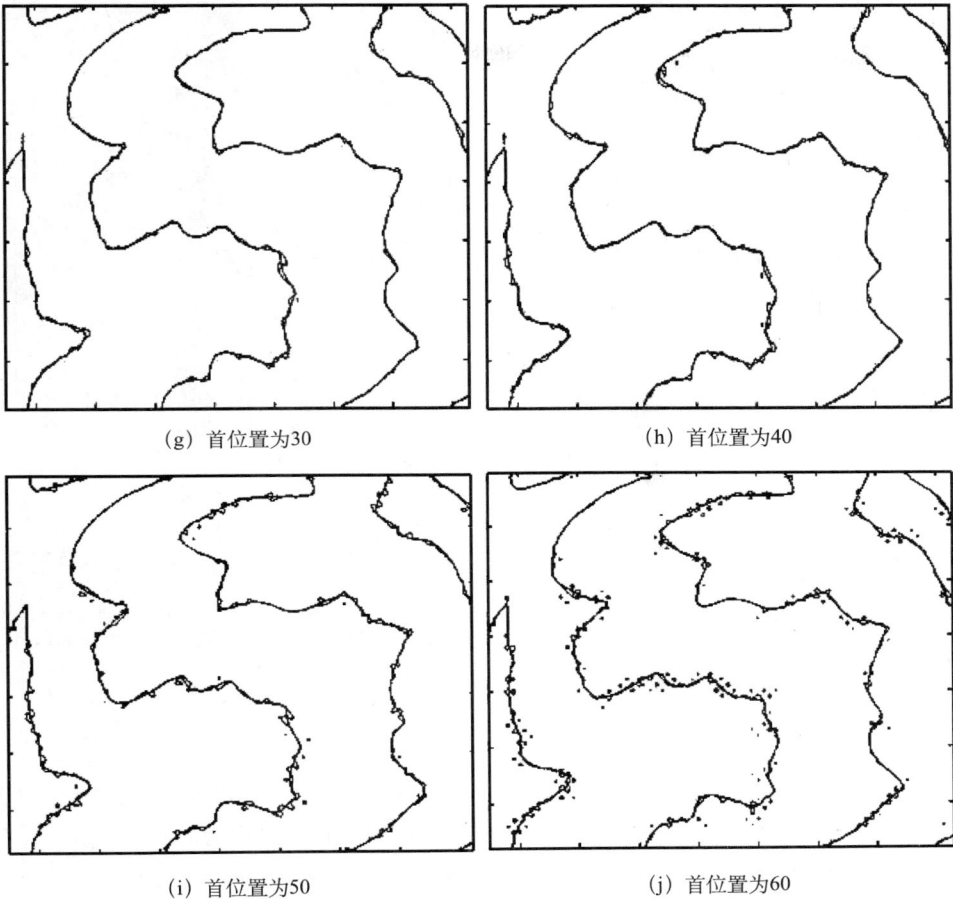

(g)　首位置为30　　　　　　　　　　　　(h)　首位置为40

(i)　首位置为50　　　　　　　　　　　　(j)　首位置为60

图 13-47　含水印 DEM 提取等高线结果与原始 DEM 等高线叠加（水印嵌入首位置不同）

开始的大波动，到逐渐与原始 DEM 等高线吻合，再到表现为大的波动。当首位置序号较小时，水印相当于嵌入在 DEM 的低频位置，低频集中了原始数据的大部分能量信息，水印嵌入在这一频带对原始数据损害较大，其所提取等高线波动也较剧烈。当水印嵌入位置序号较大时，水印相当于嵌入在 DEM 的高频位置，因而对原始 DEM 引入了许多高频信息，在等高线上，即表现为剧烈波动。因此，为实现含水印 DEM 提取等高线的近无损，应在中频寻找一个较为折中的位置。观察图 13-47 可知，当首位置在 8~15 时，含水印 DEM 所提取等高线与原始 DEM 所提取等高线较为吻合，经过权衡，水印嵌入首位置选为 8。

　　（5）对第（4）步结果，即嵌入水印后的 DCT 系数作逆 DCT 变换，即得到嵌入水印后的 DEM 数据，如图 13-48，表 13-5 所示。

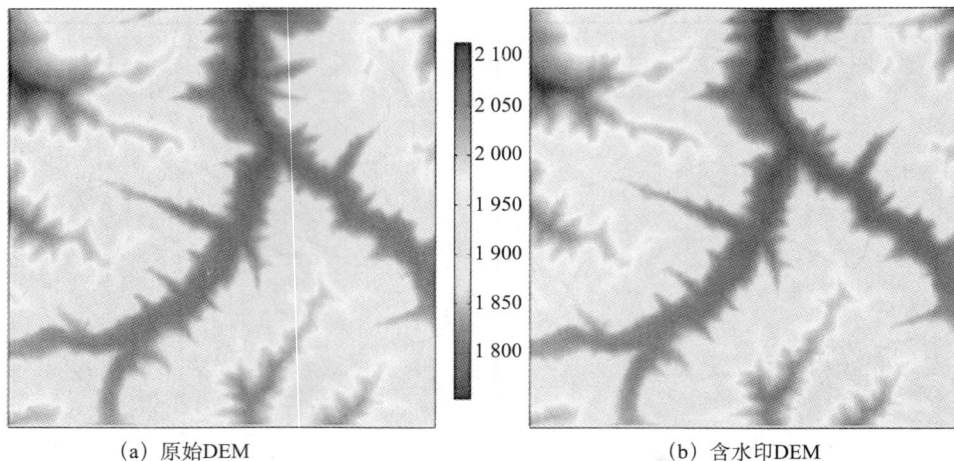

(a) 原始DEM   (b) 含水印DEM

图 13-48　原始 DEM 与含水印 DEM 的对比

表 13-5　原始 DEM 与含水印 DEM 的精度指标统计

类别	Min	Max	Mean	Std dev.	RMSE	PSNR
原始 DEM	1750.90	2113.03	1910.27	69.13		
含水印 DEM	1750.73	2113.68	1910.27	69.13	0.65	70.16

注：PSNR 计算中信号的峰值采用 DEM 的最大值。

（三）数字水印提取

水印提取算法分为以下几步：

（1）对待检测 DEM 作 DCT 正变换，得到待检测 DCT 系数。

（2）对原始 DEM 作 DCT 正变换，得到原始 DEM 的 DCT 系数。

（3）用第（1）步结果减去第（2）步结果，得到两者系数之差。再根据所保存的特征块，提取特征块位置的系数差值，若差值大于零，则提取的置乱后的水印图像为 1，否则为 0。若采用重复嵌入水印的方法，则先分别提取嵌入的多个水印，再求其平均值，作为最终的水印检测结果。

（4）利用水印嵌入时所用的三个密钥对第（3）步结果进行置乱图像恢复，即得到从嵌入水印 DEM 中提取的二值水印，结果如图 13-49 所示。

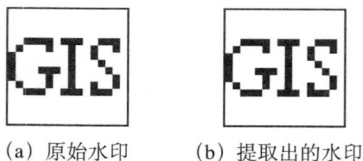

(a) 原始水印   (b) 提取出的水印

图 13-49　原始水印及提取的水印

（四）水印的鲁棒性检验

JPEG 压缩代表当前静止图像中应用最为广泛的压缩算法。虽然它是有损压缩，在 DEM 数据操作中并不常见，但是当对 DEM 数据的精度要求不高时，DEM 数据仍有可能受到该种方式攻击。以下给出对含水印 DEM 应用 JPEG 压缩后，检测器提取水印的效果（实验中为检验所提出算法的水印稳健性，采用高程值为 0～255 的 DEM 数据作为载体）。图 13-50 表明当 JPEG 压缩质量为 75 时，仍能较好地从含水印 DEM 中提取出水印，证明本算法能很好地抵抗 JPEG 压缩。

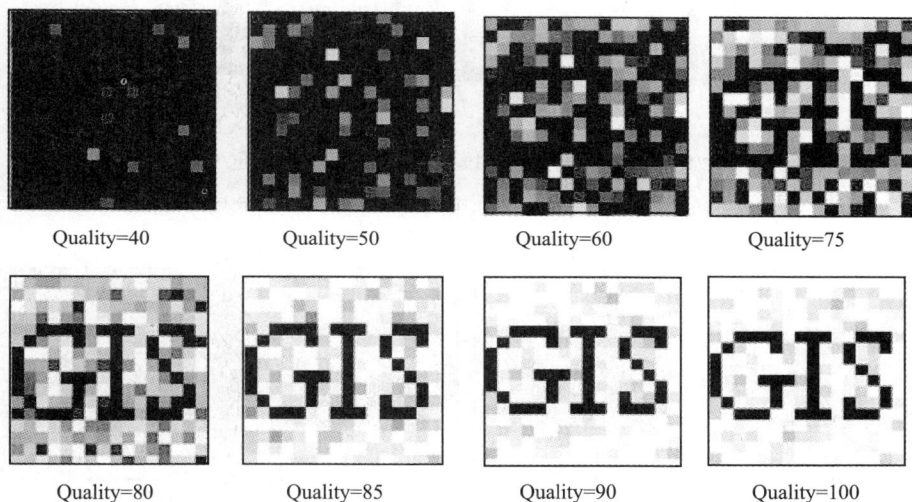

图 13-50　不同 JPEG 压缩质量（Quality）下所提取出的水印

JPEG2000 是当前最新的图像压缩标准。由于该标准是基于小波变换域的，而目前很多 DEM 数据压缩中也采用基于小波域的压缩算法（万刚等，1999；张立强等，2004；崔宝侠等，2004；常占强等，2004；罗永等，2005；陈仁喜等，2006），因此选用 JPEG2000 压缩检验本算法水印的稳健性，具有一定的代表意义。以下给出对含水印 DEM 应用 JPEG2000 压缩后，检测器检测水印的效果（采用 JASPER 软件实现 JPEG2000 的压缩，实验中为检验所提出算法的水印稳健性，采用高程值为 0～255 的 DEM 数据作为载体）。图 13-51 表明当 JPEG2000 压缩质量为 50 时，仍能较好地从含水印 DEM 中提取出水印，证明本算法能很好地抵抗 JPEG2000 压缩。

几何裁剪是 DEM 数据中常见的操作，以下给出不同裁剪方式下从含水印 DEM 中提取出的水印及其与原始水印图像的相关性，相关性公式见式（13-33）（雨宫好文等，2001）。图 13-52 和表 13-6 表明水印对抵抗几何裁剪具有较好的稳健性。

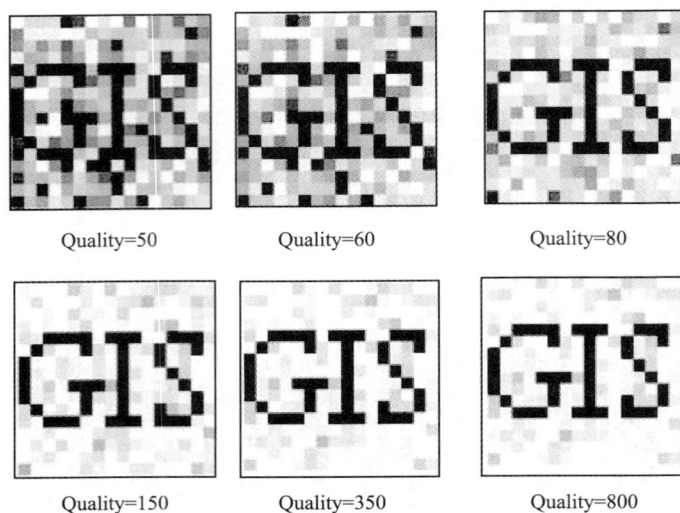

Quality=50　　　　Quality=60　　　　Quality=80

Quality=150　　　　Quality=350　　　　Quality=800

图 13-51　不同 JPEG2000 压缩质量下所提取出的水印

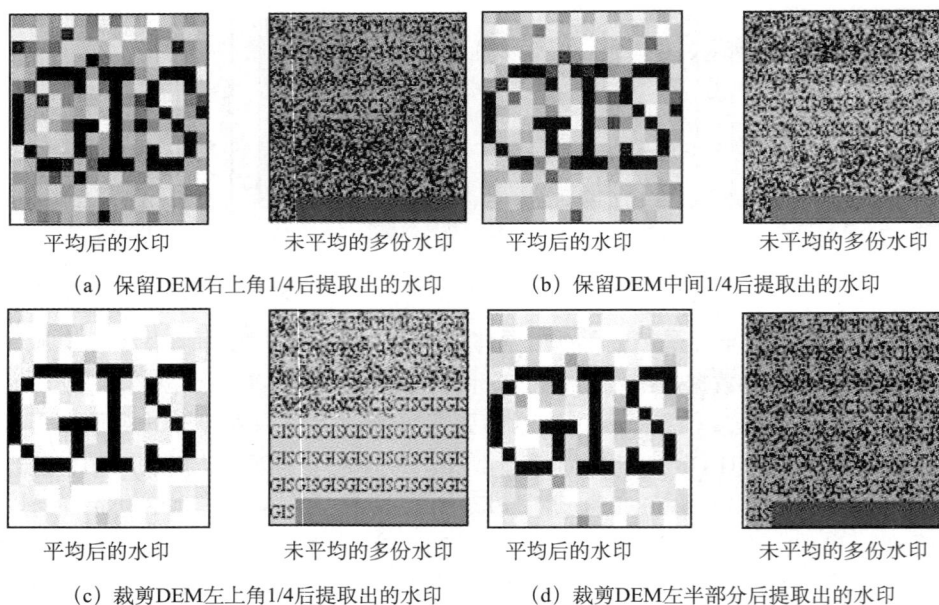

平均后的水印　　　未平均的多份水印　　　平均后的水印　　　未平均的多份水印

（a）保留DEM右上角1/4后提取出的水印　　　（b）保留DEM中间1/4后提取出的水印

平均后的水印　　　未平均的多份水印　　　平均后的水印　　　未平均的多份水印

（c）裁剪DEM左上角1/4后提取出的水印　　　（d）裁剪DEM左半部分后提取出的水印

图 13-52　不同裁剪方式下所提出的水印

$$S = \frac{\sum\limits_{i=1}^{M}\sum\limits_{j=1}^{N}(f_{ij}-\overline{f})(g_{ij}-\overline{g})}{\sqrt{\sum\limits_{i=1}^{M}\sum\limits_{j=1}^{N}f_{ij}^2}\sqrt{\sum\limits_{i=1}^{M}\sum\limits_{j=1}^{N}g_{ij}^2}} \tag{13-33}$$

式中：$\overline{f} = \dfrac{1}{MN}\sum\limits_{i=1}^{M}\sum\limits_{j=1}^{N} f_{ij}$; $\overline{g} = \dfrac{1}{MN}\sum\limits_{i=1}^{M}\sum\limits_{j=1}^{N} g_{ij}$

表 13-6　不同裁剪方式提取水印与原始水印的相关性

裁剪方式	相关性
保留 DEM 右上角 1/4	0.8096
保留 DEM 中间 1/4	0.8557
裁剪 DEM 左上角 1/4	0.9825
裁剪 DEM 左半部分	0.9503

二　基于离散小波变换（discrete wavelet transform，DWT）域的 DEM 数字水印算法

在数字水印研究中，由于小波变换具有其多尺度分析能力正好适应人眼的视觉特性、能避免分块 DCT 变换使重构图像出现的马赛克现象、水印鲁棒性更强，以及与当前最新的图像压缩标准——JPEG2000 和视频的 MPEG7 压缩标准兼容等优点，因而基于小波变换的数字水印技术是今后的重要发展方向。

（一）数字水印生成

数字水印的生成方法与 DCT 方法一样。

1. 数字水印嵌入位置的自适应

数字水印嵌入的空间位置仍然选择在地性线上，只是地性线的提取方法与上一节有所不同。通常，基于 DWT 域的数字水印嵌入算法是将载体图像进行多级离散小波分解，再将水印嵌入在所选定的某个或某些尺度（某层）的某些子带系数上。为了实现水印在地性线上的嵌入，需要知道相应尺度下的地性线位置。

首先，对 DEM 数据进行指定层数的小波分解，其中低频子带表示由小波变换分解级数决定的最大尺度、最小分辨率下对原始 DEM 的最佳逼近。其次，由于低频子带系数与利用低频子带系数所重构的 DEM 类似，因此，可基于低频子带系数，采用前述三维 Douglas-Peucker 算法，提取该尺度下的地性线。值得注意的是，之所以选择低频而不是其他三个高频子带系数来提取该尺度下的地性线，是因为地性线往往并不表现为明确的边缘线，而是高程的渐变过程，属于数据的低频部分，因此离散小波分解并不能将地性线有效地分解到其他高频子带上，图 13-53 也说明了这一点。

由于不同 DEM 数据所提取的地性线可能不同，因此基于地性线嵌入水印的策略可以实现水印嵌入位置随 DEM 数据内容的改变而自适应改变。

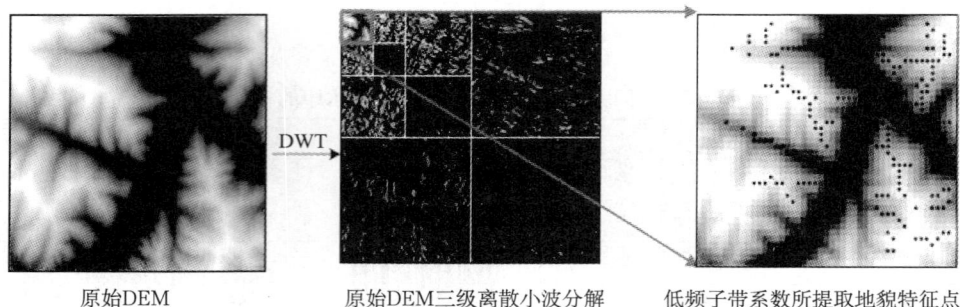

| 原始DEM | 原始DEM三级离散小波分解 | 低频子带系数所提取地貌特征点 |

图 13-53　DEM 的三级 DWT 分解及该尺度下的地貌特征点
（采用三维 Douglas-Peucker 算法）

2. 数字水印嵌入强度的自适应

1）嵌入强度约束条件的数学表述

设 $D = \{d_{ij}\}_{n \times n}$ 为水印在空间域中产生的差值，即

$$D = |x - x'| \tag{13-34}$$

则最大误差约束可以表示为

$$D \leqslant \max E \tag{13-35}$$

式中：$\max E$ 为给定的 DEM 最大误差限。

中误差约束可以表示为

$$\sqrt{\dfrac{\sum\limits_{i=0}^{n_1-1}\sum\limits_{j=0}^{n_2-1}d_{ij}^2}{n_1 n_2}} \leqslant \text{RMSE} \tag{13-36}$$

式中：RMSE 为给定的中误差限。

联合求解最大误差不等式（13-35）和中误差不等式（13-36），取两者所求出 α 中较小的一个，即得出满足 DEM 精度模型的最大嵌入强度。

需注意的是，本书所推导的满足 DEM 精度模型的最大嵌入强度 α 求解公式，适用于加性嵌入规则的情况。

2）嵌入强度的公式求解

已知，Z 为 z 进行 l 次二维小波变换所得到的所有系数，LZ 为 Z 按行展开的列向量。设 $\text{CA}^l = \{\text{ca}_{ij}\}_{\frac{n}{2^l} \times \frac{n}{2^l}}$，$\text{CH}^l = \{\text{ch}_{ij}\}_{\frac{n}{2^l} \times \frac{n}{2^l}}$，$\text{CV}^l = \{\text{cv}_{ij}\}_{\frac{n}{2^l} \times \frac{n}{2^l}}$，$\text{CD}^l = \{\text{cd}_{ij}\}_{\frac{n}{2^l} \times \frac{n}{2^l}}$ 为 z 进行 l 次二维小波变换所得到的低频部分的四个子带系数。

则

$$Z = \begin{bmatrix} 0 & \text{CH}^1 \\ \text{CV}^1 & \text{CD}^1 \end{bmatrix} + \left[\begin{array}{c|c} \begin{matrix} 0 & \text{CH}^2 \\ \text{CV}^2 & \text{CD}^2 \end{matrix} & 0 \\ \hline 0 & 0 \end{array}\right] + \cdots + \left[\begin{array}{c|c} \begin{matrix} \text{CA}^l & \text{CH}^l \\ \text{CV}^l & \text{CD}^l \end{matrix} & 0 \\ \hline 0 & 0 \end{array}\right] \tag{13-37}$$

嵌入水印后 $\mathrm{CH}^{l'} = \mathrm{CH}^l + \alpha \cdot \mathrm{pwm} \cdot w$，$\mathrm{CV}^{l'} = \mathrm{CV}^l + \alpha \cdot \mathrm{pwm} \cdot w$

则

$$Z' = \begin{bmatrix} 0 & \mathrm{CH}^1 \\ \mathrm{CV}^1 & \mathrm{CD}^1 \end{bmatrix} + \begin{bmatrix} \begin{array}{cc|c} 0 & \mathrm{CH}^2 & 0 \\ \mathrm{CV}^2 & \mathrm{CD}^2 & \\ \hline & 0 & \end{array} \end{bmatrix} + \cdots + \begin{bmatrix} \begin{array}{cc|c} \mathrm{CA}^l & \mathrm{CH}^{l'} & 0 \\ \mathrm{CV}^{l'} & \mathrm{CD}^l & \\ \hline & 0 & \end{array} \end{bmatrix}$$

$$= \begin{bmatrix} 0 & \mathrm{CH}^1 \\ \mathrm{CV}^1 & \mathrm{CD}^1 \end{bmatrix} + \begin{bmatrix} \begin{array}{cc|c} 0 & \mathrm{CH}^2 & 0 \\ \mathrm{CV}^2 & \mathrm{CD}^2 & \\ \hline & 0 & \end{array} \end{bmatrix}$$

$$+ \cdots + \begin{bmatrix} \begin{array}{cc|c} \mathrm{CA}^l & \mathrm{CH}^l + \alpha \cdot \mathrm{pwm} \cdot w & 0 \\ \mathrm{CV}^l + \alpha \cdot \mathrm{pwm} \cdot w & \mathrm{CD}^l & \\ \hline & 0 & 0 \end{array} \end{bmatrix}$$

$$= \begin{bmatrix} 0 & \mathrm{CH}^1 \\ \mathrm{CV}^1 & \mathrm{CD}^1 \end{bmatrix} + \begin{bmatrix} \begin{array}{cc|c} 0 & \mathrm{CH}^2 & 0 \\ \mathrm{CV}^2 & \mathrm{CD}^2 & \\ \hline & 0 & \end{array} \end{bmatrix} + \cdots + \begin{bmatrix} \begin{array}{cc|c} \mathrm{CA}^l & \mathrm{CH}^l & 0 \\ \mathrm{CV}^l & \mathrm{CD}^l & \\ \hline & 0 & \end{array} \end{bmatrix} \quad (13\text{-}38)$$

$$+ \begin{bmatrix} \begin{array}{cc|c} 0 & \alpha \cdot \mathrm{pwm} \cdot w & 0 \\ \alpha \cdot \mathrm{pwm} \cdot w & 0 & \\ \hline & 0 & 0 \end{array} \end{bmatrix}$$

$$= Z + \begin{bmatrix} \begin{array}{cc|c} 0 & \alpha \cdot \mathrm{pwm} \cdot w & 0 \\ \alpha \cdot \mathrm{pwm} \cdot w & 0 & \\ \hline & 0 & 0 \end{array} \end{bmatrix}$$

式中：pwm 为满足人类视觉约束的 DWT 系数的最大改变量。

令 $\mathrm{PWM} = \begin{bmatrix} \begin{array}{cc|c} 0 & \mathrm{pwm} \cdot w & 0 \\ \mathrm{pwm} \cdot w & 0 & \\ \hline & 0 & 0 \end{array} \end{bmatrix}$，其中 PWM 大小为 $n \times n$，pwm 大小

为 $\dfrac{n}{2^l} \times \dfrac{n}{2^l}$。令 $W = \begin{bmatrix} \begin{array}{cc|c} 0 & w & 0 \\ w & 0 & \\ \hline & 0 & 0 \end{array} \end{bmatrix}$，其中 W 大小为 $n \times n$，w 大小为 $\dfrac{n}{2^l} \times \dfrac{n}{2^l}$，

则

$$Z' = Z + |\alpha| \mathrm{PWM} \times W \quad (13\text{-}39)$$

设 LD 为 D 按列展开的列向量，LZ' 为 Z' 按列展开的列向量，LPWM 为 PWM 按列展开的列向量，LW 为 W 按列展开的列向量。

则

$$
\begin{aligned}
LD &= |LZ - LZ'| \\
&= |BL^* \times LZ - BL^* \times LZ'| \\
&= |BL^* \times LZ - BL^* \times (LZ + \alpha \cdot LPWM \cdot LW)| \\
&= |BL^* \times LZ - BL^* \times LZ - BL^* \times (\alpha \cdot LPWM \cdot LW)| \\
&= |BL^* \times (\alpha \cdot LPWM \cdot LW)| \\
&= |\alpha| |BL^* \times (LPWM \cdot LW)|
\end{aligned} \tag{13-40}
$$

由式（13-40），最大误差约束（13-35）可变换为

$$
LD = |\alpha| |BL^* \times (LPWM \cdot LW)| \leqslant \max E \tag{13-41}
$$

此式为一元一次不等式组。

令 $\varepsilon = |BL^* \times (LPWM \cdot LW)|$，则

$$
\begin{aligned}
LD &= |\alpha| |BL^* \times (LPWM \cdot LW)| \\
&= |\alpha| \varepsilon
\end{aligned} \tag{13-42}
$$

由式（13-40），中误差约束式（13-36）可变换为

$$
\sqrt{\frac{\sum_{k=0}^{n_1-1} d_k'^2}{n^2}} \leqslant RMSE \tag{13-43}
$$

即

$$
\begin{aligned}
\sqrt{\frac{\sum_{k=0}^{n_1-1} d_k'^2}{n^2}} &= \sqrt{\frac{\sum_{k=0}^{n_1-1} (|\alpha| \varepsilon_k)^2}{n^2}} \\
&= \frac{|\alpha|}{n} \sqrt{\sum_{k=0}^{n_1-1} (\varepsilon_k)^2} \\
&\leqslant RMSE
\end{aligned} \tag{13-44}
$$

此式为一元一次不等式。

联立式（13-42）和式（13-44），取所求 α 中较小的一个，即为满足 DEM 精度的最大嵌入强度，其中 $\max E$ 和 RMSE 为给定的最大误差和中误差限。此外，由国家 DEM 精度标准可知，不同地貌具有不同的最大误差和中误差限，因此，随地貌类型的不同，由上式所得到的水印嵌入强度 α 即可随之自适应改变。

又因为 pwm 为原始 DEM 数据 x 在满足人类视觉约束条件下 DWT 系数的最大改变量，为避免超出视觉模型，若 α 大于 1，则 α 应取为 1。

3）PWM（pixel-wise masking）小波域视觉模型

以下介绍嵌入强度求解公式中参数 pwm 的求解。

PWM 小波域视觉模型由 M. Barni 等于 2001 年提出。该模型根据人类视觉系统的特点，提出式（13-45）来计算小波域的视觉权重函数 $W_l^\theta(i,j)$，即

$$
W_l^\theta(i,j) = \Theta(l,\theta) \cdot \Lambda(l,i,j) \cdot \Xi(l,i,j)^{0.2} \tag{13-45}
$$

式中：三个参数分别用来评价频带 $\Theta(l,\theta)$、亮度 $\Lambda(l,i,j)$ 和纹理特征 $\Xi(l,i,j)$ 对噪声的敏感度；l 表示小波分解层数；θ 表示子带的方向（水平、垂直或对角线方向）；i,j 表示图像的小波系数。

参数 $\Theta(l,\theta)$ 依赖于分解层数的子带方向和分辨率，由式（13-46）计算，即

$$\Theta(l,\theta) = \begin{cases} \sqrt{2}, & \text{if } \theta = 1 \\ 1, & \text{otherwise} \end{cases} \cdot \begin{cases} 1.00, & \text{if } l = 0 \\ 0.32, & \text{if } l = 1 \\ 0.16, & \text{if } l = 2 \\ 0.10, & \text{if } l = 3 \end{cases} \tag{13-46}$$

参数 $\Lambda(l,i,j)$ 用来评价所有分辨率层次上的局部亮度值，计算公式为

$$\Lambda(l,i,j) = 1 + L'(l,i,j) \tag{13-47}$$

其中

$$L'(l,i,j) = \begin{cases} 1 - I_L^\theta(i,j), & \text{if } I_L^\theta(i,j) < 0.5 \\ I_L^\theta(i,j), & \text{otherwise} \end{cases} \tag{13-48}$$

需要注意的是在计算 $\Lambda(l,i,j)$ 之前，所有的子带系数值必须归一化到 $0\sim1$。

参数 $\Xi(l,i,j)$ 用来描述系数在其邻域内的纹理特性。其中，式（13-49）的前半部分表示在当前层上，三个细节子带（h 为水平子带；v 为垂直子带；d 为对角线子带）DWT 系数的均方值，后一部分表示相应层上低频子带系数在一小邻域（2×2 或 3×3）内的方差，即

$$\Xi(l,i,j) = \frac{\sum_{\theta=h,v,d} \left[I_l^\theta(i,j)\right]^2}{3} \cdot \text{VAR}\{I_L^\theta(i,j)\} \tag{13-49}$$

4）嵌入强度求解公式的检验

利用实验方法检验 DWT 域水印嵌入强度求解公式的正确性，并与常用 DWT 算法进行对比。为叙述方便，本节将同时考虑 DEM 精度和视觉模型的 DWT 水印算法称为算法一，而将仅考虑视觉模型的 DWT 水印算法称为算法二。为确保检验结果的客观性，实验中不对水印嵌入深度和水印长度做限制，并使算法一和算法二在以下实验条件中保持完全相同。

（1）载体相同，水印信号相同（均为 0，1 二值水印图像）。

（2）水印嵌入均采用加性嵌入规则，只是算法一中嵌入强度 α 由 DEM 精度模型（给定精度为国家 1:1 万 DEM 二级精度标准）和视觉模型（采用 PWM 小波域视觉模型）共同决定，算法二中嵌入强度 α 由人为给定，使其满足水印不可见性，实验中取为 0.5。

（3）为确保检验结果的客观性，实验中不对频率域中水印嵌入的深度和水印长度做特别限制，否则当水印嵌入位置合适，而水印长度又较短时，所得到的实验结果也可能既满足 DEM 精度又满足水印的视觉不可见性，从而影响公式

的检验。实验中利用 Harr 小波基对 DEM 作五级 DWT 分解，水印嵌入在第五级水平和垂直子带的所有系数上。

分别应用算法一与算法二所得到的含水印 DEM 结果如图 13-54 所示，可见在视觉质量上两者基本一致。

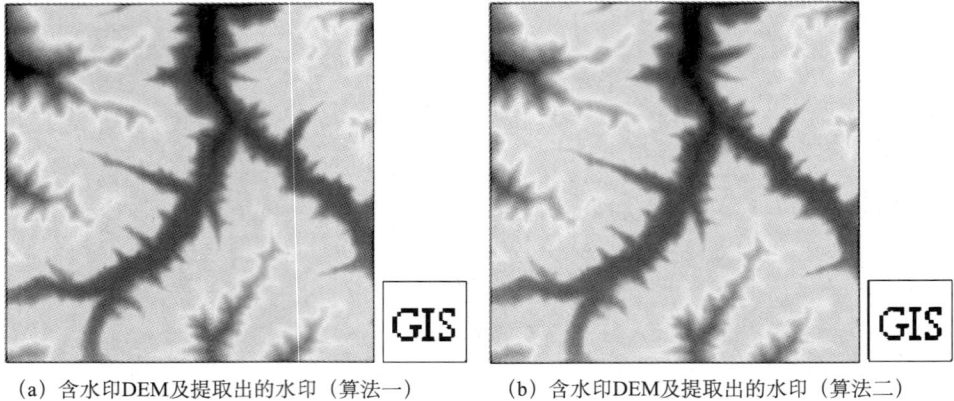

(a) 含水印DEM及提取出的水印（算法一）　　　(b) 含水印DEM及提取出的水印（算法二）

图 13-54　算法一与算法二实验结果

方法一：基于地貌类型的误差检验。

与 DCT 域嵌入强度求解公式检验类似，计算各地貌类型区内应用算法一和算法二分别得到的含水印 DEM 与原始 DEM 的实际中误差和实际最大误差，然后将实际误差值与理论值比较如图 13-55 和图 13-56 所示。可见，虽然两种算法的结果均满足水印不可见性要求，但在各地貌类型区内，算法一的中误差和最大误差结果均在给定的 DEM 精度范围以内，而仅考虑视觉模型、未作精度控制的算法二，其中误差在平地超出 DEM 二级精度标准，最大误差在平地超出 DEM 三级标准，很显然不符合 DEM 精度要求。

方法二：基于栅格的最大误差检验。

与 DCT 嵌入强度求解公式检验类似，计算应用算法一得到的含水印 DEM 与原始 DEM 差值的绝对值记为实际误差一；计算应用算法二得到的含水印 DEM 与原始 DEM 差值的绝对值记为实际误差二；利用理论最大误差限分别减去实际误差一和实际误差二，如图 13-57 所示。可见，算法一的实际误差均小于理论值（后者与前者之差为大于等于零的正数），满足 DEM 精度要求。而算法二的实际误差并不完全小于理论值（后者与前者之差出现了负数），而且超出精度部分主要出现在地形较为平坦的区域，由此，同样可验证前文的结论，在整幅 DEM 水印嵌入强度相同的条件下，从 DEM 精度来看，平坦地区所能嵌入的水印能量要小于其他区域。很显然，算法二不能满足 DEM 的精度要求。

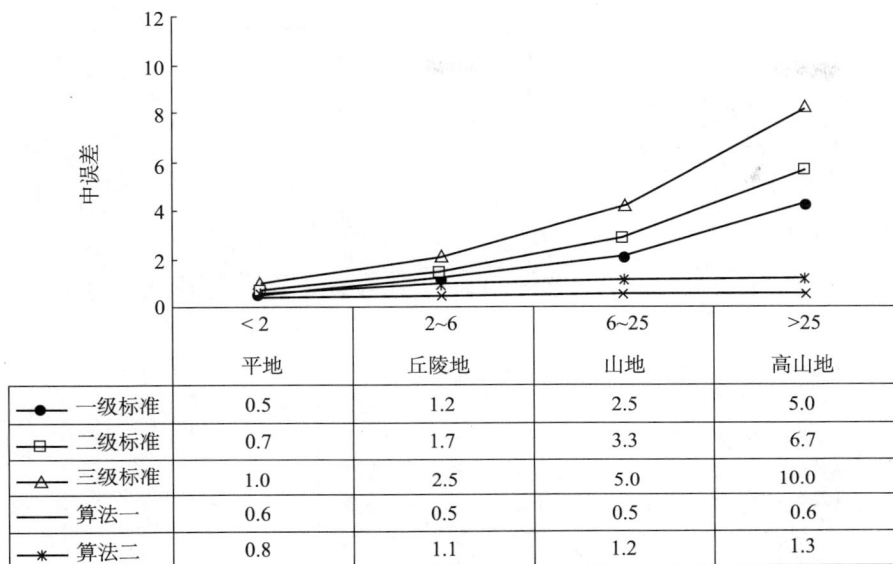

| | < 2 | 2~6 | 6~25 | >25 |
	平地	丘陵地	山地	高山地
一级标准	0.5	1.2	2.5	5.0
二级标准	0.7	1.7	3.3	6.7
三级标准	1.0	2.5	5.0	10.0
算法一	0.6	0.5	0.5	0.6
算法二	0.8	1.1	1.2	1.3

图 13-55　各地貌类型区两种算法的中误差比较

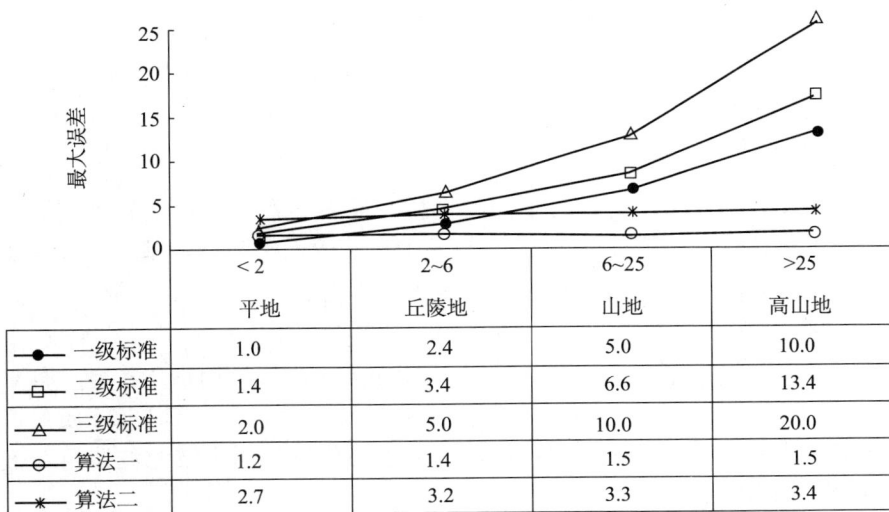

| | < 2 | 2~6 | 6~25 | >25 |
	平地	丘陵地	山地	高山地
一级标准	1.0	2.4	5.0	10.0
二级标准	1.4	3.4	6.6	13.4
三级标准	2.0	5.0	10.0	20.0
算法一	1.2	1.4	1.5	1.5
算法二	2.7	3.2	3.3	3.4

图 13-56　各地貌类型区两种算法的最大误差比较

实验证明，本节所推导的 DWT 域水印嵌入强度的求解公式能使水印 DEM 既满足给定的精度要求，又满足水印的视觉不可见性。而常用的仅考虑视觉模型的 DWT 域水印算法却不一定能满足 DEM 精度要求。

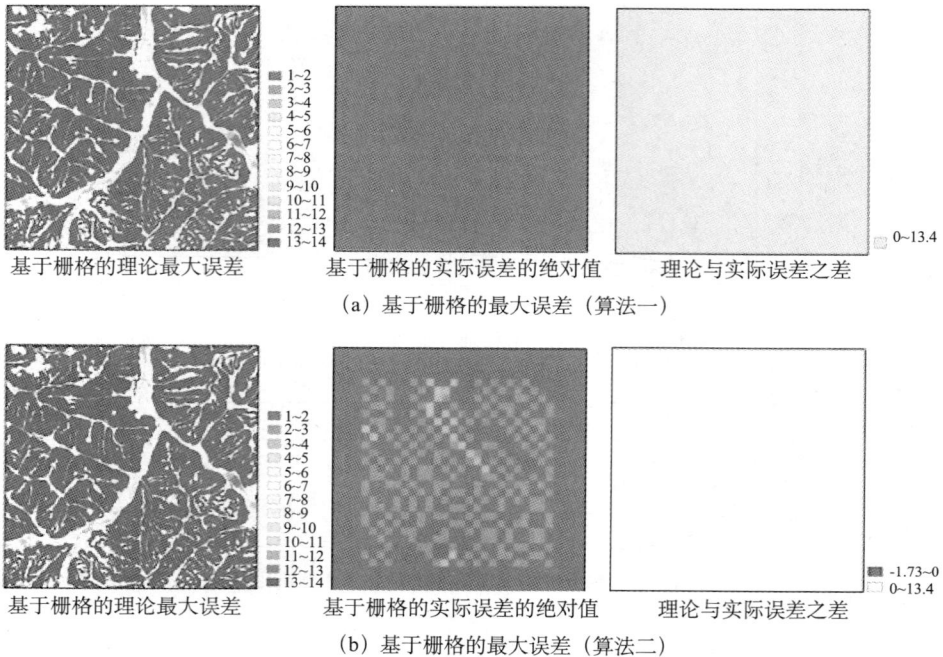

基于栅格的理论最大误差　　基于栅格的实际误差的绝对值　　理论与实际误差之差

（a）基于栅格的最大误差（算法一）

基于栅格的理论最大误差　　基于栅格的实际误差的绝对值　　理论与实际误差之差

（b）基于栅格的最大误差（算法二）

图 13-57　基于栅格的两种算法最大误差统计结果

（二）小波基的选择

众所周知，不同小波基具有不同的性质，最终导致小波系数的不同分布特征和能量汇聚特性（于超等，2003）。与基于小波的编码类似，基于小波的水印算法中，小波滤波器组的选择通常会影响水印算法的性能。前人的研究（刘九芬等，2002；刘九芬等，2003；Miyazaki，2003；Dietze et al.，2004；Akio Miyazaki，2004）主要针对不同小波滤波器组对水印稳健性的影响，而对于 DEM 数字水印而言，选择不同的小波滤波器组是否会对含水印 DEM 质量产生不同影响也值得探讨。以此为切入点，这里主要分析不同小波滤波器组对嵌入水印后 DEM 精度的影响。

为使不同小波基比较尽可能合理，实验在以下四方面均保持相同：①嵌入各小波基的水印相同；②水印嵌入强度相同；③载体相同；④嵌入策略相同。

（1）实验以地形复杂程度不一的六幅 DEM（512×512）数据为测试数据（图 13-58），分别用 DbN（$1 \leqslant N \leqslant 10$）对测试数据进行二、三、四级分解。边界采用循环周期延拓，小波图像可完全重构，即完全消除信号的有限长度带来的边缘效应。

（2）嵌入水印时，未考虑视觉模型，嵌入强度为 2。

（3）不同小波滤波器组对水印 DEM 精度的影响仍以中误差和最大误差作为衡量指标。

（4）以地貌类型区为基准，分别统计利用各小波基进行二级、三级、四级

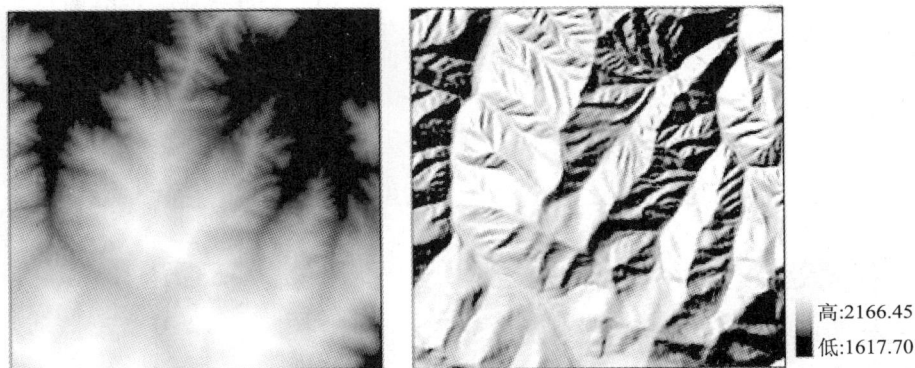

高:2166.45
低:1617.70

（a）DEM1及其地貌晕渲图

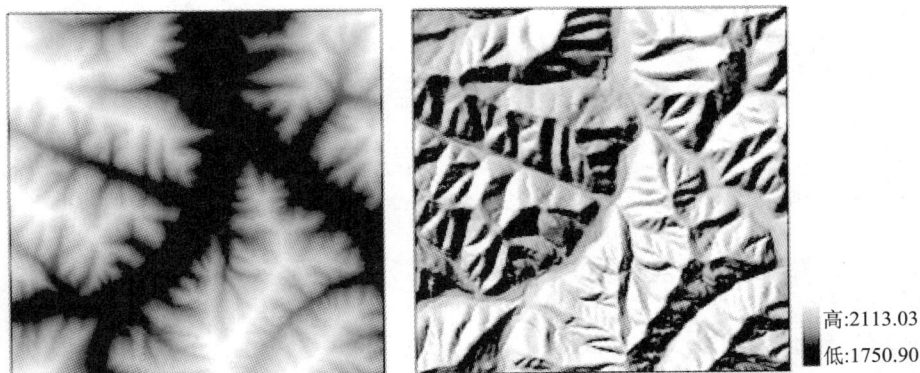

高:2113.03
低:1750.90

（b）DEM2及其地貌晕渲图

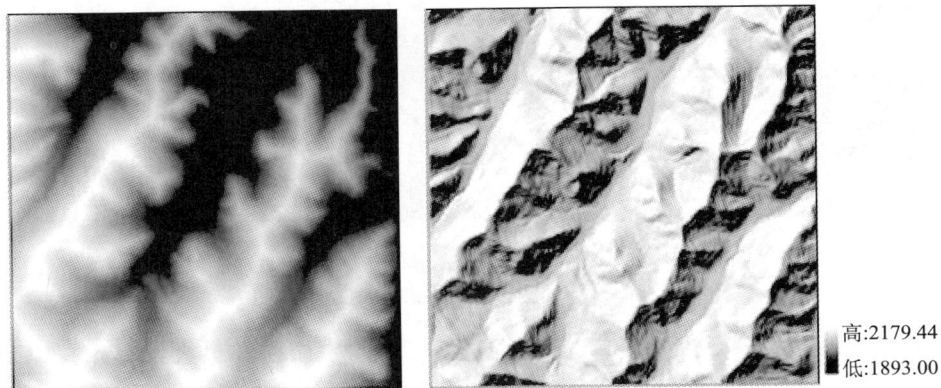

高:2179.44
低:1893.00

（c）DEM3及其地貌晕渲图

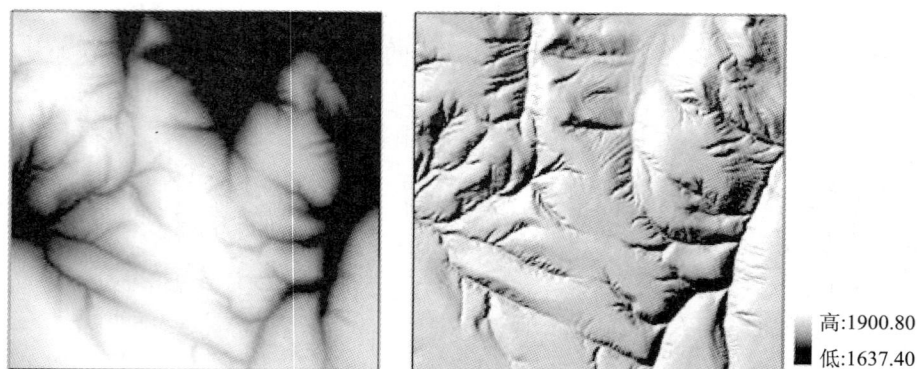

（d）DEM4及其地貌晕渲图

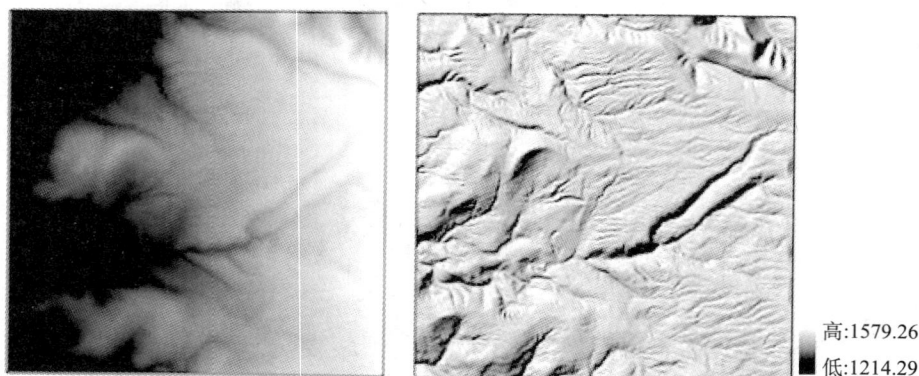

（e）DEM5及其地貌晕渲图

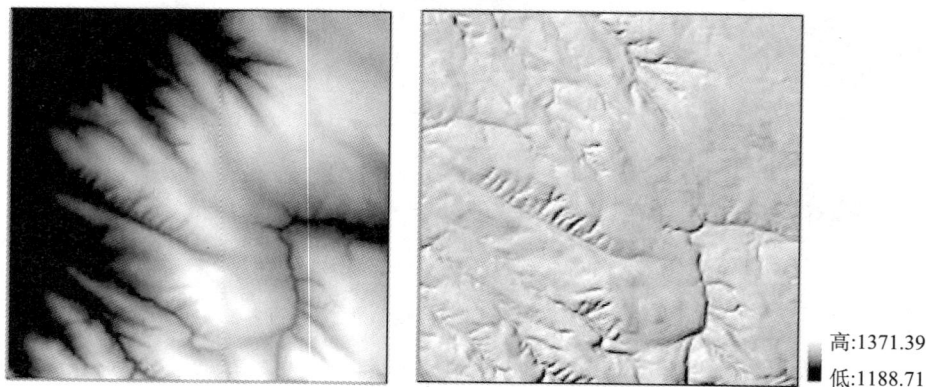

（f）DEM6及其地貌晕渲图

图 13-58　DEM 测试数据及相应地貌晕渲图

离散小波分解后嵌入水印的 DEM 与原始 DEM 的中误差和最大误差值。以对 DEM1 利用 $\mathrm{Db}N(1 \leqslant N \leqslant 10)$ 小波基进行二级分解为例，如表 13-7 所示。

表 13-7 不同小波基对水印 DEM 精度的影响（以 DEM1 为例）

DEM1		Db1	Db2	Db3	Db4	Db5	Db6	Db7	Db8	Db9	Db10
PSNR		68.24	68.24	68.24	68.24	68.24	68.24	68.24	68.24	68.24	68.24
中误差	平地	0.76	0.79	0.77	0.80	0.77	0.72	0.80	0.75	0.78	0.83
	丘陵	0.77	0.79	0.80	0.79	0.81	0.81	0.80	0.81	0.80	0.82
	山地	0.84	0.84	0.84	0.84	0.84	0.84	0.84	0.84	0.84	0.84
	高山	0.84	0.84	0.84	0.84	0.84	0.84	0.84	0.84	0.84	0.84
最大误差	平地	1.50	2.11	2.09	1.77	1.56	1.86	1.71	1.78	1.46	2.07
	丘陵	1.50	2.98	2.97	1.95	2.46	2.95	2.70	2.07	2.48	2.37
	山地	1.50	3.27	3.30	2.32	3.73	3.43	2.74	2.75	2.85	2.85
	高山	1.50	3.27	3.30	2.32	3.76	3.43	2.97	2.75	2.69	3.20

为评价哪个小波基对水印 DEM 的精度影响最小，即误差最小，采用多指标综合评价方法。该方法把多个描述被评价事物不同方面且量纲不同的统计指标转化成无量纲的相对评价值，并综合这些评价值得出对该事物的一个整体评价的方法。实验中，将表 13-7 中的误差值均归一化为 0~1（分别除以同一行中的最大值）。然后将各归一化值按列相加，比较相加的结果。结果越小，则该小波基对水印 DEM 的精度影响越小。

小波分正交和双正交两类，双正交小波由于可以同时具备正则性、紧支性和对称性等，被广泛应用于图像处理。而正交小波滤波器需要周期延拓，从而在边界点造成尖锐跳变，引入了人为的高频成分；同时它的非对称滤波（只有 Haar 小波除外）和量化误差容易导致边缘错位，形成感官误差。二者都影响压缩编码的性能，从而使得大多数压缩编码算法选用双正交小波基，但这些对编码算法来说的缺点对水印算法的性能影响并不大（刘九芬等，2003）。因此，本书对正交和双正交小波基对水印 DEM 精度的影响均作了研究，实验结果如图 13-59 所示。图 13-60 为不同正交小波基对水印 DEM 精度的影响。

由图 13-59 和图 13-60 可知，正交小波基中的 Db1 小波基和双正交小波基中的 bior 3.9 小波基对水印 DEM 的精度影响较小，而双正交小波基中的 bior 5.5 小波基影响较大。

（三）数字水印嵌入

数字水印的嵌入分为以下几步：

（1）利用 Db1 小波基对 DEM 数据进行三层离散小波分解，再基于低频子带系数提取第三级尺度下的 DEM 地性线作为待嵌入水印位置，并将该结果保存待水印提取时使用。

之所以选择 Db1 小波基，是因为该小波基对含水印 DEM 的精度影响较小，而且根据刘九芬等的研究（刘九芬等，2003），该小波基对水印的稳健性较好。

（2）根据 PWM 小波域视觉模型计算 pwm 值，即满足水印不可见性的小波

	Db1	Db2	Db3	Db4	Db5	Db6	Db7	Db8	Db9	Db10
DEM1	5.86	7.66	7.65	6.65	7.47	7.56	7.17	6.89	6.91	7.38
DEM2	5.52	7.39	7.26	6.35	7.93	7.60	6.93	6.70	6.89	7.13
DEM3	5.61	7.53	7.50	6.42	7.67	7.14	6.81	7.06	6.87	7.18
DEM4	5.47	7.38	7.34	6.35	7.90	7.52	7.00	6.89	6.88	7.24
DEM5	5.63	7.53	7.50	6.53	7.77	7.59	6.94	6.83	7.05	7.07
DEM6	5.58	7.44	7.42	6.44	7.95	7.65	6.96	6.92	6.94	7.13

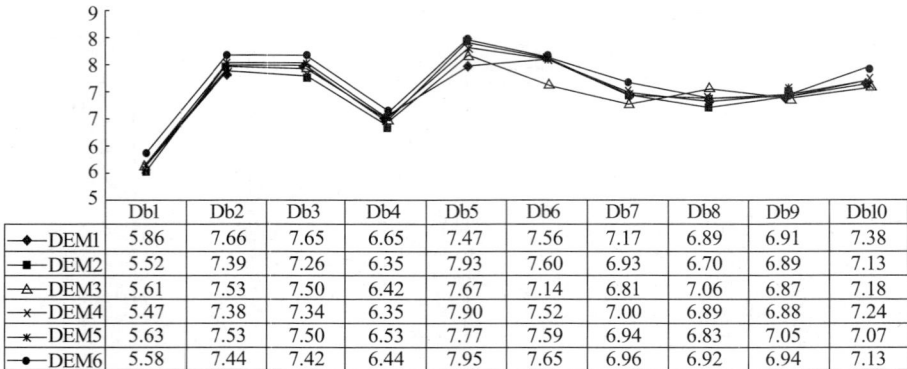

小波基名称
（a）小波分解二层的结果

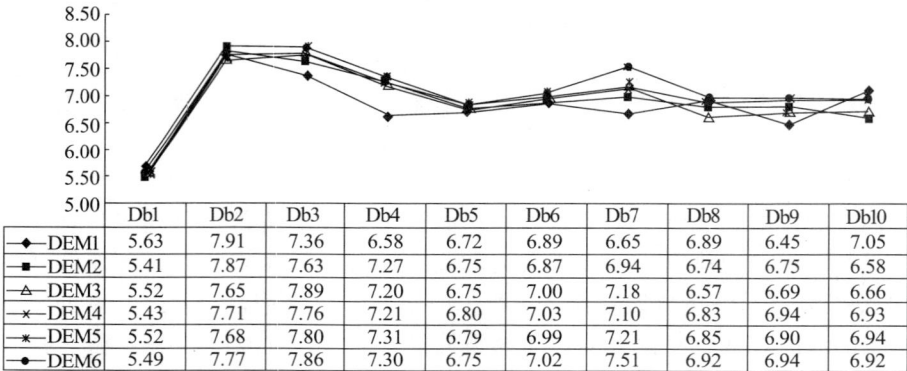

	Db1	Db2	Db3	Db4	Db5	Db6	Db7	Db8	Db9	Db10
DEM1	5.63	7.91	7.36	6.58	6.72	6.89	6.65	6.89	6.45	7.05
DEM2	5.41	7.87	7.63	7.27	6.75	6.87	6.94	6.74	6.75	6.58
DEM3	5.52	7.65	7.89	7.20	6.75	7.00	7.18	6.57	6.69	6.66
DEM4	5.43	7.71	7.76	7.21	6.80	7.03	7.10	6.83	6.94	6.93
DEM5	5.52	7.68	7.80	7.31	6.79	6.99	7.21	6.85	6.90	6.94
DEM6	5.49	7.77	7.86	7.30	6.75	7.02	7.51	6.92	6.94	6.92

小波基名称
（b）小波分解三层的结果

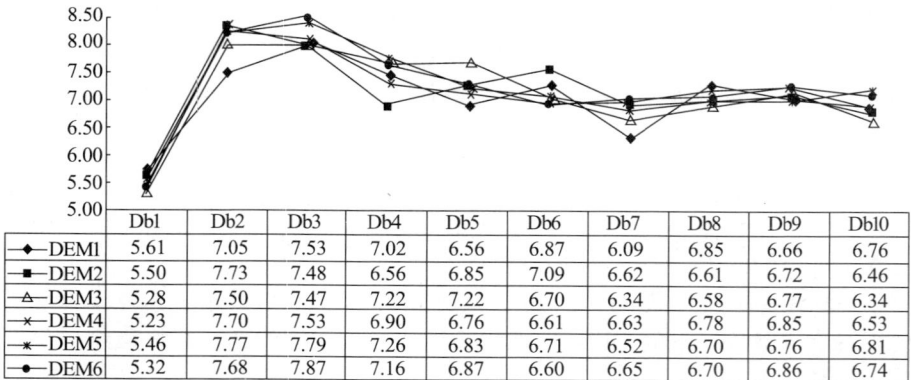

	Db1	Db2	Db3	Db4	Db5	Db6	Db7	Db8	Db9	Db10
DEM1	5.61	7.05	7.53	7.02	6.56	6.87	6.09	6.85	6.66	6.76
DEM2	5.50	7.73	7.48	6.56	6.85	7.09	6.62	6.61	6.72	6.46
DEM3	5.28	7.50	7.47	7.22	7.22	6.70	6.34	6.58	6.77	6.34
DEM4	5.23	7.70	7.53	6.90	6.76	6.61	6.63	6.78	6.85	6.53
DEM5	5.46	7.77	7.79	7.26	6.83	6.71	6.52	6.70	6.76	6.81
DEM6	5.32	7.68	7.87	7.16	6.87	6.60	6.65	6.70	6.86	6.74

小波基名称
（c）小波分解四层的结果

图 13-59 正交和双正交小波基对水印 DEM 精度的影响
（图中纵轴为误差归一化值之和）

	bior1.1	bior1.3	bior1.5	bior2.2	bior2.4	bior2.6	bior2.8	bior3.1	bior3.3	bior3.5	bior3.7	bior3.9	bior4.4	bior5.5	bior6.8
◆DEM1	4.96	5.32	5.49	6.12	5.76	5.61	5.53	5.64	4.75	4.49	4.36	4.28	6.18	7.88	5.76
■DEM2	4.95	5.28	5.47	6.02	5.67	5.51	5.44	6.08	4.95	4.56	4.37	4.26	6.14	8.00	5.71
△DEM3	5.03	5.34	5.51	5.86	5.53	5.40	5.34	5.66	4.71	4.42	4.28	4.22	6.11	8.00	5.72
✕DEM4	4.94	5.26	5.44	6.03	5.68	5.52	5.45	6.06	4.86	4.49	4.33	4.25	6.23	8.00	5.77
✳DEM5	4.95	5.28	5.45	5.90	5.55	5.41	5.33	5.69	4.68	4.36	4.21	4.13	6.08	8.00	5.66
●DEM6	4.92	5.24	5.41	5.97	5.62	5.47	5.40	5.97	4.81	4.43	4.26	4.18	6.17	8.00	5.74

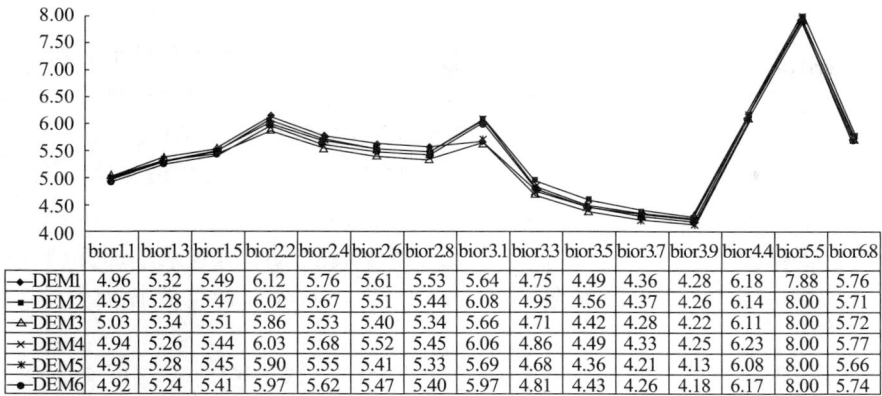

小波滤波器组名称

(a) 小波分解两层的结果

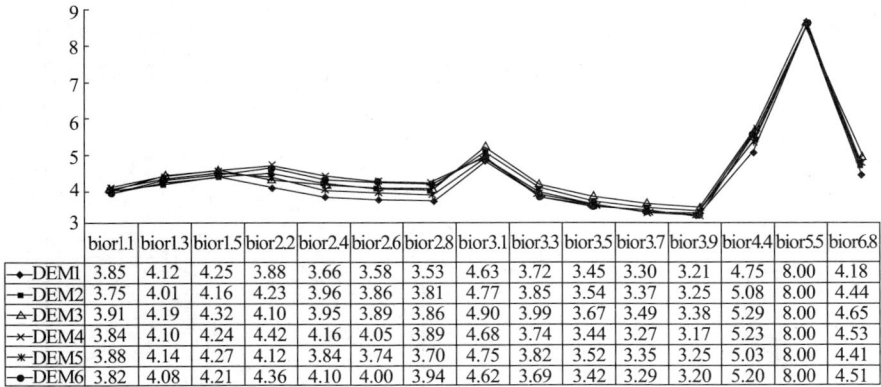

	bior1.1	bior1.3	bior1.5	bior2.2	bior2.4	bior2.6	bior2.8	bior3.1	bior3.3	bior3.5	bior3.7	bior3.9	bior4.4	bior5.5	bior6.8
◆DEM1	3.85	4.12	4.25	3.88	3.66	3.58	3.53	4.63	3.72	3.45	3.30	3.21	4.75	8.00	4.18
■DEM2	3.75	4.01	4.16	4.23	3.96	3.86	3.81	4.77	3.85	3.54	3.37	3.25	5.08	8.00	4.44
△DEM3	3.91	4.19	4.32	4.10	3.95	3.89	3.86	4.90	3.99	3.67	3.49	3.38	5.29	8.00	4.65
✕DEM4	3.84	4.10	4.24	4.42	4.16	4.05	3.89	4.68	3.74	3.44	3.27	3.17	5.23	8.00	4.53
✳DEM5	3.88	4.14	4.27	4.12	3.84	3.74	3.70	4.75	3.82	3.52	3.35	3.25	5.03	8.00	4.41
●DEM6	3.82	4.08	4.21	4.36	4.10	4.00	3.94	4.62	3.69	3.42	3.29	3.20	5.20	8.00	4.51

小波滤波器组名称

(b) 小波分解三层的结果

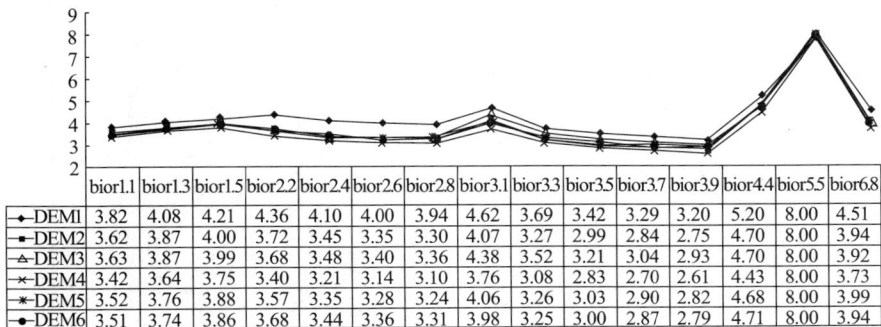

	bior1.1	bior1.3	bior1.5	bior2.2	bior2.4	bior2.6	bior2.8	bior3.1	bior3.3	bior3.5	bior3.7	bior3.9	bior4.4	bior5.5	bior6.8
◆DEM1	3.82	4.08	4.21	4.36	4.10	4.00	3.94	4.62	3.69	3.42	3.29	3.20	5.20	8.00	4.51
■DEM2	3.62	3.87	4.00	3.72	3.45	3.35	3.30	4.07	3.27	2.99	2.84	2.75	4.70	8.00	3.94
△DEM3	3.63	3.87	3.99	3.68	3.48	3.40	3.36	4.38	3.52	3.21	3.04	2.93	4.70	8.00	3.92
✕DEM4	3.42	3.64	3.75	3.40	3.21	3.14	3.10	3.76	3.08	2.83	2.70	2.61	4.43	8.00	3.73
✳DEM5	3.52	3.76	3.88	3.57	3.35	3.28	3.24	4.06	3.26	3.03	2.90	2.82	4.68	8.00	3.99
●DEM6	3.51	3.74	3.86	3.68	3.44	3.36	3.31	3.98	3.25	3.00	2.87	2.79	4.71	8.00	3.94

小波滤波器组名称

(c) 小波分解四层的结果

图 13-60　不同双正交小波基对水印 DEM 精度的影响

（图中纵轴为误差归一化值之和）

系数最大改变量。

（3）基于原始 DEM 提取坡度，并根据 DEM 精度标准中的坡度分级，将整幅 DEM 分为平地、丘陵、山地和高山地四类。则每个栅格对应一理论最大误差值（实验中采用二级标准），而每一地貌类型区也对应一理论中误差值。

（4）利用式（5-31）和式（5-33），结合第（2）步计算结果和第（3）步得到的理论最大误差和理论中误差值求出最大嵌入强度 α。

（5）根据第（4）步所求的嵌入强度，将生成的水印信号采用加性公式嵌入小波分解第三级的水平和垂直子带中，子带中具体的嵌入位置由第（1）步决定。

本算法将实现等高线的近无损作为要求之一，因此在嵌入强度和每个子带水印长度确定的情况下，通过调节水印嵌入的深度，即小波分解层数，实现等高线的近无损要求。当嵌入深度分别为 1、2、3、4 级时，其水印 DEM 提取等高线结果与原始 DEM 等高线叠加如图 13-61 所示。显然，随嵌入深度的增大，水印 DEM 所提取等高线从开始的大波动，到逐渐与原始 DEM 等高线逐渐吻

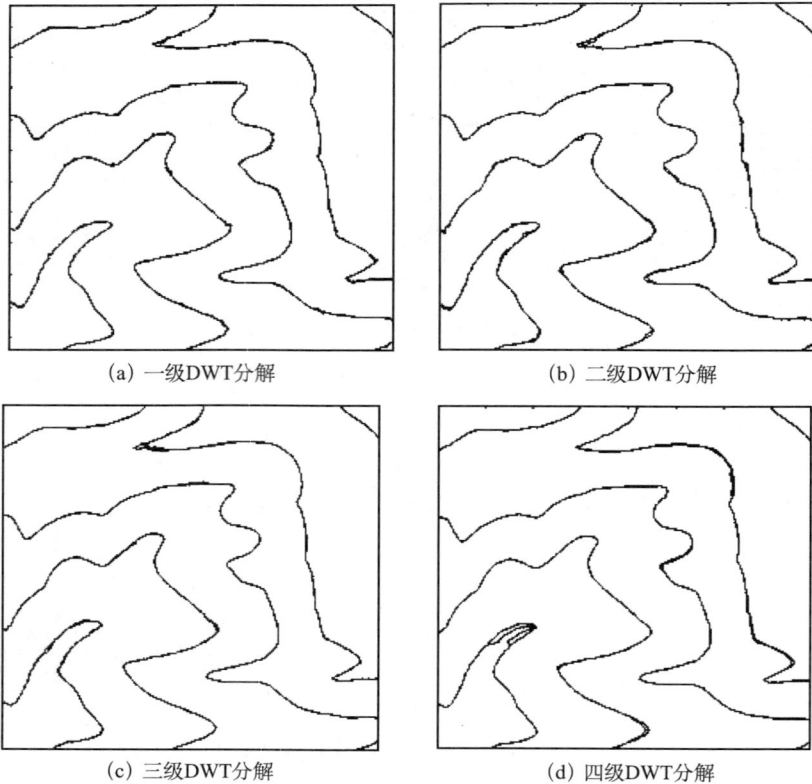

(a) 一级DWT分解　　　　　　　　(b) 二级DWT分解

(c) 三级DWT分解　　　　　　　　(d) 四级DWT分解

图 13-61　水印嵌入深度对等高线的影响

合，再到表现为大的波动。这是因为水印嵌入在低层时，相当于嵌入在 DEM 的高频位置，对原始 DEM 引入了许多高频信息，在等高线上，即表现为剧烈波动。当水印嵌入在高层时，相当于嵌入在原始数据的低频部分，而低频集中了原始数据的大部分能量信息，改变这部分数据对原始 DEM 的损害较大，其所提取的等高线波动也较剧烈。因此，为实现等高线的近无损，需在中频找到一个较为折中的位置，观察图 13-61 结果，权衡整幅图的情况，可知当小波分解层数为 3 时，水印 DEM 等高线与原始等高线较为吻合。因此，本算法中小波分解层数选为三级。

（6）对第（5）步结果，即嵌入水印后的 DWT 系数作逆 DWT 变换，即得到嵌入水印后的 DEM 数据，如图 13-62 和表 13-8 所示。

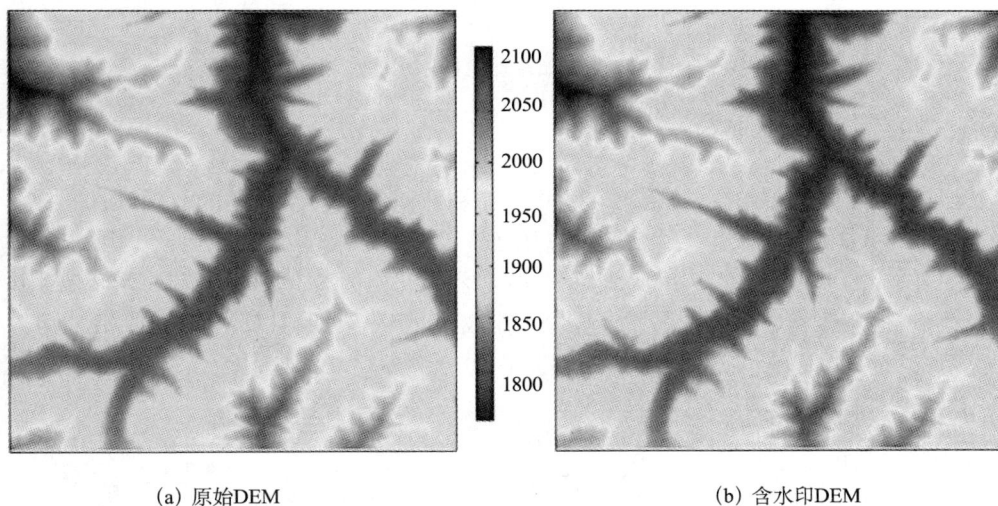

(a) 原始DEM   (b) 含水印DEM

图 13-62 原始 DEM 与含水印 DEM 的对比

表 13-8 原始 DEM 与含水印 DEM 的精度指标统计

类别	Min	Max	Mean	Std dev.	RMSE	PSNR
原始 DEM	1750.90	2113.03	1910.27	69.13		
含水印 DEM	1750.90	2113.41	1910.27	69.13	0.35	75.52

注：PSNR 计算中信号的峰值采用 DEM 的最大值。

（四）数字水印提取

水印提取分为以下几步：

（1）采用 Db1 小波基，对待检测 DEM 数据作三级小波分解，得到待检测 DWT 系数。

（2）采用 Db1 小波基，对原始 DEM 作三级小波分解，得到原始 DEM 的 DWT 系数。

（3）用待检测 DWT 系数减去原始 DEM 的 DWT 系数，得到两者系数之差。再根据所保存的地性线，提取特征线位置的系数差值，若差值大于零，则置乱后的水印图像为 1，否则为 0。若采用重复嵌入水印的方法，则先分别提取嵌入的多个水印，再求其平均值，作为置乱后的水印提取结果。

（4）利用水印嵌入时所用的三个密钥对第（3）步结果进行图像置乱恢复，即得到从待检测 DEM 中提取的二值水印，结果如图 13-63 所示。

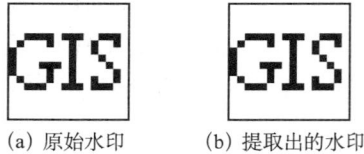

(a) 原始水印　　(b) 提取出的水印

图 13-63　原始水印及提取出的水印

（五）水印的鲁棒性检验

以下采用 JPEG 压缩、JPEG2000 压缩和几何裁剪检验水印的稳健性。

图 13-64 显示对含水印 DEM 应用 JPEG 压缩后，检测器提取水印的效果（实验中为检验所提出算法的水印稳健性，采用高程值为 0～255 的 DEM 数据作为载体）。当 JPEG 压缩质量为 50 时，能较好地从含水印 DEM 中提取出水印。说明本算法能很好地抵抗 JPEG 压缩。

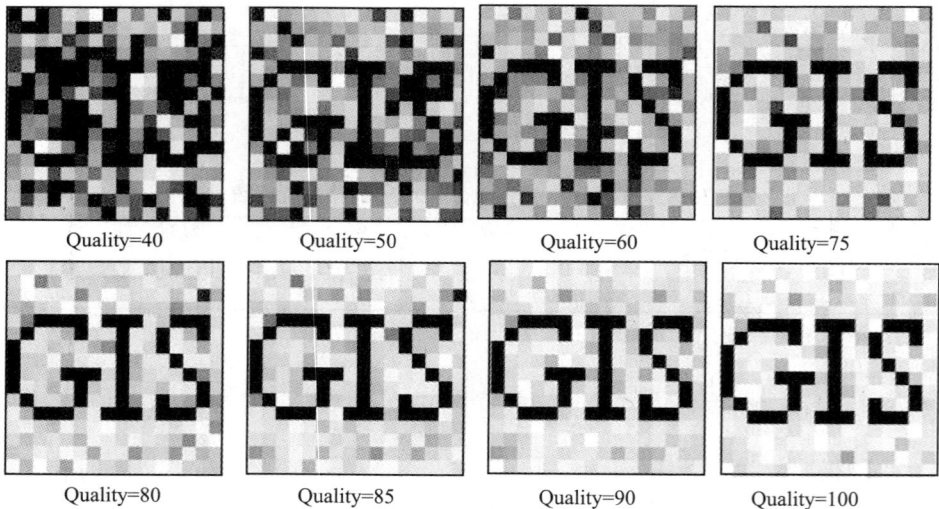

Quality=40　　Quality=50　　Quality=60　　Quality=75

Quality=80　　Quality=85　　Quality=90　　Quality=100

图 13-64　不同 JPEG 压缩质量下所提取的水印

图 13-65 给出对含水印 DEM 应用 JPEG2000 压缩后，检测器提取水印的效果（实验中为检验所提出算法的水印稳健性，采用高程值为 0～255 的 DEM 数

据作为载体）。当 JPEG2000 压缩质量为 50 时，能较好地从含水印 DEM 中提取出水印。说明本算法能很好地抵抗 JPEG2000 压缩。

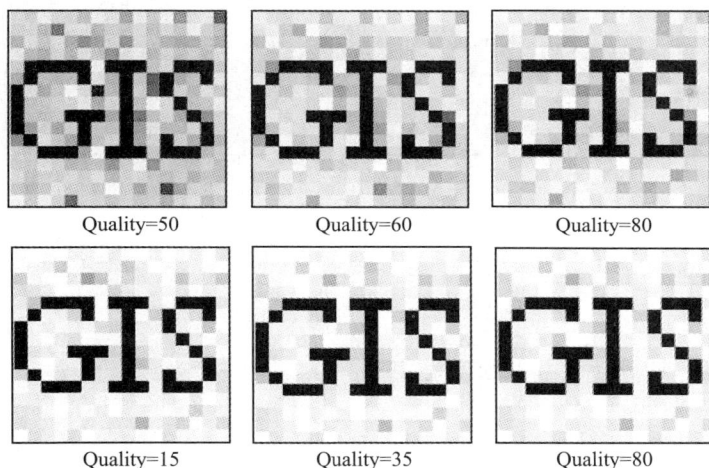

| Quality=50 | Quality=60 | Quality=80 |

| Quality=15 | Quality=35 | Quality=80 |

图 13-65　不同 JPEG2000 压缩质量下所提取的水印

以下给出不同裁剪方式下，从含水印 DEM 中提取出的水印及其与原始水印图像的相关性。图 13-66 和表 13-9 表明水印对抵抗几何裁剪具有良好的稳健性。

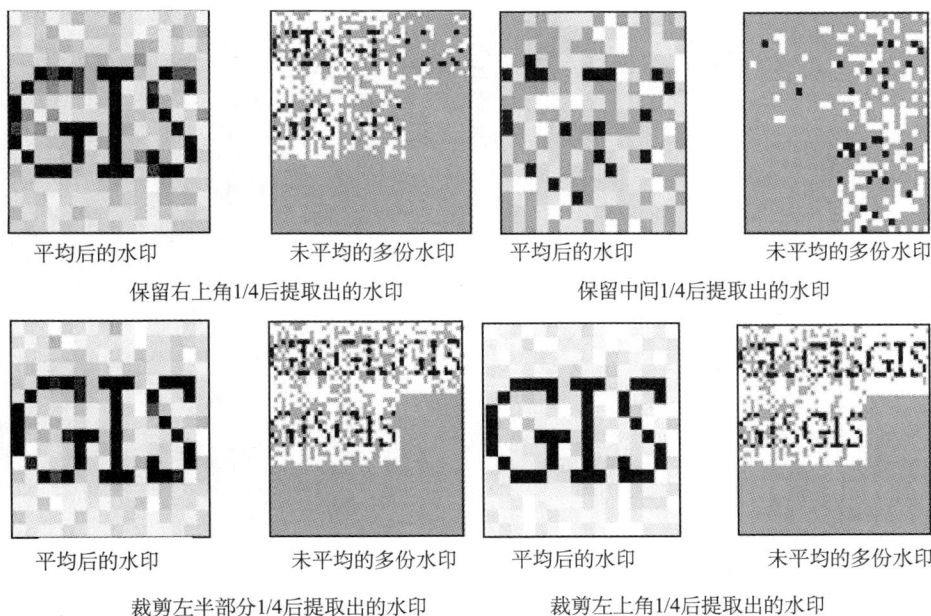

| 平均后的水印 | 未平均的多份水印 | 平均后的水印 | 未平均的多份水印 |
| 保留右上角1/4后提取出的水印 | | 保留中间1/4后提取出的水印 | |

| 平均后的水印 | 未平均的多份水印 | 平均后的水印 | 未平均的多份水印 |
| 裁剪左半部分1/4后提取出的水印 | | 裁剪左上角1/4后提取出的水印 | |

图 13-66　不同裁剪方式下，从含水印 DEM 所提取出的水印

表 13-9 不同裁剪方式下，提取水印与原始水印的相关性

裁剪方式	相关性
保留 DEM 右上角 1/4	0.8921
保留 DEM 中间 1/4	0.3844
裁剪 DEM 左上角 1/4	0.9311
裁剪 DEM 左半部分	0.9659

一 本书研究的核心内容

本书对地理信息资源产权政策的论述，始终围绕着"一个中心，三个基本点"进行研究。一个中心是指地理信息资源转化为社会财富这个命题。依据马克思主义生产力理论与相关科学原理，地理信息资源转化为价值或财富同资源本身的数量、质量等因素成正比，同资源转化为财富速率的平方成正比。地理信息资源转化为财产，具体是通过加工增值与交换增值这两条途径来实现的。其中，加工增值是依靠技术进步实现其使用价值，其增值额大致同资源的数量、质量等因素成正比；交换增值是依靠商业化过程实现其交换价值，其增值额大致同交换速率的平方成正比。

为实现地理信息资源最大限度地转化为社会财富这个中心任务，就必须研究如何才能实现地理信息资源使用价值与交换价值的最大化。具体地说，必须对地理信息资源产权一级结构中的产权客体、产权主体与权利内容等三个要素进行研究。实现使用价值与交换价值的最大化，首先，必须研究作为产权客体的地理信息是什么、为什么、有什么用和怎样用效率最高等一系列自然规律。地理信息资源能否成为财产和商品又同地理信息技术的发展紧密联系在一起，因此，本书把地理信息与地理信息技术具有财产的一般属性与自身特殊性作为研究系统的第一个基本点。其次，必须研究地理信息资源产权归属与各类产权主体的特性，因为地理信息资源转化为社会财富，既取决于产权主体对地理信息与地理信息技术等客观规律性的认识与利用，又取决于如何才能最有效来调动主体对客体利用的积极性，因此，本书把运用价值规律来激励主体积极性作为研究的第二个基本点。最后也是最重要的一个基本点是研究地理信息资源产权主体应享有哪些权利内容才能实现资源最大限度地转化为社会财富。因为只有通过具体的实践，才能把潜在的包括物质、能量、信息与人力等资源真正转化为社会财富。换一种说法，即一个正确的地理信息资源产权政策，必须既能反映地理信息资源与地理信息技术的客观规律性，又能最大限度地激励经济主体去从事该项工作。

从篇幅上说，本书包括理论、现状与应用等三个基本内容。第一章至第五章从地理信息资源的自然规律出发，研究地理信息资源具有财产的一般属性与自身的特殊性；从经济价值规律出发，研究如何才能实现产权主体利益的最大化；从法学理论出发，研究如何确保自然规律、经济规律与社会规律能够在地理信息资源产权政策中得到体现。第六章与第七章分析、综合中外对地理信息资源产权的研究与立法的历程、现状，并对未来进行预测。第八章至第十三章是应用研究，即把前面的理论研究与国内外研究成果同我国当前地理信息资源产权现状结合起来，最后提出我国地理信息资源产权政策的基本体系。

二 本书研究的基本方法

研究内容决定研究方法，研究方法为研究内容服务。由于地理信息资源产权政策的研究内容涉及自然、经济与社会等各个领域，因此只有把自然科学、技术科学、经济科学与法律科学融为一体进行整体研究，才不会把自然、经济与社会之间的紧密联系割裂开来。这里所说的整体研究方法，是指研究的方法论与具体研究方法都必须把地理信息资源产权客体、产权主体与权利内容作为地理信息资源产权这个整体的有机组成部分，并且依据三者之间的内在关系，进行具体的分析与综合。具体地说，必须以地理信息资源所具有的自然、经济与社会特点为基础，以经济主体对地理信息资源的需求目的性为中心，以法学理论与我国的法律规定为依据来调整经济主体主观需求目的性与地理信息资源客观规律性之间的各种矛盾关系，以及调整不同经济主体之间对地理信息资源需求所产生的矛盾关系。

以地理信息资源为基础，是指地理信息资源作为产权客体，是产权主体取得产权的根本原因所在，是产权主体享受权利与承担义务的根基，因此它是地理信息资源产权的基础要素，并贯穿于产权的所有要素之中及其全过程。离开产权客体，就不存在产权关系，因此在产权法学理论中，首要的理论就是客体理论。这部分内容既包括第二章的专门分析，也渗透全书各章节之中，其基本研究方法是应用自然科学方法。

以主体需求目的为中心，是指不论对地理信息资源的认识与利用，还是对权利内容的设定，都是为满足主体的目的性服务的。这部分内容既包括第三章的专门分析，也渗透全书所有章节之中，其基本研究方法是应用经济科学方法。

以法学理论与我国法律规定为依据，是指对各类地理信息资源应归何种主体所有、各种产权主体应享有何种权利都必须以此为依据；也只有依据法学理论与法律规定，才能制定出既能反映客观规律性，满足经济主体目的性，又符合我国法律规定的地理信息资源产权政策，这部分内容既包括第三章和第四章的专门分析，也渗透全书所有章节之中，其基本研究方法是应用法律科学方法。

例如，全书仅引用全国人民代表大会及其常务委员会颁布的法律就有 40 部以上，此外还引用大量的行政法规和规章，以及有关法学理论，而提到的我国古代法、外国法和国际条约也有 30 多部。

三　本书研究的基本结论

本书研究的基本结论是地理信息资源最大限度地转化为社会财富取决于科学认识、技术进步与政策激励等三个因素，并且这三者缺一不可，或者说只有这三个因素和谐一致，才能实现其目的。

科学认识是地理信息资源最大限度地转化为社会财富的前提因素。正如本书在绪论中所分析的那样，科学认识是人与事物等本质属性的反映。由于地理信息资源转化为社会财富，既与该资源本身数量、质量等因素成正比，也与其转化速率的平方成正比，因此只有弄清地理信息资源的本质属性和人们应用该资源的目的性，包括地理信息资源是什么、为什么、有什么用，以及采用什么技术其效率最高、采用什么措施人们的积极性最高等，并将研究成果作一总结，通过政策与法律予以确认，才能确保人们可以按照这种科学认识来改造客观世界与人们自身，实施其具体的转化工作，从而实现既定的目标。

技术进步是地理信息资源最大限度地转化为社会财富的主导因素。从一般意义上说，技术进步是推动人类文明发展的主要动力，正如铁器技术把人类带进农耕社会，蒸汽机、电动机把人类带进工业社会，计算机与网络技术把人类带进信息社会。技术进步为什么具有如此神奇的威力？这是马克思关于经济基础决定上层建筑、技术工具是生产力中最活跃的组成部分等理论的具体体现。说得具体些，组成人类社会的基本因素，只有主体（人类的目的需求）、客体（客观存在的规律性），以及主客体之间相互联结与转化的技术中介。人类社会的发展既取决于主体对客体的需求与主体对客观规律性的符合程度，也取决于主体科学认识转化为生产力的速度。不管是客观规律性向主体科学认识的转化，还是主体科学认识向生产力转化，都必须借助技术进步才能实现。从认识论上说，技术进步不仅是人们感官的扩大与延伸，也是大脑思维的扩大与延伸；从实践论上说，一个符合客观实际的科学认识，只有通过技术进步予以调控，才具有可操作性而为人们所实践。当今地理信息之所以成为资源、财富和商品，也是由于地理信息技术进步所推动的。如果没有当代信息技术对地理信息的调控，地理信息则无法实现采集、加工、传输与应用等全过程的数字化与信息化运作。

政策激励是地理信息资源最大限度地转化为社会财富的关键因素，这是本书最基本、最主要的结论。本书从中外历史上的经验教训予以论证，例如，直到公元 16 世纪，无论从科学技术的发展水平，还是综合国力上说，我国都处于世界领先地位，但长时期在产权制度上执行重农抑商政策，严重阻碍了生产力的发展。因为没有一个有效的产权激励制度，我国的科学技术在 16 世纪以来迅速与欧美拉开距离，生产力也仍然停滞在封闭的自给自足的小农经济状态。到 19 世纪中叶，欧美主要国家都先后跨入工业社会，但我国却沦为半封建半殖民地国家。20 世纪 70 年代末，"文化大革命"使国民经济处于崩溃边缘，但得益于执行一个激励的产权政策，随后我国经济得到了高速发展。

本书主要从理论上论证地理信息资源能否最大限度地转化为社会财富，在特定的认识水平与技术条件下，主要取决于资源的商品化程度。因此，我国地理信息资源产权政策的核心内容，就是必须创设一个适合于我国可以商业化运作的产权结构体系。

参 考 文 献

边馥苓 . 1996. 地理信息系统原理和方法 . 北京：测绘出版社

蔡一珍 . 1995. "两权分离"理论辨析 . 厦门大学学报（哲学社会科学），（2）：76～80

曹军梅，张震 . 2006. 新型数字版权保护技术——数字指纹 . 计算机与信息技术，（08）：4～6

常占强，吴立新 . 2004. 基于小波变换和混合熵编码的山区格网 DEM 数据压缩 . 地理与地理 信息科学，20（1）：24～27

陈仁喜，赵忠明，王殿行 . 2006. 基于整型小波变换的 DEM 数据压缩 . 武汉大学学报（信息 科学版），31（4）：344～347

陈述彭，鲁学军，周成虎 . 1999. 地理信息系统导论 . 北京：科学出版社

程承坪 . 2001. 人力资本概念新论 . 科学学与科学技术管理，（10）：84～86

程啸 . 2002. 中国抵押权制度的理论与实践 . 北京：法律出版社

崔宝侠，段勇，徐心和 . 2004. 基于小波的数字高程模型压缩方法 . 信息与控制，33（3）：337～341

道格拉斯·诺思，罗伯特·托马斯 . 1988. 西方世界的兴起——新经济史 . 历以平，蔡磊译 . 北京：华夏出版社

丁伟 . 2005. 冲突法论 . 北京：法律出版社

董炳和 . 2005. 地理标志知识产权制度研究 . 北京：中国政法大学出版社

费立凡，何津，马晨燕等 . 2006. 三维 Douglas-Peucker 算法及其在 DEM 自动综合中的应用研 究 . 测绘学报，35（3）：278～284

高富平 . 2001. 物权法原理 . 北京：中国法制出版社

龚健雅 . 1999. 当代 GIS 的若干理论与技术 . 武汉：武汉测绘科技大学出版社

顾肃 . 2002. 持有权与程序正义的当代阐述者——评诺齐克的自由至上主义权利理论 . 学海，（3）：301～801

国家测绘局 . 2001. 基础地理信息数字产品 1：10 000、1：50 000 数字高程模型——中华人民 共和国测绘行业标准（CH/T 1008 - 2001）. 北京：测绘出版社

国家技术监督局，中华人民共和国建设部 . 1996. 工程测量基本术语标准——中华人民共和国 国家标准（GB/T50228 - 96）. 北京：中国计划出版社

哈罗德·德姆塞茨 . 2006. 所有权、控制与企业 . 段毅才译 . 北京：经济科学出版社

韩瑞珍，刘纯 . 2007. 长尾理论及其对数字图书馆信息服务的启示 . 图书馆论坛，28（1）：98～100，170

韩毅娜，尹忠海，简剑锋等 . 2006. 基于数字指纹的叛逆者追踪技术 . 空军工程大学学报（自 然科学版），04（7）：60～63

何建邦，闾国年，吴平生等．2000．地理信息共享法研究．北京：科学出版社

何建邦，闾国年，吴平生．2003．地理信息共享的原理与方法．北京：科学出版社

何建邦，吴平生．2006．资源法学．载：石玉林．资源科学．北京：高等教育出版社

黄鼎成，郭增艳．2002．科学数据共享管理研究．北京：中国科学技术出版社

黄杏元，汤勤．1989．地理信息系统概论．北京：高等教育出版社

黄永芳．2006．论劳动力所有权与社会财富分配权的统一．广西教育学院学报，(6)：112～116

兰玉杰，陈晓剑．2003．人力资本的概念界定及其性质研究．科学学与科学技术管理，(4)：
    80，81，94

李德仁，关泽群．2000．空间信息系统的集成与实现．武汉：武汉测绘科技大学出版社

李金昌，仲伟志．1990．资源产业论．北京：中国环境科学出版社

李金，吴利予，高尚伟等．2002．彩色数字水印技术研究．自动化技术与应用，21 (6)：47～
    49，56

李顺德．2006．知识产权概论．北京：知识产权出版社

李晓辉．2006．信息权利研究．北京：知识产权出版社

李志林，朱庆．2003．数字高程模型．武汉：武汉大学出版社

理查德·布隆克．2000．质疑自由市场经济．林季红译．南京：江苏人民出版社

梁彗星，陈华彬．1997．物权法．北京：法律出版社

林代伦，刘影．2004．中国市场经济法律教程．北京：中国发展出版社

刘春田．2002．知识产权法．北京：中国人民大学出版社

刘春田．2003．知识财产权解析．中国社会科学，(4) 109～121

刘家顺，杨洁，孙玉娟．2006．产业经济学．北京：中国社会科学出版社

刘九芬，黄达人，胡军全．2002．数字水印中的双正交小波基．中山大学学报（自然科学版），
    41 (4)：1～5

刘九芬，黄达人，胡军全．2003．数字水印中的正交小波基．电子与信息学报，25 (4)：
    453～459

刘楼，吴能全．2005．人力资本所有权归属的界定及其效率分析．生产力研究，(5)：76～78

刘茂林．1997．知识产权法的经济分析．北京：法律出版社

刘涛．2004．多元化产权与产权多元化．实事求是，(5)：55～58

刘永佶．2001．劳动力所有权新论．中国特色社会主义研究，(5)：30～35

刘永伟．2004．转让定价法律问题研究．北京：北京大学出版社

刘友生．2006．Hash 和存储过程在分布式数字认证中的应用．微计算机信息，22 (12)：102～
    122

刘正才．2006．人力资本、非人力资本与剩余索取权新论．云南社会科学，(1)：54～57

龙永图，李仲周．1993．中国与关税与贸易总协定．北京：中国计划出版社

卢现祥，朱巧玲．2007．新制度经济学．北京：北京大学出版社

闾国年，吴平生，周晓波．1999．地理信息科学导论．北京：中国科学技术出版社

罗军辉，冯平，哈力旦·A．2005．MATLAB7.0 在图像处理中的应用．北京：机械工业出
    版社

罗永，成礼智，陈波等．2005．数字高程模型数据整数小波水印算法．软件学报，16 (06)：

1096～1103

马蔼乃.2000.地理科学与地理信息科学论.武汉：武汉出版社

马登民.1999.财产刑研究.北京：中国检察出版社

缪绍纲.2001.数字图像处理：活用 Matlab.成都：西南交通大学出版社

平庆忠.2005.对《中华人民共和国电子签名法》的几点认识.见：杜敬明，唐建国.信息化
与法.北京：法律出版社.276

秦天宝.2005.遗传资源获取与惠益分享的法律问题研究.武汉：武汉大学博士学位论文

秦勇，李凤霞.2007.我国农地产权制度的反思与创新.改革与战略，(4)：101～104

秋风.2007-07-03.农村土地流转的步子还可以逐步加大.新京报，(A2)

萩原有里.2005."版权"与"著作权"两个词在日本的来龙去脉.载：唐广良.知识产权研
究.北京：中国方正出版社

全国地理信息标准化技术委员会.2004.地理信息国家标准手册.北京：中国标准出版社

阮秋琦.2001.数字图像处理学.北京：电子工业出版社

萨尔坦·科马里.2001.信息时代的经济学.姚坤，何卫红译.南京：江苏人民出版社

石玉林.2006.资源科学.北京：高等教育出版社

史文中.2005.空间数据与空间分析不确定性原理.北京：科学出版社

斯韦托扎尔·平乔维奇.2004.产权经济学.蒋琳琦译.北京：经济科学出版社

宋伍生，姚齐源，漆先望等.1998.产权多元化：中国市场经济的发展格局.经济学家，(1)：
44～48

孙玲.2007.我国企业产权多元化问题政策建议.管理科学文摘，(1)：21，22

孙圣和，陆哲明，牛夏牧等.2004.数字水印技术及应用.北京：科学出版社

"推进国有大中型企业产权多元化政策"课题组.2003.国有大中型企业产权多元化改革研究
报告.中国工业经济，(2)：11～18

万刚，朱长青.1999.多进制小波及其在 DEM 数据有损压缩中的应用.测绘学报，28(1)：
36～40

王家耀.2001.空间信息系统原理.北京：科学出版社

王利明.2003.物权法教程.北京：中国政法大学出版社

王勋，林海，鲍虎军.2004.一种鲁棒的矢量地图数字水印算法.计算机辅助设计与图形学学
报，16(10)：1377～1381

王勋，朱夏君，鲍虎军.2006.一种互补的栅格数字地图水印算法.浙江大学学报（工学版），
40(6)：1056～1060

王益明.2007.长尾理论和图书馆服务的变革.数字图书馆论坛，(4)：15～19

王泽鉴.2001.民法物权、通则、所有权.北京：中国政法大学出版社

温泉.2005.多媒体数字水印的鲁棒性和不可感知性研究.吉林大学博士学位论文

我妻荣.1999.债权在近代法中的优越地位.王书江，张雷译.北京：中国大百科全书出版社

邬伦.2001.地理信息系统——原理、方法和应用.北京：科学出版社

吴芳，芮国胜.2006.复合式的多功能数字水印算法.计算机工程与设计，10(27)：
3931～3934

吴汉东.2002.知识产权法.北京：中国政法大学出版社

吴平生.1994.不动产法导论.北京：中国农业科技出版社

吴平生,何建邦.1990.资源法导论.北京：展望出版社

向德生,文宏,熊岳山.2004.小波域鲁棒自适应图像水印嵌入方案.计算机工程与应用,36：81～84

向德生,熊岳山,朱更明.2006.基于视觉特性的灰度水印自适应嵌入与提取算法.中国图像图形学报,7（11）：1026～1035

肖永年.2002.论冲突法.武汉：武汉大学出版社

徐洪才.2006.中国产权交易市场研究.北京：中国金融出版社

许经勇.1994.对"两权分离的反思.青海社会科学,（5）：17～22

许小霞.2006.一种稳健的抗合谋数字指纹编码.武汉理工大学学报（信息与管理工程版）,07（28）：8～12

薛涌.2007-03-25.公私的界限该怎么划.新京报,（A2）

严庆忠.2005.对《中华人民共和国电子签字法》的几点认识.载：杜敬明.信息化与法.北京：法律出版社

杨立新.2004.物权法.北京：中国人民大学出版社

叶吉祥,邓根豪,唐贤英.2004.基于交替混沌序列的文本加密算法及其软件实现.计算机工程,30（17）：125～126

于超,王志军,冯坚.2003.JPEG2000中不同小波基的图像压缩性能分析.小型微型计算机系统,24（7）：1386～1389

余成波.2003.数字图像处理及MATLAB实现.重庆：重庆大学出版社

雨宫好文,佐藤幸男.2001.信号处理入门.宋伟刚译.北京：科学出版社

岳福斌.2007.现代产权制度研究.北京：中央翻译出版社

张德元.2002.赋予农民土地持有权,培育农村土地流转市场.财政研究,（5）：48～50

张婧.2004.基于拷贝控制的视频数字水印嵌入提取算法的研究.吉林大学硕士学位论文

张力.2003.企业财产国家所有、法人所有亦或其他——对企业所有权与经营权分离论的再梳理.广西大学学报（哲学社会科学版）,25（3）：48～53,57

张立强,杨崇俊,刘冬林.2004.基于M进制小波的视点相关多分辨率地形模型的简化.系统仿真学报,16（9）：1970～1977

张平,马骁.2005.标准化与知识产权战略.北京：知识产权出版社

张平.1995.知识产权法详解.北京：北京大学出版社

张小红,黄剑,谢斐.2003.一种基于Logistic映射的数字图像迭代混沌加密方法.电脑学习,（5）：36,37

张玉敏.2003.论知识产权的概念和法律特征.见：唐广良.知识产权研究.北京：中国方正出版社.13：168

郑成思.1998.知识产权论.北京：法律出版社

郑克中.2005.商品经济与产权政策原理.济南：山东人民出版社

郑曙光.2005.产权交易法.北京：中国检察出版社

中国地理信息产业政策研究组.2007.中国地理信息产业政策研究.北京：测绘出版社

中华人民共和国水利部,中华人民共和国能源部.1992.水利水电工程技术术语标准——中华

人民共和国行业标准（SL26‐92）. 北京：中国水利水电出版社

钟立国. 2001. 中国 WTO 法律制度的适用. 长春：吉林人民出版社

周林. 1999. 中国版权史研究的几条线索. 载：周林，李明山. 中国版权史研究文献. 北京：中国方正出版社. 1～10

周启鸣，刘学军. 2006. 数字地形分析. 北京：科学出版社

周晓唯. 2005. 资源市场化配置的法学分析. 北京：中国社会科学出版社

祝国瑞. 2004. 地图学. 武汉：武汉大学出版社

Dietze M，Jassim S. 2004. Filters ranking for DWT-domain robust digital watermarking. EURASIP Journal on Applied Signal Processing，14：2093～2101

Kutter M，Bhattacharjee S K，Ebrahimi T. 1999. Towards second generation watermarking schemes. Proc of ICIP'99，1：320～323

Lu C S，Liao H Y M. 2003. Multipurpose watermarking for image authentication and protection. IEEE Transactions on Image Processing，10 (10)：1579～1592

Martin G G，Puech W et al. 2006. Real time 3D visualization of DEM combined with a robust DCT based data-hiding method. Visualization and data analysis 2006-proceedings of SPIE-IS and Telectronic imaging. Proc SPIE int Soc Opt Eng，6060 (16-17)：60600G

Miyazaki A. 2003. On the Evaluation of wavelet filter banks for wavelet-based image watermarking. Proceedings of the 3rd International Symposium on Image and Signal Processing and Analysis. 877～882

Miyazaki A. 2004. A solution to the best wavelet filter bank problem in the wavelet-based image watermarking. XⅡ. European Signal Processing Conference. 1473～1476. www. eurasip. org/content/Eusipco/2004/defevent/papers/cr1057. pdf

Poomdaeng S，Toomnark S，Amornraksa T. 2002. Digital watermarking using psychoacoustic model. The 2002 International Technical Conference on Circuits/Systems. Computers and Communications，872～875

Suthaharan S，Sathananthan S. 2000. Transform domain technique：robust watermarking for digital images. Proceedings of the IEEE Southeastcon，April 7～9. 407～412

Watson B. 1993. DCT quantization matrices visually optimized for individual images in Proc. SPIE，1913：202～216

"中国软科学研究丛书"第一批书目

(2009年2月出版)

"中国软科学研究丛书"第二批书目